光华财税文库
Guanghua Public Finance &Taxation Library

西南财经大学"211工程"三期建设项目资助

中国当代财政经济学

Contemporary Fiscal Economics of China

刘邦驰 等／著

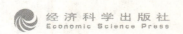

经济科学出版社
Economic Science Press

图书在版编目（CIP）数据

中国当代财政经济学/刘邦驰等/著. —北京：
经济科学出版社，2010.2
ISBN 978－7－5058－8921－7

Ⅰ.①中…　Ⅱ.①刘…　Ⅲ.①财政学—研究—中国
Ⅳ.①F812

中国版本图书馆 CIP 数据核字（2009）第 230005 号

责任编辑：高进水　肖　勇
责任校对：曹　力
版式设计：崔新艳　代小卫
技术编辑：潘泽新

中国当代财政经济学

刘邦驰　等/著

经济科学出版社出版、发行　新华书店经销
社址：北京市海淀区阜成路甲 28 号　邮编：100142
总编室电话：88191217　发行部电话：88191540
网址：www.esp.com.cn
电子邮件：esp@esp.com.cn
北京汉德鼎印刷厂印刷
华丰装订厂装订
787×1092　16 开　31 印张　640000 字
2010 年 2 月第 1 版　2010 年 2 月第 1 次印刷
ISBN 978－7－5058－8921－7　定价：56.00 元

总　序

"光华"者，我西南财经大学之代称也，亦为纪念西南财经大学前身院校之一的光华大学。其创建于 1925 年 6 月，由数百名脱离美国教会学校上海圣约翰大学的爱国师生组建而成。校名取之于古诗《卿云歌》中的"日月光华，旦复旦兮"句，体现反对列强的宏愿和光大中华民族的精神。抗日战争爆发，师生入川设立分校，1938 年 3 月 1 日在成都开学，校名为"私立光华大学成都分部"。次年，学校由市内王家坝校址迁至西郊杜甫草堂迤西，此地由此得名"光华村"。1952 年 9 月，在全国院系调整时，西南地区 17 所财经院校系科合并为四川财经学院，并以本校作为校址。由此，校园得名为"光华园"，师生自称为"光华学人"、"光华学子"，1939 年种植的"V"型铁树为"光华铁树"，学校礼堂为"光华会堂"，学校综合大楼为"光华楼"，学校所在社区为"光华街道办事处"，学校南门前至中国第 6 届花卉博览城温江区的快速通道为"光华大道"等。

"财税"者，财税学人、财税学科、财税学院之统称也。光华园之财税学人，学术传统厚重，学术渊源久远，他们中有汪桂馨、陈豹隐、梅远谋、柯瑞琪、汤象龙、李锐、许廷星、左治生、谭本源、张国干、李崇伸等知名教授。荟萃了一批留学美国、俄国、英国、日本、德国、法国等国的著名财政经济学者。作为我校的知名教授、被称为我国《资本论》中译本第一人的陈豹隐（又名：陈启修）先生，早在1913 年攻读日本东京帝国大学法科时，就翻译了日本小林丑三郎著的《财政学提要》，并由上海科学会编译部（即商务印书馆的前身）于1914 年出版发行。这本书开创了完全使用白话文翻译经济著作的先河，全部译文约 20 万字，主要内容是全面而系统地介绍欧洲资产阶级的租税论及资产阶级政府理财的办法。在刚刚推翻清王朝不久的民国

4 年，在废除了封建王朝的纳捐办法后，对于如何建立民国财政，尚缺乏全面的、系统的办法。因此，这本书的出版，深受国民党革命派的欢迎，对于巩固我国旧民主革命起到了积极作用。1919 年，受蔡元培先生邀请，陈豹隐先生到北京大学任教，最初讲授具有正统学派和德国官房学派色彩的财政等课程，讲课稿经过整理后于 1928 年由商务印书馆等出版为《财政学总论》、《地方财政学》等书。作为我校知名教授的李锐先生，在 1935 年与何廉合著的《财政学》（商务印书馆印行），直至今日仍被学术界誉为"中国人公开出版的第一部权威性财政学著作"，因此在 20 世纪 30 ～ 40 年代末再版多次，当时在国内有很大影响。新中国成立之后，作为我校的知名学者，陈豹隐教授、李锐教授等便成为财政学理论研究和课程建设的早期学术带头人。

1957 年，我校许廷星教授在批判苏联学者的"货币关系论"的基础上，出版了专著《关于财政学的对象问题》（1957 年由重庆人民出版社出版），在当时的学术界第一次比较系统地提出并论述了"国家分配论"的基本内容，对我校财政学专业建设和人才培养产生了深远的影响。1986 年，由许廷星教授、谭本源教授、刘邦驰教授合著的《财政学原论》，则又进一步发展了"国家分配论"的财政理论体系。在 20 世纪 90 年代中期以前，"国家分配论"一直是我国财政学界居主流地位的财政理论，该理论在当前来讲，也是研究具有中国特色的社会主义公共财政问题所不可或缺的指引理论。

在秉承传统的同时，光华学人与时俱进、务真求实，推进和发展了社会主义财政理论。从 20 世纪 80 年代到现在，我院的中青年学术研究更有了长足的进步。我院第三代学术带头人，在 20 世纪 80 年代就提出了"国家所有制的存在形式不是唯一的，而是多种多样的"，1995 年又提出财政主要有政治权力属性和财产权力属性的分配，指出财政是国家为了实现其职能的需要，凭借政治权力及财产权力参与一部分社会产品或国民收入分配和再分配的一系列经济活动（不仅仅只包括财政收支活动），从而基本形成了"国家分配论"之"国家特殊经济活动论"的研究核心；同时，还提出财政的公共性是发展的观点，公共财政是国家财政在市场经济条件下的一种模式，实现了"国家分配论"与"公共财政论"的理论对接。在汲取国内外财税理论与实践新成果的基础上，根据社会主义市场经济的发展，又从内涵与外延上对"国家分配论"进行了创新，形成了"国家财务论"、"马克思的两种权力学说与财政分配"、"公共财政辨析"、"社会主义税收若干问题研究"、"中国强大财政建设导论"、"涉外税收论纲"、"财政制度研究"、"税制模式论"、"税式支出的经济分析"、"财政基础理论研究"、"国债经济运行理论与实践前沿"、"政府间税收竞争研究"、"资本市场税制优化研究"、"财政制度变迁与政策选择"、"中国财政国库制度发展与建设"、"宪政视角下的税制改革研究"、"西南地区农村反贫困研究"、"凉山彝区政府反贫困研究"、"制度变迁与中国二元经济结构转换研究"、"国债经济运行研究"、"中国经济改革三十年·财税卷"等一批学术成果。

在西部财政尤其是贫困地区财政研究方面,在国内较早地运用定性与定量相结合的方法,研究西部省级财政发展战略问题及其他重大问题,并形成了"四川省财政中长期发展战略研究"、"中西部地区财政资金短缺问题研究"、"天然林保护工程中的政府职能与财政政策研究"、"西部生态环境建设与国际金融组织贷款项目研究"、"对若干国家级贫困县的调查研究及对策建议"、"西部贫困地区地方财政供给能力严重短缺问题"、"四川省经济跨越式发展与财政金融支持配套问题研究"、"四川'走出去'战略研究"、"解决'三农'问题与推进城乡一体化研究"、"四川丘陵县区工业发展研究"、"天然林保护工程中的政府绩效评估研究"、"鼓励与规范企业对外投资问题研究——经济全球化背景下中国企业对外直接投资税收政策研究"、"金融市场税收政策效应评估与税制优化研究"、"我省城市化进程中的社会矛盾问题研究——基于失地农民问题的视角"、"频繁灾害下的财政制度与政策选择——兼论汶川震后重建策略"、"地方对中央遵从与背离矛盾行动中的国家选择——基于政府对财政制度影响力调查的分析"、"加强我国应急体系建设的资金保障问题研究"等国家级、省部级课题成果。

光华园之财税学科,是西南财经大学传统特色学科,历史悠久,成绩显著,与时俱进。财税学科为我国首批设立、学校首批开办的系科之一。1983 年财政学专业经国务院学位委员会批准为硕士授权点,1986 年经国务院学位委员会批准为博士授权点;1995 年财政学科被评为省(部)级重点学科,2001 年被列为省级财政学本科人才培养基地建设项目;2007 年财政学专业被评为省部级特色专业,财政学教学团队在教育部实施的高等学校本科教学质量与教学改革工程中被评为省部级教学团队。现财税学科含财政学专业、税务专业,均具有博士、硕士和学士学位授予权。

基于学校的办学思想，秉承"经世济民，孜孜以求"的光华园精神，我们凝练了"精财税、通财会、晓投资，培养宏微观管理精英；宽口径、厚基础、重能力，造就高素质复合人才"这一财税学科人才培养理念。进一步夯实《财政学》、《税收筹划》、《国家税收》、《国家预算》等省（部）级精品课程和获教育部"普通高等教育'十五'国家级规划教材"的《财政学》，建设好获教育部"普通高等教育'十一五'国家级规划教材"的《国家税收》、《财政与金融》、《政府预算实务及案例》等。在科学研究方面，1995 年以来，公开发表论文 800 余篇，出版专著 31 部，教材 26 部，共承担国家级课题 14 项，省部级课题 33 项及大量横向课题。

光华园之财税学院，乃是基于西南财经大学地处我国西部的实际，在面向全国的基础上，为了更好地为西部、为四川、为成都的财政经济服务，支持学校人才培养和学科建设，于 1991 年由学校与四川省财政厅、四川省税务局、四川省教委实行联合办学，在原财政系的基础上建立的我国第一家财政税务方面的专业学院。现董事单位已扩展到川、渝两地，主要包括：四川省财政厅、四川省国家税务局、四川省地方税务局、四川省信托投资公司、四川省教育厅，重庆市财政局、重庆市国家税务局、重庆市地方税务局等。在董事会及董事单位的大力支持下，学院师生拥有了数量众多、分布广泛的学生实习基地和教师调研基地。

由经济科学出版社出版的"光华财税文库"旨在宣传光华学人财税研究的成果。这套丛书既是我们劳作的园地，又是我们展示的窗口，还是我们构建的平台，同时获得西南财经大学"十一五"211 工程三期优势学科建设项目资助，对于我们传承历史，开拓未来，增强我们研究、探讨和解析问题的能力，是颇有意义的。

在"光华财税文库"出版之际，谨致以最美好的祝愿。

2009 年 9 月 8 日于光华园

目　录

导论 ……………………………………………………………………… 1

理　论　篇

第一章　财政的本质 …………………………………………………… 7

　　第一节　财政的基本含义 ………………………………………… 7

　　第二节　财政本质的理论基础 …………………………………… 8

　　第三节　社会主义财政的本质 …………………………………… 12

第二章　政府职能与财政职能 ……………………………………… 17

　　第一节　市场与政府 ……………………………………………… 17

　　第二节　政府和政府建设 ………………………………………… 19

　　第三节　政府职能 ………………………………………………… 22

　　第四节　财政职能 ………………………………………………… 24

第三章　政府经济行为 ……………………………………………… 28

　　第一节　政府经济行为的理论基础 ……………………………… 28

　　第二节　我国政府经济行为的沿革 ……………………………… 29

　　第三节　政府经济行为的形式 …………………………………… 31

第四章　政府储蓄 …………………………………………………… 41

　　第一节　储蓄与经济关系的理论分析 …………………………… 41

　　第二节　政府储蓄的必要性与规模确定 ………………………… 46

　　第三节　政府储蓄与中国中长期财政建设 ……………………… 51

第五章　财政与经济崛起 …………………………………………… 58

　　第一节　财政与经济发展 ………………………………………… 58

　　第二节　财政与东部经济起飞 …………………………………… 62

　　第三节　财政与中国西部经济崛起 ……………………………… 67

第六章　西方财政理论的沿革与借鉴 ·········· **72**

　　第一节　古典经济学派财政理论的形成与发展 ·········· **72**

　　第二节　现代经济学派的财政思想 ·········· **76**

　　第三节　西方财政理论的借鉴 ·········· **86**

运　行　篇

第七章　财政支出的经济分析 ·········· **93**

　　第一节　财政支出的公共性 ·········· **93**

　　第二节　财政支出总量增长趋势的必然性及合理性分析 ·········· **99**

　　第三节　财政支出规模增长的国际比较 ·········· **105**

　　第四节　优化财政支出结构的战略选择 ·········· **109**

第八章　社会保障制度 ·········· **115**

　　第一节　社会保障制度的产生 ·········· **115**

　　第二节　社会保障的功能与模式 ·········· **119**

　　第三节　中国社会保障制度的建立和完善 ·········· **123**

　　第四节　社会保障基金的筹集与管理 ·········· **128**

第九章　政府采购制度 ·········· **133**

　　第一节　建立现代政府采购制度的意义 ·········· **133**

　　第二节　现代政府采购制度的功能 ·········· **135**

　　第三节　政府采购的特点和程序 ·········· **136**

　　第四节　中国的现代政府采购制度 ·········· **138**

　　第五节　现代政府采购制度的几个认识问题 ·········· **143**

第十章　政府间财政转移支付制度 ·········· **145**

　　第一节　政府间转移支付的必要性 ·········· **145**

　　第二节　转移支付制度的原则和功能 ·········· **146**

　　第三节　中国转移支付制度的目标及模式 ·········· **150**

　　第四节　改进和完善中国转移支付制度 ·········· **153**

第十一章　财政补贴 ·········· **156**

　　第一节　财政补贴概述 ·········· **156**

　　第二节　财政补贴的国际比较 ·········· **161**

　　第三节　我国财政补贴政策的改革 ·········· **164**

　　第四节　税式支出的经济效应 ·········· **168**

第十二章　财政收入的经济分析 ·········· **173**

　　第一节　财政收入规模分析 ·········· **173**

第二节　税收的特征和征税原则 …………………………… 179

第三节　税收负担与税负转嫁 ……………………………… 191

第十三章　税制建设回顾与展望 ……………………… 199

第一节　改革开放以来中国税制改革回顾 ………………… 199

第二节　中国现行税制运行的分析 ………………………… 204

第三节　完善中国税制体系的展望 ………………………… 208

第十四章　国家债务的经济分析 ……………………… 215

第一节　国家债务的产生和发展 …………………………… 215

第二节　国债的功能和基本形式 …………………………… 219

第三节　国债规模与限度衡量的指标体系 ………………… 223

第四节　若干有争议问题的评析 …………………………… 227

第十五章　进入 21 世纪后的外资利用 …………… 232

第一节　利用外资与财政的关系 …………………………… 232

第二节　当前国际资本流动的特点与影响 ………………… 234

第三节　中国利用外资的成功经验 ………………………… 237

第四节　全球经济一体化趋势下中国利用外资战略 ……… 244

第十六章　部门预算 …………………………………… 251

第一节　部门预算改革的意义 ……………………………… 251

第二节　部门预算的内容和特征 …………………………… 253

第三节　部门预算的编制和审批 …………………………… 255

第四节　部门预算的绩效评价 ……………………………… 262

第五节　部门预算改革的总体评价 ………………………… 266

第十七章　财政赤字及其运用 ………………………… 271

第一节　财政赤字及其计算口径 …………………………… 271

第二节　传统财政赤字观述评 ……………………………… 274

第三节　赤字规模及其度量 ………………………………… 278

第四节　财政赤字效应及其在我国的体现 ………………… 280

第五节　我国运用财政赤字政策的思考 …………………… 284

第十八章　现代国库管理制度 ………………………… 286

第一节　建立现代国库集中支付制度的必要性 …………… 286

第二节　现代国库集中支付制度建立的原则 ……………… 292

第三节　现代国库集中支付制度的基本内容 ……………… 296

第四节　建立和完善中国现代国库管理制度 ……………… 300

第十九章　财政投融资 ………………………………… 305

第一节　财政投融资存在的必然性 ………………………… 305

第二节　发展财政投融资的客观必要性 …………………… 307

第三节　财政投融资的资金来源及其运用 ……………………………… 310

第四节　发展财政投融资的构想 ………………………………………… 313

第二十章　分税制财政体制 317

第一节　分税制概述 ……………………………………………………… 317

第二节　分税制目标偏离的原因分析 …………………………………… 323

第三节　财政联邦主义对我国分税制创新的启示 ……………………… 326

第四节　分税制的创新思路 ……………………………………………… 330

第二十一章　财政监督机制 336

第一节　财政监督范围的界定 …………………………………………… 336

第二节　财政监督的形式、方式和方法 ………………………………… 338

第三节　我国财政监督的层次性及内容 ………………………………… 343

第四节　我国财政监督工作的困境 ……………………………………… 347

第五节　构建我国的现代财政监督体系 ………………………………… 349

政　策　篇

第二十二章　财政政策概述 359

第一节　财政政策的内涵及其功能 ……………………………………… 359

第二节　财政政策目标 …………………………………………………… 366

第三节　财政政策工具及其体系 ………………………………………… 373

第二十三章　税收政策 378

第一节　税收政策与经济的关系 ………………………………………… 378

第二节　制定税收政策的理论基础 ……………………………………… 382

第三节　我国税收政策的发展及改革思路 ……………………………… 386

第二十四章　财政支出政策 392

第一节　财政支出政策的理论分析 ……………………………………… 392

第二节　购买性财政支出政策 …………………………………………… 399

第三节　转移支付政策 …………………………………………………… 406

第二十五章　国家预算政策 412

第一节　预算政策的地位与作用 ………………………………………… 412

第二节　预算政策与财政平衡 …………………………………………… 416

第三节　预算政策乘数 …………………………………………………… 422

第二十六章　财政政策与货币政策的协调配合 426

第一节　货币政策 ………………………………………………………… 426

第二节　财政政策与货币政策协调配合的理论依据 ……………………… 429

第三节　财政政策与货币政策协调配合的组合方式 ……………………… 439

第二十七章　财政宏观调控 …………………………………………… 446

第一节　财政宏观调控与经济持续发展 ……………………………… 446

第二节　财政宏观调控与社会总需求和社会总供给 ………………… 451

第三节　财政宏观调控模式选择 ……………………………………… 454

第四节　财政宏观调控手段现代化 …………………………………… 459

第二十八章　经济运行中的财政风险 ………………………………… 465

第一节　经济风险存在的必然性 ……………………………………… 465

第二节　经济风险与财政 ……………………………………………… 468

第三节　财政风险防范的对策 ………………………………………… 475

主要参考文献 ……………………………………………………………… 479

后记 ……………………………………………………………………… 480

导　论

一、课题研究背景和目的

　　财政基础理论是财政学科建设理论体系的基础。党的十一届三中全会以来，随着改革开放的不断深化，我国广大理论工作者以邓小平建设有中国特色社会主义理论为指导，大胆解放思想，冲破传统观念的种种禁锢，努力突破"禁区"，经济学理论研究一改过去万马齐喑局面，出现了"百花齐放，百家争鸣"，追求真理生机勃勃的大好形势。国内研究机构和各高等院校相继出版了一大批财政学教材和财政学专门著作。从这些出版物中，反映了我国对财政基础理论的深入探索，其中以"国家分配论"为代表的主流派和"价值分配论"、"剩余产品价值运动论"、"剩余产品决定论"、"再生产前提论"、"社会共同需要论"以及近些年来引进西方经济学的"公共产品论"等各流派在各个层面进行的开拓性的热烈讨论，提出了许多新的思想和新的观念，引起了学术界和实际工作者的极大兴趣和关注。毋庸置疑，财政理论研究的这种空前繁荣和活跃，对于我国社会主义市场经济体制下财政学教材建设、财政基础理论的丰富和发展，对于进一步完善财政学科理论体系和推进社会主义现代化建设事业的发展都有着重要意义。与此同时，当前我国财政学科建设和财政基础理论研究中的一些重大理论问题，还存在着较大分歧，甚至是原则分歧，需要理论界和实际工作者同仁，摒弃一切以西方的观念为最后依据，跟着外国调子起舞的心态，从中国国情出发，付出辛勤劳动积极探索，以求得基本的共识，从而创新和形成中国自己的财政学科理论体系。笔者强调创立中国的财政学科理论体系，当然不是反对国外一切优秀的研究成果。真正的科学是无国界的，自然科学如此，社会科学亦然。每个国家研究的优秀成果，各国都可以根据自己的国情，汲取、借鉴其有益部分，去其糟粕，取其精华，为我所用。引进西方经济理论的出发点和归宿在于结合国情，借鉴有用的优秀部分，洋为中用，发展、丰富中国的财政学科理论。正是从这个角度出发，撰写这本著作的目的，在于通过《中国当代财政经济学》基本框架的构建，试图能为具有中国社会主义特色财政学科理论体系的建设提供一些有益的思考。

二、财政学与相关学科的关系

（一）财政学与经济学

　　财政学作为一门独立的学科，在西方国家较其他社会学科的形成和发展要晚得多，迄今不过两百来年的历史。从学科门类划分上看，长期以来理论界的一个共同观点，把财政学的学科属性定位为经济学的组成部分。

毋庸讳言，财政学与经济学休戚相关，血肉相连。经济学的产生、发展，是财政学产生、发展的前提。经济学的基本原理是财政学的理论基础，对财政学理论体系的建立、发展起着指导和方法论的作用。财政理论在实践中的丰富和发展，又是经济学理论在特定领域的延伸和抽象，为经济学理论的充实和发展提供了源泉。财政学与经济学两者的这种水乳交融的关系，在财政学与经济学理论体系中，处处可见。把财政学定位为依托经济学，又相对独立成为经济学的一个组成部分是有科学依据的，必须给予充分的肯定。

（二） 财政学与政治学

把财政学的学科属性仅仅局限在经济学视野范围，是有重大缺陷的。财政运行实践表明，财政既是经济范畴、历史范畴，又是一个政治范畴。财政问题首先是一个政治问题，是国家政权活动的一个重要方面，事关治国安邦，强国富民，古今中外，概莫能外。任何社会制度下的财政活动，都是以实现统治阶级政治意图为导向的。奴隶制国家财政、封建制国家财政以及资本主义国家财政，尽管收支内容、表现形式各有特点。可是国家的财政政策、财政措施，如赋税、公债和公共信用，则必须与其时代背景的政治学说相一致，成为统治阶级控制国家机器的工具。我国的财政政策、税收政策，历来都是为政府一定时期内实现政治经济任务服务的。财政理论与政治学说相结合，政治学说的更替影响财政理论的更替，显而易见。

（三） 财政学与社会学、法学

在当代，社会科学不断发展，物质文明日益进步，财政学同社会学、法学的关系愈益密切。人类生活实质上就是社会的政治经济生活，而社会政治、经济问题，往往受到一国政府财政政策的影响。任何社会制度都要有财政支持。国家财政运行必须充分研究社会经济与社会政策取向，解决社会方面存在的各种问题，如社会人口、教育、就业、社会保障、环境污染、财富分配等。这些问题的解决离不开财政。财政学与法学的关系更是密不可分。国家预算的确立、审查批准要按照宪法规定及行政法规程序进行。财政收入必须遵守税法和相关法律规定。财政支出要符合预算、审计、国库以及会计法规的规定，监督财政资金的有效使用。

以上情况说明，财政学事实上已经成为以经济学为理论基础，依托经济学又跨越经济学，涉及政治学、社会学和法学几个领域的一门学科。研究财政运行过程中发生的众多问题，必须兼及其他社会科学的理论和研究方法，但又不能越俎代庖，造成学科之间的重复阐述。

三、财政与经济、政治的关系

财政既是一个经济问题，又是一个政治问题。我们说财政是一个经济问题，是指在财政与经济的关系中，经济居于主导地位，起着决定作用，但财政也反作用于经济，促进经济平稳较快发展。正如毛泽东同志所说："财政政策的好坏固然足以影响经济，但是决定财政的却是经济。未有经济无基础而可以解决财政困难的，未有经济不发展而可以使财政充裕的。"① 财政理论探索、学科建设必须拓展视野，着眼于经济，紧扣经济运行中的实际问题，扬弃把财政问题局限于部门经济研究的狭小范围，就财政论财政，就分配谈分配的陈旧思维范式。财政又是一个政治问题，因为财政与国家存在息息相关，是国家职能的重要组成部分和实现国家职能的强大物质基础。"雄厚的财政实力是一个国家强大、稳定、安全的重要体现和有力保证。"② 正确运用财政政策、预算、税收、转移支付等财政手段，对于促进经济社会全面协调发展，实现社会和谐起着重大作用。财政理论研究，创新学科理论体系，必须为实现国家职能，围绕党在一定时期内的奋斗目标密切联系实际，为政府的根本任务和中心工作服务，克服脱离社会经济生活、不顾实践的"经院式"的研究陋习。

四、结构体系

本书由导论、理论篇、运行篇、政策篇四大部分组成，其中的理论篇、运行篇、政策篇构成全书的正文，共计 28 章。

（一）导论

导论阐述了本书选题的背景，研究目的和意义。简要介绍了财政学科与经济学、政治学、社会学、法学等相关学科的关系；财政与经济、政治的关系；以及本书的框架结构及其所具有的特点。

（二）理论篇

理论篇（1～6 章），比较全面系统地研究了财政学科建设的基础理论，集中分析论证了政府存在的经济基础；财政的本质、政府职能和财政职能；政府储蓄与政府投资的理论依据；财政与经济崛起，中国东西部贫富差距现状及财政在缩小贫富差距中的积极作用；研究了西方财政理论的沿革及其对我国财政学科理论体系建设的启示与借鉴。

（三）运行篇

运行篇（7～21 章）覆盖了财政经济运行实践活动的全过程，从理论高度联系实际，全面系统地研究了深化改革开放新形势下，财政经济运行中出现的新情况、新问题。如财政收支的经济分析；国家债务的经济分析；社会保障制度、政府采购、政府间财政转移支付、进入 21 世纪后的外资利用、部门预算改革；财政赤字；现代国库管理和财政监督机制创新以及分税制财政体制改革等财政实践中的一系列重大问题。并有针对性地提出了政策建议。

---

① 毛泽东：《毛泽东选集》（第三卷），人民出版社 1971 年版，第 891 页。
② 项怀诚：《领导干部财政知识读本》（卷首中江泽民关于领导干部财政知识读本的批语），经济科学出版社 1999 年版。

(四) 政策篇

政策篇 (22～28 章) 系统地阐述了财政政策、国家预算政策、税收政策、财政支出政策、财政政策与货币政策的协调配合，以及财政宏观调控等在财政实践活动中的运用。对于不同政策在强化政府宏观调控、优化经济结构、提高社会资源配置效益、促进经济平稳较快增长等方面中发挥的作用，总结了实践经验，为提高财政政策效应，实现政策目标提供了思路。

五、本书的特点

(1) 逻辑体系突破了传统财政学"四分法"和西方公共财政学框架模式，结构体系新颖、内容丰富，财政经济运行中的重点、热点、难点突出，逻辑较严谨。财政学科建设的这种理论体系结构和内容设计，国内外尚不多见，可谓独树一帜。

(2) 以市场经济条件下的政府行为和财政为实现政府职能为主线，把国家分配论和西方公共财政理论有选择地融为一体，优势互补，既汲取了国内外财政经济理论研究最优秀的研究成果，又创新了财政领域研究的内容，体现了理论创新与时俱进的时代精神，丰富和拓展了当代财政探索的内容。

(3) 财政理论前沿与财政经济运行实践中的重大问题紧密结合，把研究重点放在中国社会主义建设重大实际问题的解决上，基本上克服了理论研究脱离国情，与实践相分离的两张皮现象。书中有关部分所提出的对策建议，针对性和可操作性都较强，具有决策参考价值。

(4) 从多学科视角研究财政问题，充分发挥学科交叉的理论优势，如运用社会学、政治学、哲学和经济学等，运用多学科的原理、研究方法综合分析财政经济运行中的重大理论与现实问题，体现了财政经济运行的综合性特点，拓宽了研究视野，舍弃了就财政论财政的陈旧理念。

理论篇

第一章　财政的本质 ✣

第一节　财政的基本含义

一、什么是财政

财政是一个古老的历史范畴，是随着社会生产力的发展，出现了国家以后的产物。但是，到底什么是财政，时至今日，国内学术界还存在着很大分歧，有着多种多样的见解。有财政是"国家凭借政权对一部分社会产品分配和再分配而形成的分配关系"之说；有财政是"国家为执行各种社会职能而参与社会产品的分配活动。其实质是国家在占有和支配一定份额的社会产品过程中与各有关方面发生的分配关系"之说；有财政是"国家凭借其政治力量，通过集中一部分社会财富来满足社会公共需要的收支活动"之说；有财政是"政府集中一部分国民生产总值或国民收入来满足社会公共需要的收支活动"之说；也有财政是"国家（或政府）的收支活动，它是一国政府采取某种形式（实物、力役或价值形式），以一部分国民收入为分配对象，为国家实现其职能的需要而实施的分配活动"之说。总之，财政的定义众说不一，目前还没有一个比较简短、准确而又较为全面概括的共识。我们认为财政是以国家为主体，凭借国家权力，为实现其职能满足社会公共需要而参与一部分社会产品或国民收入分配与再分配的分配活动。我们坚持这种见解，究其理论依据主要在于：（1）这一表述阐明了财政范畴的存在依存于一定的经济条件和政治条件，离开这两个条件就无财政可言。（2）财政参与社会产品或国民收入的分配是以国家（或政府）为主体的特殊分配，突出了国家是财政分配的主体，分配客体为社会产品，或国民收入，界定了财政分配与社会其他分配活动的范围及其属性。（3）明确了财政分配的目的是优化社会资源配置，满足社会公共需要，达到公平分配和社会和谐。（4）能涵盖各个社会形态的财政活动及其表现形式，例如我国历代财政收入上的实物贡纳和实物征收，财政支出中的禄米制等。

二、财政产生的条件

把握了财政概念之后，研究财政问题必须进一步了解财政产生的条件。正确认识财政产生的条件，对于财政实践和财政理论探索具有积极意义。

那么，财政是怎样产生的呢？财政的出现必须具备两个最基本的条件，即社会经济条件和政治条件，这是财政存在的前提。

（一）社会经济条件

社会经济条件是财政产生的首要条件。因为物质资料的生产是人类生存和社会发展的物质基础。当社会生产力极其低下的情况下，社会产品分配只能在生产劳动者之间直接进行，以维持人们生存的最低生活需要，社会产品没有剩余，不可能在生产领域之外进行再分配，也就不可能出现财政。但是，当社会生产力发展到一定阶段，出现了剩余产品，人类由原始公社进入到私有制和阶级社会，剩余产品成为维护私有制和阶级的物质基础，财政也就有了赖以存在的经济条件。

（二）政治条件

政治条件是财政产生的必要条件。人类社会发展进入到私有制和阶级社会，由于奴隶主和奴隶的经济利益不可调和，氏族制度的公共事务机关变成为统治和压迫的权力机构。"这种从社会中产生但又自居于社会之上并且日益同社会脱离的力量，就是国家。"① 国家为了维持其存在和行使它的职能，有必要参与一部分社会产品的分配和再分配，于是便产生了以国家为主体的分配活动。

三、财政的发展

财政的产生和发展是同社会生产力的发展、国家的产生和发展直接相联系的。随着社会生产力的发展，国家政权的更替，财政的性质、内容和表现形式也就不断发展和变化。在以生产资料私有制为基础的社会，人类历史上先后经过奴隶制、封建制和近代社会的雇佣劳动制三大剥削制度的国家，与此相适应，财政就由奴隶制国家财政、封建制国家财政演进到资本主义国家财政。财政活动的内容和表现形式也随着社会发展、国家类型的转换而变化，奴隶制国家财政主要来自劳役地租、战争掠夺、纳贡，逐步转向封建制国家的农民无偿劳动、缴纳实物地租、田赋捐税以及发行货币和公债等。到资本主义社会，由于商品经济的高度发展，财政活动表现形式也就全部是货币了。

第二节　财政本质的理论基础

一、财政理论的理论基础

财政的本质是财政学理论体系的重要内容。深入研究财政本质的理论基础，搞清楚财政理论之根基，是准确认识财政本质，构建财政学理论体系的前提条件。财政本质的理论基础不同，财政学理论体系、结构及其基本内容是不完全相同的，这是不争的事实。

---

① 马克思、恩格斯：《马克思恩格斯选集》（第四卷），人民出版社1972年版，第167页。

　　财政发展的历史过程表明，无论西方国家还是中国，财政的存在可谓历史悠久。人类社会的财政活动，总是同国家的存在、政府的职能定位紧密联系在一起的。早在公元前 4 世纪，古希腊和罗马就有财政收支概念的记载。中国在公元前 21 世纪夏王朝向劳动者征收的贡赋，实质就是财政税收形式的雏形。纵观世界各国，财政发展的历史源远流长，而财政理论作为经济社会活动一门独立的学科加以研究，至今不过两百多年。

　　在长达两百多年的财政理论探索中，国内外学者从各国的历史背景、政治经济制度、社会生产力发展水平的实际出发，从不同角度发表和出版了许多很有见地的学术论著，为推动不同时期的财政学建设，完善财政学科理论体系，作出了重要贡献。遗憾的是在财政理论研究的众多文献中，不少学者把财政理论等同于财政学的理论基础，而忽略了财政学理论建设中一个更深层次并带有根本性的问题：财政理论的理论基础的研究，也就是财政理论依托之根基的研究，从而导致财政学理论体系建立的争论，以及对财政本质的认识，迄今为止，学术界见仁见智，众说纷纭，长期无法求得基本共识。

　　财政学作为一门独立的社会科学，具有很强的时代背景，反映着不同时期社会生产力发展水平和不同的经济关系。财政学理论体系的建立，财政学理论的理论基础，必然随着社会政治经济制度的变化而发展变化。

二、西方财政理论的理论基础

　　众所周知，西方财政理论的形成和发展是以西方经济学理论为其理论基础的。它是伴随着资本主义生产方式的产生发展而发展的。英国重商主义学派托马斯·曼倡导的"贸易差额论"、"国防财政论"就是西欧各国封建制度向资本主义制度过渡，资本主义发展与专制君主利益相一致的产物。威廉·配第（William Petty）的《赋税论》被誉为西方最早的财政学专著，是在重商主义走向古典经济学派过渡阶段，随着资本主义商品生产，货币关系扩大，为满足新兴资产阶级政治经济斗争需要出现的，并没有完全摆脱重商主义理论的影响。西方国家财政理论真正具有科学的性质，始于 18 世纪中叶英国古典经济学家亚当·斯密。17 世纪中叶到 19 世纪初资本主义生产方式处于迅速发展上升时期，古典学派最杰出的代表亚当·斯密顺应资本主义发展需要，集前人财政理论之大成，予以融会贯通，于 1776 年出版了财政学说专门论著《国民财富的性质和原因的研究》（简称《国富论》），对国家财政进行了深入系统的专题研究，全面阐述了自己的观点，积极宣扬经济自由、发展自由放任的资本主义市场经济，主张国家职能越小越好，政府只要能起着"城市警察"的作用就足够了。国家财政支出必须限制在国防、司法、公共工程建设和维护公共机关的需要。《国富论》的问世，使西方财政理论发展成为一个比较完整而庞大的体系，为公共财政奠定了理论基石。因此，人们都称亚当·斯密为西方财政学的鼻祖，创立了具有现代意义的财政学是不言而喻的。亚当·斯密的财政思想及其政策主张，经过大卫·李嘉图的继承和发展，对西方各国财政理论的发展产生了极其深远的影响。

19 世纪最后 30 年，自由资本主义开始向垄断过渡，到 20 世纪初形成了垄断资本主义制度，从而要求垄断资本主义的经济理论逐步取代自由资本主义经济理论。由于各种社会矛盾激化，1929～1933 年爆发了资本主义历史上波及最广、最深刻、最剧烈的经济危机，整个资本主义世界的生产量下降了 1/3 到 2/5。以国家干预经济为代表的凯恩斯主义应运而生，广为传播。凯恩斯主义者以《通论》为理论基础，把经济危机的根源归结为"有效需求"不足，要求政府放弃自由资本主义原则，实行国家干预经济，提出了政府运用财政货币政策，增加投资，刺激消费，实现充分就业的一整套理论政策体系，从生产、分配、流通领域调控国民经济运行。国家职能便从过去的"城市警察"拓展成为全面干预经济社会的重要工具，凯恩斯主义风行一时，几乎主导了近半个世纪西方的财政理论基础。到了 20 世纪 70 年代，资本主义世界出现了严重失业与剧烈通货膨胀交替、同步上升的"滞胀"的局面，表明凯恩斯主义的失效。西方国家先后又产生了一些同凯恩斯理论相悖的学说，财政理论也出现了新的变化。如货币学派，供给学派的财政理论及其政策主张，反对国家干预经济。西方财政理论演进的历程表明，根植于私有制经济基础的各学派的理论依据，政策选择虽各有差异，其维护资本主义制度的目标始终是一致的。

三、中国财政理论的理论基础

中国现阶段实行的社会主义市场经济体制，是以马克思主义、邓小平理论为理论基础指导下建立的。这一基本经济制度的主要任务是完善公有制为主体，多种所有制经济共同发展，建设统一开放竞争有序的现代市场体系，促进经济社会可持续发展。经过三十多年的改革开放，我们开辟了中国特色社会主义道路，形成了中国特色社会主义理论体系。"高举中国特色社会主义伟大旗帜，最根本的就是要坚持这条道路和这个理论体系。"① 十分明显，社会主义市场经济条件下，财政学理论建设的理论基础只能是马克思主义和邓小平有中国特色社会主义理论。特别是同财政学直接相联系的马克思主义国家学说；社会再生产理论；劳动价值论和邓小平特色理论的基本原理，必须坚定不移地作为构建中国财政学理论体系基础的基础，核心的核心。只要这个原则问题有了共同认识，学术争论的其他分歧是可以迎刃而解的。

马克思主义国家学说关于财政与国家、国家职能、国家本质和国家经济活动性质的关系，做了最全面、最深刻的阐述。指出国家不是自古就有的。它"是直接地和主要地从氏族社会本身内部发展起来的阶级对立中产生的。"② "国家是社会在一定发展阶段上的产物"，"是社会陷入了不可解决的自我矛盾，分列为不可

---

① 《学习十七大　宣传十七大　贯彻十七大》（人民日报特稿），人民日报出版社 2007 年版，第 3～4 页。
② 马克思、恩格斯：《马克思恩格斯选集》（第四卷），人民出版社 1995 年版，第 169 页。

调和的对立面而又无力摆脱这些对立面"① 的表现。"为了使这些对立面，这些经济利益互相冲突的阶级，不致在无谓的斗争中把自己和社会消灭，就需要有一种表面上凌驾于社会之上的力量，这种力量应当缓和冲突，把冲突保持在'秩序'的范围以内；这种从社会中产生但又居于社会之上并且日益同社会相异化的力量就是国家。"② 财政历来就是国家的一项重要职能，事实已非常明显。国家的阶级性决定财政的本质、职能和活动范围。马克思主义经典作家对国家范畴的定义，适用于任何社会形态的国家，是人类社会发展实践证明的客观真理。当然也要指出，国家的阶级性决定财政的本质、职能和活动范围，并不意味着财政为实现国家职能服务，在行使行政权力过程中所承担的职责和功能一成不变。马克思主义认为社会存在决定社会意识，社会意识反作用于社会存在。阶级是由物质生产决定，而不是由道德思想政治上层建筑决定。国家赖以存在的物质基础变化了，国家存在、同国家共存亡的财政，其职责和功能也将随之变迁，这种变迁反映着社会经济关系的变化，这一点，不论我们是否愿意看到，历史事实是客观存在的。

马克思的再生产理论，是马克思 100 多年前从分析资本主义经济中所产生的科学成果，其基本点在于研究资本循环、周转规律和社会再生产规律。即研究加快资本运动速度，提高经济效益和社会总产品实现的条件，任何社会的生产活动都离不开这个基本点。马克思再生产理论诞生至今，已经一个多世纪了，世界经济社会状况发生了很大变化。马克思再生产理论所揭示的基本原理，并没有因时光流逝而丧失其重大价值。我国社会主义建设的历史证明，社会经济发展成功的经验，失败的教训都同我们认识马克思再生产理论的程度息息相关。改革开放前，国民经济发展过程中多次出现的大起大落局面，其中一个重要原因，就是违背了再生产的基本原理，没有运用好再生产理论，把握好商品经济的流通规律，饱尝了经济起伏所带来的苦果。

我国现阶段实行社会主义市场经济体制，是商品经济发展的必然。市场经济条件下的商品生产，从再生产角度考察，微观方面研究如何加速资本循环、周转，降低生产成本，提高投入产出率。宏观方面研究分析社会总产品实现的条件，即社会总产品各个组成部分的价值补偿和实物补偿，使之保持一个协调的比较关系，对于指导经济工作实践有着至关重要的意义。财政在社会再生产价值运动中处于分配环节，是联结生产、交换和消费的纽带，对社会总产品的实现起着巨大能动作用。可见，坚持再生产理论，把财政问题放到整个社会再生产中审视，联系生产建设实践，来研究财政的职能作用，选择科学合理的财政政策，才能摆正财政参与社会产品分配中的地位，发挥自身应有的职能作用，离开了再生产理论，财政分配、资源配置、稳定经济就没有正确目标。

马克思的劳动价值理论，是马克思剩余价值学说的理论基础，同样是财政学

---

①② 马克思、恩格斯：《马克思恩格斯选集》（第四卷），人民出版社 1995 年版，第 170 页。

理论的理论基础。这一理论的重大贡献在于通过商品生产、商品交换的研究，马克思发现了生产商品劳动的二重性，科学地分析了剩余价值的生产过程，揭示了被商品、货币、价值等历史经济范畴所掩盖着的社会生产关系。市场经济下的财政分配直接表现为价值分配，是价值运动的中枢，财政分配对象主要是劳动创造的剩余产品。财政参与价值分配、价值流通，价值增殖的运动，财政政策选择，税率的确定，税收转嫁与归宿，无一不以劳动价值论为重要依据。深入领会劳动价值理论的精神实质，用以指导财政税收工作实践，自觉遵守支配商品生产和商品交换的价值规律，有利于提高国民经济运行质量，开辟充裕的财政收入来源。

邓小平建设有中国特色社会主义理论，是马克思主义基本原理同中国建设实践相结合的最新理论概括，涵盖了中国现阶段经济、政治、文化、军事、外交、法制和党的建设各个方面，回答了我国社会主义初级阶段，社会主义建设、巩固和发展中，关系全局与决定全局的最基本、最重要的理论问题和实践问题，是指导我们完成社会主义初级阶段历史任务的强大理论武器。建立社会主义市场经济体制是一项前无古人的开创性事业，财政学建设需要解决许多重大理论问题和实际问题，比如新形势下的财政概念、存在前提，财政本质、职能，政府、市场与资源配置，财政运动规律，财政政策选择，"国家财政"与"公共财政"，"公共财政"与"公共经济学"等。这些最基本的问题，都要用新的思维方式结合实际努力探索，作出切合国情的科学回答。坚持邓小平特色理论作为构建财政学理论体系基础的基础，说到底就是要以邓小平同志运用马克思主义立场、观点和方法，实事求是地研究新情况、解决新问题的科学态度和创新精神为楷模，解放思想，勇于创新，写出具有中国特色财政学理论体系新篇章。为此，我们应当以追求真理为最高职责，既要继承老一辈学者潜心研究的优秀成果，使之丰富和发展，又要吸收、借鉴各国财政理论的精华，为我所用。切忌随波逐流、照搬照套。历史证明，外国的研究成果并没有研究中国这块土壤有多大需求，简单拿来是不会成功的。

第三节　社会主义财政的本质

🎐 一、本质和现象的关系

本质是一个哲学范畴，按照最一般的解释是指事物的内部联系，本质能说明事物的特性及其内部最主要的方面，对事物的性质和发展趋势起着决定作用。我们在把握本质一词的基本含义之后，还必须进一步弄清本质与现象之间的关系，切不可把事物的本质同现象等同起来。尽管世界上任何事物的本质都离不开一定的现象，也没有离开现象的本质，但是两者并不总是同一的。因为现象毕竟只是事物本质的外在表现或外部形态，这种外在表现是片面的、复杂多变的，有时甚至是反面的，人们可以通过感官直接去感觉。而事物的本质则是比较深刻、单一和稳定的，是不可能依靠简单的直观去认识的。研究问题、分析问题决不能把本质和现象混为一谈。正如马克思说："如果事物的表现形式和事物的本质会直接合而为一，一切科学就都成为多余的了。"① 科学和科学认识的目的就在于通过事物的外在表现揭示事物的内在联系，抓住事物的本质，提出正确方法，促进其发展。

二、财政本质说之争议

那么，什么是财政的本质？新中国成立以来，一直是国内外学者有着重大争议的理论问题。西方经济学界通常把财政的本质归结为政府执行公共活动所需资财的取得、使用及其管理的活动，由此构建了以四分法为导向的西方财政学基本理论体系。

苏联学者一种意见认为，国家财政是属于货币关系以内的，在货币关系外是不存在财政的。如苏联科学院通讯院士弗·吉雅琴科教授指出："财政与价值及其货币表现有不可分割的联系，与货币的职能也有不可分割的联系，它是一定的货币关系体系。"② 因而"社会主义国家财政是这样一种货币关系的体系，在它的基础上通过收入和积累的计划分配保证根据国家的职能和任务形成和使用集中的和非集中的国家货币资源基金。"③ 即"货币关系论"。而另一些苏联学者则把财政本质的货币关系进一步表述为"财政是为满足社会和个人的需要，通过货币基金的形成和使用来分配社会产品而产生的那部分生产关系的表现"，认为这样概括明确了财政的三个特征："（1）分配的性质；（2）分配的价值形成，即货币形成；（3）必须形成和使用基金。"④ 凡是具备了这些特征的分配就是财政分配，这就划清了财政分配和社会主义其他分配范畴之间的界限。苏联学者关于社会主义财政本质的"货币关系论"观点，在 20 世纪 50 年代初期为国内学者所共识，以及其后一个时期的巨大影响是不言而喻的。但是 20 世纪 50 年代后期，国内学者结合中国社会主义建设实际，对财政本质的探索同时也出现了一些与"货币关系论"相左的观点，其中最主要的流派有：（1）社会主义财政是国家为实现其职能分配社会产品和国民收入所形成的分配关系；（2）在商品货币经济存在条件下，财政是社会产品和国民收入的价值分配；（3）社会主义财政的实质是社会主义国家资金运动所形成的经济关系；（4）社会主义财政是剩余产品价值（社会纯收入）的生产、分配和使用，是剩余产品价值的运动过程。⑤

党的十一届三中全会后，以邓小平中国特色社会主义理论为指导，党中央出台了一系列方针、政策，鼓励理论工作者冲破种种禁区，紧密结合社会实践研究

①　马克思：《资本论》（第三卷），人民出版社 1975 年版，第 923 页。
②　弗·吉雅琴科：《财政理论问题》，财政出版社 1958 年版，第 35 页。
③　弗·吉雅琴科：《财政理论问题》，财政出版社 1958 年版，第 51 页。
④　M. K. 舍尔麦涅夫：《苏联财政》，中国财政经济出版社 1980 年版，第 16 页。
⑤　《财政学问题讨论集》（上册），中国财政经济出版社 1965 年版，第 23～29 页。

中国社会主义建设中的新情况、新问题。我国经济学界再次掀起了中国财政理论探索高潮。财政本质的研究进入了一个新的历史时期，相继提出了财政本质是社会为满足公共需要而进行分配所发生的分配关系。简称"公共分配论"或"共同需要论"。财政分配的本质特征是剩余产品的分配。简称"剩余产品分配论"等观点。① 上述各种观点对于进一步推动财政本质问题的研究，从不同层面作出了重要贡献。

三、"国家分配论"的提出

新中国成立后，由于社会主义政治经济制度的确立，旧中国仿效西方经济理论建立的财政学显然已不适合国情。我国财政学界开始学习和运用马克思主义基本原理研究社会主义财政的本质、职能、原则、财政范围及其属性。更由于新中国成立初期的特殊历史背景，社会主义经济学"唯我独尊"，国内理论研究一边倒，完全排斥西方经济理论，我国财政学科基础理论的建设受到苏联财政理论影响，当时多数学者都把财政学研究对象及其本质认定为货币关系体系，即"货币关系论"，这一观点在新中国成立初期一直占据支配地位，起着主导作用。但是，"货币关系论"的观点，在研究经济社会发展过程中的财政现象出现了很大困难，许多财政历史事实缺乏理论依据，难以自圆其说。有鉴于此，20 世纪 50 年代后期随着社会主义建设事业的发展，国内部分学者从不同角度对"货币关系论"提出了质疑，我国老一辈财政学家西南财经大学许廷星教授从国家实现其职能参与社会产品分配形成的分配关系入手，以参与分配的主体为标准，把社会再生产中的诸多分配区分为经济属性分配和财政属性分配两大类别，于 1957 年在国内首次系统地明确提出"财政学的对象是国家关于社会产品或国民收入分配与再分配过程中的分配关系"② 的理论及其理论体系的全新见解，即"分配关系论"或"国家分配论"。

许廷星教授的这一研究成果，对财政基础理论从货币关系的圈子脱离出来研究人们物质利益的分配关系，是一项重大突破，引起了广泛的反响，获得了学术界的高度评价。认为把"分配关系分为社会经济分配关系和国家职能所发生的分配关系（也就是财政的分配关系）"，"财政学的对象就是客观存在的财政分配关系"，"把财政同国家的职能相联系，由此来规定财政学的对象，其基本方向是正确的。"③ "'分配关系论'的提出，对于财政本质的探讨作出了重要的贡献。它克服了货币关系论的缺点，解决了货币关系论不能解释的若干重要问题。他们关于财政同国家为实现其职能参与社会产品的分配关系的论点，是同马克思关于捐

① 姜维壮：《当代财政学主要论点》，中国财政经济出版社 1987 年版，第 59～61 页。
② 许廷星：《关于财政学的对象问题》，重庆人民出版社 1957 年版，第 5 页。
③ 王传纶：《对财政学对象问题的探讨》，载于《教学与研究》1958 年第 7 期。

税的本质的分配相符合的。"① "国家分配论"的主要贡献在于"一方面搞清楚了财政分配的对象是社会总产品和国民收入分配及再分配；另一方面弄清楚了分配关系属于经济基础，分配方式和分配活动……属于上层建筑反作用于经济基础的能动形式；同时也揭示了财政分配方式在不同的生产方式条件下具有特殊的运行方式。"总之"国家分配论……为推进财政理论发展打下了基础。"② 我国 20 世纪 50 年代所产生的"国家分配论"，在老一辈著名财政学家的积极支持和倡导下，经过一代人的共同努力，不断充实和发展，已被学术界绝大多数学者、专家所接受，形成共识，成为财政学基础理论建设的主流派。"国家分配论"为推动具有中国特色财政理论的发展，及其所作出的贡献有目共睹，必须给予充分的肯定。

理论来源于实践，又高于实践、指导实践，然后在新的基础上受到实践的检验和发展。自古以来，任何一门学科的理论都是在实践基础上产生，又是在辩论中成长、发展的。我国目前正处在体制转换、深化改革开放和结构调整中，面临着不断出现的新情况、新问题，更需要有科学的理论加以指导，需要有明确的思想、科学的研究方法，而不是流于形式追求时髦的词汇或表达方式。财政理论研究要有历史的深度和宏观视野，从事物内在的本质联系去分析现实生活中的经济现象，而不是局限于事物的表层和细枝末节上看问题，这样才具有普遍的意义。

"国家分配论"以马克思主义的认识论为指导，理论依据科学、坚实、深厚，主体明确，对象清晰。考察财政问题不是停留在财政分配活动表现出的表面现象，而是在财政分配活动现象的基础上，深入研究财政分配关系去探索财政的本质、财政分配规律。研究财政分配关系实际上也就是研究人们的物质利益关系及其分配规律。研究联结生产与生产关系内在联系中起着关键作用的人的积极性和劳动热情，解放生产力。可见，"国家分配论"把财政分配关系作为研究对象，能够从根本上揭示财政与国家内在的本质联系，反映政府活动的范围和方向，深层次地把握财政与经济、财政与社会再生产、经济基础与上层建筑之间的内在联系，准确回答"什么是财政"、"财政的本质是什么"、"财政分配的主体和客体是什么"等问题。为此，财政机制运作应以实现国家职能为核心，为人民大众公共需要和经济社会发展需要服务。

实事求是是邓小平理论的精髓。解放思想是人类深化对客观世界认识的过程，只要实践在发展，人们的认识就不会停顿，对客观规律的探寻也就不会止步。我国社会主义市场经济体制的建立，迫切需要解决许多复杂的理论问题和具体的实际问题。"国家分配论"的提出、形成和发展只不过五十多年的历史，我们并不认为它的理论体系、学术观点已经完美无缺，从而拒绝一切有益的优秀科学研究成果。西方财政学理论随着资本主义经济的发展和变化，目前也处在不断

---

① 李成瑞：《从实践中的若干体会来谈社会主义财政的实质和范围问题》，引自《财政学问题讨论集》（上册），中国财政经济出版社 1965 年版，第 180 页。
② 许毅：《广义财政学初探》，载于《财政研究》1996 年第 3 期。

发展和创新的过程中。我国改革开放不断深入，社会主义现代化建设不断发展，社会经济生活中出现的新情况、新问题需要新的观念、新的理论来解决，需要进行实事求是的概括。"国家分配论"的理论体系需要在实践中修正、丰富和发展。在改革开放进入攻坚阶段的今天，在党的十七大精神指引下，一个思想解放和深化改革的新高潮将会又一次到来。财政学科建设必须大胆突破传统的、僵化的模式束缚，摆脱抽象的"经院式"的研究，要以国家为主体的分配关系为红线，以生产方式决定分配方式的原理，密切联系生产力和生产关系再生产规律，联系市场经济运行规律，深刻认识财政分配同生产力的结合形式。从全新的角度在更广阔范围上考察财政分配与经济再生产的生产、分配、交换、消费之间的关系，市场经济运行与财政政策、经济基础与上层建筑的关系，财政分配与生产力结构优化、生产力要素配置和物质利益分配之间的关系，给"国家分配论"以更加丰富的理论内涵，注入新的活力。许毅教授关于《广义财政学体系初探》一文提出的设想很有启示，具有重要研究价值，可以作为探索新的财政学科理论体系框架的参考。

第二章 政府职能与财政职能 ✠

第一节 市场与政府

❦ 一、市场与市场经济

当代经济社会生活中，市场经济是人们接触和使用最频繁、最普遍的一个经济学概念，要准确把握市场经济这一概念的内涵，就必须首先弄清什么是市场？一般而言，市场是指商品交换的场所和领域，它是商品生产和商品交换的产物。

人类社会在漫长的原始公社时期，社会分工是自然产生的，人们在氏族组织的狭小范围内共同生产、共同消费，没有剩余产品，没有交换，自然也就无所谓市场可言。但是，当人类社会进入原始公社后期，随着劳动生产率的提高，社会分工的扩大，特别是出现了货币等价物，最初的产品交换逐步演变成为商品交换的一种经常性制度后，这时的产品交换场所就转变成为商品交换的场所。可见，市场属商品经济范畴，是商品经济发展的必然结果。但是，市场又是随着商品生产、商品交换的发展与扩大，社会分工的进一步发展，其作用与范围不断扩大，市场的内涵也是不断丰富的。

那么，什么是市场经济？有一种观点认为，商品经济就是市场经济，这种观点显然是不正确的。尽管商品经济与市场经济有着内在联系，市场经济是商品经济发展的必然趋势，两者没有本质的区别；但是，把商品经济直接与市场经济等同起来，把两个不同的经济概念混为一谈，说成是一回事就不正确了。

众所周知，商品经济是一个历史范畴。商品出现至今已经有着几千年的历史，在各个社会形态下，其作用范围和运行的轨迹是不相同的。例如在奴隶社会和封建社会，自给自足的自然经济占据统治地位，这一时期的商品经济基本上是排斥市场机制的简单商品经济。商品生产者生产和出售商品主要是为了重新购买其他商品以满足自己的需要，市场范围狭小，没有形成全社会范围的统一市场，也没有健全的市场体系，市场机制不可能成为经济社会活动资源配置的主体，因而商品经济也就不可能采取市场经济形式。只有当经济社会发展到了资本主义社会阶段，商品经济得到了最充分的发展，一切劳动产品，甚至劳动力也成了商品，形成了统一市场和完整的市场体系，市场机制在经济社会资源配置中取代自然经济而居于主导地位的条件下，商品经济才采取了市场经济的形式。因此，我们认为，市场经济是比较发达和高度发达的商品经济，是经济社会资源以市场为主体的一种资源配置方式。

 二、市场经济的一般特征

市场形成和发展的历史演进表明，市场经济是一个历史的经济范畴，不具有社会制度属性，其一般的特征（共性）表现为：

（一）产权关系明晰

在市场经济条件下，进入市场的主体不管是何种性质的经济成分，都必须是独立的，有着独立的经济利益，能自主地作出经济决策和承担决策风险。而要实现市场主体独立的经济利益，必然要求商品生产者和商品经营者产权关系明确，并使之成为真正独立的经济实体，能根据自身的利益关系和承担的责任，追求收益最大化，自主地处理全部经济活动。如果参与市场的生产者和经营者产权关系不清晰，不具备起码的独立自主性，不能充分发挥自主生产的生产者和经营者应有的决策权，无承担经济风险的责任，这样的市场经济也就无任何实际意义。

（二）市场的公平竞争

市场经济活动中，所有参与者之间的竞争，都是以完全平等、公平交换为条件的。也就是说，他们的任何一方都不享有任何行政的、宗法的特权，也不承认市场参与者的社会地位差别。而只遵守市场经济的基本经济规律，按照基本经济规律——价值规律所要求的等价交换原则进行各项经济活动。

市场交换中的商品价格是受商品的供求关系影响而形成的，价值规律起着调节生产要素在社会各部门间自由流动的作用。各个经济利益参与者主体根据商品供求状况引起价格波动所发出的信号，追踪信号导向，在自身利益与市场风险的驱动下，为了占有市场必然会不断调节生产组织形式、经营方式，改进技术，提高劳动生产效率，以降低成本，获取收益最大化。可见，市场经济活动中的公平竞争性，是市场经济正常运行的基础，离开公平竞争，破坏公平竞争原则，就不可能提高资源的运用效率，从而也就不可能实现社会效益的最大化。

（三）健全的经济法规体系

从维护市场经济正常运行视角讲，市场经济是一种法治经济。这是因为，市场经济的建立和完善，必须依赖于法律制度、法律体系的建立和完善。市场主体地位的确立，权利的维护和保证，市场秩序的建立和维护，市场资源的优化配置以及市场缺陷的克服等，都离不开法治，离不开法律制度规范。没有符合市场经济运转要求的经济法规，没有完备的经济法规体系，就无法保证经济运行的法制化。

（四）宏观调控间接化

市场经济条件下，市场机制是商品经济运行的内在机制，各种商品的买卖活动都是通过市场实现的。市场通过自身的机制和价格、竞争、供求等各市场因素的相互作用，调节着生产，影响消费者的决策行为。

三、市场中的政府作用

市场通过自身的机制和价格、竞争、供求等各种市场因素之间的相互作用和相互制约，引导调节生产结构、合理配置社会资源，达到社会总需求与社会总供给的基本平衡。但是，市场经济发展的历史证明，市场并非万能的。一个完全自由的、盲目的市场完全依靠自发形成的资源配置并不总是有效的。没有政府干预、无宏观调控的市场经济，就是当代发达的资本国家也是没有的。因为市场经济存在着自身难以克服的局限性。比如：市场功能的缺陷，容易出现所谓的"搭车"现象；市场竞争失灵往往会导致垄断；市场无法完全实现收入公正；市场自发调节带有的一定盲目性等；都会影响到国民经济总量难以实现经常的宏观平衡，客观上需要政府介入干预，需要政府运用财政、税收、货币、信贷、利率等政策手段进行宏观调控，以保证社会经济的持续增长。

我国社会主义市场经济体制是同社会主义基本制度结合在一起的，市场在国家宏观调控下对资源配置起基础作用。社会主义市场经济运行中市场配置资源的基础性作用，不是完全放任自流的。而是依据人民当前利益和长远利益、局部利益和整体利益相结合，以政府为主体，在科学发展观指导下，主要通过经济手段，如财政政策、货币政策等以及法律手段和必要的行政手段，自觉地遵循经济发展规律干预经济，对市场信号进行宏观调节，为进入市场的主体创造一个稳定的、公平的市场竞争环境，以有效影响微观经济活动的行为，提高经济发展的质量和效益。

第二节　政府和政府建设

一、政府的一般含义

什么是政府？长期以来一直是国内外学术界有着重大争议的热门话题，众说纷纭，莫衷一是。但争论的焦点，归结起来不外乎两点，即政府概念的宽、窄口径之说。主张宽口径（广义）政府概念的学者认为，政府是泛指一切国家的政权机关，包括立法机关、司法机关、行政机关以及一切公共机关与议会、内阁、总统、法院等机构。主张窄口径（狭义）政府概念的学者则认为，政府是指一个国家的中央和地方的行政机关，如外国的内阁、总统、政务院等，我国的国务院、地方各级人民政府。① 我们赞同政府一词的窄口径之说，政府的一般含义应当是指国家权力机关的执行机关。换句话说，政府就是专指国家的行政机关，例如我国的国务院（中央人民政府）和地方各级人民政府。用这样的概括来界定什么是政府，有利于弄清楚国家与政府的边界。

---

① 郭小聪：《政府经济学》，中国人民大学出版社 2003 年版，第 4～5 页。

人类社会发展至今的全部历史表明，世界上任何一个国家、地区的政府都不是超国家、超阶级和超社会的。研究政府的定义及其内涵，必须与国家、阶级、政党和社会相联系进行考察，才具有真正的理论意义和实践价值；否则，便会陷入经院哲学式的研究方法，成为一种纯粹抽象的逻辑推理和烦琐的概念游戏。

二、政府与国家及社会

什么是国家？这是又一个有着重大争议而未求得共识的理论问题。对国家含义的解释，西方国家长期以来最有影响、最具代表性的莫过于卢梭的契约论。卢梭认为，在国家产生以前的"自然状态"下，人们是平等自由的，只有年龄和体力的不同，存在自然的不平等。政治上的不平等是随着私有财产的产生而产生和发展起来的。人类不能长久地停留在国家出现以前的那种自然状态中，为了脱离那种自然状态，保障财产和安全，客观上要求相互订立一种契约，成立国家。因而，国家是人们共同订立契约的结果，代表着人民的普遍意志（即共同意志），是为全体人民谋福利的。卢梭把国家视为社会的公证人，对各个阶级不偏不倚地维护全社会所有人的利益，政府只是执行公意的机构，如果政府不执行公意就是破坏了契约，人民有权推翻政府。卢梭的国家契约论，用抽象的人性和契约关系来说明国家的起源和本质，显然是一种主观臆测的假设，是唯心主义的。

马克思主义者从历史客观事实出发，认为国家和阶级自始至终都是直接联在一起的，是阶级统治和压迫的工具，是阶级矛盾不可调和的产物。列宁指出："国家是阶级矛盾不可调和的产物和表现。在阶级矛盾客观上达到不能调和的地方、时候和程度，便产生国家。反过来说，国家的存在表明阶级矛盾的不可调和。"①

国家是一个历史范畴，它不是从开始就有的，是人类社会发展到一定阶段的产物。在原始社会几十万年的漫长时期里，由于生产工具非常简陋和原始，人们以简单协作的方式共同劳动，获取勉强维持生存需要的食物和其他生活必需品。原始人以这种共同劳动和简单协作方式进行生产，其劳动成果必然归大家共同享有，平均分配，生产资料自然也就归参加共同劳动的全体成员公有，不存在私有制，没有人剥削人的现象。原始社会的氏族组织尽管有议事会作为内部最高的权力机关，有关共同利益的事务均由议事会解决。每个氏族都有由推选产生的酋长和首领，负责处理日常事务，但酋长和首领的权力是纯道德性的，没有任何强制手段。随着生产工具的改进，社会生产力的提高，出现了剩余产品，引起交换的产生和发展，氏族公社内部便产生了私有制，逐渐出现了贫富不均的现象，使各成员之间有了不同的利益。各个富裕成员集团为了维护自身的利益，他们用各种方法使自己处于优越的地位，而贫穷者逐渐依附于富有者成为奴隶，这就为阶级和国家的产生奠定了经济基础。马克思主义的创始人，在他们浩如烟海的巨著

---

① 列宁：《国家与革命》，人民出版社1972年版，第7页。

中，对国家的起源和本质问题，作过一系列的精辟论述，指出："国家并不是从来就有的。曾经有过不需要国家，而且根本不知国家和国家权力为何物的社会。在经济发展到一定阶段而必然使社会分裂为阶级时，国家就由于这种分裂成为必要了。"① 可见，国家是随着社会分裂为阶级而产生的，并将随着人类社会阶级的消亡而逐渐消亡。

国家主要由军队、警察、法庭、监狱、行政机关及其他专门的机构组成。国家职能是国家本质的内在要求和具体体现，主要有两点：一是内部职能，二是外部职能。国家的内部职能在于进行社会控制，维护社会政治秩序和社会稳定，为经济社会发展营造一个良好的环境。国家的外部职能则主要是防御外来侵略，保卫国家安全。两个职能是密切联系，相互依存，相互促进的。国家内部职能的增强，是国家外部职能顺利开展的基础；国家外部职能的有效发挥，反过来又会进一步巩固和发展国家内部职能。二者相辅相成，互相配合，缺一不可。国家的本质决定着国家职能的性质、活动的范围和方向，而国家职能的基本内容是通过国家各个专门机构的活动来具体体现和实现的。政府职能只是国家职能的一个重要组成部分而非它的全部。

国家既然是社会分裂为阶级的产物，作为国家机器重要组成部分和国家权力具体执行者的政府，必然具有明显的阶级性和社会性。即一方面必须为经济社会中占统治地位的阶级服务，维护统治阶级的利益，保证国家统治意志的实现；另一方面又以全社会的名义进行国家管理活动，把绝大多数政务具体化为社会管理工作，维护管理秩序，为全社会成员提供与社会生产力发展水平相适应的各种管理服务，以利于促进国家与社会关系的良性互动。

三、中国政府转型的必要性

温家宝总理指出："推进政府自身建设和管理创新，是行政管理体制改革的主要任务，也是经济体制改革和政治体制改革的重要内容。"② 党中央和国务院历来十分重视这方面的工作。党的十六大以来，政府在推进自身改革和建设方面采取了一系列措施，诸如修订了《国务院工作规则》，颁布了《全面推进依法行政实施纲要》和贯彻实施《公务员法》等。这些重大改革措施的推行，为完善社会主义市场经济体制相适应的政府管理体制，转变政府职能，优化政治组织结构，推进决策科学化民主化，加强依法行政，推动反腐倡廉方面，奠定了较为广泛的思想基础。各项改革工作成效显著，同时也为进一步推进政府自身建设和管理创新积累了宝贵经验。

当前，我国正处在深化改革、加快发展的关键时期，经济社会中存在的深层矛盾和突出问题，客观上要求我们厘清阻碍改革发展的思想理念，以科学发展观

---

① 马克思、恩格斯：《马克思恩格斯选集》（第四卷），人民出版社 1972 年版，第 170 页。
② 温家宝：《加强政府建设 推进管理创新》，载于《经济日报》2006 年 9 月 8 日。

为指导，加快政府转型的步伐，把"由无限政府转变为有限政府，由权力政府转变为责任政府，由自由裁量的治理体制转变为基于法制规则的治理机制，由闭门操作的治理方式转变为公开、公平、公正的治理方式。"① 只有把政府行政管理切实转到服务型政府的目标模式上来，才有利于进一步推行政企、政事、政资分开，政府与中介组织和社会事务分开，从而从政治层面有效的改变政府公共权力运行中的"缺位、错位、越位"现象，划清政府、市场、企业之间的权能边界，充分发挥市场配置资源的基础作用。

第三节 政府职能

如前文所述，国家是阶级矛盾不可调和的产物，国家的性质决定国家职能的性质、活动范围和总体活动方向。因而，作为国家机器最重要组成部分的政府，其职能从根本上讲，必然与一定的阶级相联系，为其所代表阶级的利益服务，古今中外一切国家的政府概莫能外。但是也要指出，政府的职能不是一成不变的。从历史演进的过程看，政府的职能、活动范围和方向总是伴随着人类社会发展阶段和社会、政治、经济等状况的变化而变化的。例如，西方市场经济国家政府的职能就经历过守夜人的"小政府"到积极干预的"大政府"，再到政府与市场并重的演变过程。

当前，我国社会主义市场经济发育尚未完全成熟，正处于传统政府向服务型政府的转变过程中，为适应现阶段经济社会发展的新情况，政府职能必须紧紧围绕政府转型而重新定位。我们认为，在建立和完善社会主义市场经济体制的新形势下，我国服务型政府的基本职能是：经济调节职能，市场监管职能，社会管理职能和公共服务职能。

一、经济调节职能

政府的经济调节职能，是指在市场经济运行中，政府从社会经济生活宏观角度，对社会总需求和总供给所进行的调节控制，以促进经济结构调整和优化，使经济社会保持平稳健康发展。

政府的经济调节职能是伴随着生产力发展、社会分工、生产社会化程度提高和市场的扩大而产生和扩展的。在资本主义社会之前的几千年的历史长河中，由于生产力水平低下，生产社会化程度不高，市场狭小，能够发挥政府经济调节职能作用的领域、能够调节的范围是十分有限的。到了资本主义初期的向上发展阶段，与自由竞争相适应，资产阶级政府曾标榜不干预经济生活，实行自由放任的经济政策，对资本主义经济发展起了促进作用。但是，随着机器大工业的迅速发展，生产社会化程度的不断提高，国内外市场的扩大，自由竞争引起的生产集中

---

① 陈清泰：《政府转型是深化改革的着力点》，载于《经济日报》2004 年 11 月 12 日。

和垄断的形成，一方面促使资本主义个别企业生产日益具有严密的组织性，另一方面为了追逐高额利润，又驱使各个资本家尽力扩大生产规模，使整个社会生产处于一种盲目的无政府状态。资本主义生产无限扩大的趋势和广大人民有支付能力的需求相对缩小的状况形成尖锐的对立，加深了资本主义生产固有的基本矛盾。特别是 1929～1933 年席卷资本主义世界的经济大危机爆发时，西方资本主义国家普遍推行凯恩斯主义，政府干预经济的领域几乎直接介入到社会再生产过程的各个方面，政府经济调节职能大大增强，对缓解资本主义周期性的经济危机起到了积极的作用。

我国是世界上最大的发展中国家，经济社会在相当长的历史时期内都处于社会主义初级阶段，存在着人口众多，各地区的经济基础、社会环境、文化素质差异突出等问题。这些问题都不是自由放任的市场经济运行所能解决的。为保持经济平衡较好发展，客观上要求政府加强经济生活干预，出台一系列的政策措施。例如，政府运用财政政策、货币政策、产业政策和收入政策等进行引导，鼓励社会参与，规范市场运作，使市场这只"看不见的手"和政府这只"看得见的手"有机结合起来，才能充分发挥市场配置资源的基础性作用，优化产业结构，保持国民经济的良性互动，为社会总需求与总供给的基本平衡奠定坚实的基础。

二、市场监管职能

市场监管职能是指政府依法对市场主体及其行为进行监督和管理。

市场经济运行最基本的制度要素如前文所述：市场参与者产权关系明确；经济主体利益独立；价格依据供求关系形成；市场平等进入和公平竞争；经济关系法制化。如果政府没有按照市场运行客观要求制定法律、法规体系和行为准则，那么这种自由放任、没有法律和法规的市场必然充满着强权、垄断、欺诈、混乱和扭曲市场主体的行为。为此，政府通过改革开放必须建立和制定一整套与市场经济运行相适应、符合国际惯例、比较完善的市场规则和法律体系，规范市场秩序，使之成为进入市场主体共同遵守的行为规范和处理各主体之间相互关系的准则，进入市场的各个主体只能在不损害公众利益的前提下，追求和实现自身的经济利益。政府在市场运行中充分发挥自身的监督管理职能作用，通过法律、法规的实施，维护公平竞争的市场秩序，防止和打破市场经济中可能产生的垄断和不正当竞争，为建立更加开放、竞争、有序的现代市场体系创造良好的市场环境，提高各方面资源的运用效率，从而达到社会效益的最大化，是政府义不容辞的历史使命。

三、社会管理职能

社会管理职能，是指政府通过制定社会政策和法律法规，管理和规范社会事务，维护社会秩序，以求得经济的发展和社会的稳定。这是国家社会职能实现途径的具体体现。

恩格斯指出："一切政治权力起先总是以某种经济的、社会的职能为基础的。""……政治统治只有在它执行了它的这种社会职能时才能持续下去。"[①] 政府的社会管理职能是以国家存在为前提的，是国家本质要求的必然，体现着国家的公共性和代表公共利益进行社会管理的共有特征，行使公共事务监督与管理的使命。政府社会管理职能的核心内容是确立政府和社会组织的法律地位，使政府的社会管理法治化、规范化，有法可依，有章可循，最大限度地调动一切积极因素，协调地区之间、民族之间和不同行业之间的社会冲突，化解社会矛盾，维护社会治安，稳定社会秩序。实施政府的社会管理职能，把政府社会管理工作纳入法治轨道，既使各个社会组织在法律规定的框架内，享有充分的独立自主管理权，选择多样的管理模式，政府又能在尊重法律的原则下，积极介入社会生活，管理社会事务，指导社会组织按照国家制定的目标和方向发展。

四、公共服务职能

公共服务职能是指政府在正确界定政府、市场和企业边界的基础上，为社会提供公共产品和服务，为社会公众生活和参与社会各种活动创造条件。

市场经济条件下，政府、市场和企业之间的关系在功能上是互补的，也就是说，政府、市场和企业各有各自活动的范围和边界，任何一方都不能在功能上完全替代另一方；边界不清就会造成"越位"、"错位"的诸多弊端。政府为社会提供公共产品和服务，比如加强城乡公共基础设施建设，发展教育、科技、文化、卫生、体育、环境等公共事业，加大政府投入，制定和实施社会保障制度，提供社会福利、保险、救济和慈善服务，增加就业，在国家经济实力增强的基础上，不断提高广大人民群众的物质文化生活水平。

第四节 财政职能

财政职能和政府职能是相互区别，又密切联系的两个经济范畴。两者的关系可以简括为：政府职能是财政职能存在的基础，规定着财政作用的范围和方向；财政职能是政府职能实现的重要手段，是政府经济调节、市场监管、社会管理和公共服务职能在经济社会生活中发挥作用的体现。社会主义市场经济条件下的政府宏观经济调节、微观经济引导、社会总供给和总需求的平衡，无不依赖于财政、金融等职能的实现。我国社会主义市场经济体制下的财政职能主要有：资源配置职能；收入分配职能，稳定经济增长职能和监督职能。

一、资源配置职能

财政资源配置职能，一般是指政府运用财政手段，将一部分社会资源（国内

---

① 马克思、恩格斯：《马克思恩格斯选集》（第三卷），人民出版社1972年版，第222页。

生产总值）集中起来，根据政府、市场、企业之间边界的理论框架，通过财政支出，为政府提供公共物品和服务，满足社会需要。

资源稀缺是现代社会面临的重大现实问题，如何使有限的资源得到最优的配置，达到"帕累托最优"的理想状态，一直是国内外经济学界研究的基本问题。就当代社会资源配置的方式而言，概括起来不外乎两点：一是市场配置；二是政府配置。市场诞生以来的市场经济运作实践反复证明，市场配置资源优越于政府配置资源，有利于缓解资源稀缺与人类无限需要的矛盾，保持社会总供给与总需求的基本平衡。这是因为市场的存在及其自身内在机制对社会经济活动发挥着交换商品的桥梁和纽带、调节生产结构、传播和反馈信息的积极作用。在市场经济条件下，资源配置通过价格、竞争、供求等各种市场要素的相互作用、相互制约，影响企业和个人的经济决策，实现各种生产要素在地区间、部门间的自由流动，调整生产结构和资源的合理配置。但是几百年的市场经济实践也同时证明，单纯依靠市场机制的作用，自发地调节资源配置，明显存在着自身的局限性，难以达到所谓的"帕累托最优"状态，而且还由于社会经济生活中广泛存在着市场失效的领域，市场机制运行无法为整个社会需要提供公共产品。正是由于市场机制自身存在的局限性，要求政府承担起为社会提供公共物品和服务的责任，介入社会资源配置，弥补市场功能的缺陷。

我国社会主义市场经济体制下，财政不仅是政府占有部分社会资源的直接分配者，而且也是社会资源配置的调节者和公共物品的提供者。政府在自身边界的活动空间范围和领域内，把财政收入集中起来的资金，通过财政支出，以公共提供的方式，用于社会公共部门，为这些部门提供公共产品和服务，保证国家安全和社会秩序稳定。或用于市场资源配置无效和低效的非竞争性的商品和行业，制定有关政策，引导社会资金投向，鼓励和支持其发展。此外，借鉴国际经验，政府把集中起来的社会资源，直接配置于国民经济中的农业、原材料、交通运输、能源等基础产业和部门，以及一些推动国民经济快速发展具有先导性的高新技术产业，也是财政资源配置职能的重要内容。这对于提高社会资源配置的宏观效益，实现全社会资源配置效率的最优化起着巨大作用。

二、收入分配职能

财政收入分配职能，是指财政以政府名义，代表政府参与部分社会产品或国民收入的分配，调节社会成员在社会产品或国民收入分配中所占有的份额，以协调各方面的经济利益关系，实现社会财富的公平分配。

市场经济条件下，社会成员个人收入的形成是通过市场和社会两个层次的分配实现的。市场分配也称微观层次的分配，属社会产品或国民收入的初次分配。社会分配又叫做宏观层次的分配，属社会产品或国民收入的再分配。我国现阶段社会主义市场经济体制是以公有制为主体，多种所有制经济共同发展为特征，国家实行以按劳分配为主，多种分配形式并存，效率优先，兼顾公平的收入分配政策。为此，在市场层次分配中，社会财富占有份额必然要以效率的准则，依据市场各个经济主体提供的生产要素数量和质量自主决策分配，无须政府直接干预。这样，有利于贯彻按劳分配为主体的分配政策，调动各种积极因素，鼓励一部分地区一部分人先富起来。但是，由于参与市场分配各社会成员之间，客观存在着劳动能力、生产要素占有量、受教育程度、就业机会、就业地区和部门以及竞争条件的差异，因而就会出现收入差距过大，社会财富占有份额过分悬殊的不公平现象。为了缓解收入分配中的矛盾，政府有必要通过财政、税收、社会保障、转移支付和补贴等手段，以社会公平为目标，从宏观层面参与社会产品或国民收入的再分配，调节社会成员个人收入之间、地区之间、部门之间的分配关系，把社会成员的收入差距、地区差距、部门差异控制在与社会生产力发展水平相适应和社会可以接受的限度内，以利于正确处理积累和消费、全局和局部、长远利益和近期利益的关系，实现社会主义效率与公平的统一，使广大人民群众共享经济发展的成果，走共同富裕的道路。

三、稳定经济增长职能

财政稳定经济增长职能，是指政府运用财政收入手段和其他经济手段相互配合，从宏观视野对国民经济所实施的调节、控制和管理，以实现政府制定的经济发展战略目标，保证社会经济持续平稳较快增长。

稳定经济增长职能包括稳定经济和经济增长两个方面的基本内容。稳定经济是经济增长的前提，而经济的持续增长又为进一步稳定经济奠定了坚实的物质基础。市场经济运行实现稳定经济增长，需要政府采取一系列的经济手段、法律手段和必要的行政手段配合进行宏观经济调控，以解决市场机制自身所具有的功能缺陷和不足，减少市场主体参与者偏离市场信号或信号失真导致的自发性和盲目性。

在现实经济生活中，财政发挥自身的职能作用，实现经济稳定增长的条件包括：（1）有较充分的就业；（2）物价相对稳定；（3）总供求基本平衡；（4）经济稳定；（5）国际收支协调。由于财政对社会资源的占有是以政府为主体参与社会产品或国民收入的分配，这就决定了财政在经济稳定增长中起着特殊的作用。例如，政府实施扩张性的财政政策，扩大财政赤字规模，增加财政支出，减少税收收入，就可以增加就业、扩大社会总需求、抑制经济下滑和经济运行中的周期性波动。反之，政府采取紧缩性的财政政策，压缩赤字规模，减少财政支出，增加税收，则可以抑制经济过热，减轻社会需求过度引起通货膨胀的压力，使社会总供给和总需求保持相对平衡。又如，政府采用个人所得税、转移性支出、失业救济金和财政投资等制度，以及增加公共设施和基础产业投入，这对优化产业结构、调节需求结构、促进经济稳定持续增长起着重要作用。

四、监督职能

社会主义市场经济体制下，财政是否具有监督职能？从理论界关于财政职能争论的最新动态看，多数学者都表示赞同社会主义市场经济条件下财政具有收入分配、资源配置和稳定经济三大职能，但否定财政具有监督职能，认为监督职能是计划经济的产物，现在经济体制变了，监督职能已经失去了依存的基础。其实这是一种误解。他们忘记了社会主义市场经济是同社会主义基本制度结合在一起的，是以公有制为主体的这个根本特点。他们忘记了财政同国家的血肉联系。财政作为国家实现职能的重要工具，受到国家职能的制约，因而研究财政职能，不能离开国家职能，不能总是停留在抽象的层面上讨论，而要进行精深的研究，把握经济运行的真实轨迹，寻求科学的依据；否则就会陷入教条式的无谓争论，导致判断失误也就在所难免了。

市场经济是比较发达和发达的商品经济，社会产品的价值分配离不开监督，只有重视监督，加强管理才能使市场沿着规范化、法制化有序的运作。财政监督不是计划经济的专利品，它导源于国家对社会经济生活的管理和监督，植根于财政分配目的。无法想象，社会经济生活中的分配和实现分配目的不需要监督能行吗？我国过去长期忽视财政监督既有理论宣传上重收入轻支出、重开源轻节流，严重忽视财政监督，忽视财政效果的偏误，也有体制性、制度性的原因。原先流行很广的所谓"计委定盘子，财政拿票子"，"大锅饭"和预算软约束是典型例子，造成财政监督工作严重弱化。研究财政职能应走出长期忽视财政监督的理论误区，端正相关的理论指导，健全财政职能，特别是财政监督职能。把财政监督贯穿到财政工作的始终，覆盖所有财政领域和财政分配过程。可见，财政监督职能的存在是客观的，是商品经济发展历史的必然选择。

第三章　政府经济行为

第一节　政府经济行为的理论基础

一、什么是政府经济行为

政府经济行为，简言之就是指政府的经济活动和政府经济活动对国民经济发展、资源优化配置的影响。政府经济行为是一系列复杂的经济活动。我国实行单一制的多级政权，在空间上划分为若干区域，赋予各个区域一定的权力和职责，地方各级政府按照中央政府的总体要求，实现各个区域政治、经济和文化的发展。当前，我国的中心任务是以经济建设为中心，建立和完善社会主义市场经济体制，不断提高人民的物质文化生活水平。为此，政府通过自身的经济行为，制定法律、法规、政策和各种经济调控手段，参与经济管理，对处理好政府与市场的关系、引导经济发展有着极为重要的理论意义和现实意义。但是政府不是万能的，如果政府不能为经济发展和资源优化配置提供好环境，或者说，该到位的没有到位，不该到位的越位了，就会阻碍经济的健康发展。政府必须在市场发挥基础性作用配置资源的前提下，通过合理的经济行为，弥补市场缺陷，从而实现经济发展和资源的优化配置。

二、政府经济行为的理论依据

市场经济条件下，市场失灵是政府经济行为的理论基础。完全竞争经济下的自愿交换模型，即以供求关系为基础的交换模型告诉我们，经济发展中产品和服务的产出与这些产出价格的设定，都是根据互相竞争的市场中消费者的偏好和收入来决定的。假定市场的结果处于"帕累托最优"状态，即在要素价格既定的条件下，要素的重新配置已无法再提高总产值；并在初始收入分配既定的前提下，通过在个人之间重新分配最后产出是不可能在不使其他人境况变坏的情况下，使自己的境况得到改善。这些结果通常是以假设完全竞争的市场为基础的。

市场失灵，是指那些为取得有效的市场解决办法所需的条件不存在，或者以这样或那样的方式互相抵触而导致的市场失效和"帕累托最优"状态的不存在。市场失灵是所有可观察到的市场中一个极其重要的特征，任何经济的市场体系如果放任自流，就会出现某些产品生产过多，而其他一些产品则生产不足的现象。究其原因主要有：（1）公共产品和外部性产品的供给；（2）不完全竞争的市场交易，诸如自然垄断情况下的成本递减和规模收益递增；（3）交易信息的不对称；（4）市场交易的不确定性，如合同的违约执行等。这些都会导致市场失效，造成资源浪费。

三、政府干预经济的必然

政府是人类文明发展的产物，在现代社会生活中，具有举足轻重的地位，对社会经济发展起着不可替代的作用。

考虑到市场失灵，为了保持经济发展，客观上需要有专门的机构或组织来解决市场运行中的缺陷，而具有普遍性和强制性权力的政府就自然成为这样的机构和组织，也只有政府这样的机构和组织才有解决市场失灵的可能性。因为政府具有：（1）课税的优势。政府可以通过征税的办法来调节经济发展，并为公共产品的供给提供物质保证，而其他的社会组织或机构则没有这样的可能。（2）通过禁止或允许的权力，强制性地要求人们作为或不作为，为解决市场交易的不确定性提供可能。（3）节约交易成本和组织成本。一般情况下，在不完全竞争和信息不对称时，交易成本和组织成本必然增加，为了降低交易成本和组织成本，政府的强制性和持续存在，具有不可替代的优势。（4）遏制"搭便车"。"搭便车"问题是公共物品和外部性产品经常遇到的重大难题，如果由一般的社会组织来解决这样的问题，势必导致"搭便车"现象的盛行，从而无法经济地解决这类问题。而政府却可以以社会公益代表的身份，集中支付解决这类问题的成本，然后集中供给这方面的服务和产品。（5）政府拥有庞大的财政实力，可以承担任何社会组织无法承担的巨额债务和沉没资本。（6）政府拥有独特的财政货币权力。这使得在特定条件下，政府可以通过财政货币权力来解决有效需求或流通资金不够等宏观经济问题。

第二节　我国政府经济行为的沿革

在不同的时期，我国政府参与经济活动的程度是不同的。20 世纪 50 年代至 70 年代末，这一阶段是经济国有化和统一的时期，合并就意味着契约规则的统一，即国家对生产、商业和贸易都作出统一规定。相比之下，20 世纪 70 年代末至 21 世纪初则是相对自由的经济发展时期，计划经济的信条被废弃，"看不见的手"在调控地区经济发展和资源配置方面发挥着越来越重要的作用，政府逐步淡出具体的经济活动，政府的经济行为发生了较大的变化。而这些变化包含了历史文化的变迁和意识形态的因素，也决定于这一历史过程中存在的政府失灵这一逻辑结果。但是这一过程仍不能完全否认政府组织经济的积极作用。我国经济发展的历程经历了三个时期，即计划经济体制时期、计划与市场双轨制时期、社会主义市场经济体制时期。

一、计划经济体制时期

计划经济体制下，政府成为经济活动的完全组织者。我国实行中央高度集权的管理模式，各级政府按照计划指导经济发展。因此，计划经济体制下，政府参与经济的深度和广度是空前的：

（1）通过经济计划实施经济管理。计划经济体制实行高度集中、统一的计划管理，政府制定详细的经济计划推进经济发展。各经济主体自主性较小，只能在较小范围内根据各地区自身特点，以经济计划为基准发展经济。

（2）依靠行政命令和首长指示管理经济。在具体实施经济计划时，基本依靠行政命令和首长指示推进计划的实施，没有、也不可能采取更多的、更好的调控手段和管理方法，各地区经济发展对各地区党政首长的指示依赖性较强。

（3）经济资源的拥有者和管理者。计划经济体制下，实行了纯而又纯的全民所有制和集体所有制，经济资源一律由各级政府掌握，完全依靠政府通过计划来配置资源和管理资源。其表现形式就是国营企业和集体企业严格按照统一的国民经济计划来制订实施计划进行生产和经营。

（4）企业、个人或家庭经济活动的直接管理者和调控者。由于所有资源都直接由政府控制，因而企业、个人或家庭经济活动都通过政府进行直接管理和调控，生产资料、生活资料由政府按计划进行分配和供给。

（5）封闭的政府经济管理信息。政府一切按计划办事，经济管理信息来源渠道单一，基本上只存在纵向的经济信息往来，经济信息的横向交流基本上是不存在的，各种经济管理信息处于封闭状态。

二、计划与市场双轨制时期

计划与市场双轨制体制下，政府仍然是经济发展的组织者。产生于 20 世纪70 年代的经济体制改革，首先就是从承认商品、承认市场开始的。通过实践，市场的作用不断发挥出来，有力地推进了经济发展，成为计划以外配置资源的又一手段。众所周知，在计划经济体制下，所有经济主体的经济活动都依赖于计划，也只能依赖于计划。改革后，我们鼓励制度外（或者叫计划外）经济主体的发展，靠什么去保证它们的产生、发展呢？制度内（或者叫计划内）又没有它们的指标，再生产如何维持呢？或者说产品怎么实现资金回笼，以保证再生产的进行？因此充分发挥市场的作用就为这类经济主体实现再生产提供了平台，它们借助于市场交换实现再生产。同时，伴随着制度内经济主体制度外经营比重的增加，以市场为基础性作用实现要素配置和国民经济再生产的比重就不断上升。然而，由于这些变化都是起源于计划经济体制的改革，政府在经济发展中仍起着不可替代的作用。例如：（1）涉及国计民生的产业和部门仍由政府主导；（2）受原体制运行惯性的影响，政府在经济发展中仍起较大作用，成为经济发展的重要推动力量；（3）在市场失灵的经济领域仍需政府进行调控。

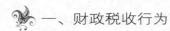

三、社会主义市场经济体制时期

1994 年党的十四届中央全会明确提出建立社会主义市场经济体制，即要建立起以市场为基础性作用配置生产要素的经济运行方式。这一经济运行方式正如上文所述，它并不放弃政府对经济的干预，也不要求政府从经济活动中完全退出，只是要求政府参与经济活动的方式和范围要有改革。凡是市场能解决的问题要完全交由市场安排，市场不能解决的问题才由政府参与调节。

第三节　政府经济行为的形式

一、财政税收行为

财政税收行为是政府的基本经济行为，也是本书的基本内容，在此只做一般性描述。财政税收行为一是政府得以运行的物质保证，二是政府调节收入分配的基本手段，三是调控经济发展的重要工具，四是配置资源的必要手段（详见本书有关各章）。

二、政府规制行为

（一）政府规制的内涵

所谓政府规制是指政府行政机关依据有关法律、法规，对微观经济主体所采取的一系列控制与监督行为。说到政府规制，我们必然联想到行政干预这个概念，实质上二者具有明显的区别。主要体现在两个方面：一是对微观经济主体控制与监督的依据不同，行政干预是依据行政命令，而政府规制是依据法律、法规；二是行政干预的透明度差，政府规制的透明度高，标准统一。

政府规制主要包括经济性规制和社会性规制两个方面。经济性规制主要是针对自然垄断和存在信息偏差的领域，为防止发生资源配置的低效率和使用者的不公平利用，政府用法律权限，通过许可和认可等手段，对企业的进入和退出、价格、服务的数量和质量、投资、财务会计等有关行为加以规制。如对电力、城市供水供气、公共汽车、地铁、城市出租车、邮政、电信、广播电视以及铁路、航空运输、银行、证券、保险等行业的规制。经济性规制主要通过以下几种方式实施：一是对企业进入及退出某一产业或产业竞争者的数量进行规制，这一规制可以通过发放许可证，实行审批制，或是制定较高的标准来实现；二是对所规制企业的产品或服务定价进行规制，也称为费率规制，包括费率水平规制或费率结构规制，如路桥费、排污费听证；三是对企业产量进行规制，产量高低直接影响产品价格，进而关系到生产者与消费者的利益，通过规制可限制或鼓励企业生产；四是对产品质量进行规制，相对于前面几种形式，对产品质量进行规制的成本较高，主要包括监督成本、检查成本。由于规制者难以亲自监督产品生产，企业和规制者之间存在着信息不对称，规制者对产品质量很难把握，因此实践中这类规制方式较少采用。社会性规制则是针对所有可能产生外部不经济或内部不经济的企业及事业行为的规制。任何一个产业内企业的行为如果对社会或个人的健康、安全、环境等造成危害，就要受到政府规制，这是社会性与经济性规制的一个重要区别。其规制范围主要包括消费者保护、产品质量、生命安全保护、环境保护等。

（二） 当前我国政府规制存在的问题

政府规制是基于这样的理由而产生和发挥作用的：市场机制不完善及存在市场失灵，如自然垄断、外部性等。规制的目的在于在确保资源配置效率的情况下，保证公共利益不受损害。我国市场化改革正在积极推进，研究市场失灵的问题处于起步阶段，如何合理有效地进行政府规制，从而克服市场失灵是值得深入研究的课题。我们不能先全部打破原有制度，待完全市场化后再研究市场失灵，再提出政府规制。实际上可行的做法是：研究传统体制与市场经济体制的逻辑联系，在充分发挥市场作用的前提下，使得原来的政府直接干预转变为政府规制，也就是转变政府职能。如地方物价部门要从对地区物价的制定，转变为对地方公共物品价格的规制；政府计划部门要从对地区产业的直接干预和对企业生产经营的安排转变为对产业的扶持、指导以及对市场失灵情况下产业发展的调控。我们在这方面已取得了很好的成绩，但存在的问题依然较多，具体来说包括以下几个方面：（1） 垄断权力滥用。如某些自然垄断产业凭借其垄断地位，超过国家规定或变相多收费，且服务质量低劣；在进行价格调整时不经过法定程序，或是以各种借口阻挠国家进行价格调整，或是拖延执行国家的新政策等。（2） 进入规制过严。对于建立在行政垄断基础上的某些产业的进入规制过于严格，如对民营经济进入的限制，这不仅限制了竞争及某些瓶颈产业的快速发展，同时也为垄断权力的滥用提供了物质基础。（3） 对竞争性行业的规制不到位。许多竞争性产业提供的产品及服务质量低劣，股票和期货等市场秩序混乱，非银行金融机构仍存在违规等。（4） 反不正当竞争效果不理想。不少企业采取虚假广告、假冒他人著名商标、以次充好、以假乱真等欺诈行为和不公平竞争行为时有发生，这不仅严重损害了消费者的利益，也损害了其他企业的正当利益。（5） 尽管制定了大量相关的法律法规，但其执行效果不太明显，而且规制的范围仍存在不少盲区，一些危害社会安全和消费者利益的行为，还未充分纳入规制范围。（6） 劳动者权益和消费者权益未能得到应有的保护。

（三） 对我国政府规制改革和完善的政策建议

根据我国经济体制转型的实际情况，结合国外发达国家政府规制改革的经验，笔者对政府规制改革和完善提出如下政策建议：

（1） 经济性规制改革以整体放松规制为主，并在局部上强化规制。一是全面放松竞争性行业的准入规制，同时加强市场经济秩序规范。WTO 最基本的规则有市场准入和非歧视原则，包括降低关税和取消非关税措施以及实行国民待遇和最惠国待遇等。这就要求我们必须取消基于所有制、地区或部门的各种不合理的限制，尤其要打破地方保护主义和部门本位主义。要以放松和取消进入限制为突破口和重点，全面清理有碍公平竞争的法律、法规，大幅度减少行政性审批；同时，要规范市场经济秩序，尤其要加强资本市场和中介市场的规范与监管，努力创造一个公平竞争的环境。二是打破规制者与被规制企业之间的直接利益联系，使规制机构能超然地行使经济性规制职能。只有如此，政府才能提高规制效果，较好地行使其职能。三是区分自然垄断性业务和非自然垄断性业务，加快对非自然垄断性业务的放松规制。一方面，要把自然垄断性业务从其他业务中独立出来，政府继续对其实行严格规制；另一方面，对于大量非自然垄断性业务，则应适当引入竞争机制，允许多家企业进入并使其开展公平竞争。这样可在自然垄断行业实现竞争活力与规模经济相兼容的有效竞争，提高该行业的经营效率。

（2）社会性规制改革以整体完善为主，并在局部上放松规制。一是加强产品市场上的质量与卫生安全方面的规制与监督，维护消费者权益。在这方面，由于我国政府尚没有明确执法机构的法律地位，而是由一些地方行政管理部门按各自的职能执法，这就有必要设立相对独立的社会性规制机构，提高其规制与执法效果。二是加强对环境保护的规制。我国政府应该强化对环境污染的有效规制。除了贯彻实施"谁污染，谁治理"的政策外，还要进一步明确和规范污染的范围、标准及治理费用，并加强政府与社会监督的力度。三是加强对社会保障体系的规制与建设。有步骤地建立和完善全社会的保障体系，包括机构的设置与规范、税收和转移支付制度的完善、社会保障费的征缴与发放等，从而促进社会的公平与和谐。四是明确政府与中介机构的关系。政府除对中介机构实行必要的规制与监管外，凡属于中介机构监管范围以内的事情，不能越权或插手。

（3）重视对规制者——政府的规制。政府既是立法者又是执法者，能否使作为规制者的政府保持中立性，避免过度规制，提高规制效率，这是规制能否成功的关键所在。一是必须精简政府机构，明确其职能。一方面要大量推进政府机构改革，精简多余或职能重叠的机构，提高公务员素质；另一方面，要明确政府的职能定位，既要从过去那种直接管理私人产品的职能中退出，又要加强对公共产品供给的管理，并提高其管理效率。二是通过法律约束政府的经济行为，使其依法行政。以法律约束政府经济行为是为了防止规制过度。规制过度会导致政府失效。因此，要通过立法明确政府的职能与定位，使政府行为受法律约束，不能对经济随意干预。比如，政府不可随意限制经济活动，不可乱收费，经济政策不可朝令夕改等，以此达到政府对社会的"可信承诺"，这是在全社会营造"诚信"的基础。

🐾 三、政府的产权保护行为

（一）保护产权的客观必然性

我国古代先秦学者孟子说："有恒产者有恒心"，英国学者亚当·斯密则说："私有财产加上价格体系，就是很好的激励"，其实他们讲的都是一个道理。由于个人的动力来自于自利、利他和被强迫三个方面，而在市场经济条件下，自利是人们从事经济活动时，理性行为的主流思想，那么就一个社会来讲，拥有资产、资源（包括实物和知识等）就有动力，即"有恒产者有恒心"。究其原因，首先，个人的动力机制决定了资产的所有属性。在一个市场经济社会中，自利是经济人假设的基本前提，依靠这个基本前提，个人就会也只能会关心属于自己的财产，关心他的拥有量和存在情况，以及增值可能。为了让其拥有量更大，存在情况更合理，更具增值可能，个人就会不断地寻找解决办法。当然，这里自己的财产，不能简单理解为一般意义上的资产、财产，它还包括属于个人的无形资产，即声望、地位等。这就不难理解为什么在资本主义国家资本家大量进行捐赠的原因，其实质在于追求个人无形资产的更大化。其次，信息不对称要求资产必须具有所有属性。在人的有限理性下，信息不对称是存在的。那么，在经济活动中发生交易行为时，如果交易的决策人交易的财产属性不属于自己拥有，他们很难作出为获取交易信息而支付交易成本的决定，这样就很难保证交易的有效性和合理性，可能导致全社会的交易变坏，扭曲全社会的交易过程、交易价格和交易结果。因而，信息不对称状态下，交易者必须有明确的财产所有属性，他们才会关心交易结果，才会尽可能去寻找交易的信息，才愿意为更好的交易结果支付信息搜寻成本。再次，从私营企业这样一个层面来看待这个问题，业主又是经营者，直接关心资产的情况是可以理解的。在股份制企业中，股份制是资产所有权与经营权的分离，所有者通过剩余索取和终极控制权关心自己的资产，因此，股份制企业也要明确财产的所有属性。对于国有企业来讲，情况较为复杂，如果国有企业的产权不明晰，对经营管理者的约束和激励没有市场化、规范化，国有企业将是无效率的，或者说原来政企不分情况下，将出现企业管理者的道德风险和机会主义行为，正是在这样的情况下，国企改革就非常重要。最后，科学的财产法律制度推进着资产的所有属性。社会进步就要求全社会资产的保值和增值，而关心各自拥有的资产，就会达到这个效果；同时在科学财产法律制度下，凡属于自己的资产不增值则必然会贬值，如遗产税、财产税的征收都促使着每个有资产的人努力思考，为自己的资产选择最佳的存在形态和存在方式。

（二）保护产权是社会进步的重要前提

产权是不让他人使用一项资产的权利，以及使用、向他人出租或出售该资产的权利。因此，产权是一个权利束，拥有一项资产可以持有它（消极运用）或将它用于交易或让他人暂时使用其某些部分（积极作用）。产权不仅可以附着于有形资产，还可以附着于知识资产。保护产权是政府运用公权力、人民运用道德力量确保产权不受侵害和不被滥用，是社会进步和发展的重要前提。

1. 保护产权会激励社会进步和不断创新

在人们自利动机的作用下，人们追求卓越、追求财富最大化的前提一定是人们可以预先知道努力结果的归宿。而且人们在预知结果的前提下被激励去扩大财富，他们的努力途径一般来讲只能是不断创新，依靠技术进步始终使自己处于同业竞争的有利地位，或降低成本，或扩大销售等。如政府通过专利制度等措施对这种行为进行有效的激励安排，进一步激发创新者的热情，从而推动社会的快速进步。

2. 保护产权是减少全社会排他成本的科学选择

产权的决定性特征就是它的排他性，这不仅意味着不让他人从一项资产受益，而且意味着资产所有者要排他性地对该资产使用中的各项成本负责，包括承担确保排他性的成本。

要想防止他人在未经授权的情况下使用财产，所有者要付出成本。例如，未经授权的使用可以是盗窃或强占，也可以是被强迫达成合法的交易。为了防止这样的情况，人们花钱于锁具、栅栏、股票和土地权利登记、电脑中的信息保护系统。我们称这些成本为排他成本。

高额排他成本会降低财产的价值。排他成本的大小，在很大程度上，取决于制度安排。这类制度始于社会所共享的基本伦理准则。如果产权受到自发的尊重，排他成本就会较低，而财产的价值则相对较高。如果一个社会能找到一种低成本的产权排他机制，它将有益于全社会的财产价值。而且在条件允许的前提下，个人会将其财产从排他成本高的地区转移到排他成本低的地区，这就要求政府加强产权保护才有利于地方经济发展。

（三）我国政府的产权保护制度变迁和实践

1. 政府加强国有产权保护的历程

（1）计划经济体制下，我国政府完全实行政企一体化。政府既是地方国有产权的出资人代表，又是行政管理者，因此不存在专门的国有产权保护问题。在政企一体化体制下，可以认为国有产权保护得到了加强，政府经济行为行使了地方国有产权的出资人权利，因而地方国有产权神圣不可侵犯。也可以从国有产权保值增值的角度，认为地方国有产权根本没有得到保护，因为地方国有产权的所有人应该是政府所在地区人民，而政府作为国有产权的出资人代表，集产权出资人和行政管理者于一身，容易出现国有产权安排时违背所有人意愿的情况。

在这里，特别值得一提的是集体产权的保护问题，严格意义上讲集体产权属于俱乐部产权的范畴，是由一部分成员共同出资、出劳而形成并共同拥有的产权；它是一种比较有活力的产权存在形式，其活力在于集体产权的成员可以自由退出，以此来对共同体进行监督，保持其高效率。但改革开放前，我国的集体企业、集体经济，特别是农村合作社却出现了无效或低效的情况，其原因是集体产权没有得到保护，被政府的公权力视同为国有产权加以管理，共同体成员的退出权利被剥夺了，无法实现对共同体的内部监督。

（2）改革开放三十多年来，我国政府国有产权保护的实践。受农村集体经济改革成功的启示，我国政府从 1985 年开始，不断探索提高国有产权使用效率的新途径、新方法。第一，提出政企分离，成立专门的国有资产管理部门，实现政府作为行政管理者和国有产权代理人身份的分离，确保国有产权的独立性。第二，从 1992 年开始，逐步以建立现代企业制度为手段，进一步加强国有产权保护，提高国有产权的使用效率。第三，明晰产权，成立专门的国资经营公司，实现国有产权保护。总的讲，在这个阶段，国有产权保护有了很大进步，但仍没有进入制度化、规范化，很多问题处于模糊的状态。

（3）党的十六大报告对我国国有产权保护的实践进行了全面总结，明确了今后国有产权保护的一系列措施：一是明确了国有产权的出资人地位和出资人的职责、权益，实现出资人的权利、义务与责任的统一。二是明确关系国民经济命脉和国家安全的大型国有企业、基础设施和重要自然资源等由中央政府代表国家履行出资人职责。其他国有产权由各级地方政府代表国家履行出资人职责。中央政府和各级地方政府成立专门的国有资产管理机构，专司国有产权的管理，包括运营和监督。三是各级政府要坚持政企分开，实行所有权与经营权分离，确保企业自主经营、自负盈亏，确保由多元投资主体形成的公司法人财产权不会随意受到干预和损害。

2. 政府加强私有产权保护的历程

（1）计划经济体制下，我国实行大一统的公有制，不承认私有产权，私有产权根本得不到公权力保护。当然，这是针对生产资料来讲的，对于生活必需品的保护还是存在的。

（2）改革开放后，我国的私有产权保护经历了放松限制、鼓励发展、承认和保护私有产权几个阶段。就私人产权保护来讲，政府的实践和摸索是以点带面地发展起来的。针对私人资本品，我国政府一再重申"政策不变"，给人民"吃定心丸"，消除群众对政府是否保护私人产权的疑虑。问题是，在这一时期，许多关于私有产权保护的规范做法仍停留在政策的层次，有待上升到基本法律制度，已有的法律又过于简略。

（3）党的十六大报告，特别是 2007 年《物权法》的颁布和实施，为私有产权保护提出了明确方向。提出必须毫不动摇地鼓励、支持和引导非公有制经济发展，个体、私营等各种形式的非公有制经济是社会主义市场经济的重要组成部分，对增强国民经济活力，充分调动人民群众和社会各方面的积极性、创造性，加快生产力发展具有重要作用。今后，还要进一步完善政策法规，鼓励和支持个体、私营经济发展，放宽国内民间资本的市场准入领域，在投融资、税收、土地使用和对外贸易等方面采取措施，实现公平竞争，承认和保护公民合法的劳动收入和合法的非劳动收入。

3. 政府加强知识产权保护的历程

按照马克思的观点，社会进步的决定性力量在于生产力发展，而生产力发展的衡量标准是生产工具的不断现代化，生产工具的不断现代化则依赖于技术进步和理论创新。总之，由技术和理论组成的知识决定着社会进步的频率和幅度。进入 21 世纪后，我们越来越感觉到知识进步的加速及其引起社会经济发展的加速度。从 19 世纪 90 年代起，知识就有了规范的定义和作用，人们也开始着力去研究和把握知识经济的精髓。

知识经济的特点是依赖知识的进步来发展经济，因而知识就成为了经济发展的载体，成为了一种资本。这种知识资本与其他资本一样，也有一个产权界定和保护的问题，而且在一些方面，知识产权保护更具有重要的意义。政府对知识产权进行保护可以提高效率，降低保护成本。

知识产权保护的制度设计是专利制度，如同文学作品的版权法一样，主要通过制度安排，确保知识产权拥有人的权益。在研究和开发知识进行技术创新的过程中，需要逐年累月的知识积累，任何潜在的竞争者要取得相同的知识和技术，也必须重新逐年累月地获得这些知识，这就产生了研究和开发知识所需的不可分割性，包括：时间上的不可分割性，具体产品上的不可分割性，范围上的不可分割性。如果对先行知识拥有人没有一定的保护制度安排，就会有如下问题：（1）先行知识拥有人所耗费的成本如何回收，因为后面的竞争者可以直接获取知识，而不需成本。这样的逆激励必然导致社会上先行知识拥有人的消失，直接会导致知识和技术更新的停止。（2）按照知识和技术自身的特点，无论什么先进的知识和技术都有其历史继承性，也就是说，任何一项先进的知识和技术都可能成为更先进知识和技术的基础。经济学上将它归纳为知识和技术的外部性，那些后来者在运用现有的知识和技术时，本身是不能分割出具体的先进和更先进。因此，不实行保护，可能导致先进知识和技术的缺乏，谁也不愿为先进知识和技术付出代价。（3）特殊社会形态下的知识和技术创新贡献并非都不存在，也就是说，并非所有的先进知识和技术都需要明确的成本与回报，如科学的奉献精神也可支撑这样的先进知识和技术出现。就像新中国成立后一样，仍然有邓稼先式的科学家。但我们应冷静地看到，一方面这种知识和技术创新一直处于较缓慢的状态。另一方面，所有创新人员生活的保障和国家对成本的承担，特别是在精神上的巨大激励。如为国争光是他们最大的精神动力，满足了人们多元化的需求。这些知识和技术创新也仅限于特殊的领域，真正满足人们生活需要的知识和技术由于没有人来承担成本，而处于停滞状态，国营企业的技术创新很缓慢就是这样。

专利制度起源于中世纪，即大约在长期的农业发展后期和手工艺品的前工业化生产开始之时。我国的专利制度从 20 世纪 80 年代开始被采用，90 年代得到大的发展，逐步走向成熟。在当今社会，特别是针对高科技产业，专利制度正发挥着越来越大的作用。它直接推动着无穷的知识和技术创新。专利制度的运行机制，简单讲就是知识资本的高外部性和低实施成本内部化。通过专利制度，确保专利拥有人（或知识产权拥有人）能够收回先行知识成本，而不致被别人直接获取知识而不支付成本，让更先进的知识和技术创新者支付一定的成本，直接应用先进的知识和技术，促进更多的创新者出现。

通过专利制度可以让知识产权进入一个被保护的社会，但是否可以让专利永远发生效力？答案是否定的，专利制度应该有一个期限。关于专利制度的期限长短，我们可以通过租金流失激励设计，界定或权衡有效期内的净福利损失和通过延长有效期鼓励更大的成本降低活动带来的收益间的比较。如果有效期短，将减少先进知识和技术拥有人（专利拥有人）的收益，如果有效期长，将增加更先进知识和技术的成本，影响更先进知识和技术的产生。因此，必须研究专利的最优有效期，这是掌握公权力的政府应该做的事情。

在有期限的专利制度下，知识产权保护将促进创新。人们可以通过专利制度，预期其获得知识和技术的成本回报的可能性，为了促使其竞争具有优势，他们将不断创新和改进。就如同有形资产一样，"有恒产者有恒心"，只是这里的恒产是知识产权罢了。

四、政府的投资行为

投资是经济发展不竭的动力，也有人将投资称为经济发展的"发动机"，它包括基本建设投资和技术改造投资两个主要方面。我国总的投资政策是谁投资、谁拥有、谁受益。就政府投资来讲，我们认为在总的投资政策指导下，应坚持改革的原则，按照市场经济体制的要求，积极寻求符合中国特色的投资政策。

（一）积极退出竞争性领域，着力提供公共产品

政府的经济行为转变后，提供地方公共产品是其主要职能，这就决定了在有限的资源可以被用于投资时，政府应优先将资源用于地方公共产品的提供上，而积极退出竞争性领域。这包含两层意义：一是有限资源不可能保证所有投资的需求，要有一个轻重缓急，保重点。二是政府投资于竞争性领域，生产竞争性产品，必然导致两种结果，即在公权力的保护下挤出私人投资和在相同的市场供求关系中被私人投资的高效率挤出市场。这两种结果都不利于经济发展，将导致浪费资源，恶化资源配置。因此，我国政府当前及以后的投资政策是：应积极退出竞争性领域，着力提供地方公共产品。在现实情况下，国有经济还占有相当比重，退出竞争性领域不仅包括增量投资的选择，还应积极进行存量国有资产的调整，采取转让、置换等方式，将现在竞争性领域的存量资产用于弥补公共产品供给的严重资金不足。

（二）我国当前政府投资行为

结合我国当前的政治、经济、社会形势，我国政府投资应进行怎样的选择和安排，是值得深入研究和深思的。笔者认为，当前的政府投资应作出如下的安排。

1. 强化基础设施建设投资，为经济发展提供必要的物质保证

基础设施通常也被叫做社会基础资本或社会先行资本，是直接或间接地用于

一般商品与服务的生产的资本品。它具有以下基本特点：（1）先行性和基础性，是其他商品与服务的生产所必不可少的，或者说基础设施即使不必需，也可以为其他商品与服务的生产提供方便，节约成本。（2）绝大多数基础设施所提供的服务几乎是不能进口的。（3）基础设施具有集成性，也就是说，基础设施具有技术上的不可分性，只有在达到较大规模时才能提供服务或有效地提供服务。（4）一些基础设施，如垃圾处理等，提供的服务具有非竞争性和非排他性，外部性较强。

根据基础设施的作用和特点，在发展中国家，基础设施的投资几乎都由政府部门供给。对于我国来讲，也是如此，政府在其中发挥了更大的作用。其原因是：（1）基础设施在经济和政治上极为重要；（2）私人投资不愿投向具有地方公共产品特性的基础设施；（3）大部分基础设施投资规模较大，建设周期长，风险较大，私人投资不愿投入，对于特别大的基础设施投资，还需要中央政府和地方政府共同投资；（4）基础设施的外部性较强，难以保证投资的回报，即使一些服务属于准公共物品，但仍然具有外部性，因此私人投资仍不足；（5）我国幅员辽阔，各地差异很大，按照权责配比原则，基础设施建设一般交由政府完成，中央政府只能对跨省、跨地区项目进行投资或给予政府补贴。

作为对我国政府基础设施投资政策的研究，笔者认为，当前应加大基础设施投资民营化的措施，实现排他性的技术改进，引入竞争，最终改变目前投资比重单一化，以保证投入资金的供给和基础设施管理的高效化。同时，当前应着重研究农村基础设施的建设，切实让农民共享社会发展的文明成果，使农民的基本发展条件能够得到保证，并随着社会发展进程的推进而不断提升。

2. 优化投资方式，促进民间投资

根据我国经济现状，为了改变需求不足，增加全社会投资是很重要的。它包括三个方面，一是对基础设施等公共产品的投资；二是纯私人产品的投资；三是改善投资环境，特别是政府的服务环境，诱发私人投资。第一个方面很容易理解，后两个方面就值得研究了。

就基础设施等地方公共产品的投资来讲，应加大投资力度，确保基础设施的配套到位，为经济发展提供坚实的物质基础；但在具体投资形式上，应改变过去完全依赖于政府直接投入、垄断经营的方式，多渠道地吸引资金，增加基础设施建设和服务的竞争性，提高效率，降低成本。具体来讲包括四个方面：一是将原政府投入形成的垄断公司进行分解，使之相互竞争，如我国正在进行的电力、电信体制改革。二是创造各种替代品与基础设施服务竞争。如吸引非政府资金，促进高速公路的发展，促进铁路、航空运输效率的提高。三是放松对私人进入基础设施建设的限制，采取 BOT（建设—经营—转让）、TOT（转让—经营—转让）、BT（建设—转让）等方式引进民间资金，增加供应，形成竞争压力。四是放开经营市场，通过政府规制，经营权拍卖以提高效率。

就政府投入私人产品和改善环境，诱发民间投资来讲，政府应尽量减少对私人产品的投资，或者不再进行这方面的直接投资；在投资方式上实现转变，与改善环境结合起来进行考虑。具体来讲包括：（1）通过政府投入资金的杠杆作用，采取贷款贴息及高科技企业的研发补助等经济手段，鼓励民间投资。在方式上，对不同企业实行不同的贷款贴息率；对不同行业、不同地区实行不同的政策。目前我国在这方面进行了有益的实践，总的情况较好，但在具体操作中没有具体的规范性实施办法，或者说，政府制定的办法还是总的原则和静态原则，没有定期的具体名录和弹性较小的实施意见，这就造成了一些资金投入被人情化、官僚化，没有发挥出应有作用。与此同时，要积极介入基础性科学研究，为科技产业化提供保证。基础性科学研究具有投资大、回报少、周期长、外部性强的特点，一般来讲，民间投资不愿涉及，但它对经济发展又是非常重要的，它的推进可以保证全社会的不断创新和技术进步。因此，政府应加大这方面的投资。结合国外的成功经验，一般应以无偿投入为主，当技术比较成熟后，可以进入产业化时，就引进民间资金或风险投资等实现产业化，实现科技成果转化。（2）转变政府的工作作风，提高办事效率，减少办事环节，取消审批内容，按市场化的要求，为民间投资提供高效优质的软环境。（3）政府行为制度化、规范化，保证民间投资者的成本预期。减少民间投资者与政府的交易成本，实现信息对称，以便更好地应对复杂多变的市场。

第四章　政府储蓄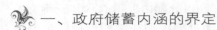

第一节　储蓄与经济关系的理论分析

一、政府储蓄内涵的界定

储蓄是现代经济学中的基本范畴之一。在我国，长期以来人们将储蓄理解为居民在银行等金融机构的存款。如《辞海》中就将储蓄定义为居民把暂时不用的钱存入银行等金融机构或信用合作社等信用机构。将储蓄解释为银行存款事实上是对储蓄的一种非常狭义的理解。在现代经济学中，储蓄是一个相当宽泛的概念，它是指收入中没有被消费的部分，是收入减去消费的差额。储蓄的这一解释最早是由凯恩斯作出的，他认为，储蓄是个人货币收入和其对本期消费所作的货币支出之间的总差额。[1] 在随后的著作中凯恩斯又对储蓄这一概念做了进一步的解释，他认为当储蓄被定义为收入超过用于消费支出的部分时，对储蓄意义的任何怀疑都必然来自于对收入和对消费意义的怀疑。[2] 遵循储蓄是收入与消费支出的差额这一储蓄的基本内涵，联合国经济和社会事务部统计处将储蓄进一步定义为常住机构单位收入和支出账户上汇总所有现期收入和支出后的平衡项目。[3] 在现代社会，储蓄的类型是多种多样的，它既可以表现为实物储蓄，也可以表现为货币储蓄；既可以表现为手持现金，也可以表现为银行存款；既可以表现为各种债券，也可以表现为股票。需要说明的是，在我国，人们所熟悉的储蓄，即居民在银行的全部存款，是一个存量概念，而这里我们所讲的储蓄是一个流量概念，也就是说，储蓄是核算期内新增加的资产中没有用于消费的部分。例如，居民户在核算期内拥有 15 亿元的储蓄存款，其中有 5 亿元的资金来源是以前购买的债券到期后收回的本金，其余 10 亿元才是当期收入与消费支出的差额，则本期真正的储蓄应该是 10 亿元，另外 5 亿元是原有金融资产的积累和沉淀，与本期收入的分配使用无关。

根据以上对储蓄概念所做的定义可知，就一个国家而言，其一定时期的国民总储蓄就是国民收入中未用作消费的部分。由于参与国民收入分配的主体有居民

---

① 凯恩斯：《货币论》（上卷），商务印书馆 1986 年版，第 103 页。
② 凯恩斯：《就业、利息和货币通论》，商务印书馆 1994 年版，第 68 页。
③ 联合国经济和社会事务部统计处：《国民经济核算体系》，中国财政经济出版社 1982 年版，第 353 页。

个人、企业和政府，因此，国民储蓄就可以进一步分解为国内居民储蓄、企业储蓄和政府储蓄。也就是说，储蓄可以来源于居民，也可以来源于企业和政府部门。所谓居民储蓄是指居民的可支配收入中扣除掉消费支出的剩余部分。其中，居民的可支配收入包括劳动收入、财产收入、其他收入和转移收入等部分。所谓企业储蓄是指企业保留的盈余，即纳税后的企业收入减去分给股东的股息后的剩余。对于政府储蓄来说，则必须联系政府的财政分配活动来对这一概念加以定义。

政府为了行使其职能，必须凭借一定的权力——或者是政治权力、或者是财产权力来参与一部分社会产品或国民收入的分配与再分配，任何一个国家的政府都是如此。政府参与社会产品或国民收入的分配和再分配由取得收入和安排支出两个过程组成，政府在这种财政资金的收支运动过程中往往就能形成一定的储蓄。这是因为财政支出中包含有两类性质不同的支出，一种是消费性支出，另一种是投资性支出，根据前面对储蓄的定义，一定时期内，政府财政收入中超过政府用于当前消费支出的部分就可视作储蓄，这部分储蓄就是政府储蓄。从这个意义上，可以把政府储蓄定义为：在一定时期内，政府的财政收入超过政府消费性财政支出的部分。正值的政府储蓄反映政府对国民储蓄的贡献；负值的政府储蓄反映政府对居民储蓄和企业储蓄的吸收。

二、政府储蓄与经济增长

储蓄是决定经济增长的重要因素之一，而政府储蓄又是一国国民储蓄的有机组成部分，这就使得政府储蓄与一国的经济增长必然具有一种内在联系，一国经济长期稳定增长这一经济政策目标的实现离不开政府储蓄的作用。

（一）储蓄与经济增长关系的相关理论框架

从最一般的意义上讲，经济增长是指一国生产的商品和劳务总量的增加。经济增长的过程就是一国社会财富不断增长的过程，或者说经济增长就是"给居民提供种类日益繁多的经济产品的能力的长期上升"。[①] 经济增长是经济发展的基础，没有经济增长，经济发展也就无从谈起。因此，长期以来，经济增长被各国视为重要的经济政策目标之一。而在促进经济增长的诸多因素中，储蓄的作用无疑是非常重要的，它是资本形成的物质基础。对于任何一个国家来说，只有当消费后有剩余才能进行投资，投资引起生产要素的扩张从而使潜在的生产能力得到提高。从这个意义上来说，储蓄是投资的先导，增加的资本积累只能来源于增加的储蓄。因此，在一定的界限内，储蓄越多，投资的规模也就会越大，经济增长率才会更高。

储蓄对经济增长的重要性在许多经典的文献中都得到了阐释，从亚当·斯密

---

① 科兹涅茨：《现代经济增长：事实和反映》，引自《现代国外经济学论文选》（第一辑），商务印书馆 1981 年版，第 21 页。

开始的西方古典学派到现代经济增长理论都对经济增长中储蓄的贡献力给予了充分的肯定。亚当·斯密在《国富论》一书中指出："预蓄的资财愈丰裕，分工就能按比例地愈细密，而分工愈细密，同一数量工人所能加工的材料就能按更大的比例增加。"① 这里亚当·斯密所说的"预蓄的资财"实际上就是指储蓄，在斯密看来，这种"预蓄的资财"的规模大小决定着劳动分工的细密程度，进而决定财富的增长速度。后来许多研究增长理论的经济学家都将斯密的这一思想作为其强调资本积累对经济增长作用的理论基础。例如，马克思虽然没有单独创立一套关于经济增长的理论，但客观地说，其扩大再生产的分析方法实际上就是现代西方经济学所说的长期的经济增长理论。马克思指出："资本主义的商品生产，——无论是社会地考察还是个别地考察，——要求货币形式的资本或货币资本作为每一个新开办的企业的第一推动力和持续的动力。"② 这里所说的"货币形式的资本或货币资本"最终只能来源于储蓄。关于投资，马克思把它看做是形成经济增长的物质手段，投资的过程就是一个提供经济动能的产出过程，即 G—W—…P…，为此，马克思指出："生产的扩大，要取决于剩余价值到追加资本的转化，也就是要取决于作为生产基础的资本的扩大。"③ 这里所说的"作为生产基础的资本的扩大"是通过储蓄以及将储蓄转化为投资而加以实现的。

在现代经济增长理论中，尽管流派很多，但无论是哈罗德—多马增长模型、新剑桥增长模型，还是新古典增长模型，以及活跃于 20 世纪 80 年代中期、90 年代初的新增长理论，在对经济增长因素的剖析和对经济增长过程的解释中，储蓄无一不被看做是分析框架中的重要因素之一。这方面的典型当属奠定了现代经济增长模型基本理论框架的哈罗德—多马模型，其表示经济增长的基本方程式为：$G = \dfrac{S}{K}$，其中，G 表示经济增长率；S 表示储蓄率；K 为资本—产出系数。由于该模型假定储蓄等于投资，所以其中的储蓄率也就是投资率。哈罗德—多马模型为考察增长的过程提供了一个最基本的分析框架，虽然这一框架还显粗略，但它已展示了储蓄和经济增长之间的关系。从该模型中我们可以看出，在资本—产出系数不变的情况下，储蓄越多，投资规模越大，经济增长就越快。

继哈罗德之后，美国经济学家索罗创立的新古典增长模型表明，储蓄率是稳定状态资本存量的关键决定因素。如果储蓄率高，经济社会将有较高的资本存量和产出水平；如果储蓄率低，经济社会的资本存量和产出水平都会相对较低。图 4-1 说明了储蓄率的这种影响。

① 亚当·斯密：《国民财富的性质和原因的研究》（上卷），商务印书馆 1979 年版，第 252 页。
② 马克思、恩格斯：《马克思恩格斯全集》（第 24 卷），人民出版社 1972 年版，第 393 页。
③ 马克思：《资本论》（第二卷），人民出版社 1975 年版。

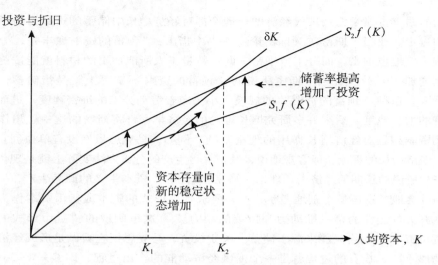

图 4-1 储蓄率变化对资本存量及产出的影响

注：储蓄率 S 的提高意味着相对于任何一个既定资本存量的投资增加了。因此，它使储蓄函数向上移动。在原来的均衡状态 K_1 时，投资大于折旧。资本存量要一直增加到经济达到新的稳定状态 K_2 时为止，此时的资本和产出都增加了。

在图 4-1 中，横轴表示人均资本，纵轴表示投资与折旧。δK 表示当人均资本为 K 时的折旧曲线；曲线 $S_1 f(K)$ 和 $S_2 f(K)$ 分别表示当人均资本为 K、储蓄率为 S_1 和 S_2 时的人均产出水平。假设经济在开始时处于稳定状态，储蓄率为 S_1，资本存量为 K_1，此时的投资量正好等于折旧。当储蓄率从 S_1 提高到 S_2 时，$S_1 f(K)$ 曲线向上移动到 $S_2 f(K)$，投资量增加，但资本存量的折旧仍然未变。因此，投资大于折旧。资本存量将逐步增加，直至经济达到新的稳定状态 K_2 时为止，此时的资本存量和产出水平都比原有稳定状态 K_1 高。

把储蓄作为决定经济增长的重要因素，不仅具有很强的理论说服力，而且也具有很强的实践意义，特别是对于广大的发展中国家来说，储蓄在经济增长中的作用更加突出。发展中国家的一个重要特征就是劳动力资源丰富，就业不足，资本—劳动比较低。因此，通过增加储蓄和投资，提高人均资本占有量，即资本深化，可能会对总产量产生很大的影响，这种影响比对资本深化程度相对较高的国家更大。许多研究发展中国家经济的经济学家都特别强调储蓄和投资在经济增长中的作用。如罗斯托在其经济起飞理论中认为，一国要顺利地实现经济起飞，步入初始的经济发展阶段，必须具备的条件之一就是投资率及储蓄率必须达到10% 以上；纳克斯在其"贫困的恶性循环"理论中认为，发展中国家贫困和落后的根源在于其经济运行中存在的低生产率导致了低人均收入，低人均收入又导致了较低的人均储蓄水平，进而导致人均资本积累水平低下及低生产率。这种产生贫困的恶性循环之所以发生的根本原因是资本形成不足所产生的对经济发展的约束，要打破贫困的恶性循环，发展中国家必须大规模的增加储蓄，扩大投资。对此国际货币基金组织在其 1995 年进行的一项实证性研究中考察了 1985~1995 年的十年间经济增长最快的 20 个国家，其中 14 个国家的储蓄率高于 25%，没有一个国家的储蓄率低于 18%；相反，同一时期经济增长最慢的 20 个国家中，8 个国家的储蓄率低于 10%，12 个国家的储蓄率低于 15%，该报告认为，为了刺激资本积累，应该首先考虑提高储蓄水平。[1]

需要说明的是，我们所说的储蓄促进经济增长并不意味着储蓄越多越有利于经济增长。实际上，如果储蓄水平超过了合理界限，增加储蓄反而可能抑制经济增长。这是因为：首先，储蓄是增加生产的物质基础，而消费则是增加生产的动力，二者之间必须保持一个合理的比例。在收入一定的情况下，消费过多造成的储蓄不足将使得经济社会因资本存量不足而无法维持一个较高的经济增长水平；相反，储蓄过剩必然导致消费不足，从而使得经济增长缺乏推动力。其次，储蓄推动经济增长的一个前提是现有储蓄能否有效地转化为投资，缺少这一前提，储蓄对经济增长的促进将无从谈起。

（二）经济增长中的储蓄障碍

经济增长离不开投资，而投资必须要有相应的储蓄作为支持，储蓄不足势必制约投资的增长，进而影响到经济的增长。一国在其经济增长的过程中，是否会遇到类似储蓄不足的障碍是经济学理论和实践部门探讨的一个问题。许多发展中国家由于生产力发展水平落后、国民收入水平低下，资金短缺是制约经济增长的重要因素之一，而资金短缺说到底是由于储蓄不足造成的。也因为如此，一些发展经济学家将迅速提高储蓄水平视作是发展中国家经济增长的中心问题。

引起储蓄障碍的因素是多样的。杜森贝里的"相对收入假说"和弗里德曼的"持久收入假说"以及莫迪利亚尼的"储蓄的生命周期假说"等理论认为，影响储蓄行为的因素除了收入水平以外还包括人们的消费习惯、文化传统、人口年龄结构、社会保障福利、新产品的推广及消费上的示范效应等。其中，仅就收入水平来看，除现期或当前收入水平外，过去的收入以及预期未来的收入水平都会对个人的储蓄行为产生影响。"储蓄的生命周期假说"认为，就某一特定的时期来看，在影响储蓄的各种因素中，会直接导致储蓄减少的因素就包括退休。按照效用最大化原则，个人生命周期内由储蓄而形成的财产在退休之前达到最大，而在退休后只有负储蓄，所以，在一个老年人口占很大比重的经济社会中，国民储蓄水平可能就较低。在一国经济增长的不同阶段，由于影响储蓄的因素处于不断变化的过程中，且不同时期的主导因素不尽相同，由此决定了在一国经济增长的过程中，此一时期可能出现储蓄过多，彼一时期可能又会出现储蓄不足。即便在经济增长的某个特定的时期储蓄率不会出现下降，甚至储蓄率能够保持稳定增长，储蓄不足的问题也可能会出现。原因在于，储蓄是对资金的供给，投资是对资金的需求，储蓄和投资之间的数量关系不仅取决于储蓄的变化，同时也取决于投资

---

[1] 国际货币基金组织：《世界经济展望》，中国金融出版社 1995 年版，第 69~70 页。

的变化。假定在经济增长的某一个初始阶段，投资和储蓄是均衡的，而且在随后的阶段储蓄率也一直保持稳定的增长，经济增长所要求的投资水平也会因为人口增长、技术进步等因素而以一个更高的幅度增长。很显然，在这种情况下，储蓄不足就很有可能会发生。

另外，还可以从市场失灵的角度对储蓄不足加以进一步地认识。在任何一个经济社会中，既有的储蓄水平实际上是个人基于自身福利最大化目标在当前消费与未来消费之间进行选择的结果。对经济整体来讲，这种选择如果能使贴现率与实际利率保持相等，则当前消费与未来消费就可以达到最佳平衡，由此，在现有的资源和技术水平条件下就能够实现经济社会的最大增长。如果出现市场失灵现象，个人只重视当前消费，或者私人市场不能考虑与外部因素（如智力、基础设施及研究开发等）相关的投资，国民储蓄水平就可能过低。

第二节　政府储蓄的必要性与规模确定

一、政府储蓄：提升国民储蓄水平的重要手段

在现代市场经济体系中，政府储蓄的作用表现为，当出现储蓄不足的问题时，政府以自身的储蓄对国民储蓄水平进行干预和调节，以保证经济增长对投资的要求。事实上政府干预国民储蓄水平的方法有很多种，传统意义上常被人们想到的激励扩大储蓄的措施是提高利率、税收优惠和通货膨胀。

（一）提高利率

利率的提高对储蓄的影响在理论上和经验上都是模糊不清的。一方面，提高利率意味着储蓄的报酬提高，追加的储蓄越多将来的报酬也就越多，人们进行储蓄的积极性也就提高了；另一方面，较高的利率使得在将来实现同等数量的收益所需的财富现值相应减少，从这个意义上说，提高利率也会使得储蓄减少。这两方面分别表述的是利率相对于储蓄的替代效应和收入效应，如果替代效应大于收入效应，说明利率与储蓄之间是一种正相关关系，提高利率将使得储蓄规模增长；反之，储蓄规模将下降。而更多的研究表明，利率与储蓄之间的关系或者微不足道、或者只具有极小的正相关效应，特别是对低收入和中等收入国家来说更是如此。凯恩斯正是出于这一考虑而认为，通过提高利率的办法来增加储蓄量是得不偿失的。他认为，只有在收入不变的条件下，利率上升才能达到扩大储蓄规模的目的；否则，收入下降引起的储蓄能力的降低足以抵消提高利率所导致的储蓄量的增加。不仅如此，提高利率还会影响投资结构，使得投资项目由长期转向短期。

（二）税收优惠

税收优惠所涉及的方法是把税收刺激作为增加储蓄的政策工具，实施增加储

蓄的税收优惠政策。这类政策包括：对纳税人来自银行存款和政府债券的利息收入免征所得税；对纳税人的所有股息收入或某些类型的股息收入免征所得税；对个人养老金账户中限额储蓄的部分免征所得税等。而对税收优惠政策是否能有效地扩大储蓄规模，当前的研究并没有给出明确的结论。原因在于税收（主要是指所得税）对储蓄的影响也分为替代效应和收入效应两种，也就是说税收优惠政策会导致储蓄增加，也会导致储蓄减少，最终将表现为哪一种情形则取决于纳税人所得额的大小、储蓄目的和纳税人所从事的经济活动的性质等。从微观层面来看，对利息收入免于征税将鼓励公司采用举债筹资并使债务对自有资本比例的选择发生扭曲，除非股息收入也免税；如果高收入者的储蓄倾向高于低收入者，则对储蓄的税收优惠将导致一种累进性较差的税制，不利于税收公平的实现。税收优惠政策的使用使得税收结构变得过于复杂从而加大了税收成本。而从宏观层面来看，储蓄税收优惠政策可能对政府财政预算带来不利影响，它必然减少一定时期的财政收入，为此可能导致政府通过新增税种或举债来弥补财政缺口，甚至出现预算赤字。在国民储蓄水平较低的情况下，要弥补财政赤字可能导致通货膨胀以及利率升高，而较高的利率将会对投资产生挤出效应，最终因为经济增长和居民收入受到的影响而导致储蓄受到抑制。

（三）通货膨胀

凯恩斯主义者主张直接利用通货膨胀作为增加国内储蓄的一种手段。这主要是因为利润获得者的储蓄倾向高于工资收入者的储蓄倾向，因此，在其他条件不变的前提下，如果物价比工资上涨得快会使全社会的储蓄水平随之提高。我们通过分析可知，通货膨胀的储蓄效应取决于两个因素：一是国民收入在工资和利润之间再分配的规模，二是工资收入者和利润获得者之间储蓄倾向大小的差别。首先，就前者而言，能够使国民收入在利润获得者和工资收入者之间进行再分配的充分条件是物价上涨速度快于工资上涨速度；其次，就利润获得者和工资收入者的储蓄倾向差别来看，据霍撒克对 20 个国家相关数据的分析表明，短期内，利润获得者的储蓄倾向确实相对较大一些，但从长期来看，工资收入者的储蓄倾向反而更大，所以说通货膨胀的储蓄效应并不是很明显，若想将储蓄提高某一比率所需要的通货膨胀率可能较高，而过高的通货膨胀率必然削弱经济长期增长的潜力。因此想要直接利用通货膨胀来进行储蓄动员必须慎之又慎。

在上述三种促使国内储蓄增加的方法中，用通货膨胀进行储蓄动员显然不可轻易使用，而考虑到利率刺激和税收刺激的负作用与局限性，为更有效地提高国内储蓄水平，并在这一过程中尽可能减轻微观和宏观方面的经济代价，用政府储蓄作为弥补国内储蓄水平不足就是一个有效地替代方法。政府储蓄来源于政府财政收入，既可用于财政投资，又可用于补充民间投资的不足，无论是哪一种情况，都意味着社会总储蓄水平的提高。

可以这样认为，与传统的利率刺激和税收刺激相比较，通过政府经常性预算盈余创造政府储蓄在增加一定时期社会总储蓄水平方面的效果更为直接和明显。

在政府充当储蓄者的情况下，政府成为一个重要的储蓄主体，只要政府在储蓄创造方面承担起应有的职责，在增收节支方面作出富有成效的努力，那么，社会总储蓄水平便会随着政府经常性预算盈余的增加而增加，同时这种方法也避免了在利用利率刺激和税收刺激过程中可能出现的一系列问题。政府储蓄的增加可以通过增加收入或减少经常性支出或二者并举来实现。一般而言，政府储蓄如果主要是通过合理压缩经常性预算支出而形成则不会引起对社会经济活动的扭曲；如果政府储蓄主要通过增加财政收入而形成，只要收入的增加与社会经济的发展水平相适应、与纳税人的负担能力相适应，也不会对社会经济活动的有关方面带来不利的影响。另外，也是非常重要的一个方面，政府储蓄在增加国民储蓄水平的同时，还为政府提供了一个非常有力而灵活的财政政策工具。政府储蓄的存在不仅对提升国民储蓄水平起到了至关重要的作用，也为一个稳定的、慎重的与宏观经济管理相联系的财税制度体系提供了保障。

二、政府储蓄：为政府投资提供财力保证

政府储蓄不仅可以提升国民储蓄水平，同时，它又与政府投资紧密地联系在一起，为政府投资提供资金支持。如果说经济增长过程中政府投资是不可缺少的，那么这就决定了政府储蓄必定要在现代经济中发挥重要的作用。政府投资在经济增长过程中之所以必不可少，主要原因包括两个方面：（1）提供公共资本品的需要。公共品因其非竞争性和非排他性而必需要由政府来提供，这是政府职责的具体表现；而公共资本品则不仅满足了全社会的公共需求，而且在很多时候它起到了一种导向性作用，对贯彻政府意图有着重要的意义。与此同时，对公共资本品的投资而言，一般规模较大、周期也会比较长，因此，它对资金规模的要求也较大。（2）解决外部性问题的需要。这里所说的外部性是指正外部效应。正外部效应存在的情况下，边际社会净产值会大于边际私人净产值，总收益则等于私人收益加上社会收益，但决定市场状况的是私人收益。因此会造成具有正外部效应的产品或服务供给不足，政府就必须加强相关投资来满足对这类型公共资本品的需求。

可以说，政府投资是对私人投资的重要补充，在市场失灵领域，政府投资为私人投资创造了有利的外部环境和条件。政府投资规模的增减变动直接影响着私人投资趋势的波动，进而对宏观经济总量增长发挥着巨大的作用。尽管政府投资会产生对私人投资的挤出效应，但这种效应只有在政府投资超过一个较高的水平时才会出现。按照新经济增长理论的观点来看，知识和人力资本的积累可以提高投资收益，因而从长期来看，投资收益是递增的，但由于市场失灵的客观存在，人力资本积累的过程从趋势上看是非常缓慢的，甚至会出现积累不足的现象。这是因为人力资本具有外溢性，在没有政府干预的情况下，人力资本的投资偏少使得经济增长所能达到的均衡也是一种次优状态。因此，对人力资本积累的公共投资成为必要。

　　总之，政府投资在经济增长中是不可缺少的，它同私人投资一起共同推动着一国经济的增长。尽管在经济增长的不同阶段政府投资的比重有所不同，但由于市场失灵的客观存在决定了政府投资长期存在的必要。投资需要有相应的资金来源，而政府储蓄则是政府投资的财力基础。因此，在经济增长的过程中，政府储蓄的重要性不仅仅表现在弥补民间储蓄不足这一个方面，同时也表现在为政府投资提供必不可少的资金支持上。这里需要提出的一个问题是，政府储蓄并不是政府投资的唯一的资金来源，政府还可以通过公债融资的方式为政府投资筹集资金。不仅如此，在某些情况下，以公债的方式代替政府储蓄为政府投资筹集资金可能更有利于经济的增长。例如，在储蓄过多、社会有效需求不足的非充分就业状态下，政府储蓄率无论以什么方式提高都会进一步抑制社会总需求，而用公债代替政府储蓄则既可以实现为政府筹资，又可以将社会上过多的储蓄予以吸收，并通过政府投资使社会总有效需求得到适度的扩张。这也是凯恩斯国家干预理论所大力倡导的。既然如此，那么政府储蓄的重要性又体现在什么地方呢？事实上，在满足政府投资的资金需求方面是选择公债融资，还是选择政府储蓄存在一个主次关系问题。通常情况下，政府在财政收支的安排上应保证尽可能地形成必要的政府储蓄以满足政府的资金需求，只有在政府储蓄满足不了政府投资需要时，或者说是政府储蓄—投资缺口较大时，才应选择公债融资的方式。也就是说，应该把政府储蓄作为满足政府投资对资金需要的主要手段，公债融资作为辅助性手段或者是临时手段。这无论对保持政府投资的顺利进行，还是对增强财政的稳健性（或者说是增强财政政策的可维持性）而言都是十分必要的。

　　如果强调政府投资的重要性而将民间投资置于次要地位，那么就可能出现政府投资对民间投资的挤出效应。因此，政府储蓄的存在避免了完全依赖公债融资时政府投资的被动地位，同时也避免了过多的公债融资可能导致的对私人部门投资的不利影响。不仅如此，在政府储蓄用于政府投资后仍有盈余时，还可将这部分盈余投放于资本市场以增加民间投资。进一步分析发现，政府储蓄还与预算的收支平衡问题联系在一起。在没有政府储蓄的情况下，政府投资直接对应着预算赤字，政府投资的规模有多大，预算赤字的规模相应地就有多大。因此，为尽可能减少预算赤字，增强财政的稳健性必须要求以政府储蓄作为政府投资的主要来源，即使在某些情况下必须通过举债为政府投资筹集资金也必须要有一定的政府储蓄作为后盾。这是因为，政府债务不仅要还本，而且要付息，特别当利率增长超过经济增长率时，政府的债务负担将会抵消经济增长对国内生产总值的贡献。因此，为使债务具有可维持性，就必须将基本赤字（非利息支出减收入所得的余额）控制在一定的范围内。要做到这一点，政府投资规模一定的情况下，就必须保证政府储蓄的充裕。

三、政府储蓄规模的确定

　　通过上述分析，我们已经知道，经济增长中政府储蓄的存在具有其客观必然性。那么政府储蓄的规模要如何确定，影响政府储蓄规模的因素有哪些？对这些问题的研究不仅具有理论意义，而且也具有重要的实践价值。

通常情况下，一定时期政府储蓄规模受诸多因素的影响。其中，有些因素决定着经济社会对政府储蓄的需求量，而有的因素决定着政府储蓄能够维持多大的规模。因此，确定政府储蓄的适度规模首先必须对这些影响因素进行综合考察，然后将有关因素的影响予以量化，运用数学的方法来估算一定时期内政府储蓄的适度规模。以经济增长率、民间储蓄率、政府消费率、净进口率以及国民收入水平作为一定时期影响政府储蓄的主要因素，并假定财政收入全部以税收形式取得，在这两个基本假定的前提下对政府储蓄规模确定的模型做一个基本的介绍。

由哈罗德—多马经济增长模型（$G = S/K$）可知，目标经济增长率所要求的社会总储蓄率可由 $S = GK$ 表示，其中，G 表示目标增长率，K 表示资本—产出系数。在封闭的经济体系中，社会总储蓄等于民间储蓄（S_p）和政府储蓄（S_g）之和。故实现目标增长率所要求的社会总储蓄可由下式给出：

$$S_p + S_g = GKY \qquad (4-1)$$

其中，Y 表示国民收入，民间储蓄水平可由下式给出：

$$S_p = S(Y - T) \qquad (4-2)$$
$$或 \ S_p = S(1-t)Y$$

式中，S 表示可支配收入中的储蓄倾向，T 是税收收入，t 代表税率。

政府储蓄水平则可表示为：

$$S_g = tY - aY = (1-a)Y \qquad (4-3)$$

其中，a 表示一定时期政府经常性预算支出占国民收入的百分比。不难看出，在 a 给定的情况下，只要计算出 t，即可求得目标经济增长率所要求的政府储蓄规模。为此，将（2）、（3）代入（1），得：

$$t = \frac{GK - S + a}{1 - S} \qquad (4-4)$$

如果考虑到开放经济体系中外国储蓄的流入，则目标增长率下的社会总储蓄就等于民间储蓄、政府储蓄与外国储蓄（S_f）之和，即：

$$S_p + S_g + S_f = GKY \qquad (4-5)$$

式中，S_f 可视作为按国民收入一定比例（n）计算的净进口额，即：

$$S_f = nY \qquad (4-6)$$

将式（2）、（3）和（6）代入（5）可计算出新的税率，即：

$$t' = \frac{GK - S + a - n}{1 - S} \qquad (4-7)$$

将（7）和（4）进行比较可知，在外国储蓄流入的情况下，较低的税率同样可以满足政府为取得目标增长率所要求的政府储蓄规模。

假定，资本—产出系数 $K = 4$，目标增长率 $G = 5\%$，民间储蓄率 $S = 4\%$，政府消费率 $a = 10\%$，净进口率 $n = 6\%$，则通过计算可知，$t' = 20.83\%$，将此税率代入（3）式可知，政府储蓄规模应保持在占国民收入 10.83% 的水平上。

　　但是，由税率 t' 决定的政府储蓄规模不一定是适度的。原因在于：该税率只是单方面根据取得目标增长率所要求的政府储蓄规模这一客观需要而确定的，并未考虑税收对社会经济活动的有关方面可能产生的影响，一旦将这些因素考虑进来，税率 t' 下所形成的政府储蓄规模也就是非适度的。因此，在上述计算结果的基础上，还必须考虑税收效应并进一步借助于一定的计量方法计算出最优税率，然后与 t' 进行比较。若二者相差不大，说明税率 t' 下的政府储蓄规模基本适度；否则就必须对 t' 进行适当的调整。问题的关键是最优税率如何确定。要确定最优税率，首先碰到的一个问题是以什么作为判断税率是否最优的客观标准。如考虑到税收对劳动供给的影响，人们可选择使劳动供给最大化的税率作为最优宏观税率；而当考虑到税率对投资的影响时，人们又可以选择使投资最大化的税率作为宏观税率。具体选择哪一种税率作为最优税率，不同的国家或同一个国家的不同发展阶段都会有所不同。当然，在设计计量模型时，如果能将各种可能的相关因素都考虑进去并分清主次，那么得出的结果就会越准确，但这样往往会使模型更为复杂。

　　还需要说明的是，上述计算过程中暗含了许多的假设，一旦放宽这些假设，情形将会复杂得多。如模型中假设所有税种在对消费和对储蓄的影响上都是一致的，然而实际情况并非如此。因此，在实际应用中应该考虑到包括税制结构本身在内的诸多可能对储蓄产生影响的因素。

第三节　政府储蓄与中国中长期财政建设

　　中国的政府储蓄大体可分为两个阶段来考察，从 1949 年新中国成立至 1978 年党的十一届三中全会召开为一个阶段；十一届三中全会后至今为另一个阶段。第一个阶段内，针对我国经济发展水平落后，工业化程度低，人均国民收入水平极低等特点，要实现经济的快速发展和国家的振兴对巨额资金的需求，由政府充当储蓄主体是比较可行有效的方法。因此，低工资制、低价格政策和统收统支的财政管理体制为政府储蓄规模的极限扩张提供了保障。据世界银行的估算，1978 年中国的国民储蓄结构中，政府储蓄所占的比重为 73%，[①] 与此相应的，全社会的投资总量中有 70% 以上的资金来源于政府储蓄。1952～1978 年，中国的人均国民收入达到了 4.5% 的平均增长率，远远超过了世界平均水平。尽管这种社会财富的积累高度集中于政府的做法也体现出了诸多的弊端，但毫无疑问，大规模的政府储蓄对中国经济发展早期所取得的成就有着非凡意义。改革开放以后，随着中国经济管理体制和国民收入分配格局的转变，国民储蓄结构也发生了重大的变化。随着财政收入占国民收入比重的持续下降，政府储蓄规模也大幅地减小，政府储蓄占国民生产总值的比率在 1978～1996 年的 19 年间降低了 13.4 个百分

---

① 世界银行：《中国：长期发展的问题和方案》，中国财政经济出版社 1985 年版，第 192 页。

点，仅为 0.6％；而同期政府储蓄占国内总储蓄的比率则降低了 37.4％，为 1.3％。政府储蓄规模的缩减直接导致财政对公共投资项目支出的减少，据统计，从 1991～1997 年间，国家财政资金在基础设施建设中所占的比重以年均 15.5％ 的速度递减。① 与此同时，随着改革开放的深入和国家经济的进一步发展，政府还要承担诸如产业结构调整、科研开发等更多的职责，公共性投资的缺口日趋扩大，这不仅直接增大了财政压力，而且，这种压力也通过财政赤字和国家对国有企业的相关政策对金融业造成了挤压，加大了金融风险和经济运行中的通货膨胀压力。可以说，政府储蓄率偏低是我国当前财政经济运行中的突出矛盾，这种状态继续存在下去势必将削弱财政的宏观调控能力，对我国经济增长带来不利的影响。因此，在今后相当长的一段时期内，我国的财政改革应将增加政府储蓄作为其中的一项重要内容。其必要性及其途径可以从以下几个方面考察：

一、从减少财政风险的要求考察

在现代市场经济的发展过程中，政府的干预是必不可少的，而政府的投资正是实现国家意图和宏观调控的重要手段。关于政府财政投资的重要性，现代经济理论已作出过大量的阐释。而我国作为一个发展中国家，不仅要面对一般意义上的市场失灵，还要应对由于市场发育的不充分而引起的市场功能的缺失，因此，政府在组织经济运行、强化投资、引导社会投资方面肩负着更多的责任，从现阶段来看，主要表现在以下几个方面：

（一）全社会的基础设施建设有待加强

基础设施为整个社会的生产过程提供"公共生产条件"，是促进一国经济增长的"社会先行资本"，而这部分投资由于其具有成本高、规模大、周期长和较大的外部性等特点只能由政府来进行运作。由于我国地理环境的特殊性——山地、高原、丘陵占国土面积的 2/3，平均海拔较高，决定了我国在交通和通信等方面的基础设施建设的成本较高，而中西部地区基础设施建设的欠债问题则更为突出，如城市快速轨道交通设施供需矛盾较大，现有水库也有相当数量处于病险状态，可以看到，每年因基础实施的欠缺造成了巨大的经济效益和社会效益的损失。因此，基础设施建设方面对我国财政资金的需求仍然较大。

（二）产业结构急需调整

进入 21 世纪，产业结构调整是世界性的趋势，也是发展中国家缩短其与发达国家之间差距的一项竞争战略。长期以来，体制原因所形成的产业结构与消费结构的不相适应已成为制约我国经济发展的主要因素，而在产业结构的调整中，要形成新的产业增长点、改善不合理的产业结构、增加就业岗位都需要大量的资金投入，很显然，财政在这方面责无旁贷。另外，与以往的产业结构调整有所不

---

① 资料来源：根据《中国统计年鉴》相关年份数据整理计算得出。

同的是，当前需要大力发展高新技术产业、信息产业等新兴产业，这些产业的资金需求和技术壁垒较高，要求的企业规模也较大，而我国目前投资主体逐渐呈现分散、多元化的特征。因此，政府在这方面的资金支持和引导作用显得至关重要。

（三）推动科技进步

经济增长越来越依靠科学技术的推动，为此，无论是发达国家还是发展中国家都在不断地调整经济发展战略和科技进步政策并不断加大相关投入。据统计，20 世纪 90 年代中期，我国在这方面的投资只是美国的 1.9%、韩国的 34%，从投入的强度来看，发达国家的科研开发投入占 GNP 的 2.5% ~ 3%，韩国的这一比率为 2.8%，印度、埃及和匈牙利等国也在 1% 左右，而我国在这方面的投入水平仅在 0.6% 左右。[①] 很显然，要想提高我国的科研开发能力进而促进我国国际竞争力的提升就必须改变这种状况，国家财政必须在重大科技发展计划的实施、科技工程的运转和重点科研院所的发展方面发挥主要作用，加大投入力度，使得投入形式多元化。

（四）西部大开发战略

实施西部大开发是全面推进我国区域经济的协调发展，以及推动未来中国经济长期增长的重要战略决策，其实施离不开财政的有力支持。在西部地区启动的一批重大基础设施建设项目和富民工程都需要大量的资金投入，一些跨省区的能源、交通和通信、城市防洪、大江大河的污染综合治理和水土保持工程、生态农业建设等也都是以财政投入作为重要资金来源的。

总之，从以上几个方面强化政府投资是我国今后经济增长的内在要求，也是优化财政支出结构，使财政更好地发挥其职能作用之所需。而强化财政投资必须要有相应的财力基础作为保证，政府储蓄就是这一财力基础的保障。改革开放以来，我国财政投资的需求大幅度增长，而政府储蓄的规模却持续萎缩，这不能不说是造成我国财政赤字逐年增多的一个原因。尽管政府债务在我国经济处于紧缩的时期起到了扩张社会总需求、刺激经济增长等积极的作用，然而政府举债要受到财政偿债能力和社会应债能力的制约。长期的、大量的以举债的方式为财政支出筹资可能会给财政自身及社会经济运行带来一定的风险。当前，学术界对政府债务潜在风险的评价标准为：一般市场经济国家的政府债务规模占 GDP 的 20%，国际公认的警戒线为 60%，我国当前政府债务的规模占 GDP 的 10% 左右，但如果考虑到我国仅从 1981 年开始正式地、连续地发行国债，至今不过 30 年，而1984 年我国政府债务的负担率为 2.46%，1997 年增长至 8.1%，到 1999 年已达到了 10%，15 年间增长了 3 倍；再从公债的偿债率来看，1994 年我国的国债偿债率为 9.6%，到 1998 年就上升到了 22.8%，远远超过了国际公认的安全线 8% ~ 10%；从债务依存度来看，我国政府的债务依存度 1994 年就达到了 50%，

① 国家计委规划司：《"十五"期间我国经济结构调整的主要课题和政策》，引自《"十五"规划战略研究》，中国人口出版社 2000 年版，第 60 页。

之后逐年上升，到 1998 年已经达到了 67.68%，远超过了国际公认安全指标 25%~35%。另外，我国政府目前还要面对大量的或有债务，主要由以下六个方面组成：（1）国有银行的不良贷款损失；（2）政策性银行呆坏账损失；（3）以政府为担保的企事业单位贷款，如高校贷款损失；（4）地方金融机构的支付缺口；（5）社会保障基金缺口；（6）以政府名义借入的主权外债。当前政府或有债务的严重性已经引起了学术界的重视，尽管现在还不构成政府的现实债务，但它已经形成了财政风险，一旦出现问题将给我国的财政安全造成极大的冲击。

因此，有效地扩大政府储蓄的规模不仅强化政府投资有了稳妥可靠的财力基础，同时也为政府控制债务规模进而减轻财政风险创造了良好的条件。

二、从我国国民储蓄的变化趋势考察

除了为政府投资提供财力支持外，弥补民间储蓄不足、提升国民储蓄水平是政府储蓄的又一项重要功能，这一点在我国 1978 年以前的政府储蓄实践中表现得十分突出。1978 年改革开放以来，我国经济迅速地增长，国内居民储蓄呈现出了强劲的增长态势，这使得改革开放三十多年来，政府储蓄规模在不断萎缩的情况下，我国仍然保持了一个很高的国民储蓄水平，当前我国国民储蓄率基本上稳定在 37%，个别年份甚至超过了 40%。从东亚一些国家和地区的高速增长经验来看，保持 30% 或高于 30% 的储蓄率是实现经济快速增长的重要条件之一，但 40% 并不多见。然而当前和未来值得关注的一个问题是，如何保持一个与潜在经济增长要求相适应的储蓄率水平。拉美和亚太地区的许多新兴国家近几十年的实践证明，储蓄率在 20~30 年内保持在一个较高的水平是可以做到的，在此之后储蓄便呈下降趋势，同时国内消费比重不断提高，可以说，储蓄率下降是多数发展中国家经历经济起飞阶段后会面临的一个共同的问题。中国是否能避免这种情况，关键取决于居民储蓄在未来的变化趋势。改革开放三十多年来，我国居民储蓄的大幅度增长是多重因素共同作用的结果，总的来说，这些原因主要有：预期的不稳定性、收入增长、通货紧缩、贫富差距扩大、名义利率变动和资本市场发展等。这些因素在短期内仍将继续存在，因此，国内国民储蓄水平在短期内大幅度下降的可能性不大。但是，从长期来看，在上述影响国民储蓄水平的诸因素中，预期的不稳定性将随着经济的稳定发展而有所削弱，居民储蓄水平也将随之受到影响。另外，在今后一个较长的时期内对我国居民储蓄影响最大的因素有两个，一是人口规模和结构的变化，二是消费结构的升级，而这两个因素都将导致国民储蓄水平的下降。

首先，从人口规模和结构变化的影响来看。"储蓄的生命周期理论"认为，消费者力图将生命周期内的所有收入在生命周期的各个阶段做合理的分配，以期实现最优的消费效用。因此，消费并不单纯地依赖于收入水平，更取决于生命周期内的总资源。在生命周期内，家庭的收入、消费和财产是家庭年龄的函数。在劳动年龄期内，收入和财富随家庭年龄的增大而增长，在退休期内，收入和财富随家庭年龄的增大而递减。我国当前的实际情况是，出生人口的减少和自然增长率的下降加快了人口年龄结构的转变。据人口结构抽样调查表明，我国人口年龄结构正加速向老龄化转变：0～1岁少年人口比重由1995年的26.7%下降到1998年的25.8%，平均每年减少0.3个百分点；65岁及以上老年人口比重由1995年的6.7%上升到1998年的6.88%，平均每年增加0.06%，全国已有部分城市超过了7%。① "我国进入2020年时将成为典型的老龄社会。60岁以上人口的比重上升到15.55%；2020～2050年，我国人口老龄化的程度急剧提高，60岁以上人口的比重上升到27.43%"。② 老龄化进程的加快意味着国民储蓄水平将极有可能大幅下降，有学者认为，到2020年，中国的储蓄率将下降到30%甚至更低，③而到2050年，储蓄率将可能下降到8.27%。④

其次，从消费结构的升级来看，随着改革开放的深入和经济的发展，我国城乡居民生活水平有了很大的提高，消费水平总体上处于温饱后期和小康初期，今后将进入一个以满足住、行为核心的结构升级的变化时期，这预示着我国经济将进入"高额群众消费阶段"，其特征是居民家庭对耐用消费品的购买保证了经济的持续增长，从我国的现实情况来看，这种高额耐用消费品将集中在汽车和私人住宅上。而随着私家车的普及，针对交通等的基础设施建设的投入需求将大大增加。可见，未来国民储蓄率水平的降低将是可预见的，而处于经济增长期内所要求的投资却不会在短期内下降。因此，相对于投资需求而言，就会出现储蓄短缺。中国作为一个发展中国家，在未来几十年的经济增长中，投资将会有一个较快的增长势头，国内储蓄率水平可能趋于下降的事实将会使得中国经济增长受到资金短缺的制约。所以，从我国长期经济增长的目标着眼，政府作为一个重要的储蓄主体，应该通过增加自身的储蓄，即政府储蓄来维持一个较高的国民储蓄水平，为经济增长所需的投资提供财力支持。

三、增加政府储蓄的途径

政府储蓄的多少既取决于财政收入的规模，也取决于财政支出结构的安排。因此，要提高我国政府储蓄规模，必须同时从增加财政收入和优化财政支出结构两个方面入手。

（一）提高财政汲取能力，确立财政收入随经济增长而稳定增长的机制

要提高财政汲取能力必须做到：（1）强化财政分配职能，提高预算集中程度。政府应依法将所收取的税收、社会保险收入和各项收费等全部纳入政府财政

---

① 国家信息中心：《"十五"期间我国人口就业发展态势与政策目标》，引自《"十五"规划战略研究》，中国人口出版社2000年版，第483～484页。
② 杜鹏：《中国人口老龄化过程研究》，中国人民大学出版社1994年版，第92页。
③ 王小鲁：《中国经济增长的可持续性与制度变革》，引自《中国经济增长的可持续性——跨世纪的回顾与展望》，经济科学出版社2000年版，第5页。
④ 李焰：《中国居民储蓄行为研究》，中国金融出版社1999年版，第164页。

预算，进行统一管理，建立统一的财政收入体系。（2）依法组织财政收入，维护税法的严肃性，规范税收优惠与减免政策。坚持依法理财、依法治税，进一步加强财税法治建设，建立起完善的、运作有序的财税法规体系，真正做到依法行政、依法理财、依法治税。（3）加强税收征收管理，实现征管手段现代化。增加税收的一个更为重要的途径是改革税收管理，以便在税率不变的情况下，也能从现有的税收来源中课征更多的税款。事实上，在发展中国家采取这种办法增加收入的潜力都是很大的。在我国，由于税收征收管理过程中存在的许多薄弱环节已经给税收造成了巨额损失。加强税收征收管理，首先必须建立科学、完善、系统有效的征收管理体系。要依法治税，依率计征，维护税法的严肃性和完整性。实现征管手段的现代化，运用现代化的手段来进行税款的征收、监控。（4）加强财源建设。财源建设工作的好坏直接关系到财政收入是否能及时、足额的取得，也关系到财政收入能否随经济的增长而不断增长。近年来，财税界对财源建设理论进行了较多、较深入的研究，提出了财源建设良性循环理论、财源建设阶梯级开发理论、财源建设时空分布理论等，这些相关理论都有待于在实践中进行检验并加以推广运用，以加强财源建设，增加税收收入。

（二）调整财政职能范围，优化财政支出结构

在财政收入增加的基础上，政府储蓄能否增加和增加多少还取决于政府边际储蓄倾向的高低。近年来，我国政府边际储蓄倾向有下降的趋势，这也是导致政府储蓄不断萎缩的重要原因。因此，要增加我国政府储蓄，除了提高政府财政收入外，同时还要提高政府边际储蓄倾向，这就必须对财政支出结构进行调整。其主要内容是对政府的消费性支出进行适当的压缩和控制。

1. 控制行政性经费支出

行政性经费是维持国家政权存在、保证各级政府行政管理机构正常运转的必需费用，行政经费供给不足就会严重影响国家行政管理机关工作的正常开展，导致公共服务效能的下降。近年来，我国行政经费是财政支出中增长最快的部分，其总量的增长水平不仅超过了财政支出的增长水平，而且超过了财政收入的增长水平，这无疑会对财政支出造成压力，同时也不利于财政支出结构的优化。因此，实现国家机构组织、职能、编制、工作程序的法制化，严格控制机构规模和人员数量，深化人事制度改革，引入竞争机制，加强廉政建设，完善公务员制度是控制行政性经费支出规模的有效途径。

2. 调整财政补贴政策

为使财政支出结构合理化，必须对以往的财政补贴政策予以适当的调整。对农业的补贴要将补贴从流通环节和消费环节转移到农业的生产环节，以保证农业补贴政策在促进农业生产方面的作用效果更直接有效。针对城镇居民的有关福利，应该建立统一规范的社会保障福利制度和财政性社会保障福利支出体系。除企业政策性亏损外，对企业由于经营不善所造成的亏损，财政不再予以补贴。财政性补贴应主要用于保障农产品的生产、流通以及发展高新科技产业和社会公益

事业等方面。

　　3. 推进准公共品和服务的社会化供给

　　对于当前财政所承担的公共产品和服务，有些具有纯公共品的性质，而有些则属于准公共品。前者诸如中小学义务教育、各学科的基础理论研究、文物古迹保护、公共卫生等；后者包括高等教育、自然和社会科学的应用性研究等。因此，应按照政府和市场的合理分工，将财政支出的重点放在具有纯公共品性质的产品和服务供给上，而将可以由市场主体承担的准公共品的供给推向市场，由市场和社会各方筹资实现这类公共品和服务的供给，以提高公共性财政资金的使用效率。

第五章 财政与经济崛起

第一节 财政与经济发展

一、经济决定财政

经济决定财政主要表现在经济发展水平决定财政的总量水平（即绝对额）和经济发展水平对财政收入相对额（财政收入占国民收入的比重）的影响两个方面。

（一）经济发展水平决定财政的总量水平

一般说来，经济越发达，国内生产总值越高，可供财政分配的物质基础就越雄厚。即使财政参与分配的程度不高，财政收入通常也会随着国内生产总值的增长而基本同步增长。这从经济运行机制和社会制度都相对稳定的国家的财政收入变化趋势中看得很清楚。如美国在 20 世纪初，国民生产总值约为 205 亿美元，财政收入约为 16 亿美元；而到 90 年代（1993 年），美国的国内生产总值为 63 433 亿美元，财政收入为 12 020 亿美元。2008 年，美国的国内生产总值为 14.33 万亿美元，联邦政府财政收入为 3 万亿美元左右。在新中国成立之初的 1952 年，我国国内生产总值约为 679 亿元人民币，财政收入 183.72 亿元人民币；到 1978 年，国内生产总值约为 3 624.1 亿元人民币，财政收入 1 132.26 亿元人民币；2007 年，国内生产总值约为 246 619 亿元人民币，财政收入 51 304 亿元人民币。

（二）经济发展水平对财政收入相对额的影响也十分大

一般而言，在市场经济中，政府财政收入主要来源于国民收入初次分配后所形成的各种形式的收入。因此财政收入无论采用什么形式，最终都会形成企业和个人的负担，这就要求财政收入的分配程度与企业和个人的承担能力相适应。而只有经济不断发展，才会使企业和个人收入（包括工资和各种资本收益）不断增加。而企业和个人的收入不断提高则使企业和个人对财政税收的承担能力加强，这就为财政提高分配比重奠定了基础。20 世纪以来，西方发达国家财政收入占国内生产总值的比重出现随经济的发展和人均国民生产总值的提高以及国家对经济和社会干预的加强而普遍提高的趋势。以美国为例，其联邦政府财政收入占国内生产总值的比重在 20 世纪前 20 年基本上都在 10% 左右；20～40 年代逐步上升到 20% 左右；50～70 年代逐步上升到 30% 左右，并一直保持这一比重至今。从横向来看，目前政府经常性收入占国内生产总值的比重，低收入国家平均为

15%左右，中等收入国家在25% ~ 30%左右，而发达国家最低为30%左右，最高达到60%左右，一般在40% ~ 50%之间。由此可见，从根本上看，不同国家的财政收入分配程度是由与之相关的经济发展水平所决定的。

二、财政反作用于经济

财政主要通过收入和支出两种途径来反作用于经济。如财政组织收入中的税种设置、税率制定以及减免税等都会对经济发展产生正面或负面影响。根据现代经济学的一般原理，减税是政府在经济萧条时期刺激经济增长的一种重要手段，属于扩张性财政政策的范畴。凯恩斯强调需求管理，主要是从影响需求这个侧面研究税收与经济增长的关系。认为政府征税的直接影响是减少居民用于消费的收入，如果投资和政府支出保持不变，增加税收将减少总支出，产生抑制总需求、降低国民产出和就业水平的作用；减税则将刺激总需求，起到提高国民产出和就业水平的作用。而实际生活中，税收的增减是通过改变边际消费倾向来影响国民产出的，如通过减少工薪家庭的收入所得税，特别是减少对低收入、多子女家庭以及享受退休金的老年人的税收，可以提高边际消费倾向，从而增加国民总产出。减少直接税和间接税对经济增长会产生不同的影响。直接税直接对公司和个人课征，不易转嫁，因而纳税人对减税的感受非常直接，能够随着税额变动及时调整自己的投资和消费行为，减税效应比较明显；间接税大多属商品税，通常采用价外税的形式，企业很容易把税负转嫁出去，比较而言，最终负税人对税负也没有直接税敏感，所以其减税效应一般没有直接税强。

不同税种减税所引起的扩张效应也不相同。从直接税来看，减少公司所得税将使公司拥有更多的税后利润，并向市场发出利好信号，有利于刺激投资。个人所得税的减税，如果是降低低档次的边际税率，则会使低收入者的可支配收入提高，有助于提高总的边际消费倾向，增加总的消费需求，对经济产生扩张效应；反之，如果是降低高档次的边际税率，则拉动消费需求的效应要弱一些，但对刺激投资会产生较强的作用。而间接税减税会使商品和劳务的价格相对下降，在一定程度上可刺激居民消费和企业增加生产。

财政支出中的社会消费性支出虽然在短期内并不体现对经济发展的直接作用，但是它们都从不同方面为社会生产提供重要的基础保障。文化卫生支出和科学教育支出能提高劳动者的综合素质并有利于生产力的提高；国防支出保障国家安全；行政管理支出保障司法、公安、工商等部门正常运行，维持社会经济的基本秩序，为经济的发展保驾护航。政府投资性支出对经济的增长最直接、最明显。

三、政府投资的经济效应

（一）投资乘数原理和投资加速原理

投资乘数原理和投资加速原理源自西方凯恩斯经济学，是说明政府投资与经济增长相互关系的两个理论。乘数原理说明投资变化如何引起国民收入的变化；加速原理则说明了国民收入的变化引致政府投资的变化。

投资乘数原理指出：当政府投资额增加时，由于国民经济的连锁反应，使国民收入的增加额会数倍大于政府投资的增加额。国民收入增加额与政府投资增加额之比，就是投资乘数，它表示每单位政府投资引起国民收入增加的倍数。投资减少时，投资乘数在相反的方向上起作用，经济收缩的幅度大于投资减少的幅度。政府投资对经济的扩张作用可以借助于投资乘数来测定。由于投资有乘数效应，投资增加能引起经济以数倍于投资的数额增长，因此，在西方国家一般都将它作为对付经济衰退和危机的短期调节手段。在我国则统统表现为当经济发展速度成为各级政府的考核指标时，各级政府有强烈的投资冲动，千方百计地增加投资，导致政府投资膨胀，可能会带来一些我们所不愿意看到的结果。

投资加速原理认为：当国民收入增加时，投资的增加远大于国民收入的增加，投资增加额与国民收入增加额之比，称为资本—产出比，又称为加速数。它表示在社会没有过剩生产能力的情况下，国民收入增加引起投资增加的倍数。加速数的大小与资本—产出比有关。资本—产出比越高，加速数越大。国民收入减少时，加速数在相反的方向上起作用，使得投资加速减少。在我国经济中，确实出现过类似的现象，当经济增长加快时，投资增长的幅度更大，如 1993 ~ 1994 年国民收入增长速度由 9% 提高到 14.1%，投资增长由 23.8% 提高到 42.6%；而在经济收缩时，投资加速减少，如 1988 ~ 1989 年，国民收入增长速度由 11.3% 降为 4.3%，投资增长速度由 23.5% 跌落为 −7.98%。①

总之，投资乘数原理和投资加速原理揭示了财政支出对经济的巨大推动作用。

（二）　差别税式支出的地区乘数效应

如果中央政府投资对区域经济区别对待，就会形成投资的地区乘数效应。例如，中央政府对东部地区增加投资，那么东部地区的国民收入将倍数增长，而其他地区的民间投资也将流入东部地区，使得流出地区的国民收入倍数的缩小，从而扩大东部地区和其他地区的差距。

事实上，中央政府对某一地区增加投资，并不一定要求中央财政直接拨款进行投资，也可以通过税式支出来实现同一目标。税式支出是指通过税收优惠、加速折旧、增加抵扣等方式予以税收上的减免，表现为税收收入的减少，相当于转移支付。

区域性差别税式支出至少有两个作用。第一，对某个区域增加税式支出，相当于中央政府给该区域一笔转移支付资金，通过乘数效应促进该区域的快速增长。第二，长期的区域性差别税式支出在宏观上会形成区域的税收负担水平的差异。下面用税式支出的宏观效应，即改变税收负担水平来说明税式支出对区域经济发展的作用。

---

①　资料来源：http://www.nmginve.gov.cn/trzzx/zftz/zftz1.htm。

税收负担水平影响区域经济发展有两条途径。一是税负水平差异的地区乘数效应。两个地区的税负水平存在差异会诱导投资从税负重的地区转向税负轻的地区，因为税收使地区间的投资收益率水平出现了差别。投资通过乘数效应影响着经济总量的增长，于是税负重的地区经济总量倍数的减少，而税负低的地区经济总量倍数的增长。这就是税负水平差异的地区乘数效应。二是税负水平差异影响乘数大小。税负水平差异是地区边际税率的差异，而边际税率是乘数的构成部分，并与乘数大小成反比例关系，所以税负水平差异形成乘数大小的差异。税负重的地区的乘数效应小于税负轻的地区，同一笔资金注入，税负重的地区经济增长量低于税负轻的地区，这可能导致以经济高增长为目标的中央政府歧视税负重的地区，不愿增加对这类地区的投资，从而形成马太效应。这也可以从图 5 – 1 中看出。

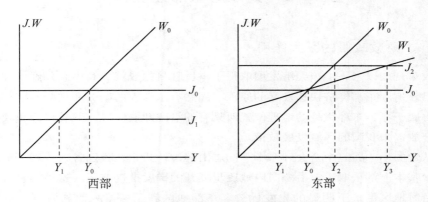

图 5 – 1 税负水平差异的影响

注：根据凯恩斯的经济理论，总供给函数为 $Y = C + S + T + M$（Y 是国民收入，C 是消费，S 是储蓄，T 是税收，M 是进口），令 $S + T + M = W$，表示经济的产出量，则 $Y = C + W$。总需求函数为 $Y = C + I + G + X$（I 是投资，G 是政府购买，X 是出口），令 $I + G + X = J$，表示经济的注入量，则 $Y = C + J$。这里假设 J 是外生变量，W 是 Y 的函数。

如图 5 – 1 所示，假设东部与西部原有的国民收入水平均为 Y_0，由 J_0 与 W_0 均衡决定。由于税收负担较重，西部的投资流出，使 J_0 下降到 J_1，在乘数 $K = 1/MPW$ 的作用下，西部的国民收入从 Y_0 下降为 Y_1。假设从西部流出的投资全部被东部吸收，在不考虑由此造成的东西部税负水平差异的条件下（即东西部的 W 曲线斜率保持不变），东部的 J_0 上升到 J_2（$J_2 - J_0 = J_0 - J_1$），使国民收入从原来的 Y_0 倍数扩张为 Y_2，从而使东西部的经济差距由 0 扩大到 $Y_2 - Y_1$。

此外，因为 S 是 W 的组成部分，如果东部与西部的 T 与 M 函数相同，则由于西部的税负重于东部，使得东部的 W 斜率应小于西部的 W 斜率，东部的 W 应为 W_1 而不是 W_0，因此在西部流出的投资作用下，东部的国民收入就由 Y_0 上升到 Y_3，东西部的差距就由 0 扩大到 $Y_3 - Y_1$，显然 $Y_3 - Y_1 > Y_2 - Y_1$。

反过来说，要通过增加西部的 J 来增加西部的国民收入 Y，也不得不面临西部 W 的斜率太大的障碍。即将同一笔资金投入到东部与西部，由于税收负担上的差异，使得西部产出低于东部，从而不利于缩小东西部的经济差距。

（三）政府政策倾斜的效应

实施西部大开发战略以来，西部与东部地区相比，经济增长速度的差距开始逐渐缩小，但发展水平上的差距仍然在扩大。目前，西部地区人均 GDP 仅相当于全国人均 GDP 的 67% 和东部地区人均 GDP 的 40%。西部地区的人均 GDP 不足东部地区的一半，这是一个不容忽视的客观现实。冰冻三尺，非一日之寒，东西部经济巨大差距的形成也并非一日之功，它是我国自改革开放以来向东部倾斜的区域发展政策持续达 20 年的结果。

第二节　财政与东部经济起飞

 一、财政政策的巨大作用

改革开放以来，中国经济发展取得了举世瞩目的成就，其中东部经济尤为引人注目。追溯东部经济快速发展的原因，固然有东部人的勤劳和精明，东部的经济历史底子厚，东部优越的地理位置所具有的沿海开放优势，但是更为重要的是改革开放以来我国的区域发展政策。

从党的十一届三中全会到邓小平同志南巡讲话为止，我国各项改革开放政策的出台基本上都采取了由沿海向内地逐步展开的梯度推进方式。这种推进方式给东部沿海地区带来了明显的先发优势。东部地区利用一系列倾斜发展的优惠政策，在短短 10 多年的时间内，就建起了一些国际级经济特区，开放了 10 多个沿海城市和一大批沿江、沿边中心城市。东部优先发展战略的实施极大地促进了东部地区的快速发展，但同时也拉大了与发展相对滞后的内陆地区的差距。

在这些政策中，特别要指出的是财政政策对东部经济快速发展的重要作用。改革开放以来，国家制定了一系列吸引外资的税收优惠政策，这些政策只限于沿海开放城市、沿海经济开放区和在沿海港口城市设立的经济技术开发区。这些税收优惠政策实际上是中央财政给予东部地区的巨额税式支出。

据测算，从 1985～1992 年，东部仅工业企业享受税收减免等优惠从 19 亿元增加到 225 亿元，相当于中西部获得的全部优惠，年均增加量近 30 亿元，这个数字比 1992 年新疆、青海、宁夏三省区工业企业上缴税收的总和 28.1 亿元还要多。这仅是中央财政巨额税式支出的直接作用。事实上由于前面所揭示的地区乘数效应，即初始的投资注入通过乘数效应使东部地区的经济倍数增长，使得中西部地区的经济倍数萎缩，最终形成了目前东部与其他地区的巨大差距。

 二、税负格局对东富西穷的经济的影响

西部比东部经济落后，但其税收负担却相对重于东部（见表 5－1）。

表 5 - 1　　　　　　　　　　东西部地区部分省市税负比较　　　　　　　单位：%

省份与地区　＼　年份	1994	1995	1996	1997	1998	1999	平均税负
全国	10.84	10.22	10.39	11.05	11.45	12.57	11.18
江苏	9.36	7.23	7.47	7.89	8.29	9.14	8.23
浙江	8.59	8.23	8.35	8.96	9.78	10.91	9.29
广东	18.88	14.84	16.37	14.78	14.9	17.49	16.09
山东	8.75	8.29	8.89	9.97	8.39	8.85	8.51
福建	8.25	7.8	7.71	7.92	7.99	8.57	8.06
贵州	11.54	10.75	10.89	11.41	12.76	12.98	11.83
云南	27.7	24.3	22.3	21.86	22.83	22.44	23.21
甘肃	13.34	11.94	10.21	10.55	10.09	10.16	10.79
青海	10.68	9.98	8.8	9.08	9.19	9.18	9.4
宁夏	10.74	10.17	10.71	11.33	12.13	12.15	11.32

税负水平的差异，归根结底是 20 多年的区域差别税收优惠政策造成的。这种区域差别税收优惠政策导致了目前东中西部引进外资的巨大差距。到 1999 年底，中国实际使用外商投资金额 3 076.31 亿美元，其中东部地区 2 702.28 亿美元，占 87.84%；中部地区 275.02 亿美元，占 8.94%；西部地区 99.01 亿美元，占 3.22%。西部大开发以来，这一外商投资格局并未发生大的改变，资金的不足严重影响了西部地区的建设和发展。由此可以看出，税收负担水平差异对投资的诱导作用并继而对经济的巨大影响。这种区域差别税收政策对我国吸引外资、发展高新技术、促进对外贸易发展起到了积极的推动和示范作用，但对广大的西部却是一个不公平因素。它进一步弱化了西部地区对外资的吸引能力，加剧了西部地区对外开放的滞后性，致使其发展活力不足，潜力难以发挥。西部的高税负严重影响了西部经济的发展，并使西部经济与东部经济的差距愈来愈大。因此，为了缩小东西部的差距，必须使东西部的税负水平更加公平。

三、中国贫富差距现状

（一）相对贫富差距悬殊

改革开放三十多年来，在我国国民经济持续快速发展、人民收入水平普遍提高的同时，随着区域经济发展差距的拉大，收入渠道多元化，收入格局多样化以及改革的过程中对利益格局的重新调整，贫富差距不断拉大已经成为我国当前社会经济领域的一个焦点问题。

1. 基尼系数与贫富差距

基尼系数是国际上用来综合考察居民内部收入分配差异状况的一个重要分析指标，由意大利经济学家基尼于 1922 年根据洛伦兹曲线提出。由于基尼系数可以较客观、直观地反映和监测居民及各阶层收入群体之间的贫富差距，预报、预警居民之间出现贫富两极分化，因此得到世界各国的广泛认同和普遍采用。基尼系数为 0，表示收入分配完全平均，基尼系数为 1，表示绝对的不平均。在这一区间，该数值越小，社会的收入分配就越趋于平均；该数值越大，则表明社会收入的差距就越大。按照国际惯例，通常把 0.4 作为收入分配贫富差距的"警戒线"。基尼系数在 0.2 以下，表示社会收入分配"高度平均"或"绝对平均"，0.2～0.3 之间表示"相对平均"，在 0.3～0.4 之间为"比较合理"。0.4～0.5 为"差距偏大"，0.5 以上为"高度不平均"。

2. 我国的现状

根据清华大学社会学系课题组在"2004 中国发展高层论坛"所做的背景报告，根据世界银行的统计到 1978 年改革开放前，我国城乡合计基尼系数为 0.2 强，从来没有超过 0.31 的水平；1992～1998 年，我国的基尼系数从 0.376 上升到 0.403。从 1998 年开始，中国城乡居民人均收入的基尼系数上升速度较快，到 2003 年，该课题组根据多项抽样调查的数据，按照保守的估计，认为中国城乡居民人均收入的基尼系数不低于 0.5 的水平，从趋势上看，我国的基尼系数还在进一步上升。据国际劳工组织的统计资料：20 世纪 90 年代，世界上基尼系数最高的 10 个国家依次是塞拉利昂（0.629）、巴西（0.601）、危地马拉（0.596）、南非（0.593）、巴拉圭（0.591）、哥伦比亚（0.572）、巴拿马（0.571）、津巴布韦（0.568）、智利（0.565）、几内亚比绍（0.562）。从基尼系数看，中国很可能将成为世界上贫富差距最大的国家之一。

从财富分布的情况来看，高中低收入阶层的比例呈金字塔形分布，差距也有放大的趋势。根据世界银行统计，从 1992 年到 1998 年，中国最低和最高的 20% 的居民的收入份额分别从 6.2% 和 43.9% 变为 5.9% 和 46.6%。1998 年，最低和最高的 10% 的居民的收入份额为 2.4% 和 30.4%，后者是前者的 12.7 倍。从当前家庭财产总额的差距来看，最高的达到 158.1 万元以上，相当于户均财产 22.8 万元的近 7 倍。而根据世界银行统计，2000 年，中国城乡高收入户占总户数的 2%，中低收入户占 18%，低收入户占 80%。据国际劳工组织的统计资料：20 世纪 90 年代，世界上国内 10% 最富人口占总收入比例最大的 10 个国家依次是巴西（47.9%）、哥伦比亚（46.9%）、津巴布韦（46.9%）、危地马拉（46.6%）、巴拉圭（46.6%）、智利（46.1%）、南非（45.9%）、巴拿马（43.8%）、塞拉利昂（43.6%）、莱索托（43.4%）。而当时中国为 35.68%，美国为 26.1%。

这表明虽然近年经济快速发展使我国居民的整体收入有了较大的增长，"蛋糕做大了"，但是在社会成员中"蛋糕分配"的非均等程度在扩大。

3. 相对贫富差距的集中表现

（1）城乡差距。由中国社会科学院经济研究所经过数年跟踪所作出的一份全国性调查报告显示，近年来，中国城乡收入差距在不断拉大，如果把医疗、教育、失业保障等非货币因素考虑进去，中国的城乡收入差距将会是世界最高的。

这份最近刚刚完成的调查报告显示，中国城乡之间的人均收入比率由 1995 年的 2.8 提高到 2002 年的 3.1。然而，调查人员认为，这还不能真实地反映出城乡之间实际收入的差距。报告指出，城镇居民的可支配收入没有涵盖城市居民所享有的各种实物补贴，比如城镇居民很多享受公费医疗，而农村居民却没有这种待遇。城镇的中小学能够获得国家大量的财政补贴，而农村学校得到的补贴非常少，农民还要集资办学。城镇居民享受养老金保障、失业保险、最低生活救济，这些对于农村居民来说却可望而不可即。如果把这些因素都考虑进去，估计城乡收入差距可能要达到 4 倍、5 倍，甚至是 6 倍。报告说，如果仅仅看货币收入的差距，或者说名义收入的差距，非洲津巴布韦的城乡收入差距比中国稍高一点，但是如果把公费医疗、失业保险等非货币因素考虑进去，中国的城乡收入差距是世界上最高的。据调查，全国收入差距的扩大表现为高收入人群的收入超高速增长，并不是低收入人群收入状况的恶化。

报告显示，2002 年全国收入最高的 1% 的人群组获得了全社会总收入的 6.1%，比 1995 年提高了 0.5 个百分点；最高的 5% 的人群组获得了总收入的近 20%，比 1995 年提高了 1.1 个百分点；最高的 10% 的人群组获得了总收入的 32%，比 1995 年提高了 1.2 个百分点。而全国高收入人群收入比例的上升主要来自城镇，而不是农村。相对于 1995 年，2002 年农村中的高收入人群组在全国总收入中的收入份额有所下降。调查还显示，1995～2002 年间，城乡之间收入差距对全国总体收入差距的贡献率明显上升，从 36% 提高到 43%。有学者表示，这意味着 2002 年全国总体收入差距的 2/5 以上来自于城乡之间的差距，这进一步表明城乡之间收入差距是非常巨大的。

而从全国各地区对城乡之间收入差距的相对贡献率来看，西部地区是最高的，高达 58.3%，而东部地区是最低的，为 37%。也就是说，越是相对落后的地区，城乡之间的收入差距就越明显。

（2）东西部的差距。1998 年全国城镇人均可支配收入为 5 425 元，最高的是东部地区的广东，为 8 839 元，是全国平均水平的 1.63 倍，最低为西部地区的甘肃，仅有 4 009 元，是全国平均水平的 74%，广东的 45%。同期农村居民人均纯收入 2 161.98 元，东部地区人均 3 587.6 元，西部地区人均 1 578.41 元，东部地区是西部地区的 2.27 倍。1998 年全国人均居民消费为 2 972 元，东部地区人均居民消费为 4 691 元，上海城镇人均消费高达万元以上。而西部地区人均居民消费为 1 988 元，最低的甘肃农村人均消费只有 962 元。

国家统计局中国经济景气监测中心对全国 31 个省及直辖市的城镇及农村家庭收入的有关分析表明，不同地区的城镇居民收入差距明显。2001 年第二季度全国城镇居民家庭人均可支配收入为 526.0 元。同时依照各省的统计数据分析，城镇居民家庭人均可支配收入高的 5 个省及直辖市分别是上海、北京、浙江、广东、天津，分别为 943.9 元、926.2 元、766.8 元、753.9 元、681.1 元；低的 5 个省分别是山西、河南、江西、海南、陕西，分别为 391.9 元、405.1 元、406.7

元、407.3 元、409.3 元。可见，城镇居民家庭人均可支配收入最高与最低的省际差表现为 2.4 的倍数关系。另外，我国绝大多数省及直辖市居民可支配收入都在较低水平。

不同地区农村居民收入的差距更突出。国家统计局公布的数据显示，2000年全国农村居民人均现金收入 2 434.0 元。农村居民人均现金收入高的 5 个省及直辖市分别是上海、北京、浙江、天津、广东，基本上都是东部沿海地区，分别为 5 914.9 元、5 092.6 元、4 863.4 元、3 938.5 元、3 759.5 元；低的省分别是贵州、西藏、甘肃、青海、云南，都是西部地区，分别为 1 136.4 元、1 174.8元、1 309.9 元、1 365.7 元、1 430.0 元，农村居民人均现金收入最高与最低的省际差表现为 5.2 的倍数关系。从 1998 年和 2000 年的数据对比可以看到东西部居民的贫富差距在进一步扩大。

（二） 绝对贫困人口数庞大

尽管经过各方的共同努力，2002 年，中国农村尚未解决温饱的贫困人口已由 1978 年的 2.5 亿人减少到 2 820 万人；但若根据世界银行的标准，中国 1998年的贫困人口比率 1 和贫困人口比率 2 依然分别达到 18.5% 和 53.7% （贫困人口比率 1 为每天生活费不足 1 美元的人口在全部人口中所占比重，贫困人口比率 2 为每天生活费不足 2 美元的人口在全部人口中所占比重）。[1]

截至 2002 年底，城镇登记失业率为 4%，比上年末增加 0.4 个百分点，社会就业形势异常严峻。在 2 054 万享受城市"低保"的困难群体中，无劳动能力、无法定供养人和无其他收入来源的传统"三无对象"只占 6% 左右，其余绝大多数主要来源于结构调整中出现的下岗人员、失业人员。在下岗、失业人员中，有将近 2/3 的家庭人均月收入在 200 元以下，下岗 3 年以上的占 40% 以上，家庭原有积蓄基本耗尽；有 1/3 的家庭夫妻双下岗或失业，但还面临赡养老人、抚养孩子上学的压力，再由于近几年医疗费用以及教育费用的大幅度上涨，可以推断：他们中不少家庭的实际收入低于"低保标准"。[2] 城乡绝对贫困人口数庞大说明中国面临的解决贫困问题的任务艰巨且迫切。

（三） 贫富差距扩大的原因分析

1. 贫富差距产生的必然性

作为一种社会现象，贫富差距的产生有其客观必然性。在中国，这种客观必然性具体表现为：（1）人们自身条件（先天禀赋与后天素质）的优劣必然导致他们获取社会资源能力的不同，而人们获取社会资源能力的不同又进而导致人们获取社会资源结果的不同。（2）人们所处的社会条件不同，必然导致他们获取社会资源的机会不同。如果说前一方面是导致人们贫富差距的主观原因或个人原

---

① 世界银行：《2000/2001 年世界发展报告》，中国财政经济出版社 2001 年版，第 284～285 页。
② 孙辉：《关于当前社会贫富差距的几点思考》，载于《南京师范大学学报》（社会科学版）2004 年第 1 期，第 284～285 页。

因，那么后一方面则是导致人们贫富差距的客观原因或社会原因。而且，主观原因或个人原因是可以通过个人努力得到改变的，即人们获取社会资源的能力可以通过后天努力而得到提高；而后一原因却不是个人努力所能改变的，因为，人们所处的社会条件如何是不以人们意志为转移的。这种客观环境的差异将直接导致他们获取社会资源的机会不同并进而在一定程度上决定他们经济地位的不同。

2. 贫富差距具有两种截然相反的社会功能

作为一种社会现象，贫富差距具有一定的社会功能。这种社会功能一般表现为正面功能和负面影响两个方面。贫富差距之所以具有正面功能，是因为它在一定程度上反映了人们能力的高低、投入的多少和贡献的大小。因此，贫富差距的存在既能激发人们努力提高自身的能力和素质，又能激发人们为创造社会财富而奉献自己的体能和智能。贫富差距之所以具有负面影响，是因为它在一定程度上反映了人们所处的条件差别、地位差别以及由此决定的机会差别，也就是说，贫富差距有时并不完全是人们的主观努力和贡献大小所致。在导致这种差距的众多因素中，有些因素是主观因素，有些因素可能是先天禀赋因素。如果这种禀赋因素对一个人对社会财富的占有影响过大，那么由此而导致的贫富差距不仅不能激发人们去自我提高和奉献，反而在很大程度上影响人们的积极性、主动性和创造性，从而使个人发展失去动力。贫富差距的正面功能表明了其存在的合理性，说明它只能调控而不能消灭。贫富差距的负面影响表明它的存在有时也有其不合理性，说明贫富差距必须调控。

3. 缩小社会贫富差距的必要性

贫富差距是一个十分敏感的社会问题，它直接关系到社会的稳定和经济与社会的可持续发展。著名经济学家、曾任美国前总统克林顿首席经济顾问的前世界银行副行长约瑟夫·斯蒂格利茨认为，"在对一项发展战略进行评估时，人们不仅考虑它对国民收入产生的影响，而且也要根据它对失业或更一般地它对不平等所产生的影响。"因此，要采取积极措施，控制社会贫富差距。

第三节　财政与中国西部经济崛起

一、实施西部大开发战略的深远意义

实施西部大开发战略，加快中西部地区经济发展，是党中央根据国内外形势，高瞻远瞩，审时度势，深化改革，加快社会主义现代化进程，为缩小贫富差距和区域经济发展差距，实现共同富裕，加强民族团结，保持社会稳定和边疆安全的一项重大战略举措，是中国第三代领导核心，高举邓小平理论伟大旗帜，贯彻邓小平同志关于"两个大局"战略思想的具体体现。事关中国社会主义现代化建设事业的成败，社会经济持续稳定快速发展和国家的长治久安。因此，西部大开发战略的实施对于西部地区经济的起飞和全国经济的更大发展，实现我国现代化长远发展宏伟目标，具有重大的政治经济意义和社会意义。

 二、制约西部经济崛起的"瓶颈"

众所周知，西部地区幅员广大，自然资源丰富。根据资料显示，这一地区自然资源在全国总量所占的比重分别为：土地面积57%（528万平方公里），待开发利用的土地面积70%（7.8亿亩），林地面积36%，草地面积55.9%，水能蕴藏量82.3%（5.57亿千瓦），可开发利用的水电资源72.3%（2.74亿千瓦），煤炭已探明储量38.6%（3 797亿吨），天然气蕴藏量86%（26万亿立方米），矿产资源39.7%，人口1/3。可是交通、通信设施落后，生态环境恶化。

西部地区资源富集，劳动力成本低，市场前景广阔，为何经济发展长期滞后？西部地区问题的核心究竟是什么？全面实施西部大开发战略的关键何在？笔者认为除了历史原因以及改革开放的先后和强度客观原因影响外，西部经济发展缓慢的根本问题是开发资金严重短缺和人才匮乏。因而实施西部大开发战略，缩小东西部贫富差距和区域经济发展差距，必须认真解决好资金与人才这两大制约经济发展的"瓶颈"。

从资金与经济关系层面看，当今世界任何一个国家或地区的开发和经济发展，都是同资金问题密不可分的。美国开发西部用了100多年时间，特别是第二次世界大战后，美国联邦政府向西部国防工业注入巨额投资，美国经济重心向西部转移，以及政策措施倾斜，引导私人资本流向，使西部硅谷迅速兴起，成为美国高新技术产业的中心，带动了西部经济的大发展。近些年来，巴西经济的调整增长，亚洲以韩国、泰国、马来西亚为代表创造的所谓"亚洲奇迹"，均无一例外地吸收了大量国际资本流入，才取得了经济快速增长的繁荣。中国改革开放三十多年，一直是世界资本流入最多的发展中国家，全国各个地区的经济都取得了长足的发展。东部沿海地区，如广东省，由于有利的地理区位，较好的经济基础，加上国家政策支持，社会主义现代化建设始终走在全国的前列。根据深圳市提供的资料显示，特区建立20年来，累计实际利用外资超过200亿美元。1980～1999年间深圳经济获得了超常发展，全市国内生产总值年均递增31.2%，地方预算内财政收入年均递增41.8%。1999年全市国内生产总值达1 436亿元，居全国大中城市第六位，人均GDP达35 908元，居全国第一位。国际国内资本的大量流入，使自然资源贫乏、昔日人口不足3万的边陲小镇，迅速发展为面积2 020平方公里、人口409余万初具规模的现代化城市。可见，一个地区的开发，如果没有足够的资本，要想获得高速度发展是不可思议的。

西部地区大开发的另一个关键问题是人才。诺贝尔经济学奖金得主、美国学者舒尔茨认为：人力资源是决定一个国家和地区经济增长，以及贫富差距的决定性因素。在世界经济全球化、信息化、科学技术突飞猛进、新经济扑面而来的今天，国家间的竞争实质上是人才的竞争。各国经济社会发展的历史反复表明，人才、尤其是高新技术人才对经济发展起着至关重要的作用。重视人才，加强人力资本投入，千方百计培养人才、吸引人才、留住人才，可以说是实施西部大开发战略、推动经济跨越式发展、缩小东西部地区差距的核心。西部开发必须着眼于从以物为中心转向以人为中心的人才开发，这是西部大开发战略实现的根本保证。

为了缓解西部开发资金严重不足和人才奇缺的矛盾，西部各地区有必要根据国家总体部署制定一套比较完善，有利于资金、人才流入的政策优惠和措施，变资金向东流、人才"孔雀东南飞"为资金向西流、"孔雀西部飞"。在这方面，财政、金融两大部门起着无可替代的特殊作用。

三、财政促进西部经济崛起的政策取向

财政部门是国民经济的综合部门，财政政策是实现国家宏观经济决策、调节经济运行、改变地区经济发展失衡的重要手段。实施西部大开发战略，离不开国家财政的巨大资金投入和政策导向。启用财政手段，促进西部经济快速发展，不论当前还是今后一个较长的发展阶段，都必须充分研究解决好以下几个方面的问题。

（一）财政政策投资重心西移

财政作为价值运动中枢的一部分，与错综复杂的经济关系交织在一起。财政政策调控必然涉及社会经济生活的方方面面。近些年来，国家为解决社会总供给与社会总需求失衡所导致的有效需求不足、生产过剩、经济滑坡的矛盾，采取积极财政政策，扩大政府开支。1998～1999年两年财政向银行发行2 100亿元长期国债，重点投向基础设施建设，带动了4 200多亿元银行贷款和自筹资金，调整了投资结构和经济结构，对拉动全国经济增长起了基础性作用。鉴于我国西部交通、通信基础设施落后，自然资源破坏严重和生态环境恶化的现状，启动西部经济，在国家继续坚持实施积极财政政策条件下，今后一个时期内，有必要对国债资金的使用方向进行重大战略调整，重点向西部倾斜。即把绝大部分国债资金投向西部水利、交通、教育基础设施建设，天然林和草场保护工程，以及企业技术改造，高新技术产业化等重大科技项目，为西部经济腾飞创造良好条件。国债资金的绝大部分用于西部开发，其意义远远不只是为了加快西部地区超常发展，而且也是扩大国内需求、实现全国经济可持续发展和我国现代化建设第三步战略目标的需要。事关增强整个中华民族凝聚力、向心力、社会稳定、边疆安宁的大事。我们必须从这个高度来审视国债投资重心西移。

（二）推行纵向横向并存的转移支付制度

转移支付实质上是市场经济条件下实施分税制，政府运用财政手段干预社会经济的一项财力均衡制度。纵观世界各国政府间财政转移支付实践，不外乎划分为纵向转移支付、横向转移支付，或二者兼而有之几种类型。纵向转移支付着眼于处理中央与地方的财政分配关系。横向转移支付则侧重解决地区间的财政分配关系。不管采用哪种转移支付方式，它的终极目标都必须是消除地区间的贫富差

距，达到社会公平。一个国家转移支付模式的选择，既不能背离本国具体国情的社会背景，又不能脱离一定时期中央政府所制定的政策目标。我国建立政府间转移支付制度，起步于1996年的《过渡期转移支付办法》，基本上属于政府间纵向转移支付类型。这一《办法》的设计以各地既得利益为出发点，保留了当时财政体制的一些特点，其构成较复杂，为各地方政府公共服务均等化所提供的财力支撑十分微弱，与西部大开发的财力需求，相去甚远。为此，有必要通过立法程序，建立以均等化为目标的横向转移支付办法，把东部经济发达地区的一部分级差收益，合理分配到西部贫困地区，以缓解地区间的财政能力差异，促进公共服务水平的区域均等化。建立横向转移支付，使之与纵向转移支付并行，优势互补，符合邓小平同志关于"两个大局"和走社会主义道路就是要逐步实现共同富裕的思想，同时也把中央关于逐步加大财政转移支付力度的决策落到了实处。

（三）发行西部地方政府建设公债

地方政府发行债券筹资，是许多西方国家采用弥补地方财政收入不足的一般做法。我国政府公债，迄今为止，由中央垄断发行。地方政府能否发行债券，从理论上讲是一个有待探索的争议问题。学术界多数人认为，地方政府发行债券，无力偿还，最终迫使中央政府给予财政补贴，扩大政府财政赤字，导致通货膨胀，影响宏观经济稳定。这种观点有一定道理，但不全面。决定地方政府能否发行债券的前提是筹资数量和资金投向。如果发行债券筹资收入的钱，用于发放工资、行政费用消费性开支，实际上等于动用了居民未来的收入来支付今天的支出，当然不可取。如果地方政府发行债券收入的钱，用于长期性的生产建设投资，其社会效益和收益有可能跨越数十年，又未必是坏事。实施西部大开发战略，中央财力支持有限。从各地区实际出发，严格控制发行债券数量和融资投向，经中央特许批准，允许西部地方政府发行一定数量债券，转化储蓄为投资，集中精力因地制宜地开发一些具有自己鲜明特色的产业和产品，对推动西部大开发有利，不会影响宏观经济稳定。

（四）规范税收政策优惠

实行税收政策优惠，吸引资金和人才，是发展中国家普遍的做法，就是发达国家也不例外。国内国际间、地区间的资本流动和人才流动，总是以取得最佳的经济效益为目标的。没有更多的钱可赚，资本和人才显然是不会自发流动的。实施西部大开发，为了招商引资，各地出台一些政策优惠是必要的。当前值得注意的是，有的地区和部门过于看重优惠魅力，出现了以税收优惠为中心，招商攀比，随意降低土地使用价格和减免税费收入的"乱优惠"、"瞎优惠"现象。这种目光短浅，只顾局部利益同国家现行法律、法规相悖的做法，应及早采取措施加以制止和改正。为了贯彻国家鼓励国内外资金和人才向西部流动的政策，必须把西部地区融入经济全球化的大背景下，以产业政策为导向，效率优先，兼顾公平和有利于建立公平竞争为原则，对西部地区税收优惠进行整顿和规范，确立国家倾斜西部地区统一的税收优惠政策，使之成为既有利于西部开发招商引资、吸引人才，又有利于推动西部统一市场建设的重要杠杆。

（五）以市场为导向调动民间投资积极性

西部开发，单纯依靠政府财政大量投资是远远不够的，正确的思路应当是重视民间资本，充分调动民间投资的积极性作为政府财政投资的补充，形成合力。我国当前拥有大量的社会资金，如何把这笔庞大社会资源的一部分吸收到西边去？明智的选择是为民间投资创造一个良好的软、硬环境。而要做到这一点，就需要把大开发同开放结合起来，取消各种人为的限制，开放部分过去不能开放的产业投资领域，拓宽民间投资渠道，相应出台一些鼓励民间投资的税收优惠政策和保护政策，比如民间投资与外资进入享有同等优惠条件，使他们的资本愿意向西部流动，有利可图。

第六章　西方财政理论的沿革与借鉴 ✠

第一节　古典经济学派财政理论的形成与发展

一、古典经济学派财政理论概述

古典经济学产生于 17 世纪中叶，完成于 19 世纪初，是资本主义发展初期的一种经济学说。在自由竞争时期，资产阶级为了维护其在政治、经济上的统治地位，建立和发展资本主义生产关系，曾经极力反对国家干预经济，主张自由经营，实行自由放任的经济政策。古典学派把反对封建制度、维护新兴资产阶级的利益作为他们的历史责任，以保障资产阶级的私有财产、维护资本主义的社会秩序和生产秩序正常运转为前提，把理论研究从流通领域转到生产领域，探求社会经济生活的内在联系，试图论证经济自由制度如何使财富增长及财富的生产和分配问题，其最终的目标是在经济领域里让资本家们各行其道、自由经营、自由追求利润的最大化。此时的社会资源，包括自然资源、社会劳动和资本的分配，完全让市场机制自发调节。财政收入额度只限于能够维持政府正常运转的必需经费支出。

在关于财政收支问题上，古典学派主张"廉价政府"，压缩国家职能，限制国家财政支出。古典学派认为，政府的活动并不创造物质财富，属于非生产性劳动。因此，政府应当尽量缩小自己的职能，只要能像"守夜人"那样抵御外来侵略、维护国内的治安、保护资产阶级的财产不受侵犯以及从事如交通、文化教育等公共事业就可以了，从而严格限制了国家在经济领域内所能发挥的作用。从这种观点出发，古典学派把国家的财政支出看成是一种非生产性的消费支出，主要用于军费、司法、少量的公共事业开支及王室费用开支。因此，国家财政开支必须压缩到最低水平，建立廉价政府；在税收问题上，他们提倡减轻赋税负担，扩大资本生产力以增加国家财富，提出"平等"、"确定"、"便利"和"最小征收费"的征税原则。他们不仅要求减轻劳动者的税收负担，还认为地租是最好的课税对象；在公债问题上他们认为，国家举债是把维持生产性劳动的资本转用于非生产性的财政支出，公债的增加相应地减少了资本的积累，而公债又用于弥补军费开支的不足，从原来的生产性支出转为非生产性支出，对资本积累和经济的发展是不利的。

古典学派的代表人物有英国的威廉·配第、亚当·斯密和大卫·李嘉图。

二、威廉·配第的财政思想

威廉·配第是英国资产阶级古典政治经济学的创始人，也是古典学派财政学说的奠基人。其《赋税论》一书对于西方财政学的建立和财政理论的发展具有重要影响。

威廉·配第在财政收支学说方面的主要贡献是，在反对封建税收体制的同时提出了对财政收支进行总体分析的创见。他在《赋税论》中指出，财政收支总量的确定必须从全国着眼，首先推算出全国有多少人口、有多少财富和产业，再据以推算出国家应设置的政治机构、社区、牧区、医院以及学校的数量。威廉·配第对财政收支进行总体分析以取得财政收支内部各方面平衡的同时，更为重要的是通过这种分析在财政支出中贯彻节约原则，减少繁重的税收和税负不公平的现象。威廉·配第在他的《赋税论》中谈到国家公共经费增加的原因时曾指出：如果"将与行政、司法和教会有关的许多职务和费用削减，同时将那些对社会所做工作微不足道但所得报酬却极为可观的牧师、法官、医生、批发商、零售商的人数削减，则公共经费就会很容易支付，而它的征课也会变得非常公平了。"[①]

在租税学说方面，由于当时的财政税收制度继承了封建制的传统，统治者任意征课税收、任意规定征收标准、任意制定征收手续，这些都不利于资本主义的发展。配第在《政治算术》一书中就提出，征收租税的标准是"公平"、"简便"和"节省"，以利于新兴资产阶级自由从事经济活动，加速巩固和发展资本主义生产关系。在课税对象的问题上，配第的劳动价值学说认为，劳动和土地是一切财富的根源，因此，不管课税对象是什么，其税负最终是落在土地和劳动上。《赋税论》对当时的一些重要税收，如田赋、房屋税、关税、人头税、什一税和国内消费税等都有专门的章节进行论述。马克思赞誉他是近代经济学的建立者。

三、亚当·斯密的财政思想

亚当·斯密是资产阶级形成初期的经济学家，是西方古典经济学体系最杰出的建立者。他总结了近代各国资本主义发展的经验，并在批判和吸收当时有关重要经济理论的基础上，对资本主义经济活动做了较为系统的研究，其著作《国民财富的性质和原因的研究》把古典学派政治经济学提高到一个新的水平。恩格斯赞誉这本著作是资产阶级财政学的首创。贯穿这本书的中心思想是"自由放任，自由竞争"，反对一切干扰的自由主义思想。他认为，追求个人利益不仅不与社会利益发生冲突，反而是一致的，结果是整个社会福利的增进。人们在从事经济活动时，"他受到一只看不见的手的指导，去尽力达到一个并非他本意想要达到的目的"。[②] 以此为出发点，斯密论述了国家财政收支对资本积累的影响，研究

---

① 威廉·配第：《赋税论》，商务印书馆 1978 年版，第 27 页。
② 亚当·斯密：《国民财富的性质和原因的研究》（下卷），商务印书馆 1974 年版，第 27 页。

了国家经济活动的范围以及财政收支的规模等问题。

关于财政收支学说，亚当·斯密认为，国家强制干预经济的政策，其结果只能是违背自然规律、阻碍经济发展。对重商主义所推行的国家干预经济的政策进行了严厉的批判，他根据"自由放任，自由竞争"的原则，把国家的职能缩小到三个方面：抵御外国侵略、维持国内秩序以及建设并维持某些公共设施，从而严格限制了国家在经济领域内发挥作用的范围。根据这些职能，他进一步对国家财政支出的性质和范围做了分析和研究。

资本主义生产关系和生产力的发展迫切要求国家从财政税收制度上给以保护和促进。而亚当·斯密把劳动是否生产价值划分为生产性劳动和非生产性劳动的理论，把一切同资本相交换的、从而能产生剩余价值的劳动都看成是生产性劳动。据此，国家财政支出被看做是非生产性的。斯密指出，一个国家的君主以及他的官吏和海陆军，都是不生产的劳动者，其生计由他人劳动生产物的一部分来维持。因此，这方面的支出是非生产性的消费支出。认为如果用以维持非生产性人手的部分愈大，用以维持生产性人手的部分必愈小，从而次年生产物亦必愈少。因为一国的社会资本乃个人资本之总和，社会资本同个人资本一样，它的增加是由于节俭的结果，而它的减少则是由于奢侈和妄为。除了政府开支上的浪费以外，斯密还特别指出应该避免一种由投资计划不当所造成的浪费。他认为，农业上、矿业上、渔业上、商业上、工业上一切不谨慎的、无成功希望的计划，对于雇佣生产性劳动的基金都有使之减损的趋势。因此，在财政支出问题上，他极力主张尽可能缩减国家经费支出，使原来用以维持生产者的产品尽量少用于不生产者。

亚当·斯密根据压缩的国家职能把财政支出分为国防支出、司法支出、公共工程和公共机关支出及维持君主生活费用的支出四大类。国家要实现这些职能，只能依靠征收租税和发行公债来取得财富。因此，租税和公债就成为西方财政理论的重要组成部分。

在租税学说方面，亚当·斯密把租税分为地租税、利润税、工资税和由三种收入源泉共同支付的人头税和消费税来研究。前三种税收和人头税就是西方财政学中的"直接税"，消费税是"间接税"。斯密认为，对劳动者课征的工资税最终是由资本家和地主负担，劳动者不会负担；对资本家的利润课征的利润税是由借贷资本家负担，产业资本家是不会负担的；只有地租税的税负不能转嫁，是最好的课征对象；对必需品课征的消费税和工资税一样最终由资本家和地主负担，而对奢侈品课征的消费税只能由消费者负担。通过租税源泉的分析，亚当·斯密提出了有名的租税原则：（1）"一国国民，都须在可能范围内，按照各自能力的比例，即按照各自在国家保护下享得的收入的比例，缴纳国赋，维持政府。"（2）"各国民应当完纳的赋税，必须是确定的，不得随意变更。完纳的日期，完纳的方法，完纳的额数，都应当让一切纳税者及其他的人了解得十分清楚明白。"（3）"各种赋税完纳的日期及完纳的方法，须予纳税者以最大的便利。"（4）"一切赋税的征收，须设法使人民所付出的，尽可能等于国家所收入的。"① 这就是亚当·斯密著名的"平等"、"确实"、"便利"和"最少征收费"的租税四项原则。

在地租税方面，亚当·斯密认为，地租是土地所有者坐享其成的收入，是最宜于负担租税的收入。对这种收入课税不会妨害任何产业；而利润是投资危险及困难的报酬，并且在大多数场合，这种报酬是非常轻微的。因此，利润是不能直接课税的对象。如果对利润课税，资本家会通过提高利润率或降低利息率两种办法将税负转嫁给消费者或借贷资本家；关于工资税，亚当·斯密认为，它是由雇佣劳动者的资本家负担的，而非劳动者本人，资本家用提高工业品价格或减少地租的办法就可以将税负转嫁给消费者或地主；关于消费税，亚当·斯密把它分为对奢侈品征收的和对必需品征收的两种。他认为，奢侈品税全部由奢侈品享受者负担，不能转嫁。而对必需品的课税则与工资税一样总是通过工资的上涨把税负转嫁给消费者和地主。

在公债学说方面，亚当·斯密认为，国家举债并不是一件好事，因为公债募集的主要对象是资本，是把国家用于维持生产性劳动的资本抽出来用于非生产性的财政支出。这样势必影响生产的发展。在《国民财富的性质和原因的研究》中，他批判了把公债看成是国内其他资本以外的另一种可用于发展工商业以及改良土地的资本的意见。他说："主张此说的著者，没有注意到以下事实，即最初债权者贷予政府的资本在贷予的一瞬间，已经由资本的机能转化为收入的机能了，换言之，已经不是用以维持生产性劳动，而是用以维持非生产性劳动了。"②

亚当·斯密对西方国家财政收入的两种主要形式——税收和公债在国民经济中所起的作用进行了比较。他认为，公债来自于资本，是把维持生产性劳动的产业资本用于非生产性支出，是对资本的破坏；而税收来自收入，用途上是从非生产性转向生产性。因此他不赞成政府在平时用发行公债来筹措资金解决国家财政经费的问题。

四、大卫·李嘉图的财政思想

英国古典政治经济学从威廉·配第开始，到李嘉图最后完成。李嘉图继承和发展了配第和斯密政治经济学理论的科学成分，把英国资产阶级古典政治经济学推上了最高峰。他最重要的理论著作是《政治经济学及赋税原理》。他在这本书中紧紧抓住西方财政学的核心——税收，进行了较有深度的理论分析和研究。可以说，斯密和李嘉图最终确立起来的经济自由主义是古典学派经济学的灵魂。

李嘉图的财政税收学说以经济自由主义为基础，反对任何形式的国家干预。认为国家支出是非生产性的。他代表产业革命时期工业资本家的利益对赋税用于非生产性支出极为不满，指出国家征收的每一种新税都会成为生产的一种新负

① 亚当·斯密：《国民财富的性质和原因的研究》（下卷），商务印书馆 1974 年版，第 384 页。
② 亚当·斯密：《国民财富的性质和原因的研究》（下卷），商务印书馆 1974 年版，第 488 页。

担。凡赋税都有减少积累的能力，并认为任何形式的赋税都只是流弊与流弊之间的选择问题。就是说，税收不存在"平等原则"。他认为，赋税不是来自资本就是来自收入。举债是把用于维持生产性建设的资本用于非生产性的支出，而税收是把人民的非生产性的支出转用于国家的非生产性支出，对现有资本并无损害，但对新资本的积累是有害的，妨碍了生产部门的发展。因此，必须压缩国家财政支出。

在租税学说方面，李嘉图提出的级差地租理论认为，只有耕种较肥沃的土地才会产生地租，质量较差的土地不会产生地租。而农产品的价格完全是由不支付地租的土地上所产生的农产品的生产成本决定的。因此，增加成本的任何因素，包括增加成本的农产品税，都会提高农产品价格，从而增加消费者的负担。关于地租税，李嘉图认为，"地主不能提高他的地租，因为他不会改变生产效率最小的耕地的产品与其他各级土地之间的差额。"① 地租税只能影响地租，全部税负由地主负担，不能转嫁给任何消费者。关于利润税，李嘉图认为它会使承担这种税收的商品涨价。利润税会使利润率低于平均利润率的商品通过涨价把税负转嫁给消费者，或使资本从低于平均利润率的产业向可取得高于平均利润率的产业转移。关于工资税，李嘉图认为，工资税会使工资增加，增加的数额至少与税额相等。因此，税额也是资本家支付。由此可见，李嘉图完全站在新兴资产阶级立场上，适应工业资本家的利益和需要，从理论上论证资本家是各种税收的负担者，为工业资本家要求减轻税负、增加资本积累和加速发展大工业提供理论基础。

在公债学说方面，李嘉图认为国家举债是把生产成本用于非生产性支出，因而对经济是有害的，应减少公债的发行，节约财政开支，减少浪费。

第二节　现代经济学派的财政思想

🌿 一、凯恩斯的财政思想

凯恩斯学派的创始人是英国经济学家凯恩斯。凯恩斯学派是指 20 世纪 30 年代以来在西方国家出现的、主张国家干预以实现充分就业和经济增长的经济流派，是当代西方经济学中影响最大、流传最广的学派之一。凯恩斯的财政思想曾被视为西方国家财政和经济危机的灵丹妙药而在西方国家广泛推行。当代宏观财政理论的形成是以凯恩斯 1936 年出版的《就业、利息和货币通论》一书为主要标志。

1929 ~ 1933 年，历史上最严重、最深刻的经济危机爆发。传统经济学关于市场机制自动调节达到充分就业均衡的理论和自由放任的政策主张在大危机面前宣告失灵。西方经济理论出现空白。1936 年凯恩斯出版的《就业、利息和货币通

---

① 大卫·李嘉图：《政治经济学及赋税原理》，商务印书馆 1962 年版，第 146 页。

论》一书从理论上系统地阐明了危机与失业的原因及救治办法，系统阐述了他的国家干预经济理论，倡导一个以财政政策为主的需求理论方案，以达到保持充分就业，避免经济形态的全部毁灭，从而否定了亚当·斯密以来传统的关于保持国家预算平衡的观点，主张实施赤字财政政策。该书的中心思想就是就业量取决于总需求，而总需求又取决于消费倾向和一定时期的投资量。凯恩斯认为，资本主义社会之所以出现经济危机和失业，原因就在于有效需求不足，即消费需求和投资需求不足。此书的出版，标志着凯恩斯主义的诞生。凯恩斯学派的主要代表人物有美国经济学家汉森、萨缪尔森、托宾等。

凯恩斯理论的基本点是：就业量是总有效需求的函数，取决于一国的总支出；竞争过程不能自动地产生吸收所有生产性资源的总需求，总需求不足会在消费不足或储蓄过度的情况下出现；放弃消费并不一定会导致资本积累，相反，储蓄的作用可能导致失业、国民收入下降、资源闲置，从而减少资本形成；当需求增加时，私人投资上升，而需求的增加也同时意味着消费增加，消费和投资的增加不是以牺牲另一方为代价的，它们一同增减；利息率不能使储蓄和投资产生均衡，投资不足经常存在；国民经济均衡优于财政平衡，政府的投资活动可以置利率和资本的边际收益于不顾，只把扩大再生产看做是提高总需求的手段。在凯恩斯的理论模式中，政府应该通过财政措施控制，引导各种经济力量，而不能把它们推给"看不见的手"。

凯恩斯的财政思想主要有：

（一）有效需求不足论

凯恩斯主义认为，国家应积极干预经济活动，不应把国家的财政收支排除在国民经济活动之外。当有效需求不足、失业严重时，国家要干预经济，通过财政投资的乘数效应，带动经济的增长。凯恩斯强调投资对解决就业和增加收入的作用。他认为："除非消费倾向改变，否则就业量只能随投资之增加而增加。现在我们可以把这个思路再推进一步，在一特定的情况之下，我们可以在所得与投资之间确定一个一定比例，称之为乘数。"① 凯恩斯利用乘数概念来研究投资变动对总收入的倍数作用原理即乘数原理，并提出财政赤字对经济增长的刺激作用是通过增加财政支出，即增加政府投资支出、购买支出和转移支付来实现。凯恩斯主义认为，产生经济危机和失业的原因是市场上有效需求不足。"有效需求不足论"是凯恩斯财政学说的理论基础。所谓"有效需求"是指商品总供给和总需求价格达到平衡时的总需求，其中包括对消费品的需求（消费需求）和对生产资料的需求（投资需求）。消费需求不足是因为"边际消费倾向"常常小于1，即由于人们的储蓄习惯形成的消费增加小于收入增加的趋势。投资不足则往往是在借贷利息率高于预期"资本边际效率"（预期利润率）的条件下产生。而借贷利息率偏高又是由一种"灵活偏好"（指人们喜欢掌握货币这种具有更大灵活性的

---

① 凯恩斯：《就业、利息和货币通论》，商务印书馆 1963 年版，第 97 页。

资产的一种心理）和货币总量偏少造成的。因此，凯恩斯认为，唯一的办法就是通过提高"消费倾向"、扩大消费需求和提高"资本边际效率"、降低利息率以扩大投资需求。要达到这个目的，凯恩斯认为，必须依靠国家的财政和金融政策对经济进行直接干预，通过增加财政支出、建设公共工程达到直接扩大政府投资和社会消费，并间接刺激民间投资和扩大私人消费的目的；利用扩大银行信贷、增发货币、压低利息率达到刺激民间投资和扩大私人消费的目的。

（二）赤字财政理论

在凯恩斯主义的国家干预政策中，财政被放在首要地位，而金融则处于从属地位。由于凯恩斯的财政思想首先主张要扩大财政支出，而财政支出的扩大势必带来预算收支的不平衡。因此，实行赤字财政就成为凯恩斯财政思想的又一重要内容。他认为，财政政策就是通过政府的课税及支出行为来影响社会的有效需求，促进就业水平的提高，并避免通货膨胀或通货紧缩的发生，从而达到经济稳定目的的政策。财政不必在每年甚至每个经济周期保持平衡，为促进经济长期持续增长，即使在充分就业条件下也可以实行扩张性财政政策，实行赤字财政刺激需求，使生产能力充分发挥，通过扩大投资带来经济的繁荣和财政收入的相应增加，以取得财政平衡。

同时，凯恩斯还提出"有控制的通货膨胀"理论和"补偿性的财政政策"。"有控制的通货膨胀"理论认为，赤字财政所需的资金如果用社会闲置资金而不是由增发通货来解决就会导致利息率上升，从而限制投资需求和消费需求。这样，赤字财政就不能起到化解危机和减少失业的作用。而只要通货的增发是有控制的，就可以增加就业，刺激消费，实现赤字财政所预期的效果。"补偿性财政政策"主张随着经济周期的起伏，在经济萧条时期，实行膨胀政策、增发通货、扩大国家财政支出、减少财政收入、搞赤字预算以刺激经济的发展。而在繁荣时期，则实行紧缩政策，收缩通货、减少国家财政支出、扩大财政收入以实现预算结余。这样，就能用繁荣时期的预算结余补偿萧条时期的预算赤字，从而着眼于一个较长时期的预算结余。

（三）公债理论

凯恩斯从宏观经济角度研究公债问题，认为公债是国家干预经济的一个重要杠杆，有两个重要作用：第一，当国家财政支出增加而导致出现财政赤字时，可以通过举债弥补。其目的是通过扩大政府购买弥补私人消费的不足，拉动消费增长。第二，在未实现充分就业之前，即使预算收支平衡，仍可以通过举债来兴办或扩大公共工程，以扩大就业并提高全社会的有效需求，促进经济繁荣。凯恩斯认为，政府为弥补赤字而发行公债是一种负储蓄，是政府把以后的开支挪到本期使用，其目的是为了宏观经济的稳定并实现充分就业。因此，政府发行公债是有益的。

（四）税收理论

凯恩斯学派的税收理论把税收作为宏观经济分析的一个重要内容，研究税收在反危机中的作用。与税收筹集财政收入的作用相比，凯恩斯更注重税收调节宏观经济的杠杆作用。凯恩斯认为，为刺激有效需求，国家必须改革税收体系：一是改变税收结构，从以间接税为主转向以所得税、超额所得税、遗产税等直接税为主；二是由固定税率和比例税率转向累进税率。高额累进的直接税是国家掌握重新分配所得的重要工具，把高收入阶层的部分所得集中到国家手里，再通过财政支出等形式分配给低收入阶层，使得社会消费能力因此得以提高。凯恩斯批判了古典学派关于课征高额累进直接税将减少储蓄和社会投资、妨碍社会财富增长的观点。凯恩斯还主张用征收高额转手税的方法制止证券交易中的投机活动，并课征高额遗产税，消灭食利者。

二、货币学派的财政思想

货币学派是 20 世纪 50 ~ 60 年代在美国出现的、与现代凯恩斯主义对立的经济理论体系。它用货币存量的变化来说明产量、就业和物价的变化。货币学派认为，通货膨胀、经济萧条或经济增长都可以而且应当唯一地运用货币当局实施的管理来调节。它主张恢复"自由放任，自由竞争"的市场经济，反对国家干预和调节经济。

货币学派是当代自由主义宏观经济学的一个重要流派。它的创始人为美国经济学家弗里德曼，其代表人物还有美国的哈伯格、布伦纳、安德森等，英国的莱德勒、帕金等。

1973 ~ 1975 年的世界性经济危机使西方国家纷纷陷入持续的"滞胀"困境。凯恩斯主义经济学既不能解释"滞胀"产生的原因，又不能提出解决问题的办法。因此，这场危机使以弗里德曼为代表的货币学派理论得以迅速传播。因货币学派的主要代表人物大都曾经在美国芝加哥大学任教或学习过，故又称为"芝加哥学派"。

货币学派的财政思想主要有：

（一）货币主义的经济理论

货币学派提出的现代货币数量论来源于以费雪为代表的旧货币数量理论。货币学派提出如下货币数量公式：

$$MV = PY \qquad \text{或} \qquad M = PY/V$$

其中，M 代表货币数量；V 代表货币平均流通速度；P 代表计算实物国民收入的物价指数；Y 代表以实物计算的国民收入总额。

从长期看，Y 基本上由一国生产力和组织制度等因素决定；V 则受制于金融组织系统、利率和通货膨胀等因素；P 直接决定于货币数量 M。但从短期看，P 一般较为稳定，而 Y、V 则在较大程度上为 M 所左右。货币学派认为，货币供应量的变动是经济和物价变动的根本原因；货币数量 M 受到利率的影响很小，它与国民经济中的某些变量之间存在着稳定的函数关系。它通过物价的变动可直接影响生产和消费，因而货币的数量对国民经济起决定作用。

（二）通货膨胀理论

弗里德曼特别注重货币供应量的变动，主张降低政府干预经济的能力，压缩财政支出，控制通货膨胀。

货币学派从现代货币数量论出发，把通货膨胀看成是纯粹的货币现象。财政赤字、政府垄断等因素只能使个别物品的价格上涨，但不可能使物价全面上涨，只有当货币量的增长大大超过生产的增长时，才会出现持续的通货膨胀。货币学派还认为，在货币政策指标中，货币总量是最可利用的指标。要稳定经济和物价水平，最好的方法就是以一个不变的增长率把货币投放到经济体系中，抑制通货膨胀的重点在于控制货币供应增长率。金融当局应以控制货币数量作为指导自己行为的准则，货币供应量应控制在与经济增长率相适应的水平。

（三）自然失业率理论

货币学派认为，资本主义经济中存在着一种"自然失业率"，即在没有货币因素干扰的情况下，劳工市场和商品市场的自发供求力量互相作用并达到均衡状态时的失业率，也就是指那种可以与零通货膨胀率或稳定的通货膨胀率相适应的失业率。自然失业率中失业劳动者可分为两种情况：一种是由于缺乏技术而引起的结构性失业；另一种是由于不愿意接受现行工资而引起的失业。

（四）经济自由理论

货币学派提倡恢复"自由放任，自由竞争"的市场经济，反对国家干预、调节经济。自由竞争条件下，价格机制可以协调每个人的经济活动，每个人追求自己的利益，得到经济上的好处，整个社会就繁荣富强；政府以强制手段管理经济，不仅不必要，反而会破坏自由经济带来的繁荣。经济增长不是由政府干预造成的，而是来自私人部门的活动。政府干预只限于为私人经济活动提供有利的条件。

（五）实行负所得税制

负所得税是指政府在规定某种收入保障额的基础上，根据个人的实际收入给予个人的补助金，以维持其最低生活水平。为避免把低收入者的收入一律拉平，补助金根据个人实际收入的多少按比例发给，以公式表示：

负所得税（政府补助金额）＝收入保障额－实际收入×负所得税税率

个人可支配收入＝个人实际收入＋负所得税

弗里德曼认为，通过负所得税对低收入者实行补助，既可以达到补助的目的，又可防止使受补助者的收入一律拉平的不合理现象，有利于刺激人们的工作热情。实行收入指数化，即把工资收入、政府债券收入和其他收入同物价上涨指数相联系，以使工资等收入能随着物价上涨而相应提高，不至于降低实际消费水平。

三、供应学派的财政思想

供应学派是 20 世纪 70 年代中后期在美国兴起的一个新自由主义经济学派。它反对凯恩斯主义国家干预经济的理论和政策主张，建议充分发挥私人企业的积极性，让市场机制自行调节经济。并提出了一套治理美国经济"滞胀"的方案。1981 年，里根总统把供应学派理论作为美国的官方经济学，这对西方经济学产生了重大影响。供应学派的主要代表人物有：拉弗、吉尔德、温尼斯基、弗尔德斯坦和埃文斯等。

供应学派的基本理论主张是恢复"萨伊定律"，而完全竞争的市场经济是该定律的前提条件。供应学派主张恢复企业的自由经营，让市场自行调节经济活动，以激发生产经营者的积极性，反对政府过多干预。

供应学派的财政思想主要有：

（一）供给创造需求

供应学派理论是围绕如何使资本主义经济摆脱"滞胀"困境这一问题而产生和发展起来的。他们重新肯定了"供给自行创造需求"的"萨伊定律"，把"滞胀"的原因归咎于凯恩斯主义的"需求自行创造供给"的"需求管理政策"。他们认为，供给是需求唯一可靠的源泉，没有供给就没有需求，没有出售产品的收入就没有可以用来购买的支出。凯恩斯主义把需求作为经济活动的决定因素，以为只要刺激总需求就能使资本主义经济稳定发展，从而忽视了劳动、储蓄、投资、生产等因素，很可能由于需求的增长并不一定造成实际产量的增长，通货膨胀就不可避免；而在储蓄率下降、投资率放慢、技术创新延缓的情况下，商品竞争力削弱。这样，一方面有通货膨胀，另一方面有低增长率和高失业率。所以，要医治"滞胀"这一顽症，就必须彻底否定凯恩斯主义，推行供应管理的经济政策。

（二）减税刺激经济增长

从"供给自行创造需求"原理出发，供应学派把减税以刺激经济增长作为其经济理论的中心环节。"拉弗曲线"是供应学派用来表示税收与税率之间函数关系的一种分析工具。图 6 - 1 为"拉弗曲线"，横轴代表税率，纵轴代表税收收入，税率自左至右计算，即 O 点为零，然后逐级增加到 B 点时为 100%；税收收入从 O 点向上计算，税收与税率的函数关系可以用曲线 OAB 表示。当税率逐渐提高时，税收收入也随之增加；税率增至 OC 时，税收收入也随之增加到最高额 AC；但当税率超过 OC 时，税收收入不但不增加，反而减少；当税率升至 OB 时，即达 100% 时，税收收入就会因无人愿意工作和投资而减少为零，C 点为临界点，CAB 部分为禁区。税率进入禁区后，税率提高，税收收入减少；税率降低，税收收入反而增加。

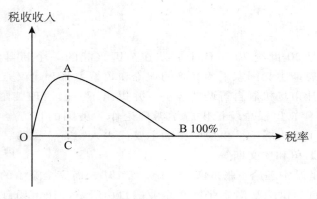

图 6 - 1 拉弗曲线

根据"拉弗曲线"，供应学派抨击了高税率，特别是累进税制的高税率对经济的危害。认为高税率严重地挫伤了劳动积极性，缩减了个人和企业的储蓄；储蓄减少导致利率上升，高利率又使企业投资萎缩，减缓生产增长，商品供应不足，加上人为地扩大需求，必然加剧通货膨胀。而通货膨胀的加剧会使投资进一步萎缩，生产更加停滞。此外，高税率还会增加商品的生产成本，提高物价，鼓励"地下"活动，不利于生产资源的合理使用。供应学派认为，政府税收的多少，不仅取决于税率的高低，而且取决于课税基础（国民收入）的大小。税率的提高并不等于税收增多，有时反使税收减少；相反，持久地降低税率，会刺激人们储蓄，提高储蓄率，从而增加商品和劳务的供给。从长期来考察，由于商品和劳务供给的增加，财政就会保持收支平衡，一切经济活动都会正常地、顺利地进行。

（三）提倡经济自由论

在自由竞争条件下，社会能够自动有效地生产和分配消费者所需的商品。政府的干预越少越好。政府财政支出，包括公共支出和转移支付在内，都或多或少地起着阻碍生产的作用。因此，减少政府对经济的干预主要表现在：一是削减政府开支，特别是削减社会福利的开支，但军费开支应保证；二是减少政府对私人企业的各种管制措施。

（四）相对紧缩的货币政策

供应学派认为，实行紧缩的货币政策，即减少货币供应量和实行高利率政策，从短期看会限制企业投资，从长期看会减少资本存量，最终阻碍经济增长。同时，供应学派也不赞成实施扩张性货币政策，因为扩张性货币政策势必导致物价上涨，阻碍储蓄和投资，鼓励个人消费，并使个人名义收入增加，加重税收负担，挫伤劳动积极性。因此，供应学派主张币值稳定，使货币数量的增长与经济长期的增长保持一致。供应学派提出的抑制通货膨胀的措施有：第一，降低个人所得税率，以降低工人增加工资的要求，减缓工资、物价螺旋上升的速度；第二，对货币实行质量控制，货币发行数量由黄金的数量来确定，消除货币管理当局的任意行为，保障货币发行量不受政治影响，建立货币政策信誉，从而降低利息率和通货膨胀率。

 四、公共选择学派的财政思想

公共选择学派于 20 世纪 60 年代形成，但直到凯恩斯主义衰落、经济自由主义影响日益扩大，公共选择学派才在 80 年代、90 年代迅速发展。公共选择学派强调个人自由、市场机制，主张自由放任，反对国家干预。其代表人物包括詹姆斯·布坎南、戈登·塔洛克、邓肯·布莱克、威廉·尼斯坎南、约翰·罗尔斯等。布坎南与塔洛克是公共选择学派的创始人，两人合著的《同意的计算》为公共选择理论奠定了基础，成为公共选择学派的经典著作。

公共选择是指人们通过民主政治过程决定公共物品的需求、供给与产量，是把个人选择转化为集体选择的一种过程或机制，是对资源配置的非市场决策。公共选择学派以经济学分析方法研究政治问题而著称，主要研究集体决策或政治决策的过程和决策结构，重点是研究经济政策的制定过程，进而分析经济问题。其理论涉及政治过程的立宪、立法、行政与司法等各个方面，也被称为公共选择理论。公共选择理论在经济人的理性假定下，探讨政治领域个人行为对集体选择的作用，证明民主的政治体制可能失灵。其理论主要有：直接民主制经济理论、代议民主制经济理论、官僚经济理论、宪制经济理论等。

（一）直接民主制经济理论和代议民主制经济理论

在民主体制中，决定公共产品的需求有两种情况：直接民主制和代议民主制。直接民主制经济理论是直接决策理论，它包括投票决策规则、投票交易、公共产品需求决策、公共产品偏好强度显示等。在直接民主制经济理论下，公共产品的需求量由投票人直接投票决定，即直接决策。而代议民主制经济理论是间接决策理论。在代议民主制下，公共产品需求量由投票人或选民先选举代表，如议员，然后由民选代表投票决定。代议制民主制经济理论主要有政党理论、公共选择者行为论、利益集团论和寻租理论。

代议民主制经济理论认为，政党的竞选纲领实际上是一揽子公共产品；代议民主制是一个由公共选择者，如政治家、投票人、官僚三者之间发生相互关系的复杂的政治过程。投票人如同市场中的消费者，通过选票等政治资源表达自己对立法或公共产品的需求，政治家如同市场中的企业家，提供公共产品。任何一个力图影响公共政策的组织形成利益集团，进行政治游说，力争通过有利于自己的立法或政策。投票人，尤其是其中的利益集团，还会通过各种合法或非法的努力，如游说和行贿等，促使政府帮助自己建立垄断地位，以获取高额垄断利润，这就是寻租。寻租是政府权力对市场交易活动的介入，它耗费资源、扭曲分配格局。寻租带来收入再分配效应包括：因垄断而支付更高价格的消费者遭受的损失、浪费资源而没有回报的不成功的寻租者及未进行寻租的厂商遭受的损失；得益者是成功的寻租者、政府、政府官员、有特殊寻租才能的人。寻租使政治秩序陷入两难困境：如果寻租资源被全部浪费掉，社会损失大，但减少了经济垄断；

如果寻租资源转化为政府官员的收入，垄断会形成较多的收益，经济中的垄断会增多。

（二）官僚经济理论

广义的官僚机构是一种特定的正式组织，其特点是复杂的管理等级制度、专业化的技术与任务以及用规章制度对官僚机构权力作出明文规定。官僚经济理论主要包括垄断官僚经济理论、竞争官僚经济理论、官僚机构效率与经济增长理论等。

垄断官僚经济理论认为，官僚的目标函数是预算最大化，官僚的目的不是公共利益，也不是最高效率，而是个人效用最大化。他们追求薪水、职务、津贴、公共声誉和权力等各种因素以使预算最大化。政府与官僚机构的关系是供求关系，官僚机构从政府那里得到预算拨款，政府或立法机关对官僚机构有行政管理与控制权，是主管和被主管的关系。

官僚机构在运行过程中受到需求与预算两种约束。官僚机构提供的公共产品受到预算拨款的影响，这是需求约束；预算约束在官僚机构内部，就是成本约束。公共产品的成本随着产量递增，官僚机构预算最大化时的产出即为均衡（最优）产量，这时的预算资金大于或等于最低成本开支。因此，预算最大化垄断官僚的生产效率较低。相对于社会来说，随着产量的增加，边际成本递增而边际收益递减，在最大化预算约束的条件下，产量远大于边际收益等于边际成本的产量点，从而边际收益小于边际成本，社会资源配置效率低下。

竞争官僚经济理论认为，在地方政府中，各官僚机构的竞争体现在居民的"退出"上，如果某个地方政府的服务—税收组合不尽如人意，居民就会易地而居，从而迫使官僚机构提供优质服务与税收的组合；在中央政府中，官僚机构的竞争取决于立法机关对官僚机构的审评。预算约束下，官僚机构之间的竞争既没有提高供给效率，也没有减少过度供给；需求约束下，立法机关迫使官僚机构减少开支和成本，降低预算，可稍微提高效率，但不能减少过度供给。

官僚在机构中的行为是不断进行选择，由上下级官僚之间的交易决定选择高效率的表现还是低效率的表现。由上级发出指令，下属选择遵从还是违背，上级据此予以奖励或惩罚。官僚交换与竞争的基础是相互间的信任。这一理论的核心是交易或交换，信任、选择行为与竞争三个概念是理论基础。

（三）宪制经济理论

公共选择理论中研究制宪与修宪的理论叫做立宪经济学或宪制经济学。

宪制经济理论的观点是：经济政策的好坏不在于经济学家的建议与政治家的行为，而在于对政策制定的规则约束下的政治过程，"规则不合适，好人也干坏事；规则合适，坏人也能干好事"。

宪法的一般经济理论是最优决策规则的选择。布坎南认为，应该按全体一致同意的规则选择最优多数规则，人们应该在不知道自己在未来社会中的地位和作用的条件下，确定制宪规则，这样才能保证制宪顺利进行并使制宪所定的规则不会对任何人的权利造成侵害。

宪制政府理论认为，宪制政府是受限制的政府，政府应遵守宪法。宪制政府的中心是：制宪本身不是政府行为，宪法代表了不同阶层人民之间组建政府的协议；人民的人身和财产的自然权是先于政府的；在西方政治中，宪法不能控制政治当事人利用立法程序进行掠夺他人的活动，即政府的宪制约束失灵。

关于规则与效率，布坎南认为，效率存在于过程之中，独立于结果之外，配置效率意味着经济活动过程中的一致同意或自愿交换。只要认定检验效率的标准是主观主义的一致同意，是从过程而非从结果进行判断，那么即使存在交易成本，也不会阻碍人们的自愿交换活动，因而不会损害资源配置的效率。

关于规则与公平。在收入公平问题上，布坎南、罗尔斯认为应立足于约束收入分配行为的规则公平而不是分配结果的公平。对于公平问题，应注重先于市场过程本身的权力和所有权的分配，而非社会产品的最终分配。分配结果受四种因素的影响：选择、努力、运气和出身。选择与努力对每个人都是平等的，运气是随机的，对每个人也是公平的。这些因素造成的收入差别会被每个人一致同意为符合公正的原则。只有出身不同违背公平原则，应对出身不同的人区别对待，如在宪法中规定遗产税或公办教育制度等，以缩小人们出身和天赋的差别。而社会是否公正应从运行规则和规则产生的过程两方面衡量。每个社会成员在经济活动之后取得的地位和利益与其在活动之前所拥有的个人属性、权力和地位有关。个人属性、权力和地位是自然随机赋予的，具有偶然性，是一种自然属性。自然属性在不同的人之间的随机分布是中性的，与公正与否无关。但是根据自然属性决定分配结果是不公正的。因此，需要有公正的规则约束产生结果的过程，公正规则的产生同样应该是公正的。公正的规则或体制满足两项原则：第一，平等自由原则，每个人相对于他人都应有一种平等权，自由包括政治活动自由、言论自由、集会自由、思想自由和拥有财产自由等；第二，关于社会经济过程的平等安排，包括差别原则和机会公平平等原则。差别原则是为了过程和规则的公平，社会经济要作出一些不平等的安排以服务于每个人的利益，以消除机会的差别；作出一些不平等的安排能够在机会公平均等条件下向所有人开放职位与地位，即机会公正平等的原则。不平等只在给予境况最差者以补偿利益时才允许存在。

货币宪法论的要点是利用人们事先一致同意并愿意遵守的规则来约束货币政策，防止易引起混乱的频繁的货币政策变动。实现货币宪法目标的方法有两个：一是管理货币体制，将指数变动的预期纳入货币宪法之中，利用价格指数作为操作性标准指导政策变动；二是自发货币体制，设计一种私人决策系统，自动从系统日常运行中产生理性人预期的货币数量。

财政宪法论主张财政立宪，以财政宪法约束财政政策。布坎南认为，财政体制的税收与支出两方面应采取不同的决策方法。公共支出中与支出结构、每项支出的规模等有关的决策要在财政决策的日常运行过程中作出；而税收结构与支出水平的决策要先于支出结构在日常运行过程之前的立宪阶段作出，且一旦确定就应相对稳定，能够为公共支出项目进行筹资，因而财政立宪主要指税收立宪。布坎南主张以宪法的形式保持预算平衡，并选定调节支出作为杠杆。

（四）改革官僚机构的政策措施

公共选择理论提出了改革官僚机构、提高效率的两种主要方法。

（1）强化官僚机构的解说责任与外在控制。解说责任是官僚机构向有关单位（如国会）解释官僚机构已做的、正要做的和将要做的事情，并证明这些事情都是正确的，主要包括财务、政治和法律三个方面。外在控制主要是控制官僚机构产出数量与质量及满足需求的方式。以种种手段监督各官僚机构的表现，重视投票人的需求或态度变化，随时登记投票人的新要求。

（2）改革官僚机构运行方式与组织方式、抑制预算规模扩大和部门规模扩张。在官僚机构中引入市场机制，以竞争来促进效率的提高。例如，可以在公共产品生产和提供公共劳务的过程中，将诸如清理垃圾和社区服务的生产过程等移交私人企业，在建立竞争机制或设置专家委员会确定既定预算应提供的公共产品数量的基础上，引进利润机制，将财政结余的一部分交官僚机构官员处理，直接分享成本结余，事后给予奖励，对预算结余实行有限自主权，刺激效率的提高；加强监督，成立专家委员会定期评审官僚机构；通过决策过程间接限制财政支出和税收，并通过数量立宪直接限制财政，即规定支出与税收在国民生产总值中的份额，允许支出与税收随着经济增长和人们需要的增加而适度增加；限制税基，控制住潜在的税收；直接立宪限制特定税率。

第三节　西方财政理论的借鉴

西方财政理论的发展进程本身就是不断借鉴、完善各个不同学派的观点的过程。从中可以看到，西方经济是在一定的经济理论指导下运行的，西方财政理论是其经济理论的重要组成部分。西方国家不断调整宏观经济政策，以适应经济发展形势的需要；西方经济学家逐渐在经济理论中吸收了各个学派的长处，加以综合利用，其经济理论中的合理部分及西方国家在不同经济时期运用不同财政政策进行国家干预的实践经验，是可以参考借鉴的。

一、财政政策与货币政策的应用

西方经济学家认为，财政政策的作用速度较快，预测性较强，但是它的决策时间长，程序繁琐；货币政策的决策迅速，独立性强，比财政政策受政治的干扰小。西方国家将财政政策和货币政策搭配使用，产生了良好的效果。财政政策是西方国家最普遍、采用最多的宏观调控手段，客观上财政政策也是国民经济宏观调控体系中运转最迅速、效果最显著的重要手段。无论是凯恩斯主义的赤字财政政策刺激有效需求，还是供应学派和货币学派的财政政策刺激供给和控制货币供应量，都在一定的时期起到了调节社会总供给与总需求的作用。

20 世纪 30 年代的经济危机宣告了西方传统的自由放任经济理论的失败。美国政府从经济实践中认识到赤字财政政策是对付危机的有效手段，由被动地运用赤字财政政策逐步转向主动地采取赤字财政政策。这一政策的应用在 1942 年达到高峰期，赤字达 360 亿美元，占国民生产总值的近 40%，实现了国民经济的高速增长，但随着战争的结束，西方国家出现了通货膨胀。第二次世界大战后，欧美国家开始实行相对稳定的财政政策。联邦德国建立起"社会市场经济"体制和一整套宏观经济管理方法，以相对稳定的财政政策与相对灵活的货币政策相互调节、配合，使遭受严重破坏的经济迅速恢复和发展并保持均衡稳定的增长，被称为世界经济发展的"奇迹"。这个时期的财政政策也因其既促进了经济的迅速增长，又避免了通货膨胀而被称为一种"奇迹"。60 年代中期，这一经济奇迹在国内的各种经济矛盾冲击下消逝。经济周期波动幅度变大、生产过剩现象严重，独立使用货币政策调节经济已显得苍白无力，联邦德国的财政政策也随之由相对稳定的财政政策转变为反周期的财政政策，即当经济过热时，通过提高税率、贴现率、降低折旧、减少国家直接投资等措施达到抑制过度投资、消费需求的目的；反之，当经济"滑坡"时，则采取相反措施，刺激需求，降低经济周期波动对经济的损害。

进入 20 世纪 80 年代以后，西方国家都把供给学派和货币学派的宏观财政政策和货币政策作为政府对国民经济进行宏观经济调控的重要手段来消除"滞胀"，并卓有成效。80 年代，西方国家的财政政策主要以减税和压缩开支来刺激投资，减少国家对经济的干预，推动经济的增长。这使得大多数西方国家的经济都逐渐回升，而美国的经济恢复最快。但是，这种政策长期实施的局限性越来越大：减税容易实现，但社会福利开支、国债利息、军费开支等不仅无法压缩，反而呈上升趋势，国家债务负担沉重，财政收支矛盾尖锐。

1993 年以后，美国时任总统克林顿推行新的财政政策，在经济理论上对凯恩斯主义采取肯定的态度，一方面采用凯恩斯主义重新强调国家对经济干预的政策，加强对现代市场经济的宏观调控能力，运用政府的力量来弥补市场经济在资源配置方面的缺陷，否定里根、布什（即乔治·赫伯特·沃克·布什）总统时期的财政政策，重新确立凯恩斯主义的主导地位；另一方面，面对美国政府庞大的财政赤字、巨额的贸易逆差和国家公债，克林顿提出以减少财政赤字为核心的"一揽子经济复兴计划"，将公共支出和私人开支的重点从消费转向投资，增税与减税并举；减少政府开支，调整支出结构；大幅度减少联邦财政赤字等。克林顿政府把以削减财政赤字为核心的财政政策作为突破口，取得了极大的成效。

二、公共财政理论的启示与借鉴

西方财政实质上是市场经济财政。因此，在我国建立市场经济基本框架的时候，一个重要的步骤就是要借鉴西方市场经济国家长期实行的公共财政理论，建立有中国特色的财政学科理论体系。

公共财政理论认为，提供公共产品的过程本身并不仅仅局限于分配环节，而是一个完整的社会再生产过程。政府是纳税人的公共资金托管人，政府对经济的管理从直接管理转变为间接管理，政府应退出一般竞争性领域，让市场在资源配置中发挥基础性作用。政府职能应转化为强化社会管理和公共服务职能。

公共财政理论以"公共产品论"为其理论核心，以市场经济为出发点，认为市场失灵是财政存在的根本理由；财政活动的基本对象是提供公共产品，而满足社会公众的公共需要是财政活动的目的。公共财政理论把公共财政作为市场经济条件下财政运行的基本模式。

同西方的许多经济理论一样，公共财政理论有其合理内核，能为我们提供一定的借鉴。近二十多年来，我国的企业已逐渐具有了独立的市场运营主体身份，我国财政收入形式也从原来的税收和利润上缴两种形式并重转到主要依靠税收形式上来，而税收则正是公共财政的唯一基本收入形式。我国的财政在改革的推动下，正逐步向着与市场经济相适应的公共财政类型转化。吸取公共财政理论的优秀成果，有利于丰富我国财政理论体系。

三、公共选择理论的借鉴与启示

布坎南认为，创造事前的经济—政治公平竞争，比创造事后的经济—政治公平竞争具有更深远的规范意义。他关心起点和竞争规则的公平，反对干预市场过程，反对以公平为目的对竞争结果进行再分配。主张减少由事前市场不平等造成的分配不平等或分配不公平。另外，不应该采取干预市场过程的行动，即不能以实现分配公平或别的什么借口直接使用国家军队、国家机构和政府，把收入和资产从政治弱者手中转移到政治强者手中。他认为，对分配份额的任何短期立法或议会调整，不可能符合真正的公平准则。

布坎南的这一观点对于我国当前的政治体制改革和经济体制改革有一定的参考价值。目前我国分配不公在很大程度上是由于初次分配领域的秩序混乱和市场竞争过程的无序导致，也就是起点和规则不公平。因此，规范初次分配领域的秩序，确立健康有序的市场竞争规则应是当务之急。起点与规则的公平和效率不但不矛盾，而且是统一的，起点和规则的公平有助于提高效率。

公共选择学派在理论上坚持维护个人经济自由，推崇古典学派分析经济问题时对制度因素的重视，主张分权的政治体制。布坎南认为，市场经济之所以比计划经济优越，关键就在于竞争。结合我国实际，这一观点对于我国 1994 年的分税制以后的财政体制是朝着分权化方向还是集权化方向发展有一定启示。

公共选择学派的理论对于我国转变政府职能、进行机构改革是有借鉴意义的。如加强立法，加强对政府机构的外在监督与控制，以法律手段转变政府组织机构及其运行方式，以及通过制度法律约束官员的行为，依法办事，提高效率等。

　　近几百年尤其是近几十年来西方国家的经验表明，财政的宏观调控作用不可或缺，财政理论经历了从主张国家干预经济到反对国家干预经济，再到重新主张国家干预经济的发展过程，已经形成了一整套宏观经济调控理论、政策和手段。由于西方国家各阶段发展的客观历史背景不同，因而产生了不同的经济学派；这些经济学派由于它们对国家及其职能的看法不同，产生了各自不同的财政观点，形成了古典学派、凯恩斯学派、货币学派、供应学派和公共选择学派等不同的财政思想。从不同学派的形成和发展可以清楚地看到，西方国家的财政已经由作为一般的政府维持费用的工具，发展成为推进国家积极主动地调控和干预经济的重要杠杆。

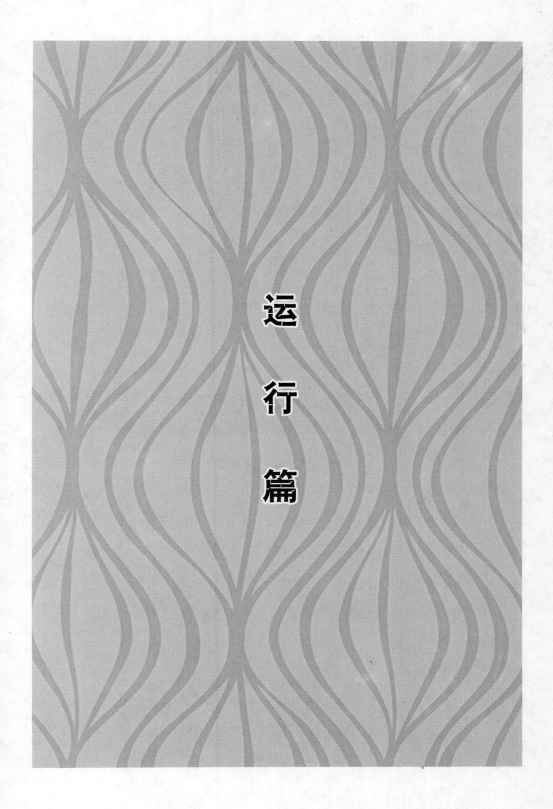

运

行

篇

第七章 财政支出的经济分析 ✖

第一节 财政支出的公共性

一、公共品的定义与特征

（一）公共产品的基本特征

纯粹的公共品是指可供社会成员共同消费的产品，任何社会成员在消费这些产品时不会导致其他社会成员对该产品消费的减少。最典型的公共品有国防、治安、天气预报等。一般而言，公共品应同时具有以下两个基本特征。

1. 非排他性

对于私人产品来说，购买者支付了价格就取得了该产品的所有权并可轻易地排除他人消费这种产品，这就是"排他性"；而公共产品则不同，公共产品一旦被提供出来，就不可能排除任何人对它的消费。物品是否具有排他性，可以通过是否可以"定价"来衡量。具体来说，公共品的非排他性包含三层含义：（1）任何人都不可能不让其他人消费它，即使有些人有心独占对它的消费，但或者是技术上不可行的，或者在技术上可行但成本却过高，因而是不值得的；（2）任何人自己都不得不消费它，也无法将其不喜欢的公共品拒绝；（3）任何人都可以恰好消费相同的数量。

以国防为例，一旦国防被提供出来，即使是那些最狭隘自私的人也不可能令国防体系只为他一人服务；那些不想得到保护的人也无一例外地会得到这种公共服务；同时无论是谁，都将同等地得到作为该国居民的尊严和安全的保障。

2. 非竞争性

对于一般私人产品来说，一个人消费了这一产品，别人就无法再消费；而公共产品一旦被提供出来，任何消费者对公共产品的消费都不影响其他消费者的利益，也不会影响整个社会的利益。非竞争性包含两层含义：（1）边际生产成本为零。这里所说的边际成本，是指增加一个消费者对供给者带来的边际成本，而非产量增加导致的边际成本，对于公共产品而言，两者并不一致。（2）边际拥挤成本为零。每个消费者的消费都不影响其他消费者的消费数量和质量。所有消费者共同消费这种产品，并且不存在拥挤现象。

仍以国防为例，多一个婴儿降生或多一个移民不会增加一国的国防费用或妨碍其他人享受该体系的保护。

（二）公共品的分类

1. 物品分类

在现实生活中，同时具有非排他性、非竞争性的纯粹公共产品是很少的，而大量的公共品只满足部分特征。我们称这种公共品为不纯粹的公共品或混合性公共品。

根据物品是否具有排他性和竞争性，可将经济中的各类产品做如下分类（见表 7 – 1）：

表 7 –1 物品分类

有无竞争性 \ 有无排他性		排他性	
		有	无
竞争性	有	私人品	公共资源
	无	混合产品	纯公共品

由表 7 – 1 可知，同时具有排他性和竞争性的第一类物品是私人品，它可由竞争市场有效提供。除此之外的三类物品都可以视为公共品，有"纯粹"和"不纯粹"之分。纯公共产品为第四类产品，同时具有非排他性和非竞争性。介于纯私人品和纯公共品之间的物品为不纯粹的公共品。

2. 混合产品

混合产品的特点是消费上具有非竞争性，但是却可以较轻易地做到排他，即不付费者可以被排除在消费之外。如桥梁，在不拥挤的情况下，多通行一辆车不会影响其他车辆的通行，这表明桥梁具有非竞争性。不过，要让某一辆车无法通过大桥是完全可行的，只要设立一个岗亭就足以阻止该辆车通过。这表明桥梁又具有排他性。类似的例子包括学校、医院、有线电视、有线电话、电影院等。该种物品的使用者数目有限。

3. 公共资源

公共资源的特点与混合产品正好相反，它在消费上具有竞争性，但是却无法有效地排他，即不付费者不能被排除在消费之外。如海洋中的鱼，当一个人捕到鱼时，留给其他人的就少了，具有竞争性。但这些鱼并不是排他性产品，因为要对渔民所捕到的鱼收费是相当困难的。类似的例子如森林、草原、野生动物、清洁的空气和水等。

二、财政支出与公共品的关系

（一）私人部门提供公共产品的无效率

由于公共产品具有非排他性、非竞争性的特征，竞争性的市场就不可能达到公共产品供给的"帕累托最优"。一方面，由于具有非排他性，每个经济人都相信无论他付费与否都能享受公共产品的好处，那么，他就不会有自愿付费的动机，而倾向于成为"免费搭乘者"，从而公共产品的投资无法收回，私人企业自然不会提供这种产品。另一方面，由于公共品在消费上是具有非竞争性的，意味着新增消费的边际成本为零。按照"帕累托最优"所要求的边际成本定价的原则，这些产品必须免费提供，这也是私人企业必然难以接受的。可见，公共产品的特性导致市场价格机制难以有效发挥作用，从而导致自愿的私人供给常常缺乏效率。一般来说，公共产品如果要有效供给，就必须由政府补助或者由政府提供。

（二）财政支出的含义

财政支出是政府对从经济中集中起来的货币资金的支配和使用，是政府为履行职能而支出的一切费用的总和，它代表了政府活动的成本。

在经济活动循环中，政府的经济活动是通过财政来进行的。财政通过税收、公债等方式取得一定的经济资源，再通过财政支出用于各个方面。从财政政策的角度说，财政支出规模、结构的变化是政府实施宏观经济调节的重要手段，财政支出反映了政府政策的选择。

财政支出是财政活动最基本的方面。财政活动作为政府的经济行为，最基本的出发点是提供公共物品和劳务，保证政府职能的实现。因此，在财政活动的全过程中，最基本的问题就是确定通过财政支出要提供什么样的公共物品和劳务、提供多少以及通过什么项目（方式）提供。

（三）财政支出的分类

为了便于分析，可以根据不同的目的和需要，将财政支出的众多内容进行不同的分类。

1. 按国家职能分类

根据财政支出所要实现的国家职能进行分类，是分析财政支出结构的基本方式。

（1）国防支出与行政支出。国防支出是巩固国防和建设良好的国内政治经济秩序的重要保证。在我国，国防支出包括国家对军队军事设备的经费、国防军事科研经费、对外军事援助支出，对实行兵役制的公安、边防、武装警察部队、消防队的各种经费的拨款，在地方预算中还包括民兵建设事业费。行政支出是指对国家的各种职能部门的支出，一般包括各级政府行政机关、事业单位、公安、司法、检察机关及国家驻外机构的各种经费。

（2）社会文化教育事业支出。社会文化教育事业支出主要包括对科学教育、医疗卫生、文化出版、文物保护、广播通信、气象地震、计划生育、社会保障等社会事业部门的各类经费支出。

（3）经济建设投资支出。经济建设投资支出主要包括政府对国民经济中的一些重要经济部门的支持，特别是基础产业部门。如对重要的原材料和产品的开发生产、重要的基础设施建设、对农业发展的保护与支持及对有重大经济价值的科研项目的扶持及国家物资储备支出等。

此外，还有政府在实现国家职能过程中所举借的债务本息支出及其他支出。

按国家职能分类，能够明确地揭示出国家执行了哪些职能以及侧重于哪些职能，还可以对财政支出进行横向和纵向分析，对不同国家同一时期的财政支出结构进行比较，可以看出不同国家的国家职能的差别；对同一国家在不同时期的财政支出结构进行比较，可以看出该国的国家职能发生的变化。

2. 按财政支出是否取得等价补偿分类（经济性质分类）

按财政支出是否能得到相应的商品和劳务补偿为标准，可以将全部财政支出划分为消耗性支出和转移性支出两大类。

（1）消耗性支出。消耗性支出（或称购买性支出）是指政府为购买特定的商品和劳务所安排的支出，包括财政消费支出和财政投资支出。财政消费支出主要是指政府为提供公共产品和准公共产品而进行的支出，它与财政投资支出的最大区别在于前者的使用并不形成任何资产，包括国防支出、教育支出、保健支出以及科学、文化等支出。财政投资主要是指对政府各部门及公共事业的投资拨款。

购买性支出的特点是，这类财政支出是与商品和劳务以等价交换的原则相交换的。财政一方面付出了资金，另一方面得到了相应的商品和服务，体现了政府的市场性再分配活动。进行购买性支出时，政府是以商品和服务的直接购买者身份出现在市场中的，因而对社会的生产和就业有直接影响，但对收入分配的影响是间接的。在安排购买性支出时，政府必须遵循等价交换的原则，此时通过购买性支出体现出的财政活动对政府形成较强的效益约束。

（2）转移性支出。转移性支出是指财政资金对企业和个人的单方面、无偿的支付，包括补助支出、捐赠支出和债务利息支出等。转移性支出的特点是，这类财政支出不与商品和服务相交换，不遵循等价交换的原则。进行转移性支出时，政府的资金转移到资金领受者手中，因而对收入分配有直接的影响。而微观主体获得这笔转移资金以后，是否购买、购买哪些商品和劳务，均已脱离了政府的控制。因此，转移性支出对生产和就业的影响是间接的。在安排转移性支出时，由于政府没有明确的原则可以遵循，且财政支出效益难以衡量，转移性支出的规模在相当程度上取决于政府同微观主体的谈判情况。因此，通过转移性支出所体现的财政活动对政府的效益约束是软的。

按经济性质分类，能够表明政府的财政支出结构和财政职能的联系。在财政支出总额中，购买性支出所占比重越大，财政活动对生产和就业的直接影响就越大；转移性支出所占比重越大，财政活动对收入分配的直接影响就越大。从财政职能的角度来看，以购买性支出占较大比重的财政活动执行资源配置的职能较强；以转移性支出占较大比重的，执行收入分配的职能较强。我国在改革开放之前，购买性支出占绝对优势，表现出财政具有极强的资源配置职能；改革开放后，转移性支出的比重大幅度上升，说明财政收入分配职能得到了加强。

三、财政支出结构的量化分析

财政支出结构是指各类财政支出占总支出的比重，也称财政支出构成。财政支出结构表明在现有财政支出规模的前提下财政资源的分布情况。

（一）财政支出结构变化的一般规律

1. 财政支出结构变化受经济发展阶段的影响

在经济发展的早期阶段，政府投资应占较大的比重。公共部门为经济发展提供社会基础设施，如交通、通信、水利设施、环境卫生系统等方面的投资。在经济发展阶段的中期阶段，私人部门的资本积累较为雄厚，各项经济基础设施建设已基本完成，政府投资只是对私人投资的补充。因此，政府投资在财政支出中的比重会下降。在经济发展的成熟期，人们对生活质量提出了更高的要求，政府将增加对教育、保健与福利服务等方面的支出。

2. 财政支出结构变化受政府职能的影响

财政支出是政府活动的资金来源，因此，财政职能的大小和侧重点，直接决定财政支出结构。如果政府侧重经济管理职能，财政支出结构会偏重于资源动员和经济事务方面的支出；如果政府侧重于社会管理职能，财政支出结构会偏重于行政管理、法律秩序、防卫等维持国家机器正常运转方面的支出。

（二）我国的财政支出结构

按国家经济性质分类的财政支出结构见表7-2。

表7-2　　　　国家财政按经济性质分类的支出比重　　　　单位：%

年份	消费性财政支出项目占财政支出比重				消费性支出占财政支出比重	投资性支出占财政支出比重
	工交商农部门事业费	科教文卫事业费	国防费	行政管理费		
1978	1.59	10.04	14.96	4.37	30.96	66.36
1979	1.63	10.30	17.37	4.47	33.77	58.34
1980	1.86	12.72	15.77	5.44	35.79	52.98
1981	2.08	15.05	14.75	6.23	38.11	45.98
1982	1.94	16.01	14.34	6.63	38.92	45.33
1983	1.98	15.86	12.57	7.25	37.65	46.64
1984	1.80	15.47	10.63	7.36	35.26	50.42
1985	1.75	15.80	9.56	6.52	33.63	51.76
1986	1.66	17.23	9.10	7.62	35.61	51.09
1987	1.46	17.80	9.27	7.93	36.46	48.86
1988	1.56	19.51	8.75	8.87	38.69	46.91
1989	1.59	19.60	8.91	9.27	39.37	45.65

续表

年份	消费性财政支出项目占财政支出比重				消费性支出占财政支出比重	投资性支出占财政支出比重
	工交商农部门事业费	科教文卫事业费	国防费	行政管理费		
1990	1.52	20.02	9.41	9.83	40.78	45.08
1991	1.55	20.91	9.75	10.15	42.35	44.62
1992	1.73	21.19	10.10	11.35	44.36	45.27
1993	1.64	20.63	9.17	11.54	42.99	48.94
1994	1.74	22.07	9.51	12.59	45.90	47.02
1995	1.51	21.50	9.33	12.79	45.13	47.84
1996	1.52	21.47	9.07	13.11	45.17	47.50
1997	1.48	20.62	8.80	12.32	43.21	49.27
1998	1.13	19.95	8.66	12.29	42.02	49.80
1999	0.97	18.26	8.16	11.57	38.96	54.38
2000	0.94	17.23	7.60	11.25	37.03	55.07
2001	1.06	17.78	7.63	11.62	38.09	56.57
2002	1.05	18.04	7.74	13.51	40.35	55.03
2003	1.16	18.28	7.74	13.95	41.12	54.35
2004	1.29	18.06	7.72	14.25	41.32	53.90
2005	1.31	17.99	7.29	14.25	40.84	54.10

注：行政管理费包括公检司法支出和外交外事支出。
资料来源：《中国统计年鉴2006》，中国统计出版社2006年版。

由表7－2可知，改革开放以后，消费性财政支出占财政支出的比重越来越大。那么，要分析财政支出的公共性，需要分析消费性支出占财政支出总额比重的变化以及消费性支出内部结构的变化。

1. 总量分析

在消费性支出占财政支出总额比重与时间的变化图（见图7－1）中可以看出，在1978～2005年间，消费性财政支出与财政支出总额的比率呈上升趋势，说明国家用于购买公共产品和准公共产品的财政支出规模的扩大。

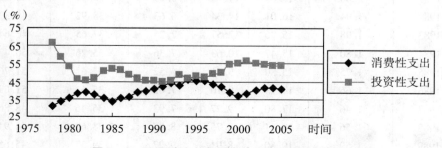

图7－1　不同财政支出项目所占比重的时序变化

投资性财政支出占财政支出的比率随时间的变化是下降的。这主要有两方面的原因：一是流动资金支出的下降。从1983年7月开始，除了核工业部、航空航天工业部所属的少数国有企业外，其余绝大多数国有企业的流动资金供应从拨款改为银行贷款。二是基本建设支出下降。在经济体制改革中，投资主体的多元化以及投资主体资金来源的多元化使得预算内基本建设支出比重迅速下降。由此可见，政府的经济管理职能在逐步弱化。

2. 局部分析

根据消费性支出内部各支出项目的时序变化（见图7-2）。可知，在1978～2005年间，科教文卫事业费、行政管理费呈上升趋势，国防支出逐年下降，工交商农部门事业费基本维持在一个水平位置上。国防支出在改革开放初期高达14.96%，原因在于解放战争的延续，如解放西藏、平定叛乱、消灭反动势力残余部队等。到了2005年，国防费比重下降为7.29%，说明在和平时期政府财政支出的重点已经发生了转移，不仅投资于经济建设方面，还增加了用于提高全民族的整体素质方面的投资。为了推动科教兴国的战略方针，政府不断加大对教育、科学等领域的投入，除个别年份外，社会文教费的比重呈上升趋势。随着我们对"科学技术是第一生产力"认识的提高，政府理应重视加大对教育、科学等领域的财政投入。可见，政府的社会管理职能在日益加强。

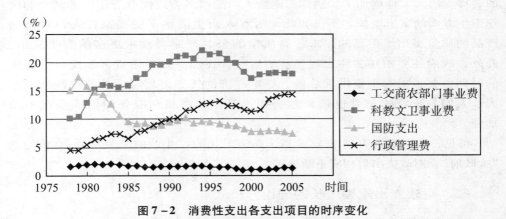

图7-2　消费性支出各支出项目的时序变化

第二节　财政支出总量增长趋势的必然性及合理性分析

一、财政支出规模与政府职能

在18世纪亚当·斯密的时代，经济上倡导"自由放任，自由竞争"的思想，财政上贯彻平衡预算的政策，政府职能被局限在一个非常狭小的范围之内，因而财政支出的规模很小。这与他们的国家尽量少干预经济、让"看不见的手"的市场机制发挥主要调节作用的自由主义经济思想相关。他们将国家支出限定在国防费、司法费、公共事业和公共工程费三个方面。

到了19世纪，随着贫富的日趋分化，收入分配领域内的矛盾日益突出。政府开始在收入再分配中发挥作用，但是这种作用还是相当有限的。现代福利国家的雏形出现于19世纪末的德国，当时的德国元首奥托·冯·俾斯麦首次实施了全国的社会保障制度。可以说在19世纪末以前，人们可能还感觉不到他们与政府有多大的关系。政府对人们生活的影响主要体现在由政府所提供的一些传统公共产品上，比如国防、法律、秩序以及基本的基础设施等。

但是进入20世纪以后，尤其是在经历了1917年的俄国革命、30年代的大萧条和第二次世界大战以后，人们越来越认识到政府在社会经济生活中的重要性，政府在扩展原有职能的同时承担了许多新的职能。在这期间，各国财政支出无论是从绝对量还是从占GDP的相对量来看，增长都非常迅猛。到20世纪中叶，由政府来完成的任务，其范围不仅包括提供更多的基础设施，例如桥梁、公路、港口等，还包括为克服市场失灵对经济进行的更多干预。例如，规范市场竞争规则，限制垄断，减少外部性等，包括为教育和医疗卫生等提供更加广泛的支持，例如，推广普及性教育等。而且，随着经济的增长和贫富差距的进一步扩大，政府还要在更大的范围内承担起收入再分配的任务，所以政府的转移支出大大地增加了。例如，老龄人口的增多会迫使政府用于养老金和医疗卫生方面的支出增加。不仅如此，随着人们生活水平的提高，人们对公共产品的质量提出了更高的要求，高质量的公共产品会要求更多的财政支出。此外，政府还要密切关注宏观经济的运行，在经济处于通货紧缩或通货膨胀的时期，要承担起平衡供求总量、稳定经济的任务，政府活动的范围越来越大，人们与政府的关系也越来越密切，对公共产品和服务的依赖也在不断加强。

可见，政府职能从18世纪亚当·斯密时代的"小政府"发展到20世纪的"大政府"，财政支出也相应不断地扩大。

二、财政支出规模增长的理论分析

随着各国财政支出的不断增长，西方学者也在深入研究财政支出增长的合理性、必要性以及各国财政支出增长的规律。在此基础上形成了以下几种主要的财政支出增长理论流派。

1. 瓦格纳的"政府活动扩张法则"

各国财政支出规模扩大的趋势印证了19世纪德国经济学家阿道夫·瓦格纳关于财政支出将不断增长的预言。瓦格纳考察了英国、美国、德国、法国、日本等国在工业化进程中的财政支出状况以后，提出了著名的"瓦格纳法则"（即"政府活动扩张法则"）。瓦格纳认为，在工业化经济中，社会进步是财政支出规模迅速扩大的基本原因。其基本原理是：政府社会管理活动增强→政府经济活动增强→政府提供的公共产品或劳务的范围扩大→公共支出上升。

2. 皮考克和怀斯曼的"时间形态"理论

英国经济学家皮考克和怀斯曼通过考察英国 1890～1955 年间政府支出状况与这一时期具有重要意义的时间形态之间的关系，在 1961 年提出了"阶梯形渐进增长"理论，从而对瓦格纳的研究做了重要的补充。皮考克和怀斯曼认为，随机事件——社会动荡的冲击加快了政府支出规模的增长，而惯性又阻止其返回以前的水平。他们把公共支出增长的原因归结为内因和外因，其中外因是其"时间形态"理论的核心。内因是指 GDP 上升→税收上升→公共支出上升。外因是指社会动荡→替代效应、检查效应、集中效应→公共支出上升。替代效应是指在社会动荡时期，由于公共支出大量增长而取代私人支出的状况；检查效应是指在社会动荡时期，由于暴露出社会存在的很多问题而导致政府增加支出解决问题的现象；集中效应是指在社会动荡时期，由于国家处于非常时期而出现的中央政府集中较多财力解决危机的现象。三种效应将公共支出提高到正常时期达不到的高度，而动荡过后，公共支出又难以回落到以前的水平，从而使公共支出在更高的新起点上逐渐增长。

3. 马斯格雷夫和罗斯托的"公共支出增长的发展模型"

马斯格雷夫在 20 世纪 50 年代，根据美国经济学家罗斯托的经济成长阶段理论提出了"公共支出增长的发展模型"，从经济发展不同阶段的角度分析了财政支出规模扩大的原因。其基本原理是将罗斯托的经济成长五阶段理论，即传统的、为起飞准备前提、起飞、中期发展、成熟阶段，简化为经济成长三阶段理论：起飞、中期发展、成熟阶段。并认为在经济成长的不同阶段，公共支出的重点不断转移，而且每一次重点的转移都会有公共支出较大幅度地增加。不同阶段重点转移的情况分别是，基础投资（起飞阶段）→对市场失灵的干预（中期发展阶段）→收入再分配与社会福利（成熟阶段）→公共支出上升。

从上述的几种模型分析中可以看到：无论是从政府职能的角度，还是从时间形态，或是从发展阶段来看，财政支出规模的扩大似乎是经济发展中的一条规律。每个国家在发展过程当中，都要经历财政支出不断增加的过程。

三、中国财政支出增长的影响因素

自从 20 世纪 80 年代以来，我国财政支出绝对额逐年增长。特别是在近几年，财政支出总量由于各种因素的影响甚至出现迅猛扩张的趋势。西方学者从各个角度探讨了导致财政支出增长的原因，但实践证明，引起不同国家财政支出增长的原因不同，任何一种理论都不能作出完全的解释。不同国家要做不同的分析，具体来说，影响中国财政支出增长的因素有以下几个方面。

（一）GDP 的增长

20 世纪 60 年代，英国经济学家皮考克和怀斯曼指出，随着经济的发展和收入的上升，以不变的税率征得的税收会上升（财政收入增加），从而使得政府财政支出增加和 GDP 增长成一种线性关系。改革开放以来，中国 GDP 一直保持增长势头。1978~2000 年间，中国 GDP 年均增长 9.6%，有些年份超过10%，1984 年高达 15.2%。在此期间，中国财政支出和 GDP 的增长轨迹是基本同步的。

（二）工业化率的提高

根据瓦格纳的"政府活动扩张法则"，一国工业化和该国财政支出之间存在着一种函数关系，财政支出比率上升最基本的原因是工业化过程中的社会进步对政府活动所提出的日益扩大的需求，即工业化→人均收入增加→政府活动扩张→财政支出增加。改革开放以来，中国的工业化推进和体制转换对财政支出提出了特殊要求，并把财政整体运行推入新轨道。

（三）政府规模的扩大

公共选择学派将经济分析的工具和方法应用到对于政治决策过程的分析中，提出众多独特的见解，其中有著名的"尼斯卡兰模型"。尼斯卡兰认为，官僚的目标是任期内效用最大化。官僚的效用函数包括薪金、机构或职员的规模、社会名望、额外所得、权力和地位。官僚追求效用最大化，导致机构规模越大，官僚权力越大，相应的财政支出不断扩大。中国是社会主义国家，不能完全用公共选择理论来解释财政支出增长的趋势，但是改革开放以来中国行政管理机构和党政机关工作人员的"双膨胀"是一个不争的事实，政府规模的扩大必将更多地占用政府财政资源。

（四）人口因素的影响

福利经济学派认为，人口增长是引起财政支出增长的一个重要因素。该理论认为，随着人口的增加，社会拥挤成本会上升。这些拥挤成本将对个人效用产生负面影响。这样，就必须有更多地资源用于提供公共服务，以便使得个人效用不致因人口增长而下降。在一定的社会拥挤成本下，假定公共服务水平和质量保持不变，人口增长将导致财政支出更大比例地增长。1978 年中国总人口为 96 259万人，2000 年中国总人口达到 126 583 万人，增长 31.5%。这意味着，即使人均财政支出不变，财政支出的扩大也将超过 31.5%。此外，随着城市化进程的加快，高密度城市居住将产生外部性，需要政府进行干预和调节，相应地政府对于医疗、教育、养老、文化的财政支出将增长。改革开放以来，我国城市化率逐年提高，1978 年为 17.9%，2000 年为 36.2%，增长超过 100%。这样，以1978 年财政支出为基数，按照城市化率提高的速度，2000 年财政支出也有了很大的增长。因此，中国作为世界第一人口大国，其财政支出必然受到人口因素的影响。

（五）贫富差距的拉大

马斯格雷夫认为，如果政府旨在减少收入分配中的不公平，那么随着人均收入的增加，转移支付的绝对值会上升。改革开放以来，中国政府提倡"让一部分人先富起来"的政策，目标是克服收入分配上的平均主义，加强物质激励，提高劳动积极性。转轨经济的复杂性使得中国居民收入差距不断扩大，部分城市居民由于下岗失业面临生活困境。中国政府为了保证城市居民的最低生活保障，加大了社会保障、社会福利和社会救济等方面的支出，这在一定程度上增加了财政支出的规模。

从当前的情况看，中国财政支出仍然存在持续增长的趋势：（1）人口膨胀和城市化带来的社会问题会日益受到关注，政府将要增加财政支出，解决环境、老龄化、城乡差别等问题，逐步提升人民整体生活质量。可以预见，现在特定式救助将被未来普惠式服务所代替，政府由此要支付更多的资金。（2）精简机构和控制费用将进一步缩小政府规模，但是行政观念的转变和行政机构的改革有一个过程，短期内行政管理费不可能出现大幅度降低，还会有逐年增加的情景。（3）GDP增长的长期预期将刺激财政支出增长，政府将掌握更多的经济资源，承担更多的经济责任以消除经济发展中的种种障碍和摩擦。但是，财政支出过于膨胀是否一定有利于一国经济增长，这是值得深思的。政府行为的合理程度或者说适合经济增长的财政规模将成为进一步研究的方向。总体上，政府应该是适度有为，更多地让市场去实现均衡，发挥市场配置资源的基本功能。

四、消费性财政支出的合理规模

在一定的客观经济条件下，需要保持消费性财政支出的合理规模，即保证既能满足社会公共需要，又能促进经济和社会发展。

（一）消费性财政支出规模的理论模型（时序生产函数模型）

这是考察一个国家或地区在一个样本区间内 GDP 或财政收入对财政支出的制约模型。

$$Y = \alpha + \beta_1 X_1 + \beta_2 \ln X_2 + \gamma_i Y_{t-i} + u \qquad (i = 1, 2, \cdots) \qquad (7-1)$$

其中，Y 表示各年的消费性财政支出；X_1 表示各年的财政收入；X_2 表示各年的 GDP；Y_{t-i} 表示前 i 年的消费性财政支出。

（二）消费性财政支出规模的实证分析

根据我国 1978～2005 年财政收入、消费性财政支出和国内生产总值数据（见表 7-3），按公式（7-1），可得如下消费性财政支出的制约方程：

$$Y = -1043.37 + 0.31X_1 + 110.68\ln X_2 + 0.89Y_{t-1} - 0.66Y_{t-2}$$

$$(6.504) \quad (3.265) \quad (6.402) \quad (-3.963)$$

$$R^2 = 0.999429 \qquad DW = 2.338583 \qquad SE = 99.98733 \qquad F = 9\,185.963$$

表 7 - 3 国家财政收支总额及国内生产总值 单位：亿元

年份	财政收入总额	财政支出总额	消费性支出总额	国内生产总值	消费性支出占财政支出比重（%）
1978	1 132.26	1 122.09	347.38	3 645.217	30.96
1979	1 146.38	1 281.79	432.85	4 062.579	33.77
1980	1 159.93	1 228.83	439.74	4 545.624	35.79
1981	1 175.79	1 138.41	433.89	4 891.561	38.11
1982	1 212.33	1 229.98	478.74	5 323.351	38.92
1983	1 366.95	1 409.52	530.75	5 962.652	37.65
1984	1 642.86	1 701.02	599.82	7 208.052	35.26
1985	2 004.82	2 004.25	673.97	9 016.037	33.63
1986	2 122.01	2 204.91	785.27	10 275.18	35.61
1987	2 199.35	2 262.18	824.83	12 058.62	36.46
1988	2 357.24	2 491.21	963.94	15 042.82	38.69
1989	2 664.9	2 823.78	1 111.67	16 992.32	39.37
1990	2 937.1	3 083.59	1 257.63	18 667.82	40.78
1991	3 149.48	3 386.62	1 434.32	21 781.5	42.35
1992	3 483.37	3 742.2	1 659.98	26 923.48	44.36
1993	4 348.95	4 642.3	1 995.56	35 333.92	42.99
1994	5 218.1	5 792.62	2 659.09	48 197.86	45.90
1995	6 242.2	6 823.72	3 079.65	60 793.73	45.13
1996	7 407.99	7 937.55	3 585.52	71 176.59	45.17
1997	8 651.14	9 233.56	3 989.73	78 973.03	43.21
1998	9 875.95	10 798.18	4 537.41	84 402.28	42.02
1999	11 444.08	13 187.67	5 138.21	89 677.05	38.96
2000	13 395.23	15 886.5	5 882.07	99 214.55	37.03
2001	16 386.04	18 902.58	7 200.5	109 655.2	38.09
2002	18 903.64	22 053.15	8 898.66	120 332.7	40.35
2003	21 715.25	24 649.95	10 136.29	135 822.8	41.12
2004	26 396.47	28 486.89	11 771.78	159 878.3	41.32
2005	31 649.29	33 930.28	13 858.72	183 084.8	40.84

注：（1）在国家财政收支中，价格补贴1985年以前冲减财政收入，1986年以后列为财政支出。为了可比，本表将1985年以前冲减财政收入的价格补贴改列在财政支出中。

（2）从2000年起，财政支出中包括国内外债务付息支出。

资料来源：《中国统计年鉴2006》，中国统计出版社2006年版。

从上式可以看出，随着财政收入、国内生产总值的增长，消费性财政支出的规模也在不断增加。财政收入增加1万元，消费性财政支出增加3 100元；本年国内生产总值提高1%时，消费性财政支出的均值将增加110.68亿元。同时，由于经济活动的滞后效应，过去时期的消费性财政支出额也会影响本期的支出额。上年消费性财政支出增加1万元，本年消费性财政支出增长8 900元。

第三节 财政支出规模增长的国际比较

 一、发达国家的财政支出

20 世纪以来，发达国家的财政支出占 GDP 的比重增长很快，大致上经历了迅速增长和受控增长两个阶段，总体上呈不断增长的趋势。以 1954 年的指数为 100 计算，1954～1980 年，主要工业化国家政府财政支出占 GDP 的比重上升的幅度超过了 20%，其中尤以意大利和联邦德国为最，财政支出比重分别上升了 59.6% 和 52.4%，日本也上升了 42.2%。

20 世纪 80 年代以后，总体上，各个发达国家的财政支出占 GDP 的比重稳中有升。如 1981～1997 年，经济合作与发展组织（OECD）国家财政支出占 GDP 比重从 37.6% 上升到 39.1%，但增长速度明显放慢。考察多个国家数据表明，多数国家的财政支出占 GDP 比重呈上升趋势（见表 7－4）。

表 7－4　　　　　　部分 OECD 国家政府财政支出占 GDP 比重　　　　　单位：%

年度 国家与组织	1981	1985	1989	1992	1995	1997
美国	31.7	32.9	31.9	33.8	32.9	32.0
日本	32.8	31.6	30.6	33.7	35.7	35.9
德国	48.7	47.0	44.8	49.5	49.5	47.9
法国	48.6	52.2	49.1	55.0	54.3	54.0
意大利	46.3	51.2	51.4	57.4	52.1	50.9
英国	44.2	44.0	37.6	43.6	43.0	40.0
加拿大	39.8	45.3	43.1	49.4	46.5	42.4
澳大利亚	31.4	36.5	33.0	37.3	36.5	36.1
芬兰	39.0	43.8	42.0	60.2	57.9	55.3
瑞典	62.6	63.3	58.3	71.0	65.4	62.5
OECD 全体	37.6	38.8	37.3	41.1	40.2	39.1

资料来源：丛树海，《财政支出学》，中国人民大学出版社 2002 年版，第 411 页。

具体看财政支出水平，发达国家的财政支出比重都在 30% 以上。以 1996 年财政支出占 GDP 的比重为依据，可以把所考察的 19 个国家分为三组：第一组为财政支出比重超过 50% 的国家，包括法国、意大利、奥地利、比利时、丹麦、芬兰、瑞典；第二组为财政支出比重在 40%～50% 的国家，包括德国、英国、加拿大、希腊、荷兰、挪威、西班牙、葡萄牙；第三组为财政支出比重在 40% 以下的国家，包括美国、日本、澳大利亚、爱尔兰。从支出结构上看，"大政府"国家比"小政府"国家多支出的项目并不在于公共投资和消费，而是在社会福利支出上。

🐦 二、发展中国家的财政支出

发展中国家的政府财政支出水平一般比发达国家低，并且从发展中国家内部情况看，低收入国家和中等收入国家也存在较大的差异。例如，1985 年中央财政支出占 GDP 的比重，发展中国家平均为 26.4%，其中低收入国家为 20.8%，中等收入国家为 27.5%，而发达国家平均为 28.6%。1984 年人均中央财政支出，低收入国家为 44 美元，中等收入国家为 298 美元，而发达国家为 3 429 美元。发展中国家财政支出水平也有不断增长的趋势。从 1972 年到 1985 年，发展中国家中央财政支出占 GDP 的比重从 18.7% 上升到 26.4%，14 年中上升了 7.7 个百分点。表 7-5 显示了 10 个发展中国家中央财政支出占 GDP 比重的情况。

表 7-5   若干发展中国家中央财政支出占 GDP 比重   单位：%

年度 国家	1980	1985	1989	1992	1993
印度	25.03	22.26	22.70	19.97	20.98
斯里兰卡	39.23	31.98	30.08	25.56	26.13
巴基斯坦	32.43	23.33	26.03	25.76	26.90
中国	27.20	22.36	16.70	14.05	13.40
印度尼西亚	24.01	21.63	18.62	18.66	15.98
泰国	20.82	21.02	14.72	15.53	16.30
埃及	—	45.97	34.80	39.18	39.49
马来西亚	37.66	32.7	26.17	28.11	26.36
墨西哥	23.19	24.90	23.51	15.98	15.18
巴西	31.68	37.46	44.14	31.92	39.8

资料来源：丛树海，《财政支出学》，中国人民大学出版社 2002 年版，第 413 页。

根据世界银行《世界发展报告 1997》的统计口径，表 7-5 中前四个国家为低收入国家，中间三个国家为中下收入国家，后三个国家为中上收入国家。由于各国国情不同，以及统计技术的原因，财政支出水平呈现出较大的差异，并不完全与经济发展水平相一致，甚至有不少低收入国家的财政支出水平要高于中下收入国家。纵向来看，过去十几年中，有相当数量的发展中国家财政支出比重在下降。例如，从 1980 年到 1993 年，中央财政支出占 GDP 比重，印度从 25.03% 下降到 20.98%；印度尼西亚从 24.01% 下降到 15.89%；泰国从 20.82% 下降到 16.30%。中国国家预算支出的比重也从 27.20% 下降到 13.40%，下降了近 14 个百分点。从某种意义上说，这种下降反映了各国政府主动缩小政府干预范围的政策取向。

发达国家与发展中国家的财政支出比较，可以看出：（1）在多数发展中国家，中央财政支出比重低于发达国家。不过这种差别很大部分是出于发达国家中央财政支出中社会保险和福利支出较多，如果不考虑这些支出，发展中国家的中央财政支出占 GDP 的比重可能高于发达国家。（2）发展中国家的政府部门作为一个投资者，比工业国发挥着更大的作用。抽样调查显示，发展中国家政府投资（包括国有企业的投资）在社会总投资中所占比重要普遍比工业国高。其中的原因部分在于发展中国家在基础设施上需要比工业国更多的投资，而在发展基础设施方面，政府投资能够发挥更大的作用。（3）在多数发展中国家，社会保险和福利开支比重很小，主要的支出项目是补贴，比如对食品消费的补贴，对城市公共交通的补贴等。

三、我国的财政支出规模

我国的财政支出可以分为三个层次：小口径、中口径和大口径的财政支出。小口径的财政支出是指预算内财政支出；中口径的财政支出是指政府预算内财政支出和预算外财政支出之和；大口径的财政支出指的是政府的全部支出。通常所说的财政支出，是小口径的财政支出。

1. 小口径财政支出的规模变化趋势

近年来，我国小口径的财政支出规模，即预算内财政支出占 GDP 的比重呈现先降后升的变化趋势。1980 年以来，我国预算支出绝对规模有了大幅提高。1980 年预算支出 1 228.3 亿元，1999 年达到 13 187.7 亿元，增长了 9 倍多，平均年增长率达到 16.5%。但同时，预算支出占 GDP 的比重呈下降趋势，1995 年降到最低点 11.7%，以后呈现逐渐上升趋势，到 2002 年上升到 21.5%（见表 7-6）。

表 7-6 　　　　　　　　　　我国小口径财政支出规模变化表

年份	预算支出（亿元）	GDP（亿元）	预算支出占 GDP 比重（%）
1980	1 228.3	4 617.8	26.6
1985	2 004.2	8 964.4	22.4
1990	3 083.4	18 547.9	16.6
1995	6 823.7	58 478.1	11.7
1999	13 187.7	82 067.5	16.1
2002	22 012	102 390	21.5

资料来源：根据《中国统计年鉴 2002》相关资料计算。

2. 中口径财政支出规模的变化趋势

中口径的财政支出规模，即预算内财政支出和预算外财政支出之和占 GDP 的比重的变化，必须联系国家对于预算外支出资金口径的调整来考察。1993 年和 1996 年国务院两次调整了预算外资金支出口径，从而导致预算外资金范围的缩小。1993 年的调整，把原来确定为预算外资金的国有企业留利和专项基金划归预算内资金，而此项资金占预算外资金的比重一直维持在 80% 左右，因此当年预算外资金规模大幅度下降。1996 年的调整对预算外资金的概念做了明确的规定，同时将 13 项数额较大的政府性基金纳入预算管理，地方财政部门掌管的预算外资金也纳入地方预算。1996 年的调整只是将预算内外资金相互间进行了调整，一部分预算外资金纳入预算管理，并没有缩减预算内外资金的总规模（参见表 7 - 7）。

表 7 - 7　　　　　　　　　我国中口径财政支出规模变化表　　　　　　　　　单位：%

年份	预算内支出/GDP	预算外支出/GDP	预算内外支出/GDP
1984	22.4	15.6	38.0
1990	16.6	14.6	31.2
1992	13.4	13.7	27.1
1994	11.6	3.7	15.3
1998	12.4	3.7	16.1
2000	17.8	3.9	21.7
2002	21.4	4.0	25.4

资料来源：根据《中国统计年鉴 2002》相关资料计算。

3. 大口径的财政支出规模的变化趋势

大口径的财政支出规模指的是政府全部支出占 GDP 的比重。按我国统计口径，大口径财政支出包括预算内支出、预算外支出、财政收入退库支出、社会保障基金支出和非合规性的制度外支出。由于非合规性的制度外支出缺乏具体的统计数据，因此对其规模只能采取估算，这就导致目前我国对大口径的财政支出规模有不同的看法。有的认为其占 GDP 的比重在 30% 以上，有的认为在 35% 以上，有的认为在 40% 以上。但是对既没有在预算内支出反映，也没有在预算外支出反映的非合规性的政府支出，一般认为相当于预算外支出水平，据此认为，目前我国大口径的财政支出规模占 GDP 的比重在 30% 以上，应该是没有高估的。但由于非合规性的政府支出形成于 20 世纪 90 年代之前，非合规性政府支出较少，因此 20 世纪 80 年代大口径的财政支出规模可以用中口径的财政支出规模代替。这样我国大口径的政府财政支出即综合财政支出规模在 1978 ~ 2002 年间基本上维持在占 GDP 总额的 30% 左右。

综合来看，中央、地方，经济发达地区和不发达地区，制度外收支以及预算外收支规模都呈增加趋势。如果综合统计预算内外及制度外支出，那么我国的财政支出规模并不小。其中，欠规范的预算外及制度外资金占了较大比重。制度外财政支出的存在表明我国政府财政支出压力很大。各级政府，尤其是地方政府职能的实现缺乏规范合理的财源，只好求助于非规范途径。要改变这种不规范的状况，我国财政支出规模控制应该从大局、从界定政府职能出发，取消制度外支出，控制并最终取消预算外支出，以优化和加强预算内支出。

第四节　优化财政支出结构的战略选择

一、优化财政支出结构的目标

财政支出结构是与政府的职能相互适应、相互作用的。政府的职能范围及其构成决定着财政支出的范围与构成。同时，财政支出的结构又对政府职能的实现产生影响。财政支出结构只有随着政府职能的变化而不断调整，达到财政支出结构的优化，才能保证政府职能的实现。因而，支出结构的优化调整是整个财政支出管理的中心环节。

在不同的国家，不同的经济发展阶段，财政支出的构成是不同的。因而合理的、优化的财政支出结构并没有一个固定的模式，它是动态的、不断变化的。决定财政支出结构的因素主要有如下几个方面。

（一）国家职能

国家的存在决定了财政的存在，国家的职能决定着财政支出结构。从人类社会发展的一般规律来看，国家职能的调整和演变从根本上决定了财政支出结构及其变迁。例如，如果国家采取对外侵略扩张战略，则国家的政治职能处于主导地位，那么国防费和行政管理费将成为财政支出的主要组成部分；如果国家采取赶超战略实行工业化，则财政支出中的经济建设费将占据很高的比重。

（二）经济发展阶段

国内外的理论和实践表明，在财政支出结构从根本上取决于国家职能的同时，财政支出结构同该国的经济发展阶段也存在较高的相关性。美国财政学家马斯格雷夫的"公共支出增长的发展模型"就充分说明了这一点。在经济发展的早期阶段，社会对公共资本的要求较高；在经济"起飞"实现之后，社会对公共资本的要求暂时有所降低；当经济步入"成熟"阶段之后，社会对公共资本的要求又会上升，其增加和下降的程度主要取决于特定的收入阶段及其资本弹性。因此，一般而言，在经济发展初期，购买性支出在财政支出中所占比重较大；在经济"起飞"阶段，转移性支出所占比重很大；在经济"成熟"阶段，购买性支出所占比重又将有所回升。

（三）社会制度价值取向及其效率

如果一个国家倾向于实行以公平为导向的社会制度，则该国的财政支出中社会保障支出的比例就相对较高；相反，如果一个国家倾向于实行以效率为导向的社会制度，则该国的财政支出中社会保障支出的比例就相对较低。另一方面，如果国家的社会制度非常有效率，那么该国的行政管理费所占的比重将相对较低；相反，如果一个国家的制度效率很低，那么该国的财政支出中行政管理费所占的比重将相对较高。因此，一个国家的制度建设及其运行效率也对其财政支出结构有着深刻的影响。

除了上述因素之外，国家所面临的国际国内环境、发展战略、社会、文化、历史等因素也会直接或间接地影响其财政支出结构。正是这些相互影响的因素共同决定了某一国家在特定时期的财政支出结构。但是，认为财政支出结构应完全由外在因素自发决定的理财思路本质上是一种消极的理财思路。更为积极的理财思路应该是根据财政支出结构的变化规律，积极主动地去消除财政支出中的不合理因素，从而使得财政支出结构朝着理性的方向发展，并最终达到对财政支出的"帕累托改进"。优化财政支出结构的关键在于发现现有财政支出结构中的不合理之处并找到适当的改革路径。优化的标准就是财政支出效率的提高，即在财政支出总量不变的情况下通过财政支出结构调整获得更高的社会福利水平。

 二、中国财政支出结构的现状

（一）各项财政支出绝对额增加

表7-8中按费用类别列示的我国从1988～2002年的财政支出绝对数显示，随着我国财政收入的不断增加，各类财政支出的绝对额都有所增加，这表明我国的财政支出在总体上沿着均衡的方向发展，也说明我国的各项事业都在改革开放中获得了较大的发展。

表7-8　　　　　　　　　　　　　财政支出（费用类别）　　　　　　单位：亿元

年份	财政支出总额	经济建设支出	社会文教支出	国防支出	行政管理支出	其他支出
1988	2 491.21	1 258.39	581.18	218.00	271.60	162.04
1989	2 823.78	1 291.19	668.44	251.47	386.26	226.42
1990	3 083.59	1 368.01	737.61	290.31	414.56	273.10
1991	3 386.62	1 428.47	849.65	330.31	414.01	364.18
1992	3 742.20	1 612.81	970.12	377.86	463.41	318.00
1993	4 642.30	1 834.79	1 178.27	425.80	634.26	569.18
1994	5 792.62	2 393.69	1 501.53	550.71	847.68	499.01
1995	6 823.72	2 855.78	1 756.72	636.72	996.54	577.96
1996	7 937.55	3 233.78	2 080.56	720.06	1 185.28	717.87
1997	9 233.56	3 647.33	2 469.38	812.57	1 358.85	945.43
1998	10 798.18	4 179.51	2 930.78	934.70	1 600.27	1 152.92
1999	13 187.67	5 061.46	3 638.74	1 076.40	2 020.60	1 390.47
2000	15 886.50	5 748.36	4 384.51	1 207.50	2 768.22	1 777.87
2001	18 902.58	6 472.56	5 213.23	1 442.04	3 512.49	2 262.26
2002	22 011.70	—	—	1 707.70	—	—

注：本表不含国内外债务还本付息支出和用国外借款收入安排的基本建设支出，但从2000年起，包括国外债务付息支出。2000年及以前数据为财政决算数，2001年全国数据为预算执行数。

资料来源：国家发展和改革委员会、国家统计局、国家信息中心。

（二） 财政支出结构的变化

根据表7－9中的数据列示的我国从1987～2001年的财政支出相对值可以看出，虽然随着我国经济的发展各类财政支出都在绝对数上获得了一定的增长，但我国财政支出的内部要素发展却并不平衡。（1）经济建设费在财政支出中所占比重大幅下降，从1987年的50.51%下降到2001年的34.24%。出现这一现象的原因主要是由于随着我国从计划经济向市场经济转轨，国家职能的重点有所转变，不再过多地直接干预经济。因此，从总体上讲，这一趋势是符合我国经济和社会转轨要求的，是完全合理的。（2）行政管理费在财政支出中所占比重大幅上升，从1987年的10.09%上升到2001年的18.58%。这一方面是由于我国经济发展对公共事务管理需求的增加，但更为重要的是由于财政供养人口急剧增加，政府办事效率低下，机构膨胀过快。因此，这种增长存在社会资源浪费因素，必须进一步转变政府职能、精简政府编制、提高政府办事效率，以遏止行政管理费急剧上升的势头。（3）与1987年相比，2001年的社会文教费和其他支出在优化我国财政支出结构的总体思路中所占比重有一定程度的上升，国防费在财政支出中所占比重有轻微的下降，但这三类支出在财政支出中所占比重总体上比较稳定。

表7－9　　　　　　　　　　　财政支出结构（费用类别）　　　　　　　单位：%

年份	经济建设费	社会文教费	国防费	行政管理费	其他
1987	50.99	22.36	9.27	10.09	7.30
1988	50.51	23.33	8.75	10.90	6.50
1989	45.73	23.67	8.91	13.68	8.02
1990	44.36	23.92	9.41	13.44	8.86
1991	42.18	25.09	9.75	12.22	10.75
1992	43.10	25.92	10.10	12.38	8.50
1993	39.52	25.38	9.17	13.66	12.26
1994	41.32	25.92	9.51	14.63	8.61
1995	41.85	25.74	9.33	14.60	8.47
1996	40.74	26.21	9.07	14.93	9.04
1997	39.50	26.74	8.80	14.72	10.24
1998	38.71	27.14	8.66	14.82	10.68
1999	38.38	27.59	8.16	15.32	10.54
2000	36.18	27.60	7.60	17.42	11.19
2001	34.24	27.58	7.63	18.58	11.97

注：本表数字不包括国内外债务还本付息支出和用国外借款收入安排的基本建设支出。
资料来源：国家发展和改革委员会、国家统计局、国家信息中心。

三、我国优化财政支出结构的对策选择

从上述分析可以看出，虽然我国财政支出结构在总体上比较合理，但还是存在一些重大问题：一是财政支出中行政管理费所占比重较高，并有进一步上升的趋势，这说明我国的行政效率比较低。二是财政支出中社会保障支出所占比重非常低，虽然支出绝对额有所上升，但上升速度非常缓慢，我国的社会保障体制建设还缺乏必要的财政支持。因此，优化我国财政支出的总体思路就是在继续保持经济建设支出稳步下降的同时，努力压缩行政管理支出，大力扩大社会保障支出。

（一）支出结构调整优化的原则

按照建立社会主义市场经济和构建公共财政框架的要求，正确处理政府和市场的关系，进一步转变政府职能，将政府的主要职能转变到为社会提供公共服务和对社会进行宏观调控上来，减少政府对经济的过度干预，减少和规范行政审批，彻底解决政府"越位"问题。

在目前阶段，我国财政支出结构的优化调整应坚持以下原则：一是财政支出结构的调整要以政府职能转变为依据，体现社会主义市场经济体制建立过程中政府职能的转变。二是财政支出结构的调整优化要与财力水平相适应。重点保证国家机器的运转、基础教育、基础设施等，凡是能由市场调节的事务，应由市场调节，尽可能地发挥市场机制的作用。三是财政支出结构的优化调整要与我国经济发展状况相适应。我国属发展中国家，地区之间、城乡之间经济发展极不平衡。在支出结构调整中，既要注意集中财力支持经济的发展，也要注意随着人民生活水平的不断提高，加强科技、教育、社会保障等方面的支出。既要加大转移支付力度、促进地区经济的均衡发展，也应结合实际，不能片面强调财政支出的均等化。四是财政支出结构的优化调整需循序渐进。该退出的需逐步退出，应加强的要逐步加强。

（二）清理财政供给范围

按照"精简、效能、廉洁、高效"的原则进一步推进政府机构改革，真正改变目前机构臃肿、人浮于事、效率低下的现状，努力减少财政供养人口，节约财政支出，减轻社会负担。一是根据不同情况确定事业单位的财务关系，清理财政供给范围。对教育、计划生育、卫生、防疫、基础性科研以及属于文化遗产保护和民族文化弘扬的公益性文化事业单位等，要在严格核定收支的基础上，由财政对其进行补助，保证经费需要。对于经营性事业单位，要在理顺管理体制的基础上，尽快全部推向市场。二是要调整事业布局，尤其对教育、卫生等事业单位，要根据社区自然条件、人口等合理配置，提高事业单位财政的资源配置效益。三是要引导社会资金对各类社会公益事业的投资。在国家满足一般必须公益需求的条件下，允许成立一些以赢利为目的的教育、卫生等民营事业单位，以满足不同

层次的社会需求，减少国家财政投入。

（三） 加大社会保障支出供给的力度

目前，我国预算内财政收入占国内生产总值的比重过低，支出总量也不足。在这种情况下，必须合理确定支出顺序。首先将财政支出用于维护国家机器的正常运转和满足广大人民群众的物质文化等社会公共需要，其重点是保工资、保基础教育和社会保障、保基础设施投资。同时，要高度重视社会保障体系建设对缓解社会公平、维护社会稳定、提高社会福利和促进经济发展的重要作用，高度重视财政支出对于建立健全社会保障体系的基础作用，加大对财政社会保障体系建设的投入，维护社会的稳定和经济的可持续发展。

四、财政支出效益评价

所谓财政支出绩效，就是指财政支出活动所取得的实际效果。它反映了政府为满足社会公共需要而进行的资源配置活动与所取得的社会实际效果之间的比较关系，重点研究政府配置资源的合理性和资源使用的有效性。

（一） 财政支出效益评价的目标

财政支出效益评价的目标有三个：一是看政府配置的资源总量是否符合整个社会的客观比例要求；二是看资源的使用是否达到效用最大化目标。财政支出的基本目标是追求财政资金使用的经济性（Economy）、效率性（Efficiency）、效益性（Effectiveness），简称"三E"。通过财政分配活动所能实现的"三E"目标全面综合地反映财政支出的绩效状况。财政支出的经济性主要体现在在收入规模总量一定的条件下，财政支出结构的合理性，克服财政分配不均和浪费，即公共财政支出内部各构成要素以符合社会共同需要为目的，且各构成要素占公共支出总量的比例协调、合理，基本能够满足不同部门履行社会职责的需要，促进建立各个公共部门的有效支出决策机制和支出优先排序机制。财政支出的效率性是指财政收入进入分配领域后，一般都要经历初次分配和再分配两个环节：初次分配由各级政府行使分配职能的财政部门完成，按照不同部门所承担的不同社会职能调配支出，对财政资源总量进行整体安排；再分配则由财政资金的使用部门根据本单位预算具体耗用。财政支出的效率性以支出使用环节为重点，考察财政支出活动的产出同所消耗的财政资金等要素的比较关系。财政支出的高效率，意味着用最小的投入达到既定的目标，或者投入既定而产出最大化。财政支出的效益性是指，财政支出满足社会共同需求的多个方面，财政分配活动涉及政治、经济、文化、科技、社会等多个领域，为此，财政支出的效益也要从不同领域的多个方面体现出来。财政支出的总体效益是由各要素构成所产生的效益组成，各个层次、单个支出要素的效益高，才能实现财政支出的总体效益高。

财政支出的经济性是财政活动的先导和基础，效率性是财政有效机制的外在表现，效益性是财政活动最终效果的反映。从财政支出经济性研究发展到效益性研究，是财政工作重点从重收入管理到强化支出管理的重大转变，财政支出绩效应是三者科学的有机的统一。

（二）财政支出效益评价的对象和范围

按照实施主体划分，财政支出效益的评价对象分为财政部门和财政资金使用单位。财政部门按照"一级政府，一级财政"的财政分配体制，各级财政支出效益评价原则上由本级财政代表本级政府组织实施。财政支出使用环节的评价对象可分为几类：按财政资金的级次，分为中央预算单位和地方预算单位；按财政资金的使用对象分为生产部门、建设部门、行政部门、事业单位等；按财政资金的流向分为教育支出、卫生支出、科技支出、支农支出、社会保障支出等。

（三）财政支出效益评价的方法

财政支出效益评价要遵循统一的评价方法，即以成本—效益分析法为基础，结合经济分析预测的相关方法。具体来说，常用的方法有：一是机会成本分析方法，主要用在可分割项目上，它在解决公共支出结构失衡及总量失衡问题上具有一定的作用。二是成本效益分析方法，主要用在不可分割项目上，进行具体项目的经济可行性分析。该方法有助于纠正那些只顾需要，不管成本的支出倾向，也有助于纠正那些只顾成本、不管效益的倾向。三是计划—规划—预算体系，主要用在整体项目的管理和协调上，它可以打破部门界限，克服政府各机构或各项目之间的不协调状态，避免各部门支出计划的"小而全"和资金浪费，有助于提高政府公共支出的资金使用效率。

第八章　社会保障制度

　　社会保障是国家职能的基本体现，社会保障分配是国家财政分配的重要组成部分，是政府宏观调控的重要手段。政府通过社会保障资金的筹集和分配维护社会平稳运行和宏观经济的健康发展，发挥"稳定器"与"调节器"的功能。在社会主义市场经济条件下，社会保障制度的地位和作用日益突出。

　　我国是一个发展中国家，在社会主义制度确立之后相当长的一段时间内，一直存在着国家社会保障制度与社会综合发展需求不相适应的问题。改革开放以来，我国对社会保障制度进行了全方位的改革。改革的目标是建立与社会主义市场经济体制和现代企业制度相适应的、新型的、多层次的社会保障制度。

第一节　社会保障制度的产生

一、社会保障制度的含义

　　社会保障（Social Security）一词最早公开使用于美国1935年颁布的《社会保障法》，后来得到了世界各国的认同。目前，全世界已有172个国家和地区建立了社会保障制度，但国际组织和各国政府及理论界对社会保障的概念存在不同解释。笔者认为，社会保障的含义可概括为：政府为了保持经济发展和社会稳定，对劳动者和社会成员因年老、伤残、疾病而丧失劳动能力或丧失就业机会，或因自然灾害和意外事故等原因面临生活困难时，通过国民收入分配和再分配提供物质帮助和社会服务，以确保其基本的生活和医疗需要。

　　社会保障制度是政府资金支持和社会服务具体措施的总和，是市场经济中一种保护社会弱势群体的制度，是社会现代化和文明化的重要特征。社会保障制度在人人都可能成为弱者（生病、失业、衰老等）的层面上体现了公平原则，在消除工作者因市场竞争失败而无法生存的后顾之忧，进而积极参与竞争和承担风险的层面上体现了效率原则。从这个意义上说，社会保障制度是现代社会兼顾公平与效率协同发展的一种先进制度，是经济社会发展到一定水平上的必然产物。社会保障制度的发展离不开一定的社会历史和文化背景，同时还需要根据自身与经济增长的互动关系进行相应的调整。只有同时适应一定的社会公平价值观和效率准则的社会保障制度才可能是一个稳定、规范和有效的社会保障制度。社会保障制度具有以下基本特征。

（一）社会性

1. 保障对象的社会性

社会保障的目标是保障全体社会成员的基本生活需要，对于置身于市场经济条件下的所有社会成员不分所有制性质、不分部门和行业、不分有无职业、不分城市和农村，当其生存或生活遇到困难时，都应依法获得社会的物质帮助，保障其基本生活需求。

2. 保障范围的社会性

一个国家的社会保障制度涉及的范围是一定地域的全体社会成员，它的覆盖面是整个社会的政治、经济生活。

3. 保障基金来源的社会性

社会保障是一种社会保护系统，它既应包括国家政府以各种形式提供的保障，也应包括社会团体、企事业单位、家庭和个人提供的保障。社会保障基金来源的渠道应呈现多元化的格局，体现社会保障社会办的宗旨。

（二）公平性

所谓公平性，一方面是指社会成员在地位平等、权利平等的基础上享受社会保障的机会、权利均等，这是社会保障追求的最高目标，更是社会文明进步的重要标志。另一方面是指在"效率优先、兼顾公平"的原则下，社会保障通过国民收入的分配和再分配，达到缩小贫富差距、促进整个社会收入分配趋于公平的目标。

（三）福利性

社会保障的福利性是指国家或企业根据经济承受能力和社会成员的基本需要，依法给予劳动者个人或用于集体福利事业的物质帮助（含兴办集体福利企事业等）的总称。国家通过社会保障制度的建立和完善，使城乡居民基本生活需要得到保证，并在发展生产力水平的基础上逐步增进城乡居民福利，更好地贯彻执行国家的社会福利政策，不断地提高社会的福利水平。

（四）强制性

社会保障的强制性是指社会保障制度是国家依法强制实施的一种社会安全保障制度，首先表现在国家用立法形式明文规定每一个社会成员的基本权利和义务，任何一位公民，只要符合社会保障有关法律规定，都必须参加社会保障并受其保障；其次表现为以法律或法令、法规为保证，以强制性方式通过财政预算和社会统筹筹集社会保障基金。

二、社会保障产生的条件

社会经济发展的历史背景和条件是产生社会保障并促其不断发展的主要原因。

（一）生产的社会化

生产的社会化不但带来劳动方式、交往方式、分配方式、活动方式的变化，同时也使社会结构、家庭结构发生了一系列变化，也带来许多新的社会问题和社会矛盾。现代社会化生产过程由于机械化程度的提高、劳动方式的变化和工业化进程的加快，产生了疾病、伤残、事故、养老等各种社会保障问题；同时，由于技术的进步和机器的普遍采用，资本的有机构成提高了，劳动力的需求相对减少，产生了劳动力相对过剩，造成部分有劳动能力的人员失业，这也要求社会给予一定的保障。

（二）市场经济的发展

市场经济遵循价值规律和效率原则。价值规律和市场机制作用的结果，一方面促进了经济效益的提高和生产力的发展，另一方面又必然扩大收入分配上的差距，同时还将使部分企业破产、工人失业。为了缓和市场经济效率原则与社会公平原则之间的矛盾，缓解市场经济产生的种种社会矛盾，采取社会保障这种补充性的分配形式进行调节越来越有其特殊的作用。

（三）保障社会化

社会化生产的发展，意味着劳动力的再生产必须社会化，生活社会化的组织程度也在逐步提高，教育、卫生、城乡生活服务等都逐步成为社会的公共事业，走上了社会化发展的过程，成员的个人需求往往成为一种社会的需求，传统的业主保障与家庭保障形式已经越来越不适应生产与生活社会化发展的需要，于是便产生了保障社会化的要求。

（四）生产力的进步

社会生产力的进步带来了物质财富的日渐丰富，人们的需求呈现出内容多样化和水平不断上升的趋势。社会保障对象、内容和标准等必须放诸全社会来衡量和决定，个人需要满足的程度必须与社会平均水平相接近。只有这样，才能保证个人与社会的需求结合合理平衡，需求的水平不断上升。社会财富的增加不仅为成员的社会保障奠定了物质基础，也规定了必须采取社会性保障的形式来利用这些社会资源。

三、西方发达国家社会保障制度的形成

社会保障制度最早产生于1883年的德国，至今只有一百多年的历史，其发展历程大致可以分为四个阶段。

（一）形成阶段

18世纪初，资本主义还处于工场手工业阶段。当时由于劳动条件恶劣，工伤事故严重，工人收入微薄，劳动者为求生存，自发组织起来进行互助。此后，资本主义发展到大机器生产阶段，单凭自发互助已无法抵御事故和贫困的威胁，于是出现了"预防互助会"、"共同救济会"等集体互助组织，且数量日增，规模日大，形成了一股潮流，为社会保障的形成奠定了坚实的群众基础。

19世纪80年代，俾斯麦任德意志帝国首相，针对当时的社会情况，决定把

工人群众为解决疾病、养老、失业等问题而建立的互助补助金改为国家的保险制度，批准了国家建立疾病保险、意外事故保险和老年与残废保险等三项保险法案。至此，社会保障进入国家立法阶段，形成了现代社会保障制度的雏形。随后，法国于1898年实行工伤保险，俄国于1903年实行工伤保险，英国于1908年和1911年分别通过了《养老金法》和《国民保险法》，瑞典于1891年实行疾病保险，1913年实行老年保险。意大利、波兰、罗马尼亚、澳大利亚、秘鲁、新西兰等国也相继设立了养老保险、伤残保险、工伤津贴、失业补助、家庭津贴等社会保险项目。

（二）初步发展阶段

20世纪30年代初，资本主义世界发生了严重的经济危机，资本主义国家陆续进入了国家干预经济的时代，主张由国家干预社会经济活动，把经济干预和调节的范围扩大到再生产和国民收入再分配领域，依靠发展公共事业和扩大社会福利解决失业造成的社会问题。1935年，美国制定了有名的《社会保障法案》，在历史上第一次提出了社会保障的概念，建立了社会保障制度。到1940年，世界上已有60多个国家设立了工伤保险、失业保险、家属津贴等社会保险项目，社会保障事业有了很大的发展。在这个阶段，整个社会保障的规划往往是消极而被动的，而且每次经济萧条都对社会保障的发展带来一次促进。

（三）充分发展阶段

第二次世界大战以后，资本主义国家在经济上得到了不同程度的繁荣发展，生产社会化程度明显提高，整个国民经济危机的周期越来越短，资本主义社会内部的矛盾越来越为政府和公众所认识。1948年开始，资本主义世界提出了以"福利国家"为口号的社会保障发展新方向，即在立法制度化的基础上使保障制度系统化、社会化，从而成为资本主义发展的一种社会文化。在这个阶段，研究社会保障的理论基础从"劳资斗争说"转向"社会功能说"，认为社会保障是社会应当具有的一种功能，因而所有保障政策与措施的制订及规划皆以其发挥的社会功能作用为着眼点；社会保障与社会福利事业日趋重合，保障对象从城市劳工扩展到城乡居民和全体社会成员；保障制度从零星分散向全面体系化方向发展，在经济上保证资本主义分配原则的同时，在政治上使低收入者受到一定的经济保障；社会保障工作已成为一个独立的社会分工体系，保障制度在体系化的同时形成了一支独立的职业分工群体。

（四）调整改革阶段

进入20世纪70年代以来，特别是1974年以后，发达资本主义国家的经济发展进入"滞胀"阶段。一方面，社会保障支出的增长普遍超过了经济增长的速度，占国民生产总值的比重不断提高；另一方面，社会保障的过度发展以及社会保障制度存在的弊端产生了公平与效率的矛盾，引起了效率损失。因此，社会保障制度一度陷入困境。一些国家的政府为了摆脱福利危机，对社会保障政策和制度进行了调整。英国 1987 年 4 月 1 日起实行新的养老金制度，美国政府砍掉了一些社会福利津贴，法国、联邦德国、荷兰、比利时、加拿大等国先后提高了保险费率。这些国家在进行社会保障的调整和改革过程中重点强调了社会保障要适应国民经济的发展，通过压缩标准，减少项目，建立基金收支平衡模式，还倡导三方共同负责原则，加重企业和个人责任，减轻政府的财政负担。

西方国家对社会保障制度和政策进行的调整和改革，对于进一步完善我国的社会保障制度、建立中国式的社会保障体系是有借鉴意义的。

第二节　社会保障的功能与模式

一、社会保障的功能

（一）社会保障与市场经济

世界各国的经验表明：现代社会的持续、稳定发展需要动力机制和稳定机制。市场经济鼓励公平竞争，提倡优胜劣汰，追求社会效率，市场机制是经济发展的基础性调节机制。与此同时，市场机制也给社会带来种种不安定因素，如优胜劣汰带来的失业、分配激励机制带来的收入差距以及地区经济发展的不平衡等；另外，还要面对经济结构调整、经济萧条、金融危机、人口老龄化、意外天灾人祸等复杂的社会经济问题。这些问题是市场机制不能解决、也是难以要求市场机制解决的。因此，必须建立一种向公平倾斜的稳定机制，由国家主导向弱者和遭遇风险者提供生存保障，克服市场机制的弊端，实现社会公平，这种稳定机制就是社会保障。因此，可以说，市场机制和社会保障是保证现代社会经济持续、稳定发展的两翼，既保证了市场经济的高效运行，又保证了资源分配的相对公平，促进了社会稳定。

（二）社会保障的政治功能

全体社会成员的基本生活能够得到保障，是现代社会安定的根本前提。社会保障之所以被称之为"减震器"或"安全网"主要是就其政治功能而言的，具体体现为消除或减少不安定因素，减少社会动荡。社会保障以"安民"、"富民"为目的，其实施范围越广，覆盖对象越多，社会的安全系数也就越高。同时，由政府主导建立并不断完善的社会保障制度使社会全体成员老有所养、病有所医、生活有保障、风险有补偿，这无疑会增强政府的威信，提高政府在社会成员心目中的地位。

（三）社会保障的社会功能

社会保障是国家的基本国策之一，是整个社会的事业，需要每个社会成员的关心和参与，而社会保障的发展和完善，也必将会推动社会的进步和发展，促进国民素质的提高。首先，社会保障的实施一般都贯彻国家、用人单位和个人共同负担的原则，从而将民主自治的观念灌输给社会每个成员，有助于提高社会成员互助互济的友爱精神，并增强社会的凝聚力；其次，社会保障通过对国民收入的分配和再分配，使高收入阶层的一部分收入流向低收入阶层，有利于实现社会公平，使社会各个阶层都能保持心态平衡，促进社会全体成员的和谐共存；最后，社会保障的建立和完善将使社会成员在心理上产生一种安全感，这种心理因素往往具有社会心理导向的作用，将对公众的行为产生深刻影响。

（四）社会保障的经济功能

社会保障实质上是一种经济制度。在国内，许多学者又把社会保障称之为市场经济的调节器，其调节作用主要表现在以下几个方面：

（1）调节社会总需求。在宏观经济中，当经济处于景气状态时，由于社会成员充分就业、收入增加，社会保障基金的征收也相应增加，从而在一定程度上抑制了社会总需求的增长，对于抑制通货膨胀，避免经济过热具有一定作用；当经济处于不景气状态时，由于失业增加、收入减少、提前退休等种种因素，社会保障基金的支付也大为增加，从而在一定程度上增加了社会总需求，对于刺激经济复苏，避免经济衰退具有一定作用。

（2）保证经济结构调整顺利进行。经济结构调整，实质上就是社会资源的重新配置，其中最关键的是劳动力资源的重新配置。社会保障通过发放失业津贴，使闲置劳动力得以休整和喘息，避免因失业增加而引起社会动荡；通过职业培训、职业指导和职业介绍提高劳动力素质，疏通劳动力供求渠道，使闲置劳动力的重新配置得以顺利进行。

（3）调节贫富差距，提高边际消费倾向。社会保障所具有的社会再分配功能能够调节贫富收入差距，克服第一次社会分配中的不合理、不公平状况。

（4）调节社会消费结构。从某种意义上说，社会保障中的养老保险是一种强制性储蓄，其意义在于调节现在消费和将来消费之间的结构，促使社会成员控制现在消费而用于将来消费，可以起到抑制现在消费过度膨胀的作用。

（5）调节财政投融资。社会保障基金具有很高的稳定性和积累性，其在财政投融资方面的重要作用不可忽视。虽然运用基金进行投融资是为了保值增值，但客观上已成为国家调节投资的重要支柱。

二、社会保障与国家财政的关系

国家财政是政府宏观经济管理部门，担负着产品分配和再分配职能。因此，社会保障与国家财政之间是一种互为补充、相互制约的关系。

（一）国家财政参与国民收入分配和再分配，是社会保障分配的主体

一方面，社会保障各项基金的收支和投资运营活动是对国民收入进行的分配和再分配，其筹集和支付的方式、范围和标准的确定及调整都直接影响国家财政收支的结构和总量，对国家与企业、国家与个人、企业与个人之间的分配关系都

将产生直接影响；另一方面，国家财政担负着国民收入分配和再分配的任务，是国家、企业、个人之间各项分配关系的"总管家"，直接控制或间接制约着社会保障分配的总量和结构，社会福利、社会救济、社会优抚和安置、机关事业单位职工养老、公费医疗等大都是财政拨款，直接受到财政收支状况的制约。

（二）社会保障预算是国家财政预算的重要组成部分

社会保障基金是通过对国民收入的分配和再分配形成的。这种以确保社会成员基本生活水平为特定目的的资金，对其应当实行独立的、专门的预算管理。西方市场经济发达的国家都采取在财政预算中安排社会保障资金的办法，使之成为重要的财政宏观调控手段来对经济运行和社会生活施加影响。在美国联邦政府的预算中，除了联邦政府的行政预算外，还有一般基金、特别收入基金、信托和代理基金、债务服务基金、资本计划基金、企业基金、特赋基金，其中通过社会保险税组织的财政收入列入专门的老年、遗嘱、残废保险信托基金，成为联邦政府实施社会保障计划的主要资金来源，占联邦政府财政收入的 1/3 以上。

我国目前尚未建立独立的社会保障预算，需要根据社会主义公共财政基本框架的要求和社会保障法定制度的具体规定，按照复式预算管理模式，对社会保障资金的筹集和运用进行规范的财政预算管理。

（三）社会保障基金的筹集与支付是财政管理行为的具体体现

从具体的财政收支活动来看，财政部门通过征收社会保障税等方式将企业和个人应该承担并由全社会统筹的社会保障基金集中起来，然后再通过国家预算支出的安排，满足社会保障在运行过程中应由国家提供资金的需要。从西方国家社会保障制度改革的进程来看，大都经历了一个由简到繁、再由繁到简的过程，社会保障基金的分配呈现出集中到分散、再由分散到集中的趋势，政府财政在社会保障分配中扮演着越来越重要的角色，承担起越来越重大的责任。

（四）社会保障是国家财政进行宏观调控的重要手段

社会保障的宏观调控作用，首先表现为国家通过制定社会保障政策，调整各项社会保障基金的收支范围、内容及标准，调节国民收入分配和再分配的结构和总量，控制社会总需求，促进总需求与总供给的平衡；其次，社会保障基金的投资总量和投资方向对社会经济运行起到宏观调控的作用；最后，财政通过组织社会保障收入，从横向上可以均衡经济负担，为企业在同一起跑线上展开竞争创造良好的外部环境，从纵向上对社会成员之间的收入分配差距进行必要的调节，缩小贫富差距，有利于社会稳定。

（五）社会保障资金的有序运行离不开国家财政的管理

社会保障基金的分配、使用和监督检查离不开国家财政；确保基金足额征收、及时支付和基金结余的安全和保值增值需要财政部门的积极配合；审批和制定社会保障预、决算和财务会计制度是财政部门的重要职责。

三、当代社会保障的制度模式

由于社会制度、发展程度、经济实力和文化传统的不同，世界各国在社会保障的政策取向、制度设计、机构设置、保障项目组合、实施标准等诸多方面都存在着较大的差别。

（一） 按社会保障的实施方式分类

（1） 强制方式。强制方式即国家通过立法规定，凡是法定范围内的对象必须毫无例外地加入该保障项目。目前，世界各国对社会保险的主要项目，如养老、医疗、疾病、失业、工伤等，都实行这种强制方式。

（2） 半强制方式。这种方式并不规定范围，却规定一定的标准，只要达到该标准，就必须加入该保障项目；没有达到该标准的，则可以任意加入。半强制方式主要出现在多层次保障体系中的补充项目上。

（3） 任意方式。任意方式即由保障对象根据需要，自己决定加入与否，与商业保险相似，它是一种早期的实施方式。目前主要在补充保险项目中实行。

（二） 按社会保障内容分类

（1） 收入保障。收入保障的主要项目有社会救济，社会保险中的养老、工伤、疾病、失业、生育、遗嘱，社会优抚中的现金给付，社会福利中的现金给付等。

（2） 社会性服务保障。社会性服务保障的内容比较广泛，主要包括社会保险和社会福利两个层次，如提供医疗服务、康复服务、保健服务；提供义务教育；免费提供文化娱乐设施；提供职业培训、指导和介绍；提供社区服务等。

（三） 按社会保障的范围分类

（1） 与工作关联的保障制度。这种制度亦称为与就业挂钩的保障制度，或雇佣劳动保障制度，即只有受雇佣的劳动者达到一定条件才能享受保障权利的一种制度。这一制度的保障对象都是有雇佣关系的劳动者，保障待遇直接或间接地与工资收入、工龄或缴费年限挂钩，并采取强制性实施方式。目前世界上大多数国家都采用这种制度。

（2） 普遍保障制度。普遍保障制度即凡是本国国民，或在本国居住一定年限的外国人都可以根据法定标准享受保障权利，而不考虑先前的收入、工作或财产状况。发达国家中所谓的"福利国家"一般都实行这种制度。

（3） 依据经济状况调查的保障制度。这一制度通常在社会救济中实行，保障对象只限于贫苦者或低收入者，保障的基金主要由国家财政提供，也含社会团体和个人捐助。

（四） 按社会保障基金的筹集方式分类

（1） 国家保障型。国家保障型即国家和企业负担全部社会保障费用，采取对劳动者的生老病死统一保障的一种制度。这种制度由苏联创造，主要存在于改革前的社会主义国家。其特点是国家往往采取高就业、低工资政策，作为劳动报酬的另一种形式对全体劳动者的生老病死予以保障。

（2）社会保障型。社会保障型即主要由用人单位和个人缴纳保险费，建立保障基金，国家只给予必要补贴，或当基金发生危机时给予财政支持的一种制度。这种制度创始于德国俾斯麦政府时期，是社会保障的发展趋势，世界上很多国家目前都实行这种制度。

（3）国家福利型。国家福利型即国家通过高额社会保障税、财政补贴来建立保障基金，给予全体社会成员福利化保障的一种制度，其主要特点是保障程度高。属于这一类型的主要有英联邦国家、西欧和北欧等一些国家。

（4）个人储蓄型。个人储蓄型即国家通过立法，强制劳动者和用人单位进行预防风险储蓄的一种制度。双方的储蓄额以职工个人名义记入专门机构设立的个人账户，当职工遭遇各种风险时才可动用账户资金以解燃眉之急。职工之间没有互助互济，不实行社会统筹，是一种自助型的保障模式。目前，新加坡、印度尼西亚和马来西亚等一些东南亚国家实行这种制度。

（五）按社会保障基金收支的方式分类

（1）现金收付模式。现金收付模式是根据一定时期内（一般是 1 年）收支平衡的原则，以支定收来确定每个时期的保险费率的模式。其特点是本期收缴的社会保障基金全部用于本期该项目的支出，不留积累，并根据本期的支出确定下期的缴费标准。由于该模式缺少长远规划和必要的积累，一旦遇到突变的情况容易使该社会保障项目陷于危机。

（2）现收现付与部分积累模式。现收现付与部分积累模式即在现收现付的基础上留有一定积累，作为长期留存的社会保障基金以应付变化的情况。其特点是以支定收，并加上部分积累额来确定保障费率。这种模式弥补了现收现付的不足，目前为大多数国家所采用。但在这种模式下，个人和用人单位的缴费负担较重，需要充分考虑其承受能力。

（3）个人账户模式。个人账户模式是与上述个人储蓄型相配合的一种制度。这种模式的主要缺点是没有社会统筹，光靠个人账户的储存额，个人抵御社会风险的能力有限。

（4）社会统筹与个人账户相结合的模式。这种模式即在个人账户的基础上增加社会统筹部分，既强调了个人预防风险的责任，又通过社会统筹来抑御个人难以克服的风险，是一种比较成熟的社会保障模式。

第三节　中国社会保障制度的建立和完善

一、新中国社会保障制度的建立

新中国成立以前，中国没有完整的社会保障制度。新中国成立后不久，中央政府对社会保障制度的建设做了大量工作。1951 年 2 月颁布了《劳动保险条例》，适用对象为国营企业、公私合营企业和私营企业职工及其直系亲属。内容分为劳动保险和职工福利两大类，项目有退休、医疗、伤残、死亡、生育、疗养等。费用由企业负担，按工资总额的 3% 提取。1955 年 12 月国务院为了解决国家机关工作人员中的社会保障问题，颁发了《国家机关退休人员处理暂行办法》、《国家机关退职处理暂行办法》和《国家机关工作人员实行公费医疗预防措施的指示》，实施的范围是全国各级人民政府、党派、团体及所属事业单位的工作人员，保障内容基本和《劳动保险条例》一致，费用由国家财政拨付。至此，中国城市中以社会保险为主要内容的社会保障制度基本确立。

从总体上看，改革开放以前，中国的社会保障实际上主要是劳动保险，其对象为全民所有制企业和事业单位的职工和干部，不包括城镇集体所有制企业单位和事业单位的职工和干部，更不包括广大农民。这一时期的社会保障存在着明显的制度缺陷，即这种社会保障制度对不同的社会成员的待遇是不平等的，具体表现为城市居民和农村居民之间、不同所有制单位工作人员之间的不平等。

二、改革开放后我国社会保障制度的发展

改革开放以后，由于经济体制改革的牵动，我国社会保障问题变得越来越重要。原先的保障模式已经无法适应新形势的需要，亟须进行改革。自 20 世纪 80 年代改革开放以后的 15 年间，在国有企业从国家统负盈亏转向自负盈亏的独立经济实体过程中，为了维护困难企业职工利益并缓解新老企业之间劳动保险费用负担不均衡问题，全国大部分地区逐步推行了养老、医疗、失业等险种的"社会统筹"。社会统筹在一定程度上维护了困难企业职工的保险待遇，但在执行中仍然面临许多具体矛盾，如社会统筹基金收缴难，企业逃费、抗缴的现象比较普遍；地区间的基金调剂异常困难，统筹层次低；社会保险待遇刚性化，部分地区的社会保险出现风险等。

20 世纪 90 年代中期以来，随着社会主义市场经济目标定位和国有企业改革的逐步深化，我国社会保障建设开始进入一个体制和制度创新阶段，初步建立了与社会主义市场经济相适应的社会保障制度体系的基本框架。

（1）社会保险种类日益齐全。20 世纪 90 年代中期以来，已经确立了基本养老保险、企业补充养老保险制度体系框架，以社会统筹与个人账户相结合的模式为特征的城镇企业职工基本养老保险制度也已普遍建立，部分地区还建立了企业补充养老保险制度和个人储蓄性养老保险制度；同时还确立了社会统筹与个人账户相结合的、低水平和广覆盖的城镇职工基本医疗保险制度改革方向；失业保险制度从无到有，冲破传统计划经济思想的束缚，为失业人员的基本生活和再就业提供了基本保障。另外，许多地区还开展了工伤保险和女工生育保险制度的试点工作。

（2）农村社会保障得到进一步发展。随着农村经济的不断发展和农民生活水平的不断提高，农村的合作医疗制度在不断地恢复和发展，而农民的个人储蓄性

养老保险制度也在部分地区得到发展。

（3）社会福利、社会救济事业也根据市场经济的要求不断进行调整和改革。

（4）社会保险管理逐步优化。社会保障管理体制进行了较大幅度的改革，社会保险的行政管理实现了统一管理，同时初步建立起了社会保障行政管理与基金管理分开的运行机制。这些改革成果的取得无疑为今后深化国有企业乃至整个经济体制改革奠定了良好的基础。

经过改革开放三十多年，尤其是近年来的不懈努力，适应社会主义市场经济要求的中国社会保障体系框架初步建立，发挥了保障基本生活、维护社会稳定、促进经济发展、保持社会公平和增进国民福利的重要功能，并取得了显著成绩。一是社会保障范围不断扩大。参加养老保险和医疗保险的人数大幅增加。二是保障了国有企业改革的顺利进行。全国有近 2 500 万名下岗职工得到了基本生活保障，其中有近 2 000 万人实现了再就业。三是社会保障制度改革试点稳步推进。试点范围不断扩大，内容不断深化。新型农村合作医疗制度将在全国推开，城镇居民基本医疗保险试点工作已经启动。四是覆盖城乡的最低生活保障制度已经建立，社会福利、优抚安置和慈善事业取得积极进展。五是社会保障筹资渠道逐步拓宽。2007 年五项社会保险基金总收入首次超过 1 万亿元。六是社会保障法规制度建设成效明显。制定实施了一系列法律法规和政策性文件，为社会保障规范、稳定和可持续发展奠定了更加坚实的基础。显然，中国社会保障体系建设进入了定型化、规范化和法制化时期。我国具有一些加快社保体系建设的有利条件，但任务十分艰巨，需要克服的困难很多。其中，尤其要努力解决城乡社会保障发展不平衡、社会保障覆盖面小和统筹层次低、社保基金管理运营制度不健全三个突出问题，积极应对人口老龄化、大规模人口流动和就业方式多样化、收入分配差距过大三个严峻挑战。力争尽快建立起以社会保障、社会救助、社会福利为基础，以基本养老保险、基本医疗保险、最低生活保障制度为重点，以慈善事业、商业保险为补充，覆盖城乡居民的社会保障体系，使全体社会成员老有所养、病有所医、弱有所助。

三、我国现行的社会保障体系

按照社会保障项目的不同性质划分，目前我国社会保障体系包括以下内容：

（1）养老保险。我国的职工养老保险制度改革是随着 20 世纪 80 年代中期城市经济体制改革的启动开始的，其起点是 1984 年建立全民所有制合同制职工的养老保险社会统筹制度。具体说来是企业职工的养老保险由国家操办的基本养老保险、企业提供的补充养老保险和职工个人的储蓄养老保险三部分组成。在这三个组成部分中最主要的是国家操办的基本养老保险。

（2）医疗保险。从 20 世纪 80 年代中期到 90 年代初期，对传统医疗保障制度的改革主要是改革公费医疗制度和劳保医疗制度，其内容主要是受益人分担部分医疗费用，实行职工医疗费用社会统筹。1994 年开始进行的全国职工医疗保障制度改革，其中心内容是确立医疗费用社会统筹与个人账户相结合的基本医疗保障制度，这种医疗保障制度成为跨越所有制、覆盖全体城镇劳动者的一体化医疗保险制度。

（3）失业保险。1986 年，国务院颁布《国营企业职工待业保险暂行规定》，标志着失业保险制度建设的开始。1993 年国务院颁布《国有企业职工待业保险规定》，部分地方政府颁布文件用失业保险取代待业保险，从而把失业保险制度的建设推进到一个新阶段。

1998 年，中央提出用下岗替代可能出现的失业现象，用再就业作为解决职工下岗的主要出路。这样，下岗职工再就业就成为减缓对失业保险制度压力的措施，也是政府在失业保险制度不完备、失业保险能力有限的条件下被迫采取的具有积极意义的措施。当然，这种再就业措施并不能替代失业保险制度，因为下岗职工并不一定都能实现再就业。一旦下岗职工不能实现再就业，就会进入失业范畴。

（4）社会救济。社会救济包括贫困救助、扶贫、救灾等项目。其中，贫困救助面向无劳动能力和无生活来源、收入在贫困线以下的居民家庭，建立的是最低生活保障制度；扶贫面向贫困地区；救灾则主要面向因自然灾害和其他不幸事故而暂时生活困难的公民。社会救济是中国现阶段社会保障制度中具有基础地位的一个子系统。

（5）社会福利和抚恤事业。社会福利包括老年人福利、残疾人福利、妇女儿童福利、住宅福利、教育福利、职业福利等；社会优抚包括对革命军人、国家机关工作人员因公牺牲、病故、残废的抚恤，烈军属、复员退伍军人生活补助以及其他优抚事业等。

（6）社会优抚和安置。这是指国家或社会对现役、退伍、复员、残废军人及烈军属给予抚恤和优待的一种制度。

（7）社会互助、个人储蓄。社会互助是国家鼓励和支持社会自愿组织开展的互助互济活动，主要有个人出资建立互助基金、慈善基金、帮困工程等。个人储蓄是指政府提倡和鼓励个人在年轻时为老年生活更富裕而准备的个人专项储蓄。

此外，还有工伤保险、生育保险、补充保险等，共同构成中国新的社会保障制度体系，并在这个体系中发挥各自的作用。

四、改革和完善我国社会保障制度的思考

（一）我国社会保障制度改革的目标

党的十四届三中全会以来，党中央、国务院明确将加强社会保障体系建设作为深化改革、促进发展、稳定社会和改善人民生活的一项重要措施来抓，作出了一系列重大决策和部署。党的十五届五中全会明确提出：今后五年到十年，是我国经济和社会发展的重要时期，是进行经济结构战略性调整的重要时期。我国社会保障制度改革的基本目标是：基本建立起适合我国生产力发展水平，适应社会主义市场经济体制要求，适用城镇各类企业职工和个体劳动者，资金来源多渠

道、保障方式多层次、社会统筹与个人账户相结合、权利与义务相对应、管理服务社会化的社会保障体系。

（二）我国社会保障制度改革的原则

（1）公平原则。社会保障强调公平与效率相结合，但仍然是以公平作为建立这一制度的基本出发点，这既是市场经济的客观需要，也是社会保障制度的本质所在。因此，中国新的社会保障制度需要以创造并维护社会公平为己任。

（2）适度保障原则。社会保障作为政府行为应该建立在经济发展的客观基础上。鉴于在较长时间内我们仍将处于社会主义初级阶段，因此政府只能提供基本的社会保障。

（3）多方参与原则。多方参与原则是指中央与地方政府、政府与居民共同参与社会保障的多方责任原则。按照这一原则，在制度的改革上，应当按照统一统放（即原则统一与放权地方）结合、官民（政府与民营保障）结合的模式，坚持中央与地方政府共同负担，法定保险通过国家立法强制实行，国家、企业和个人共同缴纳社会保险费的做法。

（4）差别性原则。差别性原则是指对于不同的社会成员可能实行有差别的社会保障制度。社会保障的差别性：一方面来自于该制度建立初期社会成员所拥有的基础的差异性，包括政府的社会政策的影响范围差异和市场机制的作用结果的差异；另一方面，由于地区发展的不平衡、分税制和分级负责的财政体制等，决定了中国的社会保障制度必然在地区之间存在着项目结构、实施范围、保障水平的差异。因此，中国新的社会保障制度设计，需要体现多层次、多元化特征。

（5）科学性原则。社会保障制度的建立不仅需要规定其实质内容，也需要精心设计它的运行规则以保证该制度的有效运行。因此，科学性原则是就制度设计而言的。

（三）我国社会保障制度改革的基本经验

经过多年实践探索，我们总结出一条基本经验：加快中国特色社会保障体系建设必须坚持"广覆盖、保基本、多层次、可持续"的十二字方针。广覆盖，就是要不断扩大社会保障的覆盖范围，尽最大可能为城乡全体居民提供保障服务；保基本，就是要使保障标准与我国现阶段生产力水平相适应，实行以保障基本生活为主的社会保障；多层次，就是要在发展政府主办的基本社会保障的同时，积极发展各种不同类型的补充保障；可持续，就是要建立社会保障可持续发展的长效机制，实现社会保障制度持续稳定健康运行。

（四）我国社会保障制度改革的合理选择

（1）以家庭保障为新型社会保障制度的基础。中国社会保障制度改革不是要以社会保障取代家庭保障的功能，而是要在满足市场经济改革与社会发展需要的同时，弥补家庭保障功能的不足。因此，在构建我国社会保障制度的基本框架过程中，仍然需要继续发挥家庭对社会成员所具有的生活保障功能。

（2）在制度结构中应以社会保险为重点。在以社会保险为重点的同时，完善其他社会救助制度，发展社会福利和各种补充保险事业，努力实现各类保障事业的协调发展。中国工业化的快速发展决定了社会保险尤其是养老保险、医疗保险等应当成为整个社会保障制度建设的重点；同时社会救助仍将是整个社会保障的重要组成部分，以便满足不同层次的社会成员的需要。因此，我国的社会保障制度目前处于混合转型阶段，应该是社会保障制度单项重点突破与整体协调推进的有机配合。

（3）在项目实施中需要坚持社会化与社区化并重，同时适当发挥机构福利的作用。新的社会保障制度需要追求社会化，这是毋庸置疑的；同时需要坚持社区化，社区化的保障能够成为层次更高的社会化保障的基础。因此，中国新的社会保障制度的建设需要社会化保障与社区化保障并存，并辅之以机构福利，使得多层次的保障共同构成一个紧密的保障网络。

（4）在制度运行中需要尊重社会保障制度的基本运行规律，同时考虑中国的实际。在法制规范上，需要采取独立、平行立法的方式来构建中国的社会保障法律体系；在管理体制上，需要采取劳动和社会保障部、民政部两部门为主和相关部门配合的管理体制；在实施系统方面，需要构建社会化、社区化的实施网络，并需要充分发挥中国城乡基层政权组织的作用；在监督机制方面，需要建立起多重的、权威的监督系统，除一般司法监督和行政监督外，特别需要有代表各方利益的代表组成的监督系统。

（5）在资金的筹集方面，需要采用混合筹资机制。在资金的筹集方面要逐步开征社会保障税，出售部分国有资产并有组织地大力提倡民间捐献，以拓展社保基金筹集渠道。在养老保险和医疗保险方面，选择社会统筹与个人账户相结合的方式是一种较理性的选择。

第四节　社会保障基金的筹集与管理

一、社会保障基金的特点

（1）社会保险基金的强制性。所谓强制性，就是指实行社会保障的机关、企业和个人都要根据国家社会保障法规的规定，按工资总额的一定比例缴纳保险费作为保障基金。我国《劳动法》第 72 条规定："社会保险基金保险类型确定资金来源，逐步实行社会统筹。用人单位和劳动者必须依法参加社会保险，缴纳社会保障费。"社会保障的其他项目，如职工失业保险，医疗保险等，都要依法按缴费率缴纳保险费作为保险基金，这就是强制性的体现。

（2）社会保障基金的偿还性。偿还性又称补偿性，这是指被保险人按规定缴纳社会保障费后，国家或社会通过社会保障的各种形式给予偿还。也就是说，社会保障基金是一种社会福利基金，由政府所属的社会保障机构按政策规定进行科学管理，用于保障被保险人的基本生活需要。

（3）社会保障基金的储蓄性。在实践过程中，社会保障基金的来源和支出具有时间不一致的特点，即社会保障基金收入后，除了必要支出外，往往有一定的结余额。社会保障机构可根据国家有关资金管理规定将这部分结余的社会保障基金用于购买国债、存入银行或用于社会投资，使保障基金保值、增值。因此，社会保障基金不仅具有储蓄性的特点，而且也具有"蓄水池"和"调节器"的作用。

二、社会保障基金的资金来源

不同的社会经济制度，社会保障基金有其不同的资金来源。我国社会保障基金，一般是按社会保险类型确定其资金来源的。目前，我国社会保障基金的来源主要有以下渠道。

（1）财政补贴。国家机关公务员与事业单位、军队等部门的工作人员以及城市居民和企业的部分社会保障基金由国家财政拨款和地方财政补贴。

（2）企业缴纳的社会保险基金。具体说，企业缴纳养老保险基金须按照社会统筹与个人账户相结合的原则，规定企业缴费比例一般不超过企业工资总额的20%，并在缴纳所得税前列支。

（3）社会保障基金的存款利息。企业按法律规定将社会保障基金存入银行后，由银行根据国家规定的利率支付利息。这部分利息按规定纳入社会保障基金的来源。

（4）职工个人按规定缴纳社会保险费。企业职工的个人缴费比例1997年不低于本人缴费工资的4%，以后每两年提高一个百分点，最终达到8%。如果建立个人账户，则根据规定按本人缴费工资的11%为职工建立基本养老保险个人账户，个人缴费全部记入个人账户。

（5）农村社会保障基金或养老保险基金。这主要是由集体经济来提供资金的。但随着经济体制改革的深化，农村养老保险基金的筹集应实行个人缴费为主，集体补助为辅，国家适当给予政策扶持。

（6）社会赞助的资金。这主要是指由社会组织、企业单位及个人的出资赞助和捐款，是多渠道筹集社会保障基金的重要形式。

（7）社会福利有奖募捐。

（8）互助储金制。这一制度是指农村以村为单位建立的群众合作互助的社区经济组织形式，通常以群众互相帮助为原则来筹集救灾扶贫资金。这也是筹集社会保障基金的一种形式。

（9）征收社会保障税。开征社会保障税是筹集社会保障基金的一种重要形式，不仅可以扩大社会保障基金的来源，而且也有利于建立高效的社会保障机制。

三、社会保障基金的支付

所谓社会保障基金的支付是指将社会保障基金用于支付社会保障各个项目的过程。其具体的支付程序包括：（1）由社会保障机构在银行开设保险基金支出账户；（2）社会保障机构向财政部门报送保险基金支付预算，财政部门定期将社保资金拨付到社会保险机构支出户；（3）社会保障机构做好保险基金的社会化发放，年终会同财政部门做好保险基金支付决算。

社会保障基金的支付，第一，要体现保证被保障人基本生活需要的原则，即在社会保障基金支付时，应保证被保障人基本生活需要和基本生存权利的原则；第二，要体现保障被保障人分享社会经济发展成果的原则，即随着社会经济的发展和生产率的提高，适当提高社会保障标准，保证被保障人依法分享经济发展的成果；第三，要体现差别待遇，即在支付社会保障基金时，除了根据权利和义务相结合的办法进行支付外，对一些社会保障项目（如社会保险、社会福利、优待抚恤等），应按规定考虑保障对象的贡献大小给予相应的待遇；第四，要体现法制化的原则，即通过建立健全社会保障法规，加强社会保障法制建设，依法治理社会保障事业，依法支付社会保障基金，从而使社会保障基金支付向科学化、规范化、法制化方向发展。

🦋 四、社会保障基金管理的国际比较

（一）国外社保基金管理的基本模式

从管理角度看，国外社会保障基金按其来源不同大体分为两类管理模式。

1. 政府强制性社会保障基金由政府管理

政府强制性社会保障基金一般是由政府的社会保障主管部门和财政部门承担，如日本的厚生年金和国民年金由厚生省交大藏省的资金营运部管理；美国的社会救济、社会保障基金在财政部设立专户，由财政部部长、劳工部部长、卫生和社会服务部部长、社会保障署署长以及总统指定的公众代表组成理事会进行管理。此外，许多国家的雇主协会、工会以及公众代表也通过各种方式参与社会保障基金的管理。一般情况下，强制性社会保障基金都是由政府管理，政府有关部门在安全的前提下也可以再委托金融机构营运少量基金以求较高的增值率。

2. 自愿性社会保障基金走市场化管理的路子，主要委托商业金融机构管理营运基金

职业保险和个人储蓄性保险一般被划分在商业保险范畴，通过委托商业银行、基金管理公司、信托公司、保险公司进行管理营运，只有英国政府的保险机构可以和私营机构竞争管理职业养老金一类的附加养老金基金。需要特别指出的是，智利在养老保险方面采用了政府强制、雇员单方缴纳、个人账户全积累，并由商业性基金管理公司经管基金的方式；新加坡则采取了政府强制雇主、雇员双方出资建立个人账户，向职工提供养老、医疗以及住房等保障和服务的综合性公积金制度。由于智利和新加坡的这种保障制度在其本国取得了显著成果，一些发

达国家也开始研究在强制实施的基本养老保险方面采用部分积累模式。

（二） 国外社保基金的保值增值

社会保障基金形成后，庞大的基金就成为财政、金融问题，需要通过投资营运确保其保值增值。当然，现收现付基金一般以年度平衡为基础，除留有必要的备用金外，不应当出现过量剩余基金。因此，社会保障基金的保值增值问题主要是针对积累性基金而言的。

1. 社会保障基金投资的基本原则

（1） 安全原则。社会保障基金投资的基本原则是安全，多数国家通过立法规定社会保障基金必须用于安全的投资项目。

（2） 收益原则。在确保安全的前提下，要保证投资有较高的收益，一些国家规定社会保障基金投资营运的收益率应高于银行存款利率。

（3） 多样组合原则。基金不能集中投资在某一高回报项目上，因为高回报项目一般也是高风险项目，多数国家都根据本国和国际市场的情况，按风险高低或回报率高低的序列规定基金投向不同项目的最高比例，以求在安全和高回报率之间找到最佳结合。

（4） 社会效益原则。社会保障积累基金是长期基金，稳定性强，适合于投向基础设施建设，而这些基础设施建设既有较稳定的回报率，又有利于经济长远发展，有较好的社会效益。

（5） 流动性原则。对于部分积累的基金其风险的随机性较大，一旦现存备用金不足支付时，投入营运的基金应能较快地流回变现，弥补偿付基金。

2. 社会保障基金的投资营运

根据本国社会保障基金的积累量、国际国内证券市场行情和投资回报高低，各国对基金的投资营运有不同的规定，大致可分为以下五类：（1） 将基金存入银行，这是最传统的投资项目，在物价比较稳定的条件下，这种投资既安全又能保值。（2） 投资国内国际债券，首先是政府发行的公债、国库券、市政债券等，也可以投资金融机构和大公司发行的债券。（3） 投资房地产和房地产抵押，这是一种中长期投资，在经济发展时期和稳定时期效益较好，但经济萧条、房地产价格下跌时，风险较大。（4） 投资国内外股票市场，这是风险最大同时回报率也可能最高的投资领域，许多国家对用社会保障基金购买国内、国外股票都规定最高限额。（5） 间接投资国家基础设施。这方面最典型的是新加坡的公积金，它被大量用于投资机场、港口、电力、通信等基础设施；日本的国民年金和厚生年金也被委托投资于道路、住宅以及农业基础设施。

总的看来，各国对强制性社会保障基金的投资营运控制非常严格，对自愿性社会保障基金的管理相对宽松一些；但对购买政府债券有最低比例要求，对投资股票有最高比例限制。

五、我国社会保障基金管理营运的制度安排

当前，我国社会保障基金管理中存在着管理分散，部门集执法、实施、监

督、营运管理于一身，缺乏有效的制衡和监督机制；社会统筹基金的覆盖面窄、统筹范围小、层次低；社会保障法制不健全、缺乏有效监督体系等多方面的问题。针对这些问题，在强化社会保障基金的管理营运方面需要做好以下几个方面的工作：

（1）确立政策统一、分层管理的基金管理模式。社会保障基金的征收、支付、运营等要由国家统一立法并制定有关政策，而基金的具体管理则采用分级分层方式。具体可以考虑设立三级基金，即中央基金，省（自治区、直辖市）基金，市级基金。中央成立专门的中央社会保障基金局，依据法律法规和政策，对省、市社会保障基金的征收、支付和资金运营进行监督、指导、调剂和积累；各省成立省的社会保障基金机构，对本省内各市的基本社会保障基金的征收和使用进行监督、调剂和积累；市级社会保障基金的主要任务是保证征收和发放，同时按规定进行基金的积累。各级社会保障基金应对同级政府负责，并接受上级基金管理部门的指导。地方政府要对本地区居民的基本社会保障负责。

（2）加强对社会保障基金的监督。对社会保障基金的监督包括以下主要内容：一是各级社会保障基金要按规定定期向社会公布社会保障基金的收支状况，并接受社会各方面的咨询；二是与社会保障相关的行政管理部门、审计部门、税务机关应依法对社会保障基金的征收、运用和积累情况进行必要的监督检查；三是社会舆论部门、参保单位及职工可随时将自己掌握和了解的有关社会保障的问题向有关部门和公众反映，并要求给予明确答复和合理解决；四是国家的基本社会保障制度要公开透明，并应采取各种措施使社会各方面对相关法律和政策充分了解，使社会各方面能够依法进行监督。

（3）加快社会保障基金的资本化、社会化进程。社会保障基金的资本化、社会化程度在很大程度上取决于国有企业对国有银行优惠性融资过度依赖的解脱程度及相应的国有专业银行的商业化程度、社会保障基金及其他社会游资的基金化程度与投资方式的多样化选择、资本市场的发育过程及基金投资的市场准入程度等多种因素。在社会保障基金资本化经营初期，可以考虑先在资本市场起步较早的地区先行试点，随着我国国有企业改革和投融资体制改革的深化而逐步拓展范围和规模。特别是随着相关条件的成熟，原本封闭的社会保障基金也可以考虑试行开放式经营。既利用自身较强的基金实力和丰富的投资经验吸收社会游资，壮大投资能力，增加资本收益，也有利于提高社会保障基金的安全性和支付能力。当然，在这一过程中对社会保障基金自身的资本经营能力和风险监测防范等项的要求将会更加严格，相应的行政管理、社会监督以及金融当局的监管过程也应当更加严密，对各类不测事件必须防患于未然。

第九章 政府采购制度 ❈

第一节 建立现代政府采购制度的意义

一、政府采购的含义

采购，是指采购主体基于生产、转售、消费等目的购买商品或劳务的交易行为。政府采购，亦称公共采购，是指各级政府及其所属机构为了开展日常政务活动或者为社会公众提供公共物品和服务，而在财政部门及其他有关部门和社会公众的监督下，以法定的方式、方法和程序，从市场上为政府部门或所属公共部门购买商品、工程和服务的行为。围绕政府采购而建立的政府采购制度是国家财政预算经费供给方式改革的重要内容。由于政府采购资金主要来源于财政性资金，政府采购实际是财政支出的物化过程，因而它也成为财政制度的重要组成部分。

二、建立政府采购制度的必要性

政府采购制度是市场经济的产物，在西方国家已有 200 多年的历史。如美国在 1787 年的《宪法》中就有了政府采购的条款。目前，政府采购在国际上广泛施行，并在各国的经济管理中有着非常重要的地位。据欧洲联盟（下文简称欧盟）估算，政府采购的金额占成员国 GDP 的 15%。为了加强对规模巨大的采购进行管理和监督，各国都制定了专门的政府采购法规，通过法律规定达到一定金额的单项采购必须采取竞争性方式购买，使采购活动公开、公正、公平地进行。

在我国建立政府采购制度的必要性主要体现在以下几个方面：

（一）建立政府采购制度是发展社会主义市场经济的客观要求

市场经济最基本的要求就是公平竞争。政府采购实质上是财政支出方式的市场化，在政府采购活动中，政府与供应商都是市场上的平等主体，他们均通过市场并按照相应的市场法则公平地进行交易。实行统一的政府采购制度，通过集中采购或由部门公开采购可以有效地促进公平交易，维护正常的交易秩序，从而在公共支出领域为企业提供公平竞争的市场环境，充分发挥市场在资源配置中的基础性作用。

（二）建立政府采购制度是改革政府采购方式中存在的诸多弊端的实际需要

在财政资金分散使用和分散采购的情况下，购买谁的、购买多少商品和服务都由单位自己决定，不利于发挥财政支出手段的整体功能，使财政监督形同虚设，导致采购成本偏高，采购的商品和服务质量难以得到有效的保证，使政府的运行成本大大增加，也难以实现财政资金由价值形态向实物形态的延伸管理。

（三）建立政府采购制度是拓展财政管理职能，改革和加强支出管理，提高财政资金使用效益的必然要求

改革开放以来，我国在 1998 年之前财税体制改革的重点是侧重于如何加强收入征管，并取得了较大的成绩；但在如何加强财政支出的管理方面，则是 1998 年之后才开始引起重视的。财政支出的改革应当体现三个方面的管理目标和要求：一是政策目标明确，资源合理配置，不能盲目分配和重复分配；二是资金使用效率要高，要做到少花钱多办事，办好事；三是财政资金的分配和使用要透明，便于财政部门及全社会进行监督。政府统一采购要求，购置商品和服务的预算需从单价开始，保证了预算的准确性；商品和服务的最终价格是通过供货竞价方式确定的，保证了商品价格和质量的合理性；购置商品的资金采取直接支付方式，保证了财政对预算资金流向和流量的控制，减少了各环节对政府资金的挤占，控制了盲目采购。国际经验表明，建立现代政府采购制度是实现上述财政支出管理目标的有效机制，是我国财政支出管理改革的重要内容，是建立与我国社会主义市场经济体制相适应的公共财政框架的客观需要，也是合理购置资源，提高财政资金使用效益的必然要求。

（四）建立政府采购制度增加了公共支出分配的透明度，有利于加强廉政建设，强化财政监督

政府采购制度被誉为"阳光下的交易"，其核心是公开竞争，也就是通过招标竞标方式进行交易，而公开、公平、公正是招标方式的基本特征。在这种制度下，支出安排要向社会公众公开，供应商都能通过统一途径掌握财政安排的商业机会。政府采购活动要按照法定方式和程序进行，由此使其能在透明度较高的环境中运作，而且形成了财政、审计、供应商和社会公众等全方位的参与监督机制，有利于对财政资金的使用进行监督管理，从而有效地抑制并消除公共采购活动中的腐败现象，维护财经秩序，保护政府的声誉。

（五）建立政府采购制度是我国实现与国际经济接轨的需要

1979 年以后，随着世界经济的区域化和全球经济一体化进程的加快，曾经是封闭和独立的政府采购市场逐步走向开放。国际上第一个有关政府采购的守则是在东京回合多边贸易谈判期间制定的，它将关税及贸易总协定的一些基本原则，如最惠国待遇、国民待遇和透明度原则延伸到政府采购领域。从此以后，各地区经济组织和国际经济组织相继在有关的贸易政策中明确了政府采购准入的条款，或者专门制定政府采购协议。在这些条款或者协议中规定，缔约方应给予同等机会的市场准入，建立公平竞争和非歧视性的政府采购机制。1996 年，我国政府向亚太经济合作组织提交的单边行动计划中明确，最迟于 2020 年与各亚太

经济合作组织成员对等开放政府采购市场。按照我国加入 WTO 的承诺，我们面临着加入 WTO《政府采购协议》，而我国企业要生存和发展，必然需要进入国外的政府采购市场；与此相应，我们也必须允许国外企业和产品进入我国的政府采购市场。建立规范的政府采购制度，签署《政府采购协议》，开放政府采购市场无疑是我国实现与国际经济接轨的必然选择。

第二节　现代政府采购制度的功能

政府采购制度作为市场经济条件下一种有效的支出管理制度，在各国财政及整个经济生活中具有非常重要的功能，具体表现在以下三个方面：

一、加强公共支出管理，提高资金使用效益

首先，政府采购制度有利于进行支出控制，强化支出管理，硬化预算约束。编制年度预算时，政府采购金额从商品单价开始确定，经议会批准后就具有法律效力，不得随意追加、追减，保证了预算编制的准确性，便于对支出进行源头控制。采购商品的资金直接支付给供应商，减少了资金的周转环节，避免各单位挤占、挪用、滥用财政资金。其次，主要以公开招标方式进行采购使政府得到了物美价廉的商品、工程和服务，节约了财政资金，提高了支出效益。根据欧盟的经验，公开进行的政府采购活动可使资金使用效益净提高 10% 以上。

二、强化宏观调控，实现政府政策目标

政府采购制度在适应市场经济公平竞争的基础上，作为一种制度化、法律化的公共支出手段对国民经济具有重要的调控功能。首先，政府采购支出对于国民经济总量具有重要的影响，政府是国内最大的单一消费者，西方国家的政府采购支出一般相当于 GDP 的 10% ~ 20%，并占整个预算支出的 30% 左右。政府采购支出总量的变化对于刺激经济、保持供求平衡和宏观经济稳定具有重要意义。其次，政府采购支出的结构变化在调整经济结构、促进产业升级和民族工业发展方面具有重要作用。如政府对某些商品进行的示范采购可以有效引导和扶持该行业的发展。最后，政府采购制度作为一种法律化的间接手段还可以对经济进行经常的、规范的调节。

三、支持自主创新，保护民族工业发展

我国的企业要生存和发展必须走向国际市场。由于开放政府采购市场是相互的和对等的。一方面，我国产品要进入其他国家的政府采购市场必须以开放我国的政府采购市场为前提；另一方面，随着我国政府采购市场的对外开放，外国供应商就要与国内企业争夺国内政府的需求份额，这使我国的企业面临强有力的国际竞争。目前，国际通行的保护国内产业的手段分为关税贸易壁垒和非关税贸易

壁垒。随着经济全球化进程的加快和加入 WTO 的要求，各国利用关税手段保护国内企业的作用已经弱化，与此同时，非贸易关税壁垒的作用却不断强化。政府采购制度作为一种非关税壁垒一直是各国保护本国产业的有效手段。各国在利用政府采购手段保护国内企业方面的主要措施包括机构和产品清单、门槛金额、优先购买本国产品、规定采购的本地含量等法律和制度手段，以此对本国政府采购市场进行有效的保护。即使在我国加入 WTO 以后，也可充分利用该组织的一些规则和对发展中国家的一些优惠政策继续保护和促进国内民族工业的发展。

第三节　政府采购的特点和程序

一、政府采购的特点

与私人采购相比，政府采购具有以下明显的特点：

（一）资金来源的公共性及采购行为的非赢利性

政府采购资金主要来源于政府财政拨款，其中既包括预算内资金，也包括大量的属于财政性资金的各项政府性资金。其目的不是为了赢利，而是为了提高财政资金的使用效益，更好地履行政府职能或提供公共品和公共服务以满足社会共同需要。与之相反的，私人部门购买使用的资金是个人消费基金或私人资本金，其目的和动机是为了满足个人消费或向市场经济提供私人物品和服务以取得赢利。

（二）公共管理性

由于采购部门使用公共资金进行采购，所以政府采购部门履行的是信托人的职能。因此，政府采购具有明显的公共管理性特征。政府采购过程是一个受管制的透明的过程，是在严格的法律和管理限制下进行的。

（三）公开性

政府采购一般是通过招标、竞标方式进行交易，而公开、公平是招标方式的基本特征。这使政府采购活动在透明度较高的环境中运作，采购的有关法律和程序是公开的，采购过程是公开的，采购信息是公开的，政府官员、管理者受到财政、审计、供应商和社会公众等全方位的监督。

（四）特定的政策目的性

政府作为国内最大的购买者和消费者，其采购的数量、品种、频率对整个国民经济有着直接的影响。政府采购作为公共支出政策的主要内容，在经济过热时，减少政府采购规模，即通过紧的财政政策实现经济的正常运行；当经济不景气时，增加政府采购规模可以增加有效需求，即通过积极的财政政策实现总供需平衡，拉动经济增长。同时，通过弹性的政府采购计划可以保护民族工业，促进产业结构调整和优化。总之，通过将政府采购政策与财政政策、货币政策和产业政策有机地结合并具体落到实处，可以有效地实现政府的特定政策目的。

（五）采购数额的大量性和采购对象的广泛性

政府始终是各国国内市场最大的消费者，政府采购规模在国民生产总值和财政支出中都占有相当大的比重。据统计，欧盟各国政府采购的金额占其国内生产总值的14%左右（尚未包括公用事业部门的采购）；美国政府在1989～1992年间，每年仅用于货物和服务的采购就占其国内生产总值的26%～27%。与此同时，政府采购的对象还极其广泛，内容从办公用品到汽车、武器装备等无所不包，范围涉及货物、工程和服务等各个领域。

二、政府采购程序

政府采购程序是指采购过程前后相继、互相联系的若干阶段的各个环节和组成顺序。现将政府采购的主要程序分述如下：

（一）财政立项

财政部门在政府采购活动中主要负责承担政府采购资金的安排、编制年度财政采购计划并组织实施、负责采购资金的支付及对整个采购过程的监管等重要职责。因此，政府采购的首要程序就是由财政安排落实政府采购的资金，同时，根据资金情况及各部门的需求情况确定政府采购的数量和品种。

（二）采购方式的确定和执行

采购方式是指政府实现其采购目标的方法和手段。政府采购的方式主要有招标（包括公开招标和邀请招标）、竞争性谈判、邀请报价、采购卡、单一来源采购等。其中，招标方式是最主要的采购方式，以至许多人将其作为政府采购的代名词。

公开招标是指采购人通过公开发布招标公告征求供应商，凡符合投标资格的供应商均可参加投标的一种招标方式。邀请招标则是采购人向特定的供应商发出投标邀请，受到邀请的供应商可以参加投标的一种招标方式。一般而言，凡是采购数额达到规定金额以上的商品或劳务，包括集中采购的项目，均须采用公开招标的方式。而个别采购项目由于其复杂性、专门性或公开招标成本太高，经采购主管部门同意后才可采取邀请招标的形式。

至于竞争性谈判、邀请报价、采购卡及单一来源采购等方式均属非招标采购，实际上是招标的例外规定。这类采购主要是针对因涉及国家安全或秘密，或只能从某一特定的供应人处获得，或者供应人拥有对该项目的专有权，并且不存在其他合理选择或替代物等情况而实行的特殊处理。

（三）采购合同的签订与履行

采购合同是采购人与供应人之间签订的书面协议。招标活动结束后，采购人和中标的供应人应当按"中标通知书"指定的时间、地点，并根据招标文件和中标的投标文件签订采购合同。其中，招标文件和中标的投标文件是法律规定的签订合同的依据。对于一些持续履行的合同，为避免让签订合同的企业在市场上形成垄断，一般应有一个合同履行的最长期限的规定。

在履约保证金方面，与一般的合同所不同的是，政府采购合同的履约保证金系由卖方向买方提供的担保。这种保证金制度既是国际上的通行做法，也是为了促使供应商严格履行合同规定的义务。

（四）验收

一般而言，采购人即为合同的验收人。具体可分为两种情况：一是集中采购，其验收人为财政委托的集中采购机构；二是分散采购，其验收人为各使用单位。特殊情况可聘请专业人士或专家组协助验收。验收的时间和地点以及技术要求和标准等，以双方签订的合同为依据。所有的验收都必须按采购主管部门规定的格式填写验收报告，采购主管部门可根据需要进行检查、核实。

（五）结算与效益评估

采购活动结束，经验收合格以后，合同价款的支付或结算办法为：（1）采购资金属预算内资金的，由财政预算部门统一从设在财政总预算会计的政府采购专户中直接向供应商支付货款。（2）采购资金属预算外资金或事业收入的，在未编制部门预算和综合财政预算之前，由资金管理部门或由财政从预算外资金财政专户中向供货商支付货款。在正式编制部门预算以后则由财政预算部门统一将这部分预算外资金或事业收入纳入部门预算的编制范围，并将用于采购的资金划入政府采购专户，通过采购专户向供应商支付货款。（3）采购资金由预算内资金和单位预算外资金或事业收入共同分担而进行的所谓"拼盘采购"，分别由财政部门和采购单位先将各自应负担的资金部分划入政府采购专户，待招标采购完毕后，由财政预算部门从政府采购专户中直接向供货商支付采购款项。

为及时结算采购款项和准确评估采购效益，在财政总预算会计专门设置政府采购专户无疑是十分必要的。通过专户的收入情况可以准确反映年度财政预算中用于政府采购的规模；通过专户的支出情况可以全面反映年度政府采购计划的执行情况；而专户中的余额则基本上能较准确地反映政府采购中的资金节约数额，为评估政府采购的效益打下良好的基础。

第四节　中国的现代政府采购制度

✤ 一、我国政府采购的现状

我国从 1996 年开始进行政府采购制度改革工作试点，截至目前，经历了研究探索（1996～1998 年 7 月）、试点初创（1998 年 7 月～2000 年 6 月）、试点向全面推行转变（2000 年 6 月～2002 年 12 月）、全面实施（2003 年至今）等四个阶段。2002 年颁布的《政府采购法》，标志着我国的政府采购开始步入法制化管理轨道。采购法正式实施后，国家相关部委根据法律规定加强了相关配套制度的建设工作，采购制度不断完善，政府采购机构不断健全，采购管理工作不断加强，采购行为不断规范，政府采购的范围和规模也在不断扩大。政府采购规模由1998年的31亿元发展到2005年的2 927.6亿元，平均每年采购资金节约率在11%左右，提高了财政资金的使用效益。政府采购管理制度中，体现支持国内企业、购买节能环保产品的要求和合同条款越来越多，政府采购维护国家利益和社会公共利益的作用开始显现。但由于种种原因，我国的政府采购工作也还存在以下问题：

第一，政府集中采购的法律制度还不够完善，政府采购的政策功能和调控经济的功能还未得到充分发挥。我国从开始施行政府集中采购以来，在法律制度方面不断健全，从主要由全国各地的暂行办法、规章制度统领政府集中采购到全国性的指导性法律《政府采购法》出台，已经取得了实质性的进展。但我国目前还没有与之配套的《〈政府采购法〉实施细则》，目前相继颁布的《政府采购管理暂行办法》、《政府采购运行规程暂行规定》、《政府采购货物和服务招投标管理办法》等多个制度存在层次性、预见性较低，不够规范等问题。与此同时，政府采购作为社会总需求的一部分有熨平经济周期的功能，是政府调控经济运行的一种工具。努力探索其实现政策目标的途径、方式以及相关的政策和法律制度，也是我们需要尽快研究的重大课题。

第二，政府集中采购的效率偏低，采购时间过长。政府集中采购的实施有其固有的程序。基本程序至少包括确定采购需求、编制采购预算、选择采购方式、签订采购合同、履行采购合同、验收、结算和效益评估等几个阶段。而在这几个阶段中，只要某一个环节出了问题，就会影响到政府采购的整体效率。目前，由于政府采购中各单位编制预算的周期、采购法和招投标法对招标时限的规定、集中采购的协调性等多种原因，常常造成政府采购时间过长、效率低下。如要采购一台电脑，从采购单位申报到拿到它，通常需要三个月左右的时间。

第三，管理体制和运行机制还不够完善。政府采购管理涉及财政部门、采购单位和集中采购机构，为实现政府采购公开透明和规范运作，就必须建立相互制衡的工作机制，核心是管理职能与操作职能相分离。尽管目前许多地方政府采购已经实现了"管采分离"，但监管和操作的职能还未完全落实到位，缺乏规范有效的监督考核制度，协调制约的工作机制不够完善，监督管理工作还有待进一步强化。

第四，政府集中采购规模偏小，尤其是工程采购和服务采购的比重过小。政府采购在发达国家的规模一般占GDP的10%以上，或占财政支出的30%左右。我国的政府采购规模虽然在不断扩大，但其规模却相对较小。虽然2005年全国政府采购规模达到2 927.6亿元，比上年同期增长37.1%，但它占当年全国GDP的比重仅为1.6%，占当年全国财政支出的比重也只有8.63%。政府采购占财政支出的比重不高，一个主要的原因在于工程类采购和服务类采购范围过窄，如

2003 年中央国家机关政府采购中的采购金额 95.8% 为货物采购，工程类采购只占 2.3%，服务类采购只占 1.9%。

第五，对依法采购的认识以及政府集中采购人员的素质仍需提高。一些部门对政府采购制度改革认识不到位，还有的部门领导干预具体的采购行为，规避政府采购的现象时有发生；另外则是由于我国政府采购起步较晚，目前集中采购机构、管理机构的人员较少，专业人员不多，其中很多人是中途转岗来的，缺乏专业训练，以致政府采购人员总体素质不高，客观上使得政府集中采购的公开、公平、公正和诚实信用原则受到严峻挑战。

二、健全中国政府采购制度的思考

根据我国政府采购的情况，为建立现代政府采购制度，应当从以下几个方面为建立我国的政府采购制度创造条件。

（一）进一步完善政府采购的相关规章制度体系

建立以《政府采购法》为核心的规章制度体系是实施政府采购的基础，也是实现依法行政、依法采购的需要。虽然《政府采购法》出台后我国在相关制度建设方面也取得了非常大的进展，但还是不能完全适应全面推进政府采购制度改革和规范化管理的需要，必须尽快制定与政府采购法相配套的法规、制度来规范政府采购预算、采购计划编制以及整个过程的监督程序和监督规则法律体系，如出台《〈政府采购法〉实施条例》、《政府采购工作指南》等。同时，由于政府采购的对象不仅仅局限于国内，还要面向国际市场，而国外政府采购立法已有近 200 年的历史，形成了严密、完善的政府采购法律体系。因此，我国需要借鉴国外的经验，尽快建立以《政府采购法》为核心、遵循国际惯例的完善的政府采购法律法规制度体系，以指导并规范采购行为。与此同时，还要将发挥政府采购的宏观调控功能和市场导向作为深化政府采购改革创新的重点，在我国加入 WTO 及世界投资贸易自由化的大环境下，尤其应当强化国货意识，采购本国货物、工程和服务，这不仅有助于在关税向国际接轨过程中国内市场的平稳过渡，缓解加入WTO 对国内企业的冲击，还可以为国民经济持续稳定增长创造良好环境。除采购国货以外，还应利用采购政策的倾斜研究制定优先采购环保型产品、国产自主创新产品以及扶持中小企业的相关法律法规和政策措施，从而有效地发挥政府采购促进经济和社会发展目标的重要作用。

（二）改进和完善政府集中采购程序，提高政府采购效率

国外的政府采购基本上都经历了"分散采购——集中采购——分散采购"的发展历程，政府采购制度已经成为许多国家政府各部门共同遵守的规则。只要遵守这一规则，无论是集中采购还是分散采购，都属于政府采购的范畴。我国推行政府采购也必然会经历这样的发展道路。在当前政府采购制度尚未全面、规范实施的情况下，首先必须大力抓好集中采购工作，其核心和重点是要改进并完善集

中采购程序，提高采购效率。从政府集中采购的基本程序来看，可分为确定采购需求、编制采购预算、选择采购方式、签订采购合同、履行采购合同、验收、结算和效益评估等几个阶段。以政府采购最常见的方式——招标采购为例，由于《政府采购法》和《招投标法》有规定的招投标时限，如《政府采购法》第三十五条规定的投标时间为"货物和服务项目实行招标方式采购的，自招标文件开始发出之日起至投标人提交投标文件截止之日止，不得少于二十日。"第四十六条则规定："采购人与中标、成交供应商应当在中标、成交通知书发出之日起三十日内，按照采购文件确定的事项签订政府采购合同。"因此可见，如果选择集中采购最常见的招标方式，仅采购所需的时间最低限度也要 50 天以上，加上开标、专家评标、询标、确定中标单位、发中标通知书等所需的时间，无疑会使得集中采购的效率偏低。因此，要提高政府采购效率，一方面必须在缩短确定采购需求、通过编制采购预算尽早进入采购程序上下功夫；另一方面则是要在缩短履行采购合同、验收、结算的时间方面下功夫。与此同时，还要抓好部门集中采购和单位分散采购的相关规章制度的建立工作，确保政府采购制度改革既规范，又尽可能的提高效率。

（三）健全管理体制，形成职责明晰、协调有序的运行机制

管理职能与操作职能分离，设立专门的集中采购机构履行操作职责是建立科学的政府采购运行机制的客观要求，也是从我国现阶段国情出发，有利于改革发展和实施规范化管理的正确选择。发达国家普遍采用的是在财政部门设立专门的政府采购机构全面负责政府采购工作的管理办法。如新加坡财政部预算司下设采购与支出政策处，英国财政部设有采购局，美国总统行政预算办公室下设联邦采购室。这些部门的主要职责是负责采购政策的制定、执行情况的检查与监督、采购专业人员的培训与管理，具体采购事务则是委托社会中介服务机构进行。因此，完善的政府采购管理体制就是在财政部门的统一监督管理下，采购单位、集中采购机构等作为执行操作部门依法组织具体采购活动。在这个机制中，财政部门是政府采购的监督管理部门，指导和监督采购单位和集中采购机构开展工作，协调采购单位和集中采购机构的关系，不参与、不干预具体商务活动，其工作重点是编制政府采购预算和计划、制定规章制度、政策指导、聘用专家管理和监督检查。采购单位是采购项目的需求者和使用者，作为采购主体要执行政府采购各项规章制度，将政府集中采购目录中的项目委托集中采购中心实施采购。集中采购机构的法律地位是代理机构，但与社会其他代理机构不同，它是强制代理政府集中采购目录项目采购活动的机构。

（四）进一步扩大政府采购范围，确保政府采购规模较快增长

政府采购范围和规模是衡量一个国家政府采购制度是否完善和健全的重要标志，直接反映政府采购制度发展的广度和深度。规模是实现效率的基础，有规模才能发挥更大的效益，节约更多的资金。规模也是落实政策功能的前提，只有规

模上去了, 调控才有更大的选择空间。目前, 我国政府采购的范围和规模与一些发达国家相比还有很大的差距, 2004 年纳入政府采购统计的数额占 GDP 的比重仅为 2%。因此, 需要通过完善政府采购预算编制管理和制定集中采购目录及限额标准来扩大政府采购项目实施范围和采购品种, 以达到法律所要求的目标。其中要重点扩大工程类采购和服务类采购的规模, 将工程类从公用房建设、修缮、装饰工程、系统集成、网络工程等扩大到市政建设工程、环保、绿化工程、水利、防洪工程、交通运输工程等范围, 将服务类从会议定点、车辆的维修保险和加油、软件开发等向培训、咨询、研究服务、物业管理方面延伸和扩展。在项目品种上, 要增加体现节能、环保等政策要求的项目, 尤其是关系到群众利益的公共项目; 要加强对工程实行政府采购的管理, 先规范不实行招标采购的公共工程项目。在资金范围上, 要将政府性资金全部纳入政府采购范围。在采购模式上, 要继续做好政府集中采购工作, 把政府集中采购目录做深做细。为了促进政府采购上规模、上水平, 还要充分利用现代信息技术和产品, 积极探索和发展以信息技术为支撑的政府采购新方式, 实现政府采购管理和操作电子化, 一方面要充分利用信息网络技术为采购信息透明化、扩大采购规模、实行规范化管理等提供技术支持; 另一方面要逐步建立全国统一的政府采购信息系统, 为今后全面建立电子化政府采购制度服务, 从而打破传统采购方式的时间和空间障碍, 提高政府采购的效益和效率。

（五）继续推进政府采购的规范化管理, 建立健全内外监督机制, 不断提高政府集中采购队伍的素质

政府采购制度是市场经济条件下公共财政管理体制的一项基本制度, 随着社会主义市场经济体制不断发展和完善、公共财政体制的逐步形成, 实行政府采购制度已成必然之势。这就一方面要求各采购单位必须转变观念, 提高认识, 坚决杜绝规避政府采购的行为发生; 另一方面则是要求财政部门要及时完善政府采购的各项制度, 做好监督管理和资金拨付工作。为规范政府采购的管理工作, 还必须建立健全政府集中采购机构的内外部监督机制。健全内部监督机制在于: 一是要合理设置内部机构, 实现经办采购的人员与负责采购合同审核、验收人员职责权限的相互分离; 二是要建立评标专家信息库, 每次随机抽取若干名与采购单位的人员组成评标小组, 以从源头上控制腐败行为的产生。健全外部监督机制则在于: 一是审计部门应依据《政府采购法》、国务院和财政部颁布的有关政府采购的法规和规章对各部门各单位政府采购政策执行情况和采购资金使用情况进行审计; 二是监察部门应对政府采购的相关人员实施监察, 严肃处理各个环节发现的违规违纪行为; 三是要借助社会舆论的力量来监督政府采购工作, 充分发挥媒体的舆论监督作用。

政府采购的相关制度和机制建立起来以后, 最关键的工作是提高采购人员的素质。由于我国现行从事政府采购的管理人员大多从财政部门转行过来, 普遍缺乏专业的采购工作经验和技能。因此, 尽快提高采购管理人员的素质问题已是刻

不容缓。当前主要应抓好以下几个方面的工作：一是要逐步实行资格考试认证准入制度，许多国家对各部门采购从业人员都有资格要求，各部门只有获得采购资格的人员才能组织采购活动和签订合同。借鉴此做法，我国也应当由相关部门组织类似的资格考试，只有通过了考试的人员，才允许成为采购管理人员、采购业务人员和监督人员。二是抓好现有政府采购人员的岗位和素质培训，培训的对象既包括财政部门的工作人员，也包括集中采购机构和采购单位的相关人员。三是实行政府采购人员定期考核制度，按照优胜劣汰原则对政府采购人员的专业水平、工作实绩和职业道德进行定期考核，考核不合格者不得继续任职。

第五节 现代政府采购制度的几个认识问题

一、政府采购与财政垄断采购事务

由于政府采购是在财政部门的监督下进行的，兼之各地这项工作也主要是由财政部门在推动，因此有人认为实行政府采购制度是财政部门垄断采购事务，改变支出单位的既得利益，使其失去采购上的发言权。其实，建立政府采购制度并不影响各支出单位对所需商品、工程或服务的采购，它们仍是采购主体，需要什么样的商品、工程或服务，需要多少，以及最终是否采购的决定权都仍在支出单位手中。而财政部门只是加强了对财政资金由价值形态向实物形态转变的影响、监督和管理，作为政府的"管家"，对政府各部门如何花钱以及花钱买回了些什么有理由也有责任加以监督。因此，建立政府采购制度不是简单的利益调整，也不是财政部门想独揽大权，而是财政支出管理的重大改革，因为我国的经济体制已由计划向市场转变，追求支出效益最大化是市场经济条件下支出管理的根本目标。而建立政府采购制度有利于加强对政府性资金由价值形态向实物形态转变过程的影响、监督和管理，有效地制约和规范政府的购买行为；有利于构建符合中国国情的政府性资金分配与使用效率机制，从而达到经济的规模效益与追求政府支出的边际效益。这对于节约财政资金、提高资金使用效益、健全和完善我国的财政政策、加强国有资产管理都具有重大的意义。

二、政府采购与控制集团购买力

由于对政府采购不够了解，社会上有一种观点认为，政府采购就是政府控购。其实，政府采购制度与计划经济体制下财政对实物形态的直接管理方式（如控制社会集团购买力）是有着根本区别的。从目的来看，最初实行控购的主要目的是在卖方市场商品货物比较短缺的情况下控制集团需求和集团消费，平衡供求矛盾，避免政府与人民争夺商品；政府采购则主要是细化预算，节约支出，提高财政资金使用效率，抑制采购中的腐败现象。从管理手段看，控购主要是通过直接行政性财政计划即分配指标来实现；政府采购则主要是通过间接的规范性购买方式（招标）和财政监督来实现。从管理的范围看，控购针对的是某些具体的商品如小轿车、高档电器，品目是有选择性的；政府采购针对的则是政府对所需商品、工程和服务，没有品目的限制。

三、政府采购与供给制

政府采购，尤其是集中采购与供给制在表面上有某些相似之处，如都是由财政部门将各部门所需的物资分配到各部门，因此有人误以为政府采购就是恢复供给制。实际上二者之间有着本质的区别。首先，供给制是计划经济的产物，它是通过行政手段来配置资源，无须考虑成本、效益、价值规律等。在供给制的条件下，财政是选购商品的主体，商品的使用者只能被动地接受商品。而政府采购则是市场经济的产物，它通过市场来配置资源，并通过有效竞争以获得效益的最大化。同时，实行政府采购制度，财政只是监督商品的采购过程，使采购工作在公正、公开、公平的条件下进行，从而保证采购过程的廉洁性。此外，商品的使用者（采购单位）不仅要参加采购过程，而且是采购商品的主体（它是签署采购合同的甲方），所购商品的性能、质量、到货期限、安装及售后服务等方面的技术和物理指标都要满足商品使用者的要求。也就是说，在政府采购中仍是作为商品使用者的各支出单位说了算，主要发言权仍掌握在他们手中，财政部门主要是起监督、制约作用以避免财政资金的浪费和政府采购中腐败行为的产生。

第十章 政府间财政转移支付制度 ✖

第一节 政府间转移支付的必要性

一、转移支付的基本含义

在现代西方财政学或市场经济体制国家的财政预算中，一般按照有无对等价值的商品或服务作回报为标准，将政府支出划分为购买性支出与转移性支出。转移性支出是指政府那些不以取得商品和劳务为目的的单方面无偿支出，它包括政府内部之间的资金转移及政府对公民、企业和其他组织的无偿支出，从广义上看，甚至还包括对外国政府或国际组织的捐赠支出等。从狭义上看，则是指财政资金在上下级政府及同级政府之间的无偿转移。因此，一种较为大家所认同的转移支付的概念为：政府间转移支付就是一个国家的各级政府之间在既定的职责、支出责任和税收划分框架下财政资金的相互转移。包括上级财政对下级政府的各项补助，向上级政府的上解、共享税的分配，发达地区对不发达地区的补助等。转移支付的基本含义包括三个方面：第一，它的范围是限于在政府之间；第二，这种财政资金的转移是无偿的；第三，对转移支付的财政资金提供者而言，它不形成其最终支出。

二、转移支付的客观必要性

从理论上来讲，转移支付之所以有存在的必要，主要是基于三个方面的原因：首先是政府管理的层次性和地方政府履行其职能的需要；其次是在现代文明社会中，让全体公民都能享受到大体均等的公共服务是人们的基本权利；最后则是地区或区域间客观上存在经济发展不平衡的情况，这就需要中央政府的干预与调节。

（一）政府间纵向财政的不平衡

所谓政府间纵向财政的不平衡，是指由于各级政府间的事权划分与财权分配不对称，导致某级政府，通常是较低级次的政府收入短缺，从而存在政府间财源分配的纵向不平衡。

出于管理国家的要求，客观上都要求维护中央政府的权威和国家的统一，提高全体公民的福利，避免地方政府势力过度膨胀，这是第二次世界大战以来政府（尤其是中央政府）不断得到强化的根本原因。与此相适应，在经济上通过中央财政控制相对集中的财力，使任何地方政府在财力上都或多或少地依赖中央政府的支持，可以维护中央政府的财力权威，并巩固其政治与法律地位。

从宏观调控方面看，为了保证国家财政收入的稳定和维护税收的统一性与公平性，中央政府往往控制着主体税种和债务工具，而地方政府税收的税基非常有限或相对狭窄，以至中央政府与地方政府在收入来源与支出负担上存在着明显的不协调。

此外，中央政府由于信息的不完全性，对于居民的社会偏好可能认识不足，以致会造成福利损失；而地方政府则较容易和准确地把握辖区居民的偏好，并能够直接受到辖区居民的监督。因此，地方政府能够有效地提供公共服务，满足各种需求偏好，故政府事权较多地交由地方政府办理是一种明智的选择。

正是由于地方政府较多的支出负担与较少的财力来源，客观上需要通过一种合理的补偿机制将中央政府的部分资金转移到地方政府。这种政府间纵向财政的不平衡只能通过政府间的转移支付来解决。

（二）政府间横向财政的不平衡

所谓政府间横向财政的不平衡，是指因受各种客观因素如经济发展水平、自然条件、人口的规模和结构等的影响，各地区的财政收入能力和支出需求之间存在着较大的差异，这一差异造成政府间财源分布的横向不平衡。如果这一问题得不到有效的解决，就有可能使得更多的生产要素流到资源丰富或经济发达的区域，导致不公平和无效率等社会经济问题，损害一个国家整体社会经济的健康、稳定和持久发展。因此，由中央政府来对各地的行政能力进行必要的调节，通过政府间的转移支付，可以达到平衡管辖权，稳定政府间竞争的目的，使得每个地方政府在既定的税率之下提供既定水平的社会、经济基础设施；同时，也能够帮助较贫困的地方政府有准备地使用中央政府的转移支付，防止其可能提供超过其管辖权的公共服务。

（三）"溢出效应"的解决

所谓"溢出效应"（或称外部性）是指在生产经营过程中产生的不包括在企业和个人本身的成本与利润中的社会利益得失。企业生产经营活动的外部性可以通过税收或公共支出（如补贴）使外部效应内在化来加以纠正。地方政府间外部性的产生，其原因是一个地方本身提供的商品或服务的利益溢出到那些并不承担成本（如大气和水质污染的控制，地方受教育学生的重新配置）而享受利益的其他管辖区，由于利益外溢的计量比较困难，难以通过地方政府之间进行对应的补偿，必须由较高级次政府甚至中央政府按规范、统一的标准，对地方政府和利益外溢进行必要的和适当的利益调整。

第二节 转移支付制度的原则和功能

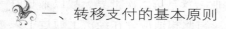 一、转移支付的基本原则

转移支付是用于处理政府间财政资金分配关系的制度，实施转移支付这项财

政制度的目的在于达到财政能力的均等化，实现社会公平，在尽可能的限度内缩小地区间贫富差异，维护政治稳定，推动经济发展。根据我国的基本国情和社会主义市场经济条件下的财政体制特点，借鉴国际经验，我国的转移支付制度应遵循以下几个原则。

（一）法制性原则

转移支付制度的法制性原则就是转移支付制度要通过立法的形式加以确认，并以此作为中央政府向地方政府进行转移支付的法律依据。既然转移支付制度是财政体制的重要组成部分，那就应该和财政体制一样，一经制定，就应成为一种法规，全国上下都必须严格执行，不得随意改变，转移支付的因素设置、具体测算、各地差异系数的确定以及收入能力、支出需要的评估标准和办法等，都应有清楚明确的规定。如果修改转移支付办法，必须以首先修改有关转移支付的法律为前提。由此，使转移支付制度有法可依，避免随意性，并接受各级人民代表大会的监督和审查。

（二）客观性原则

客观性是制定规范的转移支付制度的基础。所谓客观性，就是要符合我国的国情和实际情况。由于转移支付是一个非常敏感而又计算复杂的问题，它既要综合反映财力如何在各地区之间的分配，又要体现党和国家的各项重大政策；同时，还必须考虑便于实际操作，以便把中央所集中的一部分财力公平、合理、科学地再分配给一些地区。因此，制定我国的转移支付制度，既要考虑各地经济发展的情况，也要考虑国家政治体制和行政管理的需要，特别是要符合国家对各地党政机构设置的实际情况，符合党和政府的各项政策，包括民族政策的要求。财政支出也必须考虑保证这些机构和政策对各项资金的需要。另外，由于我国是一个大国，省和省之间、市地州之间、县与县之间差异很大，故在测算财政收入能力和支出水平时必须使用真实、可靠的数据，并充分考虑和解决这些差异。

（三）公平性原则

社会公平主要有两个方面的含义：其一是个人之间的公平。政府可以运用经济、法律和行政手段对个人收入进行调节，使个人收入差距被控制在社会可接受的范围之内。其二是地区之间的公平。由中央政府运用经济、行政、法律手段调节不同地区的收入水平，保证各地区全体成员能享受大体均等的公共服务。因此，对各级政府支出需要和收入能力的双向公正评估，是中央政府赖以进行财政转移支付的客观依据，也是确保转移支付制度公平性的前提，它的具体内在要求包括以下三个方面：一是在公共服务水平的界定和衡量方面，对不同地区采取相同的标准，避免因标准的不统一而导致财政资金转移上的分配不公；二是在财政收入的组织或财政能力的衡量上，要求在平等的工作效率和同等的努力程度的前提下来实现财政的纵向与横向平衡，避免因努力程度不同而导致"鞭打快牛"和迁就落后；三是在各级政府财政支出需要的把握上，要坚持以事权划分为基础，以合理的公共支出需要及各地区之间在单位成本费用上所存在的客观差异为参照，避免在各地财政支出的合理规模与合理支出需要衡量上的不公平。

（四）配套性原则

近年来，虽然我国财力增长较快，转移支付的规模也在不断扩大，但由于对这方面的资金需求更大，这就客观上要求将转移支付的资金用在关键的地方，以提高效率。同时，若只注重财力援助而忽视对接受转移支付地区的观念与制度的改变，仍难达到预期的目的。因此，推行转移支付制度必须辅之以其他的配套性政策，如要把转移支付制度与优先在中西部地区安排生态与环境保护、基础设施建设项目等有机地结合起来，以最大限度地实现公平与效率的有机结合，从而达到转移支付的根本目标。

二、转移支付的功能

根据我国社会主义市场经济体制发展的基本要求，参照国际转移支付制度的成功经验，我国的政府间转移支付制度应当具备以下三个基本功能：

（一）社会保障功能

在分级分税的基本财政体制框架下，通过政府间的转移支付，保障各地区各级政权组织具有正常施政所需的财力基础，保障必须由财政供养的各类公职人员，包括离退休者和伤残者按规定标准取得工资和保险福利，保障全国城乡各地居民享有逐步接近的教育、医疗及基本的文化生活条件的实现。这不仅仅是保障整个社会稳定与发展的需要，同时，也是普遍提高国民素质，进而提高整体经济效率的基础条件。此外，当一个地方遭受地震、洪涝、火灾、风暴等特大自然灾害时，上级政府和有转移支付关系的地方政府有责任拿出一定的财力给予救济以帮助其灾后恢复生产、发展经济，这种政府间的相互援助救济也是转移支付制度社会保障功能的一个必不可少的方面。

（二）调节分配功能

转移支付属于财政再分配，通过政府间纵向的转移支付，在市场机制对资源配置起基础性作用的前提下，针对市场配置不到或作用失效的领域进行资源的合理分配；配合国家产业政策和区域政策的实施，促进各地区经济结构的优化调整；实现地区间交通、通信、能源、生态环境等经济发展基本条件的大体均衡和不断改善，缩小贫富差距。这既是从宏观上提高经济效率的必要手段，也是国家从经济发展条件方面维护公平的重要途径。

（三）激励经济功能

转移支付对各地公平目标的追求应体现"效率优先，兼顾公平"的基本原则，即转移支付对实现公平目标必须有合理的限度；要确保财政富裕地区的财政状况在一定程度上仍优于财政较贫困的地区，从而鼓励各类地区都积极致力于发展经济、培植财源和依法加强收入征管，防止挫伤经济发达地区的积极性，同时避免欠发达地区安于现状或坐享其成。

三、中国现行转移支付制度存在的问题

（一）现行转移支付制度概况

转移支付制度与财政体制密切相连。事实上，财政体制中关于政府间事权和财权的划分，决定和影响着转移支付的内容、形式、规模和方向。我国现行的财政体制是从 1994 年起开始全面实行的分税制财政体制。它的基本内容包括：（1）按照中央政府和地方政府的事权划分各级财政的支出范围；（2）根据财权与事权相结合的原则，划分中央和地方收入；（3）中央财政对地方实行"税收返还"；（4）原体制中的补助、上解和结算规定仍继续执行，分配格局暂时不变，以后逐步规范。与分税制相适应的转移支付包括以下三个部分：

（1）过渡期转移支付。作为 1994 年分税制财政体制改革的配套措施，中央财政引入了旨在均衡地区间财力差异的过渡期转移支付制度，其指导思想是：不调整地区利益分配格局；兼顾公平和效率，转移支付适当考虑各地的收入努力程度；重点缓解地方财政运行中的突出矛盾，体现对民族地区的适度倾斜。各地享受转移支付额的计算公式是：某省区转移支付补助数 ＝（该省区标准支出 － 该省区财力 － 该省区收入努力不足额）× 客观因素转移支付系数 ＋ 政策性转移支付额。

（2）税收返还。为了照顾地方的既得利益，税收返还额按 1993 年地方净上划给中央的数额（消费税 ＋25％ 的增值税 － 中央下划收入）核定，1994 年后某地区两税每增长 1％，中央对该地方财政的税收返还额则增长 0.3％。

（3）专项补助。在原体制下中央对地方的补助数继续按原规定执行，中央对地方的专项补助和结算补助继续保留，但总额不再增加。

（二）现行转移支付制度存在的主要问题

现行转移支付制度向公共财政体制下的转移支付制度迈出了重要的一步。随着经济社会形势的发展变化，2002 年我国又实施了所得税收入分享改革，建立了转移支付资金稳定增长的机制，过渡期转移支付同时改称为一般性转移支付。现行中央对地方的转移支付主要可分为两类：一是财力性转移支付，包括一般性转移支付、民族地区转移支付、调整工资转移支付、农村税费改革转移支付等；二是专项转移支付，包括一般预算专项拨款、国债补助等。财政转移支付制度的实施与不断完善，不仅改善了地区间的横向财力分布结构，加快了公共服务的均等化进程，而且更新了理财观念，推动了政府职能的转变。但是，由于我国现行转移支付制度是在照顾既得利益的前提下制定的，因而不可避免地存在许多缺陷。

（1）上下级政府之间事权划分不清、职能交叉，以至部分预算支出责任不清，既造成预算编制和执行中的困难，又导致中央对地方政府的转移支付依据不足和难以规范。分税制财政体制初步划分了中央政府和地方政府的财权，但在事

权方面只对中央政府与地方政府各自的职责范围确立了一个大框架，缺乏具体明晰的划分，存在许多模糊之处，政府职能也没有完全转移到公共服务方面，导致了各级政府间事权不清、交叉重叠、财权与事权不对称，由此制约了转移支付的规范性。此外，预算外资金的大量存在，使得中央政府对地方政府的综合财力情况难以准确掌握，从而也使转移支付制度难以做到全面、客观和公正。

（2）转移支付结构不尽合理。现行转移支付制度中为保持原体制地方既得利益的税收返还及补助数额偏大，而真正用于缩小地区经济发展差距的数额又偏小。加之旧体制保留下来的一般性转移支付既有中央对地方的补助，也有地方对中央的上解。这种资金的双向流动不符合分税制的要求，且该数额的确定都是双方讨价还价的结果，随意性较大，进而导致收入分配更加不公平和不合理。

（3）专项补助不能发挥其应有的作用。一方面，目前中央对地方的专项补助大多属于应由地方财政安排的范围，将这些项目列入专项补助的范围不符合中央与地方事权划分的原则，也造成资金分散；另一方面，就专项补助本身的性质来说，它应该是对地方发展某些项目的鼓励、诱导和帮助手段，而现行的专项补助几乎变成了对某些地区的固定补助，失去了引导作用。加之一些专项拨款的目的性太强，其分配与运作不够规范，某些使用环节缺乏有效的监督，客观上也造成了资金的浪费。

（4）转移支付制度缺乏法律的支撑和保障。我国现行的政府间财政转移支付制度依据的主要是政府规章，还没有专门的或者相关的关于转移支付的法律，转移支付制度缺乏法律上的权威性和统一性，这在客观上就降低了财政转移支付制度决策和运作的民主性和规范性。同时，在转移支付资金的使用方面，也还没有建立一套有效的审计监督系统，对资金能否做到专款专用等方面的信息还不能及时、准确、全面地掌握，对违反补助使用规定的地方政府也没有相应的惩罚措施。

第三节　中国转移支付制度的目标及模式

一、建立科学规范的转移支付制度的必要性

第一，我国是一个多民族、人口众多的国家，幅员辽阔，各地区之间自然条件差异很大，经济发展水平很不平衡，各地区之间公共服务水平也有差距，且这种差距还在继续扩大。因此，客观上中央政府需要一定的财力基础和相应手段，以实现各地区的均衡发展，使各地区人民都能享受到大致均等的公共服务水平，这是建立转移支付制度的第一大必要性。

第二，在我国客观上存在着政府间财源分配的纵向不平衡，亦即在我国税源的分布上存在各级政府的收入划分与支出需求的结构性失衡，从而导致较低级次政府的收入短缺。而根据财政活动的有效性原则，较多的政府事务交由地方政府承担更为合理和更具有效性。因此，需要由中央政府对各地的行政能力进行必要

的调节，以解决无效率和不公平等社会经济问题。

第三，一些大型公共工程、环保项目或大江大河的治理等，由于地方政府无力承担或其风险太大，以及受益面太广而缺乏投资兴趣；但从效益角度考虑，由中央政府直接投资又不经济，这就需要中央政府对项目建设所需资金给予全部或部分支持，形成特殊的转移支付。

第四，建立科学、规范的转移支付制度也是完善我国分税制财政体制的一项非常重要的内容。这一制度建立起来后，分税制改革的效果才能充分发挥出来，也才能增强中央政府的调节能力。

二、转移支付制度的目标

建立科学、规范的转移支付制度的总体目标或最终目的是为了实现社会公平，具体的表现方式则是实现各地或各区域基本公共服务能力和水平的大致均衡和相近，其直接手段是实现各级财政能力的均等化。

（1）中央政府应依据不同级次政府担负事权所需支出与其财政能力的差额，对不同级次政府进行补助，以消除不同级次政府间所存在的纵向不平衡。

（2）合理解决居住在不同地区的居民享受不同公共服务水平的问题，消除各地方政府间存在的税收能力与其基本需求开支的横向不均衡，通过实现各区域间经济的相对均衡发展，从而保证各地区间社会公共服务水平的大致相同。

（3）中央政府对于地方所提供的某些特定的公共产品或服务及其受益面超出其行政管辖范围的事项，进行相应的补助，从而促进地区间利益的均等化。

三、转移支付制度模式选择

根据国际上现有的经验，转移支付的基本模式有两种：一种是单一的自上而下的纵向财政转移支付制度，一般表现为中央政府对地方政府进行补助的形式；另一种是以纵向为主、纵横交错的财政转移支付制度，即对于政府间的转移支付，中央不仅统一立法，并且直接通过特定手段进行纵向转移支付，同时又负责组织各地区之间的直接转移支付。

比较而言，两种模式各有其利弊，就纵向的财政转移支付制度来说，其优点主要表现在中央政府掌握主动权，有利于中央各项政策的贯彻落实，且补助数额也较有弹性；但缺点在于涉及因素错综复杂，工作量大，透明度低，难免会有人为因素。而纵横交错的财政转移支付制度便于提高转移支付制度的透明度，并将富裕地区的贡献及贫困地区得到的援助放在明处；但其缺点在于较难落实和操作，同时也涉及各项因素的测算难度大等问题。

结合我国的具体国情，从长远来看，我国应改变目前这种单一的纵向转移支付制度，采取以纵向为主，适当辅之以横向转移支付的制度。由此，既可确保国家宏观调控政策目标的实现，又可适当解决各地区之间因经济发展不平衡所带来的财政能力不同的问题，逐步均衡区域间的公共服务水平和能力；同时还有利于继续鼓励发达地区，也有利于促进落后地区的发展。当前，我国应在总结经验的基础上，不断完善现行的转移支付制度，使之法律化、规范化，增加透明度，减少随意性，根据财力的增长不断加大转移支付资金的规模和力度；同时，通过更为科学、更为广泛的因素设置和拨款公式的确立使现行的转移支付制度更趋完善。

 四、转移支付手段的选择

财政转移支付一般采取纵向的资金流动形式，即从上一级政府财政流向下一级政府财政。按照转移支付的约束程度，转移支付手段可分为两大类：一般性（无条件）补助和选择性（有条件）补助。前者属于总额转移支付，也称为无条件转移支付；后者属于专项转移支付，也可称为限定用途的转移支付，包括各类专项补助、特殊补助以及用于地方发展的补助等。

无条件转移支付就是上级政府对于下级政府不限定该项资金使用范围与要求的转移支付。也就是说，上级政府只简单地给下级政府拨一笔款项，不用附带任何条件。之所以有必要采取这种手段的原因包括：一是从财政资金管理和使用上来说应讲究规模经济，上级政府把一大笔钱拨给下级政府后，不规定具体使用方向，下级政府可以集中灵活地使用这笔款项；二是不同的省与地方政府所具有的财政能力是有差别的，如果中央或上级政府对于财政拨款事无巨细一律规定款项使用方向，不利于地方政府因地制宜地使用财政资金；三是下级政府在支配资金上，需要由上级政府给予其灵活支配一定数额资金的自由与自主权。

选择性转移支付则是中央政府给予条件限制，使资金的运用在一定程度上以中央政府的意志为转移，这显然会减少地方政府的自主权。但是，这种补助同样具有增加地方政府财政收入的功能，而且也有助于提高资金的使用效果。因此，它仍然属于在不代替地方政府决策的前提下，由中央政府对地方政府进行引导的一种有效工具。

一般而言，选择性转移支付较无条件转移支付具有效率。正因为如此，中央政府偏重于选择性转移支付以强化宏观控制与结构优化。而地方政府则偏好争取无条件转移支付以获取更大的财力自主权。

五、财政转移支付数额确定的计算方法

在财政转移支付款的计算过程中，采用"因素法"对各地区进行因素评估，是建立科学、合理的转移支付制度的重要手段。这种因素评估不能任意设定，只能按照各地区的客观经济、社会等因素，通过统计分析方法加以确定。国际上对转移支付的测算核定体系通常由三个部分组成：一是标准收入能力；二是标准支出需求；三是调整系数。基本测算公式为：对某地的均衡拨款 =（该地方政府的标准支出 - 该地方政府的标准收入）× 调整系数。其中标准收入能力指标采用各地在同等的征收努力程度下所应该取得的预算收入；标准支出需求指标根据地方的事权、财政供养人口、标准支出水平及专项支出等因素综合计算得出；调整系数则主要取决于中央财政可动用的财政资源与地方既得利益可调节程度两个因素。

第四节 改进和完善中国转移支付制度

一、科学界定、合理划分各级政府的事权和财权

　　科学界定、合理划分各级政府的事权和财权是改进并完善我国转移支付制度的前提和基础。规范的转移支付制度要以彻底的分税制为基础，而科学界定、合理划分各级政府间的事权和财权是分税制得以顺利实施的重要条件。国外比较成功的转移支付制度都是建立在相当彻底的分税制财政体制基础上，因为只有明确中央政府与地方政府的事权和财权，各级政府才能较为容易的计算本级的财政收入额、财政支出额和收支之间的差额，才能为上级转移财力与下级接受财力补助提供基本的核算依据。实行分税制财政体制以来，我国对财权的划分趋于明确，而对事权的划分界定得不够清晰。应该以法律形式合理界定中央政府和地方政府的事权范围。在市场经济体制下，中央政府的职责主要是维护国家政权稳定和履行中央政府职责，进行基础设施建设和提供一般性公共服务，调整国民经济结构，促进经济稳定发展，实施宏观调控以及下拨由中央直接管理的事业发展支出等；地方政府的职责主要是履行担负地方政府职能，包括发展当地教育、文化卫生事业和社会保障事业以及其他不属于中央政府管理体制的事权。从我国现实情况看，事权划分的关键是合理确定经济管理权限，要按照各级政府承担的事权，根据财权和事权相统一的原则，合理确定各级政府的支出。同时也要大力促进政府职能的转变，对那些政府不该管、管不了、管不好并且由市场机制解决的问题从财政的供给范围中剥离出去，将财力主要用于社会公共需要和社会保障方面。以此来真正实现财政转移支付制度调整地区失衡、实现公共服务均等化的调节目标。

二、建立健全法律，规范我国转移支付制度

　　建立健全法律是规范我国转移支付制度的保障。要建立真正的、规范的转移支付制度，实现转移支付的规范化、公平化、透明化，首先，就必须遵从法制化原则，加强转移支付的立法工作，为转移支付提供强有力的法律保障。可以考虑借鉴国外的成功经验，尽快制定全国的《转移支付法》，将转移支付的目标、原则、范围、形式、标准等以法律形式加以规定，使我国转移支付制度在法制轨道上正常有序地运行。其次，要进一步规范转移支付的审批监督程序，应当编制转移支付预算，并在预算法中予以明确，转移支付预算按预算审批监督程序报人大审查批准。一经批准，不得擅自变动。最后，以法律形式明确财政转移支付的监督制约制度，同时辅之以必要的司法和审计举措，建立相对完善的监督和约束机制，并规定对违法违章者的制裁，保证转移支付制度在立法、司法和审计上的相互配合和协调统一。这样，既能体现转移支付的权威性，又能体现其监督约束的

完整性，以确保转移支付制度的实施效果。

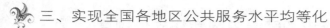 三、实现全国各地区公共服务水平均等化

实现全国各地区公共服务水平均等化是完善我国转移支付制度的基本目标。我国正在努力构建与社会主义市场经济体制相适应的公共财政基本框架。公共财政的基本要求和基本目标就是要保证全国各地居民都享受到大致相等的公共服务水平，确保国家最低的就业、就医、就学、公共交通等的公共服务标准的实现。从世界各国的实践来看，转移支付的用途多以公共基础设施、教育投入为主。中央政府对地方政府的转移支付主要用于帮助收入水平较低的地方通过修建基础设施和增加教育投入来实现各地居民都可以享受到同样或相近水平的公共产品和服务。当然，实现全国各地公共服务水平均等化并不意味着地区间发展水平的均等，也不意味着全国人均财政收入的相等，而是在考虑各地收入能力和支出需求的基础上，使各地在基本的公共服务能力方面达到均衡。

四、实行规范化、公式化式的转移支付

实行规范化、公式化式的转移支付是完善我国转移支付制度的基本方法。采用因素分析法和规范化、公式化的方法来测算核定政府间的转移支付数额，是科学规范的转移支付的基本方法。虽然世界各国实行的转移支付制度各有千秋，但作为处理中央与地方各级政府间收支不平衡的共同措施，其转移支付方式通常都为一般性补助和特定性补助两种，各国也都为此设计了比较科学的、将多种因素考虑在内的标准公式。其共同点在于实施过程有章可循，不仅实施过程实现了程序化，而且补助数额的确定也实现了公式化。以此作为确定转移支付金额的依据，从而尽可能减少并排除随意性和暗箱操作，增加透明度，以利于社会监督。在规范化的前提下，各国还在转移支付的形式、结构和额度方面依据情况的发展变化进行相应的调整，以剔除补助方式中的不适宜成分，做到灵活性与原则性的有机结合，以适当考虑特殊地区的特殊情况，从而使转移支付的分配更加公平。

五、简化转移支付种类、优化转移支付结构

简化转移支付种类、优化转移支付结构是完善我国转移支付制度的重要内容。我国目前的转移支付形式过于繁多，造成了管理上的困难和混乱，降低了转移支付资金使用的效率，应该加以简化。一是对税收返还制度而言，为保持制度的延续性和稳定性，还必须在一定时期内保留税收返还这种形式，但应以法律的形式对其加以规范；同时对于各地的税收返还体制还应加以规范和明确，并且必须接受同级人大的监督和审查。二是对其他补助和决算补助中带有财力补助性质的资金应当尽快纳入一般性转移支付或专项拨款当中。其他补助是我国目前转移支付制度不规范的典型形式，也是目前提出的要强化预算、严格预算执行和淡化决算所针对的主要对象之一。其他补助从分类上看，既有一般目的的转移支付内

容，如财力补助等，也有专项转移支付的内容，因为其中相当一部分款项都具体落实到项目，可考虑将具有一般目的转移支付性质的资金纳入一般性转移支付（或称均等化拨款）之中，以确保资金的公平合理分配；对具有专项转移支付性质的资金，则纳入专项拨款的范围，根据成本补偿或其他原则，针对特殊政策目标进行分配。同样，决算补助也要根据情况，能进体制基数的进基数，对其中具有财力补助性质的资金要纳入一般性转移支付中。三是对专项拨款应当采取措施逐步理顺：对属于中央政府事权以及转移事权委托地方承担的专项拨款可以继续保留；对属于中央和地方共同事权的，按照各自负担的比例分别承担；对属于地方事权的，中央财政不再安排专项拨款；对属于各部委带有分钱性质的专项拨款，在取消不必要项目的前提下加以规范，确需保留的少量专项拨款，应当成为国家在环保、自主创新等方面的宏观调控手段。与此同时，还要改进专项拨款的程序和分配办法，以提高专项拨款的科学性、公正性和效益性，从而建立科学、规范的财政转移支付制度。

第十一章 财政补贴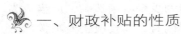

第一节 财政补贴概述

一、财政补贴的性质

财政补贴是指政府为了某些特定的需要，支付给企业和居民个人的、能够影响和改变产品和生产要素现有的相对价格结构，从而可以改变资源配置结构和需求结构的政府无偿支出。财政补贴的性质可以从以下两个方面来理解。

（一）财政补贴是政府通过财政资金的无偿补助而进行的一种特殊的再分配形式

作为一种转移性支付形式，从政府角度看，它是一种无偿支付；从补贴领取者的角度看，它带来了实际收入的增加和经济状况的改善。财政补贴总是与相对价格的变动相联系的：或是补贴引起价格变动，或是价格变动导致财政补贴。与价格变动的这种直接联系使得财政补贴具有改变资源配置结构、供需结构的功能。

（二）财政补贴是政府调节经济活动的重要经济杠杆

一方面，财政补贴可以通过影响价格水平来影响需求结构；另一方面，它又通过改变企业的盈利水平来影响供给结构。虽然财政补贴作为一种经济杠杆，对宏观经济的运行具有重要的调节作用，但这种作用的范围和规模都是有限的。政府对国民经济运行的调节不应过多地依赖于财政补贴，而应主要依靠完善经济体制及其运行机制。

二、财政补贴的特点

概括地讲，财政补贴主要有三大特点：

（一）财政补贴是通过财政补偿而实现的一种经济利益的转移形式

国民收入经过物质生产领域初次分配以后，还要在全社会范围内进行再分配，形成所有社会集团和居民个人的最终收入，规定各个方面对物质资料的占有份额和比例；然后经过商品交换实现为扩大再生产的积累和全体人民的物质文化生活消费。财政补贴就是将国民收入分配中的一部分无偿地转移给了企业或居民。因此，从这个意义上讲，财政补贴不仅是一种经济杠杆，同时也是一种政策工具，兼有经济手段和行政手段的双重性。

　　财政补贴与其他分配形式虽有密切联系，又有着明显的本质上的区别。比如，财政补贴在很多情况下起着价格分配的补充作用，对一部分由于价格不合理而造成的企业政策性亏损，政府往往不是采取调整价格的办法，而是由国家财政给予补贴；财政补贴还可以发挥工资分配的补充作用，对因工资政策不合理而造成的部分居民收入偏低问题，政府也可以不调整工资政策，而给低收入者以必要的补贴；财政补贴与银行信贷分配也存在一定的联系，财政承担一定份额的贷款利息可以对贷款者利益进行补偿。但是财政补贴的这些作用只能是暂时的、局部的和辅助性的。对于带有长期性的、全面性的和根本性的价格问题、工资问题和信贷问题就必须通过完善市场价格形成机制、调整工资政策和信贷政策来解决。

　　（二）　财政补贴的主体是政府

　　财政补贴的性质决定了运用财政补贴的主体只能是政府。财政部门是代表政府行使分配职能的权力机关，因此，财政补贴政策的制定、调整、中止和废除都只能由政府或授权财政部门进行，任何其他部门都无权制定财政补贴政策。明确这一点的意义是十分重要的，它可以防止财政补贴政策上的政出多门，以及由于对补贴手段运用不当而给经济生活带来的不利影响。

　　（三）　财政补贴的对象是企业或居民

　　财政补贴的对象不是可以任意确定的，只能是企业或居民。通过对企业或居民（他们可以是生产者，也可以是消费者）的资助使其经济利益得到补偿。明确这一点，就可以把财政补贴与其他财政分配形式（如税收、财政拨款等）区别开来。税收分配可以覆盖国民经济各部门、社会再生产各个环节、国内企业、"三资"企业、外商独资企业等，征税对象比财政补贴的对象要广泛得多。军队、政府职能部门以及社会公共部门主要是依靠财政拨款，也不是财政补贴的对象。对财政补贴对象作出明确的界定，可以防止滥用财政补贴手段而导致财政分配秩序的混乱。

三、财政补贴的范围和分类

　　按照财政补贴的定义和特征，对财政补贴的范围可以作出如下界定：

　　凡不属于财政分配范畴的各种补贴，诸如企业财务分配中分配给职工的各种福利性津贴，如房租津贴、燃料津贴、交通费津贴等，或属于岗位工资性质的款项，如劳动保护津贴、防暑降温费、高温津贴、有害健康岗位津贴等，不论其是否使用"补贴"名称，均应视为企业对职工的津贴或岗位性工资，属于企业财务分配性质，不应列为财政补贴。

　　凡属社会保障和社会福利性质的项目，如公费医疗、独生子女费、退休费、职工死亡丧葬费、抚恤费、遗属抚养费等，按其性质应列为社会福利支出，不列入财政补贴范围。

按照上述界定，财政补贴的范围主要包括：价格补贴；企业亏损补贴；生产性、发展性财政补贴（政府为支持某一产业、某一企业或某一地区的生产发展而给予的补贴）；财政贴息。除此之外，政府为鼓励某一产品、某一产业或某一地区生产的发展而给予的特殊性减免税（不是指对纳税户的一般困难减免），也可以视为财政补贴。

财政补贴根据不同的标准，可进行不同的分类。一般而言，财政补贴大致可做以下几个方面的分类：

第一，按补贴的形式分类，主要包括价格补贴、企业亏损补贴、财政贴息、税前还贷、房租补贴、职工生活补贴、外贸补贴等。

第二，按补贴环节分类，主要包括生产环节补贴（工业生产资料价格补贴、工矿产品价格补贴、生产企业的政策性亏损补贴）、流通环节补贴（农副产品价格补贴、商业和外贸企业的政策性亏损补贴等）、分配环节补贴（财政贴息等）及消费环节补贴（职工副食品价格补贴等）。

第三，按补贴资金的接受主体分类，可分为对企业的补贴和对居民个人的补贴两类。

第四，按补贴对经济运行的影响分类，可分为对生产的补贴（现金补贴、投入品补贴、产出品补贴）和对消费的补贴（现金补贴、限制性实物补贴、无限制性实物补贴）。

第五，按政府是否是明确地安排支出分类，可分为"明补"和"暗补"。

第六，按补贴是否与具体的购买联系分类，可分为现金补贴和实物补贴。

四、财政补贴的目的

（一）维护社会稳定

世界各国的财政补贴都有相当一部分用于维护社会稳定，只是具体方式和侧重点有所不同而已。西方国家主要体现在对农产品的价格补贴及结构性萧条企业的补贴。如美国的财政补贴，一方面主要用于稳定农产品价格，保护农业生产者的利益，另一方面主要用于支持政府的产业调整计划。政府按照产业调整计划向结构性萧条产业提供财政补贴，以稳定被调整产业的收入，减轻社会动荡，诱导其积极应对政府的产业调整计划。西方国家对企业提供的补贴也大多出于维护社会稳定和推动产业结构调整的目标。其中，最成功的当首推日本。为调整衰退产业和解决特定地区的萧条，日本政府向企业提供停业补贴，以利其处理设备转移问题；对企业雇佣人员提供训练补贴，帮助他们重新就业；向萧条地区提供工业再配置补贴，促进其他企业向该地区流动。在社会主义国家，财政补贴中用于维护社会稳定的部分比西方国家更大，特别是在进行体制改革的社会主义国家中更加突出。

（二）促进经济发展

财政补贴在促进一国经济发展中具有十分重要的作用。第二次世界大战之后，发展中国家普遍运用财政补贴政策，对重点企业和部门提供直接补贴、税收减免、利息补贴等，这种倾斜发展战略使得发展中国家用较短的时间便走完了西方国家两个世纪才走完的历程。西方发达国家在经济发展历史中虽然主要是依靠市场机制的自发作用，但利用财政补贴手段的事例也并非罕见。美国对西部的开发及大规模铁路建设都得益于财政补贴的支持；19 世纪德国工业的迅速崛起财政补贴更是功不可没。目前，西方国家依然对某些"关键性"部门进行大量财政补贴。为了实现经济发展战略目标，我国长期推行一种特殊的财政补贴方式，即财政补贴不是直接补给鼓励发展的企业，而是补给那些为使鼓励发展的行业得到发展而在价格等方面蒙受损失的行业。虽然补贴方式不同，但补贴的目的仍然是为经济发展的全局服务。

（三）促进区域平衡发展和公平收入分配

如美国通过对低收入和贫困线以下的居民提供补贴以实现公平收入分配；通过全国统一的食品券补贴以解决地区之间的收入不均。我国对老、少、边、穷和少数民族地区的补贴以及住房补贴、基本生活必需品的价格补贴都是以实现收入公平为目的的。

（四）弥补经济运行机制的缺陷

不论是市场机制还是计划机制，其功能都是有限的。市场机制虽然在调动微观经济主体的积极性和增强经济活力方面有明显的积极作用，但在集中资源发展重点产业、公平分配、防止垄断等方面却表现出明显的缺陷。计划机制则相反，它虽然有很强的资源动员能力，较易实现公平分配，但它却容易抑制微观经济主体的积极性。从理论上讲，一国经济体制及运行机制的缺陷固然可以通过改革来消除，但体制及运行机制一经确定，就具有相对的稳定性且不易立即改变，这就使政府干预具有了必然性。而财政补贴固有的特点和优点决定了它必然成为政府弥补经济运行机制缺陷的重要手段。在西方国家，财政补贴作为贯彻政府产业组织政策的重要工具得到了广泛使用。在社会主义国家，特别是处于改革过程中的社会主义国家，运用财政补贴弥补经济运行机制缺陷的情况更为明显，财政补贴甚至部分替代了经济运行机制的作用。

五、财政补贴的作用

（一）扩张需求

从微观角度分析，财政补贴有扩张需求的作用。因为财政补贴是政府对微观经济主体的一种无偿性转移支付，所以必然会引起微观主体有支付能力的需求得到扩张。对消费的补贴，无论采取现金补贴还是采取各种性质的实物补贴，都会导致消费者获得利益；对生产的补贴，从短期看，会直接带来企业对投入品的需求增大，从长期看，对生产的补贴即为对投资的补贴，而对投资的补贴是一种典型的对需求的扩张。况且，微观主体在接受补贴之后所增加的需求规模往往要超过名义补贴额，特别是补贴以实物形式提供时更是如此。从宏观角度分析，财政补贴支出也具有需求扩张效应。一般认为，与购买性支出相比，转移性支出对国民经济的需求扩张效应较弱，但是如果考虑到财政补贴与其他转移性支出就不尽相同了（如各种实物补贴一般不会在国民收入的循环中发生"漏出"）。因此，它对国民经济的扩张影响与政府的购买性支出的扩张效应是大致相同的。如再考虑到财政补贴还会在一定程度上弱化宏观主体的预算约束，那么财政补贴的需求扩张效应还要大。

（二）调整结构

财政补贴首先对消费结构发生影响。当财政补贴针对具体的商品时，补贴的直接结果就是降低了补贴商品的相对价格，进而使社会对补贴品的消费需求增加，从而导致消费结构发生变化。其次是对投资结构的影响。只要财政补贴与具体的投资活动联系在一起，它就会通过降低被补贴的投资活动的成本和提高被补贴的投资活动的利润使投资结构和供给结构发生变化，并进一步导致产业结构的变化。同时，对消费—投资结构也会产生影响。政府可通过改变对投资的补贴占财政补贴的比例来同方向地调节全社会的投资率，进而可以间接地调节全社会的消费—投资结构。

（三）促进国际贸易

财政补贴对国际贸易的促进效应体现在三个方面：一是通过进口补贴改善国内的总供求结构，稳定国内价格。进口商品一般是国内的短缺商品，价格较国内同类商品高，从长远来看，进口补贴不利于一国经济的发展，所以一般不轻易采用。二是通过出口补贴来扩大本国出口。虽然短期内出口补贴会使一国的贸易条件恶化，但从长远看，通过出口规模的扩大，闲置资源被有效使用，投资结构和产业结构将得到改善，因此，有利于促进经济增长。三是通过对进口竞争部门的补贴来保护本国产业的发展。但是由于它同时会带来支出的增加和关税收入的减少，因此作为一种替代关税的保护性手段及非关税壁垒也很少被使用。财政补贴对外国投资的促进作用是通过对外国投资的补贴（主要是指税收优惠）来实现的。从短期来看，其引进外国投资的效果较为明显；但从长期看，这种实质上的"超国民待遇"容易导致国家利益的损失、不公平竞争的出现，因此是不利于一国经济健康发展的。

（四）维护社会公平

政府结构的多级化决定了财政制度的多级化，因此，多样化的财政补贴安排势必对国民收入在区域间的分配以及资源在各区域间的配置产生影响；任何经济体制及其运行机制都存在缺陷，市场机制也不例外，有其固有的短期性、滞后性、盲目性等缺陷。财政补贴可以有效弥补这些缺陷。可以有效协调国家、企业、个人三者之间的利益和社会成员之间的利益关系，减少多种摩擦和矛盾，从而可以维护社会公平。

第二节 财政补贴的国际比较

当今世界，财政补贴已经成为一种国际性经济现象。不论是经济体制"转轨"国家，还是西方发达资本主义国家，或是众多的发展中国家都概莫能外。虽然财政补贴被世界各国广泛采用，但各国在使用补贴的方式、重点、数量、管理、政策效果等方面却不尽相同，甚至相去很远。进行财政补贴的国际比较既可从更宽的视野加深对财政补贴的认识，又能取长补短，借鉴他国的有益经验。

一、经济体制"转轨"国家和发展中国家的财政补贴

俄罗斯和东欧等国家是传统的计划经济体制国家，尽管目前都在进行市场化改革，但市场机制还未完全建立，处在计划机制向市场机制的"转轨"过程中，经济运行仍然主要依靠计划来调节，价值规律只在很小的范围内发挥作用。财政补贴作为计划调节的重要手段，在弥补价格、税收、信贷等杠杆的不足和缺陷以及发展国民经济和人民生活各个方面得到了广泛、充分地运用。如俄罗斯的财政补贴种类有计划内亏损企业补贴、农产品提价补贴、国营农场亏损补贴、集体农庄庄员社会保障和社会保障基金补贴、国家对多子女和单身母亲津贴、住宅公共事业计划亏损补贴等。匈牙利的财政补贴有对生产者的直接补贴和价格补贴、通过流通环节对消费者的补贴、对进口的补贴三类。波兰的财政补贴包括对商品消费和服务业的补贴、对企业和其他经济单位的补贴以及对农业、住房建设和交通运输的补贴等。

在上述种种补贴中，大体上包括对生产的补贴和对消费的补贴两大类。其中，对生产的补贴占有相当大的比例，如匈牙利财政补贴中对生产者的补贴占60%。"转轨"国家对生产的补贴大多是以计划亏损补贴的形式出现的，主要是对能源、原材料等基础产业部门的补贴，在预算上按抵扣收入方式处理。也有的国家，如匈牙利，采取全部列作财政支出，以"负税"和"返还"等形式对亏损或微利企业给以补贴。对消费者的补贴主要是以"暗补"方式进行的，如对农产品购销差价的补贴是通过流通环节施行的，但其受益者显然是消费者。其他对住房、服务等的补贴也是如此。俄罗斯居民住公房所缴房租仅及公房维修费的1/3，其余2/3均由国家补贴，每年国家用于房租补贴的支出高达50亿卢布。

经济体制"转轨"国家由于自然条件、经济体制及政策诸种因素的影响，农业发展长期相对滞后，农副产品供给短缺较为严重，因而农用生产资料的价格补贴和农副产品价格补贴占有重要位置。它们用于农业生产资料的价格补贴几乎平均每年递增10%。同时，对统购粮超购实行超购加价奖励，一般是在统购价基础上加价50%。南斯拉夫还采取过市价与最低保护价价差补贴这一形式，当小麦、玉米和稻谷的市场价低于政府公布的保护价时，政府按保护价收购，其亏损由政府补贴。

经济体制"转轨"国家财政补贴的覆盖面广，财政补贴占财政支出的比重一般在 40% 左右。俄罗斯仅肉、奶两类的价格补贴就占财政支出的 10%。

发展中国家的范围较广，政府经济制度差异也相当大，情况比较复杂。但在其促进经济迅速发展、调节各种矛盾、稳定社会经济的过程中，财政补贴是被广泛使用的一种手段。据联合国粮食及农业组织收集的 58 个国家的资料中有 54 个国家实行粮食价格补贴制度。该组织对 37 个发展中国家的调查表明，有 31 个国家提供食品消费者补贴，有 26 个国家提供农用化肥补贴，25 个国家提供农业信贷补贴，15 个国家对农田灌溉进行补贴，9 个国家对农药生产提供补贴，19 个国家对农业其他投入物进行补贴。从财政补贴占财政支出的比重看，各国间差异较大，低的占 5% 左右，高的达 60% 以上。

在这些国家中虽有一些成效显著的国家，但滥用补贴的做法也不少见，其结果是惊人的通货膨胀、沉重的财政支出负担。

二、市场经济体制国家的财政补贴

美国、英国、法国、意大利、德国、日本等以市场经济为主的资本主义国家在 20 世纪 30 年代经济大危机爆发之后，普遍加强了对经济生活的干预，财政补贴作为干预经济的重要经济手段之一得到了充分运用。

西方国家的财政补贴中，从补贴时间起始和数额大小看，占据首位的是对农产品的各种补贴。早在 20 世纪 30 年代初，美国"罗斯福新政"时期就通过《农业调整法》，开始对农产品实行系统的财政补贴。尽管此后政策有所反复，但基本延续至今。目前美国对农产品的价格补贴仍占其财政支出的较大比重。德国补贴最多的部门也是农业。日本 90% 左右的价格补贴用于农业。西方各国对农产品的基本补贴形式是农产品保证价格制度，即在农产品播种之前，政府就制定并公布一系列对农业经营者有吸引力的保证价格，当农产品市场价格低于保护价时，便按保护价收购农产品，价差由财政补贴。保护价的确定各国有所不同。法国政府通过建立一套"农产品谷价指数化"体系，规定小麦等 7 种农产品价格随农业所必需的工业品价格和除食品之外的其他产品的零售价格的变动而自动调整，以保护农户收入不致下降。美国在 20 世纪 70 年代以前，以 1910～1914 年工农产品比价水平（称为平价）作为制定农产品支持价格的标准，1993 年以后，改按现时农产品生产成本与收益确定支持价格，即所谓由平价制补贴改为目标制补贴。

除这种在市场价格基础上的价差补贴外，西方各国对农业的补贴还广泛地被用于促进农业科研、教育、农技推广、改善农业部门的产品结构和组织结构，刺激农业部门引进新技术等。如德国有农业投资补贴、农业生产结构调整补贴、马克计值补贴、库存费用补贴；英国有农场结构改革补贴、农场资本补贴、"农场和园艺"发展补贴、农业合作补贴、耕种草地补贴、饲养牲畜补贴；美国还提供储备补贴、休耕补贴、灾害补贴、牛奶价格补贴、实物补贴等。

西方国家对工业企业以及居民的种种补贴安排，主要是服务于某种产业政策或社会福利政策，针对性较强。补贴种类包括对重点产业部门和新兴产业部门的补贴，如对能源生产部门的补贴，对公共部门的补贴，对夕阳产业部门结构调整的补贴，对住宅的补贴，对低收入家庭或贫困特殊地区的补贴，以及对保险、教育、培训、保健等方面的补贴。日本、德国用于产业结构调整方面的补贴较多，效果也较为显著。美国在社会保障方面的补贴比较集中，占其财政补贴总量的近1/4。除美国在住宅供应上主要通过市场，由消费者用自己的收入来购买或租用外，西方其他国家大多在消费者购买和租房时，给予一定的补贴。德国用补贴鼓励住宅储蓄银行用储蓄资金建设住宅，并对收入较低的家庭租房、买房通过房产公司给予间接补贴。法国因特殊的思想、政治、历史等原因，国有企业在采煤、铁路、邮电通信、钢铁、汽车等部门占有绝对优势地位，其对国有企业的亏损补贴是西方发达国家中较为特殊的。

在对企业的补贴方式上，西方国家主要有两种：一是财政直接补贴，如欧盟国家对农产品的出口补贴有时就采用直接付给出口商现金；二是间接补贴，主要通过税收减免直接"明补"居多，而且是针对部分低收入或贫困线以下的居民。美国联邦政府对重要的收入保障项目、公益项目等采用专项补助办法，指定用途，规定金额、使用期限和具体要求。在补贴的管理上，西方国家大多有相应的法律为依据。

从财政补贴的规模看，西方发达国家的财政补贴占其财政支出的比重一般控制在10%以内，法国、日本、德国偏高，美国偏低。

三、我国的财政补贴

我国现行的财政补贴实际上是对扭曲的价格体系和低工资制度的补偿。从我国财政补贴的发展历史可以看出，财政补贴总是同商品的相对价格结构密切联系的，并首先是为了矫正某些被扭曲的商品价格而采用的。在我国传统的经济体制下，国家主要通过压低农产品和基础工业产品价格提高加工工业的利润水平从而积累国家建设所需的大量资金。在这种积累机制的影响下，农产品与工业品之间、基础工业产品与加工工业产品之间的比价很不合理。在对农产品实行"统购统销"、对国营企业实行"统收统支、统负盈亏"的情况下，这种不合理的比价关系被隐藏起来了。一旦农业和基础工业的经营主体树立了商品意识和各自有了自身的经济利益以后，他们就要求改变这种不合理的比价关系。在调整价格体系难度较大的情况下，往往采用比较机动灵活、对经济震动较小的财政补贴办法，于是财政补贴就应运而生，并被广泛采用。从另一方面看，传统经济体制下形成的相对价格结构所塑造的利益结构具有极强的刚性，当国家调整相对价格结构从而触动这种利益结构时，各既得利益主体都会设法维护自己的利益，在利益受到损害时则要求国家通过财政补贴或其他渠道予以补偿。这些，都使得我国财政补贴的范围越来越宽，数额越来越大。

一方面，新中国成立以来，我国一直实行低工资制度，在国民收入初次分配中，职工的工资标准基本上是按照"吃饱穿暖"的要求来设计的，一些本来应由个人收入支付的生活消费品如住房、水电、医药、交通等就不能不由政府无偿或低价提供。这也是当前财政补贴的品种涉及城镇居民生活的各个方面，并使财政补贴成为职工的"第二工资收入"的原因所在。

另一方面，国营企业对政府的依附关系，使国家无法解脱企业亏损补贴的重负。长期以来，我国的国有企业是作为政府的附属物而存在的，并由国家"统收统支、统负盈亏"，企业没有自身独立的经济利益，生产经营发生亏损时自身没有资金来源弥补，必然依赖国家财政补贴。改革开放中，国家与企业之间的经济关系虽然有了较大改变，企业正在逐步成为相对独立的经济实体，但由于传统观念的影响以及其他方面的改革没有配套，这种依附关系实际上仍然存在。目前企业的自身财力薄弱，事实上也难以承担弥补亏损的责任。更何况有些企业的亏损是由于企业外部不利因素（如价格倒挂或国家采取其他政策措施）造成的政策性亏损，从道理上讲也不应由企业承担。因此，在目前条件下，国家对国有企业的亏损补贴也是难以避免的。

因此，可以说，传统经济体制下形成的扭曲的相对价格结构、以低工资为特征的国民收入分配制度、国营企业对政府的依附关系构成了我国财政补贴膨胀的基本原因。改革开放以来财政补贴的急剧膨胀只不过是原已潜伏在传统经济体制之中的现象的公开化而已。而近几年我国财政补贴的急剧膨胀，是在市场机制已开始建立但还不健全、企业制度已经改革但还不完善、以经济手段为主的调控体系已经发挥作用但还未被熟练运用的新旧体制转换时期所不可避免的现象。

改革开放以来，我国价格补贴的平均增长幅度为29%左右；企业亏损补贴的增长幅度为28%左右。财政补贴占整个财政支出的比重在30%左右。

第三节　我国财政补贴政策的改革

一、改革的基本原则

如前文所述，我国财政补贴政策的形成和发展是与经济体制和经济运行机制的形成和发展紧密相联的。虽然从一般意义上说，财政补贴过多不是好事，但对改革时期的财政补贴政策不能仅仅从补贴规模的大小得出结论，还需要从财政补贴政策形成的时代背景，以及在经济改革和发展中所起的具体作用来全面分析。

客观地说，改革开放以来我国的财政补贴政策顺应了发展市场经济和渐进式改革的需要，推动了价格改革，保持了社会经济稳定。但是，财政补贴的不断增加也造成了一系列问题：如国家财政负担沉重；造成新的分配不公平和严重的浪费；补贴刚性强等，因此，必须进行改革。改革应遵循以下基本原则：

（一）尽可能缩小补贴规模

市场经济中以供求关系和竞争为基础的价格形成机制是最主要的和最基本的分配机制，政府分配政策的首要任务是维护价格分配机制的正常运行，其次才是对某些分配结果进行适当的再调节。所以，应尽量缩小财政补贴的范围和规模，减少对价格分配机制的干扰，尤其是财政补贴很容易形成利益刚性，上去了就很难再下来，在使用财政补贴时要格外慎重。

（二）有利于维护和完善市场机制

财政补贴是政府对市场分配机制分配结果的再调节，但并不意味着财政补贴是与市场分配相对立的；相反，财政补贴的再分配是对市场分配的某些消极结果的修正，以便创造更好的市场环境。因此，财政补贴不应损害市场机制效率，对经济增长产生副作用。

（三）有利于贯彻政府政策目标

财政补贴要有利于政府产业政策的实施。政府可以利用财政补贴的再分配功能来引导社会资金的投向，对产业结构进行间接调控，要有利于实现社会公平分配。市场分配机制能保证效率，但其分配结果对社会公平不利，财政补贴的再分配要有利于实现社会公平，要支持价格政策。在市场经济中，虽然市场供求和竞争是价格的主要形成机制，但对一些缺乏竞争而又对社会稳定和国民经济长期发展有重大影响的商品与劳务价格仍需由政府来干预和控制，财政补贴应为政府的价格政策提供支持。

二、合理确定财政补贴的领域

根据财政补贴改革的原则，今后我国财政补贴的形式总体上说要以必要的价格补贴和企业亏损补贴等直接补贴形式与减免税、退税、财政贴息等间接补贴形式相结合来确定合理的补贴范围，充分发挥不同补贴形式的作用。财政补贴应当主要集中于以下几个领域：

（一）农产品生产与流通领域

由于受土地有限性、农作物生长周期和单位面积产量等自然因素的限制，农产品投资的边际收益率一般低于其他行业，农业在市场竞争中处于不利地位。但农业是国民经济的基础，是不可替代的必要消费品，生产和消费的价格弹性很小，与其他商品相比具有特殊性。因此，需要政府介入农产品的生产与流通，以改善农业在市场竞争中的不利境地，保护农民的利益，保持主要农产品生产和供给的稳定。财政对农产品的补贴要主要集中在粮食、棉花、肉类、食用油等品种上，其目的是降低这些农产品的生产成本，保证这些农产品能有一个合理的市场价格，建立一定规模的政府储备和保护市场供给稳定。

（二）固定资产投资领域

在市场化的固定资产投资活动中，非政府投资主体的投资占有很大比例。政府要贯彻产业政策、优化投资结构，除直接投资发展基础产业和基础设施外，还需要利用贴息以及对某些需要发展的产业实行减免税等间接的财政补贴，来诱导非政府投资主体的投资方向，鼓励符合产业政策要求的投资活动，以达到优化产业结构的目的。

（三）重要的国有企业

在全面转换国有企业经营机制后，还有一些重要的国有大型特大型企业仍然需要由政府直接经营和管理，如军工、航天、铁路、邮政等，这类企业在全国的经济发展中具有重要的作用，但由于某些特殊原因，如承担政府赋予的某些特殊责任而发生的亏损，财政应给予补贴。另外，对企业因执行国家的指令性计划、价格等原因造成的政策性亏损，财政也应当给予补贴或给予减免税照顾。

（四）特殊的社会公益事业

政府举办的社会公益事业一般应实行保本微利的原则，但其中有些公益事业由于种种客观原因，一时难以做到保本经营，就需要财政补贴的支持。

三、改革我国财政补贴的基本措施

（一）调整补贴环节

财政补贴环节，原则上应由"中间"（流通环节）向"两头"（生产环节和消费环节）转移，用对生产环节和消费环节的补贴取代对流通环节的补贴，即通常说的变"暗补"为"明补"。凡以促进生产为目的的财政补贴应直接补给生产者，这样不仅有利于理顺价格，使价格能够传递真实的经济信息，以便正确引导生产和消费，还能更好地贯彻国家的产业政策，更加直接地反映国家在一定时期的经济发展战略。凡以保障消费者利益为目的的财政补贴，应直接补给消费者，这样能使消费者直接感受到国家的负担和自己得到的实惠，有利于促进社会的安定；同时，补贴消费品的价格提高后又有利于促进消费者减少补贴商品的消费。

（二）灵活运用补贴政策

财政补贴作为政府操作的经济杠杆应该具有间接调控、功能扩散及弹性特征。但现在财政补贴的这种杠杆功能正在逐步弱化，致使财政补贴的效益日趋低下。因此，必须改进补贴办法，强化财政补贴调节经济的杠杆作用，要尽量使用间接补贴的办法，因为直接补贴只是单纯地增加了受补者的收入，补贴后能否达到预定的目的是不确定的。而间接补贴则把补贴和经济主体的行为直接融合在一起，牵引力大，能较好地起到调节的作用。如补充投资、贴息贷款等，既可以少量的财政资金推动大量的社会资金，又可把财政资金的使用与国家的预定目标结合在一起，有利于提高财政补贴的使用效益。要弹性地运用补贴杠杆。财政补贴作为经济杠杆，就是要通过补贴来改变原有的利益分配格局，引导经济主体的行为。因此，财政补贴必须是有弹性的。需要时及时启动，不需要时适时关闭。尽可能多采用一次性补贴的办法，少采用长期、固定补贴的办法。国家要根据不同时期的社会经济政策和补贴商品的供需变动状况，及时调整补贴的对象和数额，使财政补贴具有灵活性、短期性和效益性。要坚决克服目前财政补贴项目能增不能减、补贴数额能上不能下的不正常状况。要正确运用财政贴息，同产业政策结合，以产业政策为依据。财政部门要改变单纯拿钱的被动地位，要参与从立项到投产的全过程；贴息要同企业责任结合起来，强化企业用好贴息贷款的责任。

（三）分流部分福利补贴

现行财政补贴中，"人人有份"的福利性补贴占很大比重。消费得越多，得到的福利也越多，不利于缓解社会分配不公。应结合社会保障制度和工资制度的改革逐步分流。比如通过建立健全医疗、失业、养老、社会救济等社会保障制度，通过改革工资制度，将职工生活必需的住房、交通、保健等必要开支计入职工工资，就可以相应取消一些福利性补贴。同时还可考虑改变现行福利性补贴的办法，只对低收入的职工和居民进行补贴，而不是像现在那样不分收入高低、不问经济承受能力大小，"人人有份"。

（四）逐步增大生产性、发展性补贴的比重

我国财政补贴改革的方向应是逐步增大生产性、发展性补贴的比重，压缩稳定性、消费性补贴的比重。凡是能够通过由市场操纵的经济杠杆来调节的，应尽量利用这类经济杠杆来调节。涉及长期发展的经济活动具有预测性强、风险大的特点，不是市场机制和一般经济杠杆的调节所能承担的，需要国家直接操纵财政补贴或其他具有较强调节力的特殊杠杆来进行调节。凡是应当通过工资分配和社会福利解决的个人消费性支出应尽可能不运用财政补贴的手段。

（五）改革农副产品价格补贴办法

在进一步深化价格体制改革、完善价格宏观调控体系的基础上，要通过合理划分中央与地方事权和财政支出的责任，建立和完善风险基金、专项储备制度，规范农副产品的价格补贴。目前财政对农业的补贴主要有农资补贴、粮食综合直补、生猪补贴等。实行市场经济体制，财政对农产品的补贴还是必要的，但补贴的方式需要按照市场经济发展的需要加以改进。总的改革方向是，在逐步放开农产品价格的前提下，配合农产品流通体制改革，改进生产和流通环节的补贴办法，逐步取消粮棉油加价款和价差款，减少对粮食企业的亏损补贴；逐步取消消费环节对个人的补贴，将其纳入正常的工资渠道。建立农产品风险基金，解决粮食、棉花、油料、肉食等农产品的生产和流通过程中的补贴问题。

（六）改革工业产品和基本建设的补贴办法

目前对工业产品的补贴最主要的是企业政策性亏损补贴，其中补贴最多的是煤炭和石油两大行业。今后财政对工业产品的补贴方式，除极少数产品因特殊原因由财政给予一次性亏损补贴外，将主要采取减免税和贷款贴息的形式。根据产业政策的要求，对需要扶持的新兴产业，财政制定出明确的减免标准，凡符合标准的企业，无论其性质如何，均享受同等的减免税待遇，各级政府只能在同级财政的预算管理权限内行使减免税的权力。财政要从基本建设和更新改造资金中安排一部分用于贷款贴息，根据产业政策的要求制定贴息范围，设定贴息标准，对符合基本条件的项目，财政择优予以贴息。

（七）改革公用事业补贴办法

目前，大多数城市公用事业，如市内公共交通、给排水、煤气、供暖、环卫等，都靠财政补贴维持，既加重了财政的负担，也不利于公用事业的发展。今后要鼓励全社会参与公用事业的建设，逐步提高公用事业的服务价格，使其能基本达到保本微利，对确实不能做到保本经营的，财政将视其具体情况适当给予补贴。

（八）改革住房补贴办法

长期以来，我国实行公房分配和低房租政策，财政通过建房、修房等渠道大量对职工进行住房补贴。要切实推行住房商品化改革。通过住房改革，使财政对住房的各种"暗补"转为"明补"。今后的财政住房补贴将主要用于以下方面：一是公有住房以优惠价出售给职工，或者安排一定资金修建一些价格较为低廉的住房出售给低收入家庭或收取较低的租金，差额由财政补贴；二是将一部分住房资金转化为提租补贴，或者纳入工资直接给职工；三是行政事业单位建立住房公积金用于住房补贴。

（九）严格补贴管理，加强补贴立法

目前，财政补贴中的"跑冒滴漏"、补贴不到位以及"敞口补贴"的现象比较普遍，必须加强管理。要做到既正确运用又科学管理。在改进补贴管理办法的同时，严格审批考核制度，防止补贴权限的多元化，改变乱开补贴口子，任意增加补贴品种，扩大补贴范围的做法。对财政补贴的使用要实行追踪反馈目标责任管理，及时堵塞补贴漏洞；要建立健全财政补贴的法规，使之有章可循，有法可依，依法办事。近期内首先要研究制定《财政补贴法》，各省市区再结合本地实际制定细则，使财政补贴逐步纳入法制化、规范化管理的轨道，正确发挥其应有的作用。

第四节　税式支出的经济效应

税式支出是政府的一种间接性的财政支出，实质上属于财政补贴的另一种形式。1967 年，美国哈佛大学教授、财政部主管税收政策的部长助理斯坦利·S·萨里在一次讲话中首次使用了税式支出这个词。1968 年，美国将其运用于财政预算分析，公布了美国第一个税式支出预算。此后，许多国家相继开始对税式支出问题进行研究，并广泛运用于实际。我国税收优惠政策的实践由来已久，但对税式支出的规范化研究一直到 20 世纪 80 年代才开始予以重视。市场经济国家的实践和公共经济学理论的发展表明，在我国，随着社会主义市场经济的发展，优

化税式支出结构、选择税式支出方式、评估税式支出效果等方面将是规范化的财政税收管理的重要内容。

一、税式支出的内涵与形式

1974 年美国预算法规定，税式支出是指"由于采取偏离正常税收结构的特殊措施而引起的收入损失"。这一概念来自对既定事实的确认。因此，所谓税式支出是各国政府为了实现政治经济及社会发展目标，通过采取与现行税法的基本结构相背离的税收制度来鼓励特定经济活动（如投资、扩大内需、购房、市政债券发行和慈善捐赠等），减少纳税人的特定负担而发生的政府支出，属于一种特殊的政府支出。

（一）与直接的财政支出相比，税式支出具有四个特点

（1）时效性。税式支出使纳税人本身直接受益，如果长期使用必定会使资源配置与所得分配在公平上产生扭曲现象，从而有损国民经济的均衡增长。因此，虽然税式支出有利于实现某种特定的目标，但也应充分考虑长期实施可能带来的无效率和不公平。

（2）广泛性。税收收入的广泛性决定税式支出的广泛性。不论是什么区域，不论是过去、现在还是将来，只要是纳税人，就有可能得到税收优惠。因此，有税收收入的存在，就有税式支出的客观性。

（3）灵活性。税式支出是影响税收收入的一个重要因素，与税收收入呈反比关系。由于税收优惠在时间、范围等方面可以做到具体问题具体分析，可以因事、因地、因纳税人不同而不同。因此，具有明显的灵活性特征。

（4）间接性。一般财政预算支出必须经立法机关同意，编列正规预算，而税式支出一般是利用税收制度的特殊性来体现直接支出应完成的目标，它是一种隐蔽性的支出预算，具有明显的间接性特征。

（二）税式支出方式

税式支出的手段主要有：税额减免、起征点、税收扣除、优惠税率、优惠退税、盈亏互抵、税收还贷、税收递延、税收抵免、加速折旧等。但所有税收优惠并不都是税式支出。作为税式支出必须具备两个必要条件：一是税式支出必须以一个具体税法中的规范性条款为基准，再考虑税法中偏离规范化的特殊条款——优惠减免规定，形成支出的依据。二是税式支出必须有明确的社会、经济政策目的，由于减少税收使纳税人得益，从而使某一事件或某项业务得到支持和发展，以达到政府预期的目标。

（1）减免税。这是为了经济发展的需要，对某些纳税人或课税对象给予照顾和激励的一种特殊规定。减免税是税式支出的主要内容，也是实现税式支出的重要手段之一。

（2）出口退税。这是为鼓励产品出口创汇，增强产品在国际市场的竞争力，

促进对外贸易发展。在产品报关出口后，由税务机关向出口单位退还所征收的增值税等。我国出口退税管理工作不尽如人意，骗取出口退税问题应引起高度重视。

（3）起征点、免征额。起征点是指课税对象达到征税额开始征税的数量界限，是对收入较少或纳税有困难的给予的一种照顾；免征额是在征税对象中予以免除征税的数额，是按一定标准从全部课税对象中予以扣除的部分，是对所有纳税人给予的一种照顾。起征点与免征额的规定是形成税式支出的较为普遍的形式。

（4）加速折旧。为了缩短固定资产折旧年限，加速更新或回收，对征收所得税的企业，允许采用一定的快速折旧方法，使最初几年的成本增加而减少所得，从而减轻税负。

（5）再投资退税。这是指外商投资企业的外国投资者，将从企业取得的利润直接再投资于本企业，增加注册资本或作为再开办其他外商投资企业，经营期不少于规定年限的，由投资者申请经税务机关审批，可退还其投资额已缴纳所得税的一部分，以鼓励外商在境内取得利润进行再投资。

（6）亏损抵补。亏损抵补是指允许缴纳所得税的企业，某一年度的亏损可用以后年度实现的利润进行弥补，但弥补期限最长不能超过五年。

（7）税收抵免。税收抵免是对纳税人的国内外全部所得计征所得税时，允许以其在国外已缴纳税款抵免其应纳税款，以避免重复征税的办法。这是为协调涉外税收采用的支出方式。

（8）税率优惠。税率优惠是为了对不同地区、部门及课税对象加以区别对待而在计征税款时，给予税率上的优惠。

二、税式支出的效应分析

我国近年来随着税制改革的不断深化，各种减免优惠日趋复杂、失控，实际税负大大低于名义税负，如不加以管理，将失去税收法制的严肃性。因此，引入税式支出概念，建立适合我国国情的税式支出制度，对我国税制改革具有重要意义。

（一）有利于加强对各种税收优惠减免措施的管理，控制减免税规模

一定财政年度内的税收总额同当年减免税规模呈反比关系。为了防止和克服税收优惠的盲目性和失控状况，以保证税式支出预期目标的实现，并防止其冲击国家预算，影响财政收支平衡，就有必要将税式支出纳入国家统一的预算管理与控制过程。建立税式支出制度，列出具体的税式支出项目，并编制税式支出预算表，可以加强对减免税等税收优惠的计划管理，硬化预算约束，从而把减免税等税收优惠的范围和规模控制在国家财力所能承受的限度之内。

（二）有利于发挥税收杠杆作用，增强税收的经济调控功能

以税收减免为核心的税式支出，是税收政策在调节经济时的一种必要的补充，也是税收杠杆系统的主要手段。建立税式支出制度并非要限制税收减免的经

济调控功能，而是要在更宽的领域、更深的层次、更高的水平上，从整个财政决策的高度为实现税收的这一功能创造条件。实行税式支出制度，可使我们选择最合理的优惠方式，以取得最佳的效果；同时也有利于我们对税式支出项目进行分析、审核、评估，以选择最合理的支出投向、规模，促进我国经济资源的合理配置。

（三）有利于推进税收法制建设，完善税法

税式支出是在税法限定范围内给纳税义务人以优惠的扶持、资助、补助、诱导，因此，离开税法依据和税法条文的限制，有可能造成减免税失控。目前，我国的减免税失控就有这方面的原因。通过建立税式支出制度，可以把支出项目、金额和效益置于立法机关、预算管理机关和纳税义务人的公开监督之下，变间接性为直接性，变主观随意性为法律约束性，从而推动税收法制建设的不断完善。

（四）有利于强化税收管理，发挥减免税的经济杠杆作用

通过建立税式支出制度，可以将税收减免等视为税收优惠的代价，把用于评估财政支出效益的"成本—效益分析法"引入评价税收减免等的实施效果，以促使税务部门对税收优惠减免的受益人强化管理，不断提高减免税的经济效益。

（五）有利于转变理财观念

发展税式支出理论，建立税式支出制度，有助于改变重税收收入、轻税收优惠管理，重预算直接支出、轻预算间接支出的理财观念。

三、税式支出与经济的可持续发展

我国作为发展中国家由于税收管理经验的不足，税收征管水平有限，使我国的税式支出存在一定程度的规模过度、管理松散、效益低下、作用不强等问题。因此，应借鉴发达国家的先进经验，完善现行的税式支出政策，尽可能消除其负效应，从而实现国家的宏观调控目标。

（一）按照产业政策的要求制定税式支出政策

众所周知，产业结构的合理化在很大程度上决定着一国经济的长远发展和效益提高。因此，税式支出作为宏观调控的重要手段之一，其政策制定应立足于引导企业贯彻国家的产业政策，以保证产业政策的实现为前提，推动产业结构的调整，促进资源的优化配置和生产要素的合理流动。

（二）贯彻区域经济协调发展政策，缩小地区发展差距

近十几年来，我国的税式支出政策对沿海城市、特区、开发区的快速发展与成熟起到了推动作用，对我国整体经济实力的增强具有积极作用。但却加剧了落后地区与发达地区的差距，影响我国经济的可持续增长和社会稳定。因此，我国的税式支出政策应进行调整，如逐步取消对东部沿海开放地区的多层次税式支出，实行必要的措施向经济不发达地区倾斜，对落后地区给予适当的税收照顾，促进区域结构优化。具体说，在西部大开发以及振兴东北老工业基地的过程中，

应运用税式支出政策，促进这些地区经济的快速发展，以实现优化区域经济结构，促进区域经济协调发展。

（三）制定统一法规，增强税式支出政策的透明度和规范性

我国目前的税式支出条款分散于各个税种的单行法、实施细则以及补充规定等为数众多的税收文件中。这种做法不仅造成部分税收单行法内容庞杂，而且也不利于征纳双方全面、系统地了解税式支出政策的具体内容，使得税式支出的透明度、严肃性、规范性、可操作性大打折扣。改变这种状况，应由国务院单独制定一个统一的税式支出法规，使各个税收单行法中体现的优惠，仅限于长期稳定的内容，并且通过税制结构来规定，如课税对象的选定、征税范围的选择、纳税人的确定和差别税率的安排等；而将税式支出的具体措施、范围、内容、办法、审批程序、审批办法、享受税式支出的权利和义务等规定，集中在统一的税式支出法中，对超越此法规定的减免税不得认同和执行，以加强税式支出法规的规范性、透明性和整体性。

（四）建立税式支出制度，加强税式支出的预算监督和管理

税式支出之所以容易被误用、滥用并失去合理的限度，产生一系列负效应，除了源于决策者对其作用的途径和效果认识不清外，往往是因为缺乏严密周全的权衡、分析和约束机制。因此，应该借鉴国外税式支出的理论与实践，编制税式支出预算，从总量、使用方向、管理方式等方面规范税式支出监控与管理，提高我国的税式支出效率。

从长远来看，要加强税式支出管理的科学性，就必须建立一整套税式支出分析、评估制度，对一定时期国家、地区或某一纳税人的税式支出政策执行情况进行分析评价，以监督政策实施。但是鉴于我国国情，可以先选择一些税式支出规模较大且对经济有重要影响的税式支出项目，进行预算控制和实效分析，积累一定的税式支出经验，为我国税式支出的规范化、效益化管理奠定良好的理论和实践基础。

第十二章 财政收入的经济分析 ✠

第一节 财政收入规模分析

财政收入规模是指一个国家的政府在一个财政年度内所拥有的财政收入总水平。这可以用两个指标来描述：年度财政收入的总量和财政收入占国民收入或国民生产总值的比重。年度财政收入的总量用以表现一国政府在一定时期内所拥有的具体财力的大小或绝对额，财政收入占国民收入或国民生产总值的比重则主要反映一国政府参与国民收入或国民生产总值分配的程度或相对比例，即财政征收程度。讨论财政收入规模的意义主要是确定政府在一定的社会经济条件约束下，到底能够获得多少财政收入，或者说政府获取财政收入到底要受到哪些因素的制约。

一、我国财政收入构成现状

改革开放三十多年来，中国经济突飞猛进，与之相对应的，我国财政实力也有了质的变化。从表 12 - 1 中可以看出，1978 年，中国的财政收入为 1 132.26 亿元。2007 年的统计数据显示，中国财政收入为 51 304.03 亿元，比上年同期增收 12 543.83 亿元，增长 32.4%。1978 ~ 2007 年，中国的财政收入增长超过 44 倍，年平均增长 21.8%。20 世纪 90 年代前半期，中国的财政收入占 GDP 的比重曾一度有大幅度的下降，1995 年这一比例仅为 10.27%，这直接导致了国家财力的匮乏，影响了市场经济建设过程中政府职能的有效发挥，甚至在某一段时期阻碍了政府部门的正常运转，近些年来，在有效的财税体制改革的推动下，国家财力有了明显的增强，1998 年后，财政收入占 GDP 的比重不断增长，年平均增长率超过了 6%，2007 年这一比例突破了 20%，与上年 18.38% 相比增长了 13.18%。

表 12 - 1   中国财政收入的相关指标   单位：亿元

年份	GDP	财政收入	财政收入增长率（%）	财政收入占 GDP 的比重（%）
1978	3 645.217	1 132.26	—	31.06
1980	4 545.624	1 159.93	2.44	25.52
1985	9 016.037	2 004.82	72.84	22.24
1990	18 667.82	2 937.1	46.50	15.73
1991	21 781.5	3 149.48	7.23	14.46
1992	26 923.48	3 483.27	10.60	12.94

续表

年份	GDP	财政收入	财政收入增长率（%）	财政收入占 GDP 的比重（%）
1993	35 333.92	4 348.95	24.85	12.31
1994	48 197.86	5 218.1	19.99	10.83
1995	60 793.73	6 242.2	19.63	10.27
1996	71 176.59	7 407.99	18.68	10.41
1997	78 973.03	8 651.14	16.78	10.95
1998	84 402.28	9 875.95	14.16	11.70
1999	89 677.05	11 444.08	15.88	12.76
2000	99 214.55	13 395.23	17.05	13.50
2001	109 655.2	16 386.04	22.33	14.94
2002	120 332.7	18 903.64	15.36	15.71
2003	135 822.8	21 715.25	14.87	15.99
2004	159 878.3	26 396.47	21.56	16.51
2005	183 867.9	31 649.29	19.90	17.21
2006	210 871	38 760.2	22.47	18.38
2007	246 619	51 304.03	32.36	20.80

　　资料来源：根据《中国统计年鉴 2007》和财政部《2007 年财政收入增长结构分析》相关数据整理计算。

 二、影响财政收入规模的因素

（一）影响财政收入规模的主要因素

1. 经济因素

　　财政收入规模的大小，归根结底受经济发展水平的制约，这是财政学的一个基本观点。经济因素对财政收入的影响可以从两个方面来分析：

　　（1）经济因素对财政收入绝对额的影响。经济是财政的基础，国家的财力在一定程度上是一个国家经济实力的反映。经济越发达，国民生产总值越高，可供财政分配的物质基础就越雄厚，即使财政参与分配的程度不高，政府财政收入通常也会随着国民生产总值的增长而基本同步的增长。这在经济运行机制和社会制度都相对稳定的国家的财政收入变化趋势中反映明显。

　　（2）经济发展水平对财政收入相对额（财政收入占国民收入的比重）的影响。在市场经济中，政府财政收入主要来源于国民收入初次分配后所形成的各种形式的个人收入。因此，财政收入无论采用什么形式，最终都会形成个人的负担。这就必然要求财政收入的分配程度必须与个人的承担能力相适应。而只有经济的发展，才会使个人收入（包括劳动工资和各种资本收益）不断增加，抽象地看就是人均国民收入水平的提高。人均国民收入水平的提高使人们对财政税收的承担能力加强，这就为财政提高分配比重奠定了基础。

2. 制度因素

制约财政收入规模的另一个重要因素是政府的基本社会经济制度。由于不同的制度对政府财政的职能和作用的要求有很大的不同，进而会影响到财政收入的分配程度，所以在不同的国家和同一国家的不同时期，财政收入规模也是不同的。政府职能作用的增大会引起财政支出的增长，这自然会加大政府对国民生产总值的分配程度，财政收入占国民生产总值的比重就会不断上升；反之，随着政府职能的缩小，政府财政收入占国民生产总值的比重自然也会不断下降。除此之外，在国家基本制度制约下的各国的产权制度、企业制度以及劳动工资制度等都会对政府财政收入的分配政策和收入制度产生影响，这些影响通常也会引起政府财政收入的数量和政府财政收入占国民生产总值的比重的相应变动。

（二）影响财政收入规模的其他因素

1. 价格因素

财政收入是在一定价格水平条件下以货币形式来实现的，价格因素对财政收入规模的影响通常不是实质性的，而主要表现为对财政收入的货币表现形式的影响。因此，价格的变动当然会影响财政收入的货币表现额。一般而言，在经济发展水平和财政分配程度都保持不变的情况下，价格水平的升高总会使以货币形式表现的财政收入规模不断增大，但不会使财政收入的规模产生实质性的变化。当一个国家的财政收入制度主要采用累进制所得税的征收方式时，则情况就会有所不同。由于以货币计值的各种收入所得会随着价格的升高而增大，其纳税所适用的税率也会随之升高，这就必然起到一个提高财政收入分配比例的作用，其结果使财政收入的增长幅度快于价格水平的上升幅度；反之，就会使财政收入的下降幅度快于价格水平的下降幅度，起到一个降低财政收入分配比例的作用。此外，如果一个国家价格水平的提高是由于财政性货币发行所引起的，则政府财政收入会因此而获得额外的增加，这通常被称为通货膨胀税，在后面两种情况下，价格的变动会对财政收入产生实质性的影响。

2. 不可抗力因素

当一个国家面临战争、巨大的自然灾害以及严重的经济危机等特殊情况时，政府财政支出的数量会急剧增加。与此相适应，政府财政收入的规模也会相应有所扩大。这种扩大，开始多是以债务收入的形式来实现的。但在战争、灾害和危机过后，面对债务的偿还时，政府会提高税收的征收比重，从而使政府财政收入的绝对额和相对额较之以前有较大的提高，在此之后也很难恢复到以前的水平。

3. 管理水平的影响

财政收入总是通过设计收入制度和建立相关的征管机构来获得的。因此，在既定收入政策下，收入制度设计是否科学合理，征管机构的设置和工作是否讲求效率都会对征收成本和最终形成的财政收入规模产生影响。

讨论财政收入的规模，很容易要求人们思考一个问题：政府财政收入在一国的国民生产总值中究竟应占多大的比重为合适。实际上这很难用一个十分准确的相对数指标来描述。一般情况下，应通过横向（国际间）和纵向（历史上）的比较，并考虑各种制约因素的影响来加以确定。而衡量财政收入的规模或比重是否合理，则应当以能否促进经济的发展和社会进步为基本标准。

三、适度财政收入规模的标准

我国社会主义市场经济条件下，财政收入规模无论过大还是过小都会影响社会经济及财政自身的发展。如果财政收入规模过大，会加重社会经济负担，制约社会经济发展；反之，又难以满足社会公共需要。这些都同样背离市场经济条件下追求社会公共福利最大化的原则。因此，适度的财政收入规模是市场经济发展的客观要求，也是社会经济健康发展的重要保证。

（一）最优财政收入规模

所谓最优财政收入规模，既不能简单地强调财政收入规模的最小化，也不能将财政收支适合状态下的财政收入规模视为"最优"，更不能将其界定为合乎财政收入制度约束规范的财政收入规模。必须从非制度约束出发，研究符合社会经济发展客观要求的财政收入分配总量的最优化。在其理论性质的规定上，最优财政收入规模是指处于这样一种理想状态下的财政收入规模：

（1）财政收入的分配规模既能满足政府公共投资需要，又不会压抑市场经济领域里的私人投资热情，从而使私人投资和公共投资处于投资总量上的最大化状态，有利于社会投资最大化目标的实现。

（2）财政收入的分配规模既能保证政府公共经济的运行效率，也有利于提高市场领域里的私人经济的运行效率，从而使整个社会的资源配置和资源利用处于效率最大化状态。

（3）财政收入的分配规模既能够使政府发挥宏观经济调控功能，又能使市场机制发挥自动调节作用，从而使整个社会的福利分配处于效用最大化状态，有利于保证社会成员的福利最大化目标的实现。

（4）财政收入的分配规模能够使公共经济与私人经济间的资源流动处于均衡状态，使整个社会的财力分配既有利于促进公共经济的发展，又有利于促进私人经济的发展，从而能够最大限度地满足整个社会对公共产品和私人产品的需要。

（二）最优财政收入规模的实现条件

财政收入规模随着社会经济的发展而变化，财政收入分配规模能否处于优化状态，关键要看是否符合社会经济发展的客观要求，能不能使公共经济与私人经济处于均衡发展状态。从总体上看，要想使财政收入分配规模达到"最优"或接近"最优"状态，必须具备以下社会条件：

1. 能够充分反映社情民意的社会民主制度

制度作为规范社会居民行为的准则体系内容，具有隐性制度与显性制度之分。无论作为文化范畴的隐性制度，还是以明文条例和规章为载体的显性制度，都必须充分反映社会民主化要求。只有在民主制度的保障下，社会居民才能充分反映自己的意愿和要求，才能按照集合民意、体现民愿的集体表决方式，以真实性的社会公共需要来界定政府的公共职责范围和政府公共职责的具体内容，将政府应该履行的公共职责建立在真实、客观的基础上。只有在民主制度的保障下，社会居民才能充分行使自己的民主权利，自觉监督政府行为，督促政府依法行政、公共行政和努力提高其行政效率，才能使政府按照公共化、法制化和高效率的要求真实履行其公共职责，为社会提供高质量的公共产品，满足社会公共需要。

2. 坚持政府履行公共职责的预算公开、透明原则

将政府预算的公共收支规模、财政收入来源的结构和财政支出的具体用途等向社会成员公布，通过社会成员或社会成员代表的集体表决，行使社会成员的审议权、否决权、批准权和实际监督权。使财政收入分配规模在真正置于合乎社会民意选择的基础上符合社会经济发展的客观要求。也只有在财政预算公开、透明的条件下，社会成员才能真正行使财政民主决策和民主监督权利，才能使财政分配规模满足其追求利益最大化的需要。

3. 按照市场经济发展的内在要求，不断改进财政支出方式，提高资金的使用效果

由于实践中财政收入规模的高低是国家对财政收支关系权衡的结果，总要受到财政支出规模的影响，而财政支出规模的大小又会受到财政资金使用方式所体现的财政资金使用效果的影响。因此，从"财政支出方式——财政资金使用效果——财政支出规模——财政收入规模"的传递性影响过程来看，通过改进财政支出方式，有利于提高财政资金的使用效果，有利于控制财政支出规模和提高政府服务于社会的公共经济运行效率，进而通过对财政收支规模的权衡，使财政收入规模处于优化状态。

4. 改进财政收入征收管理方式，提高财政收入的征管效率

财政收入征管效率的高低，是从征收管理的实际执行方面影响财政收入规模的一个重要因素。财政收入征管效率越高，越有利于提高财政资金的使用效果和公共经济的运行效率，使公共经济与私人经济发展过程中的社会资源配置处于相对均衡状态，实现最优财政收入规模的分配。提高财政收入征管效率，不仅要做到依法组织财政收入，还必须不断改进财政收入征收管理方式，努力降低财政收入征管成本。虽然最优财政收入规模是由社会经济发展的客观要求决定的，但在实践中这种客观存在的最优财政收入规模却无法自动实现，而必须以相应的财政制度和财政政策为保障，通过财政预算安排和实际征管部门的征收管理来实现。当财政收入分配过程中不具备或不完全具备上述条件时，最优财政收入规模也就无法真正实现。

四、财政收入占 GDP 比重的国际比较

20 世纪 80 年代以来，世界各国财政收入占 GDP 的比重普遍呈上升趋势。无

论是发达国家，还是发展中国家，随着社会经济发展水平的提高，各国财政收入规模都随之扩大，财政收入比重普遍有所提高。

从表12-2中可以看出，20世纪80年代以来世界各国财政收入占GDP的比重普遍以上升趋势居多，而我国则不断下降。发达国家中，1979年同1992年相比，提高较快的有瑞典、加拿大、澳大利亚、法国等，提高约6个百分点以上。瑞典由54.0%提高到66.1%；加拿大由36.6%提高到43.0%；美国提高少一些，但也在2个百分点以上；英国则有个变化过程，但1992年仍比1979年增加了1.7个百分点。发展中国家也在逐步提高。马来西亚由28.4%提高到32.5%，印度由17.0%提高到22.2%，泰国由14.9%提高到18.6%。

表 12-2　　　　　　　各国财政收入占 GDP 比重的趋势　　　　　　单位：%

国别	1979 年	1985 年	1989 年	1992 年
美国	32.0	33.7	34.6	34.5
加拿大	36.6	39.6	40.4	43.0
澳大利亚	31.4	35.7	37.5	38.0
丹麦	51.3	57.5	58.5	59.1
法国	41.4	46.7	46.3	47.1
德国	43.8	46.9	46.1	46.5
瑞典	54.0	62.5	64.5	66.1
挪威	54.9	53.6	56.9	58.0
英国	38.1	43.3	42.5	39.8
马来西亚	28.4	35.0	30.0	32.5
新加坡	24.0	38.0	29.0	32.8
泰国	14.9	17.3	19.5	18.6
印度	17.0	—	—	22.2

我国在这一时期内财政收入占GDP的比重是持续下降的，这同改变原有集中的财政体制有关。但20世纪90年代财政集中体制基本打破以后，财政收入规模仍然滞后于经济增长速度，财政收入比重仍逐年下跌。1994年实行分税制改革，目的之一是要提高国家财政收入比重，建立财政收入稳定增长机制，但实际执行结果按调整后的财政收入数字比较，依然在下跌。1994年比1993年又下降了19个百分点，比1993年相对1992年多下降了1个百分点（不包括体制外收入），这同国际趋势形成明显的反差。

第二节　税收的特征和征税原则

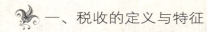 一、税收的定义与特征

（一）税收的基本定义

税收是一个分配范畴，也是一个历史范畴。税收自产生以来，已经经历了数千年的发展历史。同时，税收又是人们十分熟悉的一种社会经济现象，无论是政府机器的运转，还是一般公共需要的满足，无论是社会经济的发展，还是人民生活和社会福利的改善，都与税收有着密切的联系。

税收作为特定的分配范畴，是社会生产力发展到一定历史阶段的产物，是社会再生产的客观需要，也是社会发展不可缺少的组成部分。众所周知，人类物质资料的生产从一开始就不是单纯的人与自然的关系，而是同时具有社会性质的关系。为了从事物质资料的生产，人们必须结成各种社会关系，组成一定的社会共同体，如氏族、部落，乃至后来的民族和国家等。社会共同体是生产力和生产关系发展不以人们意志为转移的客观存在。人类除了要维持社会再生产的正常运行，满足个人的各种客观需要之外，还必须满足社会共同体的存在与发展的需要。这种需要就是通常所说的社会公共需要，而这种社会公共需要的满足则是整个社会乃至个人正常生存与发展的重要条件之一。① 社会公共费用随着社会的产生而产生，也随着社会的发展而扩大。随着生产力的发展，生产对技术和知识的要求越来越高，劳动力再生产中劳动技能、知识的传授，逐渐由以家庭为主转化为以社会为主，普及教育、技术训练以及高等教育成为社会再生产和社会发展的公共需要。没有一定的公共用费，任何社会制度都不能存在和发展，社会再生产也不能顺利进行。这就是说，社会公共需要以及满足这种需要的公共费用，是不同社会形态社会所共有的一种客观存在。

为了获得这些必要的社会公共费用，整个社会便要求社会组织的最高代表——国家以一定的分配形式参与社会资源的分配与再分配，从而占有和支配一部分社会资源，以满足社会的公共需要，维持社会的生存与发展。在迄今为止的人类数千年发展史中，国家为筹集和补偿社会公共费用而占有和支配一部分社会资源，从现象看虽有许多形式，如税收、上缴利润、规费、捐献、摊派、发行公债等，但其中最主要的形式则是税收。

由此可见，税收的概念可以概括为：国家为满足社会的公共需要，筹集和补偿由此发生的社会公共费用，按照法律规定的对象和标准，占有和支配一部分社会资源而形成的一种特殊的分配形式。这一概念告诉我们作为税收的共同的、一般的、区别于其他分配范畴的基本属性包括了三层含义。

---

① 朱明熙：《对西方主流学派的公共品定义的质疑》，载于《财政研究》2005 年第 12 期。

（1）税收不是任何社会组织都可运用的分配手段，而只是作为社会最高代表，具有公共权力的社会组织才可使用的分配手段。在国家产生之后，只有国家才是社会的最高代表，所以税收与作为社会最高代表的国家历史地联系在一起，使税收成为国家机器的经济基础或者说"奶娘"。

（2）满足社会公共需要的税收是社会再生产和社会发展的客观产物，即随着社会生产力的发展，社会公共需要逐渐经常化，满足这种需要的分配也逐渐从一般分配中独立出来，当这种分配采取以社会公共权力为后盾，并以强制、无偿、固定为其特征的规范化形式时，这种分配形式就成为税收。

（3）税收主要是对一部分社会资源，即社会产品中新创造的剩余产品进行的分配，而不是对全部社会产品进行的分配。在现代社会，社会总产品在价值形态上分成两大部分，一部分是消耗掉的生产资料的转移价值，一部分是劳动者新创造的价值。生产资料的转移价值只能留在生产部门内，用于重新购置生产资料，以保证简单再生产的连续进行，而税收的分配对象只能是新创造的价值，尤其是剩余产品价值的分配。

（二）税收的形式特征

税收的形式特征是税收本质的外在表现，是区别于其他财政分配范畴（如上缴利润、规费、摊派、公债等）的标志。换言之，只有具备了这些形式特征的事物才称其为税收；否则就不是税收。

如前文所述，税收是国家以社会最高代表的身份，为筹集和补偿社会公共费用而占有和支配一部分社会资源的基本形式。税收的形式特征是由公共需要和公共费用的性质决定的。一般认为，税收的形式特征可以概括为"三性"，即强制性、无偿性和固定性。

1. 税收的强制性

税收的强制性是指国家以社会最高代表身份，凭借社会公共权力，以法律形式确定征税人和纳税人权利和义务关系。税收的强制性包括两层含义：

（1）税收分配关系是一种社会最高代表和社会成员必须遵守的权利义务关系。执行社会职能，提供满足公共需要的公共品或服务，是作为社会最高代表的国家应尽的义务。国家在履行这些职能和义务时，必然要消耗一定的社会资源，因而就有权要求社会成员缴纳一部分剩余产品补偿公共费用，以维持社会的生存发展和社会再生产的正常运行。而享受或消费国家提供的公共品和服务，是每一个社会成员的平等权利。作为享受这种权利的条件，每个社会成员有义务向国家缴纳一部分剩余产品，有义务分担一部分社会公共费用，这种权利和义务关系是税收分配形式特征的最基本方面。而税收分配形式之所以只能采取这种特殊的分配关系，归根到底是由公共品和服务的消费和享用的共同性所决定的，这一特点使社会成员承担社会公共费用不能采用一般的私人交换来解决，而只能由国家规定社会成员义务缴纳的办法来解决。因此，这种税收分配关系往往又是由国家法律加以规范和制约的，具有法律的约束力和强制作用。

（2）税收分配关系是国家以社会最高代表身份与社会的经济组织和个人所发生的一种特殊的剩余产品分配关系。国家进行这种分配所凭借的是公共权力，不受生产资料所有权的限制，不管财产所有权者愿不愿意，都必须按规定纳税。从这个意义上讲，国家征税权是凌驾于财产所有权之上的占有和支配社会资源的公共权力，这是税收区别于其他分配范围的标志之一。

2. 税收的无偿性

税收的无偿性，是指作为社会最高代表的国家不需要对单个纳税人付出任何代价而占有和支配一部分资源。就这一点而论，税收和公债、规费、货币发行等是明显不同的。国家发行公债虽然是财政收入的一种重要形式，但是它却使国家作为债务人对公债持有者具有直接的偿还关系。国家发行货币，虽然事实上无须偿还，但也意味着国家对货币持有者的负债。规费收入则是以国家机关为居民或单位提供某种服务为前提的，因而不是纯粹意义上的无偿性。

税收之所以具有无偿性，也是由社会公共品的特征所决定的。由于满足社会公共需要的公共品和服务具有共享性，社会成员从中获得的受益是无法直接计量的。因此，国家要筹集满足公共需要的社会资源也只能采取无偿方式，而不可能采取等价交换的买卖方式。

3. 税收的固定性

税收的固定性，是指国家通过法律形式和税收制度，预先规定了征税对象、纳税人和征税标准。纳税人只要取得了应当纳税的收入，发生了应当纳税的行为或拥有了应当纳税的财产，就必须按照预先规定的标准纳税。同样，国家也只能按照预先规定的标准征税，而不能任意提高或降低标准征税。

税收的固定性是税收区别于其他分配范畴的又一重要标志。税收的固定性意味着课税对象的各种收入、财产或有关行为是经常的、普遍存在的，而且一经国家法律预先规定为课税对象，就连续有效，因而能保证国家及时占有和支配所需要的社会资源，及时补偿社会公共费用。税收的固定性还意味着课税对象和征收额度之间的量的关系是有一定限度的。一方面它能够保证国家及时足额地占有和支配一部分社会资源，及时足额地补偿社会公共费用。另一方面也可保证经济组织和个人有稳定的可支配收入，用于发展生产和提高生活。从这个意义上讲，税收的固定性特征就包含了时间上的连续性和征收上的限度性。税收的这种固定性，既保证了国家财政收入的及时和稳定，同样，也保证了纳税人的利益，使纳税人避免了无规则的干扰和苛敛，也正是这一特征使税收与摊派区别开来。应当指出的是，对税收的固定性特征不能理解为课税对象、范围和征收比例的长期固定不变。事实上，随着生产力和生产关系的发展变化，税收的课税对象、范围和征收比例是不断变化的。

税收是一个人们十分熟悉的古老的经济范畴，从它的产生到如今，经历了不同的社会形态，有了几千年的历史。无论是在奴隶社会、封建社会、资本主义社会，还是在社会主义社会，税收总是与国家紧密联系在一起的。税收不仅是国家财政收入的形式和参与 GDP 分配的手段，也是国家作为特定分配关系的体现。

二、税、费、利的区别和联系

（一）税

由于税收形式的规范性，征收的强制性和收入的稳定性使之成为各国普遍运用以取得财政收入的主要形式。同时政府也可以采用较为灵活的收费方式作为对其他经济活动的调整或是对公共产品、公共服务成本的补偿。

（二）利

利是指企业上缴的利润，来源于国有企业的经济收入。在过去的计划经济体制下，财政收入对国有企业主要采取上缴利润和税收两种形式。由于实行统收统支体制，区分上缴利润和税收并没有实质性的意义，而且长期存在简化税制、以利代税的倾向，所以直到改革前夕的 1978 年，以上缴利润为主的企业收入项目仍占财政收入的 50% 以上。改革开放后，随着经济体制改革的逐步深化，税收才逐步取代上缴利润占财政收入的主导地位。

（三）费

费是指政府公共部门中的一些行政单位和事业单位在向社会提供管理服务或事业服务时，向被管理对象或服务的消费者收取的费用。政府收费的内容大致可以划分为三类：行政管理性收费、事业服务性收费和专项收费。行政管理性收费主要是指政府的各种职能管理部门在进行行政管理服务时，向被管理对象进行的收费，这类收费一般包括各种罚款、特许权收费以及服务规费；事业服务性收费主要指政府举办的各种事业单位在向社会成员提供各种事业服务时向事业服务的消费者收取的费用，如教育收费、医疗收费、道路桥梁通过费等；专项收费是指政府为满足某一专项支出的需要而按这类支出的受益程度向直接受益者收取的费用，如道路维修费、城市绿化费、清洁费等。可见，收费是以政府提供某种产品或服务为前提的，根据受益大小和服务成本来收费。

（四）税、费、利的区别

税收、政府收费、国有经济收入是三种各自独立的财政收入形式，其区别在于：

1. 主体不同

税收是政府以公共权力总体代表的身份进行征收的，任何单位和个人都不得违抗；政府收费的主体是政府下属的各行政单位和事业单位，收费依据的是这些单位的具体管理职能和服务内容；国有经济收入则是政府以国有企业经营者或国有资产所有者身份获得的。

2. 依据不同

税收具有强制性和无偿性，将人们对公共产品的消费和对公共产品的付费相分离；政府收费同社会成员对政府提供服务的需求相关，使收费带有很强的交易性和有偿性，并且是将收费与特定的消费相联系的；国有经济收入是以财产占有为依据的分配关系，与生产资料和社会财产的所有制方式和比例直接相关。

3. 定价不同

由于政府的行政管理机构和事业服务单位都具有相当的垄断性，其收费的定价通常没有竞争而由政府部门单方面来确定，消费者对于政府收费的价格也没有选择的余地。这也是政府收费同税收和国有经济收入显著的不同之处。

三、税收原则及效应分析

税收原则是税收制度建立、改革和完善所遵循的指导思想。近年来，人们习惯上所说的治税思想，实际上就是指税收原则。从中国到外国，自税收产生起便有了税收原则，只不过随着社会经济形态的不同，各国的经济制度、政治制度、经济发展水平以及文化传统的不同，其税收原则也随之不同罢了。但是，对现代人类的经济生活起重大影响作用的税收原则，当推资本主义产生以来的亚当·斯密及其后来的西方经济学家。因此，本章的介绍主要集中在亚当·斯密之后的西方经济学家所提出的税收原则和新中国成立以来我国的税收原则。

（一）西方的税收原则

在西方，对当时乃至后世的税制建设与税制改革产生重大影响的就是集古典经济学之大成者——亚当·斯密，在《国富论》中，他提出了著名的税收四原则：公平、确定、便利、最少征收费用，即：（1）一国之民，都须在可能范围内，按照各自能力的比例，即按照各自在国家保护下享有的收益比例缴纳国赋，维持政府；（2）各国公民应当完纳的赋税必须是确定的，不得随意变更，完纳的日期、完纳的方法、完纳的数额都应当让一切纳税者及其他的人了解得十分清楚明白；（3）各种赋税完纳的日期及完纳的方法须予纳税者以最大的便利；（4）一切赋税的征收，须设法使人民所付出的尽可能等于国家所收入的。一直到今天，他所提出的主要税收原则仍被现代西方经济学家奉为圭臬。

在近代西方经济学家中，对税收原则作出较重要贡献的就属德国社会政策学派的代表人物瓦格纳。瓦格纳从有利于财政收入、经济发展、社会公平与赋税行政四个方面，提出了九条税收原则。

在财政政策方面：（1）收入应当充裕的原则；（2）收入应当富有弹性的原则。

在国民经济方面：（1）不可误选税源的原则；（2）不可误选税种的原则。

在社会正义方面：（1）负担应当普遍的原则；（2）负担应当公平的原则。

在税务行政方面：（1）课税应当明确的原则；（2）手续应当简便的原则；（3）征收费用应当节约的原则。

自20世纪30年代大危机所引起的经济理论上的"凯恩斯革命"以来，西方经济学家逐渐摒弃了古典学派的"自由放任，自由竞争"理论，而代之以国家宏观调节与市场经济相结合的理论，并由此把财政、税收与经济紧密结合起来，将财政、税收视为国家宏观经济调节的一个极为重要的杠杆，刺激消费和投资提高社会总需求，以此来缓和周期性的经济波动和实现充分就业。凯恩斯在《就业、利息和货币通论》中就提出："国家必须用改变租税体系、限定税率以及其他方法，指导消费倾向。"尽管凯恩斯及其追随者并没有明确提出过税收原则，但从其论著中可以看出，他们所强调的主要是税收调节经济的功能。美国汉森认为，"税率的变动是调节经济短期波动的很有效的手段"，"也是有效维持充分就业的头等重要的手段"。萨缪尔森在《经济学》中也曾指出："我们目前的税收制度是一个有力的和迅速的内在稳定器"，"是稳定经济活动和减轻经济周期波动的一个有利因素"。

现代西方经济学虽然在税收问题上观点各异，但大多数经济学家仍然认为，一个良好的、健全的税收制度主要应符合两大原则，即公平原则和效率原则。

1. 公平原则

所谓公平原则，是指西方经济学者沿用斯密的定义，但认为斯密的定义可以引申出两个次原则，即受益原则和纳税能力原则。

受益原则是指每个纳税义务人应根据他从公共服务中得到的受益大小而相应纳税，即政府各项公共活动的费用，应根据各人所享受该项服务利益的多少，而分摊给个人。相同的受益缴纳相同的税，不同的受益缴纳不同的税。该原则的优点在于把受益与纳税，公共支出与纳税联系起来加以衡量。但其缺点是：（1）该原则虽然可以解释部分政府提供的服务（如公路建设等）而征收的税收（如汽油税等），但不能完全解释政府所征收的全部税收，尤其是对占政府支出最高比重的转移性支出部分所征收的税收；（2）事实上每个纳税者从政府支出中所得到的受益是很难准确计算的，这里除了每个纳税义务人因为对公共服务的需求不同，因而受益的感受度不同外，还有直接受益与成本和间接受益与成本，内在效用与成本和外在效用与成本等问题，这些都是难以计量的，所以受益原则在实际生活中也是颇难全面推行的。

纳税能力原则是指按纳税义务人的纳税能力的大小来纳税。它包括横向公平和纵向公平。横向公平是指纳税能力相同的人必须缴纳相同的税。纵向公平则是指纳税能力不同的人应缴纳不同的税收。但如何衡量纳税义务人的纳税能力呢？有的经济学家主张客观标准，有的则主张主观标准。主张客观标准者提出了测量纳税能力的标准：消费（支出）标准；财产标准；所得（收入）标准。主张主观标准者也提出了测量纳税能力的标准：牺牲绝对相等标准；牺牲比例相等标准；牺牲边际相等标准。由于种种客观、主观原因的制约，在实践中衡量纳税能力大小的标准通常采用所得（收入）标准。

2. 效率原则

西方经济学家认为，税收的效率原则包括两个方面：（1）税收的征管费用最少；（2）征税产生的额外负担最小。

他们认为税收的征管费用包括征税的行政费用和纳税者的奉行纳税费用。前者是指政府部门在税收征管中所发生的费用。如税务部门所发生的征管费用，以及其他部门（如司法、警察等）所提供的但不用支付费用的各种劳务。后者是指纳税义务人在纳税时所发生的费用。如纳税义务人支付给会计师、税收咨询等方面的费用，纳税义务人用于填报纳税登记表的费用和时间损失，代缴税款的公司和其他机构发生的费用，以及由于征税而使纳税义务人所发生的心理损失费用等。

所谓额外负担，是指某种税收的课征，对私人或企业在市场经济中的最佳决策产生扭曲，从而使私人或企业所承受的实际负担超过税金本身负担的部分（见图 12-1）。

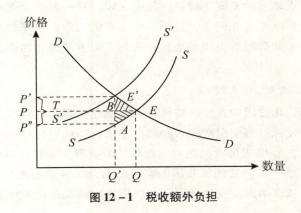

图 12-1　税收额外负担

图 12-1 中，*DD* 需求曲线代表边际社会价值（或个人消费商品 *X* 所获得的效益），*SS* 供给曲线代表边际社会成本（或生产商品 *X* 的社会机会成本）。在自由市场经济条件下二者自动趋向于均衡点 *E*，在这点上，边际成本 = 边际收益，均衡价格为 *P*，商品 *X* 的均衡数量为 *Q*。在政府对该商品征税后，由于征税，商品 *X* 的生产成本将提高 *T*，此时，供给曲线上升至 *S'S'*，价格上升至 *P'*，产量下降为 *Q'*，生产者的无税成本为 *P"*，均衡点至 *E'*。这时政府的税收为 *P'P"AE'* 这一块，*ABE* 为生产者的净损失，*BE'E* 为消费者的净损失，二者合起来的 *AE'E* 即为额外负担，于是生产者可能转而生产别的有利可图的产品，消费者可能转向寻求别的无税或低税的替代品，由此而改变了私人或企业的最佳决策。

在研究税收的额外负担时，西方经济学家认为，应当区分税收的收入效应和替代效应。收入效应是指由于征税而使纳税义务人的收入减少的效应；替代效应则是指由于征税而影响相对价格的变化，从而导致私人或企业选择一种消费或活动来代替另一种消费或活动时所产生的效应。如对所得征税的边际税率过高，会导致私人多休闲而少工作；对利息、股息征税过高，将引起人们多消费而少储蓄。他们认为，一般而言，收入效应不会产生额外负担，它只是表明资源从纳税义务人手里转移到政府手中。而替代效应则会妨碍私人或企业的抉择，它会导致额外负担。事实上，任何一种税都会产生额外负担。因此，从效率角度看，最适赋税应是额外负担最小的赋税，即对市场产生扭曲影响最低的赋税。西方经济学家从这点出发，提出了税收的"中性"原则。严格地讲，这种提法是不科学的。因为，任何税收的征收都不可能是中性的，如前文所述，它总是会产生收入效应和替代效应，在实际生活中，它表现为或是刺激人们投资、储蓄、工作的正面效应，或是抑制人们投资、储蓄、工作的负面效应，所谓最适赋税只不过是正面效应大于负面效应的赋税，即额外负担最小的赋税。在现代西方经济中，国家的宏观调节已经与市场机制融为一体，市场经济要正常运行已离不开国家必要的宏观调节，而国家宏观调节的重要手段之一便是赋税。赋税要成为调控手段，就不可能是中性，要中性就不可能调节，这是人所共知的道理。基于以上两点，与其提税的中性原则，不如提额外负担最小原则为好，或者说是相对中性原则，而不是绝对中性原则。

（二）我国的税收原则

在我国的现代化建设中，应该按照什么原则建立起适应社会主义市场经济的税收制度，充分发挥其筹集财政收入和调控经济社会的重要作用呢？在这里有两点需要明确：（1）在确定税收原则时，必须吸取世界上一切先进的代表生产力发展方向的治税原则；（2）必须从我国的实际出发，实事求是确立适应中国具体国情的税收原则。从这两点出发，我国的税收原则应该是：财政原则、公平原则和效率原则。

1. 财政原则

财政原则是指为国家筹集财政收入的原则，这是由税收这一国家分配手段的本质特征所决定的。众所周知，税收是作为社会最高代表的国家为满足社会公共需要实现其职能，按照法定标准对社会产品，尤其是剩余产品所进行的强制的、无偿的分配。税收这一本质明确告诉我们，税收之所以产生、存在和发展，其首要目的就是为了作为社会最高代表的国家实现其职能，满足社会公共需要而筹集必要的财政收入，国家职能的大小必然决定税收收入的多少，这一点，古今中外概莫能外。

在我国社会主义市场经济中，国家除了提供维持社会稳定与发展的一般公共服务（如国防、公检法、必要的行政、外交、教育、卫生、科技、文化、社会保障和社会救济等）外，还担负着调节经济与支持不发达地区发展等重要任务。为了实现这些目标，国家必然需要有一定的财力支撑。由于税收目前占国家财政收入的大头，因此，为国家提供必要财力的重任责无旁贷地落在税收之上，而税收筹集的多少，征收的好坏，也就从财力上制约着国家的上述职能是否能充分实现。从税收工作方面讲，要较好地贯彻财政原则，其税种的设置，税率的设计，征税环节的安排，税前扣除的规定，税收优惠的确定，以及税收征管等都必须从有利于国家职能充分发挥的角度出发，尽可能地筹集较多的税收收入。

2. 公平原则

分配公平不仅是经济问题，而且也是政治、社会问题，尽管生产力的发展是社会进步的根本因素，但分配不公却往往会造成社会动乱和革命。然而，何谓公平？自人类社会出现不平等以来，从古到今，便有了关于公平的经久不衰的争论。应该说，在公平问题上，马克思的历史唯物观才是正确的。马克思认为，公平的内涵是一个历史的相对的而不是永恒的范畴，即经济发展阶段不同、社会制度不同、文化道德观念和习俗的不同，其公平的内涵也不同。因此，世界上不可能存在一个放之四海而皆准的、永恒的、共同的公平内涵观念。这也告诉我们，尽管税收原则的研究离不开对公平的探讨，但公平内涵的确定必须从当时当地的实际出发，而不是从主观臆断中得出。

依据这一原理，从我国社会主义市场经济的现实出发，我国的税收公平原则应包含两层含义：经济意义上的公平和社会意义上的公平。

（1）经济意义上的公平。经济意义上的公平是指税收的征收应该为企业、个人创造公平竞争的市场环境，使企业、个人收入的多少与其投入的大小以及所产生的效益高低相对称，即等量投入及其所产生的效益取得等量报酬。这里所讲的投入，除了劳动投入以外，还包括资金、技术、经营等其他生产要素的投入。在这里，公平的含义在于收入与投入及效益对称，多劳多得，多投入多收益，效益越大收入越高，从而清除长期存在的"平均主义"、"吃大锅饭"的弊端。

为了实现经济意义上的公平，政府必须为企业竞争创造一个公平的税收环境。不论何种所有制企业，也不论属于何地的企业，亦不论进行何种经营活动的企业，在纳税的税种、税率、税前扣除和税收优惠等方面均应一视同仁，大体统一，享受无差别待遇。而绝不能因为企业所有制的不同（如内资或外资、全民或集体、公有制或私有制的不同），企业所处的地区的不同（如沿海与内地、东部或西部的不同），企业经营的不同（如工业与商业，第一、第二与第三产业的不同），而在税收上有不同的对待，缴纳不同的税种，承担不同的税负，享受不同的税收优惠。即使是国家根据经济、社会发展的需要实施区别对待的产业、地区税收政策，那也应当尽量控制在一定范围之内。总之，欲使税收实现经济意义上的公平，其市场公平竞争的税负环境（如流转税和企业所得税）必须是大体统一的、无差别的。即具有同等纳税能力的人应当承担相同的税负，实现税收的"横向公平"。为了实现经济意义上的公平，政府还必须运用税收手段调节与生产经营无关的其他因素所产生的级差收入，为企业创造公平竞争的市场环境。比如，在现实生活中企业进行生产经营，常常会由于占有资源条件的不同（如国有企业属于国家投资，集体、外资、私营、个体则属于非国家投资，再如采掘企业之矿藏资源条件的差异），所处地理区位的不同（如处于大城市市中心的商业企业与地处郊区或穷乡僻壤的商业企业之间，处于经济发达、交通便利的地区的企业与处于经济不发达、交通条件差的地区的企业之间）等客观因素，产生投入相同，但收益、所得则大不相同。对于这种因客观因素的不同所造成的级差收入，如果不调节，企业之间实际上处于不公平的竞争之中，企业和个人收入也难以实现经济意义上的公平。因此，国家应当运用税收杠杆，或征国有资产占用税，或征矿藏资源税，或征土地使用税等，对上述客观因素造成的级差收入进行调节，使企业之间大体上处于公平竞争的市场环境，从而实现经济意义上的公平。

（2）社会意义上的公平。社会意义上的公平是指在经济意义公平初次分配的基础之上，国家从维护整个社会稳定的角度出发，运用税收对各种收入分配，尤其是个人收入分配予以必要的调节或再分配，以缩小收入差异，防止两极分化，从而使收入分配在整个社会范围内达到适度公平。

从税收上讲，为了实现收入分配在社会意义上的公平，就应当实行"量能纳税"，即在个人所得税、财产税、遗产税及赠与税等方面，通过设置适当的累进税率，使多收入者多纳税，少收入者少纳税，无收入者不纳税；财产多者多纳税，财产少者少纳税或者不纳税，从而实现"纵向公平"原则。这样一套税制是否违背了公平原则？笔者认为，只要税率设计适当，就不会违背公平原则；相反，它恰恰是公平原则在税收上的体现。因为，纳税义务人的收入或财产的多少不同，其纳税能力亦不同，其承受税负的能力或者说边际牺牲度亦不同。

3. 效率原则

税收的效率原则应包括经济效率原则和最少征税费用原则两个方面。

（1）经济效率原则。经济效率是一个多层面的概念，它既包括微观经济效率，同时又包括宏观经济效率。因此，在税收上既要注重微观效率的提高，同时也要注重宏观效率的提高。

在提高宏观经济效率方面，主要是指通过税种、税率、征税环节的精心设计，使之成为缓和宏观经济周期性波动的内在稳定器；通过税收发挥其必要的能动作用，调节国民经济的总量平衡、结构平衡、地区平衡，促进城乡协调、人与自然的协调、内外经济的协调，从而使我国经济协调、高速、健康地发展。在这方面，既要摒弃"国家万能论"的幻想，同时也要破除"市场万能论"的迷信。

在提高微观经济效率方面，主要是征税中要妥善处理国家、企业、个人三者的利益关系，不至于因征税过高而挫伤企业与个人投资、储蓄、生产、工作的积极性。在国民收入的分配中，国家与企业、个人之间处于既相互联系又相互矛盾的关系之中，国家拿得多，企业与个人必然拿得少；相反，企业与个人拿得多，国家必然拿得少。而这种量的分割的大小，又直接关系着企业和个人的投资、生产、工作、储蓄的积极性的发挥，以及国家职能是否能充分实现的问题。在这方面，既要反对只顾国家需要，不顾企业、个人利益的"竭泽而渔"的短视政策，同时也要反对只讲企业、个人利益，而不顾国家利益的片面"施仁政"的政策。正确的做法应当是在征税过程中，按照"三兼顾"的原则，妥善处理三者利益矛盾，充分调动三者的积极性。

（2）最少征税费用原则。最少征税费用原则包括征税的行政费用最省和纳税者的纳税费用最低两个方面。

征税的行政费用是指政府部门在税收征管中所发生的一切费用，主要是税务机关以及相关的机关，如司法、公安、检查、银行等的征税费用，它包括人员的工资支出、办公支出、税务诉讼支出、宣传辅导支出、技术装备支出等费用。而征税费用的高低，可以用征税费用占税收入库数额的百分比表示，即：

$$征税费用率 = \frac{征税费用}{税收入库数} \times 100\%$$

费用率越低，其征税成本就越少，纳税义务人缴纳的税额同国库实际收入之间的差额也越小，表明征税的行政效率也越高。

纳税者的纳税费用是指纳税义务人在纳税过程中所花费的时间、精力和金钱。如纳税义务人填报纳税申报表，计算和缴纳税过程中所发生的费用以及咨询费、代办费、诉讼费、邮电差旅费和税收检查时所耗费的时间、精力、费用及对税务人员的接待费等。这些费用都是由纳税义务人承担的。在实际生活中，这部分费用由于发生面广而杂，不太好度量。征税的效率原则要求，在征税过程中应该使纳税义务人在履行纳税义务时所花费的这部分费用最低。

要使征税的行政费用最省和纳税义务人的纳税费用最低，客观上必然要求税制简便，即税种、税率、征税环节、税收规定要简便；税收的征收管理、征收手续、征收地点要简便。

（三）税收三原则之间的关系

税收的财政原则、公平原则和效率原则在实际生活中常常会处于既相互联系又相互矛盾的对立统一关系之中。说它们是相互联系的统一体，是因为一个良好的税制从根本上必须体现这三个原则；而说它们又是对立的、矛盾的，是因为在实际税收工作中，常常会出现财政原则与效率原则，公平原则与效率原则，效率原则中的提高宏观效率原则与征税中的简便原则之间的冲突，弄得不好就会顾此失彼，破坏这一对立统一关系。而高明的财税工作者，其高明之处就在于能巧妙地处理这些对立统一关系，使税收三原则在征税过程中得到充分体现，正所谓"运用之妙，存乎于心"。

（四）税收效应分析

1. 税收对劳动的影响

现代经济学认为，个人福利水平的提高不仅表现在人们通过劳动而获得的物质收入方面，而且还包括人们通过闲暇所获得的精神享受。因此，研究税收对劳动供给的影响，其目的并非由于简单地使人们的劳动供给最大化，而是分析税收如何干扰个人在工作与闲暇间的决策，并使人们在满意的闲暇基础上提供最大的劳动供给。

（1）税收对劳动的收入效应与替代效应。在政府课征所得税的情况下，税收对劳动投入产生替代效应，就是说，政府课税降低了闲暇相对于劳动的价格，于是纳税人以闲暇替代劳动，导致劳动投入下降，替代效应的大小取决于边际税率。同时，税收对纳税人在劳动投入方面产生收入效应，因为政府课税直接减少了纳税人可支配的收入，纳税人为维持原有收入水平不变，减少闲暇而更加勤奋地工作。税收对劳动投入的影响即替代效应与收入效应是反方向的，若分析税收对劳动投入的总效应，还应将两种效应综合在一起加以分析。

（2）定额税与比例所得税对劳动的不同影响。不同税率，如定额税与比例所得税，对劳动投入产生的影响也是不同的。在对纳税人课征定额税的情况下，具有比课征比例所得税更大的激励纳税人增加劳动投入的收入效应。尽管两种税收征收数额相同，但因课征比例所得税改变了收入与闲暇的相对价格，所以产生了妨碍劳动投入的替代效应；而定额税按固定数额征收，与应税所得额大小无关。因此，不改变收入与闲暇的相对价格，故不具有妨碍劳动投入的替代效应。可见，在取得同等税收收入的情况下，采用定额税的征收方式对劳动投入产生更大的激励作用。

（3）所得税与商品税对劳动的不同影响。比较所得税与商品税时，所得税是对名义工资的扣除，而商品税则是对实际工资的扣除。课征商品税将使商品的价格提高，使得一定量的货币的实际购买力减少，从这一意义上说，商品税将改变实际工资率，因而也会对收入与休闲的选择产生扭曲性影响。

2. 税收对储蓄的影响

人们所取得的收入不是用于消费就是用于储蓄，而储蓄则是为了未来的消费。因此，消费与储蓄的选择也可以说是目前消费与未来消费之间的选择。当对储蓄利率征税时，税收对储蓄将产生收入效应和替代效应。税收对储蓄的收入效应的大小取决于所得税的平均税率水平，收入效应将对纳税人产生激励机制，即以减少当前消费为代价来保持既定的储蓄规模，确保未来消费；而税收对储蓄的替代效应的大小取决于所得税的边际税率高低，替代效应表明，纳税人在储蓄利率降低的条件下将以增加当前消费来替代未来消费，减小储蓄的规模。

税收对储蓄的影响还表现在：高收入者的边际储蓄倾向一般较高，对高收入者征税有碍于储蓄增加；边际税率的高低决定了替代效应的强弱，所得税的累进程度越高，对家庭储蓄行为的抑制作用越大；减征或免征利息所得税，将提高储蓄的收益率，有利于储蓄等方面。

3. 税收对投资的影响

（1）税收对投资的收入效应与替代效应。由于投资可在未来产生新的收入，因此，放弃一个单位的目前消费可在未来得到大于一个单位的消费，扩大的倍数取决于投资报酬率。税收对投资产生的替代效应使投资减少，以增加当前消费来代替因用于投资而可能增加的未来消费；收入效应则表现为，由于税收使投资报酬率降低，为了保证收益，必然以减少当前消费为代价换取较高的投资规模，此时，税收对投资产生激励机制。

（2）对资本所得与劳动所得征税的不同影响。所得税的课税基础通常包括资本所得和劳动所得。向资本所得课税意味着降低投资的报酬，投资报酬率的改变将产生替代效应，使人们倾向于更多的消费，使税后的福利水平降低，形成税收的超额负担。若要避免这方面的超额负担，所得税就必须仅向劳动所得课征，而资本所得则予以免税。

（3）对消费品与投资品征税的不同影响。商品税如果仅向消费品征收，则不会干扰消费与投资的选择，因为它不改变投资报酬率。如果商品税不仅向消费品而且也向投资品课征，就会使投资成本增加并降低投资的报酬率，现在消费与未来消费的交换比率就会发生变化，相对价格的变化将使得人们税后的福利低于采用中性税收时的情形。

4. 税收对风险承担的影响

对企业来说，从事资本投资就涉及承担风险问题。这是因为，第一，西方经济学中的经济利润实际上是对承担风险的机会成本的一种支付，则公司所得税在一定程度上说是对承担风险征收的一种税；第二，风险的存在可能影响企业在既定的利率下的融资能力，如果企业从事于风险投资，企业能够借款的利率可能会随着债务问题的出现而提高。这是因为企业会有破产的风险，没有能力偿还其债务。因此，企业面临一个较高的资本成本，限制了它的资本投资。

由于公司所得税具有增加承担风险的效应，所以政府鼓励投资者承担风险，其关键机制是允许充分损失补偿。各国在鼓励个人和公司投资于风险资产时，普遍采用了这一措施，但损失补偿的程度不一。

（1）有些国家采用退回补偿方式，即投资者在某一纳税年度发生亏损时，可以用以前年度的利润弥补亏损而退回以前年度已纳的所得税。尽管这一措施一般都有一定的抵补期限，但对风险投资的鼓励程度仍然较大，因为政府要退回一部分已入库的税款，风险承担方式较为直接。

（2）有些国家采用结转补偿方式，即投资者在某一纳税年度发生亏损时，可以用以后年度的利润来弥补本年度的亏损，其实质是政府用以后年度的税收承担投资者的部分亏损。目前，大多数国家都采用这一方法。同第一种方式相比，这一方式对风险投资的鼓励程度要小些。这是因为：一方面，用以后年度的利润来补偿现在的损失，投资者要损失一定的资金时间价值；另一方面，在通货膨胀的情况下，用将来的利润扣减现在的损失，扣减损失的资金价值小于实际损失的价值。

（3）有些国家则采用前后共同补偿方式，即投资者在某一纳税年度发生亏损时，可以用以前和以后几年的利润来抵补亏损。这种方式是把上述两种方式结合起来，目的是加快投资者亏损的补偿。一般而言，冲抵前后年度的盈余，都有一定的时间限制，例如，美国的税法曾规定，前后可以抵冲的年限为前 3 年后 7 年。

第三节 税收负担与税负转嫁

税收负担问题是税收制度的核心，合理界定一定时期的税负水平，对于保证政府履行其职能需要的财力、促进经济发展有着重要的意义。从一般意义上说，政府税收收入规模过小难以保证政府履行其职能的资金需要；而政府税收收入过大又会抑制经济的发展，所以在任何时候都需要确定一个合理的税收负担水平。

在这一水平下，既能满足政府对税收收入的需要，又在社会承受能力之内，不会对经济发展产生负效应。因此，确定科学合理的税收负担水平非常重要。

一、宏观税收负担

宏观税负是指一个国家的总体税负水平，一般通过一个国家一定时期内税收总量占同期 GDP 的比重来反映。宏观税负的高低，表明政府在国民经济总量分配集中程度的大小，也表明政府执行社会经济职能以及财政功能的强弱。它是政府制定各项具体税收政策的重要依据，也是各项具体税收政策实施的综合体现。宏观税负是建立在微观税负，即每个税种的具体税率基础上的，但宏观税负又是制定微观税负的政策依据，对每个税种税率的确定有着制约作用。衡量宏观税负水平的高低，主要是用一定时期税收收入占 GDP 的比重来反映。

准确把握一定时期的宏观税负水平，需要全面、充分、科学地考察和分析影响宏观税负水平高低的因素，从中找出规律性的认识，正确处理宏观税负与这些影响因素之间的关系，以使宏观税负保持一个合理的水平。总的说来，影响宏观税负水平的因素较多，但可以从两个大的方面来看。一方面，经济运行中的某些因素对一定时期宏观税负水平的高低起决定性作用，宏观税负水平的确定只能适应这些因素的变化进行适当性调整。另一方面，由于税收制度是在整个社会经济活动基础上构建起来的，税收制度与社会经济活动的适应性，以及整个社会经济活动的组织、制度、结构和经济行为的变化都会影响到宏观税负水平的高低；从这方面看，可以通过对社会经济活动相应的制度（包括税收制度）、组织、结构和经济行为的校正来适当调整宏观税负水平。

二、影响税收负担的因素

（一）宏观税负水平高低的决定性因素

一般说来，一定时期宏观税负水平高低的决定因素主要有生产力发展水平、政府职能范围和政府非税收入规模。

1. 生产力发展水平

一个国家一定时期宏观税负水平的高低与生产力发展水平正相关。生产力发展水平愈高，社会产品就愈丰富，人均 GDP 的水平就愈高，这样，税基就比较宽广，整个社会税收的承受能力就强。因此，生产力发展水平较高的经济发达国家，其宏观税负水平要高于生产力发展水平相对较低的发展中国家。有关资料表明，税收收入占 GDP 的比重，发达国家一般在 35% 以上，发展中国家一般在 20%～30% 之间。1987 年世界银行的一份调查资料显示，一国宏观税负水平与该国人均 GDP 水平正相关：人均 GDP 在 260 美元以下的低收入国家，最佳宏观税负为 13% 左右；人均 GDP 在 750 美元左右的国家，最佳宏观税负为 20% 左右；人均 GDP 在 2 000 美元以上的中等收入国家，最佳宏观税负为 23%；人均 GDP 在 10 000 美元以上的高收入国家，最佳宏观税负为 30% 左右。从各国不同历史发展阶段的比较来看，一些主要发达国家大都经历了早期积累时期的高税负、发展起飞时期的低税负和强化国家干预时期的高税负等几个主要阶段，目前向可持续发展的适度水平过渡。

2. 政府职能范围

一定时期宏观税负水平的高低取决于政府职能范围的大小。政府职能范围宽、事权多，相应地需要政府提供的公共产品和公共服务的数量就大，那么宏观税负水平就应高一些；反之则低。对于政府职能的范围，从亚当·斯密出版《国富论》的 1776 年起就争论不休，有的给政府赋予越来越多的职能，有的则要求把政府身上过多的职能卸下来。但是总的来看，现代政府的规模和作用范围日益扩大，政府职能由小到大，由窄到宽，范围不断拓展。19 世纪德国社会政策财政论的代表人物瓦格纳认为，随着时代的发展，政府的活动范围不断扩大，政府在不断提出新任务的同时，有的职能也在进一步扩大。他预言，随着经济的发展，政府支出必定以更快的比率增加。许多发达国家和发展中国家的实践已经证实了瓦格纳的预言。1954～1980 年的 27 年间，主要的工业化国家的总支出占国内生产总值的比率都上升了。在短暂的 27 年间，上升的比例都超过了 20%，尤以意大利和联邦德国为甚，总支出占国内生产总值的比率分别上升了 59.6% 和 52.4%，日本也上升了 42.2%。通过对印度、马来西亚、巴基斯坦、菲律宾、巴西、韩国、新加坡等发展中国家的考察发现，自 1979～1988 年的 10 年间，这些国家财政支出占 GDP 比重的指数都有较大幅度的增长，平均增长达 27.5%。据世界银行《1993 年世界发展报告》提供的资料，近 10 年来世界大多数国家财政支出占国内生产总值的比重都有增加的趋势，而且比值一般在 30% 左右。政府职能范围的拓展使政府支出的规模不断膨胀，政府支出规模的膨胀要求有较大规模的税收来支持，这样必然要求宏观税负水平的不断提高。

3. 非税收入规模

税收并不是政府筹集财政资金的唯一方式和渠道，在衡量宏观税负水平时，需要考察政府通过非税方式取得的收入规模的大小。因为一定时期内整个社会创造的可供分配使用的 GDP 是一个定量，政府的各种收入都来源于当期社会所创造的 GDP，在满足政府一定支出需要的情况下，通过非税形式取得的收入规模大，通过税收取得的收入规模必然减少。在我国传统的计划经济体制下，国有企业以上缴利润代替税收，从而导致税制结构简单，税收数量减少，财政收入中企业利润的份额大幅度增加，而税收的份额则相应减少，宏观税负水平也随之降低。再如一些石油输出国，其财政收入主要靠资源收入，税收占财政收入的比重很低，宏观税负水平自然很低，但其政府财力却比较充足。伊朗 1981 年税收收入占 GDP 的比重为 9.11%，而科威特仅为 3.78%。

（二）影响宏观税负水平的其他因素

上述三个因素决定了一定时期一个国家宏观税负水平的大致程度。但是由于税收的广泛性使社会经济运行中的许多变化都能在税收上得到反映，从而成为影响宏观税负水平的重要因素。其中主要的因素有以下几个方面。

1. 政府财政支出的效率

税收收入主要是为了满足政府财政支出的需要。一定时期内政府税收收入规模的大小不仅取决于政府职能范围的大小，它还受政府履行其职能时财政资金使用效率的影响。在政府职能既定的条件下，政府财政资金使用效率高，较少的资金支付即可满足政府需要，相对需要较小的税收规模，从而要求较低的宏观税负水平；如果政府资金使用效率低，浪费严重，实现同样的职能就需要较多的资金支付，这必然要求较大的税收规模，相应要求较高的宏观税负水平。

2. 结构性因素的影响

公平税负是市场经济条件下课税的重要原则，政府应对所有的纳税人课以大致相同的税收，但现实中的种种原因，往往并不能使税收保持这种"中性"特征。那么，当经济运行中的组织结构、产业结构和收入分配结构等发生变化时，往往就会使宏观税负水平发生变化。

3. 政策性因素的影响

经济政策及相关的税收政策的变化会使经济中的税基和实际税率发生变化，从而引起宏观税负的变化。一般说来，折旧政策、税收优惠政策及其他收入政策的变化，都可能使税基的宽窄和税率高低发生相应的变化，导致宏观税负水平相应地提高或下降。

4. 税收制度及税收征管水平的影响

生产力发展水平决定了宏观税负水平高低的可能性，税收制度和税收征管水平却决定了宏观税负水平高低的现实性。不同的税制结构由于其征收的侧重点、税收作用点不同，因此形成了不同的宏观税负水平。如目前世界上大多数发达国家都开征了社会保障税，并且成为第一或第二大税种，美国、英国、德国、法国、日本、加拿大等国的社会保障税都已超过了个人所得税而成为第一大税种。许多发展中国家尚没有设置社会保障税或只有少数不具规模的社会保障税。我国没有设置社会保障税，社会保障资金并不是以税收形式取得的；这样，在同西方国家进行宏观税负比较时，就存在着这一不可比的因素。税制设置上是否具有较强的可操作性，税务部门实施税收征管的能力及纳税人依法纳税的自觉性和能力都决定着宏观税负水平的高低。一个税种在理论上再好，如果在实践中政府不能有效地把握这种税收工具，可操作性差，就不可能实现既定的收入目标。而税务部门的税收征管能力则决定了能否做到应收尽收。税收执法是否具有很强的法律强制力，是否具有科学严密的征管程序和办法，是否具有有效地打击偷逃税行为的措施办法，这些都会影响到税收收入的实现，影响到宏观税负水平的高低。

5. 其他因素影响

如前文所述，税收制度是建立在整个社会经济运行基础上的，它与经济运行及经济环境的优劣有着密切的联系。经济生活中的多方面因素都会影响宏观税负水平的变化。如投资体制、金融管理体制、财务会计制度等科学规范与否都会对宏观税负水平的高低产生影响。

总之，宏观税负水平的高低及其变化是多方面因素影响的。各种因素对宏观税负的影响力度是不同的。宏观税负水平的界定和调整需根据这些因素的影响程度进行适应性的调整。

三、税负转嫁与归宿

税负转嫁含义的界定是研究税负转嫁问题的起点和基础，实际上许多有关税负转嫁的其他问题的分歧也是由此引起的。因此，税负转嫁的含义是一个首先应弄清楚的问题。税负转嫁是纳税人通过经济交易中的价格变动，将所纳税收部分或全部转移给他人负担的一个客观经济过程。其含义有以下几个要点：

（一）纳税人是唯一的税负转嫁主体

税负转嫁必然是纳税人作为主体的一种主动的有意识行为。它表明国家本身在税负转嫁这一经济过程中，只是法定税负的确定者，而绝不是转嫁主体。国家通过规定价格产生的价格再分配及相应的税收价值转移过程，也应该不算税负转嫁。

（二）税负转嫁是税收负担转移的客观过程

在商品交换过程中，纳税人通过提高商品销价或压低商品购价的办法，将税负全部或部分地转嫁给他人。其结果是伴随着商品交换而发生了税收价值的转移，纳税人自己不承担或少承担了原有的税负。

（三）价格变动是税负转嫁的唯一途径

国家征税后，纳税人或提高商品的供给价格，或压低商品的购买价格，或二者并用，借以转嫁税负，除此之外，别无他法。

（四）能用货币价值形式表示的法定税收负担是税负转嫁的客体

税负转嫁的客体也就是说：其一，即使是实物税，若要转嫁，也必须还原成货币价值形式，通过价格变动的途径转嫁出去；其二，能转嫁的只能是与税法规定相同的等额税收负担，超额转嫁是不存在的，由征税导致的额外负担也是不能作为转嫁客体的。因为只有在税负转嫁完成后，额外负担才最终形成，所以额外负担尽管与税负转嫁程度有联系，但不构成税负转嫁的客体。

（五）纳税人与负税人一定程度的分离是税负转嫁的必然结果

纳税人与负税人的分离可划分为两个层次：第一个层次是，以税前价格为基准，不管纳税人在商品交易中的价值实现程度如何，只要税负随着纳税人提高或降低价格而发生了运动，即表明发生了纳税人与负税人的分离。第二个层次是，以价值为基准，如果纳税人在商品交易中获得的价格低于或等于其价值，就没有发生纳税人与负税人的分离，若高于其价值，则发生了纳税人与负税人的分离。可见，纳税人与负税人的第二个层次的分离则不一定和税后价格有关，如税前价格高于价值，即使税后价格不变，其分离也是同样存在的。因此，作为税负转嫁结果的纳税人与负税人的分离应属第一个层次，它是否属于第二个层次是不确定的。此外，由于税负转嫁有着全部或部分转嫁的程度之分，所以，由税负转嫁决定的纳税人与负税人的分离也同样有着程度之别，即完全分离或部分分离。

税收的最后归着点便是税收归宿。税收归宿一般就税收对收入分配的影响而言，会有三种表现：一是税法归宿，即税法所规定的负有缴纳责任的纳税者是税法的归宿；二是设计归宿，即税收杠杆发挥调节作用下税收负担的承担者——税收调节对象，它既可能与税法归宿一致，也可能不一致；三是经济归宿，实际收入减少的税负承担者即经济归宿。由于税收负担的转移、转嫁，以上三种归宿可能一致，也可能不一致。

 四、税负转嫁的条件与形式

（一）税负转嫁的条件

1. 纳税人具有独立的经济利益是税负转嫁的主观条件

国家征税，表明原来归属纳税人拥有的一部分价值向国家的单方向无偿转移，是纳税人的一种物质利益损失，在纳税人具有独立的经济利益条件下，必然要想办法避免或减少因纳税而减少的物质利益。在排除偷漏税等非法手段以后，通过经济交易中的价格变动来合法转移税负就成为纳税人的一个重要和基本的选择；反之，如果纳税人没有独立的经济利益，也就失去了转嫁税负的内在动机。在我国过去高度集中的计划经济体制下，国有企业的利润全部上缴，亏损由国家拨款弥补，生产发展所需资金也由国家拨款，工资奖金标准由国家统一制定，企业没有自身的经济利益，即使作为纳税人纳税，由于和其直接经济利益无关，也不存在转嫁税负的强烈欲望和内在要求。当然，也就谈不上税负转嫁的存在了。

2. 自由价格机制的存在是税负转嫁的客观条件

在自由价格机制运行条件下，国家征税后，由于纳税人有自由定价权，可在商品的市场供求弹性制约下决定价格变动幅度，进而决定是全部税负转嫁，还是部分或无法转嫁税负。我国改革前的商品经济是有计划的商品经济，其价格运行机制是以国家定价的计划价格为主。而在计划价格条件下，纳税人没有定价权，国家征税后，纳税人无法通过价格变动来转嫁税负，如果说在这样的商品经济条件下存在税负转嫁，那也只能是在计划价格以外的少数实行浮动价格和自由价格的领域。此外，在商品经济产生之初的物物交换时期，不存在货币价值形式，亦无税负转嫁。在商品经济前提下，将税负转嫁的客观条件进一步明确为自由价格机制的存在应是有一定意义的。明确了这一点后，还可以得出这样的结论，由于自由价格运行机制不同程度地存在于奴隶社会、封建社会、资本主义社会和社会主义经济中，所以，只要在当时国家开征相关税收，就存在税负转嫁的可能性，只是程度、范围及对经济的影响不同而已。

（二）税负转嫁的基本形式

1. 税负前转

税负前转也称税负顺转，它是纳税人将其已经缴纳的税款，在后来的经济交易和经营活动中转移给他人的做法。从实际情况看，能够进行税负前转的主要是那些难以查定税源的商品，其特点是税款可以加之在商品价格上，在商品出售时实现税负转移。

2. 税负后转

税负后转也称税负逆转，它是指纳税人已纳税款因种种原因不能向前转给购买者和消费者，而是向后逆转给货物的供给者和生产者。常出现于商品由于课税造成价格上涨、市场需求减少的情况下，为维护各方的利益，销售者和生产者同意减价出售，税款不由购买者或消费者承担，而由生产者或经营者承担。

3. 税负辗转

税负辗转是指税收前转、后转次数在两次或两次以上的转嫁行为。如棉花课税后可以转嫁给纱商，纱商又可以转嫁给布商，而布商又可以转嫁给消费者。

（三）税负转嫁的基本方法

1. 成本转嫁法

成本转嫁法是根据产品成本状况进行税负转嫁的方法。在这里成本是指生产经营者为从事生产经营活动发生的各种预先支付和投入费用的总和。根据在税负转嫁中的不同作用分为固定成本、规模经济成本和规模不经济成本。固定成本一般不随产量的多寡而变化，因此在市场要求无变化的条件下，所有该产品承担的税款都有可能转移给购买者或消费者，即税款可以加入价格，实行前转。规模经济成本指单位成本在一定范围内随产量增多、规模扩大而减少，单位产品对税负的承担能力大大提高，税负全部转移出去的可能性也随之提高。虽然随着产品数量的增多和规模的扩大，客观上存在降低价格的要求，但就一般情况而言，这种价格降低的程度不会大于税负分摊到每个产品上的下降程度。而规模不经济成本则正好相反，随着企业规模的扩大，因相关管理费用等支出的增加，单位产品的成本不降反升。在需求不能有效增加的情况下，因成本增加而引起的商品价格上升将导致税款转嫁难度增加。

2. 产品品种法

当政府对同一种类的不同品种的产品按同一税率征税时，则会出现基于品种不同而产生的税负转嫁方法——品种法。显然同一种类的不同产品的需求情况是不同的，在对不同品种的产品按同一税率征税时，为保证成本和税负能顺利地转移给消费者，生产方将更乐意于生产销路好的品种。

3. 供求调节法

供求调节法是根据市场变化进行的商品税负转嫁。该法主要适用于需求弹性较小的商品，如食用盐。当政府对之课征较高额度的税负时，生产厂家则可通过提高商品的售价来转移税负，而不必担心售价过高影响销售量，无法将税负转嫁。而对于需求弹性较高或替代效应较强的商品则较难利用该法，因为消费者将通过减少消费量或以其他商品来代替抵制税负转嫁。

五、税负转嫁的经济社会效应

目前对税负转嫁的评价可谓是褒贬不一。有人认为，税负转嫁能有效地促进供求平衡，优化有限资源的合理配置，推动经济效益提高；也有人认为，税负转嫁会削弱税收杠杆的作用，甚至还可能导致税收调节错位或失灵，税负转嫁严重损害消费者利益，加剧社会分配不公和败坏社会风气，是推动物价上涨的因素之一等。其实税负转嫁作为一种利益再分配手段，无所谓褒贬。在市场经济中税负转嫁作为一个独立的分配过程，它是税收分配的直接产物，是继国家与纳税人利益分配后所产生的该纳税人与其他社会经济成员之间的利益再分配，是负税人利益向纳税人流动的过程。其分配的广度取决于负税人与其他社会经济成员之间的联系程度，因而与生产的社会化成正比，分配的深度又受国家相关制度的制约。因此，税负转嫁构成了社会再生产过程中分配环节的一个重要组成部分，只要充分认识其本质特征，了解其内在属性，税负转嫁将会发挥有益的作用。

税收理论依据旨在探寻税收负担通过一系列的转移、转嫁过程的最终归着点，以分析税收对收入分配和经济行为的实际影响，作为评估税收政策效应的标准，指导和改进税制建设。由于对税负转嫁的认识不一致，因而对税负转嫁效应的认识也存在不同的意见。

当经济归宿与设计归宿不一致时，就发生了税负转嫁，此时，税负转嫁对社会只有消极作用。

（一）税负转嫁会削弱税收杠杆的作用，甚至还可能导致税收调节错位或失灵

税负转嫁改变了税收杠杆的作用点，使一些被调节的对象转嫁了税负压力和"损失"，造成税收杠杆作用失效；同时，也使一些不应被调节的对象蒙受损失，影响其正常发展，造成调节错位，导致利益的无计划分配和资源的错误配置。

（二）税负转嫁严重损害消费者利益，加剧社会分配不公和败坏社会风气

任何税负，一旦落在消费者头上就不再转移了，消费者是最终负税者，正因如此，消费者对税负转嫁深恶痛绝。税负转嫁者见利忘义，投机取巧，置他人利益于不顾，扭曲了分配关系，改变了社会成员在国民收入分配中的地位，进而加剧了社会分配不公。税负转嫁所导致的利益再分配还会扭曲政府形象，恶化人际关系，败坏社会风气。

（三）税负转嫁是推动物价上涨的因素之一

税负转嫁与设计的税收调节力度密切相关，如果税收调节力度不适当，税收负担过重，在税负转嫁成功时，价格就会大幅度提高，导致价格与价值的背离，破坏价值规律的运行。某一环节转嫁税负，会引起下一环节成本上升，并因此可能产生连锁反应，推动某类产品价格上涨。另外，由于价格刚性，税负转嫁打破正常比价关系，还会刺激攀比心理，引起物价轮番上涨和其他商品提价的利益冲动。

第十三章 税制建设回顾与展望 ❖

第一节 改革开放以来中国税制改革回顾

税收作为国家履行其职能的财力保障，对社会和经济的发展起着极其重要的作用，同时它也是社会经济体制的重要组成部分。改革开放三十多年来，中国的经济体制经历了重大的转变，为这期间经济的高速发展奠定了制度性的基础。1978 年年底，党的十一届三中全会确立了党和国家的工作重点向经济建设转移，并作出了改革开放的战略决策。改革的初期是经济体制改革的探索阶段，直到1984 年 10 月，党的十二届三中全会通过了《中共中央关于经济体制改革的决定》，提出了有计划的商品经济理论，其核心内容是建立自觉运用价值规律的计划经济体制，发挥价格、信贷、税收等经济杠杆的作用，大力发展社会主义商品经济。这一改革突破了以往高度集中的计划经济体制模式，逐步形成了计划经济与市场调节有机结合的调控模式，运用计划调节和市场调节的双重功能对社会经济运行进行调控。1992 年 10 月，党的十四大明确了中国经济体制进一步进行改革的目标是建立社会主义市场经济体制，加速改革开放，推动经济发展和社会全面进步。这标志着计划经济体制在我国的终结，而市场的主体地位至此得以确立。其具体措施包括，培育完善的市场体系，发挥市场在资源配置方面的基础性作用；以公平竞争为原则，建立现代化的企业制度，完善多元化的所有制结构；转变政府职能，强化政府的宏观调控等。中国的经济体制改革是一个从计划经济逐渐向市场经济转变的过程，是经济制度的根本性变革，为建立适应这种市场经济体制的宏观调控体系，中国财税制度也经历了巨大的变革。这期间的税制演变历程可以说是财税制度必须与经济体制相匹配的体现，回顾这一变化过程对指导现阶段新一轮的财税体制改革有着特殊的理论意义和实践价值。

🕊 一、有计划的商品经济时期的税制改革（1978～1993 年）

经济体制改革和对外开放政策的实施意味着中国开始进入经济管理体制重构时期，原有的单一税收制度难以适应多种经济成分和多种经营方式并存的新形势。因此，利改税以及工商税制大规模恢复和重建被提上议程。此次税制改革可分为两个阶段，第一阶段是 1978～1982 年的第一步利改税，其措施包括：凡有盈利的国有大中型企业按 55% 的税率纳税，税后利润以 1982 年为基数采取递增包干上缴、定额上缴等办法，将税后利润的一部分上缴国家；国营小企业按 8 级超额累进税率缴纳所得税。而税收收入在各级财政间的划分，除北京、天津和上海三个直辖市继续实行"收支挂钩，总额分成，一年一定"的财政体制外，对各省、自治区则统一实行"划分收支、分级包干"的财政税收体制。在税收收入方面，实行分类分成的办法。针对固定收入，采取固定比例分成的方式。属于中央财政的固定收入主要包括：中央企业收入、关税收入和其他收入；属于地方的固定财政收入主要有：地方企业收入、盐税、农牧税、工商所得税、地方税和其他收入。固定比例分成，收入则对各地划分给中央部门直接管理的企业的收入，按固定比例80%归中央，20%归地方的方法进行分配。将工商税作为中央和地方之间的调剂收入，调剂收入分配的比例根据各地区财政收支情况确定。此次税制改革从深度和广度来说都超过了新中国成立以来的历次税制改革，其重大的突破在于，打破了中央集权的财政管理体制模式，扩大了地方的自主权和活动空间，为经济改革的分权化和市场化奠定了基础。

1984 年开始的第二阶段的利改税，从增设新的税种、调整税目税率方面建立了内外有别的、针对不同所有制企业的企业所得税制度和流转税体系。这个体系由 35 种税组成，大体可分为 7 个类别：（1）流转税类。包括产品税、增值税、营业税和关税等 4 种税。（2）所得税类。包括国营企业所得税、国营企业调节税、集体企业所得税、私营企业所得税、城乡个体工商业户所得税和个人收入调节税等 6 种税。（3）资源税类。包括资源税、盐税和城镇土地使用税等 3 种税。（4）特定目的税类。包括奖金税（国营企业奖金税、集体企业奖金税和事业单位奖金税）、国营企业工资调节税、城市维护建设税、耕地占用税、固定资产投资方向调节税、烧油特别税和特别消费税等 7 种税。（5）财产和行为税类。包括房产税、车船使用税、印花税、契税、屠宰税、筵席税、集市交易税和牲畜交易税等 8 种税。（6）农业税类。包括农业税（含农林特产税）和牧业税等 2 种税。（7）涉外税类。包括外商投资企业和外国企业所得税、个人所得税、工商统一税、城市房地产税和车船使用牌照税等 5 种税。此外，还有由国家税务机构征收的国家能源和重点建设基金、国家预算调节基金、教育费附加，以及海关征收的关税等。

此次税制改革相较之前的改革措施来说，以开征城乡个体工商业户所得税和个人收入调节税为标志，建立了个人所得税制度；而针对涉外企业征收的企业所得税、个人所得税、工商统一税、城市房地产税和车船使用牌照税则标志着涉外税制建立的起步。另外，调整了财产税和资源税，并针对某些特定行为开征了建筑税、国企工资调节税和城市维护建设税等新税种，农业税也在这一时期开始发展并不断完善。这一时期税制改革的指导思想是，利用各税种的不同功能充分发挥税收杠杆对有计划的商品经济的调节作用。

税收收入在各级财政的分配方面，在第二步利改税的基础之上，划分各级财政收入的范围，中央财政固定收入主要包括：中央国营企业的所得税和调节税，铁路、民航、邮电部门和各银行总行及保险总公司的营业税，中央军工企业和包干企业收入，粮食、棉花、油超购加价补贴，关税和海关代征工商税；海洋石油、外资、合资企业的工商税和所得税，矿区使用费，电力部、石化总公司、有色金属工业总公司所属企业的产品税、增值税、营业税的70%的部分。

地方财政固定收入主要包括：地方国营企业的所得税、调节税和承包费，集体企业所得税，农（牧）业税，车船使用牌照税，城市房地产税，牲畜交易税，契税，地方企业包干收入，税款滞纳金、补税罚款收入和其他收入等；电力部、石化总公司、有色金属工业总公司所属企业的产品税、增值税、营业税的30%的部分。

中央和地方财政的共享收入主要包括：产品税、增值税、营业税（这三种税均不包含石油部、电力部、石化总公司、有色金属总公司所属企业以及铁道部和各银行总行、保险总公司缴纳的部分）、资源税、建筑税、盐税、个人所得税、国营企业奖金税以及外资和中外合资企业（不含海洋石油企业）缴纳的工商税、所得税等。

在财政收入的划分中，流转税类是共享收入的主要组成部分，也是我国财政收入的主要构成部分。

通过这一阶段的税制改革初步建立起了一个由30多个税种组成的多税种、多环节课征、适应有计划的商品经济体制发展要求的税制体系，改变了以往统收统支的财政体制。改革使得地方有了较大的自主权，中央的税收收入也能保持和地方经济及财政收入同步增长。税收制度在新形势下充分发挥了对经济的调控功能。但这一时期的税制改革由于保留着计划经济体制的某些特征而存在税制不统一、税负不公平、名义税率高而实际税率低、税收法制体系不健全、税收流失严重、国家与企业分配关系不规范以及中央和地方税收管理权限划分不合理等缺陷。而税制改革在名义上使税种在中央和地方两极财政进行了划分，但在税制的实际运行过程中，由于市场经济的价格体系并没有完全确立，使得税种划分无法有效落实。

二、市场经济体制下的税制改革（1994年至今）

随着市场经济体制的进一步完善，对税收制度在提高资源配置的效率、促进公平竞争和纠正市场失灵等方面的职能提出了更高的要求。1994年的税制改革是按照市场经济体制的要求，以统一税法、公平税负、简化税制、合理分权、理顺分配关系和保障财政收入的思路开展的。改革的重点是流转税和所得税。改革的具体措施包括：

在流转税方面。首先，在生产和流通领域普遍征收增值税并实行价外税的办法，规定了增值税以13%和17%为两档基本税率，并明确了增值税允许扣除的范围，改变了以往增值税按产品分设税目、分税目制定差别税率的传统做法。其次，在普遍征收增值税的基础上，对少数消费品征收消费税，征收范围设定为在境内生产、委托加工和进口的消费品，包括11个税目，涉及烟、酒、化妆品、贵重首饰、小汽车、摩托车、燃料油等，采取从价定额和从量定额的征收办法在生产环节征税。最后，对有偿劳务供给、无形资产转让和不动产销售征收营业税，对新的营业税重新设定了纳税人和征税范围，设立了 9 个征税项目，针对不同的税目设置了 3%、5% 和 5% ~20% 三档不同的税率。改革后的流转税统一应用于内、外资企业，取消了对外资企业征收的工商统一税。对原来征收产品税的农、林、牧、水产品改征农业特产税和屠宰税。

在所得税方面。首先，为理顺国家与企业的分配关系，为各类不同经济性质的企业创造平等竞争的环境改革企业所得税制度。对国有、集体、私营及股份制和各种形式的联营企业统一征收 33% 的企业所得税，相应取消了国有企业的调节税。规范了税前扣除项目和列支标准，取消税前还贷。实行统一的内资企业所得税后，国有企业不再执行承包上缴所得税的办法。其次，改革后的个人所得税征税对象包括中国公民和从中国境内取得收入的外籍人员。在原所得税法规定的六项基础上新增加了五项，即个体工商户的生产、经营所得，个人的承包经营、承租经营所得，稿酬所得，财产转让所得和偶然所得。税率按国际惯例采用超额累进制，工资、薪金所得采用 5% ~45% 的九级超额累进税率；个体工商户的生产、经营所得采用 5% ~35% 的五级超额累进税率，设定了税收起征点水平。在计税方法上，采取了分项征收的方法，规范了个人所得税的减免税规定。

另外，逐步进行其他税种的改革或调整。开征了土地增值税，明确规定了凡有偿转让房地产都属于土地增值税的征税范围。土地增值税实行四级超额累进税率，最低税率为 30%，最高税率为 60%。改革资源税，将资源税征收范围定为矿产品和盐，并重新确定了七个税目。改革城市维护建设税，调整城镇土地使用税税额。把对股票交易征收印花税的办法改为征收证券交易税。取消集市交易税、牲畜交易税、奖金税和工资调节税。将特别消费税和烧油特别税并入消费税，盐税并入资源税。

在税收收入的分配方面，对一些关系到国家经济发展大局和宏观调控的税种划归中央，而与地方经济和社会发展关系密切且适合于地方征管的税种划归地方，将税收数额大、收入稳定具有中性特征的增值税作为中央和地方共享税。中央固定收入主要包括：关税、消费税、海关代征的消费税和增值税、中央企业所得税等。地方固定收入主要包括：营业税、地方企业所得税、个人所得税、城镇土地使用税、固定资产投资方向调节税、城市维护建设税、房产税、车船使用税、印花税、屠宰税、耕地占用税、农业特产税、契税及国有土地有偿使用收入等。中央和地方共享收入包括：增值税（中央分享 75%，地方分享 25%）、证券交易税（中央和地方各分享 50%）、资源税（其中海洋石油资源税归中央）。按税种划分中央与地方财政收入后，要相应分设中央和地方税务机构。中央税种和共享税种由中央税务机构负责征收，共享税按比例分给地方。地方税种由地方税务机构征收。实行中央对地方的税收返还机制，1994 年税收返还额按 1993 年基数逐年递增，递增率按全国增值税和消费税增征率的 1∶0.3 的系数确定，即增值税和消费税每增长 1%，就要将其中的 0.3% 作为对地方的税收返还。

1994 年的分税税制改革涉及范围相当广泛，规范和强化了税收功能，对国家经济和社会的发展产生了重要影响。不仅理顺分配关系，合理分权，调动了中央和地方的积极性，还为经济体制改革的深化创造了有利条件。但这一阶段的分税制改革仍然存在一些问题。首先，在保地方既得利益的前提下所实行的渐进体制转换和增量调整存在较大的过渡性特征。在体制方面也遗留了一些问题。在税种构成和税制设计方面存在以下问题：

（1）内、外资企业间和地区间的税制差异较大且不合理，不利于构建公平的竞争环境。如内、外资企业实行不同的企业所得税法；关税和进口环节税对三资企业实行优惠政策；土地使用税、车船使用税、房产税对内、外资企业和单位实行不同政策；城市维护建设税、耕地占用税、投资方向调节税不适用三资企业；契税不适用国有企业和集体企业。各类特殊的经济区域在企业所得税、进口税、流转税等方面实行着多种优惠政策。

（2）个人所得税和流转税的调节功能较弱，生产型增值税的不利影响逐渐暴露。农业税收制度不适应市场经济发展的要求。

（3）关税总体税率水平偏高，但关税和进口环节税减免过多使得税基侵蚀现象严重，而出口退税等环节的骗税问题严重。

（4）中央和地方税收权限的划分不合理、也不明晰，地方税收体系还不完善，自主权较小。在税收收入划分方面，仍然保留了企业所得税按行政隶属关系划分这一旧的制度安排特性，这与企业市场化改革之间存在矛盾；共享税在税收总收入中占的比例较高（60% 左右），与比较彻底的分税制还存在距离。

（5）税收的严肃性有待加强，税收执法随意性较大使得各种税收减免政策繁多且复杂，不利于税制的规范性与公平性。

有效地解决以上问题正是后来的税制改革的目标所在。而 1994 年以后，我国经济的增长方式和增长速度都发生了重大的变化。市场在资源配置中的基础性作用得到了不断的强化，市场化不断加强，社会经济结构也发生了重大的变化，特别是近十年来，经济的增长速度平均在 11% 左右。这些都对税收功能和税收制度的标准以及政府的职能转变提出了新的要求，财政的公共性成为新时期财税体制改革的目标。这时期的税制改革都是围绕调整税制结构、使各税种的功能更好地适应经济发展的需要来展开的。

2004 年，增值税由生产型税基向消费型税基转变的改革在东北地区进行了试点，取得了一定的成效和相应的经验，有待向全国进行推广。在所得税制的改革中，规范了国家和企业的分配关系，取消了按所有制形式设置所得税的做法，开征统一的企业所得税，取消了对内资企业征收的产品税和对外资企业征收的工商统一税。而 2007 年进行的企业所得税"两法"合并改革则实现了对企业税收的"四个统一"。个人所得税改革方面，将外籍人员的个人所得税、中国公民的个人收入调节税和城乡个体工商业户所得税合并，建立了统一的个人所得税制。

财产税改革方面则对内、外资企业统一执行新的房产税征收制度，开征土地增值税。对资源税和行为税类也进行了相应的改革和调整。在税收管理的形式上实行了中央和地方税收分级管理的体制，建立中央税、地方税和中央地方共享税收入体系。加强了税收征管和监控的力度，进一步提高了税收制度的效率和分配水平。

改革开放三十多年来，经过多次的税制改革和调整，已基本形成以增值税为核心的多税种、多层次、多环节征收的复合税制框架。事实证明，税收制度的重构、突破和发展为各个时期的财税工作和经济社会发展取得令人瞩目的成就提供了一种制度性的保障力和推动力。我国财政和税收收入也分别从 1978 年的 1 132. 26 亿元和 519. 28 亿元增长到 2007 年的 51 304. 03 亿元和 49 442. 73 亿元，税收规模增长超过 94 倍，年平均增长率为 29%，税收收入占国家财政收入的比重从 1978 年的 46% 增长到 2007 年的 96%。税收占 GDP 的比重逐年增加，1994 年我国税收收入占 GDP 的 10. 84%，2001 年达到 15. 81%，2007 年为 20%。税收征管不断加强与优化，缩小了名义税负与实际税负间的差距。据估算，我国因为加强税收征管而带来的管理性税收增长占税收增量的比例在 1998 年达到了 51. 4%，2001 年这一比例为 26. 6%，[①] 这使得整个税收制度的效率得到了很大提高。从总体来看，改革后的税制体系在结构上比较完整，税负较为公平，税收在实现资源配置、公平分配和宏观经济调控方面的功能得到增强，有力地促进了社会主义市场经济体制的建立和发展。

第二节   中国现行税制运行的分析

税收制度有效运行的前提是必须与其赖以存在的经济环境和经济制度体系相适应。我国现行税制从 1994 年税制改革后一直沿用至今，其间，在基本框架不变的前提下也做过一些调整来适应经济形势发展的需要，但时至今日，我国的经济环境所发生的变化可谓是巨大的，相对于新的社会经济现状，现行税制仍然露出了一些不足与弊端，具体表现在以下三个方面。

一、税制结构尚欠合理性

税收理论中指导税制设计的主要原则有两个，即公平与效率，这也是税制优劣的评判标准。所得税和社会保障税有公平收入分配与经济自动稳定器的功能，侧重于体现税制设计的公平原则；而商品税，特别是增值税因其不会对劳动供给、储蓄、投资和风险承担等造成扭曲，体现出税收中性的特点，并且增值税可以起到引导微观经济主体进行经济决策的作用，因此，这一税种更多地体现了税

---

①   贾康、刘尚希等：《怎样看待税收的增长和减税的主张》，载于《财政部科研所研究报告》2002年第 17 期。

收的效率原则；财产税则通过对财产的保有、交易和收益环节征税以公平社会财富的分配，更侧重于体现税收的公平原则。可见，一个兼顾效率与公平的优化的税制结构必然是各税种合理组合的结果，而我国现行税制结构在合理性方面有明显的欠缺。

首先，流转税类在整个税制结构中占据主导地位。2005 年，流转税占税收总收入的比重为 57.88%，而增值税在流转税中的比重为 64.78%，所得税比重从 2001 年起才开始超过 20%。① 这充分体现了我国改革开放初期经济发展过程中侧重于对经济效率的追求。但过大的流转税比例使得地方政府侧重于追求经济规模和经济效益，不利于经济结构的调整和经济运行质量在整体上的提高。

除了收入汲取功能外，所得税，特别是个人所得税还有一个重要的功能，就是以税收调节社会收入分配，发挥自动稳定器的功能使经济健康的发展。当前，我国居民收入分配差距日益拉大，已经在相当程度上影响经济社会的长期稳定发展。缩小收入分配差距已经成为构建社会主义和谐社会的重要政策手段之一。因此，重视所得税在税收体系中所发挥的作用，并予以强化是当前税制改革过程中必须要解决的问题。而世界各国税制改革的实践也证明，随着经济社会发展的日益复杂性，对税收公平和效率两方面任何一方的偏废都不利于经济的持续稳定发展。因此，选择流转税和所得税为主体税种的双主体税制是优化税制结构、兼顾税收公平与效率的有效途径，但我国现阶段的税制结构与该目标尚有差距。

其次，现行税制结构的功能不健全。我国现阶段的税制结构无论是从绝对数量还是从相对比例来说都侧重于体现财政收入的汲取和经济调控功能，即侧重于体现税收的效率原则，而能够着重体现公平和稳定职能的社会保障税和财产税尚处于缺失状态。由于社会保障税在公平和效率以及对经济的自动调节方面的功能明显优于个人所得税，更能体现税收中性的原则。而从世界各国的税制发展趋势来看，从 2000 年以来，OECD 各成员国的社会保障税占税收总收入的比重都明显提高。例如，社会保障税已成为德国的第一大税种，美国的第二大税种。就财产税而言，财产数量代表了个人财富的积累程度，反映了个人的税收负担能力，因此，财产税充分体现了税收的公平原则。这两个税种的缺失直接导致了我国现行税制结构在功能上的不完备。另外，开征环境税是保证经济可持续发展的一种税收调控手段，也是世界税制改革的一种趋势。以上税种的缺失直接导致了我国现行税制结构在功能上的不健全。同时以费挤税的现象仍然存在，如现有的社会保障费。现有的社会保障模式继承了 1986 年的养老保险费社会统筹制度，此后，逐步扩大到医疗保险、失业保险等社会统筹缴费形式。随着经济社会的发展，对社会保障需求不断的增大，社会保障费模式的弊端愈加凸显。因此，开征社会保障税，建立专税专用的社会保障筹资体系势在必行。

---

① 资料来源：根据《中国统计年鉴 2006》相关数据计算得出。

❦ 二、现有各税种的功能有待强化

个人所得税就是对个人所得征收的税收。实际中，个人所得税可以由多个类别组成，每个类别中又可以区分不同项目，或者，也可以将多个不同的项目合并进行综合征税，也有综合和分类征收同时适用的情况，即分类个人所得税制和综合个人所得税制。我国当前实行的是分类个人所得税制，共分为 11 个项目，包括工资薪金所得税、个体工商户所得税、企事业单位承包（承租）经营所得税、劳务报酬所得税、稿酬所得税、特许权租赁所得税、利息（股息、红利）所得税、财产租赁所得税、财产转让所得税、偶然所得税和其他所得税等。每个征税项目都有其适用的税率。对个人所得税采取分类计征的办法，使得这一税种在调节收入分配差距过程中效果不显著。当前，我国居民收入分配的差距日益拉大，基尼系数超过了 0.4。因此，缓解收入分配的差距已经成为保证经济健康稳定发展的重要前提。而分类个人所得税制尽管便于实现源头扣除，但个人所得的差距是一种综合收入的差距。这种差距体现在对所有来源的加总求和的基础上，分类所得税则容易导致应税所得项目的遗漏和税基覆盖不全面等方面的问题，使得个人所得税税基过窄，不利于全面地对综合收入差距进行调节，弱化了所得税对高收入阶层的调节力度，而所得税累进税率的档次过多导致了较高的税收征管成本，不利于个人所得税制的优化。

企业所得税的合并使得涉外企业的名义税负增加，而当前世界各国税制改革的一个重要趋势是降低企业所得税率。据统计，2000～2006 年 OECD 国家一般公司所得税综合税率年平均降低 2.8%，[①] 如加拿大 2008 年将联邦公司所得税率从 21% 降低到 20.5%，2010 年其公司所得税率将会降到 19%，[②] 发展中国家也因迫于发达国家减税所带来的压力，相应实行了减税的措施，减小在国际间税制竞争中的压力，促进投资和经济的增长。一些欧洲国家的减税力度尤其巨大，其中，有 9 个国家对个人所得税和企业所得税实行了单一税制，包括俄罗斯、塞尔维亚、斯洛伐克和乌克兰，较低的单一税率使其中一些国家以前濒于崩溃的经济得以复苏。2001 年，俄罗斯以 13% 的单一税率取代了最高为 30% 的个人所得税累进税率，2002 年把公司所得税税率从 35% 降为 24%。2005 年，罗马尼亚实现了以 16% 的单一税率取代原来最高税率分别为 40% 和 25% 的个人所得税和公司所得税税率。此外，还有很多发展中国家，特别是中国周边的一些国家，也降低了公司所得税的最高税率。例如，印度尼西亚的最高公司所得税率由 35% 降到了目前的 30%；马来西亚从 35% 降到了 28%；印度 2001 年将公司所得税税率从 35% 降到了 30%，废止了公司所得税 10% 的附加；越南从 2004 年 1 月 1 日起统一内、外资企业所得税率，内资企业所得税率从 32% 降至 28%，外资企业所得

---

① OECD, Tax Database.
② 蔡业冰：《2005 美国税法改革报告之不足与焦点问题评析》，载于《涉外税务》2006 年第 6 期。

税率从 25% 升至 28%。① 这些都会使得我国在国际间税制竞争过程中面临压力。另一方面，我国当前的公司所得税优惠政策在配合国家经济结构调整和产业升级的宏观经济目标方面的能力有待提高，现行税收优惠政策由于在实施上缺乏严谨性并存在随意性，在很大程度上导致了税基的侵蚀。

流转税（特别是增值税）是我国现行税制体系中的主体税种，但因其覆盖面窄，课税环节单一，动员财政收入和调节经济活动的功能都没有得到充分发挥。从发达国家近期的税制改革走向来看，高流转税和高社会保障税是实现税收公平的两大手段。流转税类，特别是增值税的税率有明显的提高趋势，相比较我国增值税税率 17% 而言，在向消费型增值税的转变过程中可以考虑适当提高名义税率。我国目前的消费税征税覆盖范围相对较小，相对于发达国家 30% 的实际平均税负水平而言，消费税税率也比较低。另外，现行的增值税体制是 1993 年设定的。出于当时必须对中国经济出现的严重的投资过热现象进行抑制，因此在增值税方面采用了生产型增值税，购买固定资产缴纳的进项增值税不能用于冲抵销售货物或提供增值税应税劳务而发生的销项税额。生产型增值税能在一定程度上起到抑制资本投资和经济过热的作用。这是针对当时经济社会发展的特殊需要制定的一项政策，相对于目前中国经济的发展状况，实施生产型增值税将反而对投资、进而对经济增长产生抑制。其次，生产型增值税也不利于技术密集型、资本密集型产业的发展，与我国目前鼓励资本密集型、高附加值产业发展的政策相矛盾。因此，增值税转型试点工作的尽快推广将对国内外投资者的投资决策产生深远的影响，从而对经济的发展提供一种税收制度保障。

财产税作为政府掌握的一种从财富的持有层面调节收入分配差距的手段，和所得税从收入层面、流转税从消费支出层面一样，共同对公平社会财富分配起到调节作用。但我国目前还没有从实际意义上能在财富持有环节中征税以公平财富分配的财产税。现有的财产税包括物业税、房产税和城市房地产税。后两者是以传统意义上的单位为其纳税人的，实际上对居民的收入分配不可能直接起到调节的作用，不能算作直接税。而现代意义上的财产税则属于直接税范畴。物业税的开征，其背景是国家为了抑制过热的房地产市场，有效控制房地产市场价格。财产在流通环节，如房产的买卖和租赁等，物业税不可能起到调节的作用。这种财产税体系的缺失和功能的不健全与现阶段抑制财富分配差距拉大、促进社会和谐的政策取向不相匹配。另外，缺少遗产税及赠与税的财产税体制也是不完善的。

现有的资源税体制不能适应经济可持续发展的要求。现行的资源税体现的是国家对资源的一种所有权和对资源的管理，不能反映资源自身的价值，也没有有效解决资源开采的负外部性问题，在保护资源和合理使用资源方面没有起到应有的作用。具体表现在以下方面：首先，资源税的征收范围较窄导致了对非税资源的过度开采；其次，资源税征收的课税依据是销售量和使用量，这直接导致了资

---

① 资料来源：《国际统计年鉴 2003》，中国统计出版社 2003 年版。

源的破坏性开采和浪费积压；第三，我国现行的资源税是 1984 年工商税制改革时开始制定征收的，当时开征这一税种的目的是调节资源的级差收入，而并非出于对经济的可持续发展考虑，通过资源税将资源开采使用的环境成本内化，实践中也发现，现行的资源税不但没能很好地实现调节资源的级差收入这一功能，而且在促进资源的可持续使用和经济的可持续发展方面的调控功能更是缺失的。

三、税收征管效率不高

征管效率是税制体系有效性的重要因素。我国现行的税收征管体制效率不高是导致征税成本高、税收流失严重的一个重要因素。这是因为：

（1）影响我国现行税收征管效率的一个重要因素就是我国现行中央、地方两套税收征管体系的权力划分不规范，缺乏一个立法层面上的、统一的、稳定的税权划分规则，这直接导致中央和地方两个税务部门的征管范围不明确，彼此间的矛盾很难协调。另外，由于缺乏科学合理的协调机制所导致的两个部门工作的重复，直接加大了税收征管成本。

（2）税收工作存在着执法不严、执法手段落后及执法刚性欠缺、随意性较大等问题，这些都直接导致了税收征管体系的诸多漏洞。如地方政府行政干预税收征收管理，从本地区经济利益出发，擅自越权制定减免税优惠政策；限制税务机关检查权，使税务机关的独立执法主体地位和执法权限受到影响和冲击；地方滥用收费权直接导致了企业税费负担的不公平等。这些现象背离了市场经济所要求的税收法治化，不利于市场经济的健康发展。

（3）税务机关本身存在的执法漏洞也削弱了税收征管的有效性。如为完成地方政府下达的任务，混淆税款入库级次、买卖转引税款及摊派税收等；税务行政处罚中也存在有越权或未按规定执行听证制度的现象；查处问题大多以补代罚、以罚代刑；税务从业者在执法程序中的不当行为导致对税务机关提起的行政诉讼等。

（4）现行税制中存在的征收手段落后、征收机制弱化导致了税收征管信息在纳税人和各个税务部门以及税务监督部门之间存在严重的不对称，税源监控很难做到全面有效，加之税收的法治基础还相对薄弱，这些因素都使税收流失问题较为突出，税收的效率难以提高。而综合治税的社会环境的欠缺使得全社会共同参与的税收征管执法的外部监督体系缺失，这使得税收征管效率的提高缺乏动力。

第三节　完善中国税制体系的展望

从当前我国税制运行的状况可以看出，税收制度要充分发挥其功能、促进经济稳定增长就必须进行相应的调整和完善，这已经成为中国特色社会主义市场经济持续发展的内在要求。认为中国税制发展的趋向可以从以下几个方面进行考虑。

一、确立双主体税制结构

主体税种是一个国家税制结构中占据主要地位、起主导作用的税种。根据主体税种的不同，当今世界各国主要存在两种类型的税制结构模式：一个是以所得税为主体的税制结构。所得税是直接对所得课征的，它包括个人所得税、企业所得税和社会保障税，以直接税的方式保证了政府的财政收入。同时，所得税也起到了公平收入分配，缓和社会矛盾及保持社会稳定的宏观经济调控功能。但是，高所得税将抑制社会储蓄，也会削弱投资和承担风险的积极性，不利于经济增长。另一个是以商品税为主体的税制结构。商品税属于间接税，包括增值税、营业税、销售税、消费税和关税等。间接税具有中性特征，与直接税相比，其对企业所产生的实际税负要更低一些，而关税也能够作为保护本国工商业的一种有效手段。因此，间接税更有利于实现经济效率目标。发达国家在相关方面的改革措施为我国提供了借鉴。从 20 世纪 80 年代开始，一些发达国家出于对经济效率的追求对税制结构进行了调整以便能有效克服经济的"滞胀"。具体措施包括：减小所得税（特别是个人所得税）在税收总量中的比重，社会保险税和增值税的比重明显增大。据统计，这一时期 OECD 国家 1995 年所得税比重下降了 3%，社会保险税比重增加了 3%，一般商品税（主要指增值税）的比重上升了 2%。① 在改变税制结构的同时，对个人所得税的适用税率和税率档次也进行了调整。以美国为例，1986 年，美国政府的税制改革措施中包括将个人所得税由 11%～50% 的 15 档税率减少为 15% 和 28% 的 2 档税率，公司所得税也从 5 档税率减少为 3 档税率；克林顿政府期间，通过"减税"和"增税"来对宏观经济进行调节。"减税"针对低收入家庭和小企业，并扩大了对劳动所得额的抵扣范围。"增税"则主要针对富有阶层，扩大相关医疗保险的工薪税税基，提高联邦汽油税等。同期一些发达国家的税制改革中也包括不单纯强调追求"理想优化状态"和使用绝对中性的"非扭曲型"税种，注重对税制运行环境的研究以获得"次优状态"。

当今世界各国税制结构的发展呈现出了相当程度的趋同性趋势，即设立所得税和增值税双主体税制结构。考虑到兼顾公平和效率是我国经济进一步健康发展的前提，因此，这一原则也应该在税制结构设计中得以体现。结合中国实际和国际间税收制度的发展趋势，确立所得税和增值税为主体税种的双主体税制是我国税制结构发展的目标模式。这一模式对增加财政收入，增强税收的宏观调控能力及促进社会公平的实现都是至关重要的。在这个过程中，所得税和增值税制度的完善是关键。

世界范围内的所得税税制改革趋势是强调税收的中性和税收的调控功能的实现。因此，个人所得税应该在公平社会财富分配方面起到调节作用，其改革的方向应该是低税率、广税基和减少税率档次以强化个人所得税对高收入群体的收入

---

① OECD, *Recent Tax Policy Trend and Reforms in OECD Countries*. No. 9 OECD, 2004, p. 65.

调节力度。具体措施包括：

（1）降低低收入纳税人所得税的适用税率。以美国为例，2001 年美国在其个人所得税最低税率档次 15% 前增加了一档 10%，减轻了不少低收入者的税收负担。具体到我国的税制改革而言，应该将这种低税率政策体现在法定扣除额的确定方面。2006 年，我国已经把扣除额从 800 元提高到了 1 600 元又于 2008 年提高到 2 000 元。随着我国经济社会的发展，如果将居民的收入水平和生活质量、物价上涨因素等考虑在内，那么法定扣除额仍然有提高的空间。另外，我国个人所得税税率档次过多已经是一个不争的事实。因此，降少税率档次，降低边际税率是优化个人所得税制的一个途径。

（2）改变我国个人所得税的纳税申报方式，在条件具备的情况下，进一步考虑采用综合和分类共同使用的个人所得税制。综合个人所得税体系下，采取企业和家庭同时进行纳税申报的方法来实现对税源的控制，也为将来实现以退税形式对低收入家庭进行的税收抵免打下基础。近来，发达国家个人所得税制的成就之一就是实行可办理退税的税收抵免制度，纳税人可以用规定的抵免额冲减应纳税额，如果抵免额超过了应纳税额，纳税人非但不用纳税，还可以得到由财政支付的退款。这一制度具有负所得税的特征，其前提是必须和收入调查相结合。可办理退税的税收抵免制度的优势在于，与税收扣除和免征额相比，它将不会对税基造成冲减而又给纳税人带来了好处；同时，它也具有社会保障的功能。因而，许多国家，诸如法国、英国、比利时、荷兰和奥地利等国都先后采用这种税收抵免计划来贯彻对低收入者的税收优惠政策。

（3）企业所得税的改革必须考虑全球经济一体化背景下，国际间税制竞争对资本跨国流动的影响，这也是世界性减税趋势形成的动因之一。乔根森（1963）、霍尔和乔根森（1967）及桑德莫（1974）等的标准成本理论模型阐明了公司所得税对投资决策的直接影响。较高的公司所得税率将有可能阻碍外国资本的进入并导致本国资本外流。而国际货币基金组织（IMF）的实际研究结果也表明，1996～2000 年间，公司所得税率较低的卢森堡、瑞典、荷兰和爱尔兰等国吸引的美国直接投资占整个欧盟的 38%，与它们对欧盟 GDP 9% 的贡献率相比较，低税率为这些国家吸引外国资本发挥了重要作用。[①] 而克林顿政府在实践中将凯恩斯学派和供给学派结合使用，以供给管理作为对经济适度干预的指导，提出：公司所得税边际税率的降低将使投资收益增加，提高人们投资和承担风险的积极性，这些都有利于经济的增值。这些足以说明较低的公司所得税率在国际间的税制竞争中占有优势。

因此，在我国的企业所得税改革过程中，可以考虑在税制合并以后适当降低税率，以减轻因世界各国正在进行的低税率公司所得税制改革给我国造成在国际

---

① Dan Mitchell，"Corporate Rate Reduction and International Tax Reform：Best Options for FSC/ETI Replacement Legislation ［EB/OL］"．Web Memo #437，March 1，2004．

税制竞争中的压力，借鉴国际通行的做法，针对小企业专门设计税率相对较低的企业所得税以鼓励投资。同时还应统一税收优惠政策，从立法层面避免税收优惠的滥用，防止税基侵蚀。税收优惠政策应体现国家对产业结构调整的宏观意图，并有针对性地设计对科技创新及资源综合利用项目的鼓励性税收制度，从而加速技术创新和产业升级，以推动绿色税收体制的建立。

我国政府已作出决定，从 2009 年 1 月 1 日起，在全国范围内实施增值税转型改革，这一改革必将对我国宏观经济发展产生深远的影响。目前，我国正处于增值税从生产型向消费型的转变，这一转变的成功将消除增值税在劳动密集型企业和资本技术密集型企业之间产生的非中性影响，有利于我国经济增长方式的转变。在这一过程中，随着我国经济的发展和市场经济体制的不断完善，应将一切涉及交易的活动都纳入增值税的征收范围，包括劳务交易，扩大增值税的覆盖面和征收环节，对除出口品、药品和农产品以外的商品和劳务征收增值税，设计两个税率档次，对需求弹性小的物品，如生活必需品，使用较低一档税率，从而强化增值税对经济和产业结构的调节作用和汲取财政收入的功能。同时还应适度扩大增值税的征收范围。

在两个主体税种的税率设计上，可参照国际税制改革趋势降低所得税税率，适当提高增值税税率，这样也有利于消化税制改革的成本，减小改革阻力。

二、开征和完善辅助性税种，健全税种功能结构

当前，税制结构中的辅助性税种应包括消费税、社会保障税、财产税和资源环境税。

（一）消费税的改革

对消费税的改革来说，其指导思想是调节消费结构，在一定程度上缓解社会分配不公和供需之间的矛盾及促进产业结构的合理化。具体措施：首先应包括扩大消费税的税基，配合经济发展的步伐，重新设置消费税税目，扩大征税范围，从税收中性的角度出发，选择消费较普遍的奢侈品，如高档电子产品，美术工艺品和进口奢侈品等作为课税对象。另外，针对经济的可持续发展战略，对一些供应有限的自然资源产品等开征消费税。税率结构方面，相对于经济发展状况而言，不提倡过多消费的产品，如稀缺型的资源品，高档奢侈品等，应提高其税率，而对一些诸如有利于保护环境和能源节约的产品则应该降低其税率或免征消费税。

（二）改社会保障费为社会保障税

社会保障税既能很好地平衡公平与效率的关系，又是经济运行与发展过程中的自动稳定器，它与全社会公民的福利直接相关，将对我国建设和谐社会发挥重要作用。根据 IMF 的统计，全世界超过 80 个国家开征了社会保障税。出于对我国社会保障体系的筹资需要、人口老龄化以及社会保障制度的法治化等因素的考

虑，现阶段应尽快将社会保障费改为开征社会保障税。在开征的过程中，建立起以专用性为特征的社会保障收支体系，作为中央一级税收体现全社会范围内的互助共济。具体措施包括：将社会保障税的纳税人分为两个部分，划分标准是职业与收入的稳定性。相对于职业和单位较稳定、也有固定收入的纳税人而言，应采取社会保障税源头扣除的办法由单位代扣代缴，税基为月工薪收入总额。对单位和收入都不固定的个体工商业者和自由职业者，就目前阶段而言，前者按其年收入总额的一定比例征收，后者则以一个设定好的社会平均工资的一定比例征税。税款缴纳的方式由其自行申报与个人所得税一起缴纳。在条件成熟之后应配合收入调查的结果来征收社会保障税。税目设定暂定为养老、医疗和失业保险三种。税率采用比例税率，参照国际劳工组织确定的社会保障税率警戒线，控制在25%以内。

社会保障税的减免参照世界各国的做法，对于个人工薪收入超过地方平均工薪收入 20%～170% 的部分免征社会保障税，各地区也可根据具体的经济发展状况和社会保障的需要对标准进行调整。而对于低收入者来说，因设定社会保障税的起征点，建议以各地的最低生活保障为标准。

（三）关于财产税的征收

鉴于财产税主要从衡量纳税人的税收负担能力出发，在平衡收入分配差距的过程中发挥着重要的作用，应从财产的持有、转让和收益环节建立财产税体系，尽快开征财产保有环节的物业税或不动产保有税，开征财产交易环节的不动产交易所得税和租赁税。在时机成熟的情况下开征遗产税及赠与税，这对公平社会财富分配和确立地方税制体系中的主体税种能起到关键性的作用。

（四）建立和完善资源税体系

在现有资源税的基础上建立和完善资源税体系。不可否认，自然资源的过度利用已经对经济的可持续发展构成了威胁，资源的可持续开发和循环利用对经济持续健康发展有着重要的战略意义，但资源的破坏和浪费现象却在加速恶化。因此，建立完善的资源税体系迫在眉睫。其具体的措施包括：

（1）扩大征收范围，可以考虑将土地纳入资源税的课税对象，改变以面积为计税依据而实行以土地的市场价值为计税依据进行征税；开征森林、草场及水资源税，防止对这些资源的破坏和浪费。在条件允许的情况下开征排污税以激励企业改进生产方式。总之，资源环境税的目的在于通过税收促进成本内化，以有效控制环境污染和资源的浪费，保证税制的可持续性。

（2）税率的设计要考虑到对资源级差收入的调节，这样能实现开采企业获得平均利润，而且要保证资源的综合开采利用。更为重要的是税率的制定必须体现资源开采和使用的外部成本，目前可以估计这种成本的方法包括生产函数法、离散选择价值评估法和意愿调查评估法等。这就意味着对于同一种资源产品，如果其开采和使用的过程对环境的影响和破坏程度不同的话，其税率也会不同。相应的，对一些有利于资源重复使用或资源开采使用效率较高以及有利于环境保护的产品和企业应享受优惠税率或税收减免措施；而对严重破坏环境、导致资源浪费的企业应予以惩罚。

三、加强税收征管制度建设

任何一项税收制度都必须通过税收征管来贯彻和落实，而税收征管的低效率将造成税收流失，进而妨碍国家财政收入目标的实现，而与之相伴的税基侵蚀、税负不平等、费挤税等现象损害了市场经济的公平竞争原则，扭曲了经济主体的行为决策。因此，要从根本上提高税收征管效率，必须做到以下几个方面：

（一）完善税源控制体系

借鉴发达国家的税收征收管理经验，我国应该尽快建立一个税源控制体系。首先要做的是实现税务申报和纳税人的经济活动的联结，使每个纳税人，包括个人和企业，都有一个终身使用的税务号码。通过这一号码，税务部门可以对纳税人的一切经济活动、收入来源和财产状况作出准确清晰的判断，并可以进行个人或企业经济状况的调查。同时，要切实配合工商、银行等部门建立有效的信用体系对税源进行健全的监控。其次，应该合理的将税收征管工作在相关部门间进行分配，对不同质量和类型的税源进行分类管理，随时掌握和控制税源的变化情况，特别是对重点税源应强化管理力度。

（二）运用先进技术实现税收征纳程序的简化，完善税收申报制度

应引入先进的信息技术实现征税的信息和数据处理的集中化。改革现有的税收申报制度，采用简便有效的申报方法。例如，个人所得税的申报应当采取严格的雇主和雇员的双向申报制度，防止不实申报。申报手段也可以多元化，如电子申报，委托银行自动申报划缴，电话申报等，并在相关网络资源充分共享的情况下，实现远程申报。

（三）健全税收法制、依法治税

从立法层面合理界定中央与地方的税权结构，尽快建立省以下分税制体系，赋予地方政府适当的税收立法权，为明确各级税务机关的执法主体地位奠定基础。加快税收征管的法制化建设，严格税收执法，纠正税收执法过程中的不当行为，健全税收司法体系，针对税务机关和税务人员在税收征管过程中的违法违纪行为明确追究法律责任的内容和条款。建立有效的税收行政诉讼机制，配合税收征管部门的内部监督体系，完善对税收征管系统的监督。

（四）采取多种方式提高税收征收管理人员的素质和从业水平

加强税务人员的继续教育，强化为纳税人服务的意识，尊重纳税人的权利。其目的有两个：一是要通过征收管理人员的税收宣传、税务及相关信息咨询和相关指导工作让纳税人了解自己的权利和义务；二是要使纳税人得到公正、准确和及时的服务，增强纳税人的依从度，为税收管理创造良好的条件。

（五）在充分保障纳税人权利的同时加大对税收违法行为的惩罚力度

将高科技的管理手段引入到税收征管当中，强调有关部门的相互协作、配合，实现信息共享，形成综合治税的社会环境，努力创建一个法治化、公平、高效率的税收环境。

总之，税收征收管理制度的建设是一项严肃的、长期的工作，它的最终目的是通过征收管理促进税收体系与经济社会的协调发展。

第十四章　国家债务的经济分析 ✳

第一节　国家债务的产生和发展

❦ 一、国家债务的概念

国家债务亦称国债或国家公债，它是一国中央政府凭借政府信誉，按照信用原则发行债券所形成的债务。当今世界，任何一个国家的国家债务都由内债和外债两大部分构成。凡是中央政府在国内举借的债款（如向本国公民、本国银行、企事业单位以及经济团体的借款）通常采用发行公债券和国库券方式募集。中央政府向外国政府、外国金融机构、国际金融组织或外国公民举借的债款，叫做外债。外债通常采用政府与政府间、政府与金融组织间订立借款协定或向外国经济组织和公民发行债券的方式募集。

在理解了国家债务的基本含义后，还要明确指出，尽管国家债务又称国债或国家公债，但不能由此得出结论说公债就等于国债或国家公债。因为公债作为政府筹措财政资金的重要形式，不仅中央政府可以利用，各级地方政府也可以利用。笔者认为，只有中央政府发行的公债才叫做国债或国家公债，地方政府发行的公债则称地方债，显然属于地方政府债务范围。在我国社会主义四个现代化的建设中，正确认识国债的地位和作用，有效运用国债，做好国债管理工作，对于吸收社会资金，加强调控宏观经济运行，平衡财政收支，实现国家职能具有重要的理论意义和实践意义。

❦ 二、国债的基本特征

国债是财政分配中的一个特殊的财政范畴，具有财政与信用的双重性。这种双重性体现在：

（一）债务信誉度高

国债同国家的活动有着最直接的联系，它是以中央政府作为债务人以发行公债方式所产生的借贷关系。这种借贷关系是以国家财政担保为条件的，有着坚实的财力基础，一般不会受到国家政治经济制度变迁和政权更替的影响，因而投资风险最小，收益稳定。因此，人们习惯于把中央财政担保发行享有高度信誉的政府债券称之为"金边债券"。

（二）筹资纳入国家预算

国债发行筹集的资金要纳入国家预算，作为中央政府的财政收入调度使用，而且要严格遵循偿还原则，到期还本付息。从这个角度看，国债的偿还，实际上是一种预期的财政支出，意味着对未来国民收入分配将产生影响。

（三）认购债券自愿性

政府通过国债方式筹集资金，除特殊情况外，一般都不具有强制性和无偿性，是资金使用权的变更，而不是资金所有权的转移。人们购买公债、国库券与否，认购数量多少，选择债券期限的长短都是自愿的，完全由认购者根据自己的情况决定。

（四）债务关系规范

政府债务与公民个人债务和非政府机构债务相比，在法理上尽管同属于债权债务关系，举借目的都是为了融通社会资金获得货币收入以弥补支出的不足。但是政府举债形成的债务关系却远比公民个人和一切非政府机构举债所形成的债务关系规范。这体现在国债的发行条件、发行程序、发行方式、发行数额、流通转让、偿还期限、票面利率、市场管理诸多方面。各国政府都对此制定了一套比较完善的法律、法规体系。例如：日本大藏大臣发行政府债券就必须根据《国债法》的规定举行发债例会，对政府举债金额、发行条件进行惯例审核；美国财政部发行国库券则须经过由认购者索取投标单，联邦储备银行接受投标单，决定中标者及中标价格等严格程序审定，最后美国财政部才能正式发行国库券。

正是由于国债具有以上四个明显的特征，决定了国债分配资金具有财政与信用双重属性，从而成为财政分配的一个特殊的分配形式。

三、国债的产生和发展

国债的产生是同商品货币经济密切联系的，是在商品货币经济的基础上产生和发展起来的。

社会生产力的发展、剩余产品的出现和商品货币交换范围的扩大为国债的产生提供了前提条件。因为国债是以政府为主体所发生的债务关系，它既与商品货币经济有着内在联系，又与国家的发展和国家职能的扩大密切相关。国家的发展和国家职能的扩大，加之战争等因素的存在，国家的财政支出必然随之不断增加。国家仅仅依靠税收手段来取得财政收入难以满足日益扩大的财政支出需要。因而，国家就不得不通过借债方式取得一部分收入来缓解财政上的困难。

在历史上，国债是紧接着税收之后出现的一个最早的财政范畴。远在奴隶社会，国家就已经运用信用形式借债。例如，公元前 4 世纪，欧洲的希腊和罗马就有关于国家借债的记载。当时的商人、高利贷者和寺院便是国债的债权人。到了封建社会，由于战争等原因引起财政支出的增加，国债得到了发展，不过，这一时期社会生产力发展水平不高，商品货币经济发展缓慢，信用制度也不发达，国家通过信用方式筹集的资金极其有限。

公债作为一种国债制度，是同资本主义生产方式的确立密切联系在一起的。只有到了资本主义时代，在商品货币经济进一步发展的条件下，才有了国债发行的必要性和可能性，国债才得到了真正的发展，成为资产阶级国家维持其统治、为资产阶级服务的重要工具。在欧洲，国债制度最早起源于中世纪的热那亚和威尼斯，到工场手工业时期流行于整个欧洲。因为资本主义生产方式的产生，促进了海外贸易的发展和世界市场的形成，加速了资本的原始积累。资产阶级从奴役性的海外贸易和掠夺殖民地活动中集中了巨额的社会财富，为国家大量举债借款提供了条件。同时，资本主义国家为了保证资本家的丰厚利润，争夺殖民地、独霸世界销售市场、不断进行战争以强化国家机器，财政收不抵支的差额越来越大，需要依靠举债来筹集资金以弥补财政赤字，于是国债制度便应运而生。

中国具有现代意义的国债始于清朝末期，而且外债先于内债。根据不完全统计资料显示，从 1853 年到 1894 年期间，清政府共计举借外债 43 次，外债金额折合银元约 6.900 万元。中国正式发行国内国债则是在光绪二十年（1894 年），清政府为应付甲午战争军需向国内举借的债务称为"息借商款"，光绪二十四年（1898 年）又发行昭信股票。辛亥革命胜利以后的南京临时政府、北洋军阀政府和国民党政府都曾依赖发行国债的方式筹集资金，解决财政困难，以维持国家机器运转。

中华人民共和国成立后，中央人民政府十分重视借助国债动员社会资金来平衡财政收支、支援国家重点建设以及调节社会积累与消费的比例关系。1950 年中央政府在国内第一次发行了人民胜利折实公债。随后，1954 年至 1958 年又连续五年发行了国家经济建设公债。1959 年后，由于种种原因，停止了国债发行，直到 1981 年国债的发行才重新得以恢复。

 四、国债与相关信用范畴的比较

（一）国债与银行信用的区别和联系

国债与银行信用相比较，两者既有相同之处，也有各自的不同点。

1. 国债与银行信用的共同点

（1）国债的存在虽然远远早于银行信用，但是，两者都是在商品货币经济基础上建立和发展起来的一种借贷关系，同商品货币经济发育程度密切相关。没有商品货币经济的存在和发展，就不可能有国债和银行信用的存在和发展。

（2）国债和银行信用动员社会资金进行分配和再分配都必须严格遵循偿还原则，坚持有借有还，支付一定利息作为资金让渡的条件。

（3）国债与银行信用运行所发生的债务关系同属于资金使用权的让渡，是资金所有权与使用权的分离，而不是资金所有权的转移。

2. 国债与银行信用的区别

（1）资金分配的主体不同。国债是以国家为主体、由政府直接出面发生的信用关系。在这里，国家是债务人，处于信用关系的主导地位。国债的发行权、资金使用权属于国家。银行信用则是以银行为主体，以银行信用为中介人所发生的信用关系，对债权人和债务人起着桥梁作用。

（2）资金分配的渠道不同。国债以政府发行公债的方式，运用借入和归还的方法，直接通过财政收入和支出渠道实现资金分配。银行信用则以吸收存款方式集中资金，用于发放周转贷款或投资性贷款。银行信用资金的运用完全是通过银行的存贷业务活动实现的。

（3）筹资的目的不同。政府发行国债的目的在于取得财政资金，满足政府履行职能的需要。而银行作为企业，以存贷款为主的信用和经营活动的目的在于利润最大化。

（4）资金分配使用的重点不同。国债资金分配使用的重点是长远的、有战略价值的经济投资开发性项目，如能源、交通、港口等领域的基础设施，有利于带动国民经济全局的稳定持续增长。银行信用则偏重于短期性、周转性项目的贷款，而且还要追求利润。

（5）资金分配表现形式不同。国债主要是中央政府发行国家债券和向外国政府、金融机构借款以筹集财政资金，国债资金使用结果将影响到国民收入分配中积累与消费的比例关系。银行信用的基本形式则是银行吸收存款和发放贷款用于满足生产和流通领域的短期需要，使用结果一般会对国民收入分配起调节作用。

（6）筹集资金的稳定性程度不同。国债发行大多约定偿还期限，未到偿还期，债权人不能要求国家提前兑现，如急需变现，只能在国债交易市场流通转让，资金使用具有较好的稳定性。对于银行信用吸收的存款，债权人则可随时提取使用，筹得资金的稳定性较差。

（二）国债与私债（公司债）的区别和联系

所谓私债（公司债），是相对于国债（公债）而言的。在市场经济条件下，可以把相对于国债发行主体的公司或企业为追加资本而发行的债券统称为私债。国债与私债都同属于有价证券范畴，两者的发行主体都是依托自身的信誉，且都是通过举债方式所形成的债务关系，这是两种债务的共同点。但是国债和私债也存在着差异。两者的差异体现在债券发行动因、主体、流动性几个方面。国债发行主体是国家，发行规模、时间、期限、利率等不仅受经济因素的限制，也受政治因素影响，债券流通转让比较容易。公司债等私债的发行主体则是企业或股份制公司，债券发行的动因往往是单纯的经济因素，而且债务人的信用状况要比政府的信用状况复杂得多，债券的流通性也较低。

（三）国债与货币发行的区别和联系

国债与货币发行的主体都是国家，实质都是以国家信誉为条件的。货币发行分为财政发行和经济发行两大类。国债和货币增发都起着弥补财政赤字的作用，这是世界各国的普遍做法。如在财政赤字同增发货币挂钩的条件下，国家财政出现赤字，出路总是向银行借款或透支。如当银行资金周转发生困难，唯一的选择也只能是多发行货币，这将导致流通中货币量增加，纸币贬值，通货膨胀。可是在财政赤字同货币增发脱钩的情况下，财政出现赤字，采用发行国债的方式把居民购买力的一部分转移给国家，采用这种方式弥补财政赤字，一般不会导致货币增发，也不会引起物价剧烈波动，有利于经济正常发展。

第二节　国债的功能和基本形式

一、国债的功能

国债是国家干预经济、参加国民收入再分配的一个重要工具。在社会主义市场经济体制下，我国国债的基本功能从财政角度和经济角度考察，主要体现在以下三个方面。

（一）弥补财政赤字的功能

国债弥补财政赤字的功能是指一定时期内，国家通过发行国债的方式把集中起来的资金用于弥补财政赤字，平衡预算，以解决财政困难。这是现代各国最普遍的做法，也是公债产生的直接动因。从举借国债与政府扩大支出的关系看，由于公共支出不断增长的规律，一般政府都有扩大财政支出规模的倾向，而要解决扩大支出的资金需要，在正常情况下，只有增加财政收入。而政府增税（提高税率或增设税种）往往会受到微观经济主体的抵制甚至反抗，这就形成对增加财政收入的一种制约。如果政府为实现国家职能扩大财政支出，改用举债替代增税的办法，在这种情况下，财政以收定支的约束力就可能是"软"的。政府以举借国债来弥补扩大财政支出规模所造成的差额（赤字）的做法，在一般情况下，不会像增税那样受到微观经济主体的抵抗。所以，政府的财政支出在举借国债的条件下得以扩大，又由于财政支出的"刚性"，可能带来国债发行量逐年上升。

纵观世界各国，一个国家出现财政赤字的时候，通行的做法是发行政府债券。即通过发行公债、国库券，使企业事业单位和劳动者个人的购买力推迟实现，把不属于国家支配的资金，在一定时期内转换给国家支配使用，成为国家的购买力。这种弥补赤字的办法不会增加流通中的货币量，不会导致通货膨胀，一般也不会影响社会总需求与总供给的平衡。这无疑是一种解决财政赤字问题，促进国民经济持续、快速、健康发展的良好方法。

（二）筹集建设资金的功能

国债筹集建设资金的功能是指，国家用发行国债的方式动员和集中社会闲置资金，用于满足生产建设的需要。为了缓解国家建设资金不足的困难，就必须从各方面采取各种形式的筹资办法（包括利用公债形式）进行动员和筹集，以便尽可能把资金集中在国家手中，用于发展国民经济的战略重点项目。由于国债所具有的"灵活性"可根据国家实现职能的需要，视国家财政收支状况和社会承受力决定国债是否发行和发行的数量，在某种程度上可以做到何时需要何时发行，需要多少发行多少。而单纯依靠国家税收手段来完成资金积累的任务是无法实现的。要想依靠企业、银行和引进外国资本来筹集也是很难完全办到的。如果不利用国债、不发行国债来作为财政资金的补充，势必延缓生产建设的发展速度。可见，国债筹集建设资金的功能是显而易见的。

我国社会主义建设阶段利用国债筹集建设资金不仅是必要的，也是可能的。我国各部门、企业和各级地方政府都拥有相当规模的预算外资金；而随着经济的发展和物质文化生活水平相应的提高，城乡居民储蓄持续快速增长；同时，在社会再生产过程中，总会不间断地游离出一部分闲置资金。这些都成为了国内发行债券筹集建设资金的经济基础。在国际上，由于各国经济发展水平不同，富裕程度不同，一些富裕国家拥有大量的资本，需要寻求新的投资场所，这也为我国通过外债筹集资金提供了条件。只要我国的国债政策对头，债券形式灵活多样，管理得当，便可以使国债成为筹集建设资金的一个长期的、稳定的来源渠道。

（三）调节经济的功能

国债调节经济的功能是指，国家通过发行国债调节经济生活中的各种比例关系，起着社会资源配置的作用。国债调节经济的功能体现在：

1. 调节积累与消费的比例关系

在国民收入分配中，积累与消费的比例关系是国民经济中一个根本性的比例关系，它直接关系到生产建设和人民生活的重大问题。由于政府举借的内债主要来源于消费基金，将这部分举债收入用于政府的基础产业和基础设施的重点建设，实质是消费基金转为积累基金。因此，在一定时期内，国家根据经济发展的实际情况，通过国债发行数额的增减，有力地调节着积累与消费的比例关系。

2. 调节投资结构

我国发行的公债和国库券绝大部分都直接或间接用于生产建设。国家把通过发行国债集中起来的资金用于投向国民经济的薄弱环节，用于建设急需的重点项目，投向那些社会公众需要而企业和个人又不愿意涉足的事业。这一方面引导了资金的流向，使社会资金得到合理使用，减少投资的盲目性，提高资金的使用效益，另一方面又促进了产业结构的优化。

3. 调节社会总需求

从宏观上看，社会总需求 = 民间消费 + 民间投资 + 政府支出。举借国债扩大财政支出规模对社会需求总量和结构的影响，主要涉及微观主体用以认购国债的资金来源和政府筹措的国债资金的投向。对于认购国债的微观经济主体来说是一种储蓄或投资行为，其认购资金大多来源于储蓄资金或原本用于投资支出的资金，当然也有一部分出自消费资金或原本用于消费的支出。通过政府举债将民间消费、民间投资转为政府消费和投资，除了会引起社会需求结构的变化外，也会促使社会需求总量的增加，尤其是将居民储蓄转化为国债会直接增加社会总需求。由于政府举债总是在收不抵支的条件下才会产生，举债收入用于支出，财政支出规模膨胀了，不论用于投资或消费都会增加社会总需求。因此，近年来为扩大内需实行积极的财政政策使得国债发行量逐年上升，这不仅增加了基础设施和重点建设的政府投资，也为扩大社会总需求、实现总供需平衡创造了有利的条件。

4. 调节金融市场

国债是国家调节金融市场的重要政策工具。在市场经济条件下，公债可以贴现、抵押和买卖，这就必然使它成为一种有价证券，成为金融市场的一个组成部分。国债作为一种信用手段，个人投资者可以在二级市场转让国债获取资金；机构投资者可以利用国债向商业银行进行贴现取得资金；中央银行通过公开市场业务实施其紧缩或扩张的货币政策。买卖国债起到吞吐货币、调节基础货币供应量的作用。国家通过公债发行量的增加或减少、通过公债利率和贴现率的调整，调节着资金供求和货币流通，起到了维持经济稳定、安定人民生活的积极作用。

二、国债的基本形式

国债的基本形式包括公债、国库券和国外借款。

（一）公债

公债即政府债务，如前文所述，它是一国政府为筹集财政资金，按照规定的方式和程序向个人、公司、社会事业单位以及他国政府举借的债务，借款国政府必须按照规定的时间表，对法定的债权持有者支付利息，并分期偿还债务。公债是国家信用的主要形式，通常以政府发行有固定面额的"公债券"的方式来筹集资金。

政府筹集财政资金，无论采取发行公债的形式，还是向银行借款或向外国政府借款，都是一种双边交换的过程。在这一过程中，一方面资金拥有者把资金转让给政府，另一方面，政府则对资金拥有者发给证券，以代表资金持有人在借款期内从政府取得收入的一种债权。从这个角度看，公债和个人债务或非政府机构的债务在本质上是一样的，使用债款的规范原则也没两样。

公债筹资按照债务关系的主体不同划分为国家公债和地方公债两大类。国家公债是公债最主要的组成部分，我国习惯上简称为国债。根据《国家预算法》规定，我国公债发行权集中于中央政府，地方政府没有独立的公债发行权。

公债筹资按照筹借和发行地域不同划分为内债和外债。内债是指国家在本国的借款，例如向国内公民、团体和经济组织发行的国债。内债发行的收入和还本付息都用本国货币结算支付，一般不影响国际收支。外债是指国家向其他国家的政府、银行、国际金融组织的借款和在国外发行的债券，外债还本付息都要用外汇支付，会影响到债务国的国际收支。

（二）国库券

国库券是由中央政府为弥补国库收支差额而发行的一种中、短期政府债券，用以满足财政上的资金需要。国库券的债务人是国家，发行者为国家财政部，其还款保证是财政收入。我国国库券发行和还本付息的具体事宜由中国人民银行委托中国工商银行、中国银行、中国农业银行、中国建设银行及其所属机构办理。国库券的发行对象主要是：企业、主管部门、机关、团体、事业单位、个体工商户、城乡居民个人、社会团体及其他组织。国家发行国库券的目的是为了适当集中各方面的财力，调节国库收支差额，促进经济调整和国民经济的协调发展，反映着中央和地方、国家与企业和劳动者个人根本利益一致的经济关系。国库券的偿还方式分为定期偿还和期满一次偿还两种形式。我国 1984 年以前发行的十年期国库券均采用定期偿还方式还本付息。1985 年以后发行的各种期限的国库券，则采用期满一次还本付息方式偿还。1994 年以后发行的国库券，由于政府采取了较多的优惠政策和便民措施，债券形式灵活多样，偿还期限进一步缩短为半年期、一年期，大多为两年期和三年期，也有五年期、十年期，深受广大群众欢迎。

目前，我国国库券发行的形式主要有：（1）记账式国库券，是指不印制实物券面，而是通过证券交易所的电脑清算系统进行国库券的承销、购买、交易及兑付的一种无纸化的国债。记账式国库券发行成本较低、操作灵活简便，不但可以满足财政资金调度上的短期需求，而且还为中央银行开展公开市场业务提供了操作工具。（2）无记名国库券，采取实物债券的形式发行，券面标有发行年度和不同的金额，按券面金额平价发行（1996 年曾折价发行）。无记名国库券不记名、不挂失，可以上市流通转让，可在全国通兑，比较适合居民个人的持券需要，也适合各类投资者购买。（3）凭证式国库券，它是采用填制国债收款凭证的形式，以百元为起点整数发售，并从购买之日起开始计息，持满规定期限后可以按票面利率兑付。这种国库券购买手续简便，安全性好，可以记名和挂失，但不能上市流通。投资者购买后如需用钱，可以到原购买网点提前全额兑取现金，其利息按实际持有天数和相应的利率档次分档计付。

新中国成立以来，尤其是改革开放以来的实践证明，我国社会主义制度下，国家通过发行公债和国库券筹集资金有着极其重大的意义。它的好处在于（1）债券是定期偿还的，且偿还期限一般较长，既能增加重点建设的投资、弥补国家财政赤字，又能有效地回笼货币和控制货币发行，有利于稳定经济，稳定物价，安定人民生活。（2）国家在不妨碍地方、企业利益的前提下，能有计划地调节收入分配，把适当集中的财力用到迫切需要的建设项目上去，可以减少资金分散使用带来的弊端，有利于控制计划外基本建设规模，克服盲目建设、重复建设，保证国民经济协调发展。（3）债券形式多种多样，能适应各种不同的需要，可以充分挖掘国内资金的潜力，有效地发挥资金集中的作用。（4）能更好贯彻自力更生为主的方针，可以少借高息外债，并有利于培养人们的爱国热情和整体观念。

（三）外债（国外借款）

外债是利用外资的一种重要方式。国家举借的外债由国家纳入预算，实行统借统还。新中国成立后，政府对外举借外债始于 20 世纪 50 年代，我国同苏联曾经签订过两次长期经济协定贷款，一次为 3 亿美元，另一次为 5.2 亿卢布。这些借款加强了中国与苏联之间的经济技术交流，对于我国第一个五年建设计划的实现起了积极作用。两次借款都于 1965 年提前全部还清本息。大规模的举借外债是在 1979 年以后，中国的外债主要分为：统借统还外债、统借自还外债及自借自还外债。截至 2004 年年底，我国外债余额达 2 285.96 亿美元。利用这些借款引进了一些关键性的先进技术设备，加速了国民经济的技术改造。

我国国债筹集的资金主要用于四个现代化建设，特别是那些建设周期长、规模大、投资多，国家急需的战略重点项目。社会主义物质技术基础越雄厚，国家偿还债务的能力就越有可靠的资金来源。同时，人民群众物质文化生活的提高也有了更加可靠的保证。从这个意义上讲，人民购买国家债券，既支援了生产建设，同时也分享了国家建设的成果，这表明社会主义国债完全是为人民利益服务的。

第三节　国债规模与限度衡量的指标体系

一、中国国债规模现状

国债作为中央政府融资的重要方式反映着以政府为主体的债务人与债权人之间的借贷关系，到期必须按照事先约定的条件还本付息，这就决定了政府举债融资不能无度。一国政府根据一定时期政治经济形势的需要，适度举债融资，优化经济结构，调节宏观经济运行走势，对国家经济发展有着重大影响。

20 世纪 50 年代，我国政府重视公债融资功能，举债规模适度，为保证解放初期财政收支平衡、稳定物价、支援人民解放战争的最后胜利以及确保"一五"时期重点建设项目任务的完成所发挥的巨大作用是众人皆知的。从 80 年代开始，随着改革开放政策的实行，1981 年政府恢复了国债融资，当年发行国库券 43.01 亿元。以后逐年扩大，特别是从 1994 年起，国家实行分税制的财政管理体制模式，情况发生了根本性变化，规定财政赤字不能向银行透支，财政收支缺口依靠政府融资解决，导致当年国债发行突破 1 000 亿元大关。1994 年实际发行 1 175.25 亿元，1995 年发行 1 549.76 亿元，1996 年发行 1 967.28 亿元，1997 年发行 2 476.82 亿元，1998 年发行 3 310.93 亿元，1999 年发行 3 715 亿元，2000 年发行 4 180.1 亿元，2001 年发行 4 604.00 亿元，2002 年发行 4 679.00 亿元，2003 年发行 6 159.53 亿元，2004 年发行 6 871.35 亿元，2005 年发行 7 042 亿元，2006 年发行 8 883.3 亿元，2007 年发行 23 483.28 亿元，2008 年发行 8 615 亿元。90 年代以来，我国国债规模如此迅猛扩张，引起了理论界和业务部门的高度关注，中国国债发行还有多大空间，中国经济能够承受累积的债务负担吗，中国会不会导致债台高筑，引发债务危机？近年来专家学者发表了大量文章，见仁见智。因而如何深化认识和把握政府债务限度便成为探索国债问题的焦点。这一问题的深入研究必须以邓小平同志建设有中国特色的社会主义理论为指导，采用理论与实践相结合的分析方法，才能得出有重要参考价值的答案。

二、国债限度的制约因素

（一）国债发行限度的一般制约因素

我国社会主义市场经济建立过程中，制约政府举债规模的因素是多方面的，而且许多因素之间又相互交叉牵连、错综复杂。例如，社会经济发展水平，金融市场发展程度，国债利率水平，品种结构、期限结构、发行方式、社会闲置资金拥有量，以及政府财政的偿还能力等，无一不影响到国债的发行规模。在众多制约举债的因素中，最主要的、起决定作用的因素不外乎社会经济发展水平、金融市场发育状况、财政偿还能力和社会应债能力四个方面。

1. 社会经济发展水平

一国政府的举债规模从根本上讲决定于社会生产力发展水平。衡量社会生产力发展变化的综合指标是国民生产总值或国内生产总值。从长期看，政府举债限度的波动与国民生产总值的变化存在着较高的相关性，两者之间成正比走势。因为政府通过举债方式筹集财政资金，实质上是对社会产品和国民收入在全国范围内的分配和再分配。直观地说，也就是对现有生产的生产物的价值分配，是对价值实体所进行的再一次分割。社会生产力发展水平越高、规模越大，经济效益越好，社会产品的产出量和分配量越多，在流通中实现的社会产品价值越多，可供政府举债分配社会产品的价值量才能越多。只有在社会生产力发展，整个国家经济总量不断增大的前提下，国债规模扩张才有坚实的经济基础。离开经济发展水平研究国债限度，政府举债就会成为无源之水，无本之木。

2. 金融市场发育状况

金融市场发育状况是政府融资规模大小的重要条件。市场经济运行中，金融市场是整个市场机制的核心。发达的金融市场能够为筹资者与投资者提供更多的信用流通工具，便于社会闲置资金跨越时间和地域的界限，突破规模限制，迅速实现长期资金、短期资金、大额资金和零散小额资金的相互转换，满足筹资者与投资者的不同需要。我国政府举债融资演进的历史进程表明，1988年以前，由于国内没有开放国债流通市场，国债的大部分是采取直接发行的。即财政部将每年的发行任务分配给各级财政部门，再由财政部门层层摊派落实到企事业单位、机关团体和个人。这种发行方式不符合国债的金融商品属性要求，造成发行环节多，工作量大，推销周期长，成本高。尽管这一时期政府举债规模不大（年平均约57亿元左右），但是国债的循环运行还是比较艰巨的。1988年后，随着经济体制改革的深化，推动了金融市场发展，国债发行开始由行政分配任务向承购包销机制转变，并加强国债一级自营商制度建设，国债市场得到了长足发展，发行规模不断扩大。1989～1995年，国债年均发行额达到514亿元。金融市场发育程度影响国债发行数量的作用显而易见。

3. 财政偿还能力

国家财政偿还能力与国债发行额度密不可分，是制约政府举债规模的又一个重要因素。政府通过国债筹集的资金归根到底要由财政统筹安排使用，这决定了国债到期还本付息的费用必须由财政资金偿还。如果政府举债不充分考虑自身的清偿能力，不顾客观的数量限度，单纯着眼于需求量，财政收支缺口有多大，国债发行就多大，举债过头，其结果是国债发行规模和余额不断扩大，还本付息占财政支出的比重就会上升，加大了债务链条风险。政府为了偿还债务，不得不增加税收和其他收费，这就加重社会公众的实际负担，甚至导致当代人的负担向后代人转移。为此，国债发行数量必须从政府需要和财政清偿能力两个方面全面分析，综合考虑，才能符合比较合理、切合实际的数量限度。

4. 社会应债能力

国债规模还受制于社会应债能力，即应债主体的购买愿望和应债能力。中国国债应债主体有：（1）城乡居民；（2）企业、事业单位；（3）金融机构。这些应债主体拥有的资金总量制约着国债发行量。衡量社会应债能力的指标，从宏观角度考察，就是国债发行额与 GDP 的比例关系。从微观角度看则取决于应债主体的收入水平。国债发行额占 GDP 的比重越小，投资购买者手中实际可支配的闲置资金愈多，国债扩张的空间也就越大；反之便越小。

（二）　国债发行限度的当年制约因素

在现实经济生活中，影响或决定国债规模的因素是多方面的。从政府外部因素看，有经济的发达程度、经济增长率与效益指标、居民收入分配和消费水平、全社会投资规模和金融深化程度等；从发债主体（政府）方面看，影响国债数量发行大小的因素有国债的管理水平与结构状况，如筹资成本、期限安排、品种搭配、偿还方式和国债资金的使用方向与使用效益，均会构成决定国债适度规模大小的因素。综合来看，以下因素是决定国债当年发行规模最直接的因素。

（1）国内生产总值的大小 Y。Y 越大，可以发行的国债就越多，两者成正方向变化。

（2）本年预计的财政收入大小 F。两者成正方向变化。

（3）本年累积的国债余额 N。N 越大，本年可发行的国债量就越小，两者成反方向变化。

（4）本年国债应债额 D。即本年应该偿还的到期国债本金和利息之和，两者成正方向变化。

（5）本年物价水平 P。物价水平高低影响国债的筹集成本，两者成反方向变化。

上述可表述为：

$D_1 = F(Y, F, N, D, P)$：D_1 为从政府角度看影响国债发行的因素。

从应债主体方面看，影响国债发行数量的因素有：

（1）城乡居民储蓄存款余额 S，两者成同方向变化。

（2）国债利率 i_1，两者成同方向变化。

（3）银行利率 i_2，两者成反方向变化。

（4）物价水平 P，两者成同方向变化。

（5）国债的期限结构 L。期限结构越合理，人们越易于购买国债，两者成同方向变化。

上述可表述为：

$D_2 = F(S, i_1, i_2, P, L)$：$D_2$ 为从应债主体角度看国债发行数量。

综合上述两个方面因素分析，影响国债发行数量的因素可归纳为：

$D = F(Y, F, N, \underline{D}, P; S, i_1, i_2, L)$，$D$ 为国债发行数量。

考虑到我国的特殊情况，即财政收入占 GDP 比重偏低，国债由中央政府集中垄断发行与回购，影响我国国债发行数量的因素为：

$D = F(Y, F, N, \underline{D}, P; S, i_1, i_2, L, x_1, x_2)$：$x_1$ 为中央财政收入大小；x_2 为政府既定的经济增长目标，其他字母含义同上。

三、衡量国债限度的指标体系

20 世纪 80 年代中国国债发行规模年均维持在 60 亿元左右，到 90 年代迅速上升，引起了各方面的高度关注，讨论不断见诸报端。因而如何评价当前的国债规模便成为议论的热点。政府举债是否适度，国际上衡量的指标通常有以下三个方面。

（一）国债依存度

国债依存度是指当年国债发行额与当年财政支出之间的比例关系。这一指标从流量上反映了财政支出在多大程度上依赖于债务收入。政府举债过多，债务依存度高，表明财政债务负担重，有可能给财政未来发展带来巨大压力。国债依存度的国际公认警戒线为 15% ~20%，中央财政的债务依存度公认的警戒线为 25% ~30%。

用公式表示为：

$$国债依存度 = \frac{当年国债发行额}{当年财政支出} \times 100\%$$

（二）国债负担率

国债负担率是指国债余额占国内生产总值的比重。这一指标着眼于国债存量，表示国民经济国家债务化程度和国债累积额与当年经济规模总量之间的比例关系。它重视从国民经济总体来考察国债限度的数量界限，被认为是衡量国债规模最重要的一个指标。国外经济学家多数都认为，国债累积余额，一般应控制在当年 GDP 的 45% 以内为宜。

用公式表示为：

$$国债负担率 = \frac{国债累积余额}{国内生产总值} \times 100\%$$

（三） 国债偿债率

国债偿债率是指当年国债还本付息额与当年财政收入的比重。这一指标反映着政府财政偿还举借债务的能力。一国财政偿债能力越大，政府举债的承受能力也就越大；反之则越小。这个指标明确告诉我们，国债规模大小要受到国家财政收入水平的制约，在一般情况下，国债规模应当同当期财政收入状况相适应。偿债率的国际公认警戒线为 22%。由于我国政策规定，地方政府不能发行公债，国债全部由中央发行、掌握和使用，并负责还本付息。考察国债偿债率，笔者认为使用中央财政偿债率指标更有实际意义。

用公式表示为：

$$国债偿债率 = \frac{当年还本付息额}{当年财政收入} \times 100\%$$

研究国债规模除较多地使用上述三个指标外，还有一些其他的参考指标。例如，国债余额占当年财政支出的比重；当年国债发行额占当年国民收入或国民（国内）生产总值的比重；国债费用占当年财政支出的比重等。

第四节　若干有争议问题的评析

一、关于国债负担

在西方国家，随着国债数额的巨大增长，国债负担问题一直是学术界讨论的一个热点。西方财政学中占主导的观点认为，就国家而论，国内债务的取得与偿还系国内财富的相互转移，除少数发行管理费外，其货币收支的数额应相互抵消，并不发生直接的货币负担或直接的货币利益。这种国债无负担论的观点显然只看到了问题的现象，不符合当代世界各国举债的社会实践，其要害在于抹杀了资本主义国债的阶级实质。

国债既然是一种具有信用原则的借贷关系，这种借贷关系的债务人、债权人都客观上存在着国债负担问题，这是因为：

（一） 从政府角度看，借债到期必须还本付息，这是政府债券发行具有良好信用的基本条件

借债偿还本息的支出本身就是一个名符其实的负担问题。一个国家举借债务，如果不从本国经济发展水平的具体情况出发，单纯为了满足政府运作需要而举债过量，势必导致债台高筑而不能自拔，容易造成财政危机。为此，政府举债要量力而行，必须考虑到一定时期内财政偿还债务的承受能力。

（二） 从国债认购者看，用于购买国债的资金主要是地方、企业、居民个人所拥有的暂时闲置的资金

这种使用权的暂时让渡对他们的经济行为会产生一定的影响。尽管国债

偿还时由政府付给的补偿要抵消其国债负担，甚至超过认购者的边际损失，但国债认购者的负担总量是客观存在的，这就不能不充分考虑认购者的应债能力。

（三）从国债偿还的资金来源看，归根到底来源于税收和国有经济上缴的利润

不管用增加税收、加重国有经济上缴利润的办法，还是采用紧缩削减事业经费的办法，偿还国家债务都会影响到经济发展和社会各阶层的经济利益，直接或间接地形成劳动者的负担。马克思曾说，国债是一种延期的税收。不仅如此，如果国债偿还期限较长，而国家通过举债所动员的资金使用不当，效益差，或连年以新债还旧债，不断扩大债务规模，还会造成未来收入的增加不足以偿还本息，使当代人的负担转移到下一代人的身上，从而形成国债的代际负担。当然也要指出，如果当代人将闲置的资金用于购买国债，把消费基金转化为积累基金，并提高了资金使用效益，为下一代人带来较为丰富的物质文化生活，则表明当代人付出的代价又为下一代人创造更多的财富奠定了基础，这种情况只会对当代人造成负担而不会形成代际负担。

 ## 二、关于国际公认的警戒线

怎样看待国际公认的警戒线？理论界研究国债规模限度一般都常用国债依存度、国债偿债率、国债负担率三个国际公认的警戒线指标为依据，以警示政府举债行为。由于各国经济发展水平、时代背景和财政体制多方面原因，实践中存在着很大差异。就以国债余额占 GDP 的比重来看，1996 年美国为 63.0%、日本97.3%、德国 60.4%、法国 55.7%、英国 54.4%，我国只有 7.29%。相比较而言，我国债务累积规模是很小的。不能由此简单地认为，政府可以举债无度。事实上，这一年我国中央国债依存度已高达56.8%，远远高于国际公认警戒线。如果不加以控制，要不了多久，政府就会陷入债台高筑而不能自拔。判断一国举债是否适度，不能只着眼某一个或两个指标的比重或绝对值。必须把公认的警戒线作为一个整体，结合具体国情作出理论的分析，而检验的唯一标准只能根据是否有利于推进经济的稳定增长来判断。

 ## 三、关于我国国债规模

巨额国债有益于经济发展吗？这是国债限度讨论的又一个热点，答案是肯定的。发展中国家制约经济发展的"瓶颈"是资金严重短缺和人才匮乏。如何解决这一突出矛盾呢？出路在于向国内外举债借款。邓小平同志指出："有些国家借了很多外债，不能说都是失败的，有得有失。他们由经济落后的国家很快达到了中等发达国家的水平。我们要借鉴两条，一是学习他们勇于借外债的精神，二是借外债要适度……借外债不可怕，但主要要用于发展生产。如果用于解决财政赤字，那

就不好。"① 欧美国家及日本 1950～1974 年的 25 年中，累计国债以美元计算，美国为 4 920 亿美元，英国为 938 亿美元，法国为 198 亿美元，联邦德国为 280 亿美元，日本为 360 亿美元。同一时期国内生产总值的增长速度为：美国 2.3 倍，英国 1.9 倍，法国 3.2 倍，联邦德国 3.9 倍，日本 6.7 倍。② 我国 1981～1998 年共计发行国债 11 542.21 亿元人民币，同一时期 GDP 由 4 862.4 亿元上升到 79 395.7 亿元。实践证明，负债搞建设有利于经济的超前发展，而不是经济的衰退。债务规模较大不可怕，只要把借来的钱花在生产建设方面，实实在在地推动了经济的快速增长，债务问题就不会形成沉重负担。我国的积极财政政策实施多年的实践就是一个很好的例证。

四、国债规模与货币政策

国债与货币政策的关系也是探索国债限度的一个重要内容。政府运用国债手段实施经济运行的宏观调控，这在发达国家主要是以政府债券为对象的，并通过中央银行公开市场业务操作来体现。国债规模过小，品种单一，流动性差，中央银行吞吐国债数量有限，就难以影响货币供应量。规模过大又会冲击基础货币发行。两者都不利于中央银行调节货币供求关系，达到调节信用、实现财政政策和货币政策的目标。只重视国债同国民经济总量和财政收支状况关系的研究而忽视国债限度与货币政策关系的探索是不可取的。我国充分发挥国债宏观调控作用的当务之急，是增加短期国债的品种和数量，进一步规范国债二级市场，为中央银行公开市场业务操作创造更为有利的条件。

五、关于国债投资的挤出效应

在宏观经济学或财政学中经常接触到的一个概念是挤出效应（Crowding-Out Effect）。国债的挤出效应是指政府为弥补财政预算赤字的国债发行会减少民间部门的资金供给，同时形成金融市场利率上升的压力，进而导致民间投资的萎缩，其实质是政府的国债活动引起了民间部门可用货币供给的减少。因此，谈到国债对货币供给的影响，不能不提到国债的挤出效应。

通常在西方国家，国家的大部分投资是由私人部门根据市场经济规律进行的。由于发行国债的挤出效应挤占了私人部门投资，导致"公共部门经济"的扩大。而"公共部门经济"不是直接在市场机制下进行的，且相对于私人部门是缺乏效率的，因此就损害了经济的整体效率。所以，西方经济学家对于国债的挤出效应是持贬义的。

在我国，对国债的挤出效应存在着争议。一种观点认为，我国目前不存在挤出效应。这是因为，我国私人部门企业很少介入公共基础设施领域，而由国债形

---

① 邓小平：《邓小平文选》（第三卷），人民出版社 1993 年版，第 193 页。
② 《国债管理理论与实务》，中国金融出版社 1992 年版，第 26 页。

成的财政投资资金只投资公共基础设施领域，因而不存在挤出效应，如果有挤出效应的话，也只是挤走了私人企业投资基础设施领域的机会。另一种观点认为，我国存在着财政的挤出效应，只不过是比较弱而已。认为国债的挤出效应不是体现在私人企业对公共基础设施投资支出减少方面，而是体现在国债发行减少了私人企业可利用的货币资金方面，从而导致其投资支出的减少，而不局限于投资的领域。

笔者认为，国债的挤出效应有三种情况：一是国债大量发行，从而吸收大量资金，形成政府与私人企业部门争夺资金；二是国债大量发行的结果使金融市场利率上升，引起债券价格下跌，提高了私人企业的生产成本，相对降低了私人企业的投资收益率；三是私人企业投资意愿因可用货币供给减少而受到抑制，企业投资支出下降，即政府的国债活动"挤走"了私人企业的投资支出。这三种情况在我国并不都存在。要具体问题具体分析，不能一概而论。

从货币角度分析，挤出效应是货币供给由商业银行私人企业账户的存款资金转化为财政性存款形成的中央银行负债，是由私人企业的借贷资金（从私人部门手中）转由政府部门掌握的资金。根据前面的分析，民间部门资金由商业银行一般存款转变为中央银行负债是基础货币的增加。通常民间部门资金形成的商业银行一般存款按规定比例提足法定准备金缴存中央银行后，余下的部分才能用于放贷，因而不会全额产生存款货币的倍数扩张。但同样一笔民间部门资金通过发行国债全部转成财政性存款形成中央银行负债后，财政动用该笔资金会导致基础货币扩大，从而既派生出大量存款货币，又产生倍数扩张效应。这种挤出效应对货币的供给影响是明显的。

我国存在的国债的挤出效应体现在货币供给和货币需求两个方面：

从货币供给方面看，国债发行直接减少了私人企业可用的货币资金总额。民间购买国债的资金并非来源于消费基金，很大一部分来源于银行储蓄存款。国债发行导致资金使用权从民间转移到政府手中。由于我国发行国债的利率均高于同期银行储蓄利率1个~2个百分点，且规定在国债发行期间不得发行其他债券导致国家与私人企业争夺资金，从而产生了对民间投资的强烈"挤出"。

从货币需求方面看，国债发行还会抬高金融市场的利率水平，引起债券价格下跌，从而提高了企业的生产成本，降低了企业的投资收益，导致投资规模的缩减，使得资本市场处于一种较低的均衡水平。尽管我国金融市场的主要利率目前还没有完全放开，国债发行抬高金融市场利率，从而提高企业生产成本的效应难以显现；但国债发行利率高于银行定期存款利率的吸引力使得投资国债以获取稳定收益不失为企业重要的投资选择，对企业而言，投资国债收益正是企业投资实物所得报酬的机会成本。正如萨伊所言："（政府发行国债）使资本利息上涨，当人们能够很容易地从政府那里得到七厘或八厘利息时，谁愿意将款项以五厘利息供给农民、工厂和商人呢？"所以政府发行国债会减少私人生产部门对资金的需求，相应地，资本市场也就处于一种低级的均衡状态。

从国债与货币供给相关性的实证分析看，国债发行与货币供给存在着相互影响的关系。从定量角度考察，国债发行与货币供给具有很强的相关性，总体上讲，考察期内发行国债时，对下一年的货币供给具有较强的收缩作用。

中国当前正处在体制转型时期，政府对资金配置过程的干预作用仍然存在，国债投资排挤私人投资并不完全局限于上述分析，实际上还有其他多种表现形式。

（1）由于商业银行和投资银行与政府有千丝万缕的联系，国债投资需要银行信贷和证券市场的支持，在融资资金有限的情况下，商业银行和证券市场势必压缩其他企业或私人的投资需求。部分企业或私人只能寻求民间的资金来源，从而引起民间资本市场利率上升，因而企业或私人的资本成本增加，盈利能力和再投资能力降低，部分企业则由于项目收益水平较低，既无缘在银行内也不可能在银行之外获得融资。

（2）某些基础行业，如通信、邮电、交通、教育等，仍然是财政投资支出的重要方面。这些行业存在着严重的行政垄断现象，政府部门及其下属机构把相关产业领域作为本单位的势力范围和领地，通过行政手段限制其他投资主体的进入，即使进入也对业务范围进行严格限制。增加国债投资实际上增强了行政性垄断力量，这种行政性垄断损害了民间投资者的积极性，减弱了私人投资在相关行业扩张的可能性。

（3）财政支出或投资支持了部分经济效益不好、缺乏激励约束机制的国有企业的生存，使国民经济缺乏必要的退出机制，压缩了本已狭小的市场空间。中国尚未完全建立对长期亏损、无法清偿债务的国有企业的破产机制。政府通过财政补贴、直接投资和迫使银行贷款等方法维持着早应破产的企业，加剧了资金的稀缺性，加重了财政的负担，从而增加了其他企业的投资成本；也使得市场空间变得相对狭小，限制了民间企业可能的发展。

从上述意义讲，中国的国债发行可能在一定程度上导致"制度性"挤出效应。因此，在国债投资扩张过程中，应当采取谨慎的态度，避免国债投资对民间投资的消极影响，注重发挥国债资金对民间投资的引导和激励作用。

第十五章　进入 21 世纪后的外资利用 ✠

第一节　利用外资与财政的关系

一、外资与财政关系概述

对外开放是我国的一项长期的基本国策，积极合理有效地利用外资是我国对外开放政策的重要组成部分。随着国际国内形势的变化和我国自身实力的增强，近 20 多年来，我国对外开放、利用外资工作的水平不断提高，主要表现在我国对外开放的深度、范围、采取的形式、具体内容等不断发生着新的可喜的变化：从开始时有限度地利用外资到全面地、大规模地利用外资，从以引进国外资金为重点到引进资金、技术、智力并重，从单纯的"引进来"到"引进来"和"走出去"相结合。与此同时，我国对外贸易持续保持高速增长，对外承包合同不断创出新高。所有这些无不有力地提高了我国的国际竞争力，增强了国家的整体经济实力。对外开放，利用外资已经直接和间接地对国家财政产生了深刻、持续的正面影响。

总体上看，利用外资包括利用外国直接投资、利用国外贷款和利用国外证券投资。现阶段构成我国利用外资主体的是外国直接投资，即以"三资企业"投资形式引进的外国资金。

与经济和财政关系相一致，成功的利用外资将会为财政收入增长提供坚实的基础，从深度和广度上拓宽财源，给财政手段的实施提供更大、更广的空间；反过来，恰当的财政税收政策，适宜的财政税收优惠（减免）措施起到了引导、鼓励外资流入，促进经济进一步发展的作用，使整个经济运行形成良性循环的状态。

对外开放，利用外资对财政的影响是综合与全面的。从狭义上讲，它可以通过增加财政收入等方式直接表现出来，从广义上看，这种影响还通过利用外资对中国经济、社会事业发展的影响间接表现出来。对外开放，利用外资的成功对财政的积极影响是多方面的。例如：持续的外资投入及其引起的经济扩张直接或间接地影响着财政收入；优化的产业结构、产品结构、组织结构使效率提高，效益增加，直接或间接地影响财政收入；对外出口市场的拓展使生产规模扩大，社会流转额增加，直接或间接地影响财政收入；先进的技术、管理等的应用引起效益增加，直接或间接地影响财政收入；外资的示范效应和带来的竞争引起整个行业的技术、产品升级，对形成产业核心竞争力的积极作用直接或间接地影响财政收入等。利用外资的过程，也是中国市场经济体系建立和不断完善的过程，甚至是影响我国公共财政体制确立的过程。可以说，中国对外开放所取得的成功的意义不亚于中国历史上任何一次伟大的革命。当然，某些局部的、短期的利用外资失误也会对财政产生不利的影响。

二、外资对财政的直接贡献

随着我国对外开放，引进外资事业的不断发展，我国外商投资企业越来越多，截至 2003 年 10 月底，全国已经累计批准设立外商投资企业 456 892 个，合同利用外资 9 167.43 亿美元，实际使用外资 4 915.22 亿美元。2002 年全国工业总产值 101 198.73 亿元，其中，外商投资企业工业总产值 33 771.09 亿元，占全国工业总产值的 33.37%。2002 年，全国外贸进出口总额 6 208.37 亿美元，其中，外商投资企业进出口总额 3 302.23 亿美元，占全国外贸进出口总额的53.19%（出口占 52.20%，进口占 54.29%）。外资企业已经成为中国国民经济的一支重要力量。随着外资在国民经济中的比重不断增长，财政收入中的涉外税收占全部税收的比重也不断增加。据不完全统计，2002 年全国涉外工商税收（不含土地税、关税）3 487 亿元，占全部工商税收的 20.52%。从 1992～2002年，涉外工商税收每年平均增长幅度超过全国工商税收平均增幅的 1 倍左右。涉外税收对国家财政作出了应有的贡献。

三、财政对外资的扶持政策

自从改革开放以来，我国一直对外来投资给予税收上的优惠政策。其中包括：开放初期就规定对外商投资企业进口自用的机器、设备、自用办公用品、车辆等免征关税；对外商投资企业的利润所得税实施"免二减三"；为鼓励外商利用先进技术和出口创汇，国家对先进技术型和出口创汇型企业给予进一步税收优惠；为鼓励外商采购我国国产设备，国家制定了有关外商使用我国国产设备的退税政策；为鼓励外商在我国设立研发中心和向我国转让技术，国家颁布了相应的税收优惠政策；对外商在高新技术产业的投资、老少边穷地区的投资以及对资源综合利用的投资等，国家均给予了优惠的财税引导政策。为鼓励再投资，国家规定，外商企业在中国再投资实行退税等优惠政策。此外，1991～2000 年，国家 8次降低关税税率，随着中国进入 WTO，我国政府将按照入世议定书的承诺，有步骤地降低关税，开放市场。进入 21 世纪以来，随着中央政府西部大开发政策的实施，国家对外商投资西部又制定了专项的优惠政策，对在西部投资的外商投资企业，在享受原"免二减三"的基础上，可以再享受三年减半征收。对沿海外商投资企业到西部投资，外方股份超过 25% 以上的，享受新建外商投资企业税收优惠待遇，外商投资于西部铁路、公路、民用机场等可以享受免征耕地占用税待遇。长期以来，为吸引外来投资，各地方政府还制定有各种当地的财政优惠政策给予了外商投资进一步优惠的财税待遇。所有这些财政优惠政策要么纳入了相应的外资法律的条款，要么是单行的政策法规，无论如何，它们对吸引外商投资起到了积极的推动和鼓励作用。

随着中国国内市场经济体系的建立和完善，越来越多的人认为，与财政的投资优惠政策相比，健全的、透明的法制环境，公平的竞争环境，廉洁、高效的政府服务对投资者似乎更为重要。国内也有一些民营企业家置疑国家立法机构对外商投资的财政优惠是否就是对民营经济投资的不优惠待遇或歧视性待遇。一个不争的事实是，对外商的税收优惠政策为中国成功的吸引大量外商投资起到过相当大的积极作用。在经济发展的新形势下，如何使税收优惠政策在利用外资的过程中发挥更有效的作用，已经成为摆在财政政策制定者面前的一个亟待解决的问题。

第二节　当前国际资本流动的特点与影响

一、当前国际资本流动的特点

国际资本的跨国流动主要通过跨国公司的跨国投融资活动得以实现。跨国公司是当今世界经济全球化的主要支配力量。目前，全世界约有 6.3 万家跨国公司，通过近 70 万家子公司控制全球 40% 的产业、60% 的贸易、70% 的技术转让和 90% 的对外直接投资。20 世纪 90 年代以来，以跨国公司为主导的国际资本流动呈现出以下新特点。

（一）国际资本流动规模迅速扩大

资料显示：从 1986～1998 年，国际资本市场融资和国际直接投资累计总额由 28 000 亿美元增加到 138 000 亿美元，从 1984～1998 年，国际资本市场融资累计额年均增长 12.34%，国际直接投资年均增长 13.53%。与此同时，国际资本流动的扩张还呈现出递增的趋势，从 1986～1995 年的 10 年间，仅国际直接投资累计总额就增加了 17 715 亿美元。

（二）国际资本流动呈现出不稳定的趋势

20 世纪 90 年代以来，国际资本海外投资稳定增长，虽然发达国家仍然是国际资本流动的主要对象，但是，1991～1996 年流向发展中国家的资本比重有了一定程度的提高。然而，随着 1997 年亚洲金融危机，大量国际资本、尤其是银行信贷资本和证券资本迅速撤离东亚和拉美等发展中国家而流入美国、欧盟等发达国家。1998 年流入发展中国家的长期资本从 1997 年的 3 380 亿美元锐减到 1 275 亿美元，下降 62%，其中 1998 年上半年流入亚太地区的国际直接投资比上年同期下降约 69.4%。相反，流入发达国家的直接投资则不断增加。据统计，2000 年美国当年就吸收外国直接投资达 3 140 亿美元，流入日本的外国直接投资也成倍增长。然而，2001 年美国"9·11 事件"后，国际资本流动，尤其是外国直接投资已经大大下降，流入美国的国际资本迅速萎缩，外国对美国的直接投资 2001

年下降为 1 439.8 亿美元，2002 年骤降为 300.3 亿美元，仅约为上年的 1/5。与此同时，外国对中国的直接投资则从 2001 年的 488.24 亿美元上升到 2002 年的 550.11 亿美元，成为当年全球吸引外国投资最多的国家。2003 年，中国尽管受到"非典"影响，但 1 ~ 10 月引进外国投资合同金额 886.83 亿美元，实际利用外资 435.56 亿美元，再次显示了中国对外商投资巨大的吸引力。

（三）　国际资本流向的重点逐步向资本、知识密集型产业和高新技术产业、金融服务业转移

从全球范围看，随着网络信息技术的日新月异，网络经济成为最热门的投资去向。在网络领域，1999 年全球企业并购交易额达 33 100 亿美元，超过 1990 ~ 1995 年的总和，1999 年美国过半数创业投资投向了电脑网络公司。同时，国际资本向服务业的流动趋势也很明显。20 世纪 90 年代以来具有国际资本流动主体地位的发达国家间相互投资的 50% 以上放在了现代服务业及其相关产业上。1992年，20 000 亿美元的国际直接投资累计总额中，投在第一产业的约占 20%，投在第二产业的约占 40%，投在第三产业的就已占 40%。进入 21 世纪以后，这种趋势更进一步凸显出来。近年来，在中国，外商投资结构也发生着类似的变化。

（四）　证券投资比重明显上升

1993 ~ 1997 年，在国际资本市场上以证券形式流动的资本增加了 75.7%，除个别年份外，1993 年以来证券融资在国际资本流动额中所占份额均在 45% 以上。国际资本证券化的发展趋势使得 20 世纪 90 年代以来国际资本流动的投机性明显加强，据国际货币基金组织估计，目前世界短期游资总额高达 7.2 万亿美元，相当于全球年经济总产值的 20%。由于证券化投资的投机性特点和对外部条件变化的高度敏感性，使得国际资本流动在方向和规模上产生了不稳定性，增大了国家甚至世界经济发展产生波动的风险。

（五）　国际直接投资成为国际资本流动的主要形式

20 世纪 90 年代初，由于发达国家周期性的经济衰退，国际直接投资增长比较缓慢。1991 ~ 1993 年间，国际直接投资年增长率分别仅为 5.3%、2.4% 和 4.8%。从 1994 年开始，由于受美国等国家经济发展的拉动，国际直接投资出现快速增长的势头。1998 年国际直接投资比上年增长 39%，1999 年比上年增长 21.8%。从规模上看，1987 ~ 1992 年，全球外国直接投资年均仅为 1 735.3 亿美元，1993 年为 2 194.2 亿美元，到 1999 年上升至 7 800 亿美元。

（六）　发达国家间大规模跨国购并成为国际资本直接投资的主导方式

国际直接投资的增长突出地表现为以跨国公司为主导的跨国兼并与收购空前发展。1990 ~ 1996 年，包括以证券投资方式进行的购并在内，世界跨国公司购并总额增加了 72%，总规模达到 2 746 亿美元，其中 1995 年的全球购并金额已占当年国际直接投资流量的 73%。1996 年世界企业兼并案达 22 729 起，金额为 1.14 万亿美元。1998 年被称为兼并年，出现了 12 500 多起合并案，世界历史上

最大的十个兼并案都发生在这一年，全年的兼并额超过了1.6万亿美元，1999年跨国公司的并购协议达到2.4万项，成交额达2.3万亿美元。跨国购并成为跨国直接投资所采取的重要方式。

二、国际资本流动对世界经济发展的影响

20世纪90年代国际资本流动的新变化，一方面是世界经济发展变化趋势的有机组成部分及其表现，另一方面它的形成又对世界经济的发展产生了新的影响。

（一）加速了经济全球化的步伐

国际资本流动推动了经济全球化的发展，主要表现在下列几个方面：一是20世纪90年代国际资本流动在规模上的扩张进一步推动了生产的一体化。国际资本大规模全球流动，尤其是直接投资在全球范围的持续增长和跨国公司的膨胀，使各国在生产上的分工深化和相互依赖的程度加强，目前世界生产的40%以上已由跨国公司所控制。二是国际资本流动的扩张通过深化国际分工和扩大国际贸易推动了国际贸易自由化程度的提高。三是资本跨国界流动的扩大提高了资本自身国际化的程度，由此产生的技术和管理方法的全球扩散效应推动了世界科技水平的提高，从而为世界经济全球化的进一步发展提供了推动力。

（二）加剧了世界经济的不平衡发展

不可否认，资本作为重要的生产要素，其跨国界的流动对各国乃至世界经济的发展具有明显的推动作用。但是，由于各国经济环境的差异与经济发展水平的不同，国际资本流动逐利避险的本性必然影响到国际资本流动的地区分布及流向的变化，从而在加速世界经济总体增长的同时进一步加剧了世界经济的不平衡发展。这种不平衡发展表现在：由于国际资本的推波助澜，发达国家与发展中国家的经济发展水平差距进一步拉大，南北贫富分化进一步加剧。据联合国开发计划署1999年度《人类发展报告》称，占全球人口1/5的发达国家拥有全球生产总值的80%，而占全球人口3/4的广大发展中国家仅占14%。

（三）加大了世界经济发展的风险

资本跨国流动缘于资本的本性和经济发展的客观需要，但要保证国际资本流动更好地促进各国以及世界经济的发展，还必须依赖于国际资本流动的规范和约束机制的建立与完善。如果国际资本流动超越当前的认识限度，超越现有的约束机制，则可能带来负面效应。20世纪90年代国际资本流动的证券化、流动性与投机性加大等特征，在一定意义上超越了国际约束机制和防范体系，从而使世界尤其是开放型发展中国家的经济风险加大。在开放经济体系下，这种风险在某国变成现实，就可能通过相互间的传递产生"多米诺骨牌"效应，从而引起整个世界经济的波动。1994年的墨西哥金融危机与1997年的泰国金融危机就是例证。

（四）国际资本流动对各国宏观经济政策及其效应产生影响

随着国际资本流动的扩张，国际资本对各国经济发展的作用更加明显，外资

在各国 GDP 中的比重不断提高，因而各国制定宏观经济政策时，不但要考虑国际资本流动的特点，而且在实践中对外资的调控也成为宏观经济政策目标的有机组成部分。20 世纪 90 年代国际资本构成的变化，尤其是证券化、投机性、风险性和易变性特点的出现，一方面加大了对国际资本流动态势预期和使宏观经济政策制定更加科学合理的难度；另一方面也对宏观经济政策的效应产生不确定性影响。可以说，亚洲金融危机爆发前后东南亚国家在制定和调整货币政策时，就不曾预期到会产生如此大的金融动荡并波及如此大的范围，对本国乃至世界经济产生如此大的负面影响。而东南亚金融危机后国际资本流向的变化又在一定程度上促使各国重新审视本国的宏观经济政策。1999 年以来针对日元升值和资本流向日本的现实，为抑制通货膨胀和资本外流，美国联邦储备委员会采取了提高利率的政策，促使资本回流并对股市产生较大影响。世界银行 1999 年 12 月在世界经济增长前景预测报告中预言，如果美国股市暴跌、美元汇率过度下降，将使 2000 年与 2001 年的世界经济增长率由 1999 年的 3% 下降到 1.5% 。

第三节　中国利用外资的成功经验

一、利用外资的意义

改革开放三十多年来，我国利用外资取得的成就举世瞩目。特别是近 10 年来，利用外资规模不断扩大，水平不断提高。截至 2003 年 10 月，实际利用外商直接投资累计接近 5 000 亿美元，自 1993 年以来连续 10 年吸收外资位居发展中国家之首，2002 年超过美国，成为全世界吸引外商直接投资最多的国家。这对于充分利用"两个市场、两种资源"，拉动国民经济增长，加快产业结构调整和科技进步，推动经济体制改革和市场化进程等，发挥了不可替代的作用。1997 ~ 1998 年，面对亚洲金融危机和国内有效需求不足的双重压力，我国在实行积极财政政策、努力扩大内需的同时，进一步扩大利用外资的领域和规模，对于保持国民经济持续快速健康发展起到了重要的促进作用。在利用外资的实践中，我国积累了丰富经验，其中最为宝贵的一条就是坚持以吸收外商直接投资为主，审慎对待资本项目开放。这是立足国情作出的明智选择，使我国在地区和世界经济发生震荡时成功地防范了金融风险，避免了巨大损失，维护了国家经济安全。事实证明，利用外资完全符合邓小平同志"三个有利于"标准，是坚持改革开放方针的重要内容，是建设有中国特色社会主义市场经济的伟大实践之一，我们必须坚持利用外资不动摇。

随着进入 21 世纪和我国加入 WTO，我国对外开放步入了一个新阶段，利用外资面临着前所未有的新形势。从国际看，经济全球化加速推进，新科技革命迅猛发展，跨国公司在全球经济中的影响增大，各国之间的资本竞争日益激烈，世界政治经济格局正在发生深刻变化。我国作为最大的发展中国家，顺应经济全球化浪潮，通过利用外资等多种形式参加国际分工与合作，有益于把握机遇，趋利避害，掌握发展的主动权。从国内看，"十五"期间我国经济要保持快速增长势头，要继续保持这种增长，一方面主要靠我们自己的力量，另一方面也要扩大吸收外资。目前，对外开放体制环境日臻完善，市场空间更加广阔，这些都为进一步做好利用外资工作提供了有利条件，只要坚定信心，继续坚持对外开放方针不动摇，正确处理改革、开放、发展、稳定的关系，就一定会保持住中国吸引外资的优势。

二、邓小平利用外资思想

中国吸引外资取得巨大成功的原因是多方面的，但最重要、最关键的因素是：邓小平理论推动了中国改革开放事业和中国经济快速、持续、健康的发展。邓小平大胆利用外资的理论扫除了干部和人民群众中对利用外资抱有的各种思想障碍，开辟了前进道路，促使中国的投资环境越来越好，"三资"企业越办越好，外商来华投资的信心也越来越高。

改革开放以前，中国曾以"既无内债，又无外债"自豪，把利用外资视为禁区，更谈不到中外合资办企业了。邓小平于 1977 年主持工作后就一直思考着如何利用外资加快中国发展的问题。1978 年 10 月，他在会见德意志联邦共和国新闻代表团的谈话中，首先提到了"要实现四个现代化，就要善于学习，大量取得国际上的帮助。要引进国际上的先进技术、先进装备，作为我们发展的起点。"[①] 1978 年 12 月召开的党的十一届三中全会在邓小平的提议下，通过了改革开放的总方针。三中全会公报郑重提出：根据新的历史条件和实践经验，采取一系列新的重大的经济措施，从经济管理体制和经营管理方法着手认真的改革，在自力更生的基础上积极发展同世界各国平等互利的经济合作，努力采用世界先进技术和先进设备，并大力加强实现现代化所必需的科学和教育工作（《三中全会以来重要文献选编》（上），第 5～7 页）。1979 年，在邓小平的倡议和指导下，国务院起草了中华人民共和国第一部《中外合资经营企业法》，经 1979 年 7 月 1 日第五届全国人民代表大会第二次会议通过，同年 7 月 8 日公布实施。以后又陆续制定公布了《中外合作经营企业法》、《外资企业法》共三部基本法及其实施条例和细则。

敢于和善于利用外资，在邓小平理论宝库中成为一个重要的组成部分。邓小平关于利用外资的理论，大致可归纳为以下几个要点：

（一）强调吸引外资的政策是一项长期持久的政策

1979 年 10 月，邓小平在中共省、市、自治区委员会第一书记座谈会上正式提议充分研究怎样利用外资的问题。他说："利用外资是一个很大的政策，我认为应该坚持。至于用的办法，主要的方式是合营，某些方面采取补偿贸易的方

---

① 邓小平：《邓小平文选》（第二卷），人民出版社 1983 年版，第 133 页。

式，包括外资设厂的方式，我们都采取。"① 有人怀疑中国吸引外资的政策是权宜之计。针对这一观点，邓小平肯定地说："我认为，现在研究财经问题有一个立足点要放在充分利用善于利用外资上，不利用太可惜了。"② 我国的对外开放、吸收外资的政策是一项长期持久的政策。

（二）阐释了中国为什么要举办"三资"企业的理由和它能带来哪些好处

邓小平认为，举办"三资"企业的主要目的是吸收外国的资金。但是他更重视加强国际交往引进发达国家的先进经验、先进科学技术。他说："资本主义已经有了几百年历史，各国人民在资本主义制度下所发展的科学和技术，所积累的各种有益的知识和经验，都是我们必须继承和学习的。我们要有计划、有选择地引进资本主义国家的先进技术和其他对我们有益的东西，但是我们决不学习和引进资本主义制度，决不学习和引进各种丑恶颓废的东西。"③ 针对有些人认为"三资"企业是发展资本主义，邓小平批判说："这些人连基本的常识都没有。我国现阶段的'三资'企业，按照现行的法规政策，外商总是要赚一些钱。但是，国家还要拿回税收，工人还要拿回工资，我们还可以学习技术和管理，还可以得到信息、打开市场。因此，'三资'企业受到我国整个政治、经济条件的制约，是社会主义经济的有益补充，归根到底是有利于社会主义的。"④ 邓小平高瞻远瞩地指出："社会主义要赢得与资本主义相比较的优势，就必须大胆吸收和借鉴人类社会创造的一切文明成果，吸收和借鉴当今世界各国包括资本主义发达国家的一切反映现代社会化生产规律的先进经营方式、管理方法。"实践证明：许多濒于倒闭的国有企业，通过同外资合营，改革了经营机制，学习到了先进的技术和管理方法，企业很快得到了发展。

（三）吸收外资、合资经营，不可能损害社会主义中国的主权，只会有助于发展社会主义经济

针对有些同志担心吸收外资会损害中国主权，会发展资本主义的顾虑，邓小平再三说明："中国是社会主义国家，坚持社会主义道路，发展社会主义经济，吸收外资、合资经营，不可能损害社会主义中国的主权，只会有助于发展社会主义经济。"⑤ "不管外资进来多少，它占的份额还是很小的，影响不了我们社会主义的公有制。吸收外国资金、外国技术，甚至包括外国在中国建厂，可以作为我们发展社会主义社会生产力的补充。"⑥ 他又说："在本世纪内最后的十六年，无论怎么样开放，公有制经济始终还是主体。同外国人合资经营，也有一半是社会

① 邓小平：《邓小平文选》（第二卷），人民出版社 1983 年版，第 198 ~ 199 页。
② 邓小平：《邓小平文选》（第二卷），人民出版社 1983 年版，第 199 页。
③ 邓小平：《邓小平文选》（第二卷），人民出版社 1983 年版，第 167 ~ 168 页。
④ 邓小平：《邓小平文选》（第三卷），人民出版社 1993 年版，第 373 页。
⑤ 《人民日报》，1984 年 10 月 12 日。
⑥ 邓小平：《邓小平文选》（第二卷），人民出版社 1983 年版，第 351 页。

主义的。合资经营的实际收益，大半是我们拿过来。不要怕，得益处的大头是国家，是人民，不会是资本主义。"① 1992 年春，邓小平在南巡讲话中，更明确透彻地指出："改革开放迈不开步子，不敢闯，说来说去就是怕资本主义的东西多了，走了资本主义道路。要害是姓'资'还是姓'社'的问题。判断的标准，应该主要看是否有利于发展社会主义社会的生产力，是否有利于增强社会主义国家的综合国力，是否有利于提高人民的生活水平……多搞点'三资'企业，不要怕。只要我们头脑清醒，就不怕。我们有优势，有国营大中型企业，有乡镇企业，更重要的是政权在我们手里……'三资'企业受到我国整个政治、经济条件的制约，是社会主义经济的有益补充，归根到底是有利于社会主义的……现在，有右的东西影响我们，也有'左'的东西影响我们，但根深蒂固的还是'左'的东西。有些理论家、政治家，拿大帽子吓唬人的，不是右，而是'左'。'左'带有革命的色彩，好像越'左'越革命。'左'的东西在我们党的历史上可怕呀！一个好好的东西，一下子被他搞掉了……中国要警惕右，但主要是防止'左'……把改革开放说成是引进和发展资本主义，认为和平演变的主要危险来自经济领域，这些就是'左'。我们必须保持清醒的头脑，这样就不会犯大错误，出现问题也容易纠正和改正。"② 邓小平南巡讲话后，在加速改革开放，大胆利用外资上，进一步解放了人们的思想，也解除了外商对华投资的思想顾虑，出现了直接投资的高潮，1992 年，当年外商实际投资达 110 亿美元，等于前三年的总和。从此，外商投资迈上了一个新的台阶，外商投资高潮一直持续到现在，使中国一跃成为世界上利用外资的大国。

（四）利用外资要做到对双方对两国人民都有利

邓小平指出："人家来做生意，就是要赚钱，我们应该使得他们比到别的地方投资得利多，这样才有竞争力……但是，特别吃亏的我们不干。""引进项目必须是能够带动我们自己的。就是说，引进的项目里有好多东西我们能自己干的，都用我们自己的，有些则用它的图纸，用它的规格，由我们来制造。这样，引进一个项目，可以带动一些行业的发展。引进的技术我们掌握了，就能够用到其他方面。"③ 邓小平 1984 年会见日本首相中曾根康弘时说的一番话，也是有代表性的。他说："看得远些广些，有利于我们之间的合作。这种合作不只是对一方有利，而是对双方、对两国、对两国人民都有利……我们欢迎贵国的大中小企业加强同我们的合作。我们希望日本政府对他们做一点工作，劝他们看得远一点。中国现在缺乏资金，有很多好的东西开发不出来。如果开发出来，可以更多地提供日本需要的东西。现在到中国来投资，对日本的将来最有利。"④ 认真深入学习邓小平关于利用外资的理论，可以帮助我们深刻地理解和正确贯彻中国利用外资

---

① 邓小平：《邓小平文选》（第三卷），人民出版社 1993 年版，第 91 页。
② 邓小平：《邓小平文选》（第三卷），人民出版社 1993 年版，第 372～375 页。
③ 邓小平：《邓小平文选》（第二卷），人民出版社 1983 年版，第 199 页。
④ 邓小平：《邓小平文选》（第三卷），人民出版社 1993 年版，第 53 页。

的方针、政策，防御那些错误思想的侵袭。

三、中国利用外资的回顾与现状

（一）对外开放由点到面，逐步扩大，形成了全方位、多层次、有重点的全面对外开放格局

党的十一届三中全会以来，我国将对外开放确立为一项基本国策。三十多年来，我国坚持解放思想、实事求是的马克思主义路线，在实践中刻苦探索，锐意开拓，将对外开放从南到北、由东向西逐步推进。目前，我国已经形成了全方位、多层次、有重点的全面对外开放格局，迅速开创了发展对外经济贸易的新局面，有效地利用了这一时期对我国发展有利的国际机遇，推进了社会主义现代化建设。

1979 年，第五届全国人民代表大会第二次会议通过颁布了《中外合资经营企业法》。同时，国务院设立了外国投资管理委员会负责利用外资工作，决定对广东、福建两省实行特殊政策，并开放广东省的深圳、珠海、汕头和福建省的厦门为 4 个经济特区。同年 5 月，广东华侨企业公司与香港永利公司在宝安县（现属深圳市）合作，成为第一家中外合作经营企业。

1984 年 4 月，中央又决定开放沿海的天津、上海、大连、秦皇岛、烟台、青岛、连云港、南通、宁波、温州、福州、广州、湛江、北海等 14 个港口城市。

1988 年 3 月，国家决定将沿海经济开发区扩展到北方沿海的辽东半岛、山东半岛及其他沿海地区的一些市、县。同年 4 月，全国人大批准举办海南经济特区。至此，全国形成了包括经济特区、沿海开放城市在内的 293 个市、县，2.8 亿人口、42.6 万平方公里面积的沿海开放地带，基本上所有沿海城市都进入了对外开放的行列。

1990 年 4 月，国家决定开发上海浦东，并批准举办我国第一家保税区——上海外高桥保税区。1991 年又批准在深圳的福田、沙头角和天津港设立保税区。

1992 年春，邓小平同志视察南方发表重要谈话，随后，中央作出决定，采取措施，在全国范围内全面推进对外开放。（1）开放沿长江的芜湖、九江、黄石、武汉、岳阳、重庆 6 个港口城市，批准设立长江三峡经济开放区，实行沿海开放城市和沿海经济开放区的有关政策。（2）开放吉林的珲春等 13 个陆地边境城市。（3）批准合肥、南昌、南宁、长沙、郑州、石家庄、太原、呼和浩特、长春、哈尔滨、西安、兰州、银川、西宁、乌鲁木齐、成都、昆明、贵阳等省会（自治区首府）为开放城市，实行沿海开放城市政策。（4）批准大连等市举办保税区，批准营口等市举办经济技术开发区，扩大外商投资领域，包括在金融、保险、商业、外贸等行业的试点。

2000 年，中央作出西部大开发的战略决策，国家制定出西部 12 省优势产业目录，通过政策支持，鼓励外商投资西部。

2001 年 11 月，中国加入 WTO，中国将按与 WTO 成员签署的议定书所规定的内容和时间表，分步骤地实施各行业更深层次和更广泛领域的开放。

（二）利用外资的数量快速增长、结构日趋合理、水平不断提高

在对外开放的政策引导下，我国利用外资工作从无到有，规模发展迅速，在引进外商直接投资、利用国外贷款和国际证券投资等各个领域取得巨大的成功，创造了发展中国家利用外资的奇迹。

1. 外商直接投资（FDI）的发展

自 1979 年全国人民代表大会陆续批准颁布《中外合资经营企业法》、《中外合作经营企业法》以及《外资企业法》以来，我国利用外商直接投资大体可分为三个阶段：

1979～1986 年为起步阶段。这一阶段，我国吸收的外商投资以劳动密集型的加工项目和宾馆、服务设施等第三产业项目居多。这些企业大部分集中在广东、福建两省以及其他沿海省市，同时，内地吸引外资开始起步。

1987～1992 年为持续发展阶段。这一阶段，我国吸收外商投资的结构有较大改善，生产性企业和产品出口企业大幅增加，宾馆、旅游服务项目比重大大降低，外商投资的区域和行业有所扩大。

1993 年至今，高速发展阶段。这一阶段，外商投资数量迅速增长，并持续保持高水平。自 1993 年以来，我国一直保持发展中国家中引进外商直接投资最多的国家地位。2002 年，成为全球引进外商投资第一位的国家。与此同时，外商投资结构发生了较大变化，越来越多的西方国家大型跨国集团进入中国，资金、技术密集型大项目增加较多，房地产业发展很快，平均单项外商投资规模不断提高，投资领域进一步扩大；在沿海地区外商投资迅速增长的同时，中西部地区外商投资也有了较快发展。

随着中国实施西部大开发战略，中国加入 WTO 以及中央实施振兴东北老工业基地的战略决策，中国经济的高速增长，以及拥有 13 亿人口的巨大市场已成为吸引跨国公司的强大磁石。目前，世界上最大的 500 家跨国公司已有 200 多家来华投资。不少跨国公司已经不满足于把中国作为其产品的制造中心，它们有的将公司亚太地区总部（管理营运中心）搬到了中国，有的将产品的研发中心搬到了中国，这种趋势还方兴未艾。这说明中国的投资、营商环境逐步提升，不少方面与国际接轨，中国利用外资的水平越来越高。

截至 2002 年底，我国已累计批准建立外资企业 44 万多个，全国累计利用外商直接投资合同金额 8 281 亿美元。在全部外商直接投资中，来自美国的有 763 亿美元，日本 495 亿美元，维尔京群岛 494 亿美元，新加坡 402 亿美元，韩国 275 亿美元，英国 196 亿美元，德国 143 亿美元，加拿大 104 亿美元，其他国家和地区 5 409 亿美元。截至 2002 年底，全部外商投资中，工业占 73.5%，房地产及公用服务业 10.72%，农业 2.88%，建筑业 2.27%，科研、交通运输、仓储及邮电通信业 1.11%，综合技术服务 0.69%，教育、文化艺术、广播电影电视业 0.33%，卫生、体育福利事业 0.26%，其他 3.54%。截至 1999 年底，全部外

商投资中，东部地区为 2 702.28 亿美元，占 87.84%；中部地区 275.02 亿美元，占 8.94%；西部地区 99.01 亿美元，仅占 3.22%。这些数字显示了地域分布的极大不平衡。2002 年外商投资企业进出口额达 3 302.23 亿美元，占全国总量的 53.19%，其中出口 1 699.37 亿美元，占 52.20%，进口 1 602.86 亿美元，占 54.29%。外商投资企业已成为我国国民经济的重要组成部分和外贸出口的新的增长点。

2. 利用国外贷款的发展

改革开放以来，我国打破了"既无外债，又无内债"的保守理财观，为加速国家经济社会的发展步伐，多年来，在外商直接投资迅速增长的同时，我国政府按照"积极、合理、有效"的方针，通过各种渠道借用外债，取得了重大成就。

首先，利用外债为国家筹集了大量资金，有力地支持了国家经济建设和社会事业发展的需要。1987 年以前，我国外债年流入量都在 10 亿美元以下，1988～1992 年每年平均外债流入量超过 160 亿美元，1993～2002 年，年均流入量超过 360 亿美元。1984 年，我国外债余额约 100 亿美元，到 2002 年底达到了 1 685.4 亿美元，同期国家外汇收入由约 200 亿美元增长为 3 654 亿美元。

其次，我国借用中长期外债主要用于交通运输、能源、原材料、采掘、机械、化学工业等国民经济中的瓶颈产业，短期外债则主要投放于轻纺工业、商业、居民服务业等能创汇、见效快的行业。近年来，我国外资结构已逐步由"基础设施型"逐步向"基础设施—创汇型"转变，结合整个国民经济总体实力的增强和对外出口创汇能力的提高，我国外债使用效益日渐显著。

再次，外债的借债主体和债务种类多样化。中国的外债按债务人类型可分为 11 种，分别是：（1）外国政府贷款；（2）国际金融组织贷款；（3）外国银行及其他金融机构贷款；（4）买方信贷；（5）向国外出口商或企业、私人借款；（6）对外发行债券；（7）延期付款（贸易信贷）；（8）海外私人存款；（9）国际金融租赁；（10）补偿贸易中用现汇偿付的债务；（11）其他。截至 2002 年年底，在 1 685 亿美元的全部债务中，国务院各部委借用外债 505 亿美元，外商投资企业 331.5 亿美元，中资银行 291 亿美元，贸易信贷 263 亿美元，中资企业 144.8 亿美元，中资非银行金融机构 43.8 亿美元，外资非银行金融机构 5.6 亿美元等。

最后，外债管理不断加强。借用外债必须偿还，只有将借用资金控制在一国经济所能承受的范围之内，并使外债效益高于成本，才能实现经济发展的良性循环。改革开放以来，我国政府吸取国际上一些陷入债务危机的国家的教训，不断强化外债的管理工作。先后统一了国家主权外债的窗口部门，加强了对企业借用外债的管理，逐步建立完善了较为有效的外债统计、监测系统。2001 年 6 月起，我国又根据最新国际标准对原外债口径进行了调整，并于 2001 年 11 月初按国际标准定义公布了 2001 年 6 月底的中国外债数据，使我国外债数据具有国际上的可比性，提高了外债管理的水平。

据统计，到 2002 年底，我国 1 685 亿美元外债中，中长期外债 1 155.6 亿美元，占 68.57%；短期外债 529.8 亿美元，占 31.43%；短期外债仅占同期国家外汇储备的 18.5%。2002 年，国家外债偿债率为 7.89%。债务率为 46.12%。以上指标远远低于国际债务警戒线标准，我国外债是安全的。

3. 证券投资的发展

证券投资既是改革开放中的尝试，又是我国社会主义市场经济建设中企业股份制改革和股票市场发展的必然要求。尽管我国在国内证券市场建设方面起步晚，欠发展，市场发育不成熟；在国际上，缺乏向国外证券市场筹融资的经验，然而，改革开放以来，我国在这些方面都作出了有益的探索，拓宽了中国企业筹资的渠道，取得了有益的经验。

在允许外国投资进入国内资本市场方面，最初的探索是设立 B 股。1991 年 12 月，上海真空电子器件股份有限公司首次向境外投资者发行人民币特种股票（B 股），并于 1992 年 2 月在上海交易所挂牌上市。以后，我国一些股份公司又相继向境外投资者发行 B 股，并分别在上海、深圳两地的证券交易所上市。截至 2003 年 10 月，我国境内上市的外资股（B 股）累计达 111 家，股票发行筹资总额 46.32 亿美元，股票配股筹资额 3.27 亿美元。

在加入 WTO 后，我国又有步骤地以总额控制方式，分别审批了一批符合条件的外国投资机构投资国内 A 股市场。

20 世纪 90 年代，一些内地中资公司在境外（如维尔京群岛）注册，把在内地的业务注入境外注册的公司中，然后在香港上市，被称为"红筹股"。如上海实业、北京控股等在香港发行，巨额的超额认购引起轰动。

与此同时，一些中资公司还寻求在纽约、伦敦、东京和新加坡市场上市发行股票。所有这些拓宽了我国企业筹融资渠道，积累了国际股票市场筹资的经验，促进了我国市场经济的发展、完善与成熟。

第四节　全球经济一体化趋势下中国利用外资战略

一、中国面临的投资环境新变化

在面对经济全球化发展趋势的过程中，中国采取了进一步扩大开放的姿态。这是我国 21 世纪经济发展战略的重要组成部分，是我国对外开放的里程碑，不但会推进对外贸易和吸引外资，推动实现利用外资的第二次战略转变，对国内改革也会起到重要促进作用。这将为按市场经济原则和国际通行规则运行的外商投资提供更适宜的大环境。无疑会有利于外商在中国的投资。当然，要保持外商投资流入持续保持在较高水平，在机遇面前同时也面临挑战。只有充分发挥自己的优势，不断克服前进中的困难，才能实现我国的战略目标。

（一）中国吸引外资的新的机遇

从近期看，中国吸引外资的有利方面主要表现在：

（1）中国宏观经济形势趋好，在全球经济不景气的环境下，中国经济一枝独秀，保持了较高增长，为全世界投资者所青睐。

（2）中国产业的升级和产业链的不断完善，经济技术实力不断增强，人民收入水平不断提高，市场潜力日益显现，这是吸引外商在华投资的重要条件。

（3）中国加入 WTO 后全面履行承诺，拓宽开放领域，改善投资环境。加入 WTO 后，中国根据 WTO 规则和规定调整了有关利用外资的法律、法规和政策，凡涉及知识产权保护、市场准入、国民待遇等内容都保持了与 WTO 规则相一致的原则。

（4）我国基础设施建设等硬环境日益完善，政府服务效率、人民生活质量等不断提高，投资软环境不断改善。

（5）中国劳动力价格有明显的比较优势，劳动力的受教育程度也日趋提高，纪律性强。中国年青一代工程技术人员的数量正在快速增长。产业配套能力逐步增强。这些优势成为跨国公司全球战略的重大环节。

（6）发达国家为了摆脱经济困境，实现产业升级，普遍把实施跨国投资战略作为重要的经济政策。

（二）改善投资环境仍面临着挑战

目前看来，在投资环境方面制约外商投资的因素主要有以下几个方面：

1. 经济法律体系不健全

法律基础、立法程序、运行机制等仍未根本转向市场经济，有关法律法规中存在众多与市场经济原则和市场经济规律相悖的条款，执行过程中也存在一些问题，这些都对市场经济环境中运行的外商投资造成了阻碍。有关政策变化幅度大，透明度低，统一性差，对外商投资仍以审批等行政管理手段为主，这也给外资进入及其生产经营造成了困难。

2. 不能充分利用新的引资方式

传统吸收外资的方式，如中外合资、中外合作、外商独资等局限性越来越明显，而占全球跨国投资主导地位的收购兼并方式在我国却由于法律、体制、机制甚至思想观念等方面的原因而难以普遍采用。中国目前从发达国家吸纳国际资本的能力还相当有限。流入发达国家的国际资本主要是证券投资（债券和股票）和银行贷款等其他投资。直接投资在美国的外资结构中只占 1/4 左右，而且绝大部分还是并购投资。而现阶段中国吸纳证券投资和银行贷款的能力较弱，以并购方式吸引直接投资还有许多障碍。

3. 缺乏承接新的外商投资的有效载体

我国吸收外商投资一直以国有企业为主，民营企业吸收外资才刚刚起步，乡镇集体企业吸收外资一般也属中小项目。以往国内企业与外商投资难以融合，在很大程度上缘于国有企业管理体制和经营机制与市场经济规律和经营方式的矛盾冲突。现在看来，短期内其他类型企业受制于本身的发展水平，仍不能成为外商投资的主要载体；而国有企业改革、脱困任重道远，与外商投资的更高层次合作尚待时日。

4. 现阶段利用外资工作还存在诸多不足

不足之处包括：外商投资产业结构仍不尽合理，吸收外资领域有待进一步拓宽；外商投资科技含量不高、投资地域分布不均衡现象仍较突出；政府办事效率尚需提高，招商引资过程的形式主义和恶性竞争在一些地方还比较严重；投资环境尤其是软环境有待继续改善；市场经济秩序需要全面治理；等等。

上述问题制约了利用外资规模的扩大和质量的提升，必须引起高度重视，认真加以解决。

 二、外商在华投资新特点与走势

（一）近年来，外商在华投资呈现出以下新特点

1. 投资结构进一步优化

外商直接投资在规模扩大的同时，质量和水平也不断提高。首先，在外商投资最集中的加工制造业中，集成电路、计算机、通信产品等高新技术项目明显增加。同时，服务贸易领域利用外资发展迅速。

2. 跨国公司更加注重本地经营

跨国公司将企业的核心部分开始向中国转移，生产、管理、采购、品牌等各个方面都加快了本地化的进程，出现地区总部、研发中心和生产基地一体化新趋势。目前，在中国设立研发中心的跨国企业已达 400 家。世界 500 强公司中，在华设立的投资性公司已超过 120 家。在北京和上海两地设立的跨国公司地区总部已达 28 家。

3. 投资方式更加多样化

外商独资方式发展迅速，目前已成为中国利用外资的主要方式，并呈上升趋势。这种变化意味着，中资企业今后希望能够像过去一样通过吸收外资带动其发展的机会将会越来越少，中资企业今后受到的压力也将越来越大。

4. 外资税收优惠政策引导作用日渐淡化

随着高技术含量（资本密集型）外商投资项目数目的增加，以往中国通过引资解决就业问题的效果在逐步下降，以税收优惠吸引外资的政策引导作用也在日渐淡化。

（二）近期我国利用外资走势

1. 资本市场将成为利用外资的主渠道

外商直接投资、对外借款和证券市场上的投资是利用外资的三个渠道或三种方式。这三种方式在改革开放的不同阶段所处的地位与作用是不同的。在改革开放的初始阶段，外商不太了解中国，不敢贸然到中国投资。因此，在这个阶段上，利用外资的主要方式是对外借款。1979～1991 年的 13 年间，我国利用外资中，对外借款每年总是大于外商直接投资，而当时还没有条件利用资本市场吸引

外资。13 年间,累计外商直接投资为 233.5 亿美元,而对外借款则达 527.4 亿美元,后者大大超过前者。可见,对外借款成为这个阶段吸引外资的主要方式。从 1992 年开始,我国利用外资过程中,外商直接投资超过国外借款,成为利用外资的主要方式。1992～1999 年间,外商直接投资高达 2 825.7 亿美元,对外借款只有 846.0 亿美元,而资本市场上的融资数量很小。2000～2002 年的 3 年中外商直接投资高达 1 459.35 亿美元,而对外借款净流入则为负 250 亿美元(即净流出 250 亿美元)。事实证明,我国利用外资的方式已经发生了显著变化。在"十五"期间,随着我国改革的深入和开放的扩大,我国引进外资的方式和形式将更加多样化,除了原有的一些方式和形式外,还要采用收购、兼并、投资基金和证券投资等多种新的方式以利用国外中长期投资。在"十五"期间,我国已逐步转向以资本市场为利用外资的主要方式或渠道。

2. 西部地区将成为利用外资的重点地区

在利用外资方面,西部地区相对于东部地区还有明显的差距。截至 1999 年年底,西部 10 个省市区累计实际利用外资 99.01 亿美元,仅占全国同期吸收外商直接投资的 3.22%。"十五"期间,贯彻中央提出的开发西部战略,一定要以"开放促开发",加大西部地区吸引外资的力度,拓宽利用外资渠道,放宽投资领域。国务院西部开发办副主任王春正在 2000 年 10 月 21 日召开的"2000:中国西部论坛"的新闻发布会上,阐明了鼓励外商到西部投资的主要政策。它包括:鼓励外商投资农业、生态、水利、交通、能源、市政、矿产、旅游、环保等基础设施建设和资源开发项目。扩大西部地区服务贸易领域的对外开放,将外商投资于银行、商业零售企业、外贸企业的试点扩大到直辖市、省会和自治区首府城市;允许西部地区外资银行在条件成熟时逐步经营人民币业务,允许外商在西部地区依照有关规定,投资于电信、保险、旅游业,兴办中外合资会计师事务所、律师事务所、工程设计公司、铁路和公路货运企业、市政公用企业等。积极扩展吸收外资的方式,开展以 BOT 方式和 TOT 方式利用外资的试点,允许采取发行股票、项目融资、出让企业股权、转让经营权、兼并和收购等多种形式吸引外商投资到西部地区。鼓励在华的外商合资企业到西部地区再投资,其再投资项目中的外资比例超过 25% 的,享受外商投资企业的待遇。积极探索把中外合资产业基金、风险投资基金引入利用外资的方式中。对设在西部地区的属于国家鼓励类产业范围内的内资企业和外商投资企业,在一定期限内,按 15% 税率征收企业所得税;对在西部地区新办的交通、电力、水利、邮政、广播电视等企业,企业所得税实行两年免征、三年减半征收;对在西部地区新办的高新科技企业,经国家有关部门认定后,企业所得税实行两年免征、三年减半征收。上述政策的实行将使西部的外资利用形成新的局面,出现新的面貌。

3. 外资将更多地参与国有企业的改组改造

过去对国有大中型企业进行股份制改造时,由于民营经济、私营经济和集体经济的实力都相对弱小,很难成为国有大中型企业的股东,更谈不上它们的控股问题。限于资本市场不开放，外资也很难参与国有企业的股份制改造。因此，大中型国有企业的股份制只是国有大中型企业之间相互参股，实质上仍是国家的独资企业，不存在股权多元化问题。与此不同，"十五"期间，随着我国加入WTO，国外的大型跨国公司将大举进入中国。它们将通过资本市场收购、兼并、控股、参股等方式参与国有大中型企业的股份制改造，这必然大大加速国有企业的改组与改造。目前，国际上的企业收购、兼并浪潮，随着我国对外开放的扩大，席卷神州大地。为了鼓励世界上的大型跨国公司参与我国国有企业股份制改造，在与外商合资经营时，除关系国家安全和经济命脉的重要企业必须由我方控股外，其他企业不必都要控股。这样做，有利于吸引外资。

4. 第三产业将成为外资投入的重点领域

在产业方面，渐进式开放表现在先开放第一产业和第二产业，后开放第三产业；在第三产业内部，先开放旅游、国内贸易、生活服务等一般性行业，然后再开放金融、保险、电信等重点行业。与此相适应，外资进入中国也大体按照上述的顺序。在"十五"期间，外商不仅继续在第一产业和第二产业内进行大量投资，它们关注的重点也移至第三产业领域，尤其是大型跨国公司更加关注中国的金融、保险、电信、外贸等领域的对外开放程度，更希望将资金投入这些领域。改革是开放的基础，我国的经济体制改革必须适应这种新情况，将重点移至第三产业领域，尤其是金融、保险、电信、外贸等行业上。

三、新形势下中国利用外资的策略

（一）始终坚定不移地实行对外开放政策

对外开放是我国的一项战略性决策，在任何时候都必须坚持。当前，世界政治经济格局正在发生深刻变化。我国作为最大的发展中国家，顺应经济全球化浪潮，通过利用外资等多种形式参加国际分工与合作，有益于把握机遇，趋利避害，掌握发展的主动权。从国内看，"十一五"期间我国经济要保持快速增长势头，一方面主要靠我们自己的力量，另一方面也要扩大吸引外资。目前，对外开放体制环境日臻完善，市场空间更加广阔，这些都为进一步做好利用外资工作提供了有利条件。以加入WTO为标志，我国对外开放已经掀开了新的一页，当前，要在更大范围和更深程度上加入国际竞争与合作，利用外资工作不可避免地会碰到许多新的问题。我们必须勇敢地面对挑战，在利用外资方面扎扎实实地做好工作，使利用外资工作保持有序的健康发展，使利用外资始终服务于国家的经济社会发展战略目标。

（二）加强法制建设，不断优化投资环境

按照WTO规则和我国的对外承诺，清理、修订和完善有关法律法规，建立健全符合国际惯例的涉外法律体系；加快转变政府职能，构建统一、规范的外商投资管理体制，提高依法行政水平；有步骤地推进服务业对外开放；充分运用

WTO 规则，制定保护国内产业和市场的有效措施。

（三） 不断根据新情况引导利用外资健康发展

在保持国家各项法律制度稳定的前提下，应根据新的情况变化，应用国际通行的和法律赋予的行政的、经济的多种手段，保证我国利用外资工作始终为国家经济、社会发展的战略目标服务的宗旨得以贯彻。

要着力提高利用外资水平。利用外资要由注重总量增长效应向注重结构升级效应转变，进一步优化外商投资的产业结构。把利用外资的工作重点转向引进国外先进技术、管理经验和优秀人才，正确处理好质量和数量、局部和整体、眼前与长远的关系。要以提高质量为中心，以产业结构调整为主线，正确引导外资投向，促进国民经济结构调整和技术创新；要继续扩大外商投资领域、地域，逐步推进商业、外贸、金融、保险、证券、电信、旅游等服务贸易领域的对外开放。放宽外商投资在技术转让等行业持股比例的限制。鼓励外商投资农业、基础设施和高新技术产业，鼓励外商运用先进适用技术改造机械、轻工、纺织等传统产业，鼓励外商投资综合利用资源和再生资源、环境保护和市政工程，鼓励外商投资西部地区和老工业基地，鼓励外商投资研究开发和参与国有企业的改组、改造。

国家要在宏观上监控直接投资、借用外资和证券投资的变化情况，有意识地引导外资的投资渠道。在借用外资上，要根据不断变化的国际金融形势和我国的经济发展状况（财政、货币政策安排及企业的具体情况变化），对外债借款政策进行适时调整。国家主权外债要保证借一用一还的统一。对企业外债要加强数量和结构变化的监控。要有步骤地引导外资进入我国证券市场。要将我国外汇资本项目发放时间表与国家的市场完善程度和外资进入我国资本市场的程度相联系，稳妥进行。

（四） 将"引进来"与"走出去"战略相结合，提升我国经济的国际竞争力

随着越来越多的外商投资中国，随着我国经济发展水平的提高和加入 WTO，随着经济全球化趋势的逐步增强，实施"走出去"战略已经成为关系到我国经济与整个现代化建设大局和我国国际经济地位的战略性重大问题。它是我们全面参与国际竞争、掌握主动、赢得胜利的必由之路。实施"走出去"战略不仅对中国经济的发展具有重大的现实意义，而且将产生深远的历史意义。

1. 建立健全有关制度，鼓励各类有条件的企业对外投资，扩展海外市场

要抓紧制定和完善有关法律法规，鼓励各种所有制企业通过以自身的优势或针对所在国合作对象的优势，采用包括参股控股、技术转让、兼并、收购等方法，以合资、合作、独资等形式开展跨国经营，在各种实业、服务贸易领域扩大市场份额，取得经济效益，实现"双赢"。

2. 加紧培育中国自身具有自主知识产权、国际竞争能力的跨国公司

在国际竞争的风浪中，大型跨国公司是经济上的航空母舰，具有强大的生存和发展能力。在加入 WTO 后，要更有力地开展国际竞争，必须培养一批中国自

己的大型跨国公司。中资企业要利用和跨国公司合资合作的机会加快发展自己，以充分发挥自身优势，提高其国际竞争力。这对于我国经济长期稳定的健康发展具有相当大的战略意义。要进一步深化企业改革，加快建立适应市场经济和竞争要求的现代企业制度和机制。要以资本为纽带，积极推动跨行业、跨区域、跨所有制的企业重组，加强技术改造和技术创新，形成一批有自主知识产权、核心竞争力的强大的企业集团。鼓励和支持优势企业扩大对外投资，建立海外销售网络、生产体系和融资渠道，在全球范围内进行专业化、集约化和规模化经营，从无到有，从小到大，从弱到强，逐步形成一批有竞争力的中国跨国公司，全面提升对外开放的水平和形象。

第十六章　部门预算 ✖

第一节　部门预算改革的意义

编制部门预算是发达国家和大多数发展中国家的通行做法。随着我国社会主义市场经济体制的不断完善和社会主义公共财政目标的确立并逐步实践，传统预算编制模式已不适应预算管理的需要，建立具有中国国情特征和时代特征的新的预算管理模式和运行机制已成为我国财政和经济体制继续向前发展的内在要求。因此，推行部门预算改革，实行部门预算对于克服传统预算模式的弊端，具有重要的政治经济意义。

一、传统预算编制模式的弊端

我国的传统预算编制模式是通过收入按类别、支出按功能分类汇总编制而成的。这种编制模式与传统的计划经济体制相适应，有利于经济政策分析，并为我国计划经济时期的政治、经济建设和社会事业的发展作出了重要贡献。随着社会主义市场经济体制的逐步建立和完善，政府的职能、活动范围发生了重大变化，调整财政预算功能和作用的客观要求日益强化，传统预算编制模式存在的"散"、"粗"、"软"、"迟"、"低"等弊端也日益明显。

（一）"散"

所谓"散"，是指预算分散、不完整。一是资金供给渠道分散。各级财政按经费性质交叉并行地分配财政资金，各部门和各单位所需的不同性质的经费，如行政经费、教育经费等，由财政部门内部不同的职能机构负责分配和管理。一个部门或单位既有行政费，也有事业费，甚至还有经济发展和社会保障性资金。各类经费的预算编制程序和编报途径各不相同，编报时间不统一。这些资金从不同的渠道来，部门或单位分别向这些渠道申报预算和办理决算，致使一方面一个部门或单位无法完全知道自己的"家底"，另一方面弱化了财政分配职能，难以有效地优化财力资源配置，同时也削弱了财政部门对预算单位的经费整体使用情况的监督和控制。二是指预算内容不完整。传统预算模式下预算内外资金"两张皮"，统筹安排使用的程度较低，导致一方面财政资金紧张，而另一方面大量的预算外资金游离于财政预算和单位预算之外。

（二）"粗"

所谓"粗"，是指编制方法粗放、不科学。传统的预算编制基本上沿用"基数加增长"的方法。这种方法不管基数是否合理，都以上年支出基数为基础，以预算套预算，与实际情况差距较大，部门之间苦乐不均，固化了财政资金在部门之间的分配格局，制约了经济结构和社会事业发展布局的调整。

（三）"软"

所谓"软"，是指预算约束软化。根据财政部门提交人民代表大会及其常委会审查的预算草案，人民代表看不到各部门到底使用了多少资金、主要用于哪些项目、预算外资金规模有多大等，不利于人民代表有效地审查和监督，不利于硬化预算约束。同时，由于多数资金落实不到具体项目，层层留机动，这种预算安排的先天不足诱使下级部门经常到上级部门跑资金、争项目。一方面造成"会哭的孩子有奶吃"现象，在实际执行中追加资金不断，影响了预算的正常执行，损害了预算的严肃性；另一方面不仅耗费了部门和单位的精力，增加了运转成本，也不利于廉政建设。

（四）"迟"

所谓"迟"，是指预算编制和批复迟。预算编制本是一项政策性强且非常严肃复杂的工作，没有充足的时间很难保证质量。而传统预算草案编制一般都是在上年12月前后布置预算编制工作，真正的预算编制时间只有两个月左右。同时，财政部门编制的预算草案在经人大审查批准后，还要与各部门协商才能最终将预算指标分配给各有关部门。而与部门协商往往需要较长的时间，致使预算要到5月份、6月份才能批复，一般都超过了法定的期限，甚至有的单位全年也得不到正式批复的预算。

（五）"低"

所谓"低"，是指财政资金使用效益低。由于预算编制缺乏完整性、科学性、准确性，"越位"、"缺位"问题并存，重复建设、虚报冒领现象突出，财政资金损失浪费严重，财政资金整体使用效益低下。

要克服上述弊端，从根本上改变传统的预算编制管理模式，必须以推进依法理财、民主理财、科学理财为核心，着眼于与国际惯例接轨，实行部门预算改革。

二、部门预算改革的政治经济意义

（一）实行部门预算有利于建立公共财政管理运行机制，促进社会主义市场经济体制的完善和发展

部门预算改革是新形势下财政管理改革的突破口。它可以直接推动调整财政预算管理职能，理顺财政分配关系，规范预算编制，严格预算执行，强化预算监督，建立与社会主义市场经济相适应的预算编制、预算执行、预算监督适度分离的管理模式和运行机制，推进整个财政管理体制走上法制化、科学化、规范化的轨道，从而真正建立社会主义公共财政基本框架。同时，财政管理是市场经济体制框架的重要组成部分，部门预算改革还将有力地促进计划体制、投资体制、领导决策体系等一系列改革的推进，促进新的经济管理体制的完善与发展。

（二）实行部门预算有利于推进民主理财、科学理财

编制部门预算，使预算进一步细化，人大代表在审查预算时，不再是"外行看不懂，内行看不清"，而是一本明白账，有利于人大代表履行监督职能，也有利于审计部门和社会各界对政府财政的监督，推进民主理财。同时，部门预算编制有利于保证资金分配的科学合理，改变过去"一年预算，预算一年"的局面，部门和单位也不用再到财政部门"跑"资金，可以把更多的精力放在预算执行和行业发展规划以及项目的选择确定等重点方面上，切实提高预算管理水平，实现科学理财。

（三）实行部门预算有利于贯彻落实党中央、国务院"依法治国"的方针

传统预算模式下，政府（部门）实际收支与预算收支不一致，不仅使得政府和社会公众无法依据财政收支行为准确地衡量公共行政行为，而且还为不良公共行政行为提供温床，造成政府（部门）行为的非规范性和随意性。实行部门预算，一方面通过全面贯彻落实"收支两条线"的规定，收支彻底脱钩，使各项政府非税收入公开、透明又与征收部门的支出一一对应，并置于人大及政府的监督之下，能够防止部门因利益驱动而违纪、违规操作；另一方面财政资金的分配行为、管理权限及操作程序在政府、财政和部门每一环节都有严格的制度规定，预算的法律性、约束性增强，大大提高预算的透明度、公开性和约束力，各有关方面都必须严格按预算执行。因此，能有效地规范政府的管财行为、财政的理财行为和部门的用财行为，做到依法行政，依法理财。

（四）实行部门预算有助于优化资源配置，增强政府宏观调控能力

财政资金紧张，政府调控能力很弱，预算安排难度很大，是传统预算管理模式下的突出表现。造成这种局面的一个重要原因就是大量的预算外资金游离于政府预算之外，且管理上主体多元化、复杂化，使用上部门化、单位化，政府统筹调控被弱化，没有做到政府收支的统一性、完整性。这既形成部门之间的苦乐不均，又分散了财权、财力，影响了政府对财政资源的合理配置，弱化了财政分配职能，导致政府调控能力低，公共服务能力弱，阻碍了"缺位"问题的解决。通过实施综合预算和零基预算可以扩大政府可调控资金的规模，优化资源配置，增强政府宏观调控能力，提高财政资金的使用效益。

第二节 部门预算的内容和特征

一、部门预算概念

部门预算的概念分为两个层面：政府的部门预算（汇总）与某部门的部门预算。所谓某部门的部门预算是指，由某个部门根据其职能和社会事业发展的需

要，按照内容全面、完整，项目确定、明细，定额科学、公平，程序规范、透明的原则要求，统一编制反映部门所有收入和支出的综合预算，一个部门一本预算。所谓政府的部门预算是政府以各部门为预算编制的基本对象，根据各部门职能和事业发展的需要，按照科学、公平、规范、透明的原则要求，在汇总、审批各部门部门预算基础上编制而成的反映政府所有收入和支出的综合预算。通常所说的部门预算更多的是指某部门的部门综合预算。

二、部门预算的主要内容

部门预算主要包括一般预算和基金预算。一般预算和基金预算分别包括预算收入和预算支出两个方面。一般预算收入主要是指部门及其所属单位取得的财政拨款、行政单位预算外资金、事业收入、事业单位经营收入和其他收入等。一般预算支出，从经济性质看，主要是指部门及所属事业单位的人员支出、公用支出、对个人和家庭的补助支出；从经济功能看，主要是指部门及所属事业单位的基本建设支出、挖潜改造和科技三项费用，各项事业费，社会保障支出及其他支出等。

基金预算收入包括部门按国家规定取得的基金收入，如水利部门的水利建设基金、电力部门的电力基金、铁路部门的铁路建设基金等。基金预算支出是部门按国家规定从基金中开支的各项支出。

三、部门预算的特征

应当说，传统预算模式下客观上已经存在部门预算的某些元素。为适应社会主义市场经济和公共财政体制的建立，不仅整合了这些元素，而且在此基础上赋予其符合时代发展要求的新的内涵和特征。具体讲，与传统预算相比，部门预算具有以下主要特征。

（一）在编制形式上，实行一个部门一本预算

改变按资金性质分散编制预算的传统做法，以每个部门为预算编制的基本对象和预算主体，将部门所属单位全部归口到部门，实行按部门归集编制预算。其特点是将直接与本级财政发生经常性经费领拨关系的部门和单位作为部门预算编制管理的直接对象，并将各类不同性质的资金统一编制到使用这些资金的部门；预算从基层单位编起，逐级审核、汇总、核定、审批；财政部门直接将预算批复到这些部门和单位；在预算报送和批复的格式上，一方面要求部门按照统一格式按时申报预算，另一方面财政部门也要按照统一的格式及时批复预算。

（二）在编制内容上，实行综合预算

将部门和单位的各项收支都纳入部门预算统一编制、统一管理，保证收入的全面、完整、统一，并将部门依法取得的所有收入如财政拨款、预算外资金、事业收入、事业单位经营收入、其他收入、上年结余等进行统筹安排、综合平衡；

在预算之外不再保留任何收支项目，彻底改变预算内外资金"两张皮"的现状。部门预算既包括行政单位预算，又包括其下属的事业单位预算；既包括一般预算收支计划，又包括政府性基金预算收支计划；既包括基本支出预算，又包括专项支出预算；既包括财政预算内拨款收支计划，又包括财政预算外核拨资金收支计划和部门其他收支计划。

（三）在编制方法上，实行"零基预算"和"项目预算"

部门按照预算年度所有因素和事项的轻重缓急程度重新测算每一项支出需求，根据确定的标准和定额按部门人员经费、公用经费和专项经费分别编制。人员经费根据编制内人员情况和国家规定的工资及津补贴标准等有关因素测算核定；公用经费按确定的分类分档定额标准和项目编制；对专项经费实行项目管理，将预算细化到具体使用单位和具体项目，分轻重缓急分类排序，建立项目库，推行项目备选制度，编制滚动项目预算，根据财力情况或列入当年预算，或进入项目库在下一年度预算中安排解决，实行滚动管理。

（四）在预算周期上，实行标准预算周期制度

实行预算周期管理是建立预算管理新机制的重要方面，也是部门预算改革的重要内容。一个预算管理周期由预算编制、预算执行和决算三个阶段构成，一般为28个月，起始于上年3月，终止于次年6月。预算编制阶段，从上年3月至12月，主要任务是编制年度部门预算。在同级人民代表大会批准财政预算草案后一个月内，财政部门统一向各部门批复部门预算。各部门在财政批复预算之日起15日内，批复所属各单位预算。预算执行阶段，从当年1月至12月，主要任务是按照批复的部门预算组织实施。决算阶段，从次年1月至6月，主要任务是完成年度预算的执行审核和决算工作。

（五）在预算执行上，硬化预算约束

部门预算一经批复，即具有法律效力，严禁随意调整和零星追加。除突发性事件造成的必不可少的开支可在经规定的程序报批后调整预算外，其他支出项目当年一般不予追加，一律推至编制下一年度预算时考虑。部门要严格执行预算，并切实批复到基层单位，不得再搞二次预算调整。经批复的预算项目一般不得调整，确需调整的，需报经财政部门批准，重要事项和大额资金报政府审定。

第三节 部门预算的编制和审批

一、部门预算的编制和审批程序

现代预算的编制程序一般都要经过政府行政部门编制草案、政府财政部门汇总审核、政府首长审核确定、议会审议通过几个阶段。根据《预算法》和《预算法实施条例》的有关规定，我国部门预算的编制实行"两上两下"的程序。

（一）"一上"

"一上"是指由部门编制预算建议数上报财政部门。部门根据本级政府关于预算编制的指示和财政部门下达的具体要求，根据国家社会经济发展情况，结合本部门的实际，提出本部门的收支安排建议数上报财政部门和有预算分配权的主管部门。

（二）"一下"

"一下"是指财政部门审核部门预算建议数后下达部门预算控制数。财政部门和有预算分配权的主管部门认真审核和汇总部门报送的建议数。财政部门根据审核后的部门建议数（包括有预算分配权的部门提出的有关建议意见）和征收部门报来的财政收入测算数，审核并汇总成按功能划分的收支预算草案报政府批准。财政部门根据政府的批准数落实到各个部门。这个过程基本确定了部门的收支规模和财政拨款数额。

（三）"二上"

"二上"是指部门根据预算控制数编制本部门预算草案报送财政部门。接到财政部门的预算控制数后，部门要将控制数下达到所属的二级预算单位并落实到具体项目，然后各预算单位根据财政部门的要求逐级汇总并及时上报预算草案。

（四）"二下"

"二下"是指财政部门根据人民代表大会批准的预算草案批复部门预算。财政部门收到部门报来的预算草案后，要及时审核汇总，并将汇总情况报政府。经政府审定后，财政部门代表政府向人民代表大会提交预算草案。人民代表大会审议批准预算草案后，财政部门根据批准的预算草案在规定时间内批复部门预算。部门收到财政部门批复的预算后要在规定时间内批复所属单位预算。

二、部门编制预算的内部组织分工

（一）基本组织体系

部门预算反映了一个部门所有的收入和支出，涉及各个管理层面，是部门行政行为和事业发展的集中体现，具有很强的综合性。鉴于此，部门预算不是财务负责人的预算，而是行政首长的预算。因此，部门预算编制工作应在部门行政首长的统一领导下，形成由财务机构牵头协调、其他业务机构分工负责并密切配合的组织结构，统筹兼顾编制预算。同时要建立、健全科学的民主决策机制和严密的监督制约机制，确保预算管理公开、公正、规范、科学。

（二）内部职责分工

行政首长：对有关部门预算的重大问题作出决定，审定部门预算。

部门预算编制小组（由分管领导及财务负责人、各业务机构负责人组成）：研究解决部门预算编制中的重大问题并对行政首长负责；行政首长还要负责审议部门预算管理规章制度、年度预算编制基本思路和原则、部门预算建议草案、预算调整方案以及预算执行情况。

财务机构：统筹部门预算编制的具体工作。研究提出部门预算管理规章制度；汇总提出年度部门预算建议草案；管理部门预算基础资料动态数据库，负责审核所属单位人员经费、公用经费支出；审核部门事业发展项目，统一管理部门项目库；按程序审核并批复所属单位预算；办理部门预算调整事宜；组织部门预算执行。

业务机构：重点做好业务管理工作。研究提出专项事业发展规划；对事业发展项目进行可行性研究及效益分析，为部门预算编制提供项目储备；提出年度预算及调整相关建议；执行年度相关预算，严格管理和使用预算资金，发挥预算资金的最大效益。

三、部门预算编制的基本原则

部门预算涉及面广、政策性强，编制和审核部门预算应遵循以下原则。

（一）合法性原则

部门预算的编制要符合《预算法》和国家其他法律、法规规定，充分体现国家的有关方针、政策，并在法律赋予部门的职能范围内编制。具体来讲：一是组织各项收入要符合国家法律、法规和各项财务规章制度的规定，并按规定的项目和标准测算。二是各项支出要符合财政宏观调控的目标，要遵守各项财务规章制度，部门预算需求不得超出法律赋予部门的职能。

（二）真实性原则

部门预算收支的预测必须以社会经济发展计划和履行部门职能的需要为依据，对每一收支项目的数字指标要运用科学合理的方法加以测算，力求各项收支数据真实准确。机构、编制、人员、资产等基础数据资料要按实际情况填报；各项收入预算要结合近几年实际取得的收入考虑增收减支因素测算，不能随意夸大或隐瞒收入；支出要按规定的标准测算，不得随意虚增或虚列支出；各项收支要符合部门的实际情况，测算时要有真实可靠的依据，不能凭主观印象或人为提高开支标准编制预算。

（三）稳妥性原则

部门预算的编制要做到稳妥可靠，量入为出，收支平衡，不得编赤字预算。收入预算要留有余地，没有把握的收入项目和数额不要列入预算，以免收入不能实现时造成收小于支；支出预算的编制要量力而行，有多少钱办多少事，不能寅吃卯粮。

（四）重点性原则

部门预算编制要做到合理安排各项资金，本着"一要吃饭，二要建设"的方针，要先保证基本支出，后安排项目支出；先重点、急需项目，后一般项目。项目支出根据财力情况，按轻重缓急原则，优先安排党委、政府交办的事项以及符合国民经济和社会发展计划、符合国家财政宏观调控和产业政策的项目。

（五）综合性原则

部门预算编制要体现综合预算的思想。要将部门依法取得的各项收入以及相应的支出作为一个有机整体进行管理，做到不重不漏，不得在部门预算之外保留其他收支项目。预算外资金要严格执行"收支两条线"管理，收支脱钩；除此之外的其他各项收入也要统一管理，统筹安排。

（六）透明性原则

部门预算编制的方法、程序以及资金分配原则要公开、透明，一视同仁。对于单位的经常性支出，要通过建立科学的定员定额体系，以实现预算分配的标准化；对于项目支出，要通过填报项目文本、建立项目库采用择优排序的方法确定必保项目和备选项目，优先安排急需、可行的项目，杜绝预算分配的主观随意性与"暗箱操作"，使预算分配更加规范、透明。

（七）部门主体性原则

部门是部门预算编制的主体，不能简单地被动接受部门预算安排，要充分发挥主观能动性、创造性，积极主动地开展部门预算编制工作。要根据本部门职能、事业发展规划制定年度预算框架，真正实现自主编制"自己"预算的目标。但是，自主编制不能变成"自由"编制和随意编制，要真实准确，不得弄虚作假，特别是在资金供给小于需求时，要主动进行统筹规划、兼顾安排，不得留缺口。

（八）绩效性原则

应通过绩效考评制度对预算的编制、执行和完成结果实行全面的追踪问效，不断提高预算资金的使用效益。在项目申报阶段，要对申报项目进行充分的可行性论证，以保障项目确实必需、可行；在项目执行阶段，要建立严格的内部审核制度和重大项目建设成果报告制度，对项目进程和资金使用情况进行监督，对阶段性成果进行考核评价；在项目完成阶段，项目单位要及时组织验收和总结，并将项目完成情况报主管部门，主管部门要将项目完成情况汇总报财政部门。绩效考评结果将作为财政部门以后年度预算安排的参考依据。

四、部门预算收支指标的测算

（一）收入预算指标的测算

部门要根据历年收入情况和下一年度增减变动因素测算收入。部门收入预算包括一般预算收入和基金预算收入。

1. 一般预算收入

一般预算收入来源主要包括上年结转、当年一般预算财政拨款收入、行政事业单位预算外资金收入、上级补助收入、事业收入、事业单位经营收入、附属单位上缴收入、其他收入和用事业基金弥补收支差额等。

（1）上年结转数的测算。部门测算上年结转数时，要对部门上年收入和支出执行情况进行认真分析，准确预计上年收入规模和结构，准确预计上年发生的各种支出。如果预计收不抵支，要采取措施压缩支出项目或者积极组织收入来源，不能出现赤字；如果预计收入大于支出，就可以填写上年结转数。

（2）当年一般预算财政拨款收入的测算。部门测算预算年度财政拨款收入时，要考虑以下几个因素：一要剔除上年预算执行过程中的一次性因素；二要考虑预算年度的新增因素；三要分析本部门历年财政拨款收入水平；四要考虑预算年度整个国民经济和社会发展情况以及财政部门编制部门预算的具体要求；五要考虑预算年度的支出需求，当年财政拨款收入原则上要在非财政拨款收入抵顶财政部门核定的支出需求后按差额编制。

（3）行政单位预算外资金收入的测算。测算行政单位预算外资金收入，首先要测算预算外资金的征收计划。按照对预算外资金实行"收支两条线"和其他财务制度的规定，不能直接将征收计划作为收入预算。部门测算预算年度行政单位预算外资金征收计划时要考虑以下因素：一是本部门的预算外资金项目是否发生变化；二是本部门预算外资金的来源是否发生变化。如果没有发生变化，则根据各个预算外资金的项目逐项计算其征收计划规模；如果发生了变化，就要计算各变化因素对征收计划规模的影响。在测算征收计划的基础上，按照综合预算原则测算本部门预算年度行政单位预算外收入。一般来说，在不考虑其他收入来源的情况下，当征收计划数大于或等于财政部门核定的支出需求时，按支出需求数编制预算外资金收入；当征收计划小于支出需求时，可以按征收计划数作为预算外资金收入数。

（4）上级补助收入的测算。该项目主要根据历年情况和上级部门已有的规定和承诺进行测算。

（5）事业收入的测算。该项收入主要根据部门（或单位）事业收入的历年情况、预算年度国民经济和社会发展计划对本部门事业收入的影响进行测算。一般而言，它应与国民经济的增长保持同步，若有特殊情况，则要分析特殊因素影响的大小。

（6）事业单位经营收入的测算。该项收入的测算方法与事业收入相同。

（7）附属单位上缴收入的测算。该项收入主要依据与附属单位已签订合同的情况和已有的规定进行测算。

（8）其他收入的测算。对其他收入测算主要依据历年情况进行测算。对其他收入要按谨慎原则进行测算，避免预算执行与预算差额较大给预算执行造成被动。

（9）用事业基金弥补收支差额的测算。用事业基金弥补收支差额作为预算年度安排支出的收入来源，该项收入测算主要考虑：预算年度收支差额的大小；事业基金的规模和可用于弥补收支差额的大小；国家对事业基金的有关规定等。

2. 基金预算收入

基金预算收入主要是国家规定的纳入预算管理的各项基金。部门基金收入测算，首先要确定本部门纳入预算管理的基金项目，其次要确定影响各基金项目收入的各项社会经济因素。在此基础上，确定部门基金预算的总额。

（二） 支出预算指标的测算

部门预算支出主要有一般预算支出和基金预算支出。

1. 一般预算支出

一般预算支出主要分为两个部分，即行政事业支出、生产建设和事业发展支出。

行政事业支出主要包括行政事业性支出、上缴上级支出、事业单位经营支出、对附属单位补助支出。（1） 行政事业性支出的测算。行政事业性支出主要是经常性支出和专项支出。经常性支出是本部门运转所需的日常费用，如人员经费和办公所需的正常运行费；专项支出是经常性支出之外的设备购置、房屋维修、大型专业会议等支出。行政事业性支出的测算要考虑以下几个因素：一要考虑经常性支出中人员经费和公用经费的历年水平，如人员经费中的基本工资、津贴、奖金、社会保障费等，公用经费中的公务费、正常的业务费、规定的业务招待费等；二要考虑预算年度国家关于人员经费、公用经费政策的调整因素；三要考虑各专项支出的具体需求，如设备购置、大型修缮等。（2） 上缴上级支出的测算。该项支出主要根据与上级部门的合同和已有的规定进行测算。（3） 事业单位经营支出的测算。该项支出主要根据事业单位经营范围、经营内容、经营规模等进行测算。（4） 对附属单位补助支出的测算。该项支出主要根据与上级部门的合同和已有的规定进行测算。

生产建设和事业发展支出主要包括基本建设支出、其他生产建设性支出、事业发展支出三个部分。（1） 基本建设支出的测算。基本建设支出测算要根据基本建设支出的性质认真进行项目的可行性研究。在可行性研究的基础上，确定预算年度的支出规模和测算各种收入来源，只将用本部门"预算外收入"、"其他收入"和国家财政拨款作为来源的规模列入作为本部门需要预算批准的基本建设支出规模。银行贷款、外资等不列入所需部门预算批复的基本建设支出规模。（2） 其他生产建设性支出的测算。其他生产建设性支出主要包括企业挖潜改造资金、科技三项费用、流动资金、支援农村生产支出、农业综合开发支出和政策性价格补贴支出几大类支出的内容。其中每一类支出都要根据各个项目具体确定。因此，测算该项支出时：一要考虑各类支出历年支出水平；二要考虑预算年度国家政策的变化；三要考虑各个项目的具体需求；四要考虑这些支出的资金来源。（3） 事业发展支出的测算。一般认为事业发展支出主要包括抚恤和社会福利救济费、社会保障补助支出、城市维护建设费、对外援助支出、支援不发达地区支出、海域开发建设和场地使用费支出、专项支出等内容。事业发展支出也是项目支出，其测算：一要考虑这些支出的历年水平；二要考虑预算年度国家政策的变化；三要考虑各项目的具体需要。

2. 基金预算支出

基金预算支出主要是国家规定的纳入预算管理的各项基金支出。部门基金支出的测算，一是要确定本部门纳入预算管理的基金项目；二是要确定上年基金结余；三是要考虑各基金支出项目的具体需求。

 五、部门预算的审批

部门的部门预算建议编制完毕后即进入审核批准程序。部门预算的审批主要经过以下几个阶段。

（一）财政部门审核阶段

财政部门对部门报来的部门预算建议进行认真审核。审核的内容主要是：

（1）预算收支是否平衡。按规定，部门不能编制赤字预算，如果发现部门报来的预算有赤字，则应要求部门压缩支出或增加收入来源，确保预算平衡。

（2）预算收支科目是否正确。如果科目不正确，则应予以更正。

（3）预算收入测算是否准确。这主要看是否存在预算收入不正常的情况。如果不正常，则要看部门的预算编制说明，分析不正常的原因，并作出相应处理。

（4）预算支出是否符合规定和是否留有硬缺口。这主要看部门是否自行扩大开支范围和提高开支标准，是否按规定保证了基本支出，重点项目是否已经安排。

（5）预算外收入和其他各项收入是否进行统筹安排、综合平衡。

（6）汇总的部门预算与财政部门下达的预算支出控制数是否一致。

（7）是否按规定编写预算编制说明。

（二）政府首长审定阶段

部门预算草案编制完成后，财政部门应将汇总的部门预算草案和各部门报来的部门预算建议送政府首长审定。经行政首长批准后，送交人民代表大会审议。

（三）人民代表大会审议阶段

人民代表大会对部门预算草案的审议主要分为两个阶段。

1. 初审阶段

财政部门根据政府首长的指示，将部门预算草案报人民代表大会财经委员会（预算工作委员会）进行初步审核。其审核的内容主要是：各项收入安排是否符合法律、法规的规定；收支规模与国民经济社会发展计划是否协调；支出安排是否符合党和国家的方针政策等。财政部门根据人民代表大会财经委员会的意见修改后报政府首长批准。

2. 审议阶段

财政部门正式代表政府向人民代表大会提交预算草案。人民代表就政府预算草案和部门预算草案进行审议，最后通过政府预算草案。

（四）财政部门批复阶段

财政部门根据人民代表大会批准的政府预算和审议的部门预算在规定的时间内批复部门预算。预算法实施条例规定，财政部门要在人民代表大会通过政府预算后的 30 天内批复部门预算。

（五）部门批复阶段

部门接到财政部门批复的部门预算后，要在规定时间内批复所属单位预算。预算法实施条例规定，部门要在财政部门批复部门预算的 15 天之内批复所属单位预算。

第四节　部门预算的绩效评价

财政预算支出绩效评价是对政府的公共支出所产生的效果和影响进行评价的行为。在市场经济国家开展财政支出绩效评价是政府加强宏观管理、提高财政资金运行效率和增强政府公共支出效果的重要手段。随着我国公共财政框架的逐步建立和部门预算的广泛推行，开展部门预算绩效评价工作成为当前部门预算改革面临的一项重要课题。

一、开展部门预算绩效评价的必要性

近年来，我国财政收支规模一直呈快速增长趋势，但财政收支平衡程度却呈持续下降态势，收支矛盾突出；对部门和单位的预算安排看起来科学合理，但预算批复后，部门和单位该办的事没办好，而不该办的事却办了，重复建设、损失浪费、资金挪作他用的情况严重。究其原因就是一些部门和单位往往注重财政资金的取得，却忽视其使用效果，财政支出管理效率不高。看来是缺乏一套行之有效的绩效评价体系，而人大、政府及其财政部门又无法对其支出效果进行客观考评和追踪问效，这些单位无所顾忌，便形成了恶性循环。

部门预算作为一种资源配置活动，其管理的最终目标就是提高预算支出产生的社会效益和经济效益。而检验部门预算资金使用是否达到高效，就必须建立起适应社会主义公共财政框架的部门预算支出绩效评价体系。

通过部门预算支出绩效评价可以清楚地对部门支出的结果进行分析评价，判定各项支出是否实现了预期目标，是否与国家宏观社会经济目标相一致。建立部门预算支出绩效评价体系有助于推动各部门和单位建立责任机制，建立以结果为导向的管理体制，建立起自我评价与自我监督、外部评价与外部监督相结合的有效约束和监督管理机制。这对提高财政预算支出的社会效益和经济效益具有重要作用。为加强支出管理，促进部门和单位规范、安全、有效地使用财政资金，提高财政支出的效率和效益，必须实行部门预算支出绩效评价。

❧ 二、部门预算支出绩效评价的层次

部门预算支出绩效评价有多个主体，且不同的主体其客体也可能不同。根据开展部门预算支出绩效评价工作的主体或客体的不同，可以将部门预算支出绩效评价工作分为三类：项目绩效评价、单位绩效评价、部门绩效评价。

（一）项目绩效评价

项目绩效评价是对项目预算的支出效益进行的评价。项目绩效评价的主体主要是财政部门、项目实施单位、项目主管部门、预算主管部门，评价客体是部门预算中项目预算支出的效益。由于项目支出预算是部门预算的重要内容，因此，进行部门支出项目绩效评价对合理安排和执行部门预算、提高财政资金效益具有十分重要的作用。项目绩效评价是其他两项绩效评价的基础。

（二）单位绩效评价

单位绩效评价是对单位预算支出效益进行的评价。单位绩效评价的主体主要是财政部门和预算主管部门，评价客体是预算主管部门所属下级预算单位的预算支出效益。作为财政部门预算管理体系中重要组成部分的基层预算单位，其支出效益直接反映并影响财政预算支出的总体效益。因此，实施单位绩效评价是财政部门预算管理的重要内容。

（三）部门绩效评价

部门绩效评价是对某部门的部门预算的支出效益进行的评价。部门绩效评价的主体主要是各级人民代表大会及其常委会、政府和财政部门，评价客体是各预算主管部门和项目主管部门的预算支出效益。部门绩效评价是项目绩效评价和单位绩效评价的总体反映。

❧ 三、部门预算绩效评价指标及其标准

（一）部门预算绩效评价指标

开展部门预算绩效评价需要设计相应的评价指标，并建立指标体系。绩效评价指标体系的建立必须遵循定量与定性相结合、短期效益与长期效益相结合、局部利益与总体利益相结合的原则。根据部门预算绩效评价的层次，应分别建立项目绩效评价、单位绩效评价、部门绩效评价指标库。从指标的适用性角度考虑，可将指标划分为通用指标、专用指标、辅助指标等类型，并且根据指标的性质不同，可以将各类绩效评价指标再分别划分为定量指标和定性指标。

（二）部门预算绩效评价标准

绩效评价标准指以一定量的有效样本为基础，测算出用以作为衡量和评价预算支出绩效水平依据的样本数据。科学、准确的评价标准是绩效评价体系的重要组成部分。通过将实际结果与评价标准相比较，可以使评价者客观分析出部门预

算收支规模是否适度、支出结构是否合理以及政策实施效果是否显著等，从而为决策提供科学的依据。

1. 绩效评价标准的分类

绩效评价标准可以分为多种类型：按照认定主体的不同，可以分为政府标准、社会公众标准以及民间机构标准；按照是否可计量分为定量标准和定性标准；按照标准的时效可以分为当期标准和历史标准；按照标准形成的方法可以分为测算标准和经验标准；按照适用区域可以分为国际标准和国内标准。

2. 制定绩效评价标准的基本原则

评价结果的公正、准确与否，很大程度上取决于所参照的评价标准是否科学、合理。因此，制定客观、科学、合理的评价标准是开展部门预算绩效评价的前提。制定部门预算绩效评价标准，必须注意把握好以下基本原则。

（1）评价标准应当能准确反映财政资金的使用状况和效益状况的整体水平。要科学地划分评价标准类型和档次，特别是不能单纯选择、使用定量标准或定性标准，以充分反映财政资金的使用效率和效益水平。

（2）评价标准的取得应当体现客观性、公正性和科学性。在整个评价标准的测算与设定过程中，要符合统计分析的基本原理，既要考虑测算样本选取的有效性，又要考虑其规模性；既要考虑标准值的数学意义，又要考虑其经济意义；既要考虑测算样本分档区间的合理性，又要考虑标准测算模型的科学性等。

（3）评价标准应当充分反映预算支出行为的特征。既要针对不同行业、不同类型财政支出资金使用和运行状况制定统一标准，用以对比分析财政支出的共性特征；又要针对不同地区、不同行业、不同类型支出的特点而设定专门标准，用以对比分析财政支出的特性。专门标准是对统一标准的补充，这样才能使评价更接近被评价对象的运行本质。

3. 部门预算绩效评价标准的取值基础

项目绩效评价标准所适用的取值基础。从项目运行特性看，项目绩效评价技术标准的取值包括项目的工程技术、施工效率、质量等标准，主要来源于项目的技术、质量统计资料；项目的经济效益标准值，包括成本净现值、资金到位率、财务收益率、投资利税率等标准，主要来自项目的财务统计指标；项目的社会效益标准，如公众满意度、环境改善状况等。由于这种评价基本属于定性标准范围，因此在标准取值时应该更多地依靠专家、业内人士的经验判断，以及开展问卷等形式取得的调查结果。

单位绩效评价标准所适用的取值基础。单位绩效评价标准的取值，更多地依赖单位办事效率的改善和行政任务、事业计划的完成等有关数据和结果，取值基础主要是计划标准、历史标准和部门、行业标准等。

部门绩效评价标准所适用的取值基础。部门绩效评价标准的取值应当关注部门所承担的政治、经济和社会发展职能的履行情况以及行政效率的提高等方面的情况。取值基础主要以部门计划标准为主、经济调查数据为辅。

四、部门预算绩效评价结果的应用

部门预算绩效评价的目的是将绩效评价的结果应用于考核分析，以促进加强财政资金管理，提高财政资金使用效益和政府管理效率，提高政府公共管理水平。因此，绩效评价结果的应用才是开展绩效评价工作意义的最终体现。

（一）项目绩效评价结果的应用

项目绩效评价结果是安排项目预算的依据。在项目预算的安排过程中，除了要充分权衡项目实施的条件是否具备外，更重要的决策依据就是看该项目上马后能否取得较好的绩效结果。只有将项目绩效评价的预测结果真正运用到对项目预算安排的严格控制中来，才能使每一个财政支出项目都能够产生出最好的绩效，才能避免盲目建设、重复建设和低效益建设。

利用项目绩效评价结果加强资金监管。通过项目预算资金的使用进度与阶段性的绩效评价结果进行对比，可以检查资金使用与项目执行进度是否相适应，与项目绩效是否相匹配，从而实现对项目资金的监控。如果在绩效评价过程中发现在项目建设过程中有违反财经纪律的问题，就可按照国家的有关规定及时作出相应的处理；如果项目质量有问题，就可以及时进行整改。

利用项目绩效评价结果提高项目管理水平。通过将多个项目的评价结果放在一起进行对比和分析可以总结经验、吸取教训、找出规律，从而指导同一类型项目的管理，提高项目管理水平。

（二）单位绩效评价结果的应用

单位绩效评价结果是安排单位预算的依据。财政部门与主管部门编制、审核单位预算，除了要兼顾需要和财力可能等条件外，还要看预算安排是否符合单位行政任务、事业计划和绩效目标，单位是否能取得较好的行政或事业绩效结果。对于绩效目标高、绩效结果好的单位要优先安排预算。

利用单位绩效评价结果分析诊断单位内部管理问题。单位绩效评价结果能够在一定程度上反映单位内部管理控制制度等多个方面的基础管理状况，财政部门、主管部门和本单位就可以充分利用评价的结果对管理中存在的问题进行科学的诊断，发现和解决预算管理和资金管理中存在的问题，检查在管理中存在的制度缺陷，及时采取切实可行的措施进行整改、补救和纠正，进一步提高管理水平和财政资金使用效益。

（三）部门绩效评价结果的应用

部门绩效评价结果作为编制部门预算的重要依据。一是可以根据部门履行的政治、经济和社会发展职能的绩效目标安排部门预算。二是财政部门在平衡各部门的部门预算时，按照"效率优先、兼顾公平"的原则，可以将部门往年的绩效评价结果作为安排当年预算的依据之一，把部门的工作绩效与其预算紧密结合起来，以鼓励部门更好地运用财政资金。

利用部门评价结果加强对部门的资金监管和部门行为监督。第一，从人大和政府来看，可以通过部门评价结果落实部门行政责任制，总结该部门在具体的行政行为过程中存在的问题，排查影响该部门绩效评价结果的因素，进一步追查部门行为责任，促进依法行政。第二，从财政部门来看，可以通过部门绩效评价结果，总结、推广部门财务管理经验，发现部门有无违反财经纪律的问题，以确保财政资金的安全和有效使用。第三，从审计部门来看，可以运用绩效评价结果发现一些必要的线索，提高审计工作效率，使审计效果更加显著。第四，从社会公众来看，可以利用部门绩效评价结果直接评议部门提供的公共服务，更好地实施社会公众对政府部门的监督。

部门绩效评价结果可以全面反映部门政绩。由于财政支出总揽部门各方面的职能和行为，部门的绩效评价结果就非常直观地反映出部门工作的绩效状况。一个部门的绩效评价结果较好，表明该部门较好地利用了财政资金，事业发展状况良好，较好地承担了社会和政府赋予该部门的职责，取得了政绩；否则，就可能是部门内部管理混乱，没有很好地履行职责，就没有取得政绩。

第五节　部门预算改革的总体评价

一、我国部门预算改革进展

我国的部门预算改革是在借鉴国际经验的基础上结合我国实际情况，在 20 世纪末开始启动并逐步推开的。

（一）中央部门预算改革

1999 年 6 月，审计署代表国务院在第九届全国人民代表大会常务委员会第十次会议作《关于 1998 年中央预算执行情况和其他财政收支的审计工作报告》和全国人大常委会《关于加强中央预算审查监督的决定》（1999 年 12 月 25 日通过）中分别指出了财政预算管理中存在的问题，并就进一步改进和规范中央预算编制工作提出了"要严格执行预算法，及时批复预算"、"要细化报送全国人大审查批准的预算草案内容，增加透明度"、"报送内容应增加对中央各部门支出、中央补助各地方的支出和重点项目的支出"等要求。这些要求的提出促使我国部门预算改革序幕被拉开。

财政部决定以贯彻全国人大的要求为契机，从改革预算编制方法着手，逐步推进我国预算管理改革。1999 年 7 月 24 日，财政部向国务院报送了《关于落实全国人大常委会意见改进和规范预算管理工作的请示》。经国务院批准，财政部在广泛征求中央有关部门意见的基础上，提出了《关于改进 2000 年中央预算编制的意见》，并着手实施部门预算改革。

2000 年所有中央一级预算单位全部编制了部门预算，并选择了农业部、教育部、科学技术部、劳动和社会保障部 4 个部门的部门预算上报全国人民代表大会审议。2001 年，在总结上年经验的基础上，除国防部、安全部和中国人民银行等 3 个特殊部门外，国务院其他 26 个组成部门的部门预算全部上报全国人民代表大会审议，并且上报的内容进一步细化，形式也做了一些改进。2002～2004 年三年间，中央部门预算在编报内容、编报方法上进一步完善，并专门针对基本支出、项目支出制定了预算管理办法，使部门预算改革逐步趋向"内容全面、完整，项目确定、明细，定额科学、公平，程序规范、透明"的目标。

不仅如此，为了适应中央部门预算改革的需要，2000 年 6 月，财政部在内设机构上动了"大手术"，将原来按预算收支功能相应设置的管理机构调整为按部门预算管理要求设置，基本理顺了财政部内部各司局与中央各部门之间的预算管理关系。此外，一些中央部门也根据自身的工作性质和对象调整了内设机构，有些部门还成立了预算处，统一管理本部门的预算工作。没有设立预算处的部门也明确由财务部门统一管理本部门预算，并充实了财务部门的力量，从组织机构上、人员上为部门预算编制改革工作提供了保障。

（二）地方部门预算改革

地方的部门预算编制工作也在稳步的进行之中。河北、河南、天津、山东、四川等省市率先推行了部门预算改革。

河北省在 2000 年就改变了原来按财政资金性质和部门交叉管理的预算管理方式，以部门为依托，构建出新的部门预算编制模式。其特点是将各类不同性质的财政性资金，包括单位自有收入、预算内拨款、预算外资金等统一编制到具体部门；取消中间环节，财政直接将预算批复到省级 116 个一级预算单位。

河南省为解决预算执行中二次分配随意性大、项目下达晚等问题，也于 2000 年开始在省级编制部门预算。主要做法是：在细化单位公用经费预算定额的基础上，将人员经费、公用经费分类（款）核定到部门所属二级预算单位。事业发展和建设性专项支出除预留一定比例的不可预见支出外，用于省本级支出的，核定到具体项目和用款单位；补助市地支出的，核定到具体项目和市地。然后，将部门各类不同性质的资金集中汇编成部门收支总预算。

随着省级政府机构改革的完成，四川省在 2001 年对省级部门全面实行了部门预算改革。其主要内容是：将直接与省财政发生经常性经费领拨关系的 130 多个部门（单位）作为部门预算编制管理对象，实行一个部门一本预算；将预算内外资金和其他资金全部纳入部门预算进行综合平衡、统筹兼顾；实行了"零基预算加项目预算"编制方法，即人员经费按标准、公用经费按定额、专项经费按项目编制预算；实行了"两上两下"编制程序。

按照中央的要求部署，目前各省、自治区、直辖市都结合实际情况确立了在本辖区内推行部门预算的指导思想和基本原则，并制定了具体的阶段性目标实施步骤，其中各省、自治区、直辖市本级基本上均实行了部门预算，市、地、州级基本上全面推开了部门预算改革，一些县级部门也都开展了部门预算改革试点。

二、部门预算改革的阶段性成果

审视几年来部门预算改革的效果，应当说成绩是显著的，实现了阶段性的改革目标。

（一）初步建立起部门预算的基本框架，实现了预算编制的统一性

实行部门预算后，将部门所属全部单位及其所有的收入和支出都按统一的编报内容和形式在一本预算中得到反映，保证了部门预算的统一性、完整性，部门清楚并完全掌握自己的"家底"。

（二）强化了预算观念，增强了预算的严肃性

过去各部门编制预算，有时缺乏通盘考虑，很多资金年初并没有落实到具体的支出项目，资金切块下达后，在预算执行中再确定支出项目，随用随批。有些部门的预算经财政部门批复后，在执行中经常不断地追加，失去了预算的严肃性。实行部门预算，避免了预算分配的主观随意性，促进了预算观念的合理转变；各部门基本做到将部门预算编制到具体支出项目，并在每个预算年度开始前，将下年度预算一次性编制到位，提高了预算的年初到位率，且部门预算一经批复，均不得随意调整，严格了预算编制和审批程序，增强了预算的严肃性。

（三）部门预算的编制内容和方法发生重大转变

在预算编制内容上对部门征收的行政事业性收费和其他预算外资金实行"收支两条线"管理，同时根据单位实际情况合理核定支出预算，预算内外"两张皮"的现象开始改变。在预算编制方法上，初步打破了基数法，实行"零基预算"，对实行公务员管理的行政事业单位，全面推行"基本支出按照定额核定，对项目支出进行评估，按照轻重缓急排序，根据财力可能安排"的办法使部门预算编制更加公平和合理。

（四）编制部门预算的责任主体更加明确，预算管理水平进一步提高

通过编制部门预算，各部门明确了所应承担的责任，能够使预算安排与本部门的工作特点紧密结合，更加切合实际，也增强了部门严格预算编制、严格预算执行的自觉性。部门开始注重按职能、工作计划编报预算，以保证部门正常行使职能的经费需要。各部门也已经开始由"重分配"向"重管理"转变，倾注更多的精力加强对部门预算资金使用过程的监督和使用效益的分析考核工作，预算管理水平有较大提高。

三、部门预算改革中应当处理好几个关系

部门预算改革作为建立公共财政基本框架的基本内容之一，其涉及面广、政策性强，是一项系统工程，需要积极稳妥地推进。在推进过程中要辩证地处理好以下关系。

（一）推广和深化相统一

按照建立社会主义公共财政基本框架的要求，各省、自治区、直辖市本级基本上从 2000 年起陆续进行部门预算改革。在各级党委、人大、政府的支持和各部门的积极配合下，各级部门预算在指标科学、程序规范、办法透明、分配合理和批复及时等方面均有一定突破，改革取得了阶段性成果。但是一些地方财政部门对改革的必要性、重要性认识不够，缺乏主动性，其部门预算改革进程缓慢，甚至有的地方以财力有限、无法提高经费供给标准为由，暂不实行部门预算。这种认识是有害的。部门预算改革正是增强政府调控能力，集中财力办大事，解决财政困难的有效办法。因此，应当克服等待、观望和畏难情绪，坚定不移地推进部门预算改革。同时，不能只讲扩面不讲效果、只讲推广不讲深化。已经实施部门预算改革的地区和单位要对改革中出现的问题进行认真研究和探索，特别是要尽快建立部门预算绩效评价机制，切实进行绩效评价，努力提高财政资金使用效益，使财政更好地为改革、发展、稳定的大局服务。

（二）形式和实质相统一

一些地方改变了按资金性质编制预算的办法，实现了一个部门一本预算，其编制内容也算全面、完整，但只是将预算内外资金和其他资金简单加总而成。这只完成了形式上的部门预算，"新瓶装旧酒"。综合性是部门预算的实质，没有综合性，就不是真正意义的部门预算。部门预算既需要形式，但更需要实质。因此，下一步必须在综合预算上下工夫，抓住综合性这个部门预算的灵魂，做好行政事业性收费、罚没收入和其他预算外资金"收支两条线"管理工作，收支彻底脱钩，并将预算内外资金和其他资金进行统筹安排、综合平衡，真正实行部门综合预算。

（三）程序和方法相统一

一些地方的部门预算改革注重了"两上两下"程序，但是在编制方法上并没有突破，仍实行的是"基数加增长"的办法，其预算并不科学合理。部门预算既追求规范的编制程序，但也追求科学合理的编制方法。"零基预算"和定员定额编制方法是部门预算的重要标志，要根据国家确定的工资、离退休费、津贴及各项社会保障费标准计算确定人员经费定额；根据行政单位的职能和事业单位的行业特点，将行政事业单位分为若干类型或档次，并分别确定不同类型单位的日常公用经费定额。同时，要按照社会公共需要原理，规范资金供给范围，将事业单位划分为公益型、准公益型、经营型等类型，并分别采取不同的财政资金供给政策；对能够按项目或所提供的服务进行成本核算的事业单位，探索"技术（或服务）项目购买制"，不再实行养机构、养人员的经费供给办法。

（四）公平和效率相统一

部门预算改革使各部门的预算内外收支和其他收支规范、透明，有利于促进和保证部门之间利益分配的公平合理。但是，在这个公平合理的背后，由于对原有预算外资金开支的机构、人员的管理和控制偏松，在这些部门内可能会存在机构臃肿、人浮于事、行政效率低下的问题。所以，实行部门综合预算需要进一步清理并严格控制机构、编制、人员，节减综合预算支出，从而提高资金使用效益，提高行政效率。要充分发挥财政的职能作用，促进落实有关措施，不得将体现政府职能的行政事业性收费和政府性基金视为经费来源而作为申报、审批机构的依据；对已有以行政事业性收费和政府性基金为经费来源主体的事业单位，应根据职能转变的要求，认真清理、撤并，并对保留机构的编制性质、经费开支渠道、工资制度执行等进行调整、规范。只有这样，才能使财政性资金的分配达到真正公平合理。

（五）约束和激励相统一

实行部门预算，应当说对部门的约束成分重一些、规范的成分重一些。为进一步发挥部门的主观能动性，还要探索建立适合部门支出预算管理的公平合理、行之有效的激励约束机制，促进各部门充分发挥增收节支的积极性、主动性、创造性，努力挖掘内部潜力，合法理财、精心理财、科学理财。在保证工作正常开展的情况下，提高资金使用效益，合理节约经费，达到规范但不死板、约束但不拘束的管理效果。

（六）重点突破和整体推进相统一

部门预算改革是预算管理改革的核心内容，也是当前财政改革的切入点、突破口，理应重点突破。但部门预算改革又内生于一个复杂的系统工程，单兵推进、孤军深入肯定是不行的，需要方方面面的协调和保障，需要诸多改革的整体推进。因此，在财政管理体系内部，要加强部门预算改革与国库集中收付制度改革、政府采购制度改革以及"金财工程"的协调配合，使各项改革彼此衔接、相互促进，建立起预算编制与预算执行良性互动的预算管理机制；在财政管理体系外部，要加快行政管理体制、事业管理体制、计划管理机制以及领导决策机制等改革步伐，使之与部门预算改革统筹协调，使部门预算改革取得更大实效。

第十七章　财政赤字及其运用 ✖

第一节　财政赤字及其计算口径

财政平衡和财政赤字都是对财政收支之间数量对比关系的反映，简单地从财政收入与财政支出之间的数量对比关系上理解，一般有三种情况：一是收支相等，也就是财政平衡；二是收大于支，即存在财政结余；三是支大于收，发生财政赤字。从我国及其他各国的财政实践来看，编制预算时，上述三种情况都可能出现；然而，从政府预算执行结果上看，财政收支完全相等、分毫不差的情况几乎没有，不是收大于支，就是支大于收。财政平衡和财政赤字通常按财政年度计算，我国的财政年度与日历年度相同，财政平衡与否以日历年度为考核期。

一、财政平衡的理解

实践中的财政平衡应该是指财政收入与财政支出在总量上大体相等，略有结余和略有赤字都可以视为财政平衡。在我国计划经济时期及改革开放初期的特殊背景和特有经济管理体制下，我们视财政赤字为洪水猛兽，极力强调财政收支平衡；财政学术界和政府管理工作实践都只将当年财政收支大体平衡、略有结余的情况视为财政平衡，只要出现财政支出大于收入，就不是财政平衡。

长期以来，理论界所讲的财政平衡多指当年的财政收支平衡。近十几年来，一些经济学家提出了长期平衡的观点。他们认为，财政的运行不是孤立的，而是要与经济周期相适应，因此，追求财政平衡也不能只着眼于当年，而应着眼于长期的平衡。在一段时期内，有些年份出现赤字，而另一些年份有结余，从整个时期来看，只要总量大体平衡，就可以认为是财政平衡。

二、财政赤字的理解

财政赤字就是财政支出与财政收入的差额，"差额"在会计记录上用红字表示，所以对财政支出与财政收入的差额称为财政赤字。

出现财政赤字又可以分为两种不同的情况：一种是编制预算时就是支出大于收入，这种事先有计划的安排好的赤字称为赤字财政或者赤字预算；另一种是预算安排中并没有赤字，而在预算执行过程中由于发生了难于预料的事件导致财政短收或超支，预算执行结果出现赤字。这种执行结果出现的赤字习惯上称之为财政赤字或者预算赤字，也称之为决算赤字。

可见，赤字财政和财政赤字是不同的。赤字财政是指政府为实现某种政策目标，如扩大需求、刺激经济发展、扩大就业等目标，在预算编制中人为地有计划地安排赤字额并事先有计划地安排了赤字额的使用方向，所以，赤字财政又被称为赤字财政政策。我国 20 世纪 90 年代以前，财政理论界和实际工作部门将财政赤字和预算赤字视为对同一现象表述，或者说这两个词可以互换。同样，赤字财政和赤字预算也是同一概念，而且认为它是资本主义社会独有的现象。自 1990 年以后，我国政府连年出现了在编制预算时安排赤字的现象，于是，理论界便将财政赤字与预算赤字做了区分，财政赤字一般是指预算执行结果出现的赤字，预算赤字是指编制预算时安排的赤字。同时不再给赤字财政、赤字预算加上意识形态方面的东西，而是将其视为在一定条件下实施财政政策的工具本身，无所谓好坏。

三、结构性赤字和周期性赤字

西方经济学将现实的财政赤字划分为结构性赤字和周期性赤字两类，有助于识别财政赤字是由于经济的波动所致，还是政府政策作用的结果，从而可以对政府经济政策的效用进行评估。

结构性赤字是在功能预算理论指导下为实现充分就业目标而产生的，与充分就业水平相适应的，并剔除了周期性赤字因素后的赤字规模；周期性赤字是在凯恩斯主义指导下，为实现周期性平衡，政府干预经济而产生的赤字，其规模是由经济周期的状况（反映经济周期对税收和转移支付项目影响的周期性因素）消极决定的，它的数量随经济波动而变动。一般情况下，经济衰退时赤字会上升，在持续的经济复苏时期，赤字会下降。

对于结构性赤字和周期性赤字政策的有效性，西方理论界一直存在着较大的争议。特别是 20 世纪 80 年代新古典学派的兴起，自由主义经济思想重新占据上风后，西方经济理论界出现了否定赤字财政政策有效性的倾向，有的政界人士也出面反对赤字财政政策。从欧美国家和日本的财政政策实践来看，其赤字率具有明显的逆周期特征，与经济增长率呈反向变化。尽管赤字财政政策遭到了一些学者的否定和一些政界人士的反对，但欧美国家和日本仍然将其作为最主要的反周期政策来使用，至今从未放弃过，只是使用的强度和方式随着时代和国家的不同而有所变化而已。

四、中央赤字和地方赤字

多数国家的预算是分级编制的，中央政府预算中的赤字，称为中央赤字；各地方汇总的地方预算中的赤字叫做地方赤字；全国财政赤字就是将中央预算和地方预算汇总后，将两部分赤字（结余）相加后的全国总赤字。一般而言，各国财政赤字大多出现在中央财政，而地方财政出现赤字的情况很少。这是因为地方政府没有发行货币的权力，其借债能力也受到一定的限制，甚至一些国家的地方政府没有举债权，一旦出现赤字要通过以后年度压缩支出或增加税收来弥补，相当艰难，所以一般不会出现财政赤字。像美国，近十余年来联邦政府几乎年年是赤字，而州和地方政府则基本是略有结余的。按照我国《预算法》的规定，地方政府必须坚持收支平衡，在编制预算时是不能出现赤字的。然而，在实践中我国地方政府，特别是落后地区基层政府财政出现赤字的情况是比较普遍的，这也就是我国多年来悬而未决的地方政府债务问题。近年来，中央政府高度重视地方政府债务问题，采取了包括对地方政府减债给高额奖励的方式以求化解地方债务。可见，地方赤字对中央具有"倒逼"机制，杜绝地方赤字不是靠行政命令可以解决问题的，必须有一套完整的制度安排。

五、财政赤字的计算口径

如何计算财政赤字的数额，不同国家使用的口径有所不同，最常见的有以下两种口径。

第一种：

赤字（结余）＝（经常收入＋债务收入）－（经常支出＋投资支出＋债务支出）

该公式也可表示为：

赤字（结余）＝（经常收入－经常支出－投资支出）＋（债务收入－债务支出）

说明：

经常收入是指政府通过税收等法定渠道所取得的财政收入；经常支出是发挥政府基本职能所安排的支出；投资支出是与固定资产形成直接有关的支出；债务收入包括国家在国内外发行的债券收入、向国外或银行的借款收入；债务支出是指还本付息的支出。

这一公式所表示的赤字就是我国通常所说的"硬赤字"，即国家通过举债手段仍未能弥补上的入不敷出硬缺口。

第二种：

赤字（结余）＝经常收入－经常支出－投资支出

按照这一口径计算出的财政赤字，政府可以动用诸如举债等方式来弥补，为此，我国习惯上称之为"软赤字"。

"硬赤字"和"软赤字"的差别就在于是否把年度债务收支计入正常财政收支的范围，是对政府债务的处置方法的不同。如日本把国债收入列入国家岁入之中，而美国等西方国家大多不把公债收入作为正常的财政收入。1993 年之前，我国是采用第一种口径计算财政赤字的。1993 年以后，已经改为采用第二种口径了（但在付息支出的处理上仍与西方通行口径有差别）。

六、财政赤字的弥补

归纳世界各国弥补财政赤字的方式，总的说来主要有以下三种：动用历年财政结余弥补赤字；财政向银行透支或借款弥补赤字；发行公债，以债务收支弥补赤字。

（一）动用历年财政结余弥补赤字

财政结余，是以相应的结余物资形式存在的。动用历年结余，必须是真实的结余，即有相应的库存物资，当然这是一种最可靠的弥补赤字方式。但从我国几十年的实际情况来看，即使有财政结余，也基本上都被用于其他方面，如增加国有企业流动资金等，更何况出现结余的年份非常罕见，从改革开放以来我国财政收支状况看，1979 年至今实际上只有 1985 年略有结余。因此，利用财政结余弥补赤字在实践中无法实现。

（二）财政向银行透支或借款弥补赤字

所谓透支是指以存款为前提的借款行为，即在银行存款为零，甚至为负数的情况下还向银行提取存款。财政向银行透支是指财政从银行借款以弥补财政赤字的一种方法，只不过这种借款不需履行任何借款手续，也不需支付利息；财政向银行借款则可看做是有偿透支，即付息借款。长期以来我国弥补财政赤字的方式主要是向银行透支，直到 1994 以后，才明确不再用透支方式而改为向银行借款。

（三）发行公债弥补赤字

通过发行公债弥补财政赤字是现代各国弥补赤字的普遍做法。一些发展中国家，由于经济基础薄弱，人口多，资源贫乏，生产力低下，仅靠国内筹集弥补赤字的能力有限，需要向国外发行公债弥补赤字。以发行公债的方式弥补财政赤字，只要其额度、利率和发行方式通过市场机制得到市场检验，一般不会影响经济正常发展。如果政府债务规模超出了可控范围，政府债务还本付息的压力超过政府财政承受力，或者政府的高额外债不能按时偿还，就可能引发社会危机甚至国家安全危机。何况社会闲置资金是有限的，政府债务发行过多，往往挤压市场主体的经济活动，抑制社会经济活力和市场效率。

第二节　传统财政赤字观述评

一、传统财政平衡观及其转变

在传统财政观念中，财政赤字被看做资本主义经济的特有现象，它是资本主义社会生产资料私人占有制和生产社会化矛盾的必然产物。社会主义制度建立在有计划按比例发展规律之上，不会出现财政赤字。因此，在计划经济体制下，我国社会再生产的生产、流通、分配和消费一切都是由政府统一安排的，与此相适应，我国财政平衡观一向是坚持当年收支平衡、略有结余的方针。在我国计划经济体制下，事实也是如此，赤字只是少数年份出现，而且经政府及时采取措施很快就消除了。但当改革开放伊始的 1979 年就出现了巨额赤字以及以后又连年出现赤字，这一客观事实告诉我们，财政赤字现象并非那么简单，这唤起学术界和实际部门对财政赤字的极大关注，开展了关于财政赤字的讨论。

　　财政赤字问题的讨论以及后来赤字政策的实施，首先遇到的是观念转变问题。由于受计划经济遗传下来的传统观念的影响，当时人们习惯于把财政赤字看成是资本主义特有的现象，谈到财政赤字似有谈虎色变之势，将财政赤字视为洪水猛兽，财政赤字俨然成为一个带有政治性的敏感问题。这种政治气氛严重地限制了对财政赤字的深入探索。改革开放以后，是邓小平同志明确市场经济不姓"社"也不姓"资"，自然财政赤字也是既不姓"资"也不姓"社"了，财政赤字问题的探讨也才真正开展起来。但是，理论讨论是一回事，而观念的转变又是一回事。我们经常提到"传统观念"一词，对财政赤字特别是对赤字政策的恐惧、疑虑，甚至厌恶也是一种传统观念。它是长期形成的，有其历史的根源，不仅是一个价值判断问题，而且有道德的、感情的因素。比如赤字问题，本来在我国计划经济时期已经多次出现，改革开放以后几乎年年存在，尽管决策者主观上总是想消灭赤字，但总也消灭不了。

　　事实上，即使是在计划经济时期，我国财政赤字也是存在的。比如，"一五"时期，我国财政连年存在赤字，而且在存在赤字的条件下经济取得了长足的发展。同样我国改革开放以来几乎年年存在财政赤字，但这个时期也是我国经济发展最快、最好的时期。可见，财政赤字的存在已经是不以人的好恶为转移的客观事实，实践中的财政赤字也并没有对国民经济的健康运行造成危害。可是传统观念上还是总认为，赤字是个坏东西，甚至有人说，如果没有赤字经济会发展得更好更快。直到1998年我国实施积极财政政策的成功实践才彻底消除传统所造成的"赤字疑虑症"。通过实施积极财政政策的成功实践证明，赤字、赤字政策、发行国债是国家宏观调控的一种手段，应当说，这是我国实施积极财政政策取得的一个更为重要的具有长远意义的成果。

　　中国的实践证明，赤字和赤字政策是一种财政政策手段，和其他财政手段一样，不能加上意识形态甚至个人好恶，认为其绝对的好或绝对的坏。作为一种政策和手段，它们都存在积极作用与消极作用的两面性，运用得当就会发挥积极作用，运用过度就会产生消极作用，甚至酿成灾难。

二、财政赤字与宏观经济变量的关系

（一）财政赤字对宏观经济运行的影响

　　一般认为赤字对宏观经济的影响有以下几类：一是导致通货膨胀率提高；二是挤出私人投资；三是降低储蓄率进而影响资本形成和长期经济增长率。但是以上这些结论都是在假设经济处于充分就业状态下得出的，当经济运行处于不充分就业状态时，以上这些结论都不能成立。经济运行处于不充分就业状态的标志是需求不足、生产能力利用率低，失业率高等。这时增加赤字可以降低失业率，提高经济资源的利用率，改善全体人民的福利。在这种情况下政府支出不但不会挤出私人投资，还会由于乘数效应而带动私人投资。不仅处于经济周期不同阶段的赤字对经济的影响不同，不同性质的政府支出对经济的影响也是不同的。长期以来，西方国家在统计中对政府支出没有严格区分投资性支出和消费性支出，很多分析只是笼统地把政府支出作为非生产性的消费支出，由此得出了高赤字将降低储蓄率、减少资本形成并影响长期经济增长率的结论。但实际上，政府投资也可以成为资本形成的重要渠道，这对私人部门发展相对滞后的后发国家更是如此。政府公共投资形成的基础设施是高生产性资本，对一国经济长期发展起到重要的推动与保障作用。从另一方面看，政府的投资支出同时形成了资产，政府总的资产负债状况没有恶化，这和其他性质的政府支出只增加政府债务不增加政府资产的情况迥然不同。从历史角度看，政府支出中投资比例较高的日本的经济增长率也一直高于其他西方国家，日本长期发行建设国债为政府投资项目融资取得了很好的成效。在国际上，赤字只为政府投资支出融资的规则被称为黄金法则（Golden Rule）。日本在 20 世纪 80 年代财政重建时实行这一法则，既保证了经济增长又在一定程度上改善了财政状况。英国从 1997 年也开始采用黄金法则，目前英国已是欧盟成员中财政状况最好的国家之一。

（二）财政赤字与通货膨胀之间的关系

国内学术界对这个问题的认识有一点是统一的，即通过货币融资方式进行弥补的财政赤字会造成通货膨胀，而通过债务融资方式弥补的财政赤字能否造成通货膨胀要具体分析。

中国在传统体制下，财政赤字的弥补主要是通过向银行透支的方式来完成的。这种赤字弥补方式与通货膨胀的关系是：（1）如果银行是用压缩原有贷款或用银行存差应对财政透支，这种透支带来的货币发行是有物质作基础的，对总供给和总需求的平衡不会产生冲击；（2）如果财政向银行透支或借款部分超过了银行承受能力，其超出的部分将引致银行的非经济性货币发行——"财政发行"，这将造成总供给和总需求的不平衡而引发通货膨胀；（3）如果财政向银行透支或借款，银行完全没有承受能力，其完全靠毫无物质基础的"财政发行"将直接等额地增加流通领域的货币供给量，造成通货膨胀。

从理论上看，用国债弥补财政赤字，实质上是将不属于国家支配的社会资金在一定时期内转为国家使用，是社会资金使用权在一定时期内的转移和使用结构的调整，使分散的购买力在一定期限内集中到政府手中，不会改变流通中的货币与可供物资的对应关系。因此，适度的国债不会导致通货膨胀。在实际生活中，发行国债弥补赤字是否会造成通货膨胀，主要还得依国债购买者的具体情况而定。近年来，中国的财政赤字大都通过发行国债来弥补，其对通货膨胀的影响并不确定。用举借外债来弥补赤字虽然对国际收支会产生有利的补偿性影响，但对总需求一般具有扩张性影响。如果一国的赤字主要是通过发行国债的方式来弥补，而国债又主要来源于非银行机构（如居民个人）的储蓄，这时的赤字就未必造成通货膨胀。因为此时发行国债获取的资金基本上是社会资金运动中游离出来的部分，即社会暂歇资金，政府将这部分资金集中使用，只是对总需求结构进行了调整，并没有改变需求总量，不会对经济发展产生不利的影响。当弥补赤字的资金来源于商业银行，而商业银行以增加信用的方式参与对中央银行的承购时，对通货膨胀会产生扩张性影响。由中央银行直接以发行货币的方式来弥补赤字会对总需求产生扩张性影响并加剧通货膨胀。归根到底，赤字造成通货膨胀的前提是赤字使流通中的货币数量增加，并进而带来物价水平的持续上升。

所以，各国在运用赤字财政政策干预经济时，要充分考虑通货膨胀风险，但不必担心赤字一定会带来通货膨胀，而是必须结合当时的国情、当时的经济形势来具体分析和作出政策决定。但是，也不能把国债视为可以无限制使用的弥补财政赤字的手段，放任财政赤字长期、连续、大量发生。

（三）财政赤字与经济增长之间的关系

财政赤字会促进经济增长已是人们普遍接受的观点。但是，财政赤字促进经济增长不是在任何情况下都会发生的。对于中国来说，在 1996 年成功地实现了宏观经济"软着陆"以后，由于各项改革的进行，本身已经出现了有效需求不足现象。而 1997 年的亚洲金融危机，造成中国国外有效需求的不足，加剧了经济出现衰退的趋势。1998 年的特大自然灾害更是雪上加霜，使国内经济进一步下滑。面对严峻的经济形势，中国政府首次采用扩张性的财政政策，即扩大政府的财政支出，也就是用财政赤字支出来刺激国内的有效需求，拉动国内的经济增长。从几年实施积极财政政策的效果来看，这一扩张性的财政政策已经对经济增长起到了一定的拉动作用。

财政赤字对经济增长的影响主要是通过它对总供求关系的作用来实现的。国内有学者从财政赤字对总供给的静态和动态影响角度分析了财政赤字对经济增长率的影响。在封闭条件下，从静态的角度看，财政赤字是政府的投资行为，因而可以由政府的投资形成有形的资本，政府还可以直接对劳动力和对科学技术进行投资。通过这些投资，会增加全社会的总供给，促进经济增长。从动态的角度看，财政赤字主要是通过对社会总储蓄率和社会平均资本产出率的影响来促进经济增长。一般而言，财政赤字会降低社会的总储蓄率和社会平均资本产出率，因而财政赤字会抑制经济增长。

但国内的主流观点还是认为财政赤字对经济增长有促进作用。"如果赤字和国债用于公共投资，则净效应是促进了我国的经济增长。"有学者从理论上论证了财政赤字对经济增长的拉动效应：财政支出如果是生产性支出，财政赤字就会在一定程度上具有拉动效应；由于中国民间投资对利率缺乏弹性，在经济长期持续增长的情况下，赤字支出就能通过国民收入增加而产生拉动效应；国债发行融资的赤字支出会产生拉动效应；赤字支出在经济衰退时会对经济增长产生拉动效应。财政赤字能否促进经济增长，一个很重要的条件是社会上是否存在闲置资源。当一国经济处于衰退阶段，社会上存在大量闲置资源，而私人投资又相对不足的情形下，政府的赤字支出会激活社会上的闲置资源，形成新的生产能力，进而带动经济增长；反之，则可能带来通货膨胀。

赤字财政政策是宏观经济政策的重要组成部分，它既是应对短期经济波动、熨平经济周期的重要手段，在经济发展某些阶段上也是扩大公共投资、提高经济长期增长率的重要方式。赤字政策的使用，既要有量的考虑，即赤字率高低的选择，也要有质的考虑，即赤字使用方向上的选择。赤字政策如果运用得当，能够起到维护宏观经济稳定、促进经济发展等多方面的作用。我国自 1998 年以来，成功运用积极财政政策促进经济发展就是有力的例证。

第三节　赤字规模及其度量

一、财政赤字规模的社会经济制约因素

如前所述，弥补财政赤字最好的方式是发行国债。而国债的发行和偿还与一个国家的社会经济制度，其中特别是国民收入的分配制度息息相关。因此，一个国家的财政能否出现赤字以及赤字规模的大小，首先取决于这个国家的社会经济制度，其中特别是国民收入的分配制度。在计划经济体制下，国民收入分配高度集中，几乎所有的剩余产品都集中于政府财政，老百姓得到的收入分配只能供家庭成员的基本生活，几乎没有任何结余。在这种体制下，如果政府财政出现赤字，只能造成国民收入的超分配，引发各种社会矛盾和经济问题。在市场经济环境中，国民收入分配比较分散，在"消费偏好"的作用下，广大老百姓手里有日益增多的积蓄，具备了发行国债弥补财政赤字的经济条件，此时财政赤字的规模则取决于下列因素：（1）经济增长率及其提高程度；（2）货币化部门的增加程度；（3）国民经济各部门能力的未利用程度；（4）赤字支出的投资项目性质；（5）国际贸易的逆差程度；（6）财政赤字的国际融资渠道；（7）政府自身的管理能力。

二、衡量财政赤字的指标

衡量一个国家财政赤字的多少、财政状况的好坏，以及进行财政赤字的年度间或国际间比较时，大都采用以下几个指标。

1. 赤字率（当年赤字额/当年 GDP）

各国衡量财政赤字通常以欧盟马斯特里赫指标为标准来控制和评判当年的赤字和债务规模，即赤字率和债务率（债务余额/当年 GDP）。赤字率指标反映了财政收支入不敷出的程度和财政稳固状态的区间，是国际上最常用的主要衡量指标。一般认为赤字率指标的警戒线是 3%～5%；债务率指标的警戒线的上限是60%。由于我国目前的债务率相对较低（2001 年为 16.3%），不宜用债务率，因此，3%的赤字率几乎就成了最主要的衡量指标条件。

2. 赤字依存度（财政赤字/当年财政支出）

赤字依存度反映了政府财政支出对赤字的依赖程度。发达国家的赤字依存度一般为 11%左右；发展中国家的平均水平为 23%。我国的赤字实际就是中央财政赤字。1995～2003 年，我国中央财政的赤字依存度平均为 37.58%，近五年来的这个比例将近 45%左右，这个比例很高，即中央财政对赤字的依赖过高，须

提高警惕。

3. 其他相关指标

由于赤字主要是通过发行国债来弥补，与国债相关的其他几个指标，包括国债依存度（当年国债发行额/当年财政支出）、国债偿债率（当年国债还本付息额/当年财政收入）、居民的国债负担率（国债余额/居民储蓄存款余额）等，以及外债的平均负债率（外债余额/GDP）、外债偿债率（偿还外债本息/当年贸易和非贸易外汇收入）和外债负担率（外债余额/当年贸易和非贸易外汇收入）也是衡量赤字规模的相关指标。

三、国外经济学家关于赤字规模的看法

（一）萨缪尔森的观点

1975 年 6 月，诺贝尔经济学奖获得者萨缪尔森在专栏文章《问与答》中，阐述了自己如何判断赤字规模是否过大（参见《中间道路经济学》第 501 页，首都经济贸易大学出版社）。

首先，他认为"当赤字会导致生产和就业复苏太快的时候、当赤字会强化'需求拉动型'价格和工资膨胀的时候、当弥补赤字会导致利率上升而数量不受限制的资本形成活动（指商业投资活动）不能获得所需的信贷的时候，赤字就太大了；假如赤字迫使联邦储备体系印制的纸币的数量，超过了复苏期间有利于经济良性运转的纸币需求水平，那么，赤字就太大了"。可见，按照萨缪尔森的观点，判断赤字规模是否过大的标准有两个：（1）是不是会引发需求拉动型通货膨胀；（2）是不是会促使利率上升而产生挤出效应。如果没有出现上述两种情况，就不能简单地根据赤字率指标得出赤字规模过大的结论。

其次，在经济复苏过程中，保持一定的增长率是必须的，不能因对未来价格上涨的担心而追求赤字规模的缩小，并进而削减必要的财政支出。

最后，没有十全十美的经济政策，只要能实现国民经济和社会发展所必需的经济增长率，主动承担因赤字规模扩大而可能招致的未来价格上升的风险是值得的。

（二）莫迪利亚尼等经济学家的观点

1998 年底，诺贝尔经济学奖获得者莫迪利亚尼等 7 位经济学家针对欧盟国家日益严峻的失业问题，共同起草了《经济学家关于欧盟失业问题的宣言》。他们认为，在目前，失业是欧盟面临的最严重而又紧迫的问题。高失业率导致资源的巨大浪费，从产出方面估计，损失约为 15% 以上，而从储蓄能够支撑的投资增长来看，损失可能更大。另外，失业也是造成社会危机的根源之一。那么，为什么欧盟国家会发生较其他地区国家严重得多的失业率呢？什么因素阻碍失业问题的解决呢？经济学家们的答案是政策失误。政策失误包括对总需求的错误管理（需求政策过紧），以及对经济供给方面缺乏想象力的处理方式。在需求方面，同意加入欧元区的国家最近几年一直在执行统一的财政政策和货币政策，

各国的财政政策必须符合马斯特里赫指标的要求。在存在周期性赤字和实行从紧的货币政策下，符合上述条件的财政政策具有很强的限制性。这一政策的副产品之一便是补充私人部门投资的公共部门基础设施发展的减速。经济学家们认为，由于财政政策的紧缩及由货币政策导致的长期过高的真实利率挫伤了投资并扩大了失业。减少欧盟失业方面的策略应该牵涉到那些刺激投资活动大面积复苏的政策，但注意不要引发通货膨胀压力或相对国民资产而言提高国民债务的规模。

从莫迪利亚尼等人的《经济学家关于欧盟失业问题的宣言》中可以看到，他们是反对不顾经济运行的实际情况盲目坚持马斯特里赫指标的。他们认为，为了减少失业，应该突破马斯特里赫指标的约束，采取有利于投资增长和减小失业的扩张性的财政政策。

四、隐性赤字和地方政府债务

以隐性赤字和地方政府债务为主要方式的地方政府财政赤字也许是最具"中国特色"的。财政赤字被定义为财政收支的差额，一般表现在预算上，是显性的负债，并通过发行国债来弥补。目前，我国却有一部分财政收支差额没有反映在预算上，即地方政府的一些支出方面欠账及政府的债务却未列入预算管理，成为隐性债务，实际上也是地方政府的隐性"赤字"。

我国《预算法》中虽然明确规定地方财政不得列赤字，但事实上地方财政赤字已普遍存在。其包括地方政府的各种债务和欠账、国有资产管理公司的坏账、政策性银行的不良贷款等。至于这些隐性债务有多少，众说纷纭，没有一个权威性的说法，但其数额巨大是不可否认的。如果统计口径放大，充分考虑未列入预算管理的隐性债务、政府担保的各种借款、非财政发行的政府债券、国有企业改革中的成本支出、建立与市场经济相适应的社会保障制度方面的资金欠账等因素，隐性赤字的规模会更大。另外，我国还有必须由政府偿还的约 4 000 亿元的乡村债务尚未纳入统计范围。财政收支矛盾在底层积聚，其突发性和破坏性更需要高度警惕。

国家一旦出现大的社会经济风险就需要财政"兜底"。由此看来，我国财政赤字的实际状况以及赤字率不能简单地按目前的统计口径、用欧盟马斯特里赫指标衡量，得重新计算、重新考量，全面考虑潜在的隐性赤字因素才能较好地发挥财政的"和平时期社会的稳定器"、"社会危机时期的消防队"的作用。

第四节　财政赤字效应及其在我国的体现

财政赤字的效应是指财政赤字对社会经济产生的影响。一般而言，当发生财政赤字时，其对社会经济的影响主要有以下两个方面：一是挤出效应；二是拉动效应。显然，财政赤字对社会经济的最终影响就取决于这两个方面的综合作用。

一、财政赤字挤出效应

财政赤字是否引起挤出效应取决于民间储蓄与民间投资（倾向）的对比以及政府举债规模的大小。财政赤字的挤出效应主要通过以下两种方式产生：（1）通过发行公债弥补财政赤字减少了民间部门可用于投资（和/或消费）的资源；（2）通过发行公债弥补财政赤字提高了市场利率从而削弱了民间部门的投资（和/或消费）意愿。由于利率上升导致投资成本上升，公司和家庭等非政府部门投资下降，从而导致国民收入的不变甚至下降。其作用参见图 17-1。

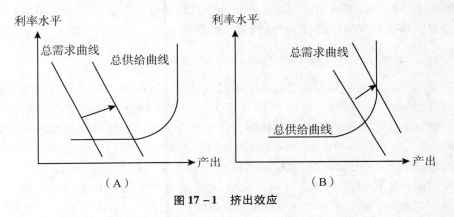

图 17-1　挤出效应

横轴代表经济总产出（国民收入），纵轴代表利率水平的高低。由财政赤字导致的货币需求增加，从而总需求曲线右移，导致利率上升，总产出不变或增加很少。

实际上，财政赤字是否具有挤出效应、挤出效应有多大，要看总的宏观经济运行状况，如赤字会不会迫使利率上升，赤字中投资成分的多少，以及什么项目被挤掉。如图 17-1（A）所示，若经济沿总供给曲线的水平部分运行，赤字支出的上升增加了总需求，从而增加均衡产出，但利率并没有上升，挤出也是有限的。

历年来，我国绝大部分赤字支出用于能源、交通等基础设施建设，投资于农田水利、环境保护等项目。这些项目虽然投资规模大、回收期长、收益率比较低，但对经济增长的贡献却是关键的。政府的投资项目正好与非政府部门之间形成互补关系。

二、财政赤字拉动效应

所谓拉动效应是指政府支出增加（赤字）使得国民收入和私人投资有所增加，即是指政府的财政赤字支出形成的促使国民收入和民间投资增加的效果。

财政赤字拉动效应的发生机制可以归纳为四种情形：

1. 生产性拉动效应

财政赤字支出属于生产性支出时，经过一定时期后会导致供给增加与物价下降，从而使得实际货币供应量增加及市场利率下降，进而刺激私人投资（和/或消费）。

2. 收入性拉动效应

财政赤字支出通过乘数效应导致的国民收入成倍增加，抵消了利率提高对投资（和/或消费）的负面影响，进而经过一段时间后，全社会特别是私人的投资（和/或消费）开始增加。

3. 资产性拉动效应

政府为了弥补财政赤字而发行的公债作为"金边债券"，增加了投资者的优质资产选择，从而可能刺激民间投资。

4. 周期性拉动效应

当经济周期处于衰退阶段时，财政赤字可以缓解社会有效需求的萎缩，进而促使经济增长和民间投资（和/或消费）的增加。

三、改革开放以来中国的财政赤字及其影响

党的十一届三中全会正式启动了中国的经济体制改革。中国的改革开放选择了以分配领域为突破口，1979年同步推出三项改革措施：提高农副产品收购价格、提高职工工资和对企业减税让利。这些改革措施的经济效应都是以政府财政"减收增支"为特征的，加上对越南战争的财力消耗，故当年即出现了新中国成立后最高的135亿元的巨额财政赤字（按"硬赤字"口径计算为170.67亿元），当年的赤字率达到3.35%。可以说，20世纪80年代的改革几乎都是围绕"放权让利"进行的，所以，除1985年国家财政略有盈余外，其余年份全部出现了赤字，且在1986年、1988年、1989年三年，赤字率都超过了3%。改革开放初期的赤字，学术界大都认为是还历史欠账。因为在这之前的近20年的时间中，我们没有提高过职工工资，没有增加职工的住房建设，没有认真对待农产品与工业品的"剪刀差"问题，也没有对国有企业更新改造足额提供过资金……这些欠账必须还；否则，我国的改革开放就没有办法推行，应该说这一时期的财政赤字的作用是积极的。

20世纪80年代后期至90年代中后期，特别是自1989年出现了在编制预算时安排赤字，特别是90年代以后，我国财政赤字年年不断，且迅速扩张，1993年以后以年均19.11%的速度递增。这表明我国财政赤字的程度加深了，其性质也发生了变化。许多人认为，这一时期我国的财政赤字是计划经济走向市场经济必须付出的代价，或者说是改革成本。如果没有这一时期的财政赤字，其条件是我国国民收入分配仍然高度集中于政府，集中于国家财政，这就不可能形成社会主义市场经济主体——国有企业仍然是行政附属物，其他经济成分和经营方式不可能成长起来，我国也就没有今天这样充满蓬勃生机的市场经济。当然，在这一阶段我国的经济发展走了一点弯路，也为今天的社会经济发展遗留下了诸多矛盾和问题，但总体而言，这一时期财政赤字的积极效应是应该肯定的。

我国自1998年5月开始实施积极的财政政策，1999年的财政赤字突破1 000亿元，2000年突破2 000亿元，2002年突破3 000亿元，2003年为3 198亿元。

1998 年以后，赤字率一直在 2% 以上接近 3%。应该说，这是 1995 年以来我国经济告别"短缺"逐步走向"过剩"后，中央政府运用了赤字手段调控经济运行，使我国财政赤字的性质发生了根本性的变化——从应对政府支出需要转变为调控经济运行的重要手段。到目前为止，能够清楚地看到，我国政府已经能够驾轻就熟地运用赤字手段，我国经济也适应了在较大赤字的环境中运行。笔者甚至认为，如果我国与其他西方国家一样，"过剩"的经济将成为常态，也许政府运用赤字手段调控经济也将成为经常性的。

　　1993 年以前，我国的赤字是财政的经常性收入与债务收入加在一起之后仍然入不敷出的硬缺口（"硬赤字"）。当这种赤字发生后，弥补的途径只有两个：一是运用历年财政结余，但这种途径没有可行性，因为连年赤字，没有结余可用。二是向银行透支或借款，这种方式容易引起"赤字货币化"的通货膨胀。这就使我们不难理解为什么整个 20 世纪 80 年代零售物价指数上涨较快，甚至 1988 年和 1993 年出现了严重的通货膨胀。1994 年，国家规定财政不再向银行借款用以弥补赤字，从此我国的赤字为"软赤字"，发行国债成为弥补赤字的主要手段，赤字与国债的调配机制得到较好的运用，从而促进了我国经济在高速度的发展中保持了低通货膨胀率（见图 17-2）。

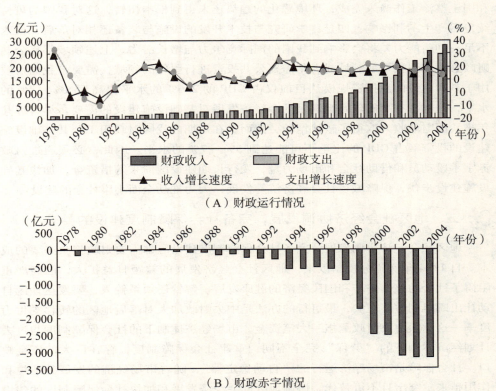

（A）财政运行情况

（B）财政赤字情况

图 17-2　财政运行情况及财政赤字情况

第五节　我国运用财政赤字政策的思考

无论是从我国目前所处的发展阶段来看，还是从我国政府的决策机制来看，我国当前及今后都有运用财政政策来促进社会基础设施建设和经济结构调整、促进社会主义市场经济体制不断完善和推动全面建设小康社会的条件和必要。

一、统筹城乡发展，全面建设小康社会的要求

统筹城乡发展，全面建设小康社会，要求公共财政承担基础设施建设的责任。十六届三中全会以来，中共中央明确提出"五个统筹"，其中，统筹城乡发展最为重要。集中力量办大事是社会主义优越性的主要表现，在我国全面建设小康社会阶段，政府的责任是满足对公共产品的需求，其中主要是对社会基础设施建设方面的投资。在这方面目前仍存在着较大的缺口，主要表现在：一是一些地区特别是中西部地区农村的水、电、气、路、通信等设施仍很落后，严重制约了当地的经济发展和消费的增长；二是广大农村的文化、教育、医疗、保健以及体育娱乐等设施十分短缺，当地人民群众的生活质量难以提高；三是大江大河治理和国土整治工作尚未完成，环境恶化的趋势还未得到根本扭转，这对我国的可持续发展产生不利影响；四是科学研究与技术开发的设施与装备还相对落后，投入不足，创新能力差将会影响到我国的国际竞争力与增长潜力。上述领域都是公共财政必须加强投资的领域或者是需要公共投资进行引领的领域，需要将我国财政用于基本建设的总投资规模从目前仅占 GDP 的 2.6% 的水平提高到 5%～7% 的水平，这样才有可能较好地满足社会经济发展对基础设施建设的需要。尽管近几年来我国财政收入取得了较快增长，然而，在短期内我国财政用于公共基础设施建设的投资额占 GDP 的比重不可能达到 5%～7% 的水平。因此，必须通过财政赤字手段动员和借助社会和市场力量，发行长期建设国债来筹措资金，加快基础设施建设步伐，保障城乡社会经济统筹发展，大力推动全面小康社会的建设。

二、地区社会经济协调发展，完备社会保障制度建设的要求

地区社会经济协调发展，完备社会保障制度建设等都需要财政担负必要的成本。自 1994 年实施分税制以来，地区社会经济发展的差距日益扩大，已经严重阻碍了社会的整体进步和国民经济的健康发展。解铃还须系铃人，要发达地区自动让出既得利益不现实，最可行的办法是中央财政加大对落后地区的转移支付力度——这亟须中央财政承担一大笔资金。市场经济体制下的社会保障制度与过去计划经济体制下的"劳保"完全不同，重建社会保障制度，存在巨大的资金缺口。社会保障是市场经济运行的"自动稳定器"，随着市场经济的发展其地位和作用越来越突出且不可替代。协调地区社会经济发展和加快社会保障制度的建设均时不我待。在近期财政资金并不充裕的情况下，可行的措施还是通过财政赤字

手段动员和借助社会和市场力量，并通过发行国债弥补赤字。

此外，公共财政的改革要求增加教育、医疗卫生、扶贫、重大灾害预防、公共危机应急处置等方面的支出。在应对突发事件时，若当正常财政资金不能满足时，应允许政府财政出现赤字，并通过向银行临时借贷或发行短期国债的方式保证政府支出。只要坚持财政赤字的"黄金法则"——赤字只为政府投资支出融资，并将赤字率保持在可控范围，就能够保证我国社会经济在适度赤字环境中健康发展。

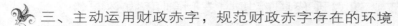 三、主动运用财政赤字，规范财政赤字存在的环境

虽然财政赤字不可怕，但并不等于可以放任赤字，应该在实践中熟练地运用赤字手段驾驭经济运行。

（一）规范预算管理，全面显化赤字，建立预警体系

进一步规范和强化预算管理，取消预算外资金，建立统一预算，迫使过去政府的预算外收支、政府性基金收支中的赤字充分显化，并纳入赤字统计口径中，以反映政府收支及赤字的全貌。以此为基础，明确财政部门为政府债务综合管理部门，履行债务管理及政策协调、制定统一的债务管理制度和赤字评估标准、综合统计、监控债务运行、评估并及时预警债务风险等方面的职能。同时，按照公共财政的要求，尽快实现"透明财政"，及时公布有关数据，以便政府、人大、审计部门和社会公众的监控。政府根据财政部门送来的资讯和从其他渠道得到的信息及时作出应对策略。

（二）在社会主义市场经济体制逐步得到完善的条件下，应当科学划定政府与市场边界，做"有限政府"和"负责任政府"

进行市场经济改革就是要充分发挥市场的作用；进行公共财政改革和建设的目标就是要明确政府及其财政的职能范围和边界。发达国家市场经济和公共财政的实践已经表明，除行政管理职能外，政府经济职能只体现在资源配置、收入分配和稳定经济三个方面。政府必须严格按照这一分工履行职责，做"有限政府"。政府只有做到"有限政府"才能成为"负责任政府"。因此，应当通过完善以《行政许可法》为中心的法律法规体系，约束政府行为；通过有广大民众参与的"透明预算"以及硬化预算约束来根治政府职能的"越位"现象。同时，简化政府层级，科学界定中央、省、县各级政府的事权和职责；进一步精简政府机构和加快事业单位体制改革，缩小财政供养的范围，使财政赤字在清晰的社会经济环境中运行，并得到规范的管理和到位的监控。

第十八章　现代国库管理制度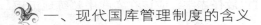

第一节　建立现代国库集中支付制度的必要性

一、现代国库管理制度的含义

一般情况下，国库具有现金管理、政府银行账户管理、财务规划和现金流量预测、公共债务管理、国外赠款和国际对等基金管理、金融资产管理等职能。国库的这些职能主要是在负责办理国家财政预算收入和预算支出中体现的。因此，国库又称财政国库，国库的职能又成为国家财政预算执行工作的重要组成部分。一个国家在一段时期内一旦确定了财政预算收支的总量，那么如何运用国家的经济政策、组织财政预算收支执行、实现收支总量任务，便是财政国库最主要的职责。同时要在保证财政预算支出的前提下，通过对财政沉淀资金的资本运作来提高财政资金的使用效益，在一定范围内调控经济。所以确切地说，财政国库是财政部门的一个有机组成部分，其运作的过程自然也就行使着财政的职能，即满足公共需求，提高公共资源配置效率。

现代国库管理制度是相对于旧的国库管理制度而言的。我国国库管理制度改革前，旧的国库管理制度中，收入实行的是包括预算外资金在内的非税收入的收缴，实行由执收单位设立过渡性存款账户，采用分散收缴的方式；支出实行的是预算支出分散支付，即各预算支出单位所编制的预算经各级人民代表大会批准成为正式预算之后，财政部门根据相应的预算支出原则，将预算所确定的各预算单位的支出总额按期拨付到各预算支出单位在商业银行所开立的账户上，由各单位自主使用。而现代国库管理制度是指财政在经办国库业务的银行开设国库单一账户，所有财政性收入直接缴入国库单一账户，所有财政性支出均由国库单一账户直接支付到商品和劳务提供者的财政性资金管理模式，又称之为国库集中收付制度。

纵观世界上实行现代国库管理制度的国家，尽管由于国体、政体不同，在财政国库管理方式和国库具体支付程序上有较大的差距，国库管理机构的设置和职能不尽相同，但基本内容是一致的。

（一）管理体制

实行现代国库管理制度的国家，中央政府设立独立的国库部或者在财政部设立国库司（局），在地方设立相应的分支机构，如地方财政部的国库处、国库秘书处等。例如：美国设立相对独立的国库集中收付系统来管理财政收支业务；英国设立皇家国库即财政与经济部；法国在财政部设立国库司；意大利在政府机构中设立国库部，下设国库拨款局；匈牙利在财政部下设国库局；巴西在财政部设国库秘书处；我国台湾省设立地区支付处负责签发国库支票及为预算单位支付现金等。

（二）管理职能

（1）组织预算执行。预算执行分为两个方面：一是收入管理，包括记录收到的款项及相关信息，保存应收款项的相关信息，并在到期时催收和追缴；二是支出管理，包括制定年度、月度用款计划，对支出合法性的审核与记录，保存应付款信息，并在付款到期时通知银行付款。

（2）设立国库单一账户，控制公共开支，对政府收支活动进行透明监督，制定相关会计制度。

（3）管理政府资金、现金流量、政府部门的财务信息，制定国家债务政策，控制和管理内外债务、债券发行和偿还，对国家提供的担保或信贷进行登记和管理，保持国库收支平衡。

（4）信息收集和处理，为财政监督、审计、政策分析、外国投资或社会公众提供不同范围的财政信息，负责国家财政计算机信息系统的运行和管理。

（5）管理国有资产等业务，对国家财政资金运行中的沉淀资金进行资本运作。

（三）财政资金账户设置

实行现代财政国库管理制度的国家，虽然在国库管理机构设置上有差异，但在财政资金账户的设置上无一例外地采取开设国库单一账户的做法。将所有财政性现金资源，如税收、其他预算内收入和预算外收入等政府性收入集中于国库单一账户统一管理，一切政府收支活动，均通过国库单一账户来记录、核算和反映。主要包括以下两类账户：

（1）国库部或财政部国库司（局）在中央银行开立国库单一账户，地方各级国库分支机构在中央银行的地方分支机构开立国库单一账户。所有政府财政性资金的收支活动都必须在国库单一账户下办理。

（2）国库部门为同级所有政府支出部门分别开设国库分类账户，与国库单一账户配套使用。国库分类账户用于记录和处理政府各支出部门财务、会计和资金流量的日常变动信息，并向政府提供相关信息或报告。国库机构主要通过设在中央银行的国库单一账户和国库分类账户系统，履行预算执行和政府财政资金的管理职能，并建立全国性的清算系统，负责协调国库分类账户系统、中央银行结算系统、商业银行结算系统，使国库分类账户系统与整个银行结算系统联成一个协调运转的计算机网络结算系统。

（四）财政资金收纳和支付运作程序

财政资金的收纳主要是税收收入的收缴，其他预算内外收入（包括基金和费）的收缴和国债发行收入的收缴。税收收入的收缴由纳税人将税款缴入国库单一账户；缴费人将费款缴入财政在国库收入代理银行（商业银行）开设的专户，国库收入代理银行在指定的时间内由专户上划到国库单一账户。基金缴纳则有随税收征收的，也有按缴费方式征收的。

财政资金的支付采取控制实际资金的方式，即只有当财政资金实际拨付给商品或劳务提供者时，才将资金从国库单一账户中划拨出去。资金支付包括两项主要程序：

（1）申请与审核。由政府职能管理部门（预算单位）向财政国库部门提交资金使用计划，国库部门根据国库资金状况审核批准使用限额。预算单位在实际支付每一笔资金时，向财政国库部门提出支付申请，财政国库部门进行审核并核实国库单一账户的资金余额后，决定是否拨款。

（2）支出资金的清算。财政国库部门同意预算单位的支付申请后，签发支付命令通知中央银行或代理银行，通过清算系统，从国库单一账户或专户将财政资金直接拨付到商品或劳务提供者银行账户。

（五）监督体系

现代财政国库管理制度中，监督体系由财政内部日常业务监督和国家审计部门的事后监督组成，二者互补。一方面，财政监督机构对政府职能部门财政资金收付和下级财政收支执行情况进行检查监督；财政国库管理及其执行机构对支付申请进行审核；财政内部监察部门对财政内部各业务部门的收支账目和预算及执行质量、工作效率进行监督。另一方面，审计部门依法对财政的决算和收支执行情况进行审计监督，同时也对政府职能部门财务状况进行审计监督。

（六）技术支撑系统

国库集中收付制度是一项系统工程，涉及面广，数据繁杂，纵横交错，操作性强，必须运用高科技手段，建立完善的计算机网络管理系统。同时要有银行间清算系统作为支撑，才能实现财政资金安全、高效的运转。

我国推行现代国库集中收付制度，就是要改变过去许多年来旧的国库管理方式，解决财政支出管理中存在的突出问题，将财政收入直接收缴入库，对财政支出从预算分配、资金拨付、资金使用、银行清算，以及财政资金到达商品和劳务提供者的整个过程实施有效的监控。尤其是对预算支出，财政部门在中央银行设立统一的银行账户，各单位的预算资金统一在该账户下设立的分类账户中集中管理；预算资金不再拨付到各预算支出单位在商业银行的账户上，各单位可根据自身履行的职能需要，在批准的预算项目和额度内自行解决购买何种商品和劳务，但支付款项要由财政部门来进行，除特殊用途外，资金一般都通过国库直接支付给商品和劳务供应者。这种国库管理模式的本质在于实现两个"直达"，即"收入直缴，支出直拨"，减少财政性资金的周转环节和流动中的沉淀，充分发挥国库资金调度功能和资本运作功能，提高财政性资金的使用效益。

一定时期的国库管理制度与国家的政治体制、经济体制有着密切的联系，必须与之相适应。国库管理制度在一定程度上体现了国家的经济发展水平，信息化的发达程度，反映了人类社会生产关系与生产力发展相适应的客观规律。随着人类社会的向前发展和科学技术的日新月异，国库管理方式也在不断变革和发展，从原始平均分配管理方式到直收直支方式，从多重账户分散管理方式到单一账户集中管理方式。我们不能简单地判断各种国库管理制度的优劣，任何一种制度它都是当时的生产关系的体现。如今，我国社会主义市场经济体制已逐步建立，市场环境日益趋好，法制建设日臻完善，已进入全面建设小康社会，加快推进社会主义现代化步伐的新的发展阶段，所以借鉴国际成熟经验，改革在计划经济时期形成的国库管理制度，建立与现代政治体制、经济体制相适应的现代国库管理制度就显得十分必要。

二、对传统国库管理制度的评价

国库管理制度作为与财政管理体制密不可分的重要组成部分，其设置是否合理，关系到整个国家财政预算收入和预算支出的执行情况。

自新中国成立以来，我国财政管理体制随着政治经济形势的发展进行了多次调整和改革。无论实行哪种财政管理体制，都体现了当时的经济发展和生产关系的要求，而国库的职能也是与一定时期的财政管理体制、预算管理方式相适应、相互配合的，它为保证财政入库资金的安全、保证财政资金调度的及时到位发挥了积极的不可替代的作用。尽管财政管理体制在随时代的进步而不断变化，但一种传统的"重收入，轻支出"的理财观念却根深蒂固，每一次财政管理体制的改革都往往集中在财政收入及其划分方面，对预算管理和国库管理制度基本未进行大的调整，更未对财政支出及资金使用效益进行深层次的研究和探讨。由此国库的功能就显得单一，给大家造成一种错误的认识，即普遍认为国库仅仅是财政出纳，只是管理财政资金的一进一出，长期以来使国库如何监督财政支出，如何反映支出效益，如何督促政府财政目标的实现等功能被忽略。

随着市场经济向前发展，财政管理体制在发生变化，我们对于财政国库的功能也应进行研究和发掘。在企业管理中，要使利润最大化，必须要研究成本，在国库管理中也应引进企业管理理念，使库资金的使用效益最大化。传统的国库管理制度虽然适应了当时的经济发展要求和预算管理方式，但在新形势下，其存在的主要弊端却日益显露。

（一）财政收支活动透明度不高

传统的国库管理制度对财政性资金的缴库和拨付主要是通过征收机关和预算单位设立多重账户分散进行，即财政收入的许多项目由征收部门通过设立过渡账户收缴，财政支出通过财政部门和用款单位分别开设的账户层层拨付，大量的预算外资金未纳入财政预算统一管理。

在这种国库管理制度下，由于财政收入许多项目由征收部门通过过渡性账户收缴，有哪些收入，有多少收入，什么时候收缴，都可能因为"过渡"而出现暗箱操作。如一些主管部门通过"二次分配"截留基层单位部分经费，一些单位通过虚造预算多谋取一些部门利益等。而财政部门对这些方面的监控有相当的难度，尤其是预算外资金未纳入财政预算统一管理，收入多少，如何安排使用，基本上由各地方政府、各部门和收入单位说了算，资金收支没有透明度，财政部门无法控制。这时的财政预算如同虚设，国库也就只能反映财政资金的一进一出，成了真正的财政出纳。

（二）财政收支信息反馈迟缓

由于预算收入通过设立多重账户分散进行，税收征收机关设置过渡账户征缴税收收入，再分月或按季缴入国库；而预算单位的行政事业费收入和预算外收入则缴入单位的账户进行管理，容易出现不按时缴入国库或预算资金账户的情况，预算收入难以及时反映入库情况。而预算支出也是对用款单位分别开设账户层层拨付，大量的资金划转层次和过长的转款时间使得预算支出无法及时实现。财政资金在收缴和拨付过程中以分散管理使得大量预算资金长时间滞留在部门和单位，成为部门谋求经济利益的来源。资金的使用如此分散使得财政部门很难及时收到反馈信息。加之单位往往为局部的利益，在财政信息上弄虚作假，使反馈的财务信息失真，财政部门更是对财政收支的真实情况难以实施及时有效的监控。有时为了缓解财政支出压力，不得不发行短期国债来进行临时性周转。这种迟缓的财政收支信息增大了财政的资金成本，加大了财政支出压力。

（三）预算收入征管乏力

在传统的财政管理体制中，预算收入基本是按 1994 年实施的分税制划分为中央税、地方税和中央地方共享税来确定中央和地方的收入来源，同时建立比较合理规范的转移支付制度，来调节不同地区预算财力的差距。分税制实施了十多年，中央和地方预算收入方面的问题逐渐显露了出来。抛开其他的问题不说，仅就以"分税"的办法来划分中央与地方的收入而言，其存在的问题包括：固化了企业与各级政府间的行政隶属关系，企业隶属关系的流动就意味着税源和收入的转移，企业在流动中就很有可能形成税收征管的漏洞；容易形成地方保护主义，不利于产业结构的优化调整，盲目发展高利产业，而这种高利产业也不一定就能形成高的税收收入；地方税虽然税种不少，但税源零星分散，征收难度相当大，容易造成税收的流失而无法保证预期的财政预算收入，个别地方为了完成预算收入而不惜买税卖税、弄虚作假，使财政部门对预算收入的真伪难以辨别，直接影响到预算支出的安排；转移支付制度的支付方式不够科学规范，目前的转移支付是以税收返还的方式进行的，地方从中央获取的税收返还额主要取决于基年既得收入数额，未完全摆脱基数法，而地方的收入本身有很多不确定因素，所以这种返还制度仍难以有效地发挥转移支付调节地区间收入差距的功能，而使财政预算收入难以得到保证。由于收入划分的复杂化，缴入国库的资金也就必须按中央和地方进行归口，在这个归口的过程中，可能出现有意或无意的混库，影响财政的资金调度。

另外，传统的财政管理体制下存在大量的预算外收入。尽管这种资金必须依据规定的收入来源和标准提取，其收与支都有着对应关系，具有专款专用性质；但毕竟预算外资金政出多门，部门管理、收入立项、征收范围和征收对象各异，征收标准不统一，征收机构不健全，征收行为不规范，加之受地方、部门、单位本位利益的驱动，预算外资金竞相攀升，其增幅已远远大于预算资金。由于预算外收入的不确定和预算外支出无法控制，使财政部门无法结合预算内收入进行统筹安排，由此引发侵蚀税基，重复建设，消费膨胀，经济结构失衡等问题，国库在对这一大块收入的管理和支出确认上更是束手无策，形同虚设。

（四）预算支出分散拨付削弱了财政资金的综合调度能力

在原有的预算支出分散拨付制度下，财政为满足各预算单位履行其支出责任的需要，须按期将预算资金拨入预算支出单位在商业银行所开设的账户上，即财政资金在预算单位支出行为发生前就流出了国库。预算资金一旦拨付后，就脱离了财政的监督。这是因为：（1）这些资金如何使用是由各预算支出单位自主决定的，由于各预算支出部门掌握的资金数额巨大，为各级层层克扣、截留、挪用资金、暗箱操作提供了便利条件，极容易诱发腐败行为。虽然财政部门对各预算支出单位的预算支出情况必须进行定期审查，但这已是一种事后的监督，预算支出已是既成事实，如果账面上做得巧妙，就可能查不出问题，一旦查出问题，充其量就是追究几个人的责任，而给国家造成的损失已是无法补救的。（2）预算支出资金拨付到各预算支出单位后，这些资金并不是立即、全部被安排使用而转化为预算支出，大量的预算资金仅仅是由国库转移到了各单位的银行账户上而分散沉淀在各部门，出现单位账户上的暂时闲置资金。财政亦无法对这些沉淀的资金进行综合调度和安排使用，无法集中资金办大事，使财政资金未充分发挥应有的效益。（3）分散拨付在各单位银行账户的资金，由于受预算编制"基数法"的影响，部门、单位为了使下一年度的预算支出数不至于减少，很多明显可以少开支或不用开支的也得不到应有的削减，还常常出现在年末突击把钱花光的现象，使账户上资金结余为零，以加大预算支出基数，为下一年多争取预算资金而创造条件。这种本来可能结余的财政资金被突击支出，财政部门也不可能在当时对每个单位的每一笔开支进行认定，不能准确地掌握资金使用情况，这就有可能由此产生腐败，加大预算单位之间个人收入差距，造成整个财政支出监督失控，对本来就困难的财政产生了更大的压力，扰乱了下个年度的预算编制工作。

三、实行现代国库管理的必要性

基于上文分析，加快财政改革的步伐已迫在眉睫，而在整个体制改革中，对财政支出如何实施有效的监管成为首要解决的问题。总结我国多年来财税体制改革的经验和教训，借鉴国外成功的范例，在新形式下，建立健全公共财政体制框架，加强财政支出管理，推行国库集中收付制度已成为必然和必要。

建立国库集中收付制度对于规范财政收支管理，加强财政监督，最大限度地发挥财政资金使用效益具有重要作用。

（1）能够改变目前财政资金分散的局面，实现财政资金集中化管理，促进预算编制统一，规范预算执行，提高预算资金使用效益，促进财政管理工作科学化、规范化，强化依法理财的观念。

（2）可以有效地克服财政性资金运行信息反馈迟缓、透明度不高的现象，使财政部门能够了解财政性资金运行的整体状况，保证财政收支信息反馈及时、真实、可靠，为预算编制及政府宏观经济调控提供决策依据。

（3）国库集中收付制度能促使财政管理工作从分散理财到集中理财，从依靠财务管理为主转向建立健全规范的预算管理制度，从根本上改变预算资金的管理方式和预算执行方式，使预算监督从事后监督变为事前监督和事中监督，从源头上有效地控制腐败行为的发生。

国库集中收付制度的重点主要是国库集中支付。它是我国建立现代国库管理制度的重大创新，是建立社会主义公共财政的一项重要内容。国库集中支付制度的建立，对于加强廉政建设，防范和消除腐败，配合整个国家的经济体制改革具有重要的理论意义和实践价值。

第二节　现代国库集中支付制度建立的原则

国库集中支付制度改革总的指导思想是：按照社会主义市场经济体制下公共财政的发展要求，借鉴国际通行做法和成功经验，结合我国的具体情况，建立和完善以财政国库单一账户体系为基础，资金拨付以国库集中支付为主要形式的国库管理制度，进一步加强财政监督，提高资金使用效益，更好地发挥财政在宏观调控中的作用。

为此，建立现代国库集中支付制度应遵循以下原则。

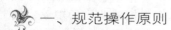 一、规范操作原则

建立现代国库集中支付制度首先要求各部门必须规范地进行操作，为此必须确定财政部门、人民银行、征收单位、预算单位各自的工作职责，使各部门规范地各司其职，以保证各项财政性资金在规定的职责和规范的程序内进行运作，使每个部门有法可依，有章可循。在财政性资金支付管理中，各部门的操作原则及工作职责是：

（一）财政部门及预算单位的操作原则及工作职责

1. 财政部

（1）组织制定有关政策和规章制度，管理和监督财政国库管理制度改革试点的实施。

（2）审核办理预算单位印鉴预留手续。

（3）审批一级预算单位报送的分月用款计划。根据年度支出预算和分月用款计划合理调度资金，办理财政直接支付业务，下达财政授权支付额度。

（4）对预算执行、资金支付、财政决算中的重大事项组织调查。

（5）选择代理银行，会同中国人民银行协调预算单位、代理银行和其他有关部门的相关业务工作。

2. 财政部专员办

（1）审核各预算单位用款是否符合预算；

（2）审核各预算单位是否按规定程序申请使用资金；

（3）审核各预算单位是否根据合同条款支付资金；

（4）审核各预算单位是否按项目进度申请使用资金；

（5）对以上内容签署审核意见。

3. 省级财政部门

（1）负责组织财政国库管理制度的改革实施，制定国库集中收付的有关具体管理办法、规章制度、实施细则和操作方法；

（2）负责管理国库单一账户体系，依照有关规定，审批预算单位银行账户的开设；

（3）审批预算单位的资金使用计划，核定下达单位直接支付和授权支付额度，办理财政直接支付业务和划拨资金事项；

（4）管理省级财政国库支付中心；

（5）选择代理银行，协调财政国库支付改革的有关业务工作；

（6）建立信息管理和执行分析制度，负责省级"金财网"的应用开发和维护管理工作。

4. 省级一级预算单位

（1）负责按本部门预算管理使用财政性资金，并做好相应的财务管理和会计核算工作；

（2）负责本部门及所属单位的财政性资金支付管理的相关工作；

（3）统一组织本部门及所属单位编制物品、服务采购计划和用款计划，负责审批二级预算单位的用款计划；

（4）负责管理工程进度、工程质量；

（5）配合财政部门对本部门及所属单位预算执行、资金申请与拨付和账户管理等情况进行监督管理，汇总报送所属预算单位年终决算报表。

5. 二级和基层预算单位

（1）负责按单位预算使用财政性资金，并做好相应的财务管理和会计核算工作；

（2）负责组织管理本单位的招标、投标工作；

（3）负责编制用款计划；

（4）负责提出财政直接支付申请，提供有关申请所需凭证，并保证凭证的真实性、合法性；

（5）负责本单位的项目进度、工程质量；

（6）根据财政授权支付管理规定，签发支付指令，通知代理银行支付资金。

（二）银行的操作原则及工作职责

1. 中国人民银行

（1）会同财政部制定财政性资金支付的银行清算业务的制度规定，配合财政部管理和监督财政国库管理制度改革试点的实施；

（2）为财政部开设国库单一账户，办理国库单一账户与代理银行的收支清算业务；

（3）监督代理银行代理财政性资金支付的有关业务；

（4）定期向财政部国库管理机构报送国库单一账户的库存余额，确保数字一致；

（5）配合财政部制定财政国库管理制度改革的有关政策制度和选择代理银行资格标准。

2. 中国人民银行分行

（1）会同省级财政部门制定财政性资金支付的银行清算业务的制度规定，配合省级财政部门管理和监督财政国库管理制度改革的实施；

（2）为省级财政部门开设国库存款账户，办理国库存款账户与代理银行的收支清算业务；

（3）监督代理银行代理财政资金支付的有关业务；

（4）定期向省级财政部门报送国库存款账户的收支和现金情况，与省级财政部门核对国库存款账户的库存余额，确保数字一致；

（5）配合省级财政部门制定财政国库管理制度改革的有关政策制度和选择代理银行的资格标准。

3. 代理银行

（1）按照与财政部门签订的委托代理协议及有关规定，及时、准确、便捷、高效、安全地办理零余额账户、预算外资金专户及特设专户的财政性资金支付、清算业务。根据账户管理规定，严格按照财政部门支付指令和财政授权额度支付资金，不得违规支付资金。妥善保管财政部门及预算单位提供的财政支付的各种单据、资料，并负有保密的义务。

（2）按要求开发代理财政业务的信息管理系统并与财政部门联网，向财政部门反馈财政直接支付与财政授权支付信息。向财政部门提供资金支付实时动态监测系统与信息查询系统。

（3）与中国人民银行分行签订银行资金清算协议，并定期向省级财政部门、中国人民银行分行和一级预算单位反馈支出情况，提供对账单并对账。

（4）接受省级财政部门和中国人民银行分行的管理监督。

二、强化监管原则

在保持单位资金使用权、财务管理权、会计核算权三权基本不变的前提下，通过国库收付制度的改革，使收入缴库和支出拨付的整个过程都处于有效的监督管理之下，进一步提高财政收支的透明度，从源头上杜绝腐败行为产生的可能性，实现财政收付活动全过程的有效监管。

（一）严格执行资金管理程序

实行财政直接支付后，财政及其支付执行机构的责任更加重大，为达到监督提前介入和多环节制约的目的，除省政府以及授权省财政厅批准支付的特殊事项外，对于发生下列情况之一的，财政及国库支付中心有权拒绝受理支付申请：

（1）无预算、超预算申请使用资金；

（2）自行扩大资金使用范围申请使用资金；

（3）申请手续及提供的文件不完备，有关审核单位没有署意见或加盖印章；

（4）未按规定程序申请使用资金；

（5）预算执行中发现重大违规违纪问题；

（6）工程建设出现重大问题；

（7）出现其他需要拒付的情形。

（二）建立对账制度

省级财政国库管理机构，省级财政国库支付中心，中国人民银行分行国库、预算单位、代理银行等除依照会计制度进行会计核算外，还应建立资金台账管理制度，对财政授权额度等指标进行补充登记，并与会计记录衔接核对。若发现问题，应及时查明原因，并报批核实，进行账务调整。

（三）加强监督制约机制，强化监督责任

（1）财政部门要加强对预算单位资金使用的监督，认真审核预算单位资金使用计划和资金使用申请；

（2）建立健全财政国库支付执行机构的内部监督制约制度，财政国库部门要定期对财政国库支付执行机构的相关业务进行内部审计；

（3）中国人民银行国库部门要加强对代理财政支付清算业务的商业银行的监控，充分发挥中央银行对商业银行办理财政支付清算业务的监管作用；

（4）审计部门要结合财政国库管理制度的建立，进一步加强对预算执行情况的年度审计检查，促进政府部门和其他预算执行部门依法履行职责。

三、方便用款原则

建立国库单一账户体系后，财政支付方式和支付类型都发生了较大变化。财政支付方式分为直接支付方式和授权支付方式；支付类型分为购买支出、工资支出、零星支出和转移支出四种。无论哪一种情况，财政部门都应该在保证规范、

真实、透明的前提下减少财政资金的申请和拨付环节，提供优质服务，确保单位用款更加及时和便利。

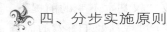

四、分步实施原则

建立国库集中支付制度是我国国库管理的一项重大改革，任何一项改革的成功都有一个不断探索和完善的过程。按照《财政国库管理制度改革试点方案》的要求，在2001年已由国务院确定几个有代表性的部门率先进行财政国库管理制度改革试点，在总结经验、优化和完善方案的基础上，2002年进一步扩大改革试点范围。各地应根据本地的具体情况，有计划地分批组织实施，逐步扩大范围，积极稳妥地推进这项改革，在"十五"期间全面推行以国库单一账户体系为基础，资金缴拨以国库集中收付为主要形式的财政国库管理制度，并在"十一五"期间见到改革的成效。

第三节　现代国库集中支付制度的基本内容

按照财政国库管理制度的基本发展要求，建立中国现代国库单一账户体系，所有财政性资金都纳入国库单一账户体系管理，收入直接缴入国库或财政专户，支出通过国库单一账户体系直接支付到商品和劳务供应者或用款单位的银行账户。这不仅是单纯的财政国库管理形式上的变化，而是整个财政管理的一项根本性变革，是一项十分庞大和复杂的系统工程。通过这项改革，可以加强对财政资金的监控，减少资金损耗，实现原有国库管理体制下所不能实现的许多收益。我国现代国库集中支付制度的基本内容如下：

一、建立国库单一账户体系

（一）国库单一账户体系的构成

（1）财政部在中国人民银行开设国库单一账户，按收入和支出设置分类账，收入账按预算科目进行明细核算，支出账按资金使用性质设立分账册。

（2）财政部门按资金使用性质在商业银行开设零余额账户；在商业银行为预算单位开设零余额账户。

（3）财政部门在商业银行开设预算外资金财政专户，按收入和支出设置分类账。

（4）财政部门在商业银行为预算单位开设小额现金账户。

（5）经国务院和省级人民政府批准或授权财政部门开设特殊过渡性专户（以下简称特设专户）。

建立国库单一账户体系后，相应取消各类收入过渡性账户。预算单位的财政性资金逐步全部纳入国库单一账户管理。

（二）国库单一账户体系中各类账户的功能及使用管理

国库单一账户体系是由若干账户组成的，构成了财政资金收缴、拨付的网络，可以清楚、便捷地记录和反映财政资金活动的全部过程，但各账户又有明确的分工，使用和管理的范围都有所不同。

（1）国库单一账户用于记录、核算和反映财政预算资金和纳入预算管理的政府性基金的收支，以及上下级财政之间的收付活动，与财政零余额账户、单位零余额账户、特设专户进行清算，实现支付。财政部在中国人民银行开设国库单一账户，省级财政在中国人民银行分行开设国库单一账户，并按规定权限进行使用和管理。

（2）预算外资金账户主要用于记录、核算和反映预算外资金的收入和支出活动，与财政零余额账户、单位零余额账户、小额现金账户进行清算。预算外资金专户收入按预算单位或资金性质设置分类账户，并按预算科目进行明细核算；支出按预算单位设置分类账户。预算外资金账户按规定由财政部门在商业银行开设，并对其进行管理，进行总分类核算和明确分类核算。预算内资金不得违反规定进入预算外资金专户。

（3）财政部门零余额账户用于记录、核算和反映实行财政直接支付方式的财政性资金活动，并与国库单一账户和预算外资金账户进行清算。该账户按支出类型和预算单位设置总分类账和明细分类账，由财政国库支付中心使用，财政部门进行监督管理。

（4）单位零余额账户用于记录、核算和反映上级补助收入和实行财政授权支付方式的财政性资金活动，以及预算单位的日常现金支付活动，与国库单一账户和预算外资金财政专户进行清算。该账户按收支类型设置分类账进行明细核算，由预算单位使用和管理，财政部门监督。

预算单位零余额账户可以办理转账、结算业务、提取现金等业务；可以向本单位工会划拨工会经费，但不得违反规定向本单位其他账户和上级主管单位、所属下级单位账户划拨资金。预算单位提取和使用现金应严格按照《现金管理暂行条例》等规定执行；代理银行按照《现金管理暂行条例》和有关规定受理预算单位的现金结算业务。

（5）特设专户用于记录、核算、反映经国务院、财政部和省政府批准或省政府授权省级财政部门批准的特殊专项支出活动。该账户按资金使用性质设置总分类账和明细分类账进行核算。预算单位不得将特设专户资金与本单位其他银行账户资金相互划转。代理银行应按照财政部门的要求和账户管理规定，具体办理特设专户支付业务。该账户由财政部门或预算单位使用和管理，财政部门要加强对该账户的监督。

上述账户及专户要与财政部门、财政国库支付中心和预算单位的会计核算保持一致，并相互核对有关账务记录。

为确保财政部门、预算单位、代理银行和财政国库支付中心账务记录正确，便于核对，各部门应当建立相应的管理制度，建立适应管理需要的账册体系，财政国库支付中心还应统一财政资金支付中使用的各种凭证格式。

二、收入的收缴

（一）收入类型

按政府收支标准，对财政收入实行分类。按管理形式，财政收入可以分为预算收入和预算外收入。预算收入也称预算内收入，是指列入国家预算管理的公共收入，这些收入要经过预算管理程序才能安排政府的各项支出。预算收入包括一般预算收入和基金预算收入等。预算外收入是指按现行制度未纳入财政预算收入管理的财政性资金。这些收入虽未纳入财政预算收入管理，但由于是以政府的名义征收，因此仍属于公共收入的范围。

（二）收缴方式

现代国库管理制度要求，将财政收入的收缴分为直接缴库和集中汇缴两种方式。

（1）直接缴库方式。直接缴库方式是指除法律、法规、规章另有规定之外的各项财政收入，经征收机关审核无误后，区别收入性质，由缴纳义务人将应缴收入直接缴入国库单一账户或预算外资金财政专户的收入缴库方式。这是财政收入征缴的主要形式，目前大多数税收收入和非税收入都采用这种方式缴库。

（2）集中汇缴方式。集中汇缴方式是指对法律、法规、规章规定的可以实行汇缴的应缴收入，由缴款单位或缴款人缴入征收机关（有关法定单位），再由征收机关在规定的时限内，区别收入性质，将所收的应缴收入汇总缴入国库单一账户或预算外资金财政专户的收入缴库方式。这种方式主要适用于零散税费收入和由单位代扣代缴的税收，以及行业性管理较强的收入。

纳入预算管理的税收和非税收入，缴入国库存款账户；没有纳入预算管理的非税收入，缴入预算外财政资金专户。

（三）收缴程序

（1）直接缴库程序。直接缴库的税收收入，由纳税人或税务代理人提出纳税申请，经征收机关审核无误后，开具缴款凭证，由纳税人通过开户银行将税款缴入国库单一账户。直接缴库的其他收入比照上述程序缴入国库单一账户或预算外资金财政专户。

（2）集中汇缴程序。小额零散税收和法律另有规定的应缴收入，由征收机关于收缴收入的当日汇总缴入国库单一账户；非税收入中的现金缴款，比照本程序缴入国库单一账户或预算外资金财政专户。

按照有关政策规定，需要办理财政收入退库的，由缴税（费）单位提出申请，经财政部门审核后，出具收入退库凭证，送国库办理退库。

三、支出的拨付

（一）支付方式

按照规范操作、加强监管、方便单位用款和提高支付效率的原则，对不同类型的支出采取不同的支付方式。主要有财政直接支付和财政授权支付两种方式。

1. 财政直接支付方式

由财政部门开具支付令，通过国库单一账户体系直接将财政资金支付到收款人（即商品或劳务供应者）或用款单位。

实行财政直接支付的支出项目包括：（1）工资支出、购买支出以及中央对地方的专项转移支付，拨付企业大型工程项目或大型设备采购的资金等，直接支付到收款人。（2）转移支出（中央对地方专项转移支出除外），包括中央对地方的一般性转移支付中的税收返还、原体制补助、过渡期转移支付、结算补助等支出，对企业的补贴和未指明购买内容的某些专项支出等，支付到用款单位（包括下级财政部门和预算单位）。

2. 财政授权支付方式

预算单位根据财政授权，自行开具支付令，通过国库单一账户体系将资金支付到收款人账户，实行财政授权支付的支出包括未实行财政直接支付的购买支出和零星支出。

财政直接支付和财政授权支付的具体支出项目由财政部门在确定部门预算或制定改革试点的具体实施办法中列出。

（二）支付程序

1. 财政直接支付程序

预算单位按照批复的部门预算和资金使用计划，向财政国库支付执行机构提出支付申请，财政国库支付执行机构根据批复的部门预算和资金使用计划及相关要求对支付申请审核无误后，向代理银行发出支付令，并通知人民银行国库部门，通过代理银行进入全国银行清算系统实时清算，财政资金从国库单一账户划拨到收款人的银行账户。

财政直接支付主要通过转账方式进行，也可以采取"国库支票"方式支付。财政国库支付执行机构根据预算单位的要求签发支票，并将签发给收款人的支票交给预算单位，由预算单位转给收款人。收款人持支票到其开户银行入账，收款人开户银行再与代理银行进行清算。每日营业终了前，由国库单一账户与代理银行进行清算。

工资性支付涉及的各预算单位人员编制、工资标准、开支数额等，分别由编制部门、人事部门和财政部门核定。

支付对象为预算单位或下级财政部门的支出，由财政部门按照预算执行进度将资金从国库单一账户直接拨付到预算单位或下级财政部门。

2. 财政授权支付程序

预算单位按照批复的部门预算和资金使用计划，向财政国库支付执行机构申请授权支付的月度用款限额，财政国库支付执行机构将批准后的限额通知代理银行和预算单位，并通知中国人民银行国库部门。预算单位在月度用款限额内，自行开具支付令，通过财政国库支付执行机构转由代理银行向收款人付款，并与国库单一账户清算。

预算外资金的支付，逐步比照上述程序实施。

财政直接支付和财政授权支付流程，均以现代银行支付系统和财政信息管理系统的国库管理操作系统为基础。

第四节 建立和完善中国现代国库管理制度

一、中国现代国库管理制度试点取得的成绩

国库收付管理制度改革的目标是适应社会主义市场经济体制下公共财政管理的要求，建立以国库单一账户体系为基础，资金缴拨以国库集中收付为主要形式的现代国库管理制度，规范政府财政收支行为，加强财政资金监管，提高财政资金的使用效益。因此，国库收付系统的建设就是要围绕并实现这些改革目标，虽然国库收付系统还只是未来国库管理系统的一个部分，但在支持改革以及建设国库管理系统等方面都有着举足轻重的作用。从 2001 年 2 月 28 日国务院第 95 次总理办公会议批准财政部、中国人民银行报送的《财政国库管理制度改革试点方案》后，地方财政部门按其总体要求，结合各地实际情况，已经积极地推行了这项制度的改革。四川、安徽、重庆、福建在全国率先进行财政国库管理制度改革试点，其他很多省市也已逐步地进行了这项工作，因特殊情况暂未按《财政国库管理制度改革试点方案》全面实施财政国库管理制度改革的少数地区，大多根据财政部门的要求对工资、政府采购资金、基建资金等财政专项资金实行了财政直接拨付或成立"工资统一发放中心"。改革的成效是明显的。

（一）可以合理调度资金，增强了政府的宏观调控能力

实行国库集中收付制度后，各单位及纳税人按国家规定，所有应上缴财政的各项收入都直接缴入国库或财政专户，不再设置过渡户；各预算单位原则上只能开设一个银行账户，各项资金都在这个账户内反映和核算。单位预算安排的支出必须在支付行为发生时才能办理支付手续，支付行为没有发生时，资金仍集中在国库。这就有利于政府合理调度、统筹安排资金，变原来沉淀在各预算单位的"死钱"为"活钱"，减轻财政部门因收入的季节性而带来的资金调度压力，既保障了预算单位财政资金的需要，又增强了政府对经济的宏观调控能力，使财政资金的使用效率大大提高。

（二）规范了预算执行，方便了单位用款

实行国库集中支付制度后，所有财政性资金的收付，都是按规范的程序在国库单一账户体系内运作。各单位用款时必须按规定的程序办理，即在有预算指标的前提下，先编报分月用款计划，财政部门批复下达才能用款，增强预算的约束力，同时，也大大方便了用款单位。过去单位用款时，要经过多个环节层层拨付

到最基层的预算单位，最后才能支付，这种中间环节少则几天，多则十几天才能完成。而集中支付后，只要有了用款计划，在支付行为发生的当天就可以在支付中心办完所有的用款手续，既简化了拨款程序，缩短了拨款时间，又防止了资金层层拨付时被挤占、挪用，有效地提高了资金拨付效率。

（三）及时掌握财政收支信息，为预算执行提供准确数据

实行国库集中支付制度后，预算单位每一笔资金的支付都要到国库支付中心办理。而每一笔资金的支付都必须写明用途，有的还须附相关票据。如购买支出，预算单位申请拨款时需要附政府采购合同、验收证明以及供应商发票复印件等，以保证信息的真实性。而支付中心以此就能掌握预算单位财政资金的实际支出情况，这就为预算执行和分析提供了较为准确的资料和数据，同时也为领导决策提供了较为准确的数字依据。

（四）进一步增强了预算支出的透明度

实行国库集中支付制度后，要求各预算单位年度预算的编制必须细化，财政部门对预算单位的年度预算审批也必须细化，同时各级主管部门对所属基层预算单位的年度预算也要逐级审批。这样财政给了多少资金，这些资金可以用于哪些方面，都清清楚楚，明明白白，使资金管理更加透明，使预算单位、财政部门、人民银行都能共同了解财政资金的运作情况，及时掌握财政支出的现金流量情况，大大增强了财政支出的透明度。

（五）强化了监督检查，变事后监督为全过程监督

在国库管理制度改革前，财政预算拨款由财政部门首先拨到一级预算单位，然后由一级预算单位层层转拨到基层预算单位。对各单位收到的资金怎样使用，如何使用，是否按预算执行，财政部门无法全面、及时、准确掌握，只有待预算单位上报月度会计报表时才能知道情况，整个资金的使用完全是一种事后监督，无法确保预算执行和从源头上防止腐败行为的发生。实行国库集中支付后，从预算单位的用款计划审核，到用款单位的支出行为发生，无论是财政直接支付还是授权支付，都能在事前进行监督，事中进行控制，事后进行审核，从而形成了对预算单位财政性资金支付的全过程监督。

（六）确保了财政资金的安全有效运行

实行国库集中支付制度后，预算单位的财政支出都处在财政部门的全过程监督之中，支出必须有预算、按程序。这就在一定程度上克服了预算单位花钱的随意性、无计划性以及挤占挪用行为，堵塞了私设小金库、曲线转移财政资金的现象，减少了出现问题的几率，确保了财政资金的运行安全。

二、目前国库集中支付制度改革中存在的问题

财政国库管理制度的改革是对传统财政资金收付方式的根本性变革，涉及的面广、内容多，是一项复杂的系统工程，所以并非一朝一夕就可以取得完全成

功。这项改革在运行中，由于其他改革不配套和技术手段落后等原因，制约了改革的深入发展，影响了国库集中支付制度的实施效果。这些问题主要表现在：

（一）预算编制还未达到要求的那样细化，财务管理不够规范，还不能适应集中支付的要求，增大了国库管理改革的难度

国库集中收付制度要求体现预算执行的过程，而预算执行是一项很细的工作，必须以严谨、科学、详尽的预算编制作为基础。编制部门综合预算较好地实现了预算的统一性和完整性，但目前预算编制较粗，编制时间短、时间晚，到位率低，准确性不够；由于预算编制时与政府当年工作重点衔接不当，调整变化的情况也时常发生，具体编制方式与国库集中支付方式所要求的内容也有不衔接的地方；由于预算编制目前还难以达到要求的那种细化程度，导致预算单位支付的依据不够充分，财务管理不能完全规范，国库支付执行机构也就很难做到对预算支出逐笔审核。如果出现追加预算，不仅要经过用款计划的批复，还影响到整个国库资金的筹措和调度，由此增加了国库集中支付的难度。

（二）国库集中支付执行机构、预算单位和银行还处于新管理办法的磨合期，还要有一定的相互调整、适应期

按照国库单一账户体系的要求，支付中心与预算单位在商业银行分别开设了财政零余额账户，用于财政资金的预算。目前，人民银行与代理银行每天只清算一次，不能达到实时清算的要求，特别是现金的支付清算问题尤为突出。代理银行为避免垫付资金，在接受预算单位的授权支付令时做了时间上的一些限制，给单位的临时急需用款造成了一定的困难；如果预算单位的经办银行与其主管部门的代理银行分属不同银行的，用于资金划拨、清算的耗时就较多，出现问题也不能及时划清责任。

（三）各项配套改革措施还没有完全到位，影响了国库集中支付制度的实施效果

一是有关的法律法规与国库集中支付制度的不协调问题，如《预算法》还未建立完整的综合财政预算体系；国库管理和《国家金库条例》与总预算会计制度有关的财务会计制度、支出列报等的不适应；预算单位非财政性资金收付没有规范的管理办法；国库现金管理缺乏相关的管理制度，国库现金结余资金不计息也不能用于其他资金运作，利用效率不高；国库支付凭证的使用受到局限，还不能在全国形成"一盘棋"等。

二是银行清算系统和财政管理信息系统、国库集中支付管理信息系统等技术支撑能力不足，影响到财政资金的安全使用和高效运行。实行国库集中支付后，涉及的单位和级次都较多，信息量非常大，预算执行中预算科目、金额调整变化大，实际支付项目细化，如果没有完善的计算机管理系统作为技术保障，将影响到单位及时办理各项支付业务，影响代理银行办理资金清算，最终影响到财政资金的安全使用和高效运行。而目前有关部门使用的信息管理系统智能化水平不高，运行也不够

稳定，银行、财政部门、国库集中支付执行机构、单位使用的软件连接度不高，记账、对账及其他日常管理功能在设计上存在缺陷，不能支撑系统的信息处理工作。

三、进一步推进和完善国库集中收付制度

国库集中收付制度的改革直接影响到财政管理的改革与发展，关系到社会主义市场经济的良性循环问题。针对以上的不足，有必要进一步推进和完善国库集中收付制度建设。

（一）修订和制定相关法律法规和管理办法

加强法制建设，尽快做好相关法律、法规和制度的修订，是保证国库管理改革顺利运行的前提条件。有了法，就有了约束力，在预算编制和执行的过程中才能避免随意性，既便于操作，又能明确责任。为此，修订《预算法》、《预算法实施条例》、《国家金库条例》、《国家金库条例实施细则》、《财政总预算会计制度》，以及相关税收征管法规、行政事业单位会计制度等；相应制定《国库收入管理办法》和《收入退库管理办法》、《财政资金支付管理办法》，为国库收付制度的改革提供法律保障。

（二）细分预算科目，细化预算编制

根据《政府采购品目表》的名称，按"目"级科目的使用范围，在"目"级下增设一级"节"科目，并编制统一的科目代码，以便信息反馈和汇总。同时将预算编制到"节"科目，以便在编制预算时确定各项支出的支付方式。预算编制应尽可能一步到位，避免预算执行频繁变动，增加支付过程的工作量。逐步使所有财政资金的支付建立在明晰的预算基础上，为顺利实施国库单一账户制度创造条件。

（三）建立财政管理信息系统和国库管理操作系统

信息技术的应用对于国库管理来说十分重要，电子信息网络是保证国库集中收付系统正常运行的必要条件和手段。管理信息系统不仅能改进政府支付体系，还能保证及时、准确地获得财政宏观调控需要的数据。主要包括：预算编制系统和预算执行管理系统，它保证了预算资金的拨付符合预算安排和支出进度要求；收入管理系统监控税收和非税收入征收情况；国库现金管理系统及时反映国库每天的收支和平衡状况；国库收支总分类账系统做到所有收支账目在一个系统中反映；债务管理系统全面反映国债发行、偿还和余额情况。通过上述管理系统，各类财政收支在国库单一账户体系中实现了高效、安全运行。

（四）建立健全现代化银行支付系统

要改变目前我国全国性电子化银行清算系统尚不完善的状况，逐步建立健全银行现代化支付系统，加强财政资金拨付的到账时间，提高国库单一账户清算业务的效率。

（五）建立财政国库支付执行机构

借鉴国际通行做法，建立财政国库支付执行机构，适当充实中国人民银行国库部门人员。财政国库支付执行机构专门负责办理财政性直接支付和国库现金管

理的具体业务，并进行相关的会计核算和监督检查工作。机构人员应主要从预算单位现有财务人员中选派。

（六）加强监督制约机制

财政部门要加强对预算单位资金使用的监督，认真审核预算单位资金使用计划和资金使用申请；建立健全财政国库支付执行机构的内部监控制度，财政国库部门要定期对财政国库支付执行机构的相关业务进行内部审计；中国人民银行国库部门要加强对代理财政支付清算业务的商业银行的监控，充分发挥中央银行对商业银行办理财政支付清算业务的监管作用；审计部门要结合财政国库管理制度的建立，进一步加强对预算执行情况的年度审计检查，促进政府部门和其他预算执行部门依法履行职责。通过建立和完善科学合理的监督制约机制，确保财政资金的安全，使现代国库管理制度达到预期改革的目的。

第十九章　财政投融资 ✖

第一节　财政投融资存在的必然性

❧ 一、什么是财政投融资

财政投融资一词是改革开放后，从日语中引进的舶来品。日本学者通常把财政投融资译为"treasury investment and loan"。20 世纪 90 年代，我国经济理论界和实际业务部门对财政投融资的含义、性质、功能和运作范围展开了热烈讨论。关于什么是财政投融资，财政投融资的内涵和外延如何界定，从我们所接触到的文献资料看，各家说法不一，可以说迄今也未达成基本共识。

国内学术界和实际工作部门对财政投融资概念的描述，大体上有如下几种主要观点：

（1）财政投融资，一般的定义是：以政府信用为基础筹集资金，以实施政府政策且形成固定资产为目的，采取投资（出资、入股等）或融资方式将资金投入企业、单位和个人的政府金融活动，是政府财政活动的重要组成部分。①

（2）财政投融资就是财政部门管理的投资和融资活动。一般是指将政策性资金交由财政部门统一管理的政策性金融投资，它既具有财政投资的性质，也具有金融投资的性质，是介于财政投资和金融投资之间的一种新型的政府融资和投资活动。②

（3）财政投融资以金融和财政相互联系交叉的边缘地带作为研究对象，是介于金融和财政之间的一种边缘学科。财政投融资就是具有财政性质的金融投资，它既具有财政投资的某些性质，也具有金融投资的某些性质，是"中介"于财政投资和金融投资之间的一种新型的宏观调控国民经济的国家投资方式。③

（4）财政投融资是政府为实现一定的产业政策和其他政策目标，通过国家信用方式筹集资金，由财政统一掌握管理，并根据国民经济和社会发展规划，以出资（入股）或融资（贷款）方式，将资金投向急需发展的部门、企业或事业的

---

① 王朝才：《关于财政投融资的几个问题》，载于《财政研究》1995 年第 2 期，第 44 页。
② 安秀梅、周利国：《建立具有中国特色的财政投融资体系》，载于《财政研究》1995 年第 2 期，第 51 页。
③ 晓华：《实行财政融投资：协调价格、金融、财政配套改革》，载于《财政研究》1994 年第 4 期，第 29 页。

一种资金融通活动，所以它也称为政策性金融。①

（5）财政投融资是指以国家为主体，采取有偿的手段广泛地筹集资金，并按照政府特定的政策目标进行资金投放，所产生的一系列资金筹集和资金运用的活动。从其运作主体、方式和范围等方面来定性，财政投融资属于财政的范畴。②

无可置疑，上述各种观点的交流，对于推动中国财政投融资理论的建立和发展有着重要的理论意义和实践价值。但是，也要看到，由于基础理论认识上的不一致，必然导致实践中这种投融资活动难以进一步拓展。

笔者认为，财政投融资是指以政府信用为基础，为强化财政宏观调控经济功能，实现国家产业政策和经济运行目标而采取信用方式来筹集和运用资金的活动。这种投融资活动是政府财政活动的一个特殊组成部分，具有财政与金融投融资的双重属性。用这样的表述来概括财政投融资的定义，明确了财政投融资这一经济范围的行为主体和客体，投融资方式的性质、运行原则和范围等核心问题，有利于建立、完善适合中国国情的财政投融资体系，充分发挥财政投融资的职能作用。

二、财政投融资的基本特征

通过对财政投融资范畴的界定可以清楚地看出，财政投融资这种经济运行活动具有以下几个方面的基本特征：

（1）从实现国家职能角度看，财政投融资同其他财政分配一样，都是以政府为主体而参与一部分社会产品分配和再分配所形成的分配关系，同属于财政分配范畴。

（2）从为政府经济发展目标服务的角度看，财政投融资有着货币政策与财政政策的双重功能。财政投融资的资金运用，在一定程度上可以说是财政资金支出使用在某些领域的延伸，是财政资金的特殊补充。

（3）财政投融资的资金筹集和运用必须遵循信用原则，坚持有借有还，支付利息，与一般的信用融资活动有着鲜明的共同点。但它一方面以有偿方式借来资金，另一方面又以有偿方式使用这些资金，从这个角度看又不同于常规的国债是为了弥补国家预算赤字，并往往同国家预算资金一道被无偿用掉。

（4）财政投融资活动的运行具有周转性特征，并不以赢利为目的。它区别于一般财政分配的无偿性；其运用目的不是为了赢利，这点又区别于一般的金融活动。

正是由于财政投融资所具有的上述特征，决定了财政投融资必然成为介于财政与金融之间的一种新型的投融资方式。正确认识财政投融资的双重属性及其在宏观经济运行中的调控地位和作用，对于建立中国社会主义市场经济体制下的财政投融资体系，强化财政职能作用，完善金融体系，加强国家宏观调控力度，实现国民经济持续发展有着重要意义。

---

① 孙立东：《关于建立和完善我国财政投融资体系的设想》，载于《财政研究》1996 年第 5 期，第 52 页。

② 戴天柱：《中国财政投融资研究》，经济管理出版社 2001 年版，第 44～45 页。

三、财政投融资制度的形成和发展

财政投融资作为一种制度，是在市场经济高度发达时期，随着自由资本主义经济固有矛盾的激化，要求政府更多地参与并调节经济活动的情况下形成和发展起来的。1929～1933年，世界性经济危机的爆发造成主要资本主义国家社会经济的极度混乱。大量商品卖不出去，生产猛烈缩减，工厂、商店大批倒闭，失业工人剧增。资本主义各国政府为了摆脱经济危机的巨大冲击，都曾以凯恩斯的弥补性财政理论为指导，通过财政投融资手段积极扩大财政支出范围，参与调节经济的活动。美国在20世纪30年代以后，首先设立了"复兴金融公司"，增大政府投资力度，支持重要产业的发展，从而形成了美国最早的财政投融资机构。第二次世界大战后，西方发达国家为了复兴经济，也纷纷利用财政投融资手段减轻战争造成的经济破坏，建立了各自的财政投融资制度。

日本的财政投融资活动最早始于明治时期。第二次世界大战后，日本国民经济面临重建的重大任务。为了缓解恢复国家经济所需资金的短缺问题，日本政府大力开拓财政投融资领域，使财政投融资获得了迅速发展。财政投融资金额从1953年的3 228亿日元扩大到1993年的36兆日元，约相当于中央财政一般会计预算总规模的1/2。这些资金用于基础产业和公共设施建设，对日本的经济起飞起了积极的推动作用。

我国的财政投融资起源于20世纪50年代，其主要形式包括财政运用信用方式对国营企业实行的小型技术改造贷款，60年代建立的支农周转金等。这一时期发展起来的财政投融资，不仅融资规模小，而且投向限定也很严格，发挥信用的作用微乎其微。80年代实行改革开放政策，国家先后恢复和建立了各种形式的周转基金，比如支持工业企业周转金、支持商贸企业周转金、支持文教企业周转金和支持不发达地区周转金，推行基本建设资金拨改贷，实行建设资金有偿使用等。为与财政投融资发展相适应，我国还先后建立了两种类型的机构模式：一类是完全财政型的，即在财政系统内设立一个事业性的财政资金管理机构，实行企业化管理，如财政投资公司；另一类是财政加金融型的，如财务公司、信托投资公司和证券公司等，这类机构一般均为企业性质。在建立财政投融资机构的基础上，政府还采取多种形式把财政投融资活动推向国内金融证券市场。

第二节　发展财政投融资的客观必要性

一、发展财政投融资的必要性

西方发达国家建立和发展财政投融资，其宗旨就是通过融资活动扩大政府公共投资和扶持重要产业的振兴。我国是发展中的大国，为适应社会主义市场经济体制的建立和完善，必然要求发展具有中国特色的财政投融资活动，以增强国内产业的竞争力，加快国民经济发展。

（一） 加强政府宏观调控力度需要有财政投融资

由于财政投融资具有财政金融双重性，它既有调节社会总需求的能力，又有调节结构的能力。在宏观调控中，财政投融资作为财政政策与货币政策的有效补充工具，具有财政政策与货币政策的双重功能，并能促使财政货币两大政策的协调配合。即当需要加大产业结构调整力度时，通过财政投融资体系可以把更多的社会储蓄吸引到结构调整方面来，从而将货币政策转化为结构调整手段，配合财政政策调节。当需要加大总量调节、扩大需求或供给时，通过财政投融资体系加大投融资规模，又可以有效地配合货币政策，提高对经济的拉动力度。这是财政投融资宏观调控的一个方面。另一方面，由于市场机制的运作是通过价格、利率和收益等经济利益机制的作用来引导资金的流向和优化社会有限资源配置的。西方国家实行市场经济的演进历史表明，那种依靠自发的利益诱导的机制是无法影响各个经济主体的经济行为的，也无法实现资源的合理配置和有效利用。为了弥补市场机制的局限性，特别是对那些经济效益外溢，短期收益不高，投资需求巨大，私人或企业难以承受风险的部门给予大力支持，比如当前制约整个国家经济发展的农业、能源、交通部门。在我国财政宏观规模一定的条件下，面对大量的市场配置失效领域的存在，如果仅靠财政资金不仅调控力度有限，而且使用过度还会带来严重的负面效应。因此，利用财政投融资，充分调动社会财力，不仅大有可为，而且会取得事半功倍的效果。因此，为了使这些制约国民经济的"瓶颈"产业部门能迅速发展，政府有必要运用财政投融资，作为填补财政宏观调控能力不足的有效手段，配合财政的其他经济杠杆，实施对经济的宏观调节，加强宏观调控力度，促进社会资源的最优组合和最佳利用。

（二） 区域经济均衡发展需要有财政投融资

改革开放后，我国社会主义现代化建设事业取得了长足发展，2006 年国内生产总值达到 20.94 万亿元，比 2005 年增长 10.7%，人民群众生活水平有了进一步提高。但是在国民经济持续快速发展的同时，也面临着一些亟须解决的突出矛盾。特别是高度发达、开放的沿海经济区域同贫困、落后、闭塞的内陆地区经济发展水平差距进一步拉大，同西部边远民族地区经济发展的矛盾尤为尖锐。为使贫困、落后地区的经济加快发展，逐步实现共同富裕，中央政府除了增大转移支付的力度外，还有必要利用财政投融资方式增加对中西部地区特别是西部地区的资金投入，促进地区生产力布局优化，缩小地区间经济发展差距，实现区域经济的大体均衡增长。

（三） 深化财政、金融体制改革和加大财政货币政策协调力度需要有财政投融资

在十四届三中全会精神指导下，1994 年我国进一步推进了财政、金融体制改革，基本上建立了适应市场经济需要，以分税制为核心的新财政体制，加强了

中央银行调控货币信贷的力度，组建了政策性银行，商业银行开始实行资产负债比例管理，经济运行总体是良好的。2006 年全国财政收入（不含债务收入）达到 39 343.62 亿元，比 2005 年增长 24.3%。2006 年 6 月末，广义货币供应量（M_2）余额为 32.28 万亿元，同比增长 18.43%；狭义货币供应量（M_1）余额为 11.23 万亿元，同比增长 13.94%；市场现金流通量（M_0）余额为 2.35 万亿元，同比增长 2.57%。2006 年 6 月末全部金融机构各项贷款本外币余额为 22.79 万亿元，同比增长 14.34%；各项本外币存款余额 33.13 万亿元，同比增长 17.19%。2006 年中央财政赤字高达 2 749.95 亿元，资金需求与供给的紧张状况没有缓解，困难继续存在。随着财政、金融体制改革的深化，财政必须拓宽职能，中央银行将主要负责控制货币总量，商业银行实行以赢利为目的、自负盈亏、自求平衡的企业化经营。商业银行投资领域和资金投向必然要以赢利为目标，支持那些竞争性、盈利性好的项目和企业。而执行政策性的投资任务，显然只有依靠介于财政与金融之间的财政投融资来承担和完成。

（四）引导社会投资流向需要有财政投融资

社会投资，尤其是民间私人资本投资是以资本增值为目的的，它们对于投资环境好、风险小、收益比较稳定可靠的建设项目有着浓厚的投资欲望。而财政投融资则体现国家政策，反映政府活动方向和政府扶持重点产业的意图。凡是财政投融资重点投入的产业，就表明这些产业很有发展前途，同时就会引起商业银行和私人资本跟随其后进行投资，从而引导社会资金流向。具体说，通过投融资活动把集中起来的资金，投入适应国家经济发展阶段性变化需要扶持的重点产业。例如，为推进经济结构的战略性调整和实施西部大开发战略，提高农业基础地位和加强大中城市基础设施建设，大力发展信息、生物工程、新能源、新材料以及生态环保等产业。这些产业的迅速发展，一方面为国民经济平衡发展奠定了坚实的基础，同时又为社会资金创造了良好的投资环境，开辟了更加广阔的市场，引导着社会投资沿着政府资源配置更需要的领域流动，促进资源优化配置，提高投资效益。

二、财政投融资的基本形式

财政投融资的形式主要有贷款、股权或证券投资、担保和贴息四大类型。

（一）贷款

贷款是财政投融资中最主要的投资形式。根据贷款程序的不同，贷款又分为直接贷款和间接贷款两种方式。直接贷款是财政投融资机构向贷款对象直接发放贷款，这种贷款方式多适用于产业项目和区域开发项目，优点是便于财政投融资机构选择贷款项目，可以把资金直接落实到贷款对象，有利于投资基金的监督管理。间接贷款是财政投融资机构把资金委托给其他金融机构，由受委托金融机构按照财政投融资机构确立的原则和用途，向符合条件的对象发放贷款。间接贷款多适用于居民个人和小型企业单位，优点是有利于充分利用金融机构网点多、分布面广的特点，节约运营费用。

（二）股权或证券投资

股权投资和证券投资是财政投融资机构根据国家产业政策，对于一些极大地关系到国计民生的产业、部门，通过投资方式控股，直接参与企业的重大经营决策；或者某些需要国家提供资金帮助的企业，因风险和投资规模巨大难以独立成为经营责任者，要求有代表国家利益的机构入股承担风险和责任。财政投融资机构投资于这类企业应以政策性特别强的行业为主，控股投资所占的比重不宜过大，以避免决策失误带来资金周转困难。

（三）担保

担保是指财政投融资机构向需要支持的对象提供信用保证业务，如财政为企事业单位向银行贷款提供担保或为担保方提供保险。财政投融资机构的担保既使借款渠道畅通，为企业发展带来了启动资金，又为银行贷款的安全问题减轻了压力，有助于把信贷资金引向生产和高科技开发。财政投融资机构一般都隶属于政府，其担保业务实质上是财政担保，有很高的信誉。财政投融资机构从事的担保业务分为筹资担保、投标担保、预付款担保、租赁担保、加工装配进口担保、付款担保、补偿贸易担保和延期付款担保等。

（四）贴息

贴息又称财政贴息，是指财政或财政投融资机构对一些特定贷款所给予的利息补贴。贴息作为一种政策性融资手段，对企业或建设项目贷款的利息给予部分或全部补贴，它对于拉动社会投资的乘数效应起着十分重要的作用。因为通过贴息方式付出的资金远远小于财政直接投资的资金量，还可以启动银行相同规模的贷款。例如，建设某一特定项目，需要投资 1 000 万元，银行贷款利率为年利5％，财政为该项目贷款利息实行全部补贴。这样，财政只需拿出 50 万元的贴息资金，就可推动银行贷款 1 000 万元，并起到了代替财政直接投资 1 000 万元的作用。财政贴息既为借款单位减轻了利息负担，降低了成本，使用款单位获得必要的收益，又降低了银行贷款的风险，无疑有利于经济的发展。

第三节　财政投融资的资金来源及其运用

一、财政投融资运行遵循的基本原则

我国市场经济体制与西方国家市场经济体制的显著区别在于：社会主义市场经济体制是同社会主义基本经济制度密切结合，以公有制为主体的多种经济成分共同发展，市场在国家宏观调控下对资源配置起基础性作用。我国社会主义市场经济体制的特殊性决定了我国财政投融资运行的原则。

（一）贯彻国家宏观调控的原则

财政投融资从本质上讲，属于国家信用范围，是国家信用的组成部分。政府作为财政投融资的债权人，要求财政投融资的资金运用必须以实现国家宏观调控目标为首要任务，服务于国家的宏观经济政策，并同财政政策、货币政策、收入分配政策、区域经济政策等宏观调控手段协调配合，贯彻执行政府的意图，加强政府宏观调控经济的力度，促进整个经济稳定持续发展；而不是削弱宏观调控，偏离国家宏观调控经济的目标。

（二）符合国家产业政策的原则

产业政策代表着政府的意图，是政府干预经济的手段，从属于一定时期内国家经济社会发展战略的总体目标。产业政策的重要内容之一是差别化政策，在产业政策既定的条件下，它的目标往往要通过一些特殊性政策的实施才能实现，这就涉及各种经济杠杆的协调配合问题。财政投融资作为国家宏观调控的重要工具，其资金运行就必须以产业政策为核心，紧密围绕产业政策确定的目标联合行动，而不能自行其是，各自为政；否则就会导致产业政策和实施手段之间的断裂和冲突，严重影响产业政策的有效实施，使国家产业政策形同虚设。

（三）坚持不以赢利为目的的原则

财政投融资是一种具有明显政策性的财政贷款投资，它同经营货币信贷业务的商业银行根据盈利性、安全性、流动性原则发放信贷投资的重要区别是不以赢利为目的，而是为政府的特定目标服务，属非赢利性投资。财政投融资的资金来源渠道主要依靠财政部门的政策性投资，投资项目的选择体现国家政策且不以追求利润为目的，这是同这种投资的资金来源性质相吻合的。因此，财政投融资资金的投向应主要用于国民经济中那些必需的、投资额大的、近期效益低的产业部门，以推动产业结构调整。当然，由于财政投融资的资金有相当大一部分是在不改变资金所有权的前提下，按照信用原则筹集的，在体现国家政策性要求的同时，也要充分注意投资的经济效益，力求做到社会效益与经济效益相统一、宏观效益与微观效益相统一。

二、财政投融资的资金来源

由于财政投融资的资金运用必须贯彻国家产业政策，以体现、实施国家经济政策为主要目标。另外，财政投融资的运作不以赢利为目的，实行保本经营原则。这些决定了财政投融资的资金来源与一般信用机构筹资具有不同的内在规定性，即要求筹资成本低，期限较长，稳定性高，这是建立财政投融资资金来源体系的关键。考虑到财政投融资业务活动的特殊性，借鉴国外发展财政投融资的经验，结合具体国情，笔者认为，中国财政投融资的资金来源应逐步拓宽筹资渠道，以适应社会主义市场经济发展的需要。财政投融资资金来源体系应包括：

（一） 发行政府债券

政府通过金融市场发行债券，包括国内外公债、国库券，及向外国政府或金融机构借款等。这种筹资方式具有期限长、信誉高的明显优势，不失为财政投融资的一项重要资金来源。但是通过金融市场筹资就必然要按照金融商品的市场价格运作，筹资成本较高。

（二） 社会保障系统的闲置资金

我国深化社会保障体制改革和建立完善社会保障体系中的各种社会保障基金，包括社会保险基金、养老保险基金、医疗保险基金、就业基金、住房公积金等。在保证各种基金正常运行的前提下，总会经常出现一定余额的资金沉淀，这一部分闲置资金就可以纳入财政投融资使用。

（三） 邮政储蓄资金

向邮政储蓄系统借款是当代市场经济发达国家筹集财政投融资资金的普遍做法。例如，日本邮政储蓄资金几乎占日本财政投融资资金总额的1/4。根据报刊资料显示，我国邮政储蓄自1986年恢复开办以来，经过二十多年的发展，现已建成覆盖全国城乡网点最广、交易数最多的个人金融服务网络。2007年初，全国拥有储蓄营业网点3.6万个，汇总营业网点4.5万个，国际汇款营业网点2万个，截至2006年年底，全国邮政储蓄存款余额达到1.6万亿元。这些数据表明，吸收邮政储蓄作为我国财政投融资资金来源的条件已经具备，而且潜力巨大。

由于邮政部门举办邮政储蓄具有网点多、分布面广的特点。利用邮政储蓄的优势吸收社会闲置资金较之金融机构吸收存款来说，无须网点建设费用，成本相对较低，政府可将邮政储蓄资金暂时闲置的部分借用作为财政投融资的资金来源，由国家统一运用，这符合财政政策性融资要求。2007年经国务院批准我国正式成立了中国邮政储蓄银行，这一机构的建立必将进一步促进邮政储蓄业务的发展，有利于扩大财政投融资的资金来源。

（四） 国有企业上缴利润

国有企业和国有控股企业的资产全部或部分归国家所有。在市场经济条件下，这些企业经营对财政的贡献主要是按政策规定照章纳税。除此之外，国有企业上缴利润或按股分得的红利实质上是国家根据企业的经营状况，以资产所有者身份参与企业利润的分红。政府可以把它作为建设性预算的专项收入，再统一分配用于财政投融资的政策性投资，这样更能提高投资效益。

（五） 财政资金注入

国家财政预算根据需要与可能，每年拿出一定数额的资金列入财政投融资，作为财政投融资的资金来源。同时把预算外资金纳入专户存储，实行统一管理，并对过去建立的各种周转金清理后划归财政投融资机构管理运用，保证财政投融资资金来源的稳定性。

三、财政投融资的资金运用

财政投融资方向的选择应紧扣国家的产业政策，把资金主要投向发展国民经济必需的、投资额大的、收益率低的部门，推动产业结构调整。根据我国产业发展政策和产业结构调整规划，今后相当长的一个时期内，财政投融资资金的投向和投资重点的序列选择是：（1）加大农业和水利建设的投入，促进农村经济全面发展；（2）加快能源、交通运输、通信和原材料等基础工业和基础设施建设，改变部门和城市各类基础设施发展严重滞后于经济增长的现状；（3）促进机械、电子、石油化工和汽车制造等支柱产业发展高新技术、增加技术储备，提高这些产业的竞争能力，扩大出口规模；（4）推动轻纺工业技术改造，提高技术水平和管理水平；（5）加快为生产和生活服务的第三产业的发展；（6）增加中西部地区的资金投入，促进中西部地区加快经济发展步伐，缩小区域经济间的差距。

财政投融资资金的投向只有向这些方面倾斜才能真正发挥填补财政资金投入不足的辅助作用，对经济的启动产生积极影响，做到既能拓宽财源，又能壮大财力，为我国财政的良性循环奠定坚实的基础。

第四节　发展财政投融资的构想

一、我国财政投融资的现状及存在的主要问题

我国的财政投融资从 20 世纪 50 年代试办小型技术改造贷款诞生之日起，到现在已进入了一个适应市场经济要求的新的历史时期。五十多年来，从中央到地方都分别建立了财政投融资组织机构，资金来源有所拓宽，业务范围也不断扩大。财政投融资资金的投向已渗透到国民经济和社会发展的各个领域，在贯彻国家产业政策、支持基础产业和基础设施建设、合理配置资源、转变财政职能、更新理财观念、提高财政资金的使用效益及促进经济全面发展的过程中起了十分重要的积极作用。我国财政投融资在发展过程中也存在着一些问题需要研究解决。

（一）思想认识不统一

由于财政投融资是新中国成立后产生的一种新的投融资方式，在过去较长时期内没有引起足够重视，财政投融资的性质、作用及其存在的必要性，从理论界到实际工作部门都缺乏明确的认识。思想认识上的不统一和资金分配管理的不规范，造成各地财政投融资资金流向偏离经济总体发展目标，较多地投向了所谓短、平、快的加工工业以壮大地方财源，削弱了财政投融资的宏观调控作用，加剧了产业结构的不均衡性。

（二）缺乏全国统一的领导和规范管理，无法形成统一的投融资体系

目前，各地虽然都相继建立了财政投融资组织机构，但是全国却没有一个统

一的领导和管理机构，更谈不上进行规范化的管理。以财政投融资形式建立起来的一些周转金，从中央到地方分散到财政部门各业务司、局、处、科管理，或财政部门委托相关部门代管使用，操作主体各自为战，难以体现财政投融资明显的政策性。有的地方甚至把部分财政投融资的资金直接划入预算内收入无偿使用，出现了财政投融资资金在流向和管理上的混乱状况。

（三）融资渠道单一，规模较小

目前我国财政投融资渠道多限于财政预算拨款、财政暂时闲置的资金和举借债务，同多数西方发达国家相比，筹资渠道较为单一，范围比较狭窄，融资数量远远不能适应社会主义建设的需要。资金使用缺少严格的法律规范，资金运作中的随意性较大，致使财政投融资职能受到了限制，不利于国家宏观调控。

二、发展财政投融资的几个问题

发展财政投融资是社会主义市场机制运行的客观需要，可以说是我国实现四个现代化建设的一项长期的重要政策。由于财政信用是既不等同于财政资金分配，又与银行经营性资金投放有所区别的新型资金运作方式，同政府调控经济、实现经济社会发展战略目标密切相关，这就决定了发展和完善财政投融资必须充分注意划清相关方面的职能界限，解决处理好以下几个方面的问题。

（一）正确处理财政投融资与银行信用的关系

我国改革开放三十多年来的社会主义建设实践中，以各种类型周转金为主的财政投融资得到了巨大发展。可是，目前一部分理论工作者和实际业务部门的不少人对财政投融资这一新的投资形式囿于传统观念，习惯于"银行垄断信用"的老一套思维方式和经营做法，认为财政部门只能搞"无偿分配"，开拓财政投融资偏离了自身的职能范围，会搞乱金融秩序，主张取消财政投融资。这种观点实质上是长期以来对财政和银行各自的地位、职能和作用认识不统一的继续，是改革进程中计划经济体制向市场经济体制转轨中新旧两种理论冲突的具体体现。

财政投融资与银行信用投资尽管都同属于有偿让渡资金的信用范畴，都是资金支配权的改变，而不是资金所有权的转移。然而由于两种信用资金的来源不同、投资方向不同、影响货币供给量的程度不同，财政投融资在市场机制中的地位、职能和作用是财政投资和银行信用投资所无法代替的。国内外的实践证明，商品经济的发展和市场经济体制的建立，必然引起财政筹资渠道、筹资方式、分配范围和内容发生相应变化，财政资金供给与需求的矛盾更为尖锐。发展财政投融资，逐步拓宽财政资金有偿筹集的范围，提高有偿使用的比重，一方面可以起到分担财政政策性投资不足的作用，减轻财政压力；另一方面也为财政转换职能，实现一部分财政资金由直接无偿拨款向与有偿使用相结合转变，为财政无偿投资向政策引导相结合转变创造了条件。我国金融体制改革的目标是，中央银行主要负责控制货币总量，商业银行实行企业化管理，不再承担政策性的投资业务。今后商业银行的资金投向，主要是竞争性、赢利性领域的项目。专业银行向商业银行转化所留下的空当，客观上也要求发展财政投融资来填补。因此，在市场经济条件下，发展财政投融资是客观经济形势的需要，是符合市场机制运行原则的。在财政投融资与银行信用投资关系的处理上，应实行商业银行优先的原则，财政投融资不应追求赢利，必须把资金流向放在商业银行不愿投入而又是国家急需的那些领域和项目上。

（二）正确处理财政投融资与政策性银行的关系

建立政策性银行是经济体制改革的必然发展，是实现政策性金融与商业性金融相分离、解决国家专业银行身兼二任、保证中央银行发挥调控基础货币功能主动性的必要条件。在深化经济体制改革中，我国于 1994 年正式组建了中国进出口银行、国家开发银行和中国农业发展银行三家国有性质的金融机构。三家政策性银行共同的任务是体现国家的政策，为实现国家宏观经济调控服务。其业务运作实行独立核算、自主、保本经营、企业化管理，并建立投资约束和风险责任。

政策性银行资金的投向只代替了财政投融资中的一部分，而不是它的全部。例如，国家开发银行资金运用的对象是国家批准立项的基础产业、基础设施和支柱产业大中型基本建设和重点技术改造等政策性项目及其配套工程，并根据资金承受能力来确定。中国农业发展银行的资金投向主要是办理国务院确定的、由中国人民银行安排的资金，并由财政予以贴息的粮、棉、油料等主要农副产品的国家专项储备贷款和收购贷款，以及国务院确定的老少边穷地区发展经济的贷款等。可见，国家政策性银行虽然同财政投融资所体现的政策性目标和社会效益是一致的，但是政策性银行的业务范围受到一定的限制，它不能等同和完全包容财政投融资的活动领域，何况我国幅员辽阔、地区发展水平差异大，如果认为成立了政策性银行就可以包揽一切政策性的投资贷款或取消财政投融资，这种观点无论从理论到实践都是行不通的。正确处理两者的关系是要在目标一致的基础上，分工协作，密切配合，在业务交叉的项目投资中相互支持，以利于推动经济全面快速增长，共同完成国家宏观调控目标。

（三）正确处理财政投融资与国家预算的关系

如前文所述，财政投融资从根本上讲属财政范畴，是财政资金分配的一种特殊方式。在我国实行复式预算的条件下，应将财政投融资与一般财政收支关系划清。正确处理两者关系的途径是：把经费预算（又叫做经常性预算）和资本预算（又叫做建设性预算）分开，将来自国有企业上缴的利润、经费预算的盈余列入资本预算，用于政府投融资需要。由于税收收入和财政投融资收入分开，分别用于满足不同的需要，这样就从资金的性质上分清了不同资金的来源和使用界限，可以较好地体现预算收入的真实性，保证财政投融资资金按借贷原则正常周转，便于对不同性质资金用途的管理和监督。

（四）正确处理财政投融资的数量关系

发展和完善财政投融资，正确处理好财政投融资的数量关系，主要是处理好：（1）财政投融资安排的数量要充分考虑到投资的资金来源的可能，不能只讲需要，不讲统筹兼顾，更不能脱离社会生产力的发展水平。（2）坚持量力而行。国民经济发展过程中，基础设施和基础产业投资需求巨大，解决经济发展中的"瓶颈"问题只依靠财政投融资是不可能办到的，必须把财政投融资限制在资金来源许可的范围内，量力而行，起到补充的作用。（3）搞好财政投融资同全社会固定资产投资、银行信贷投资、国家预算内投资的衔接和全面协调。

（五）财政投融资机构设置要规范统一

财政投融资的双重性决定了财政投融资机构设置应尽可能在全国范围内规范统一。鉴于我国当前财政投融资组织机构设置较混乱，名称不统一和管理形式不规范的现状，有必要在中央一级设置统一的财政投融资资金有偿使用管理机构，以协调财政投融资资金同国家预算资金、银行信用资金三者的关系，使之形成合力，提高财政投融资发挥政策性职能的作用，增强政府宏观调控力量。中央财政投融资管理机构设置隶属于财政部是比较切合实际的选择。各地区可根据中央财政投融资机构的设置，结合地区实际，设置分支机构，协调地区财政投融资工作，监督地区财政投融资资金的运用。

第二十章　分税制财政体制 ✠

第一节　分税制概述

一、财政体制与分税制

　　财政体制通常又被称为财政管理体制，有广义和狭义之分。广义的财政体制指在分配和再分配财政收入过程中，处理财政与企事业单位、各级财政之间的财政分配关系的制度。狭义的财政体制通常就是处理各级财政之间财政分配关系的制度，它和预算管理体制基本上是一致的，它的核心是合理划分各级财政之间的财力。从广义的财政体制看，税收制度是可以包括在内的，因为处理财政与企事业单位的分配关系主要是通过税收来完成的。但从狭义的预算管理体制看，税收制度就具有了相对的独立性。本章对税收制度与财政体制关系的研究，是在狭义财政体制的基础上展开的。

　　分税制是指在中央财政和地方财政之间、地方各级财政之间通过划分税收种类来合理划分财力的一种财政体制，即分税制分级财政体制，把它简称为分税制财政体制或分税制。它首先要把全部税收分为中央税和地方税，然后再根据情况决定是否设立共享税及共享税的规模。由于税收大部分集中在中央，因此还必须建立起中央对地方的转移支付制度。

二、分税制实施的历史背景

　　从 1994 年起，中国的财政体制正式进入分税制时代，其间先后经历了经济快速增长与通货膨胀并存的时期和经济增长相对缓慢与通货紧缩并存的时期。这些都给我们观察分税制提供了多样化的经济背景，有利于我们对分税制作出客观的评价。

　　1994 年开始实施的分税制，曾被理论界部分人士称为中国财政体制改革的转折点，是一次里程碑式的变革，并认为中国的财政体制自此走上了规范化的道路。如果仅从分税制的理论支持和设计思路看，也许分税制的推行是中国财政体制改革的一次飞跃。但从中国分税制中普遍存在的制度缺失，以及各地财政之间日益扩大的差异来看，中国分税制在实践中还存在相当多的问题，特别是目标偏离问题。如果不能全面地理清这些问题和产生这些问题的原因，中国的分税制就难以走向规范，其对国民经济的良好推动作用也不可能得到发挥。

特别值得注意的是，中国的分税制是在市场经济体系处于雏形、税收制度改革尚未到位、与分税制配套的转移支付制度等没有完全建立起来的情况下开始推行的。分税制之所以会在条件不具备的情况下开始运行，大致有两个比较重要的原因：一是受渐进式改革思想的影响，认为中国经济体制改革以渐进的方式推进比较稳妥，对经济的振动比较小；二是中央财政收入增长缓慢，资金显得比较紧张，急于通过实施分税制来集中财政资金。因此，分税制的初始目标就是提高两个比重：财政收入占国民收入的比重，中央财政收入占全国财政收入的比重。

但正是这种渐进式改革的思路与分税制财政体制的仓促运行所期望的初始目标，一方面造成了中国分税制的极不规范，运行中难以体现出分税制所应有的体制效率，甚至增加了分税制运行的成本。另一方面又造成了许多新的矛盾，从表面上看，财政收入有所增长，但中央与地方的财政分配关系、发达地区与不发达地区的不均衡状况未能通过分税制得到妥善的解决，一些矛盾甚至还有所加深。正是由于这些矛盾的存在，促使我们对现行的分税制财政体制进行全面的反思，力图通过讨论和探索，能够建立起适合中国国情的、规范化的分税制财政体制。

三、现行分税制存在的主要问题

（一）税权过于集中于中央政府

从中国分税制十多年来的运行实践看，中国虽然从形式上看对中央税、地方税及共享税进行了比较明确的划分，地方税的征管权也基本上划分到省一级；但从实质来看，税权高度集中于中央的状况仍未打破，这突出表现在税收立法权高度集中于中央，而地方税收收益权却难以确保。

作为一种划分政府间财权的制度，必须考虑多级政府间的统一性。就我国目前的税收制度和税种来说，中央对省财政实行了分税制，但并没有建立省以下的地方税体系，省级政府不能对下一级政府税收进行相应的划分，从而省以下的各级政府都没有形成可以划分的税收收入。另外，由于省以下地方行政区划的不一致，有的是五级政府，有的是六级政府，更是加大了省以下政府间分税的难度。

这种过度集中的税权管理模式，很难符合中国各地复杂的经济情况和千差万别的税源状况，不利于地方政府事权和财权的统一，也不利于地方政府利用税收调控地方经济的健康发展；相反，在很大程度上刺激了地方政府和中央的博弈行为，往往导致税法、税政在地方上的不规范。

（二）财政资金被分割的局面没有明显改善

按照分税制的设想，中央与地方政府之间能够进行规范分配的收入就只有税收一项，而在此之前一直归财政管理的国有资产收入和预算外收入就被排除在分税制之外。

国有资产收入开始是归国有资产管理局，其收入还有一定的数量可归财政支配，随着国有企业在政策的推动下大规模退出经营领域，而资产的收益大都没有变成现金，即使能够变成现金，也大多进入了社会保障基金。在这种情况下，财政的国有资产收入已经名存实亡。与此相联系的国有企业的预算外资金也随着国有企业的退出而逐渐消失。

由于税收被上级财政集中，地方财政特别是经济不发达地区的地方财政没有足够的财力来满足行政部门所需的经费。这就进一步刺激了地方行政部门用行政权力收费的欲望，预算外收入并未因分税制的实施而减少。但增加的预算外收入则不会进入地方财政的预算。

（三）转移支付制度不够规范，地区间经济发展不平衡现象加剧

地区间的经济发展不平衡，历来是中国经济的一个现实。这种不平衡现象本应随着经济体制改革和国民经济水平的提高而逐步减弱，但分税制的实践结果却促使地区间的经济发展不平衡有加剧的趋势。

从"分灶吃饭"的财政体制开始，基数包干的做法就使发达地区可以比不发达地区得到更多的增长收入，由此拉大了地区间的财政能力差别。

现行分税制将消费税的全部和增值税的75%划为国税，目的之一在于加大中央政府的财力集中度，并且使财力集中度在地区间有一定的差异，以调节地区利益，逐步实现均衡分配。按理说，由于增值税与消费税主要来自制造业等第二产业和部分第三产业，工业化程度较高的地区贡献较多，农牧业占较大比例的地区贡献较少，这符合保护农业、支持中西部地区、照顾民族地区发展的战略和政策。但由于地区间经济基础、产业结构不同，税收结构也就有很大区别，这就造成实际运行结果与改革初衷不一致的局面。以第二产业老工业基地为主导型经济的地区，财政收入以增值税为主，增值税大头划为中央税以后，地方发展经济和增加财政收入的积极性受到较大影响。而工业化程度低的地区，第一产业所提供的财政收入又很有限，第三产业起步晚、发展慢，上划两税在地方收入中也占较大份额，中央的集中度并不低。换言之，在这种新体制下，真正得益的是市场化程度相对较高、第三产业相对发达的地区。以上划两税占实现总收入的比重来看中央向各类地区的财力集中度，可以看出中西部地区高于全国地方平均值，民族地区又高于中西部地区，老工业地区高于市场化程度高的地区（见表20－1）。

表 20－1　　　　　　　　　上划两税占财政总收入的比重　　　　　　　　　单位:%

时间	全国地方	中西部地区	民族地区	辽宁	广东
1993	56.1	57.2	60.1	58.4	41.4
1996	43.4	44.7	49.7	43.7	35.0

更为突出的是，中央集中的财力并没有用于转移支付，大部分是以1993年的基数返还给地方，存量并未调整；虽然新增部分是以增长率的1:0.3返还给地方，但欠发达地区又因财源较弱、收入增长乏力而受益不多。可以说，分税制并

没有实现缩小地区财政发展差距的目的。这样，实行分税制以来，中西部及民族地区财政在全国的地位下降了，这集中表现在财政收入占全国地方的比重逐年下降，与其他地区的差距进一步扩大（见表 20 - 2、表 20 - 3）。

表 20 - 2 　　　　　　　中央财政收入占全国财政收入的比重 　　　　　　单位：%

时间	财政收入占 GDP 的比重	中央财政收入占全国财政收入的比重
1991	14.6	29.8
1992	13.0	28.1
1993	12.6	22.0
1994	11.2	55.7
1995	10.7	52.2
1996	10.9	49.0
1997	11.6	48.5
1998	12.6	49.5
1999	12.8	51.2
2000	13.5	52.2
2001	14.9	52.4
2002	15.7	55.0
2003	16.0	54.0
2004	16.5	54.9
2005	17.3	57.0
2006	18.5	52.8

资料来源：根据《中国统计年鉴》历年数据整理而得；1999～2005 年的数据来源于周明《今年财政收入占 GDP 比重有望超两成》，载于《中国证券报》2007 年 12 月 26 日。

表 20 - 3 　　　　　　　财政收入占全国地方财政收入的比重 　　　　　　单位：%

时间	1993	1994	1995	1996
中西部地区财政收入比重	46.3	43.8	43.1	43.1
民族地区财政收入比重	13.9	11.0	10.7	10.7

资料来源：根据《中国统计年鉴》历年数据整理而得。

综上所述，分税制不但没有缩小地区间的差别，反而使贫困地区与发达地区的收支差距越来越大。经济发展水平进一步扩大，形成所谓的马太效应。

（四）地方财政硬预算约束仍未形成

我国实行的是单一制国家，权力比较向中央集中。在立法权的分配上，也体现出了这种特点。地方政府虽然是一级独立的政权机构，但从未被赋予过与其行使职能相称的立法权，税收立法权也同样如此。

在被划为地方税的若干税种中，立法权基本都集中在中央，这种做法违背了分税制征收权和立法权统一的原则。地方政府无权根据本地的实际情况设计地方税收，丧失了地方税的特点。

这种授权不当也使地方税务局与地方政府的关系变得复杂起来，如果给地方政府充分的管理权，就会影响到中央政府的税收权力。为了减少地方政府对地方税的管理权，集权是一种简便的选择。中央政府在税收上的集权产生出的最大问题是地方收支不能自求平衡，失去了自我约束的基本条件。当地方财政无法通过自己的努力来解决支出时，只能寄希望于中央财政的转移支付。财政支出约束不能对本级预算产生积极的影响，在分税制下，地方预算约束软化反而比包干制更为严重。

（五）分税制与税收制度不协调

1. 以流转税为主体的税收不适应分税制的要求

到目前为止，我国的税收仍然是以流转税为主体。在这种税收模式下，最大的税种是增值税，占到了税收总额的 60% 左右；而流转税本身是不可分的，划归中央财政后，地方财政收入基本上就被掏空了。而发达国家则基本上都是以所得税为主体税，这种税收就可以在各级财政同时征收，如果税负太重可以实行抵免。

2. 税收管理仍然采用计划分配任务，违背了税法

在分税制下，税收既然已经作为划分中央和地方之间财政收入的一种标准，一旦划定就应该保证地方政府的税收征收权和收入支配权。但是，目前税务部门仍然沿用了计划经济时期的做法，用税收计划来分配税收征收任务。

国税系统教条下达税收任务，并作为工作考核的依据。而政府又习惯用超额完成任务来评价工作成绩，这样一来，国税系统的税收任务就不断加重。为了鼓励下级税务部门完成任务，经过"讨价还价"，对完成任务的奖励也成了惯例，并且奖金占税收的比重越来越高。据计算，目前税收成本已高达 10%。这样下去，必然造成对地方税收的挤占，因为地方企业的负税能力是一定的，国税加重必然会诱发其对地方税收的逃避，影响地方税收收入。

3. 税务机构的设置与分税制不相适应

目前，地方税务局也实行了垂直领导，也就是说地方政府的税收支配权实际上又被削弱了。这样做是为了防止地方政府对税收的任意减免。不过，这样的机构设置却剥夺了地方政府的税收管理权，使地方税收形同虚设。

（六）政府间事权与财权划分不清

政府间事权划分是政府间财力分配的基本依据。由事权划分决定的支出责任划分是财政体制的基本要素，而且是确定财政体制的逻辑起点。

现行事权及支出划分格局，在计划经济条件下有其一定的必然性和合理性，但与市场经济体制的内在要求相比，存在着明显的缺陷。

（1）各级政府的事权界定并不严格，乡里的问题越级找省里解决、县里的问题越级找中央解决的情况很多；各级财政预算支出科目基本相同，没有鲜明的层次性。

（2）财权与事权不尽统一，既有上级事务地方负担支出的情况，如"上面出政策，下面拿票子"的事情经常出现，也有下级事务却由上级安排支出的情况，如中央和省的财政补贴几乎覆盖所有的支出项目。我国现行法律对政府间支出责任只做了原则性划分，还不够清晰，也不够合理，执行中经常发生交叉、错位，如我国养老保险金由地方政府管理，而实际执行中中央政府又承担了大部分支出责任。而各省、市、县、乡政府之间支出责任的划分则更为模糊，地区之间差别较大。上级政府首先要确保自己拥有足够财力，并尽量把这些资金用于改善本地投资环境，加快经济发展上，其结果导致公共卫生、基础教育等事业的发展得不到充足的资金支持，支出责任被分解、下压到基层政府身上，出现了各级政府事权与财权匹配失当的尴尬局面，越到基层政府，支出责任越重，而财力却越紧张。①

（3）上级政府为共同负担事务提供的资金即专项拨款没有规范、统一的办法，财政资金的规模效益较低、监督机制不健全。1994年起中央对省的分税制改革，由于政府职能转变、机构改革没有显著进展，致使新的财政体制在事权划分、支出责任划分、支出结构调整上没有进展。

在中央集权的政治体制和"统一领导、分级管理"的财政体制管理原则下，财政体制改革不可能在事权划分、支出结构调整上有突破性动作。

（七）收入征管和分税制脱节

（1）国税与地税征管范围互有交叉，在代征收入上由于不存在责任和利益关系，征管力度不够，造成收入的流失，而现在国税与地税交叉征收的税种有10个之多。

（2）地方财政部门缺乏对地方税务部门的制约权，税务部门与财政部门"讨价还价"，完成正常的税收任务都需要财政奖励，加大了税收成本。

（3）国税垂直管理与地方财政并不衔接，但国税征收的"两税"对地方预算有很大的影响。

（4）为了平衡国税地税机构的待遇，地税实行省级垂直管理，与地、县级财政产生新的"条块矛盾"，割裂了地方预算收支的统一性，地方财政处于从属地位。

（5）在企业户管分工上，除按过去的隶属关系，按所在地原则进行划分外，又增加了按税种归属划分的标准，造成基层企业要应付多家税务部门的新问题。

---

① 方华：《关于分税制的问题与完善》，载于《经济界》2006年第4期。

（6）基层设地税机构成本过高，有些地方收的税还没有建设税务机构的投资多。

（八）政府间收入划分不合理，地方税体系不健全

政府间收入划分不合理的问题，首先是收入划分与支出责任划分不匹配，基层政府收入来源有限，不利于基层财政收入的稳定增长，难以满足其正常的公共支出需要；其次是政府间收入划分覆盖面窄，相当数量的政府财政性收入游离于体制之外，既不利于政府间支出责任与收入的匹配，也不利于合理调节地区间财力差距。各级地方政府比照中央政府和省级政府收入的划分方法，把收入稳定、税源充足、征管容易的税种列为共享税，使之成为上级政府的主要收入来源，而留给县乡基层政府的，通常是税收额少、税源分散、征收难度大的税种。

地方税收的主体税种是增值税（25%部分）和营业税两项，占地方收入的半数左右，无论划归哪一级政府都会产生一定的负面效应。其他税种虽然较多，但税基小、税源少且不稳定，都不足以作为主体税种。地方财政收入在地区间的收入结构也有很大不同，同一税种的收入量在不同地区有很大差异，致使地方税体系很难健全。

（九）收入划分不规范

现行分税制在收入划分上既有按税种、税目划分，又有按行业、隶属关系划分。企业所得税按隶属关系分别划归中央和地方，导致地方政府为追逐税收利益而大搞重复建设，结果各地结构趋同现象严重；尤其重要的是，世界范围内的经济结构调整进入新一轮加速期，我国更是到了以结构调整推动经济发展的新阶段，十五届五中全会提出我国将把经济结构调整作为主线贯穿于整个"十五"甚至更长时期，但由于按隶属关系划分税种的现行体制，导致资产的流动会带来税收利益的转移，因而会受到被兼并、重组所在地方政府或部门的阻挠，从而严重阻碍着资产重组，制约着结构调整。此外，中央与地方共享税采取收入分享制，税收分享只是给地方一定的财力，而税种、税率的确定权却在中央。

第二节 分税制目标偏离的原因分析

一、判断中央财政宏观调控能力失真

1994 年急于推行分税制的重要原因之一是基于这样一个判断：中央财政支配的财政收入比重过于偏低，影响了中央政府对国民经济的宏观调控能力，长此以往，可能会危及国家的安全。

这种结论来自于包干财政体制下，中央财政得到的本级收入加上地方上解收入再减去中央对地方的补助支出的数字。这种数字真的能说明问题吗？显然不能，因为中国是一个高度集权的国家。地方财政手里的钱并不等于完全可以由地

方政府支配，无论是机构的设置还是一些重大的支出，都不可能由地方政府单独说了算。从 1980 年财政体制改革开始，到现在为止，这种现象仍未得到改变。

二、对"诸侯割据"的历史恐惧

包干制财政体制下形成了地方政府"诸侯割据"的局面，这是主张实行分税制的另一个重要理由。地方财政收入增长速度超过中央财政收入增长速度、地区封锁、地方经济自成体系、重复建设严重等，都被作为"诸侯割据"的证据。其实，我国在 1979 年进行分级包干财政体制改革时，如何调动地方政府发展经济的积极性是最为重要的出发点。这一思路与农村联产承包责任制和国有企业改革的情况有不同程度的类似之处。当时主要是为了解决中国经济的活力问题，有了地方政府发展经济的积极性，无疑也会增强中国经济的活力。

特别需要指出的是，在 20 世纪 80 年代初，我国经济面临的问题是短缺，地方经济的发展对于缓和供应不足的矛盾是十分重要的。而表现出重复建设则是在 90 年代初，社会经济经过了将近十年的发展，尤其是市场经济的发展使这种矛盾更为突出。因此，对所谓的"诸侯割据"必须从历史的角度看待，分级包干财政体制对于发展地方经济，解决中国经济中的短缺问题也是有积极作用的。

三、财政分配的集中惯性和暗箱操作

由于对"诸侯割据"的估价有偏重的倾向，在设计分税制时就十分强调财权向中央的集中。当然，中央财政的集权还暗含这样一个假设，即中央财政的开支比地方财政的支出更具有合理性。

但事实恰恰相反，中央财政在安排支出时，根本没有相应的监督机制，安排支出时随意性极大。中央财政在短时间内集中起大量资金后，又没有一个有效的转移支付制度来规范资金的去向，资金的使用也没有专门的效率评价机制，这就自然很难保证中央财政资金的使用效益高于地方财政的使用效益。

在中央与地方之间权力分配不均衡的情况下，财政资金分配权高度集中于中央。财政体制通常自上而下进行确定，处于权力弱势的地方政府无权影响中央财政资金的分配，导致暗箱操作十分严重，资金浪费严重。

值得注意的还有，现在的五级行政机构设置与分税制也是极不适应的，我国目前的税收最多只能在中央和地方之间进行划分，无法在多级地方政府中进行划分。这样就造成了省级政府与中央政府实行分税制，而省与省以下的多级政府却不能实行分税制。在分税制下，又不能实行原有的包干体制，部分地方政府在向下级政府确定财政体制时，照搬中央财政对省财政集权的做法，把主要的财政收入从下级财政手中收走。在收入不能维持支出的情况下，下级政府必然形成对上级财政的依赖。

四、地区发展严重不平衡与维持既得利益机制

分税制会加剧地区之间的财力不平衡，其实早已在预料之中。因为分税制在

实施过程中，基本上仍然是保证了各地财政的既得利益，承认了原来包干制形成的差别。而分税制本身又可能加剧地区间的不平衡。如增值税增长部分可提高地方分成比例；发达地区的地方税收多于贫困地区且增收潜力大；出口退税率的提高也使发达地区受益更多。地区间的财力不平衡产生于经济发展的不平衡，而财力分配的不平衡反过来又加剧了地区间经济发展的不平衡。面对地区间的不平衡，中央财政并没有积极采取有效措施来缓解，造成了贫困地区财政运行十分困难的窘境。

目前我国的财政体制设计基本上是自上而下确定，地方财政对制度的影响力极小。以至于在中央财政和地方财政的博弈中，形成了"地方财政靠算账，中央财政靠变制度"的利益分配机制。然而，在长达十多年的时间里，中央财政在转移支付制度的建立和完善方面并未取得突破性的进展。一些地方财政在收支难以平衡问题长期得不到解决的情况下，对分税制感到十分失望。

五、税制改革存在判断失误

我国在实施分税制的同时也进行了税制改革，决策层部分官员寄希望新税制能够为市场经济的建立奠定良好的基础，认为税制改革能够促进市场经济的成熟。实际上，在市场经济的建立过程中，税收只是其中的因素之一，其他如价格体系、政府职能转换等都是十分重要的条件，而这些条件的具备又需要很长的时间，不可能一蹴而就。

即使是让税收制度来促进市场经济的发育，也必须先完成税收制度的改革，而我国目前的税收制度与市场经济的要求还有差距。

首先，我国现行税制仍然是以流转税为主体的。这种税收模式一方面因其可能转嫁而难以确定事实上的纳税人，影响了税收负担的公平；另一方面，流转税对价格的影响极大，这就会因征税直接造成价格的波动，扭曲资源的配置。

其次，按照"税不重复征收"的原则，流转税是不可能两次征收的。这就决定了现行税制不可能在中央和地方之间同时设置，当增值税被划为中央收入后，地方的特别是贫困地区的税收收入就基本上没有了。

最后，无论是中央税还是地方税，在管理上都沿袭了过去的计划管理方式。税务部门按照上级税务部门下达的税收任务进行征收，税负的多少最终要由税务部门说了算。

从分税制运行的实际情况看，行政体制中的高度集权造成的财权过于集中，导致了财政分配中的暗箱操作盛行；转移支付制度的缺失又加剧了地区间财力的不平衡；非法制化和非市场化的税收制度使分税制名不符实。但从分税制财政体制本身来看，其在市场经济中的存在也颇具合理性。因此，目前还没有可以取代分税制的更优的财政体制设计，要解决上述问题必须从制度层面着手对其进行重建。

第三节　财政联邦主义对我国分税制创新的启示

一、美国、英国、法国三国财政体制的比较

（一）美国的财政体制

美国财政实行联邦财政、州财政和地方财政三级管理体制。三级财政各有其相对独立的财政税收制度和专门法规，各自编制、审批和执行本级预算，且程序复杂。上下级预算之间的主要联系为上级政府对下级政府的补助和拨款。

转移支付与国家经济社会发展关系重大的事务集中在联邦政府，而区域性和地方性极强的事务则主要由州和地方政府承担。按照美国宪法，联邦政府的主要经济职责是保持宏观经济健康发展，同时也要向州和地方政府提供拨款、贷款和税收补贴。州和地方政府的主要职责是提供公共服务，如公共教育、法律实施、公路、供水和污水处理。美国联邦政府的财政支出由国防开支、人力资源经费、物质资源开支、其他用途、未分配冲减性收入等项目组成。其中人力资源分教育、卫生、收入保障、社会保障和退伍军人福利与服务等内容。物质资源项目中分能源、自然资源与环境、商务与住宅、交通和地区发展支出等内容；其他用途中分国际事务、一般科技、农业、司法管理以及一般政府项目支出。州和地方政府财政支出主要包括教育、医疗补贴、福利与社会服务、高速公路、警察与消防、监狱、供水、排水与卫生以及其他项目支出。但一些支出项目也存在交叉内容。如全部由联邦政府支出的项目有：国防、社会保障与医疗保险、退伍军人福利、邮政服务等。其他的项目则承担支出的一定比例，如教育支出占 7.6%，高速公路占 1.2%，公共福利占 23.6%，自然资源占 80.9%，警察占 16.3%，监狱占 7.8%，政府职员退休金占 42.3%。州和地方政府各自负担的支出项目及其比例分别是：教育支出为 24.5%、67.95%；高速公路为 59.8%、39%；公共福利为 62.1%、14.2%；自然资源为 14.2%、4.9%；警察为 11.8%、71.9%；监狱为 59%、33.2%；排水为 6.9%、93.1%；火灾消防地方政府为 100%；政府职员退休金为 45%、12.7%；失业救济为 99.3%、0.4%。如果把联邦向州和地方政府的转移支付计入联邦账户，那么联邦支出所占的比重一直保持在 70% 左右。

在划分税收权限上，美国宪法授予联邦政府建立并征收税收的法律权力。同时规定任何筹集财政收入的提案只有众议院才能提出。还规定各州必须实行统一的无歧视性的税率；除非与人口比例完全相称，否则不许征收直接税，不许对各州的出口商品征税。联邦和州拥有征税权，由于美国宪法没有授予地方政府征税权，所以地方政府的征税权是由州政府授予的，自主性很小。联邦政府开征的税种有个人所得税、社会保障税、公司所得税、遗产与赠与税、消费税以及关税。州政府开征的税种主要有销售税、个人所得税、公司所得税、消费税、财产税、遗产与赠与税、资源税以及社会保障税。地方政府开征的税种主要有财产税、销

售税、消费税、个人所得税、公司所得税以及社会保障税。1998 年三级政府税收收入所占税收总收入的比重分别为 67% 、22% 、11% 。

在美国联邦财政支出中有一部分是采取拨款给州和地方政府的方式，1994年州和地方政府财政支出的 23% 来自联邦财政拨款。美国联邦政府的转移支付采取有条件补助（根据条件限制的严格程度，可分为专项补助和广泛基础补助）及无条件补助。广泛基础补助的主要形式是整笔补助，无条件补助的主要形式是一般收入分成，其特点是补助形式多样化，联邦财政补助的重点随着社会经济的发展而不断变化。

（二）英国的财政体制

英国的基本法对中央政府和地方政府的财政职能作了具体规定。中央财政职能包括资源配置职能、稳定经济职能、提供公共劳务职能。国防、外交、对外援助、教育、空间开发、环境保护、海洋开发、尖端科技、卫生保健、社会保险以及全国性的交通运输、通信和能源开发等，都由中央政府提供和管理。地方政府的财政职能主要有从事公共建设事业、维护公共安全、发展社会福利、改良社会设施。在中央政府与郡政府的事权划分上，中央预算支出主要担负国防、外交、高等教育、社会保障、国民健康和医疗、中央政府债务还本付息以及对地方的补助。郡政府的预算支出主要用于中小学、地方治安、消防、公路维护、住房建筑、预防灾害、地区规划、对个人的社会服务和少量投资等。在预算管理体制上的特点：一是实行严格的分税制。中央和郡的预算收入完全按税种划分，不设共享税，由各自所属的税务征收机关征收。二是中央高度集权。中央预算收入通常要占到整个预算收入的 80% 左右。

在划分税收权限上，英国是一个税权高度集中的国家，税收立法权完全属于中央，只有中央政府有权决定开征税收，地方政府无税收立法权，不能设置税种、开征税收。中央政府征收的税种有：个人所得税、公司税、资本利得税、印花税、石油收入税、遗产税、增值税、消费税、关税、机动车辆税、博彩税等。地方征收的税种有市政税和营业房产税。在 1995 ~ 1996 年度中，英国政府税收总收入为 2 719 亿英镑，但地方税收入仅有 92 亿英镑。

英国中央预算对郡预算的补助形式有两种：一是定额补助拨款即中央对核定的郡级政府的总收入与总支出的差额进行补助。二是专项补助拨款。在补助程序上，财政部将补助款拨给环境部等，由环境部等负责下拨。

（三）法国的财政体制

法国过去实行高度集中的财政管理体制。1982 年推行中央与地方分权，较多地扩大了地方的自主权。实行中央、大区、省和市镇四级财政体制。各级预算相对独立，它们有各自的收入与支出。中央预算支出，分为费用支出（经常性事务开支）、资本支出（固定资产购置支出）以及军费支出。它包括国防、外交、国家行政经费支出和重大建设投资（如铁路、公路、国营企业等）。省和市镇支出主要包括行政管理经费、道路、文教卫生事业费、地方房屋建筑费、警察、司法、社会福利支出以及地方债务还本付息等。法国在事权与财权的划分上十分清楚。在支出上，有归国家支出的，有归地方支出的。比如在教育方面，小学一般归市镇管理，中学归省管，大学归国家管。公路也是如此，一般分国家级、省级、市镇级实行分级管理、分级投资。高速公路和连接大城市的公路归国家管理，算国家公路；连接各省的公路归省管理，算省公路；连接市镇的公路归市镇管理，算市镇公路。三级地方财政之间不存在隶属关系，其财政预算由各级议会决定，但国家对地方的三级财政都有事后的法律监督权。

中央财政对地方财政的转移支付形式有：一是一般性补助。这种补助金一般是按市镇人口的比例进行分配的，人口越多，得到的补助金就越多。二是专项补助。即对地方兴修的专项工程给予的补助。法国中央财政转移支付支出大约占地方财政收入的25%。三是减免退税。

二、财政联邦主义的原则与理论基础

所谓财政联邦主义是指以适当分权为特征的财政体制，这种体制又被西方经济学家称为多中心的财政体制。联邦主义或分权制的经济学依据是基于对公共品收益只能在有限的地理范围分配来考虑的。另外一个因素是，如果一律采用集权制，决策成本过高。

（一）财政联邦主义的基本原则

（1）多样性原则。财政联邦主义允许为地方政府差别选择提供一定空间，基于地区之间对公共服务的需求偏好不同，提供划一的服务是不可取的。

（2）公共服务的最低供应和均等化原则。财政联邦主义保证每个地区都能得到基本公共服务的最低水准供应，在此基础上尽量熨平地区之间差距，向地区之间财政均等化靠拢。

（3）集中再分配原则。财政政策的再分配职能应当集中在中央政府手中，一个缺乏调控能力的中央政府不是财政联邦主义所需要的。

（二）财政联邦主义的经济学理论依据

1. 施蒂格勒公理性最优分权模式"菜单"

施蒂格勒从两个方面给出了财政分权的公理性解释：第一，与中央政府相比，地方政府更贴近于公众，更了解所管辖的选民的需求，因而可以更有效率地提供此类公共品；第二，不同区域的公众有权对公共服务作出自己的选择，除非有必要，不应强迫消费统一的公共服务。

2. 奥茨的分权定理

奥茨通过对社会福利极大化的线性规划模型分析得出结论：在等量提供公共品条件下，一些公共品由地方政府提供优于中央政府。他提出，关于该物品的每一个产出量的提供成本无论对中央政府还是地方政府来说都是相同的——那么，让地方政府将一个"帕累托最优"的产出量提供给他们各自的选民，这总是要比中央政府向全体选民提供任何特定的并且一致的产出量有效得多。

3. 特里希的偏好误识理论

特里希认为，由于信息不完全和具有不确定性，假定地方政府了解本地区公众的偏好，而中央政府对全体公众的偏好了解得不清楚，由中央政府向公众提供公共品就具有随机性，会发生偏差。而由地方政府来提供公共品，社会福利才能达到极大化。

4. 蒂布特、麦圭尔的"以足投票"理论

该理论认为根据追求个人效用极大化的假定，人们总是按个人偏好不断迁移，直到寻求到一个地方政府所提供的公共服务与付出的税收之间的最佳组合，以使自己的效用极大化。个人只有在迁移偏好和迁移的边际成本与边际收益之比相等时，才会停止下来，接受和维护这个地方政府的管理。

三、对中国分税制的主要启示

美国、英国、法国三国财政体制存在明显不同，美国是彻底分税、联邦与地方彻底分权型；英国、法国则属于中央与地方兼顾型分权模式。但它们都是建立在财政联邦主义基础上的较为成熟的财政分权体制，财政级次划分明确，政府事权与支出范围划分明确，税权划分明确，转移支付制度完备。

建立在财政联邦主义基础上的美国、英国、法国三国财政体制的启示：

（1）财权与事权划分必须明确、清晰，这些国家的三级政府各有其相对独立的财政税收制度和法律。三级财政建立了相对独立的财政预算，各级预算之间不存在隶属关系。各级财政对相应的各级议会负责，财政收支划分法制化，各级政府财政均拥有自己相对独立的财权、财力。

（2）由于地区间的经济发展不平衡，分税制的有效运行要求建立一套完善的转移支付体系。尽管各国在转移支付规模、结构、手段的选择、作用目标的侧重点上都有不同，但均建立了纵向或横向财政均衡机制，普遍实行补助制。且政府间转移支付制度已经达到了实施过程的程序化，额度确定的公式化、因素化，从而减少了中央与地方之间在财力分配上的盲目性、随意性，增强了科学性和透明度。政府间转移支付制度已经构成现代财政管理体制中的一项基本内容。

（3）税权的相对集中是必要的，但建立比较完善的地方税收体系，授予地方政府适当的税权和赋予地方政府较多的事权同样重要，这样可以提高税收效率，提高政府职能的有效性。

（4）设置专门机构管理中央与地方政府之间的财政关系。美国联邦预算管理局设有专门机构，协助州和地方政府协调它们之间在预算问题上的关系。此外，美国财政部还设有州和地方财政司。一些国家为了使财政部部长能从专业上更好地领导和决策，还专门设立由各方面专家组成的顾问机构，他们通过各种鉴定报告和对各种政策措施与计划方案提出科学的分析及看法，为联邦财政部部长提供专业上的咨询。

第四节　分税制的创新思路

1994 年的分税制改革，一开始就带有两个先天缺陷：第一，改革的动机和目标，是集中而不是分权。但分税制的基本特征却是分权制度。第二，温和的、渐进的分税制改革对于赎买既得利益是很有效的，激进则会带来很大的反抗。但渐进式带来的缺乏清晰的计划甚至完整的理论准备，以及不断的修补形成的不确定性和不稳定性，也在侵蚀分税制的基础。这期间，在推进分税制改革问题上，进一步的分税，包括现在正在实行的所得税分享，以及理顺征管机构等，仅仅是小修小补，如果不在分权，特别是制度化分权、透明化分权方面迈出实质性步子，将会是画虎类犬。中国分税制期待创新。

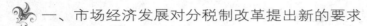 一、市场经济发展对分税制改革提出新的要求

市场经济是财政分税制的基本经济环境。没有市场经济的环境，分税制无法生存；不实行以分权为基础的分税制，财政体制将不能适应经济运行要求，影响公平与效率。

凯恩斯指出，政府的当务之急，不是要去做那些人们已经在做的事，无论结果好一点或坏一点；而是要去做那些迄今为止还根本不曾为人们付诸行动的事情。

萨缪尔森是这样论述市场与政府的关系的：市场是买者和卖者相互作用并共同决定商品或劳务的价格和交易数量的机制。市场经济是一台复杂而精良的机器，它通过价格和市场体系对个人和企业的各种经济活动进行协调。它也是一台传递信息的机器，能将成千上万的各不相同的个人的知识和活动汇集在一起。在没有集中的智慧和计算的情况下，它解决了一个连当今最快的超级计算机也无能为力的涉及亿万个未知变量或相关关系的生产和分配等问题，并没有人去加以管理，但是市场却一直相当成功的运行着。萨缪尔森认为，通过财政政策和货币政策保证宏观经济的稳定和增长、充分就业和控制通货膨胀，财政扮演着举足轻重的作用。

市场经济条件下政府行为以实现效率、公平、可持续发展的要求和共同富裕为主要目标。效率、公平和发展方面的要求，跨越了发展的时空差距和国别界限，是在不同的国情状况下，市场经济成熟程度不同的国家政府经济行为所追求的共同目标。我国选择了市场经济，就是为了提高资源配置效率。社会主义市场经济中的政府行为，当然也是为了更高的效率。而兼顾效率和公平又是社会主义的本质要求。效率提高要通过经济发展而且是可持续发展来表现，公平也要通过社会经济可持续发展来实现，而效率、公平和可持续发展都是为了实现共同富裕。因此，可以把实现效率、公平、可持续发展的要求和共同富裕作为社会主义市场经济中政府经济行为的目标。

二、市场经济下中国分税制创新的目标

如果说分税制推行之初，普遍的反对意见来自于对时机不成熟的顾虑、是否适合中国国情的担心，那么目前的指责则来自于渐进式改革本身，对推进缓慢甚至停滞形成的耐心的丧失，以及对分税制目标的争论。对于大多数地区和富于理想色彩的理论工作者来说，真正的分税制目标还远未达到。为此，必须加大创新力度，加快向分税制终极目标推进的步伐。围绕财政分权制的中国分税制创新的终极目标主要包括：

（一）建立"阳光财政"

建立"阳光财政"特别是要让中央财政的再分配过程透明化、公式化、公开化，避免暗箱操作。我国的财政体制与发达国家相比存在着一个最为本质的差别即体制透明度的不同。在发达国家中，不仅财权的划分不是由中央政府一方说了算，就是中央政府的预算权也是由议会授予的。以美国为例，当联邦政府的预算分配权过大，造成了监督失控、滥用预算权时，议会就可以通过提案限制联邦政府的预算权。反之，如果给议会较大的决策权，可能又会产生决策效率低，预算成本上升的情况。此时，联邦政府又可以动用手中的权力使预算权相对集中于联邦政府。总之，在两级政府之间始终存在着一种沟通和谈判的机制，这样就可以保证预算权力的平衡。

此外，体制的透明性还表现为公众对财政收支的知情权。在发达国家，除了议会可以随时对财政收支提出质询外，每一个公民都有权了解财政收支的情况。而中国的财政体制却完全相反，公众对财政收支基本上是没有知情权的，而下级财政更没有权利知道上级财政的收支状况。而由各级财政单方面公布的财政收支数据，其可信度又要大打折扣。对财政分配的监督根本无从谈起。

财政体制运行的不透明产生的后果是，本来一种体制的优劣必须经过运行来检验，就算是理论上讲是非常好的财政体制，也还有一个如何来适应中国国情和不断完善的问题。如果地方财政与中央财政沟通的渠道被堵塞，甚至根本就没有打算倾听来自地方的声音，财政体制就很可能产生极大的负效应，最终的结果甚至可能与实施分税制的愿望完全相反。

（二）建立稳定财政

1994 年的渐进式财政分税制改革，由于终极目标不明确，执行过程中又不断进行着大大小小的调整，体制的稳定性差，特别是地方政府不得不趋于短期化行为，无法形成真正的一级预算约束。解决这个问题，一是要确定最终目标和执行步骤，不能随意改变；另一条途径是把中央政府与地方政府之间的双边谈判转变为在法律框架下地方政府之间的多边谈判。如果税收分配政策由所有地方政府通过多数投票决定，这样的一个机制会产生比较稳定的税收分配方案。多数原则不用顾及既得利益。由于省份之间的相对发达水平是较稳定的，符合多数省区利

益的制度也是稳定的。换言之，即使少数省区对此制度不满意，它们也不能通过再次谈判来改变它。目前以中央政府和各地方政府之间的双边谈判为手段的决策过程缺少的正是多数原则所具有的自稳定机制。

（三）　面向基层财政，充分发挥利益分配原则的效率

财政分权制度认为，在中央政府与地方政府的较量中，地方政府处于弱势地位，在中国分税制改革进程中发生的一切也充分说明了这一点。中国分税制的创新，必须坚持向基层财政倾斜的基本取向，特别是在当前阶段，财源有限，财政资金供求矛盾突出，保证地方财政基本公共服务的最低标准是首要选择。

（四）　制度化分权

制度化分权就是要运用法律形式，将中央与地方的事权、支出、收入权限固定下来；按照国际惯例界定政府职能和中央与地方各自职责，建立适应我国国情的现代财政管理体制，就是要建立责、权、利约束机制，硬化各级政府的预算约束。应当提供一个明确的政府分权化政策的目标。清楚明确地分配中央与地方以及省内的支出责任是政府间财政关系改革的重点。新的支出任务分配应当清楚界定由哪级政府独立负责提供公共服务，做到确立和监管公共服务供应的标准；为公共服务提供资金；实际提供公共物品。同时，我国目前由省级以下政府承担的支出责任非常重，包括失业保险、社会保障和福利。这些责任光由地方政府负担有违国际惯例，而从理论上说也是不合理的。因此，这些责任要部分由中央政府来负担，特别是落后省份地区。

（五）　建立真正的中央财政对地方财政调控体系

中央财政必须严格控制支出，避免越位，办应当由地方政府去办的事。中央财政对地方财政的调控，应在法律的框架下，以公共服务均等化为基本目标，实施转移支付，而不是包办代替，或搞"钓鱼工程"。

三、分税制创新应遵循的基本原则

（1）合理分权的原则。根据政府职能转换对财政职责范围重新界定，进而重新划分中央与地方的支出职责，改变现存的错位、越位、不到位的状况，形成中央地方职责明确、支出各有侧重的格局。

（2）增强效能原则。分税制的创新应当提高而不是降低财政资金使用效率。

（3）规范透明原则。理顺中央与地方财政关系，必须贯彻规范性原则。真正的分税制是透明的。中央政府和地方政府清楚地知道它们的征收财政收入的权利和它们的支出责任。没有透明度，中央政府和地方政府不能有效制定其财政计划目标并因此无法真正对公众负责。规范和透明的分税制包括以下内容：透明的、规范化的而不是随意的、个案的分配机制；以法律的形式和协商的机制确定的分权约定。

四、建立和完善符合中国国情的分税制

建立和完善符合中国国情的分税制的具体设计可以用两个方面来概括：一是税权相对集中于中央，事权分散给地方。主要的税收立法权集中于中央，税源稳定的大宗税收收入划为中央财政收入，作为中央的初始财力，而通过授予地方较多的事权（辅之以财力补助）来发挥地方政府的能动作用。二是适度的分权与规范的制度建设结合。既要有适应市场经济体制的分权，又要避免一对一谈判和无限需要对中央政府权力的侵蚀，以法律形式规范分权制度是必要的。

（一）建立财政体制确立与变更权限和程序的法律约定以及协商机制

财政体制决策权应该由中央行政单位转移到全国人民代表大会，由各省在法律的框架内讨论决定财政体制，并以法的形式确定下来。这样做有利于建立稳定的财政体制，规范中央和地方以及各地方之间的关系。同时，这也有利于树立中央行政单位的权威。在目前的条件下，由于存在重复谈判的可能性，中央行政单位的权威被大大地削弱了。增量改革本身就是行政单位缺少权威的表现之一。但是，中央行政权威弱化的根源恰恰是因为中央行政单位想掌握更多的资源。当中央行政单位由政策制定者转变为政策执行者时，它的权威非但不会削弱，反而会加强，因为这个权威的基础是各省通过人大决定的法律，因而具有制度化的保障。与此同时，由中央与各省谈判、讨论决定财政体制，也可以建立保护地方政府的协商机制，从而稳定中央与地方关系，形成合理预期，硬化预算约束。

（二）建立公式化的固定比例的中央与地方财力分配模式

1. 固定比例，约束中央财政的任意挤占

现行分税制下中央财政既是中央预算支出的安排者，又是地方转移支付资金的分配者。从利益驱动上说，它首先要保证的是自身的支出，而理论上中央财政支出需求是无限的，它有挤占应在地区之间分配的转移支付资金的理由，也有相应的条件。这是1994年分税制后中央集中的资金远远大于用于转移支付的资金的根本原因，而集中的这块资金，虽然采取中央纵向转移支付方式，本质上是地区之间横向平衡资金。用于中央本级应属于挤占和挪用。解决办法是，通过充分的协商和谈判，确定固定比例，用规范、科学和公式化的方式进行分配。

2. 按非必要原则大力压缩中央专款

大量的中央专款虽然也用在了地方，但仍是中央政府的越位行为，违背分税制分权的基本原则，造成了财政资金使用效率的损失。应当大量压缩中央专款，除非确有必要，同时也要尽量减少非一般性转移支付的数量。

3. 加大对地方既得利益的调整力度，提高中央对地区平衡的调整能力

发展社会主义市场经济的客观进程，首先就是对高度集中的传统计划经济体制下的利益分配格局的否定。1994年实施的分税制财政体制改革，虽然初步打破了中央与地方的财力分配旧格局，但没有能够触动地方既得利益，只能说取得

了有限的进展。由于没有触动既得利益，形成了转移支出刚性，而且还助长了一些地区谋求不当得利的趋势，今天的得利变成明天的既得利益，使得分税制基本内容之一的转移支付制度的有名无实，不仅效率优先的原则没有得到有效的贯彻，而且兼顾公平的原则也没得到体现，地区间的财政能力差别有日益扩大的趋势。必须按均等化的要求强力推进对既得利益格局的调整，以保证基本的公平和中央必要的调控能力。

（三）建立三级财政体系

我国行政体系包括五个层次，即中央、省、市、县、乡，一些地区在县乡中间还建立了区级派出政权。行政层次之多，是其他成熟的市场经济国家所没有的。按此来构建分税制的财政体系，也是无法想象的，必将引起财政行为的混乱和管理的无序。

财政层次不一定等同于行政层次。根据各层次政府的职能和我国分税制的基本构造，可以考虑以下划分方案：（1）建立三级分税体系。我国分税级次的划分，中央与地方应分清主次，地方各级政府及其财政又要注重虚实之分，缩小乡级财政经济管理权限、扩大城市政府财政经济管理权限应成为我国分权的一条重要原则。地方税体系按省、市县两级构造。（2）建立两级分权体系。这里的分权，指的是税收管理权限，主要是立法权。税收管理权限宜于由中央、省两级政府拥有。（3）建立与行政管理体系相适应的财政支出管理体系，做到一级政府一级财政。

（四）建立和规范转移支付制度

没有转移支付制度的分税制是不完善的，尤其是当地方财政本级收入大幅度减少后，更需要转移支付制度来保证地方政府行使基本职能的需要。

我国政府间转移支付的总目标是使各级政府享有相应财力，以保证其能够提供大致相同的基本公共服务。为达到这一目标，采用一般性补助弥补财政缺口缓解纵向非均衡，采用有条件补助缓解横向非均衡及体现中央意图。

打破既得利益格局，变"基数法"为"因素法"，是建立科学、合理的转移支付制度的关键环节。这一转变可采取逐步过渡的方法，可将现有收支基数作为因素法中的一个因素，其权重可适当考虑。待时机成熟后，再实行完全的因素法。中央和省两级财政要加大对县级财政转移支付的力度。

（五）适度赋予地方税收管理权

完善的分税制要求中央政府和地方政府根据自己的事权自主地决定所辖的税种。实行分税制财政管理体制，正确划分立法权是首要问题。换句话说，实行分税制，必须保证中央政府与地方政府都享有一定的、独立的税收立法权。能否独立行使立法权，是确定分税制能否成立的关键。如果作为分税制一方的政府没有税法的独立立法权限，分税制就不能确立。这是因为分税制要求不同级次的政府都具有立法主体地位和资格，如果不具备此种法律主体资格和地位，不能独立地进行税收立法，分税制就失去了真实内容，就变成了一种变相的收入分成办法和税收分级管理办法，成了一种与财政包干、超额分成和按照税种划分收入级次、分级入库的财政管理体制同类的财政管理体制，成了一种按照既定的财政管理权限分别指定有关部门（一个部门或多个部门）负责征收、管理的财政管理体制，没有实质内容的变化。从目前的现实出发，可行的选择是，确定以中央立法的税种为骨干税种、地方立法的税种为辅助税种的两级立法，各税种组合的全新的地方税税法体系，因地制宜、因事制宜地运用税收调节地方经济的发展，扩大地方政府对税收的管理权限。

开辟税源，合理设计地方税体系。税源的扩大不单单是税种的增加、税基的变更和税负的调整，即是合理地归并或废除一些已经不合时宜的老税种，遵循市场经济规律适时、适情、适地开辟新税种，以强化税收的调节功能和财政功能，使地方税成为有利于各种经济成分发展、有利于公平竞争、完整而独立的税收体系。

（六）必须解决中央两税分布不合理的问题

现行分税制下中央两税集中度的地区分布并不合理；中央财政新增财力大部分又按既定基数再分配给了地方；增量返还办法也不利于欠发达地区。因此，在维持分税制基本框架的前提下，应当按地区类型实行有所区别的政策，改变中央两税集中度地区分布不合理的局面，适当调整税收增量返还比例，扩大中央财政直接用于转移支付的财力，切实支持和鼓励特殊地区的发展。采用人均 GDP、产业结构和税收结构等几项客观性和相关性较强的指标来综合考虑，对近几年来人均 GDP 低于全国平均水平的地区，第一产业偏高第三产业偏低的地区，以及营业税收入低于平均比重且增值税收入高于平均比重的地区，予以适当照顾。

（七）建立和完善地方税体系

建立地方税体系，首先要调整、完善国税与地税的划分。现行国税与地税的划分办法，虽然也考虑到了税种自身的特点，但为了达到中央财政收入占五成到六成、地方财政收入占四成到五成的目的，很大程度上是依据收入数量进行倒算账。这就使得目前的国税与地税划分过渡性强而规范性弱。如营业税绝大部分作为地方税，一方面已在地区间造成受益不同苦乐不均的局面，另一方面有可能导致一些地区将有限的发展资金投向于房地产、宾馆饭店、豪华娱乐设施等提供营业税较多的行业或产业，这样，财政体制对产业政策将会产生误导作用。再如固定资产投资方向调节税作为地方税也是不合适的，将来适当的时候应调整为中央税。而目前的企业所得税、城市维护建设税名为地方税，实际上中央分享了相当部分的收入，名不符实。

在地方税体系的构建上，省、地、县各级应各有侧重，形成一定的层次性。省级应以增值税和营业税的较大比例分享部分、固定资产调节税等调控程度强、税源稳定适量的税种为主体税种。地县以城市建设税、城镇土地使用税等与市镇建设密切联系的税种，以及房产税、车船使用税、遗产税及赠与税等财产税类为主体税种。

第二十一章　财政监督机制 ✕

第一节　财政监督范围的界定

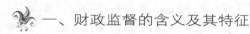 一、财政监督的含义及其特征

（一）财政监督的含义

目前对财政监督的理解存在着三种有代表性的观点：第一种观点以孙家琪主编的《社会主义市场经济新概念辞典》为代表，他从经济资金运动全过程的角度对财政监督的含义加以阐述，认为财政监督是通过财政收支管理活动对有关经济活动和各项事业进行的检查和督促。第二种观点以顾超滨主编的《财政监督概论》为代表，他从广义的角度对财政监督的含义进行归纳，认为财政监督是指政府的财政管理部门以及政府的专门职能机构对国家财政管理对象的财政收支与财务收支活动的合法性、真实性、有效性依法实施的监督检查、调查处理与建议反映活动。第三种观点以李武好、韩精诚、刘红艺等著的《公共财政框架中的财政监督》为代表，他们从财政业务的角度来阐述财政监督的含义，认为财政监督是专门监督机构（尤其是财政部门及其专门监督机构）为了提高财政性资金的使用效益，而依法对财政性资金运用的合法性与合规性进行检查、处理与意见反馈的一种过程，是实现财政职能的一种重要手段。①

上述三种观点从不同的角度和层面对财政监督的内涵进行了剖析，反映了不同的理论和实践效果。刘家琪的观点反映了一种泛财政监督的理论，认为财政管理活动本身就体现了一种监督职能，而且是对所有经济活动的监督，还没有完全脱离计划经济的思维理念。顾超滨的观点在很大程度上反映了我国对财政活动进行监督管理的现实情况，将外部监督机构和内部监督机构的活动统一了起来，但其观点没有反映全过程监督的理念，没有反映财政监督的全部内容。李武好等的观点则是从财政部门内部操作的角度对财政监督下定义，反映了财政部门监督的实际内容，属于狭义的财政监督。因此，可以认为财政监督是对财政资金运动全过程的监督，是财政监督机构对财政性资金的筹集、分配、拨付、使用等运行全过程的合法性、合规性以及有效性进行检查、调查、督促、反馈等行为的总称，

---

① 於鼎丞、廖家勤：《财政监督与监督财政——关于财政监督基础性问题的理论分析》，载于《暨南学报》（哲学社会科学版）2003 年第 6 期。

包括财政内部监督机构和外部监督机构的监督活动。

（二） 财政监督的特征

1. 广泛性

财政监督的广泛性主要体现在两大方面，即监督主体的广泛性和监督客体的广泛性。（1） 监督主体的广泛性。讨论财政监督体系的建设无法回避外部监督对财政活动的监督作用，不可能将人大监督、审计监督等抛开不管。在讨论财政监督活动的具体内容时，又必须将重点放在财政内部监督上，这是因为财政内部监督更容易掌握相关信息和资料，在日常监督上更容易发挥作用。因此，财政监督既涵盖外部监督机构对财政资金运动的监督，又包括内部监督机构对财政资金运动的监督。（2） 监督客体的广泛性。财政监督的范围不仅涵盖财政部门的财政资金运动，而且涵盖所有涉及财政收支事项的其他国家机关、企事业单位及组织的财政资金运动，不仅涵盖财政资金运动的全部内容，而且涵盖国家机关、企事业单位的财务资金活动。

2. 连续性

财政资金运动是一项连续不断的过程，包括筹集、分配、拨付、使用等一系列的内容。财政监督寓于财政活动的全部过程之中，必须进行实时监控和有效把握，具有较强的连续性。在财政监督过程中，不同的监督主体在资金运动的不同阶段扮演着不同的角色，彼此之间分工合作，从而有效地保证了财政监督过程的连续性。

3. 强制性

财政监督强调资金运动的合法性、合规性和有效性，具有较强的强制性。无论监督对象是否愿意，都要接受财政监督；无论监督对象是谁，如果违法违纪都将受到强制制裁。无论监督主体是否愿意，都必须按照法律法规对财政资金运动进行有效监督；无论监督对象违反了什么样的制度规定，财政监督机构都必须按照规定对其进行处罚。财政监督的强制性源于国家的政治权力，是国家政治权力在财政监督过程中的体现。

二、财政监督的对象

财政资金运动过程可以分为两个部分，第一个部分是在财政系统内部运行，比如财政资金在财政各职能业务部门和上下级财政部门内部运行；第二个部分是在财政系统外部运行，如财政资金在除财政部门外的其他政府机构、企事业单位运行。因此，财政监督的对象可以分为财政部门内部资金监督和财政部门外部资金监督。

（一） 财政部门内部资金监督

财政部门内部资金监督是指财政监督机构对财政部门内设各职能机构及直属机构的财政性资金运动实施的监督检查，是从源头上预防和减少财政资金分配过程中的违法违纪行为的重要手段和措施。财政内部资金监督分为两个部分，第一是上级财政监督机构对下级财政部门内设机构及直属机构财政性资金运动的监督；第二是同级财政监督机构对本级财政部门内设机构及直属机构财政性资金运动的监督。

财政部门内部资金监督的主要内容包括：部门预、决算的审核和批复情况；国库资金的解缴、退付和拨付情况，专项资金的分配、使用情况，需清算的是否按规定及时进行清算；国家债务资金的管理情况；预算外资金的管理情况；财政总预备费和机动款的分配和使用情况；上级财政与下级财政资金的结算情况；国有资本和财务管理情况；银行账户的管理情况；财政机关的财务收支、会计基础工作和内部控制制度情况；直属单位的财务收支和会计信息质量情况；对审计部门和内部检查提出问题的整改落实情况；财政法规和财务会计制度的制定和执行情况；其他需要检查的事项。

（二）财政部门外部资金监督

财政部门外部资金监督是指财政监督机构对相关政府部门及企事业单位的财政性资金运动实施的监督。

财政部门外部资金监督的主要内容包括：监督本级和下级政府及其所属各部门、各单位的预算执行情况，促进各部门和各单位认真贯彻《预算法》和其他规范性文件，及时发现预算中存在的问题并对预算违法违纪行为提出处理意见；依照《预算法》对税务机关的收入征管质量和纳税人依法纳税的情况进行监督检查，及时发现并纠正违反国家税法的情况，保证税款及时、足额上缴国库；加强对行政事业性收费和政府性基金、国有资产经营收益、罚没收入等财政性非税收入的管理；强化对政府采购的监督，将财政监督贯穿于政府采购工作全过程；加强对基本建设支出和专项支出的监督；监督检查各部门、社会团体、企事业单位的财务收支以及执行财政税收法令、政策和财务会计制度的情况，并对其违反财经法纪的行为和案件进行处理；监督检查社会经济中介机构执行财税、财务法规及其贯彻社会监督公开性、合法性、公正性原则的情况并对其违法违纪行为进行处理；监督财政经济运行秩序等。

第二节 财政监督的形式、方式和方法

一、财政监督的形式

财政监督一般由特定的财政监督专门机构完成，但对于综合性监督检查或专门性监督检查，则要求联合相关部门或委托某一部门来完成，因而财政监督按其组织形式可以分为独立监督、联合监督、委托监督和易地交叉监督：

（1）独立监督。独立监督是指由特定监督机构按照财政监督检查工作计划独立进行的各项财政监督检查活动。

（2）联合监督。联合监督是指特定监督机构根据工作需要会同其他有关监督检查机构对被检查单位进行的监督检查。例如，财政监督检查局会同审计、税务、物价等部门进行的财务、税收、物价大检查，财政会同纪检、监察、工商等部门进行的"收支两条线"执行情况大检查等。这种监督形式主要是针对专业性强、涉及面广的重大问题进行监督检查。

（3）委托监督。委托监督是指上级财政监督机构委托下级财政监督机构、财政监督机构委托其他审计组织或人员，按照特定要求对被检查单位进行的监督检查。如中央财政监督部门委托地方财政监督部门、财政监督部门委托会计师事务所及注册会计师等实施财政监督检查等。接受委托的检查组织或人员在执行财政监督检查任务时具有与委托人同样的权力，享受委托人对被检查单位行使的职权，承担委托人赋予的监督检查责任。

（4）易地交叉监督。易地交叉监督是指上级财政监督部门组织或委托其派出机构和下一级财政监督部门开展的跨区域检查。如财政部委托某专员办事处对另外一个省（市）的财政收支情况、所得税征收入库情况进行检查等。

二、财政监督的方式

（一）事前审核、事中监控和事后检查

财政监督按实施时间可分为事前审核、事中监控和事后检查。

事前审核是指财政监督机构依照国家有关法律法规对国家机关、企事业单位、其他经济组织等部门将要发生的财政经济事项及相关行为的合法性、合规性、合理性进行审核，从而保障财政经济事项在预定轨道运行的一种监督管理活动。事前审核具有预防的性质，可以防患于未然，其目的是加强计划、预测和决策的准确性、合理性和可行性。

事中监控是指财政监督机构依照国家有关法律法规对国家机关、企事业单位、其他经济组织等部门已经发生但尚未完结的财政经济事项及其相关行为的合法性、合规性进行审查，从而保障财政经济事项在预定轨道正常运行的一种监督管理活动。例如，财政监督机构对预算资金的拨付、使用进行审核、控制，对备用款单位在费用开支和项目实施阶段进行监控等都属于事中监控。只有将事中监控贯穿于资金运行的全过程才能确保财政资金使用的安全和有效。

事后检查是指财政监督机构依照国家有关法律法规对国家机关、企事业单位、其他经济组织等部门已经完结的财政经济事项的运行结果及相关行为的合法性、合规性进行审查，从而保障财政经济活动不脱离运行轨道的一种监督管理活动。事后检查的目的是检查各单位在资金使用方面是否严格按照预算的规定认真执行，有无挪用、浪费、侵占等行为，是否按照国家有关法律法规的规定进行财务核算，其财务收支是否真实、合法，会计信息资料是否真实、完整等。

（二）日常监督、专项监督和个案检查

财政监督按针对性可分为日常监督、专项监督和个案检查。

日常监督是指财政监督机构对日常财政财务活动进行的一种经常性、连续性的动态监督，是财政监督的基本方法。它既包括财政监督机构对财政资金运行情况的监督，也包括财政系统业务部门对财政资金运行情况的监督。财政资金日常监督的基本特点是事前、事中监督和动态监督，是防止财政资金运行问题的重要手段。日常监督主要是财政内部监督机构根据财政管理的需要，对预算编制和预算执行进行必要的延伸监督核实，对财政管理和资金运行的重要环节及时进行重点监控和实地检查。

专项监督是指财政监督机构对资金分配和使用结果的监督，其特点是事后监督和静态监督。财政监督机构根据财政管理的需要和工作中暴露出的难点和重大问题有针对性地开展专项监督，对发现的问题进行纠正和处理，总结经验教训，提出改进财政管理工作、完善财政政策和制度的建议，为进一步加强财政监督、提高财政管理水平创造条件，从而提高财政监督检查的综合效益。专项监督是日常监督检查必要的补充，是深化管理、制定政策、加强法治的重要手段。

个案检查是财政监督检查专门机构根据上级批示以及日常监督检查和专项检查中发现的线索，组织力量对群众举报案件进行检查核证的一种方式。

（三）稽核、督促和监控

财政监督按工作方式可分为稽核、督促和监控。

稽核是指财政监督机构对监督对象进行观察、审核把关的过程。如对国库集中支付的审核，对国储粮食、棉花贷款利息补贴的审核，对财政性贴息事项的审核等。

督促是指财政监督机构对财政监督对象执行财政法规、政策、制度的督导、敦促，其目的是为了促使某一目标的实现或某财政事项的完成。如财政部委托各财政专员办，督促对专项基金的催缴入库，对检查问题的整改等事项。

监控是指财政监督机构按照国家法律法规的规定对预算执行和财政管理中的某些事项进行监控，以确保财政资金的分配合理、使用安全，并确保财政资金的使用达到预期的目的。

（四）就地检查、送达检查、告知检查和突击检查

财政监督按工作地点可分为就地检查和送达检查，按照是否事先通知可分为告知检查和突击检查。

就地检查是指财政部门派出检查人员在被检查单位进行现场监督检查的方式。

送达检查是根据规定或通知，由被检查单位将指定的资料报送给指定的财政部门进行审核的方式。如对被检查部门按期报送来的预算、用款计划、会计报表及有关资料等进行的监督检查。

告知检查是指财政部门按照财政检查工作规则的有关规定，在实施财政监督检查之前，把检查的目的、主要内容和检查日期预先通知被检查单位的检查方式。

突击检查是指财政部门按照财政检查工作规则的有关规定，在实施财政监督

检查之前，不预先把检查的目的、主要内容和检查日期通知被检查单位。该方式主要应用于对贪污盗窃和违法乱纪行为进行的财经法纪检查。

三、财政监督的方法

财政监督的方法是指财政监督机构直接获取监督检查证据的方法，也就是我们常说的查账方法。查账的方法很多，有定性和定量分析法，有检查书面资料和检查客观实物的方法，有传统查账方法和现代审计技术等。这些方法在财政监督过程中经常交叉使用，难分彼此。为行文方便，本书只讨论书面资料的检查方法、实物的检查方法和电子信息系统条件下的检查方法。

（一）书面资料的检查方法

1. 按照书面资料的检查顺序，可分为顺查法和逆查法

顺查法是指检查人员按照经济活动发生的先后顺序，逐一核对、依次进行检查的方法，具体操作顺序是"证→账→表"。

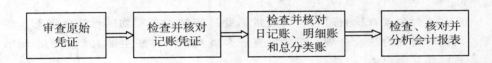

逆查法（倒查法）是按照经济业务处理的相反顺序依次进行检查的一种检查方法，具体操作顺序是"表→账→证"。

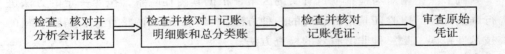

顺查法的优点是全面和详尽，检查的结果比较正确，监督风险较小，但是费时费力。逆查法的优点是有选择性、有重点，方向性明确，可以提高检查效率，但是不够全面和详尽，而且一旦检查人员对于问题的判断失误，很容易忽略关键问题。两者各有利弊，因此在财政检查过程中要通过两者的结合来加以解决，即先采用逆查法发现问题的所在，然后根据发现的问题，再顺查相关的原始凭证和账簿。

2. 按照书面资料的检查技术可分为审阅法、核对法、复算法、查询法、比较法和分析法

审阅法，是指检查人员通过仔细阅读和审核各种会计凭证、账户、报表以及各种有关文件和其他原始材料，从中发现问题和线索的方法，主要目的在于判定会计以及相关资料的真实性。

核对法，是指复核和查对的方法，即将两种或者两种以上相互关联的会计资料进行相互对照或者交叉对照，检查其内容是否一致，计算是否正确。

复算法，是指检查人员按照正确的计算方法对会计资料中的某些数字进行重新计算，以验证其原有数据是否正确。

查询法，是指检查人员对发现的问题，通过对相关人员的调查询问，了解书面资料无法提供的信息，更好的弄清事实真相。

比较法，是指检查人员对被检查单位的有关数据、指标、情况的对比，从中找出差异和异常情况。

分析法，是指检查人员对相关资料进行分解和综合，了解构成要素和相互关系的一种检查方法。

3. 按照书面资料的检查数量，可分为详查法和抽查法

详查法，是指检查人员对检查单位的所有会计资料进行全面、详细检查的一种方法。详查法工作量大，费时费力，但是准确性比较高，检查质量有较高的保障。

抽查法，是指检查人员对检查单位的所有会计资料按照一定的比例进行抽样审查的方法。如果抽取的会计资料有偏差，抽查法则很可能影响到实际的检查效果。

（二）实物的检查方法

在实施财政监督检查过程中，经常需要证实被检查实物的性质、形态、数量、价值等是否合法、合规、正确。查证客观实物的方法主要有盘点法、调节法、观察法和鉴定法。

盘点法（又称实查法或清点法），是指检查人员对被检查单位的现金、有价证券、原材料、在产品、产成品、固定资产、低值易耗品和其他物资的实际存量进行实物清查的方法。盘点法一般可分为直接盘点和监督盘点两种方法。

调节法是指对与检查项目有关的因素，根据其内在联系，按照一定的方法进行调整计算，以验证其是否正确的一种方法。调节法通过调整计算，消除资料的技术性错误，是一种非常有效的检查方法。

观察法是指财政检查人员进入检查现场对生产经营、财产物资管理和内部控制制度的执行情况进行实地观察以取得检查证据的方法。

鉴定法是指运用专门技术对技术资料、实物性能和质量、财产物资价格进行识别、测试和鉴定的方法。

（三）电子信息系统条件下的检查方法

电算系统财政监督检查的方法主要有绕过计算机检查、通过计算机检查、利用计算机检查三种类型。绕过计算机检查是指财政检查人员不审查处理程序和机内文件，只通过审查输入数据和打印输出的文件，越过计算机直接检查计算机处理结果的财政检查方法。通过计算机检查是指财政检查人员不仅要审查电算系统的输入和输出文件，而且要审查电算系统的处理和控制功能。利用计算机检查是指检查人员利用计算机的设备和软件进行的检查。[①]

---

① 于国安：《财政监督理论与实务》，经济科学出版社 2004 年版。

第三节 我国财政监督的层次性及内容

财政监督有狭义和广义之分，狭义的财政监督主要是指财政内设机构对财政资金运动的监督，广义的财政监督则涵盖人大、财政、税务、审计、司法、社会等部门对财政资金运动的监督。在整个财政监督体系中，不同部门主导的财政监督具有不同的内容及职责指向，具有不同的特点；它们各司职守、相互影响、相互制约，构成协调有序的财政监督体系。

一、人大监督

人大及其常委会的财政监督具有至上性，是最高层次、最具权威的监督，其他所有形式的财政监督都属于同级人大及其常委会财政监督的范围。

从人大及其常委会对财政的监督工作内容来看，主要是从宏观上进行审查监督，具体表现在三个方面：第一是看预算安排的指导思想是否符合党和国家的方针政策以及本地实际；第二是看预算收入安排是否恰当；第三是看预算支出是否合理。

人大及其常委会的财政监督具有法律的规定性和权威性，人大审批监督预算需严格按照法定的程序。比如，人大财经委员会要召开全体会议对预算案进行初审，并写出审查报告，该报告经过多数委员同意后，提请人代会主席团审议通过，而后印发全体代表，一个环节也不能少。同时，人大的财政监督是集体行使职权的行为，只有经过法定的民主程序形成决议，才具有使政府必须执行的约束力。经过人大及其常委会审查批准的预算和部分调整的方案必须认真执行，不经过法定程序，不得擅自变更；否则，就是违反法律。

二、财政部门监督

财政部门监督是财政部门内设机构对财政资金运动的监督管理，不但有业务部门对其他业务部门财政资金运动的监督，而且有财政专设监督机构对全部财政资金运动的监督。财政部设置了专司财政监督检查的工作机构——财政监督检查局，并在全国各省、自治区、直辖市和计划单列市设置了财政监察专员办事处，专门履行中央财政监督职能。地方各级财政部门都设有财政监督处、监察科（股）等专门负责财政监督工作的机构，初步形成了中央财政监督与地方财政监督相结合的财政监督网络。

财政部门监督的范围涉及财政分配各方面的经济活动，它们直接关系到财政收入任务的全面完成和财政支出分配的科学合理。尽管财政与社会再生产中的各种经济活动都存在着直接或间接的关系，但财政部门监督的基本范围只能是与财政分配有直接关系的部门，即只能是与财政收支管理过程直接相关的事项。

根据现行财政管理体制和有关法律法规的规定，财政部门监督的内容是依照

《预算法》、《会计法》及国家有关财务会计法规制度对行政事业单位和企业的各项财务会计活动的合法性、真实性的监督，以及对会计师事务所等社会中介机构执业质量的监督。具体来说，其内容主要包括预算收支执行、税收征管与解缴、财务会计、国有资本金基础管理等事项。财政部门监督作为专业监督，是财政部门的一项基本职责，它的监督贯穿于整个财政资金运动过程中，并与财政管理活动融为一体，是财政部门的内部监督。

从财政部门监督的法律依据上来看，它主要是根据《预算法》、《预算法实施条例》、《会计法》、《注册会计师法》、《国家金库条例》、《公司法》等的授权进行监督活动。财政部门通过其监督活动，实现对财政分配全过程及相关经济活动的监督控制。

三、税务部门监督

税务部门监督是指国家税务机关依据《税收征收管理法》的授权，在税收征收管理的过程中，对纳税义务人和扣缴义务人执行税法、履行纳税义务和扣缴义务的行为，以及影响纳税的各个工作环节实施检查（稽查），保障国家的税收收入，保护纳税人合法权益的一种经济管理活动。税收是财政收入的主要内容，因此，税务部门监督是对财政收入组织过程进行监督的重要内容。

税务部门的基本工作是税务管理、税款征收、税务检查，而税务部门的监督工作主要体现在税务管理和税务检查中。具体来说，税务部门监督体现在以下几个方面：一是检查纳税义务人的会计账簿、会计凭证、会计报表和其他方面的有关资料；二是检查纳税义务人的应税商品、货物以及其他财产，检查扣缴义务人与代扣代缴、代收代缴税款有关的经营情况，并且责成纳税义务人、扣缴义务人提供与其纳税或者代扣代缴、代收代缴税款有关的文件、证明材料以及其他方面的有关资料；三是询问纳税义务人、扣缴义务人与纳税或者代扣代缴、代收代缴税款有关的问题以及相关情况；四是检查纳税义务人托运、邮寄的应当纳税的商品、货物以及其他财产的有关单据、凭证和相关的资料；五是检查税务专用发票的印制、领购、开具、取得、保管、缴销情况；六是经县级以上税务局（分局）局长的批准，查核从事生产、经营活动的纳税义务人、扣缴义务人在银行或者其他金融机构中的存款账户。

在监督过程中，税务部门具有四项监督权限：一是检查权。税务部门有权对纳税义务人、扣缴义务人的会计资料和其他有关资料以及履行纳税义务、代扣代缴义务的情况进行检查。二是处罚权。税务部门有权按照税法的规定，对违反税法规定的纳税义务人和扣缴义务人处以罚款，并有权对逾期缴纳税款的纳税义务人和扣缴义务人加收滞纳金。三是强制执行权。税务部门有权对拒绝接受处理的纳税义务人、扣缴义务人采取通知银行扣款、冻结存款以及收缴或停止出售增值税专用发票等强制性手段。四是建议权。税务部门有权对犯有严重偷税、逃税、抗税行为的纳税义务人、扣缴义务人按程序移送司法机关，并建议司法机关依法予以处理。

从税务部门监督的法律依据来看，它主要是依据《宪法》、《税收征收管理法》、相关单行税法及条例对纳税人、扣缴义务人及征管机关进行监督活动。

四、审计监督

审计监督是由国家审计机关依据《宪法》、《审计法》授权，对财政预算执行情况、行政事业单位财政性资金收支活动合法性、真实性的监督。审计部门对财政的监督是一种特殊的外部监督，它通过高层次的事后监督发现国民经济运行中的问题，具有财政内部监督不可比拟的独立性、全局性和宏观性。

根据《宪法》和《审计法》的有关规定，国务院设立审计署，对国务院各部门和地方各级政府的财政收支，对国家的行政、事业及企业单位的财务收支进行审计监督。按照《宪法》和《审计法》的规定，我国形成了以国家审计机构为主，以部门、单位的内部组织和社会审计组织为辅的审计组织体系。

审计机关对财政审计监督的内容包括：各级政府财政部门按照本级人代会批准的本级预算向本级各部门批复预算的情况、本级预算执行中的调整情况和预算收支变化情况；预算收入征收部门依照法律、行政法规和国家其他有关规定征收预算收入情况；各级政府财政部门按照批准的年度预算用款计划、预算级次和程序，拨付本级预算支出资金情况；国务院财政部门和县级以上地方各级政府财政部门依照法律、行政法规的规定和财政管理体制，拨付补助下级政府预算支出资金和办理结算情况；本级各部门执行年度支出预算和财政制度、财务制度以及相关的经济建设和事业发展情况，有预算收入上缴任务的部门和单位预算收入上缴情况；各级国库按照国家有关规定办理预算收入的收纳情况和预算支出的拨付情况；以及按照国家有关规定实行专项管理的预算资金收支情况和法律、法规规定的预算执行中的其他事项。

从审计机关对财政审计的特征看：一是独立性。《宪法》第一百零九条规定："地方各级审计机关依照法律规定独立行使审计监督权"。《审计法》规定："审计机关依照法律规定独立行使审计监督权，不受其他行政机关、社会团体和个人的干涉。"《宪法》和《审计法》的规定为审计机关的独立性提供了法律上的保障。二是权威性。审计机关有权对政府各部门，包括财政部门进行审计，被审计者必须提供有关材料，不得拒绝、刁难。三是防护性。通过审计监督，可以发挥查错防弊、堵塞漏洞、杜绝浪费、制止经济犯罪活动、维护财经方面的法律和纪律、保护国家财产不受侵蚀的作用。四是建设性。审计监督不仅可以促使同级政府财政部门改善管理，提高财政资金的使用效益，而且可以促使财政部门健全内部监控制度，推动同级财政部门纠正错误。

从审计监督的法律依据来看，它主要是根据《宪法》、《审计法》、《预算法》、《预算法实施条例》和《审计法实施条例》的授权对财政资金活动进行监督。

❀ 五、司法监督

司法监督是指国家司法机关对财政资金运动过程的监督，包括两个方面：一是对行政人员的渎职、失职、腐败以及行政不作为进行监督，二是对行政机关的渎职、失职及行政不作为进行监督。在我国的实践中，司法机关主要是通过检察机关和人民法院来实现对财政资金运动中行政权的监督来实现财政监督。

（一）检察机关对财政资金运动的监督

（1）根据《刑法》和《刑事诉讼法》的规定，人民检察院通过查处行政执法工作人员渎职、侵权犯罪，而对行政违法进行监督。当财政管理相关工作人员的行政违法行为构成犯罪，人民检察院就会依照刑事法律去追究其渎职、侵权犯罪责任。在追究渎职、侵权犯罪的过程中，财政资金运动过程会就受到强有力的司法监督。

（2）根据《行政执法机关移送涉嫌犯罪案件的规定》（国务院令310号）和《人民检察院办理行政执法机关移送涉嫌犯罪案件的规定》（高检发释字〔2001〕4号），当发现行政机关对构成犯罪的案件不移送时，检察机关有权监督。如果财政管理机构和财政监督机构发现财政资金运用过程中的违法犯罪活动而不及时移送，那么人民检察院则有权行使检察权，对其提起公诉。

（3）根据《人民检察院民事行政抗诉案件办案规则》的规定，人民检察院可以向法院和有关单位提出检察建议。司法实践中，检察部门发现财政资金管理和使用单位的违法行为时，有权向有关行政机关发检察建议，促使行政机关自行纠正。

（二）人民法院对财政资金运动的监督

由于法院工作一般遵循"不告不理"的原则，并不直接监督财政资金运动，因此法院监督主要是通过对诉讼活动的裁决来实现的。人民法院面临的诉讼活动，一是人民检察院对财政资金运用过程的违法犯罪行为提起的公诉，二是公民、法人及其他经济组织对财政资金运用过程中的违法犯罪行为提起的行政诉讼。检察机关提起的公诉体现的是"权力制约"原则，即"以权力约束权力"；而公民、法人或者其他组织提起的行政诉讼则体现出"权利制约"原则，即"以权利约束权力"。人民法院的公正依法审判能够保障上述两种制约能力的最终实现。

❀ 六、社会监督

社会监督是指由公民、法人及社会中介机构对财政资金运动的监督，它具有独立、公正、客观监督的优势。社会监督包括社会中介机构监督、媒体及公众监督。社会中介机构监督是指社会审计机构接受政府及其职能部门的委托，按照公平、公正、诚信的原则对财政资金运动的监督，其工作侧重于对事的监督。媒体及公众监督是通过公共舆论影响力对财政资金运动的监督。

（一） 社会中介机构监督

社会中介机构的监督是市场经济中不可或缺的监督力量。社会中介机构监督依据《会计法》、《预算法》等法律法规，对行政部门、企事业单位（法人）的财政资金运用情况和财务收支活动进行监督，并以检查财务会计资料为主要监督方式。社会中介机构监督可以广泛调动社会资源，使财政监督既做到全面监督，又做到重点监督。比如，社会审计机构对企业的财务状况进行审计，并检验企业经济行为的合法性，可以达到政府审计难以收到的效果。

（二） 媒体及公众监督

媒体是非常有效的社会监督工具，是反映民情、民声、民意的一个重要渠道。由于财政资金投入量大，项目多，专门的监督机构不可能对所有的项目、所有的资金逐一进行细致、严格的审查和监督。媒体监督正好可以弥补上述缺陷。通过媒体的调查访问，可以了解到财政资金的运作中出现了哪些问题，可以了解到某些项目具体运作过程中的问题，了解到项目完工后的正面或者负面的影响。这些问题在公众媒体上公布之后，强有力的舆论影响可以敦促责任单位或者当事人积极地总结经验、改进不足，并最终使财政资金的运作达到合法、合规及有效的要求。公众监督是社会监督的重要组成部分。如果缺乏社会公众的支持，任何监督工作都会变成聋子和瞎子，财政监督也不可能达到预期的效果。我国历来非常重视发挥社会公众对各项工作的监督作用，通过发动全社会来监督财政经济工作。

第四节　我国财政监督工作的困境

一、财政监督手段单一、监督层次低

（一） 财政监督手段单一

从我国的现实状况看，财政监督手段单一，基本沿袭"三大检查"时期运动式、集中性、突击型的方式。这种监督选择经济领域出现的突出问题进行专项治理，其特点在于集中作战、突击任务，偶然性强，监督效果难以持久。其缺陷在于财政监督活动结束了，财政违规行为又恢复如初。财政监督手段单一化的条件下，财政监督主要局限于检查，缺乏审核、稽查等多种方法的综合运用，影响了财政监督效能的发挥。

（二） 财政监督层次性比较低

在行政中心的政治体制架构下，我国财政监督处于较低的层次上。近年来，行政权力不断膨胀，监督机构的权力不断弱化并且严重依赖于财政拨款，造成监督机构的权威性和独立执法能力不断遭到削弱。在监督机构独立性降低的条件

下，财政监督的层次日益降低，对财政违规行为处罚缺乏有效的执行力，难以落到实处。在这种情况下，财政监督机构只能对违规单位进行象征性的处罚，难以对违法行为进行有效的处罚，惩戒能力弱化。

二、财政监督法制建设滞后，法治化程度低

财政法律法规是实行财政监督的法律依据，是充分发挥财政监督职能作用的必要条件，是加强财经纪律和严格财政监督不可缺少的保证。纵观世界各国的成功经验，财政监督的有效运行必须借助于健全的财政监督法律法规体系。经过较长时间的建设和发展，西方国家逐步形成了一套比较科学合理、具有较强约束力和操作性的法律法规体系。例如，《德意志联邦共和国基本法》（即德国宪法）对联邦和州的财政管理和财政监督等方面作出了明确的规定，同时还制定了《财政管理法》、《联邦和州预算原则法》、《联邦预算法典》、《联邦预算均衡法》、《中央财政监督法》等50多部财政法律，从而构筑起了德国财政监督坚实的法治化基础。改革开放以来，我国财政法制建设迈出了较大步伐，相继制定颁布了一定数量的财政法律、行政法规和规章，为我国财政监督工作提供了基本的法律依据。但是，我国长期实行计划经济体制，财政法制建设起步较晚，总体水平仍比较低，难以适应财政监督现代化与法治化的要求，主要表现在：

（一）财政立法的层次性低，体现为财政法律少，法规层次的规范多

目前，现行有效的财政税收法律较少，仅有《预算法》、《税收征收管理法》、《会计法》、《审计法》等少数法律。财政管理和财政监督的大部分内容仅仅依靠财政法规来规范，权威性和约束力有限。

（二）财政立法的统一性和协调性不足

由于我国财政立法层次低，立法技术落后，再加上部门利益和地方利益的驱动，财政立法协调不足，造成财政法律、法规及规章之间存在较多的矛盾性表述，导致行政法规、地方法规及部门规章与国家法律相抵触。财政立法产生的矛盾性表述导致财政执法监督活动中法律依据不充分，财政监督约束力不强，有法难依。

（三）财政监督的法治化程度较低，受到的干扰比较多

尽管我国制定了一定数量的财政法律法规及规章，但在我国行政中心的政治架构下，财政监督的法治化水平一直裹足不前，财政监督依赖于监督机构行政长官的个人魅力。

三、社会监督发展滞后，监督效果欠佳

社会监督是我国财政监督体系中不可或缺的一个环节，对于我国财政监督从直接监督走向间接监督、从行政监督走向市场化监督具有十分重要的意义。

（一）社会中介机构发展严重滞后

自改革开放以来，会计（审计）师事务所、律师事务所等经济鉴证类社会中

介组织发展迅速，对于维护地方正常的社会经济秩序，保证市场竞争的公正和公平等方面发挥了一定的作用。但是由于社会中介机构发展时间短，中介机构的职业道德水准和职业能力还比较薄弱，还难以完全做到客观公正与独立运行。部分社会中介机构在营业活动中为了争取客户，往往曲意迎合客户的要求，置国家法律法规和财经纪律于不顾，严重败坏了社会中介机构的信誉，难以有效地执行财政监督的各项任务。

（二）媒体及公众监督受到太多的制约

在现有政治架构下，我国尚未完全赋予媒体独立的地位，其监督能力受到的外部干扰非常多，难以有效地展开财政监督活动。同时，我国的现有法律体系尚不能有效保护举报人的权利，公众尚不能放心地对财政资金运动展开监督，从而制约了公众的话语权。

（三）我国以行政监督和直接监督为主的监督模式制约了社会监督作用的发挥

（1）官方监督机构对于社会监督机构存在较大的不信任，还固守直接监督的监督模式，难以真正授权民间监督机构对财政资金活动进行监督。

（2）我国政府运行的透明程度还不够，特别是财政资金活动大多属于各级政府的机密，一般不对下级政府和社会公开。

四、财政监督技术手段落后，信息化程度低

目前，我国财政管理的信息化建设滞后，财政监督活动中现代化的信息技术和网络技术应用水平较低，严重制约了我国财政监督的效率。我国财政监督信息化建设滞后，具体表现为：硬件设备不齐全，软件开发落后，信息共享和互联程度低，导致信息渠道不够顺畅，信息反馈不够及时，财政收支运行难以纳入适时监控轨道。从收入环节看，财政机关与税务机关、国库部门尚未完全实现联网，财政部门对资金征收执行情况、入库情况不能及时完整掌握。从支出环节看，财政部门只能掌握资金拨付阶段的情况，而资金的具体使用过程则难以准确反映到财政部门。在财政资金运行过程的各个环节尚且如此，财政监督部门则更是难以掌握财政资金的运行情况，难以对其进行全方位的监控。不仅财政监督的信息网络化程度低，而且财政监督部门与财政资金运行过程中各部门的沟通也不够，尚未建立起相互协调、相互制约的运行机制。正是由于缺乏信息技术的支持系统，缺乏财政监督信息的有效沟通，财政监督的及时性和针对性遭到削弱，财政监督效果也大打折扣。

第五节　构建我国的现代财政监督体系

财政监督体系是指国家政治系统围绕财政监督职责的划分、配置、运行而规定的组织形态及其相互关系模式。随着财政体制改革的深入，最终需要一个完整的符合市场经济要求的法律体系和监督制约体系，形成直接监督与间接监督相结合、行政监督与市场监督相结合的监督体系。

一、加快财政监督立体化建设和权威性建设

（一）财政监督向事前审核、事中监控和事后检查相结合转变

财政监督领域的扩大和财政监督方式的改变要求对财政资金运动实施全过程、多层次、全方位的监督，将财政监督领域扩展到财政政策的实施、预算的编制和执行、国有资本管理、单位财务管理等方面；努力实现由集中性检查向经常性检查转变；由事后监督为主向事前审核、事中监控和事后检查相结合转变。在财政监督管理的环节上，监督关口前移，以事前审核、事中监控为主，事后检查稽核为补充，并跟踪问效，有利于充分发挥财政监督的整体优势。事后监督是一种被动型监督，尽管可以纠正和规范财政资金运行中的违纪违法行为，但损失已经造成而难以挽回；事前、事中监督能较好地避免贪污、挪用、浪费等违纪行为，比事后监督更能起到事半功倍的效果。

（二）财政监督从行政监督向市场监督转变

我国以行政监督为主的财政监督体制已经很难适应市场化发展的趋势，发展和形成以市场监督为主的财政监督体制势在必行。要通过法律法规及行业协会对经济签证类社会中介机构进行监督、指导和管理，使经济签证类社会中介机构在财政监督管理方面发挥更加积极有效的作用。对中介机构进行清理整顿，彻底割断政府部门与中介机构之间的行政关系及资本联系。通过清理整顿，规范经济签证类社会中介机构的资格认定；并通过市场竞争机制淘汰一批低素质中介机构，建立自律性运行机制。同时，要注意发挥媒体监督及公众监督的作用，充分发挥其在财政监督中的作用，使财政的社会监督真正落到实处。

（三）合理界定各监督主体职能，加强分工协作和相互制约

在逐步实现市场监督的同时，行政监督机构要协调好相互之间的关系，形成有效分工、相互制约的监督体系，提高财政监督效率。人大行使预算监督权，审查政府预算安排的合法性；审计部门行使监督权，对财政资金的使用效益和合法性进行事后监督检查；财政部门监督则围绕财政资金的管理活动展开。在有效分工与职责划分的基础上，财政监督机构之间应当建立相互制约的机制，防止某一家监督机构被违法犯罪分子所俘获。财政监督机构不仅要进行合理分工，而且要加强各监督主体之间的沟通与联合，形成分工与合作并重，努力实现信息共享。从长远来看，过多的财政监督机构不利于有效的开展工作，应当加以归并，既精简机构、减少支出，又能够防止相互间的掣肘，提高效率。

（四）强化财政监督的权威性

财政监督必须具有权威性，实现监督对象公平、监督过程独立、监督手段刚性、监督结果严肃。第一，实现有法必依，对查出的问题要排除干扰，树立执法

监督的公正性。第二，实现执法必严，对监督检查出的违纪问题，必须严格按照财政法律法规的要求，对违纪单位和个人实施处罚，并采取一切有效手段执行到位，确保监督处罚的严肃性。第三，强化对直接负责人的处罚。在依法追究单位经济责任的同时，对违纪负有直接责任的领导和人员依法给予处罚，将处罚单位与处罚个人有效结合起来，并且做到处罚个人重于处罚单位，确保执法监督的权威性。第四，建立与纪检监察部门的联合办案和移送案件制度。提高财政监督的权威性客观上需要财政监督部门、纪检监察和司法部门密切配合，建立联合办案和移送案件制度，使财政监督真正起到震慑作用和示范教育作用。

二、推进财政监督法治化进程

推进财政监督的法治化进程是强化财政监督机能的重要内容。其重点是借鉴国内外的成功经验，加快立法进程，用法律来规范和保障财政监督活动，使财政监督管理的职责、职权相统一，权利、义务相平衡。

（一）我国应尽快出台《财政监督法》，从立法层次上提高财政监督的法律地位

《财政监督法》应对财政监督的职责、内容、权力、手段等作出系统、明确和具体的规定，赋予财政监督主体的独立地位，给予更大的检查和处罚权。地方政府则可以根据自身职权及上级法的规定，积极研究本地区的实际，制定适应本地区的财政监督法规和制度。

（二）加强财政监督规范性文件的备案审查工作，确保财政监督规范性文件的合法性和有效性

我国有大量规范性文件，由于立法层次低，相对落后的立法技术难以保证其不与《财政监督法》及其他法律相冲突，因此需要对其合法性和有效性进行审查，推进我国财政监督的法治化。

（三）大力宣传财政监督法律法规，提高各级行为主体的法律意识

大力宣传财政监督法律法规，提高社会公众的法律意识，提高公民护法执法的自觉性。对权力机关来说，则要切实履行法律赋予的组织调查权和询问质询权，强化其在财政监督中的作用，加大监督力度，使监督活动贯穿于财政收支活动的各个方面。

（四）加强财政执法监督，保障财政执法主体资格合法、程序规范，切实维护行政相对人的合法权益，强化财政监督的法律保障机制。

三、建立科学完善的预算监督体系

预算监督是财政监督的核心内容，加强财政监督活动必须建立科学完善的预算监督体系。我国预算监督体系的着眼点是建立起以预算项目预审为基础，以事中适时监控为中心，以事后抽查和专项检查为补充，相互制约、分工合理的预算

监控运作机制。

（一）加强预算编制的监督

近年来，我国开始推行部门预算改革，细化预算科目，实行综合预算。部门预算要求每个部门、每一个基层预算单位编制的收支预算真实、完整，并将其预算内收支和预算外收支反映在一本预算账里。因此，预算编制监督的重点在于监测预算单位基本情况及其上报预算的真实性和完整性，剔除水分，减少随意性，确保部门预算的科学和规范。

（二）要加强预算执行过程中的监督

随着"金财工程"的实施，我国正逐步建立和推进涵盖各级预算执行的监控网络系统。充分利用计算机技术等现代化手段，通过网络控制体系掌握财政资金的分配、拨付、使用方向、结存等动态情况，对资金运行的异常情况进行实地调查和追踪监控。随着国库集中收付和政府采购制度的推行，对财政资金的管理监控还要一直延伸到财政资金使用单位和商品、劳务供应者，实现对预算执行过程的即时监控，真正将监督寓于财政管理的全过程。

（三）要加强预算执行结果的监督

预算执行结果的监督重点是决算的真实性和合法性。具体包括：预算收入是否及时足额上缴，是否存在擅自减征、免征、缓征预算收入现象；是否出现截留、占用、挪用及隐匿收入、私设"小金库"行为；预算支出是否及时拨付、支出的范围是否符合规定；有无巧立名目虚报支出、弄虚作假行为；预算调整是否经过各级人代会常务委员会审查批准；预算会计的处理是否正确、及时、合法；等等。

四、建立和规范会计监督体系

中介机构的发展壮大对于节约国家的监督成本，维护国家和公众的正当利益以及正常经济秩序具有重大作用。合理利用社会中介机构对财政运行活动的监督作用，必须规范会计监督秩序。作为会计的主管部门，各级财政部门对会计工作负有管理、指导、监督职责，要根据新情况适时调整会计政策、完善会计制度，并按照规范市场经济秩序的要求对会计信息质量进行定期抽查，规范会计行为，确保会计信息的真实完整。

社会中介机构接受国家授权和其他机构委托，其监督职能和作用具有二重性。一方面，它根据国家的授权对企事业单位及其他被监督单位的会计活动和经济行为实施外部签证性监督，向政府机构负责；另一方面，它接受了委托对委托单位的会计活动进行鉴证时，则有可能同被监督单位"合谋博弈"，从而导致会计信息失真，失去会计监督的作用。因此，在中介机构加强行为自律、制定行为标准、规范执业行为的基础上，各级财政部门必须建立健全监督管理办法，加强对注册会计师执业质量的监督，对违规执业行为严肃查处，促使会计师事务所规范发展，使其真正成为一支有效的财政监督力量。

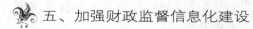五、加强财政监督信息化建设

财政监督信息化建设的基本思路，是在充分利用信息资源的基础上，依托计算机网络建设，大力开发财政监督应用软件，建立财政监督业务管理系统，实现财政监督部门与财政各业务部门、财政部门监督与其他财政监督主体之间的网络互联与信息共享，提高财政监督工作的效率和质量。

（一）大力开发财政监督业务应用软件

1. 实时监控软件的开发和使用

开发适时监控软件，使财政监督部门进入预算编审系统、指标管理系统、工资发放系统、集中收付系统等财政业务管理系统，保证实现对财政资金运行全过程的监控。财政实时监控软件的应用，使得财政监督机构可以根据权限在网络终端上及时掌握预算指标的变化情况，进行实时监控，实现监督的关口前移。

2. 财政监督授权系统的开发和使用

在授权管理系统下，一方面领导可以通过授权监督检查小组及其工作人员展开监督工作，以保证不宜公开的财政信息的安全性和保密性；另一方面，监督检查人员根据检查业务的需要，将监督意图完整地体现到信息系统中，使监督人员能够充分的利用信息网络，调出所有与指定的监督检查项目相关的资料和证据，以保证财政监督的完整性。

（二）加强财政监督业务管理系统建设

财政监督业务管理系统是指在网络系统的基础上，按照不同财政监督业务之间的联系，划分不同的业务管理系统，用计算机及其网络系统实现其管理，从而实现财政监督业务管理的现代化。

1. 建立财政监督信息反馈系统

建立财政监督信息反馈系统，一是要实现财政监督系统与决策系统信息的直接交流。财政监督实时监控软件运用实时监控和预测分析的方法，排列监督重点，寻找存在的问题，及时反映财政运行过程中的倾向性、方向性情况。决策系统与该系统进行信息交流后，核实问题情况，对问题进行定性，并提出整改措施和建议。二是实现对财政业务系统运行的实时控制。在接到决策系统的最后指令后，该系统可发出指令，控制有问题的财政业务系统的运行，直至其根据决策系统的整改建议进行整改后才解除控制。

2. 建立财政资金支出效益评估和监控系统

通过定量定性的信息系统指标分析考核，对财政资金的使用效果或效益作出评价，促进财政资金使用效益优化；并进一步对财政资金效益分析指标设立综合性评价体系和预警分析体系，对存在的问题和隐患进行及时预警。

（三）建立立体化的财政监督网络体系

建立立体化的财政监督网络体系，一是要满足财政监督部门与同级财政业务

部门之间的监督检查需要；二是要满足上下级财政监督部门业务管理系统的连接，使财政监督信息网络体系成为一个上下畅通的整体；三是要依托计算机网络，实现各财政监督主体之间的信息沟通和资源共享。

六、建立财政监督风险控制体系

财政监督风险是指财政监督活动的不确定性及其造成的各种损失。财政监督风险不同程度地影响了财政监督活动的公信力和有效性，影响了财政资金运行的效率。如何提高财政监督水平和能力，规避财政监督风险，是各级财政监督机构长期面临的课题。

（一）开展普法宣传活动，增强财政资金运行各环节有关人员的守法意识

财政监督的目的是保证财政资金的安全性，必须从预防违法犯罪活动入手；否则，财政监督机构永远只能充当"消防员"和"救火车"的角色。做好预防工作，不仅要搞好普法宣传活动，做好正面教育工作，使财政资金运行各环节的所有人员都具备良好的守法意识，而且要抓好"大要案"的处理，有效树立一批反面典型，给违法犯罪分子造成强大的心理压力。通过正面教育和反面教育相结合，实现预防为主、制裁为辅的财政监督体系。

（二）加强人员教育培训，提高执法人员素质

财政监督是一项技术性和政治性很强的工作，监督人员不仅要通晓财政审计相关知识，熟悉违法犯罪分子的惯用伎俩，而且要熟悉财政资金运行的基本规律，掌握财经法律法规及相关政策。因此，加强人员教育培训，既要搞好上岗资格培训，又要搞好法制培训；既要搞好集中培训，又要搞好分类别、分层次的培训；既要加强理论培训，又要注重实践锻炼。通过培训，提高财政监督人员的业务素质，提高监督能力；提高财政监督人员的政治素质及其反腐防腐的能力。特别是要通过培训，提高其政治敏感性，树立正确的执法动机和为人民理财的观念，努力做到严格依法办事，将各种违法犯罪行为绳之以法。

（三）建立健全财政监督机制，提高财政监督效率

综合采用各种财政监督手段实现财政监督从简单的事后检查向事前审核、事中监控和事后检查相结合转变，从行政监督向行政监督与市场监督相结合转变。同时，加强财政监督的权威性建设，切实保证财政监督的独立性和公正性。

（四）建立财政监督风险预警机制，通过预警指标提前介入风险防范

在财政监督过程中，不可能完全避免风险。面对财政监督活动的不确定性及其损失，要形成风险预警机制。建立风险预警机制的目标，一是要实现风险预警，即通过一系列预警指标和判别标准来测量风险值；二是要实现实时监控，即通过对财政监督活动进行实时监控，对风险值的变动趋势作出分析评价。因此，

选取预警指标必须符合实用性原则和动态性原则，通过实用性来解决风险值的准确度量，通过动态性来实现实时监控。

七、建立财政监督质量控制体系

财政监督质量控制体系是财政监督管理部门为确保财政监督质量符合财政管理要求，按照财政监督程序和规范建立实施的控制政策和程序。财政监督质量控制体系是落实责任、控制风险、提高监督成效的有效手段，有利于保证有关财政监督法律、法规的贯彻和财政监督职业规范、专业标准的实现。

（一）制定财政监督准则及其具体标准

加强质量控制，离不开质量衡量标准。建立财政监督质量控制体系的前提是制定财政监督准则及具体的标准。目前，财政部门制定了《财政检查工作规则》，为实际的检查工作提供了很好的指导作用。但是财政检查只是财政监督的一个环节，并不是其全部。对此，需要针对财政监督的特点来制定相应的准则及其具体标准。

（二）制定财政监督质量控制办法

财政监督质量表现为监督人员的质量、监督过程的质量以及最终监督结果的质量。制定财政监督质量控制办法应该紧紧围绕着上述三个方面来展开。基于此，有必要采取全面质量控制和单项质量控制相结合的办法。全面质量控制重点在于日常监管质量控制和专项监管质量控制，单项质量控制重点是专项检查的质量控制（如图21-1所示）。

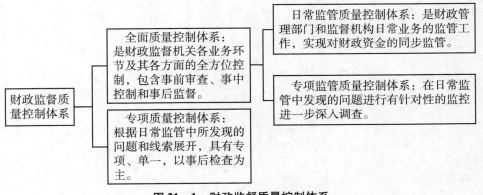

图21-1 财政监督质量控制体系

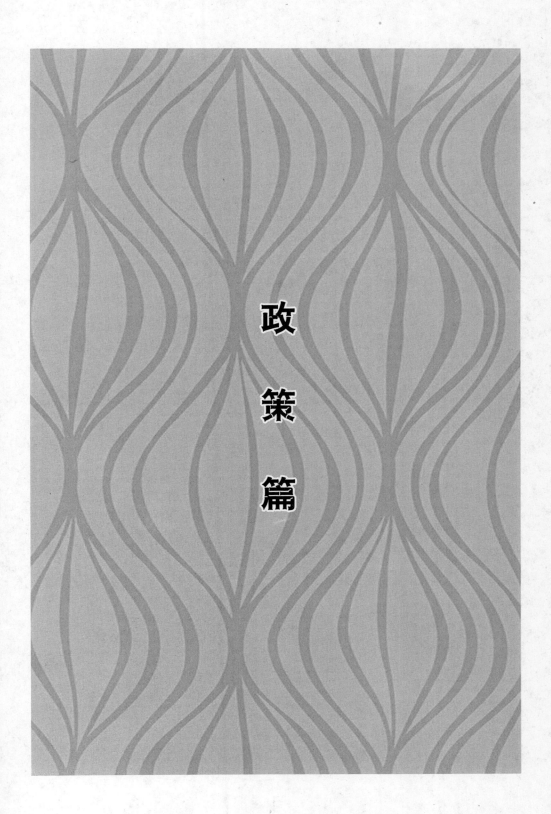

政策篇

第二十二章　财政政策概述 ✖

第一节　财政政策的内涵及其功能

🦢 一、财政政策的基本含义

"财政政策"一词源于西方经济学。其英文是"fiscal policy"，一般的含义是指通过政府部门的收入和支出来控制经济的政策意向与活动。在西方市场经济国家，对财政政策的关注与运用，更多地是将财政政策作为政府实现对经济的宏观调控的杠杆与手段，其时间跨度距今不到一百年。在20世纪20年代末的经济大危机之前，由于自由放任的经济思想在西方国家的经济发展中一直占主导地位，政府对宏观经济基本上是采取不干预原则，这使政府对经济的直接影响十分有限。出于满足资本主义市场经济自由发展的需要，亚当·斯密提倡的"小政府"、"廉价政府"的思想影响深远。在实践中，政府的财政税收及政府负债都受到一定的限制，预算分配中的财政收支平衡也是自由资本主义时期奉行的基本原则。在这种条件下，政府能动地运用相关政策杠杆来影响经济的行为也自然受到限制，从而难以产生关系宏观经济的政策思路，也不可能具有各种现代意义上的财政政策（或货币政策）。但是，这并不意味着历史上就没有财政政策。实际上，从有财政分配以来，无论中外，国家在财政分配上采用的财政分配制度或方式本身即是国家的一种财政政策取向。如历史上在各国都有长期存在的人头税、户税或田赋，都是适应一定历史发展阶段所采用的直接税。这些财政收入政策对古代国家财政曾经有重要的影响。在中国历史上尽管鲜见关于"财政政策"的记载，但政府运用财政分配杠杆来影响或控制社会经济的史实却比比皆是。诸如春秋时期的"初税亩"、唐代的"两税法"、明代的"一条鞭法"、清代的"摊丁入地"，曾经都是解决国家财政问题的重要财政政策。

需要说明的是，虽然在20世纪20年代末的经济大危机之前的自由资本主义时期，西方国家也存在一些财政思想，但由于这个时期西方国家的政府奉行放任自流的自由主义经济思想、收支平衡的财政思想，强调政府不干预宏观经济，因而也不存在调控宏观经济的财政政策。因此"现代意义的"财政政策的理论与实践是在20世纪30年代经济大危机后才开始的。当时，大萧条彻底否定了自由放任的经济观和财政观，凯恩斯主义的兴起为大规模干预宏观经济的财政政策的实施提供了经济理论支撑，自此，现代意义上的财政政策理论与实践研究也逐渐丰富起来。

凯恩斯主义形成以前，财政政策一般被理解为国家筹集财政资金并花掉它们的那些活动。这使财政政策与经常性的财政分配活动几乎成为一个相同的概念。在凯恩斯学派的经济理论被普遍接受之后，财政政策才开始有了独立的研究。20世纪60年代初，财政学者 V. 阿盖笛提出："财政政策可以认为是税制、公共支出、举债等种种措施的整体，通过这些手段，作为整个国家支出组成部分的公共消费与投资在总量和配置上得以确定下来，而且私人投资的总量与配置受到直接或间接的影响。"① 这被认为是关于财政政策的一个比较全面的定义，其特点是通过财政手段来表现财政政策。

而 J. F. 都教授对财政政策的观点是"所谓财政政策意即政府收支的调整，以达到经济更加稳定，实现预期经济增长率"。② 格劳维斯教授则在 1962 年所写的《政府财政》一书中这样描述："财政政策一词业已形成一种特殊的思想和研究领域，即研究有关国家资源的充分、有效利用以及维持价格水平稳定等问题。财政政策的短期目标是消除经济周期；而它的长期目标则是防止经济长期停滞和通货膨胀，与此同时，为经济增长提供一个有利的环境。"显然，J. F. 都与格劳维斯对财政政策的讨论已从政策手段转移到了政策目标。

著名财政学家 O. 埃克斯坦教授更从其要实现的短期目标来定义财政政策："政府为了实现充分就业和稳定物价水平等这些短期目标而实行的各种税收和财政支出的变化，通常叫做财政政策。"③ 这一定义强调了财政政策可以在短期内对经济产生积极的影响，不足之处是未能反映财政政策可能具有的长期政策作用。

改革开放后，随着我国市场经济制度的建立和中西方经济思想的交流，我国学术界对财政政策的研究不断深入，形成了多种观点，如：（1）财政政策是"国家的政府机构制定的财政工作的指导方针"。④（2）"财政政策是政府为实现一定时期的经济发展目标，依据客观规律而选择确定的指导财政收支活动和处理财政关系的基本方针和规则。财政政策分为短期、中期和长期财政政策，各种财政政策都是为相应时期的政府宏观经济控制总目标和总政策服务的。"⑤（3）"财政政策就是通过税收和公共支出等手段，来达到发展、稳定、实现公平与效率、抑制通货膨胀等目标的长期财政战略和短期财政策略。"⑥ "财政政策是指国家通过变动财政支出和收入来调节社会总需求，以影响宏观经济活动水平的经济政

---

① P. C. Jaim, *Economics of Public Finance*, Atlantic Publishers, 1989, P49.

② J. F. Due, Governmemt Finance: Economic of the Public Sector, Richard D. Irwin, INC, Illinois, 4th edn., 1968, P267.

③ O. 埃克斯坦：《公共财政学》，中国财政经济出版社 1983 年版，第 144 页。

④ 陈共等：《财政学教程》，中国财政经济出版社 1985 年版，第 13 页。

⑤ 倪红日：《第四讲财政政策》，载于《宏观经济管理》1994 年第 11 期。

⑥ 刘溶沧、赵志耘：《财政政策论纲》，经济科学出版社 1998 年版，第 11 页。

策。"①（4）"财政政策是国家（或政府）以特定的财政理论为依据，运用各种财政工具以达到一定财政目标的经济政策。"② 并指出，财政政策、财政理论与财政实践三者之间紧密联系，财政理论通过财政政策转变为社会实践即财政实践，财政政策是对财政理论的价值判断，是对财政理论科学性、正确性和实用性的检验。而且，财政政策必须在理论和实践的系统中，才能得到科学的解释，从而实现对财政政策含义全面、准确的把握。

从财政政策在当代国家管理与调控经济社会的目标来考虑，可以将财政政策定义为：国家为实现经济社会的稳定与发展，促进社会总供需的平衡而采用的财政收支政策。

尽管中外经济学家对财政政策的描述各有特点，但财政政策作为影响宏观经济运行促进社会稳定的基本内涵是理解财政政策的共同之处。随着各国对经济持续发展与社会公平、稳定的重视，财政政策的内涵也呈延伸扩展的趋势。在当代，财政政策已成为一个通过各种财政手段促进充分就业、控制物价、稳定通货、实现经济社会长期稳定持续的发展和社会公平、增进社会福利的重要政策。与此同时，财政政策手段与相应的财政制度建设也得到健全与发展，财政政策的选择与运用也更具科学性与针对性，并表现出独特的政策功能。

二、财政政策的功能

对财政政策的运用受国家职能的直接影响，国家职能实现的需要直接决定着财政政策的选择。在市场经济条件下，对财政政策杠杆的使用，并非取代市场对资源的基础性配置，而是运用财政政策对市场经济产生一定的影响；对经济的不正常波动和社会矛盾进行适度干预，并合理运用财政政策杠杆作用于需要解决的社会经济问题；注重对市场经济活动的引导，控制可能产生的矛盾与问题；通过财政政策的诱导，影响市场主体的行为，使市场经济能尽快实现自我修复，保证市场经济重新正常运行。强调这一点，是理解财政政策功能的重要前提。

（一）促进经济社会的稳定

财政政策促进经济社会稳定的功能，主要是强调财政政策具有较突出的反周期作用，能为经济社会的稳定创造条件。在市场经济条件下，经济周期是导致经济不稳定的基本原因。一般情况下，市场出现的主要问题或是需求过旺，通货膨胀严重，物价不正常上涨，出现市场过度繁荣，进而转向生产过剩，市场疲弱，需求不足，经济衰退、失业率上升，如果缺乏外在的控制，只能通过具破坏性的经济周期来自动修复市场经济，其代价是资源的巨大浪费与经济、社会的不稳定。为促使经济能正常发展，实现社会的稳定，政府有必要在经济周期中运用各种政策进行反周期的操作，以影响有效需求，解决就业问题。其中，财政政策是

---

① 刘小怡、夏丹阳：《财政政策与货币政策》，中国经济出版社 1997 年版。
② 邓子基：《财政学原理》（修订本），经济科学出版社 1997 年版，第 396 页。

政府用于影响经济的重要杠杆。在实践中，财政政策作为政府反周期的工具可采用两种方式：一是在经济衰退、有效需求不足时，通过财政收支政策的调整，增加政府财政开支，减少税收，以增加有效需求，促进社会总供需的平衡；在经济过度繁荣、通货膨胀严重、需求过旺时，减少财政支出，增加税收以抑制经济过热。二是建立能经常发挥作用的有弹性的财政收支政策对经济周期中的需求变动进行自动的调节，即发挥财政政策的"自动稳定器"功能，以防范或弱化经济周期的影响。这主要包括建立累进所得税制，完善社会保障制度与转移支付制度等来实现对经济的自动调节，以稳定社会经济。

（二）协调经济发展

在现代以市场为基础的混合经济制度下，由于对政府适度干预经济的肯定，这使政府宏观调控已不仅仅表现在对经济周期的影响上。特别是随着人们对市场存在缺陷的深入理解，如何既发挥市场经济制度的运行效率，又能有效克服市场经济的不足，已成为当代各市场经济国家运用财政政策的一个基本出发点。

在市场经济条件下，尽管市场需求是影响生产和产业部门发展的基本条件，但信息不充分，公共品的短缺，生产的盲目性，乃至竞争产生的技术、生产与市场的垄断都不利于整个经济的长期协调发展，并将造成全社会经济效率的损失。而通过财政政策的合理选择，有利于这些问题的解决，对经济的协调发展产生积极的推动作用。比如，通过财政税收政策的制定可以对各产业的发展形成一定的导向作用，即可制定有区别的税种税率影响各产业部门的利益，使其经济活动更符合国家的产业政策要求。同时，可以采用价税的配合，影响消费进而对生产形成推动或制约，如以高价高税限制消费进而限制生产，以低价低税鼓励消费并鼓励生产等。

（三）推进社会公平

财政政策是体现财政职能、推进社会公平的重要工具。（1）政府可以通过财政公共预算政策的调整，如通过财政扶持，改善社会治安、环境保护、公用设施、大众教育、医疗保健等条件，为全体社会成员提供公共产品与大致相同的社会公共服务或社会福利，促进社会文明进步，增进社会公平的程度。（2）通过财政税收政策，调节社会各阶层的收入，防止社会贫富过度分化，缓和社会矛盾。（3）通过财政转移支付制度，可以提高社会成员的社会保障水平，保护社会弱势群体，保障其基本生存权利，使社会成员的生老病死等问题能得到解决；通过财政转移支付制度，缩小地区发展差距，将有利于缓和地区经济社会发展中的矛盾，使社会更为稳定。

三、财政政策的类型

为有效发挥财政政策的功能作用，可以将财政政策划分为不同的类型。各种类型的财政政策可以根据政府在一定时期内的社会经济目标加以选择。

（一）根据财政政策与调节经济周期需要之间的关系，可以分为自动稳定的财政政策和相机抉择的财政政策

1. 自动稳定的财政政策

自动稳定的财政政策就是指那些能够根据经济波动情况自动发生稳定作用的政策。自动稳定的财政政策并非经济周期到来时再临时制定的政策，这类财政政策内在于既定的财政制度之中，以预先确定的制度为存在形式，是一种能适应经济条件变动而自动发挥稳定经济作用的政策设计。这类财政政策一般被称为经济生活中的"内在稳定器"（Built-in Stabilizers），或"自动稳定器"（Automatic Stabilizers），是在财政制度安排中所体现出的一种政策取向。

自动稳定的财政政策一般可以从两个方面来反映：（1）通过税收政策的设计来体现财政政策自动稳定经济的作用。在以所得税为主体的国家，如果采用累进征收的公司所得税和个人所得税，税收的自动稳定经济作用则可以表现得较突出。由于累进所得税可以随收入变动而增减，因此是一种较有弹性的税收政策，与其实现的税收数量与经济总量的增减呈负相关。即当经济快速发展时，GDP 或国民收入可能也有较大增长，公司或居民的收入也将随之增长，不仅会有更多的原本处于起征点以下的纳税人也进入缴纳所得税的行列，还会因为累进所得税的"档次爬高"效应而缴纳更多的税收；反之，当经济开始衰退时，纳税人的所得将会减少，累进所得税率会下降，公司与个人缴纳的税额也将减少，税后收益会相对上升，这又有利于投资与消费的增长，能扩大有效需求。（2）通过财政转移支付制度的设计来体现财政政策的自动稳定性。这类政策通常也可以表现为政府的社会政策。实践中，由于经济周期的变动（尤其是经济衰退时）对居民的收入有更直接的影响，因此，政府的转移支付制度在帮助居民克服经济衰退时出现的生活困难有更突出的政策效果。

2. 相机抉择的财政政策

相机抉择的财政政策，即"斟酌使用的财政政策"，是政府根据经济运行情况，为达到一定的宏观经济目标，主动采取的财政措施，以消除通货膨胀缺口或通货紧缩缺口，以促进经济稳定与正常增长。

相机抉择的财政政策一般可分为汲水政策和补偿政策。汲水政策是对水泵吸水的借喻，即为改变因水泵里缺水而不能吸入地下水的状况，需要先对水泵中注入少许引水，进而才能恢复水泵抽出地下水的能力。这一政策的倡导者汉森提出，可在经济萧条时由政府付出一定数额的公共投资诱导民间投资增长，以使经济自动恢复其活力。因此，汲水政策是一种有限运用公共投资诱导经济景气复苏的短期财政政策。补偿政策是政府有意识地根据经济发展态势进行的反向调节的财政政策，可以视为通过政府运用财政政策工具进行的一种反周期的政策操作，目的是稳定经济，防止经济过度波动。这一政策可以在经济繁荣时期，通过政府增收减支等政策来抑制通货膨胀与民间的过剩需求；在经济萧条时期，则通过增支减收等政策来增加消费和投资需求，防止通货紧缩，促进社会有效需求的增

加。相机抉择的财政政策是政府利用国家财力有意识地干预经济运行的行为，其特点是"相机而用"，针对性较强，短期内效果突出，政策调控力度较大，但长期使用也将产生较大的负面影响，一般而言需要随时考查其政策效果，并适时进行调整，如达到预定目标则应及时终止。

（二）根据财政政策在调节国民经济总量方面的不同，可以分为扩张性财政政策、紧缩性财政政策和中性财政政策

1. 扩张性财政政策

扩张性财政政策是在社会存在严重失业、总需求不足时，政府通过减少税收、增发国债、增加支出等手段来增加和刺激社会的总需求，以扩大就业、稳定供需平衡、促进经济回升。这里所谓的扩张：一方面是指通过财政政策措施可以增加社会总需求，如通过减税刺激即期和未来的投资与消费，使社会有效需求得以扩张。另一方面，通过增加政府的投资性支出与消费性支出，可以直接增加社会总需求，在经济运行出现总需求不足时，通过扩张性财政政策的合理运用可以对总需求与总供给的差额缩小以至平衡产生积极的影响；但长期使用扩张性的财政政策则可能产生挤出效应，形成对政府的依赖，不利于市场经济的正常发展。扩张性财政政策主要通过减税（降低税率）、增发国债和增加财政支出三种方式来实现。但实践中并非三种政策会同时采用，政府可以根据经济情况与政策效果选择一种或两种及以上的政策组合来实现扩张性财政政策的目标。

2. 紧缩性财政政策

紧缩性财政政策是在社会总需求超过总供给，出现了较严重的通货膨胀时，政府通过增加税收（包括提高税率和开征新税）和减少财政支出来减少和抑制总需求的政策选择，其目的是消除通货膨胀缺口、稳定物价与经济。通过增税可以减少企业和居民的收入，进而压缩民间投资与消费；减少财政支出，可以压缩公共投资与社会消费，有利于实现对社会总需求膨胀的控制。因此，增税或减少财政支出对抑制社会总需求和物价上涨的压力均有重要的意义。如果在一定经济状态下，增税与减支同时并举，财政盈余就有可能出现，所以从一定程度上说，紧缩性财政政策等同于盈余财政政策。但是，在现代各国，实行紧缩的财政政策在多数情况下并不能实现财政盈余，较为实际的结果是减少公债发行，压缩财政赤字，为总供需的相对平衡创造条件。由于紧缩性财政政策的实施，将对需求产生较明显的抑制，如果长期使用，会造成资源利用不充分，甚至造成部分商品供给的短缺，并影响经济应有的发展速度，因此紧缩性财政政策的使用也应适可而止。

3. 中性财政政策

所谓中性财政政策，是指财政的分配活动对社会总需求的影响保持中性，财政的收支既不有意扩张，也不进行人为的紧缩。在市场经济条件下，中性财政政策的实质就是不干扰市场机制的作用，不主动利用财政手段去影响正常的总供给与总需求之间的对应态势。对中性财政政策的理解有两种：一种是经济自由主义，一种是国家干预主义。前者反对国家干预经济，主张"财政中性"，"无为

而治"，他们的"中性财政政策"是不符合上述对财政政策的定义的。后者将它定位于财政政策的扩张性与紧缩性之间，即界定为在不需要将财政收支的蓄意改变作为调节国民经济总量关系的手段时的财政政策。中性财政政策多在社会供求大致均衡，社会各阶层的利益关系比较协调，经济基本上呈稳定增长态势的宏观环境中实施。即在经济发展相对平稳时期，国家实行的宏观税率基本稳定，财政支出随社会生产力发展、国民生产总值增长、财政收入增加而相应增加，财政在主观上对经济"保持中立"的政策。

（三）根据财政政策的作用层次，可以分为宏观财政政策和微观财政政策

宏观财政政策是通过财政收支总量的变动调整来影响国民经济，以实现充分就业、稳定通货、经济发展和增长等经济政策目标而确定的财政政策。宏观财政政策既可通过自动稳定的财政政策与相机抉择的财政政策来表现，也可通过扩张性财政政策、紧缩性财政政策与中性财政政策来反映。由于宏观财政政策是着眼于国民经济总量与整个社会经济的正常发展，其政策效果的评价重点关注的是GDP 的增长情况、总供给与总需求之间的关系及物价总水平、失业率（或就业改善状况）、国家产业政策实施情况、区域经济的发展状况以及社会公平实现的程度等全局性重大问题。因此，宏观财政政策的作用层次较高，是服务于国家整体利益与全局利益的政策选择。宏观财政政策服务于国家一定时期内的社会经济目标。如政府根据经济情况确定推行积极的（扩张的）财政政策，这意味着在一定时期内，财政政策将促进总需求的扩张。在这一政策目标下，公债政策、公共支出政策、税收政策、财政转移支付政策都将体现出相应的扩张效应。宏观财政政策的实施，会体现到具体的财政分配中来，表现为宏观财政政策的微观化，从而要求研究宏观财政政策时必须重视对具体的财政实践环节的研究。

微观财政政策是指政府为影响或调节微观经济主体的行为和利益所确定的具体政策，具体体现政府对微观经济主体的政策态度，或规定财政与微观经济主体之间的关系。微观财政政策的确定与国家的经济政策、产业政策相关，在国家经济发展的任何阶段都可以加以使用。如政府可以根据国家产业政策发展的需要，运用政府投融资来促进基础设施的发展，对需要扶持的产业部门给予优惠税率、税收抵免、延期纳税、盈亏相抵、再投资退税等扶持政策；为促进企业设备科技水平的提高可以采用加速折旧、财政补贴政策；为促进国家产业结构发展可开征一些有利于经济发展的税种（如增值税）；为促进一些特殊产业的发展给予税收豁免、纳税扣除、税收返还等政策；对政府要限制发展的生产或投资可以采用一些特殊的限制手段（如投资方向调节税），其目的是通过政府的各种财政政策对微观经济活动产生刺激、引导、扶持或限制，来实现国家的经济政策目标。尽管微观财政政策的着眼点不同，但在宏观财政政策实现的一定时期内也会影响微观财政政策的实施；在政府运用宏观财政政策调控经济时，有时也需要根据情况改变部分微观财政政策的运用（如对长期实施的出口退税政策的调整、减少一些税收优惠

政策、调整政府公共投资政策的扶持对象等），以将宏观财政政策与微观财政政策结合起来运用。因此，微观财政政策与宏观财政政策既有区别，也有密切的联系。

对财政政策分类的理解还可以从多种角度来进行，如根据财政政策对社会经济活动的影响进行划分，可分为分配性、调节性和再分配性的财政政策；[①] 根据财政政策的运行时段分为经常性的财政政策与阶段性的财政政策；[②] 根据财政政策调节规模和范围的不同，可以分为财政总量政策和财政结构政策；根据财政政策调节对象的不同，可以分为存量财政政策和增量财政政策；根据财政政策目标和时间的不同，可以分为中期、长期、短期财政政策；根据财政收支活动的不同内容，可以分为财政收入政策、财政支出政策；等等。各种分类可以从特殊的角度去了解财政政策对经济社会的影响，能为财政政策的研究拓宽思路。

第二节　财政政策目标

从一般意义上讲，财政政策是国家经济政策的重要组成部分。它决定了国家在一定时期内要实现的经济政策目标，也是财政政策运用的基本目标。但随着现代社会的进步，一国追求的经济目标已从较低层次的单一目标（如实现经济增长）向多种经济目标转化，并反映出对经济社会实现和谐发展相关的目标的追求，这使国家经济政策目标具有了新的内容。根据国际社会对经济政策目标的理解，将经济目标分为纯经济目标与非经济目标，并有与之相关的指标体系（如表 22 – 1 所示）。[③]

表 22 – 1　　　　　　　　各国经常追求的经济政策目标

	目标名称	统计指标
纯经济 目标	1. 经济增长	GNP 总值年增长率，人均 GNP 总值年增长率
	2. 充分就业	失业率，以产业职业类别和收入区分的劳动力分布
	3. 价格稳定	零售物价指数，生活费用指数
	4. 收入均等	洛伦兹曲线（基尼系数），贫困家庭最低收入
	5. 减少国际依赖性	总产值中对外贸易和国际支付比例
	6. 减少地区差异	贫困地区人均收入与全国平均数的比率，地区人均总产值年增长率
	7. 保护特定部门	增加值或产量增长率，销售收入提供的就业数
非经济 目标	8. 人口规模与结构	人口出生率，移民在人口中的比率
	9. 环境保护	水、空气、食品中有害物质含量、噪音
	10. 交通设施	公路里程，市内交通
	11. 教育	人力资本存量，学生人数占总人口的比率
	12. 健康	预期寿命，婴儿死亡率，人均拥有医生，病床数
	13. 社会治安	犯罪数与总人口数的比率，受罚犯罪与总犯罪的比率
	14. 国防	武装人员或单位数量

---

① 刘溶沧、赵志耘：《财政政策论纲》，经济科学出版社 1998 年版，第 25 页。
② 刘邦驰等：《中国强大财政建设导论》，经济科学出版社 2002 年版，第 235 页。
③ 刘溶沧、赵志耘：《财政政策论纲》，经济科学出版社 1998 年版，第 47 ~ 48 页。

表 22 - 1 中的经济政策目标，序列号越低的目标经济性越强（属纯经济目标）；序列号越高，社会的福利性越高（属非经济目标）。从各国经济发展的过程来分析，在经济发展的初期，主要追求经济性强的目标，在经济发展到较成熟的时期，非经济目标则日益为一国社会所追求。这些经济政策目标在实施中，各国可根据本国国情来确定一定时期内主要要实现的目标，但其基本内容都将在一国的经济政策中加以考虑。实现经济政策目标，国家可以通过公共政策、财政政策、金融政策、产业政策、社会政策等多种手段来实现。财政政策是这些手段的组成部分之一，受财政分配特殊性的影响，财政政策的目标更接近那些纯经济目标。因此，财政政策目标可以从以下几个主要方面来体现：

一、充分就业

充分就业作为现代财政政策的第一目标，与实现一国经济社会的稳定发展直接相关。一般情况下，充分就业的实现，可以从一个重要的角度反映国家经济的良好发展状态，也是社会稳定的基本标志。从广义上说，充分就业是指一切生产要素（包括劳动力）都有机会以自己愿意的报酬参加生产的状态。[①] 表现为有能力工作的人都可以找到有报酬的工作。充分就业之所以成为众多国家财政政策的基本目标：一是因为宝贵的劳动力资源不能用来创造物质财富和精神财富，是社会资源的极大浪费；二是失业的存在会不可避免地给失业者个人、家庭带来苦难，并可能引发一系列社会问题，如犯罪增加，甚至出现社会骚乱，因而失业问题不仅是经济问题，同时也是一个重要的政治问题；三是充分就业是经济稳定的重要内容，它表明劳动人口资源和资本设备资源处于稳定的利用状态，经济运行是平稳的。所以，控制失业率至关重要，应是国家重要的经济政策目标，也是财政政策的主要目标之一。

在经济生活中，劳动者的失业有自愿失业与非自愿失业之分。自愿失业是指因劳动者不愿接受现行工资水平和劳动条件而造成的失业，这类失业与经济发展状况没有直接关系，一般不需要政府进行调控。非自愿失业是劳动力愿接受现行工资水平和劳动条件但仍找不到工作而形成的失业，实际上是因总需求不足而造成的失业，解决这类失业问题往往需要政府一定的努力。非自愿失业可以有几种表现：（1）季节性失业。这是指某些部门的生产有季节性或劳动力的供给有季节性而产生的间歇性的需求不足所造成的失业。但这还不是因总需求不足导致的失业。（2）摩擦性失业。是指由于劳动力市场的正常活动所造成的失业。即由于短时期内，劳动力在流动过程中可能产生供大于求的状况。如果劳动力流动量越大、越频繁，寻找工作的时间越长，摩擦性失业量将越大。（3）结构性失业。一是指产业结构性失业。在产业结构调整步伐加快的时期，这种失业将迅速增加。二是指区域结构性失业。在区域经济发展严重失衡的条件下，一些地区的结构性

---

① 高鸿业：《西方经济学》，中国人民大学出版社 2000 年版，第 597 页。

失业量可能会很大。（4）周期性失业。这是指由于经济的周期性波动造成的失业。即当经济处于低谷时，因对商品和劳务的需求不足所导致的失业。这是因对商品和劳务的需求引起的对劳动力"引致需求"不足，是一种因总需求不足导致的失业。这几类失业都属于非自愿性失业，与一定时期内的需求不足密切相关，也是政府实现充分就业目标中主要解决的问题。而财政政策的有效运用可以扩大有效需求，是现代政府促进充分就业的常用手段，通过财政增加公共支出、举办公共工程、进行政府订货、为发展第三产业提供优惠政策等，都可以促进生产发展并增加就业。通过财政政策的倾斜，促进产业结构与地区经济结构的调整也可以增加就业机会，特别是降低地区内的失业率。

对如何评价经济是否已经达到充分就业状态，可以通过一些失业率指标来反映。比较保守的经济学家认为，失业率在 2% ~ 3% 以下才算是充分就业，而有些经济学家则认为，只要失业率低于 5% 就可以算是充分就业。按国际通行的衡量标准，经济社会中劳动人口的就业率达到 96% 以上，机器设备利用率达到 90% 以上则可认为已达到充分就业水平；反之，如果失业人口超过劳动总人口的 4%，或者机器设备闲置率超过 10%，则表明经济运行不正常，处于失业过多、开工不足的危机状态或萧条阶段。如果经济不能自动回归正常，政府运用经济政策包括财政政策来影响总需求就是必要的。

二、物价稳定

物价稳定是指物价总水平控制在经济稳定发展的限度内，稳定的物价是经济稳定发展的基本前提。

物价是否稳定是由各种商品的综合物价指数来反映的。这个衡量物价总水平的物价指数是表示若干种商品价格水平的指数，可以用一个简单的百分数时间数列来表示不同时期一般物价水平的变化方向和变化程度。按国际通行的衡量标准，若物价指数波动的幅度在 4% ~ 5% 之间，说明物价指数是相对稳定的；若超出这个范围，说明物价不稳定。其计算公式是：

$$P = \sum p_1 q \bigg/ \sum p_0 q$$

其中，P 代表一般物价指数，p 表示个别商品和劳务的价格；p_0 表示基期物价，p_1 表示报告期的物价；q 是指商品的数量（即权数），可以选择基期或报告期的数量，也可以选择基期与报告期之平均数量等。采用的权数不同，反映物价总水平变动的指数也不同。一般物价指数持续不断上升即表现为通货膨胀；而一般物价指数不断下降即出现通货紧缩。尽管通货膨胀或通货紧缩的产生受多种因素的影响，但总体上都是和总供给与总需求的失衡相关。

在通货膨胀条件下，总需求大于总供给，将对经济产生较大的负面影响。（1）通货膨胀将扭曲价格的杠杆作用，使市场价格不能反映真实的供需关系，从而误导生产，在持续上升的价格影响下，往往可能加快生产过剩的形成，推动经济周期到来。同时，在通货膨胀的影响下，会使企业间收入差距扩大，引起资源的不合理配置，并导致全社会经济效率的下降。（2）在物价上升水平大于工资上升水平时，人们的实际收入将下降，在人们预期物价将继续上升时，可能增加即期消费，进而增大当前消费需求，增大通货膨胀的压力。（3）物价水平过高时，人们的储蓄利率可能下降或为负，会促使人们减少储蓄扩大消费，这也将增大需求，加重通货膨胀压力。（4）过高的物价水平将增大企业的生产成本，产生企业间的利益再分配使一些企业出现不正常的利润率上升，一些企业经营困难，影响产业结构的合理化，而生产资料价格的上涨，还将促使企业增加信贷需求，将物价上涨的压力向金融系统转移，可能导致信贷的不正常膨胀，进而加剧通货膨胀压力。（5）在以所得税为主的税制模式下，通货膨胀将产生纳税人税负的"档次爬高"效应，出现使纳税人的名义收入增加，税负增加，但实际收入减少的不公平现象。

通货膨胀的产生可以有多种原因，但社会总需求与总供给的失衡是最基本的原因。消费、投资与政府支出的增加，都可能使总需求增加，而在总需求超过充分就业所能达到的产出水平时，就会出现通货膨胀缺口，从而引起价格总水平的上升。正是通货膨胀的存在可能对经济生活造成不良影响，这使当代各国均十分关注通货膨胀率的高低，并采用一定的政策来避免或抑制通货膨胀以稳定物价，这也是财政政策运用的重要目标之一。

财政政策作为国家实现管理总需求的重要政策手段，在治理通货膨胀方面通常可以从三个方面来进行：一是实行预算平衡政策，消除可能导致非经济发行的"硬赤字"，并与货币政策协调配合，促使总需求与总供给的平衡，保持物价总水平的稳定。二是实行相机抉择的财政政策，有针对性地运用税收、公债、投资、转移支付等政策，调节投资需求过多引起的生产资料价格上涨和消费需求过多引起的生活资料价格上涨，稳定总体物价水平。三是配合法律、行政、经济手段，取缔价格垄断和独占性经营，抑制因控制价格而产生的独占性通货膨胀。

三、经济增长

经济增长通常用一定时期内实际国内生产总值的年均增长率或其人均值来衡量。一般用一个国家的产品和实际劳务数量的增加来表示，经济增长率的高低可以反映一国的经济规模和生产能力与经济实力。在发展经济学中，经济增长与经济发展是两个既有联系又有区别的概念。它们的区别是：经济增长仅指物质产品和服务产出量的增加，而经济发展除包含产出量的提高外，还包含经济结构的演进、经济体制的变革、社会生活质量的提高等内容。它们的联系是：经济增长是经济发展的前提，没有经济增长，经济发展就缺乏必要的物质基础而难以进行；经济发展为经济增长创造新的条件，没有经济发展，经济增长则因缺乏必要的机制而受到阻碍。只有以经济发展为目标，使经济增长符合经济发展的要求，把二者统一起来，国民经济才能持续、快速、健康地发展。这使经济增长与经济发展成为现代各国追求的基本经济目标。

由于经济增长对经济发展的基础性作用，特别是对解决失业问题缓和国内国际间的矛盾有重要作用，使许多国家在经济发展的过程中，将经济增长作为重要的经济目标来选择。特别是凯恩斯学派"降低利率、刺激投资、扩大政府开支"的宏观经济政策理论的形成更为西方国家追求经济增长目标奠定了理论基础。许多经济学家认为，没有增长就可能没有充分就业，并将实现经济增长视为解决国内矛盾并求得生存的条件。"奥肯法则"更描述了经济增长与充分就业之间的相对稳定的正向关系。这一法则认为，GDP 每增加 3%，失业率大约会下降 1 个百分点，虽然这是一个并不十分严格的正相关关系，但它说明了经济规模的扩大会引起就业率的增加。因此，刺激经济增长一度成为第二次世界大战后西方国家努力追求并进行政府干预的基本原因。而在现代众多发展中国家，实现经济增长仍然是最为重要的经济目标之一。通过财政政策来影响经济增长速度，是现代政府宏观调控的重要内容。

四、公平分配

从各国经济社会发展的过程考察，在经济发展初期将经济增长作为经济目标是一个基本趋势，在这一阶段，公平问题往往不是最主要的问题。正如我国在改革开放之初强调的是"效率优先，兼顾公平"。但在市场经济条件下，实现效率是基本选择，如果没有外在的影响，忽视社会公平与收入分配差距、贫富差距的扩大就不可避免。在现代各国，将公平分配作为一个重要的经济目标来强调。分配公平是一个以人们的收入情况来反映的经济发展状况的指标，通过对社会财富分配在不同收入者之间的比较又能在相当程度上反映社会公平的状况。

在国际社会中，常用以衡量收入分配是否公平的模型与指标是洛伦兹曲线和基尼系数（见图 22－1）。

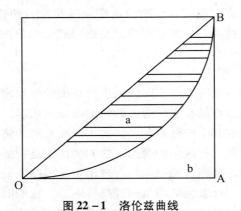

图 22－1　洛伦兹曲线

在图 22－1 中，如果社会财富完全平均地分配给所有家庭，则洛伦兹曲线是对角线 OB，这从理论上说明社会财富分配的绝对平等。而与此完全相反的是表现社会财富分配的完全不平等的洛伦兹曲线，即图中的 OAB 折线，它说明社会中只有唯一的一个家庭拥有 100% 的社会财富，其他家庭则一无所有。上述两种财富的分配都是一种理论上的抽象，但在这两个极端之间的社会财富分配却可以进行现实地描述。图中的弧形曲线 OB （即洛伦兹曲线）可用于反映社会财富分配的公平程度。当曲线 OB 越靠近对角线时，社会财富的分配越平等，当曲线越靠近折线 OAB 时，财富的分配则越不平等。在此基础上，还可以对社会财富分配的平等程度进行测算，即用图中的对角线和实际的洛伦兹曲线围成的阴影部分面积（a）占三角形 OAB 面积（a＋b）的比例的大小来评价，这一比例称为基尼系数：

$$基尼系数 = a/(a+b)$$

基尼系数越接近 0，社会财富的分配越趋于平等，而系数越接近 1，社会财富分配则越不平等。在不同的国家、不同的时期，通过基尼系数来评价社会财富分配是否公平并非一成不变，但却能反映社会财富分配的公平程度。一般而言，基尼系数小于 0.4，则认为收入分配相对公平，如超过 0.4，则表示收入分配不公平，相应地，社会不公平也就较明显。基尼系数超过 0.4 越多，社会问题与矛盾也将越突出，通常社会也愈不稳定。

除用基尼系数来反映分配是否公平外，公共服务的均等化程度也可以在一定程度上反映社会的公平程度，这是政府为全社会成员提供的必须的公共产品与公共服务，是一种社会财富的再分配，如教育、医疗、治安及各种基础设施服务。在一些国家，尤其是发展中国家，由于地区经济发展差距较大，不同地区的居民获得的公共服务存在很大的差别，这或将导致人、财、物力资源在地区间的不合理流动，或将加大地区经济发展的差距。因此，这种通过政府来实现的收入分配的不公平，对一国经济社会的稳定与协调发展也是不利的。应当说，公平分配既是一个经济目标，也是一个社会目标，实现公平分配就成为现代政府进行宏观调控的重要内容。事实上，随着各国经济的发展，有越来越多的国内外学者在研究宏观经济政策时都既强调经济目标，也重视社会目标。

🦋 五、国际收支平衡

国际收支是指一国在一定时期内从国外收进的全部货币资金和向国外支付的全部货币资金的对比关系。国际收支的主要国际交易活动包括进口、出口、政府在国外的购买和投资、外国对本国的投资以及政府持有的黄金和外汇的变动等。一国的国际收支状况不仅反映了这个国家的对外经济交往情况，而且还能反映该国的经济稳定程度。

一国的国际收支状况主要通过国际收支的对比关系来表现。最主要的是考查一国的国际收支是顺差还是逆差。一国的国际收支顺差是指在一个自然年度内因进口和资本外流所引起的外汇支出小于因出口和资本流入所引起的外汇收入，这表明在国际交易活动中该国取得的外汇增加，这将增加本国的外汇储备，并增强其国际支付能力，有利于一国与其他国家或国际经济组织之间的经济贸易关系。国际收支顺差一般能反映一国国内经济的发展与增长，有利于就业的增长，表现为对外国资本具有吸收力，国内产品占有一定的国际市场份额，出口形势较好；

但长期的国际收支顺差会使一国的国际储备过多，这将产生一系列问题。外汇储备过多，加剧了外汇市场上供给大于需求的局面，这又将对出口形成一定的压力。同时，过高的外汇储备也可能促使我国的货币发行量增大，增加中央银行执行货币政策的难度与复杂性，并对中国经济波动产生一定的影响。

与国际收支顺差相反的是国际收支逆差，通常表现为在一个自然年度内因进口和资本外流所引起的外汇支出大于因出口和资本流入所引起的外汇收入。长期的国际收支逆差将影响国际资本流入，国际支付能力下降，并削弱其货币的国际地位；国际收支逆差导致的外汇储备短缺将刺激一国外债的增长，而举借外债所产生的本金和利息的偿付必然使本国货币或外汇不断流向外国。这不仅会加重将来的国际收支赤字，而且可能使本国债台高筑，削弱本国经济在世界经济中的地位。此外，在国际收支存在逆差的条件下，为增加外汇收入，还可能加重财政负担，迫使政府在财政困难的条件下增加对外贸出口的补贴，我国在改革开放初期就曾实施过这种政策。

尽管国际收支顺差与国际收支逆差都是国际收支不均衡的表现，但从所造成的经济影响来看，国际收支逆差对一国有更大的威胁。因此运用宏观调控手段影响国际收支更多地是解决国际收支逆差，实现国际收支平衡。在改善国际收支逆差的状况中，财政政策的作用是十分明显的。一般而言，财政政策可以根据国内总供需的情况，在总供给大于总需求的时候，通过鼓励出口政策，如通过出口退税、出口补贴或通过税收来限制进口以减少国际收支逆差；在国内经济发展的过程中，财政可以合理地运用财政贴息等杠杆促进出口信贷的发展，扶持本国企业的外向型生产与出口；同时，合理利用财政税收杠杆促进本国产业结构的调整与技术改进，也是谋求国际收支平衡的重要政策选择。

需要指出的是，充分就业、物价稳定、经济增长、公平分配和国际收支平衡是财政政策追求的主要目标。但在实践中各目标的同时使用可能产生一定的矛盾与冲突，从而使财政政策的每一目标不能同时达到最佳的状态。如要实现充分就业就需要承受一定的物价上升的压力，因为只有在物价上升的条件下才能反映需求的增长，才能激励生产发展和供给的增加，正如菲利普斯曲线所描述的通货膨胀率（物价）与失业率（就业）之间的负相关关系，即通货膨胀率较高，则失业率较低，而通货膨胀率较低，失业率则较高。因此，充分就业与物价稳定目标不可能同时达到最佳水平。又如经济增长、充分就业与国际收支平衡目标也在一定程度上存在冲突。即在实现充分就业、促进经济增长过程中，可能因扩张性的财政政策使国民收入和支出能力增加，这通常会增加对进口商品和服务的需求，如果此时国内经济增长吸引的外国资本仍不能弥补国际贸易的差额，则可能引起国际收支逆差；另一方面，扩张性财政政策所产生的通货膨胀压力及价格总水平的上升，又会导致本国商品和劳务在国际市场上的竞争地位下降，给国际收支平衡造成压力。如果政府为解决国际收支逆差，平衡国际收支而使用财政政策来压制国内的有效需求以增加出口，又可能因内需减少导致国内经济衰退。在经济增长与公平分配目标实现上也存在一定的矛盾。这在于经济增长与公平分配实际上表现的是公平与效率的关系，这在很大程度上也不相容，在经济学上称之为公平—效率替换（trade – off）问题。即为实现高速经济增长目标，必须有足够的劳动力供给，投资规模必须达到一定水平，技术要不断创新，而这些条件的实现都需要以一定程度的收入不均等为前提。当经济发展达到一定阶段后，收入和财富的分配均等化将作为一个社会问题而成为财政政策主要目标之一。这时，经济增长的速度就要放慢，把一部分资源用于提高全社会的生活水平上。此外，公平与效率的不相容性还表现在实现地区间的收入分配公平方面，可能在一定程度上有利于某一地区的经济增长，但从整体来看，有可能会降低国民经济增长率。例如，如果政府把大量资金用于落后地区发展经济，增加了这一地区的人均收入，但是，根据比较利益原则，如果政府把这部分资金用于专业化程度高、技术力量雄厚的地区，整个国民经济的发展可能更快。因此政府常常需要在公平与效率之间权衡取舍。正是由于财政政策目标之间存在的矛盾与冲突，使政府在运用财政政策时有必要进行必要的选择，即政府有必要根据各国经济发展过程中的主要矛盾与问题，确定在某一时期财政政策要实现的主要目标，这时其他目标则处于较次要的地位。而在进行多目标选择时，也需要政府在目标实现的程度上进行相应的财政政策选择，使财政政策的运用能尽可能兼顾多目标实现的需要，并尽可能减少各目标间的相互矛盾与冲突，使财政政策能达到较好的宏观效果。

第三节　财政政策工具及其体系

财政政策工具是政府实现财政政策目标的载体或手段，与财政收支活动实现相关。财政政策工具主要由税收政策、公共财政支出政策、国债政策、国家预算政策及更具体的财政政策工具构成。这些所有可以运用的财政政策工具则形成一国的财政政策体系。在这一体系中，不同的财政政策工具有不同的功能，在不同的经济条件下，财政政策工具的运用可以表现出不同的效果，国家可根据经济社会发展的需要有选择性地加以使用。因此，财政政策工具的合理选择与运用成为影响财政政策目标实现的重要因素。

一、税收政策

税收是建立在国家法律强制的基础上按预先规定的制度进行的无偿性与固定性征收。这不仅使税收对保证财政收入有重要意义，也使税收对纳税人利益能实现强制性调节。因此，政府可以通过税收政策的合理运用来为财政政策目标的实现服务。由于税收政策必须建立在法制的基础上，受国家立法程序的制约，一般情况下不能随意调整税制，这使税收政策相对其他财政政策手段明显缺乏灵活性。政府对税收政策的运用也主要针对中长期经济目标，对资源的有效配置和收入分配关系进行调节，只有在确有必要运用税收才能解决问题的情况下才使用税收政策，政府也可以通过调整税收政策来影响生产与消费，处理一些短期内的经济问题。如在经济衰退时的减税与经济过热时的增税，或在特殊情况下对个别税种的减免。我国在 2003 年因"非典"影响而使一些服务性行业收入大幅下降，针对这些受影响较大的行业国家给予了营业税的减免。

从总体上考察，税收政策工具的使用可以从几个方面表现出来：（1）通过自动稳定与相机抉择的税收政策影响收入水平进而影响总供需。（2）可采取相机抉择的税收政策来影响总供需，即政府可以通过增税或减税的措施，来缩小或弥补通货膨胀或通货紧缩的缺口，以促进总供需的平衡。（3）运用税收的乘数效应影响经济。税收乘数一般指税收的变动对国民收入的变动产生的倍增作用。一是税率变动的乘数效应，二是税收绝对量变动的乘数效应，通过税收政策调整，改变宏观税率或税收总量可以对总供需和资源配置产生积极的影响。（4）调整税负分配结构影响经济。一般而言，累进税率能较好地调节收入水平，而比例税率则将扩大收入差距。同时　当政府还可以通过对不同产品或行业的税负水平的调整（如制定不同的税种、税率或考虑是否给予减免税等）来影响各产品的生产或行业发展，以协调供需结构。（5）税收优惠与税收的限制或惩罚政策的影响。（6）通过对什么征税，征多少税的规定，可以现实地影响纳税人的收入，体现国家对不同收入的调节政策，以促进社会公平。

二、公共财政支出政策

公共支出是财政再分配社会资源与财富的基本表现，公共支出政策的选择对实现财政政策目标具有重要影响。根据政府安排支出是否能获得等价补偿为标准，可以从购买支出政策和转移支出政策两个主要方面来理解公共财政支出政策。

（一）购买支出政策

从财政购买支出的最终用途来看，它包括两个方面：一是购买政府日常政务活动所需的商品与劳务的支出；二是投资兴办各类企业与各项事业所需的商品与劳务的支出。前者属政府消费，后者也称为政府投资或财政投资。财政购买支出的变动可以对国家、社会、经济发展产生重要影响，这使财政购买支出政策必然成为政府用以影响经济社会的重要工具。

（二）转移支出政策

转移支出政策主要用以调节国民收入的分配与再分配，是政府将部分财政资金无偿提供给社会成员或社会集团去自主使用，或将财政资金在各级政府或地区间进行必要的调剂。通常情况下，转移支出政策主要是对分配产生直接影响，而对社会总供需的影响较为间接。一般而言，转移支付政策的主要构成是社会保障与财政补贴政策，这两大政策的合理使用，对促进社会公平、缩小贫富差距、缓解社会矛盾、调节产业结构、协调区域经济发展、实现社会稳定与建立和谐社会均具有十分重要的作用（公共财政支出政策详见第二十四章）。

三、国债政策

国债作为一种特殊的债务形式区别于其他债务，国债的债务人是国家，其信用基础是国家的政治主权和国民经济资源。在国家政治稳定的条件下，国债具有良好的稳定性与安全性。在现代社会，国债功能大为扩张，除了弥补财政赤字之外，国债还成为满足国家临时性资金需要，为经济社会发展筹集资金，服务政府调控经济、影响货币政策实施等多方面的重要政策工具：（1）国债政策对经济增长、充分就业目标的实现有积极的影响。在经济衰退时期，市场投资呈萎缩状况，失业率上升，就业机会减少，税收也将相应减少。这时，通过扩张性的国债政策增加政府消费与投资，可以引导社会投资的增长，促进社会总需求扩张，并带动经济的增长。1998 年我国增发 1 000 亿元国债带动了约 2 000 亿元的社会资金投入，使我国经济因此增长了两个百分点。此后直到 2003 年，我国每年均增发了 1 000 亿元以上的长期国债用于经济建设，从而使我国经济进入了新一轮的增长期，并有效地缓解了我国的就业压力。（2）国债可以配合中央银行的货币政策来调控市场货币量。即在市场货币量不足时，中央银行可以在金融市场上买入国债，放出一定量的货币，而在市场货币供给过多时，可以卖出国债以回笼货币，通过中央银行对国债的吞吐，既调节了货币供应量，也将影响市场物价水平。（3）国债政策的流动性效应和利率效应。① 国债政策的流动性效应，是指通过改变国债的流动性程度来影响整个社会的资金流动性状况，从而对经济产生扩张性或抑制性效应：在经济萧条时期，政府可增加短期国债的发行，以提高整个社会的资金流动性，扩大社会总需求。在经济繁荣时期，政府增加中长期国债的发行，可以减少国债的流动性，进而抑制社会总需求。由银行系统认购国债，可以通过扩大信贷规模而增加货币供给量，而非银行部门认购国债则只会引起资金使用权的转移，不会引起货币供给量的增加。因此，在经济萧条时，政府应增加银行系统持有国债的份额，以刺激投资和消费需求；在经济繁荣时，政府应尽量从非银行部门借入资金，以减轻通货膨胀压力。国债政策的利率效应，是通过调整国债的利率水平和影响其供求状况来影响金融市场利率变化，从而对经济产生扩张性或抑制性效应：在经济萧条时期，政府通过调低国债的发行利率，可带动金融市场利率水平下降，以刺激投资需求和消费需求；在经济繁荣时期，政府通过调高国债的发行利率，推动金融市场利率水平上升，以抑制总需求；在经济衰退时，政府可以大量买进债券，以刺激国债价格上升，使利率水平降低，产生扩张性效应；在经济繁荣时，政府可以抛售债券，以促使国债价格下跌，使利率水平上升，产生紧缩效应。

在实践中，国债政策可以作为一种独立的财政政策工具来使用，但国债作为

---

① 高培勇：《公债经济学导论》，湖南人民出版社 1999 年版，第 184～187 页。

一种金融产品也被看做是货币政策的重要载体。因此，政府在利用国债手段实现财政政策目标时，与货币政策相衔接与协调搭配也是非常必要的。

四、国家预算政策

国家预算是国家财政收入与财政支出的年度预定计划，是反映政府活动的范围、方向和政策取向的重要财政政策工具。国家预算由中央预算和地方预算组成，而作为国家财政政策工具的一般是中央预算或联邦预算。一般情况下，国家预算政策主要通过年度预算收支总额与结构的变动以及预算在执行过程中的收支追加追减来实现财政政策目标，而平衡或赤字的预算能更直观地体现国家在一定时期内的财政政策。

通过国家预算确定财政收入占 GDP 的比重，可以反映财政对国民财富的集中程度，一般而言，这一比重愈高，国家预算的宏观调控力度就愈大；反之，这一比重愈低，国家预算的宏观调控力度则愈小。而财政支出占 GDP 比重的确定，既能反映政府对财政收入的安排，也将体现通过预算政策对社会财富的再分配力度，能更准确地反映政府对国民财富分配与社会总供需的影响。在财政支出与财政收入基本平衡的条件下，一般反映的是财政状况较好，政府不需要对经济总量的变动施行过多的干预，这时预算收支的结构性调整可以对经济生活中的局部问题产生一定的影响。如果财政支出大于财政收入，一般可反映政府通过预算赤字对社会总需求的影响加大，在有预算赤字的条件下，预算支出的结构性调整也通常服务于政府对经济的适度干预。因此，国家预算政策的实现程度首先取决于财政收入占 GDP 的比重的大小，特别是中央财政收入占国家财政收入的比重的大小，而财政支出占 GDP 的比重则更能体现财政对国民财富的分配份额，可以反映在经常性财政收入的基础上还有必要通过国债发行实现预算政策目标。

在一定的预算政策条件下，国家预算收支规模的变动及其平衡状态可以调节社会总供给与总需求的关系。通过国家预算收支规模的变动，可以决定政府消费与投资规模，对整个社会的总需求以及总需求与总供给的关系产生重大影响。这主要可以通过赤字预算、盈余预算和平衡预算政策的作用来实现。赤字预算体现的是一种扩张性财政政策，在有效需求不足时，可采用扩大国债发行和预算赤字对总需求的增长、增加就业起到刺激作用；盈余预算体现的是一种紧缩性财政政策，在总需求膨胀时，可以通过减少预算支出，增加税收实现预算结余以抑制总需求膨胀与通货膨胀；平衡预算体现的是一种中性财政政策，在市场正常运行时，强调预算收支大体平衡，无须通过预算调整影响总供需以维持总供需的协调与稳定增长关系。

预算结构的调整，一方面表现在财政预算支出方面，在市场经济中，通过公共投资规模与结构的调整，对国家基础产业部门，特别是基础设施建设的扶持，对国民经济中的各种比例关系和经济结构的合理化产生重要的作用；调整预算的购买支出与转移支出比重，增加转移支出份额，对缩小收入差距、实现社会公平、协调区域经济发展、扶持落后地区开发与治理贫困均有不可替代的作用。增加预算支出中的社会发展性支出，能促进科学、教育、医疗卫生事业的发展，对提高国民素质与生活质量、构建和谐社会有重要意义。在实现公平分配的目标方面，除有必要对公共支出结构进行调整外，预算收入政策特别是税收政策的调整也具有重要意义。

第二十三章　税收政策 ✠

第一节　税收政策与经济的关系

税收政策是政府为了实现一定时期的社会或经济目标，根据选择确立的税收分配活动的指导思想和原则，通过一定的税收政策手段，调整市场经济主体的物质利益，从而在一定程度上干预市场机制运行的一种经济活动及其准则。它是经济政策的重要组成部分。

税收政策是在一定的经济理论和税收理论的指导下，根据国家一定时期的政治经济形势要求制定的，可具体划分为总政策和具体政策。税收总政策是根据国家在一定历史时期税收实践中所必然发生的基本矛盾而确定的，是用以解决这些基本矛盾的指导原则，又称"税制建立原则"。税收具体政策是在税收总政策指导下，用以解决税收工作中比较具体的矛盾的指导原则。税收总政策在一定历史时期具有相对稳定性，税收具体政策则应随政治经济形势的变化而变化；税收总政策是建立各项税制的指针，而税收具体政策在每项税收制度中的体现就不尽相同；税收总政策是指国家的税收政策，具体税收政策是指某一税种的政策。税收总政策及其指导下的具体政策对于税制的总体布局和税种结构的建立，以及各种税的税率、税目、减免、课征环节等税制要素的确定都十分重要。

一、税收政策与经济

税收政策的制定要服从于经济发展的需要，经济的稳定发展也需要相应的税收政策的配合。税收政策按照目的不同可分为激励性税收政策、限制性税收政策、照顾性税收政策和维权性税收政策。不同的税收政策体现了国家不同的税收导向和征收目的。如为鼓励企业产品出口创汇，增强企业出口产品的市场竞争力，对出口企业实行出口退税的激励性政策；对新办企业和民政福利企业的临时性或特殊性困难，税收实行照顾性政策，定期减免企业所得税；等等。在市场经济发展的不同阶段政府会用各种宏观调控手段，针对不同的经济环境和条件实行有差别的税收政策，包括运用税收杠杆来维护市场秩序并推进市场经济的健康发展。因此，在不同经济发展时期，国家出于总体发展战略的要求，会出台新的税收宏观调控措施，为国民经济的平稳运行保驾护航。

二、税收政策与财政政策

税收是财政的一个有机组成部分，但它又具有相对的独立性，在财政分配关系中具有独特的地位。税收不仅具有独特的调控功能，而且税收活动对财政的意义重大。（1）税收是财政最重要、最稳定的收入来源。税收分配具有无偿性、固定性、强制性的特点，收入可靠稳定，也无须像国债收入那样要偿还。而多税种、多税目、多层次、全方位的课税制度为广泛地大量地聚集财政资金提供了条件；税收按年、按月、按旬、甚至按日征收，均匀入库，也有利于财力调度，满足日常财政支出。（2）税收有利于规范、明确政府与企业之间的财政分配关系。在市场经济条件下，税收应是政府参与企业利益分配的最根本最规范的分配方式。税收分配，不仅有利于政企分开，而且有利于企业进行公平竞争。（3）多税种多层次的税源分布有利于各级政府之间的财源分享，因此分税制已成为世界通行的财政管理体制模式。

同时，税收又受财政的制约。税收调控，特别是总量调控，往往需要财政支出政策的协调配合才能有效发挥作用；税收的收入特点也决定了税收的首要职能是组织财政收入，再加上财政支出在实践操作上的刚性特征，使组织收入成为税收的第一任务，从而大大制约了税收发挥调控作用的空间。税收在财政中的特殊地位决定了税收政策与其他财政政策相比具有相对的独立性，而财政对税收的制约又说明税收政策的运用仍需与其他财政政策进行协调配合。

在财政政策的运用中，税收政策处于基础地位。其基础地位表现为：（1）支出政策工具的运用以一定时期的收入能力为基础。即财政负有弥补市场失灵、为全社会配置公共资源、提供公共商品的重要职责，但这种职责的履行必须通过税收筹集大量资金。同时，财政履行职责的过程也就是财政实施宏观调控的过程。显然，国家财政宏观调控力度的大小是国家财政能力的集中表现，而这又取决于税收收入规模及其增长速度。也就是说，税收调控包含在财政调控之中，且对整个财政调控产生重大影响和制约。（2）财政支出促进经济的有效增长必须在财政收入上得到反映。在市场经济条件下，税收作为国家进行宏观调控的主要工具之一，其内容不仅包括总量调控，以促进社会总供求的平衡，保持经济的稳定增长，而且包括结构调控，即对产业结构、地区结构、收入分配结构等在内的国民经济结构进行调控，以保持经济的协调发展；而这种经济的稳定与协调发展必然通过税源扩大、税收收入的平稳增加得以体现。（3）税收政策是维护市场有效运行的基本防线，从而也制约着支出政策的调控空间。在市场经济条件下，政府与企业的关系主要体现为征纳税关系。而税收由国家进行非直接偿还的强制性征收，无论是税种的设立，税目的增减，还是税率的调整，都将对纳税人的经济利益产生影响，由此影响纳税人的行为，进而对整个社会经济生活产生影响。

税收政策也需要与其他财政政策紧密配合，其配合主要表现在相互作用上的互补和协调。互补就是一种政策手段的作用欠缺用另一种政策手段予以弥补；协调即为两种政策都能发挥作用时应注意作用力方向的协调，使之形成合力而不是相互抵消。税收政策一般适合于中长期调节，因此，对于短期的、临时的调节就需要其他财政政策手段诸如财政补贴等来补充。税收政策与财政政策的协调配合要求总量上的"松"、"紧"搭配。税收政策、财政支出政策在总量调节上都具有扩张性、紧缩性或中性效应，因此在实际操作上需要同时实行"松"的或"紧"的政策，或同时保持中性，才能在总体上达到调控目的。通常来说，税收方面实行减税的扩张政策时，需配以"增支"的扩张性财政支出政策；反之，"增税"则与"减支"相配合。在结构调节方面，从政策产生的效果看，有的起鼓励性的作用，有的起抑制性的作用。可以把前者称为"鼓励性政策"，后者称为"抑制性政策"。由于这两类政策的作用方向是相反的，因此在具体实施时就应注意使作用力的方向一致，形成合力。例如，应注意协调体现产业政策的税收优惠措施与起结构调节作用的财政支出政策，避免互相打架。再如，税收的地区性优惠和财政转移支付都对促进经济落后地区的经济发展具有重要意义，但如果只采取税收优惠倾斜，而没有财政转移支付做保障，则税源本来就不丰裕的落后地区，财政将无力支持税收优惠政策的有效实施。我国经济东西部发展不平衡，中西部地区经济发展大大滞后，因此促进中西部地区经济发展是财政、税收政策的重要目标。目前虽然对中西部地区实行了一定的税收优惠，但相比之下，东部地区的税收优惠的力度更大，结果是东部地区的总体税负反而比中西部地区的轻。而在财政方面，财政转移支付制度虽已启动，但数量极其有限。由于中西部地区税源少，财政困难，税收优惠没有与税收任务挂钩，因此，即使现行的税收优惠也得不到有效落实。这显然与我国的政策目标相违背。要想真正鼓励中西部地区的经济发展，就需要税收、财政政策齐头并进：一方面，加大财政转移支付力度，增加中西部地区的可支配财力，增加税收政策的调控空间；另一方面，则应加大对中西部的税收优惠力度，在考虑到中西部地区投资环境较差，泛泛的税收优惠效果有限的情况下，改变税收优惠思路，先对中西部地区投资环境较好的地区予以重点扶持，培育经济增长点和辐射点。

三、税收政策与产业结构优化

调整产业结构，加快实现产业高级化步伐，实现经济结构的加速调整，已经成为推动我国经济继续保持健康、稳定、快速增长的必然选择。在市场经济条件下，税收政策作为国家进行宏观调控的主要工具，可通过对产业结构、收入结构、所有制结构、地区结构、企业规模等结构的调整使经济实现协调发展。如差别税负可影响资源在不同产业、不同行业、不同地区的资源配置；合理的税负分配原则有助于所有制结构的调整；合理的税制结构与税负水平有助于收入结构的改善；等等，从而有助于从根本上促进供求状况的好转。

产业结构优化应在市场化调节为基础方式的前提下，综合运用资本市场、分配政策、财政手段、税收手段等一系列政策工具去促进和推动。税收政策作为国家进行宏观调控的综合手段之一，对于促进产业结构优化的作用明显而持久，它的充分应用必将加快我国产业优化进程。但是，调节产业结构的主导方式是市场，政府部门应用的税收、投资、价格、金融政策是有力的补充，由此决定了税收在调节产业结构方面起的是促进作用。因此，发挥税收作用，促进产业结构优化方面的着眼点是既要完善税收政策，为形成健康的市场机制创造一个十分有利于市场机制运作的税收环境，同时又要通过税收负担在产业、企业的差异促进产业提升科技含量，促进产业结构优化。

目前，我国为优化产业结构所采取的税收政策主要包括：

取消农业税，减轻农民的实际负担，稳固第一产业的基础地位。同时为支持第三产业的发展，采取了对新办的、独立核算的从事咨询业、信息业、技术服务业的企业或经营单位，自开业之日起，第 1 年至第 2 年免征所得税；对新办的、独立核算的从事交通运输业、邮电通信业的企业或经营单位，自开业之日起，第 1 年免税，第 2 年减半征税等规定。

为鼓励高新技术产业的发展，国家实行了一系列的税收优惠政策。主要有：对高新技术产品出口实行了零税率；对新建和转制的中央、省地（市）所属科研机构，给予免征企业所得税的优惠；到 2010 年底以前，对属于高新技术产业的软件产业和集成电路产业的增值税一般纳税人，在其销售自行开发生产的软件产品和集成电路产品时，对其增值税负担超过 3% 部分实行即征即退，所返税款不再征收企业所得税，并且对这类企业进口的自用设备在进口环节免征关税和增值税；出台了鼓励各类企业增加技术开发投入的优惠政策。

为了支持金融、保险事业等特殊产业的发展，从 2000 年起，金融业营业税率每年下调 1 个百分点，由 8% 逐年降至 2003 年的 5%。为了支持航空事业的发展，对生产销售的支线飞机免征增值税，以及对生产所需的进口设备凡是还不能国产化的，一律免征进口增值税。另外，对飞机维修增值税实际税负超过 6% 的部分实行即征即退，等等。

为了在优化产业结构的同时调整地区结构，对设在西部地区的国家鼓励类产业的内、外资企业，在 2001～2010 年间，减按 15% 的税率征收企业所得税，并对新办的交通、电力、水利、邮政、广播电视企业给予了更为优惠的待遇。

但是应该看到的是，我国的产业结构调整仍任重而道远。为了加快转变经济方式，实现产业优化升级迫切需要增加的产业其增长速度仍有待提高。比如高新技术产业，电子信息产业，特别是软件产业，增长仍然缓慢，我国的软件业产值占 GDP 比重不到 1%，印度软件业产值已经占到 GDP 比重的 16.7% 了。第三产业的增长也不尽如人意。对引进技术的消化创新，我国长期存在重引进轻消化的问题，日本和韩国引进技术的投资与对引进技术消化创新的投资的比例是 1∶5，2004 年我国统计局公布的数据是 1∶0.07，由于技术引进后消化创新投入不够，使我国长期处于引进再引进这样的局面。另外，对技术开发的投入非常的少，统计局公布，我国国有大中型以上的企业，有技术开发机构的只有 1/4，有技术开发合同的有 30% 左右，也就是 3/4 的企业连技术开发机构都没有，技术开发的投入占销售收入的比例在大中型企业里面只有 0.75%。根据国外的经验，技术投入比例低于 2% 的企业就要破产，低于 3% 意味着企业没有长期发展的能力。

因此，我国需要进一步完善税收政策，为产业结构优化创造更好的条件。（1）对节约资源、能源消耗的行业，比如像软件行业，给予更加优惠的税收政策。（2）对高耗能、高污染的企业通过严格的税收政策进行调整，保持这些行业的适度规模。（3）对技术消化创新和技术开发投入加大税收政策的优惠力度，形成有自主知识产权的产品和自己的核心竞争力，为实现产业结构的优化升级，走新兴工业化的道路创造良好的条件。（4）通过合并内、外资企业所得税，开征社会保障税等税收政策，营造良好的市场机制环境。（5）利用税收政策来抑制某些行业的暴利。

四、税收政策与收入分配

税收政策目标包括收入效率和公平。不同的国家对这些政策目标的侧重不同，从而会影响到收入分配。发达国家选择税收政策目标时所着重考虑的往往不是收入的扩张，而是如何更有效地配置资源或公平调节收入分配，注重发挥宏观效率，强化税收调节经济的职能，于是倾向于选择以所得税为主体的税制结构。发展中国家面临着迅速发展本国经济的历史任务，需要大量稳定可靠的财政收入作保证。因此，往往将税收政策目标中的收入目标放在首位，选择以商品税为主体税的税制结构，这必然影响税收公平收入分配的作用。

从纠正市场分配的角度考虑，税收的公平目标是为市场经济的主体（企业和个人）创造良好的税收环境，鼓励平等竞争。对由于企业资源条件差异、行业垄断等原因而导致的不平等竞争，税收应进行必要的调节，以促进市场分配机制的完善，实现市场意义上的公平分配。同时，应有效调节个人收入，实现社会意义上的公平分配。在现代社会中，为了缓解社会成员收入分配差距悬殊所引起的种种矛盾，需要政府运用政策手段对收入分配进行调节，使税收政策成为日益重要的公平分配目标的实现工具。

税收政策对收入的调节，可通过对收入的分配、使用、积累等多个环节上的作用加以实现。运用税收政策，理顺收入分配关系，规范初次分配，强化收入再分配调控手段，逐步缩小分配差距。同时应该注意，为实现公平收入分配目标，可供政府选择的政策工具一般有税收、公共支出和公共管制。税收政策工具只是其中之一。税收工具对收入再分配所起的作用不如公共支出作用明显。一般而言，税收在"劫富"方面有效，但在"济贫"方面却效用不大。需要有包括转移支付、社会救济在内的公共支出加以补充方能奏效。要发挥税收政策的调节作用，必须建立起完善的社会保障体系，形成科学的对低收入家庭、失业者，以及遭受重大生活变故者进行补助的机制，同时完善社会保障筹资方式、方法，为社会保障支付提供充足的资金。

第二节 制定税收政策的理论基础

税收对经济的影响是广泛的。理想的税收政策应该是既能满足国家的财政收入需要，又不对社会经济产生不良影响。制定正确的税收政策必须充分考虑以下几个方面：

一、有利于经济稳定发展

税收政策的制定，既要保证财政收入，又要有利于促进经济发展，制定税收政策的出发点应当有利于生产的发展，促进经济的繁荣。在生产发展、经济繁荣的条件下，从实际出发，考虑到国家整体财力的可能，以及纳税人的纳税能力和心理承受能力，确定一个适度合理的总体税收负担水平。既保证财政上的需要，又有利于经济的发展；既不能一味地强调"保税"而不顾经济的发展和人民的生活水平的提高，也不能只追求一时的"经济发展"，而不注重社会公共事业的建设和经济的长远发展。

在供给大于需求时，表现为经济萧条，社会的有效需求不足。刺激有效需求的协调的税收政策应该是：刺激消费，抑制企业投资，扩大公共消费。在个人所得税方面，减轻税负，增加自然人（即不是法人）的货币所得，扩大个人消费需求，从而提高商品购买力；同时，对储蓄课征重税，以减少储蓄，从而扩大社会消费倾向，解除生产过剩的经济恐慌。在公司所得税方面，加重公司税收负担，从而抑制企业投资的过度膨胀，即少生产达到减少供给量。需求大于供给时出现两种情况的膨胀：即消费膨胀与投资膨胀。国家通过合理的税收政策手段的运用来控制需求的膨胀，即通过流转税的课征，可以间接调节企业的积累基金和消费基金。生产部门所创造的可用于积累和消费两部分，而流转税是对社会剩余产品的前置再分配。因此，流转税的多少对企业可支配的剩余产品量及积累基金、消费基金的规模产生间接的影响，从而达到恰当调节总需求的目标。运用所得税和行为税可以抑制投资需求和消费需求。所得税和行为税的课征，既可以调节积累和消费基金最终形成的比例以及各自的数量，又可缓解社会需求总量大于供给总量的矛盾。

总体来说，税收政策必须符合经济发展需要，通过合理地确定征税对象，合理地确定征税的量度界限才能有效地发挥税收对经济的调控作用；同时要使国家的征税体现公平税负、鼓励竞争的原则，尽可能排除因税收政策不合理所导致的税负不公而增加社会的额外负担、干扰市场机制的正常运转的现象出现。

二、有利于调动中央与地方的税收积极性

税收政策要有利于调动中央和地方两个方面的积极性，加强中央的宏观调控能力。要理顺中央与地方的分配关系，通过税收政策的制定，逐步提高税收收入占国民生产总值的比重，合理确定中央财政收入与地方财政收入的分配比例，以便调动中央与地方两个方面的积极性，增强中央财政的宏观调控能力。

为此，必须建立起合理科学的分税制，把地方税收体系的确立和完善提到重要议事日程。地方税收体系应该是主体税种稳定，辅助税充裕，结构合理，功能

齐全的地方税多税种的组合。建立地方税体系，关键在地方税基的选择和税种的设立。应在确定中央与地方共享税，确立地方税主体税种，如营业税、财产税等的同时，根据地方经济发展的需要开征一些新的地方税种，如社会保障税、车辆购置税、遗产税、赠与税、环境保护税等，改革现有的地方税种，如个人所得税、城市维护建设税、房产税、资源税等。

三、有利于促进对外开放

税收政策的制定，还必须考虑国际经济形势和国外税收政策的发展趋势。由于对外开放政策是我国的一项基本国策，税收政策作为一项重要的经济政策，必须根据国际政治、经济形势的变化，配合我国改革开放的需要，结合国际税收政策调整的趋势，对我国的税收政策进行及时的修正，以有利于促进对外开放和我国经济的发展。

20 世纪以前，国际贸易一向是促进国际经济增长的重要因素。早期国际贸易的理论基础主要是古典的比较利益说或自由贸易理论。20 世纪以后，世界的贸易格局及其利益分配发生了较大变化。在发达国家与发展中国家之间进行的工业制成品和原材料初级产品的国际交换中，前者的贸易条件趋好，受益多；后者的贸易条件恶化，受损多。在这种情况下，许多发展经济学家开始对自由贸易理论产生怀疑，认为比较利益说只注重国际贸易的短期资源分配效率，但是，对于经济结构处于急剧变动，并且关心长期发展甚于关心短期效率的发展中国家来说，这种理论就不太适用了。因为自由贸易虽然可能使发展中国家获得比较利益，但由于发展中国家因资源、技术所限，生产的大多是增值程度较低、缺乏价格弹性和收入弹性的产品，从而使这些国家的贸易条件和国际收支日趋恶化，在国际市场上的比较地位日益下降，得益弥补不了损失。

基于上述认识，以普雷维什为代表的许多发展经济学家指出，发展中国家实行贸易保护政策将更有利于这些国家的经济发展。由于税收是政府推行贸易保护政策的一个基本手段，因此，发展经济学中有关贸易保护政策的思路大多集中在税收方面：（1）主张在实行进口替代战略过程中，采取保护关税政策，扶持本国进口替代工业的发展；（2）主张在出口导向战略中，实行税收补贴政策，对出口工业品给予免税、退税，以及对出口产品利润给予所得税优惠；（3）强调关税的有效保护性，对进口的原材料和中间产品征低税甚至免税，对进口的最终产品征收高额关税。

发展中国家在本国经济发展的一定阶段上，对国内幼稚产业或部分产品实行必要的保护政策以实现进口替代和工业化目标方面虽然有着积极作用，但是，许多发展经济学家也清楚地认识到，必要的贸易保护政策不等于实行全方位的贸易保护主义。相反，发展中国家广泛发展国际贸易，尤其是实行对外开放政策，积极利用国外资源筹集发展资金，并在引进外资的过程中引进国外先进的技术、设备和本国短缺的原材料，对于加速本国经济发展是十分必要的。早在 1948 年，哈罗德在阐述其经济增长模型时，就曾经指出，当国内储蓄不足以支持理想的经济增长率时，应当利用国外储蓄（利用外资）来提高储蓄率，形成经济增长所必需的资本规模。1960 年，罗斯托在论及"起飞"理论时，也指出过通过引进外资来增加不发达国家的投资，使净投资率达到 10% 以上，并认为这是实现经济起飞的必要条件之一。关于发展中国家利用国外资源方面，影响较大的理论当属钱纳里和斯特劳特于 1966 年提出的"两缺口"模式。这个模式说明了发展中国家在储蓄和外汇等方面的国内有效供给与实现经济发展目标所必需的资源计划需求量之间存在着缺口，即储蓄缺口和外汇缺口，"两缺口"形成了对发展中国家经济增长的约束。他们认为，利用外资是填补这些缺口的有效手段。

发展中国家利用外资的一种普遍形式是鼓励跨国公司来本国进行投资，税收优惠政策是一种主要的刺激手段。一些经济学家广泛地研究了税收优惠的目标、形式和税收优惠的有效性问题，以及税收优惠可能对国内产业和经济发展产生的一定程度的扭曲，以便把外商投资纳入东道国经济发展目标，最大限度减少跨国活动对本国经济权益的损害。

四、适当强调税收中性原则

税收政策对经济的影响较广泛，合理的税收政策能够对社会经济活动产生积极的影响。税收政策的实现及实现程度如同其他经济政策的实现一样，要受到一定客观经济条件的制约，这就是不同的经济条件要求选择不同的税收政策。如何选择我国的总体税收政策，即我国税收政策是实行中性的税收政策还是非中性政策，在理论界和实际部门中争议都较大。

一般而言，税收对经济体系的影响是两方面的。一是产生额外收益，即征税后，对经济的影响除了使社会承担税收负担外，还可以促进经济的发展。如政府对污染环境的工厂课以重税，除了课税额本身外，还可以使这些工厂减少生产或停止生产，社会用于治理污染的费用会因此减少，同时环境本身也会得到改善，全社会的整体利益增加，产生了除税收额以外的收益。二是产生额外损失，即课税后，经济体系除负担税收额外，还要承受其他负担。例如，若对污染企业课以轻税，对其他企业课以重税，就会使环境污染加重，社会治理污染的费用增加，社会整体利益受到损害，课税便会产生额外损失。

税收中性强调税收对经济不发生额外的影响，经济体系仅仅承受税收负担，不再给纳税人和社会造成其他额外损失或额外收益。其实质是，国家征税不应对市场机制产生影响，课税时，市场机制仍然是影响资源配置和纳税人决策的主要力量，税收不应成为影响资源配置和纳税人经济决策的主要因素。

税收中性最早提出是针对间接税而言的。政府若对某些商品课征间接税，这些商品价格会上涨，消费者会因此而减少对涨价商品的消费，会多消费其他商品，从而会承受税收之外的负担。因而最早提出税收中性的英国新古典学派代表人物马歇尔认为，政府应增加直接税，减少消费税，从而使税收保持中性。

税收中性是西方市场经济处于自由竞争时期的产物，其根本点是要政府不干预经济，由"看不见的手"即市场去调节。

实际上，税收中性只是一种理论上的设想，在现实中是根本不可能的。由于税收涉及面广，渗透在方方面面，个人或企业总要考虑各种税收的作用，税收对经济的影响不可能仅限于征税额本身而保持中性，必然会存在税收额之外的收益或损失。即使是课征直接税，也有干扰市场运行的作用。税收中性只是一个相对概念，通常用来表示政府利用税收干预经济的程度。

从西方国家的发展情况来看，在资本主义刚开始发展时，一般强调税收对经济的调节作用。在进入自由竞争阶段后，才主张政府少干预经济，实行税收中性。第二次世界大战以后，西方经济学界曾认为，在市场失灵的情况下，税收不能再保持中性，甚至认为税收作为政府的重要调节手段，与其他宏观政策一起，可以弥补市场的缺陷。20世纪70年代以来，所谓"政府失灵"的理论流行，提倡税收应保持中性的观点又盛行起来。可见，税收中性与否，与政府如何运用各种经济调节手段调节经济运行有关。

我国自1978年改革开放以来，对税收调节经济的作用也有许多认识。改革开放初期，我国的税制处于恢复、完善和改革阶段，针对"税收无用论"进行了拨乱反正。但是由于处于经济转轨时期，税收的作用被过于强化，税收似乎是无所不能，税收负担的调节任务过多，这在当时是有一定社会经济背景的。

党的十四大确立我国实行社会主义市场经济体制目标后，有人认为，既然要搞市场经济，就应让市场规律去发挥作用，政府管得越少越好。但也有人认为，正因为处于转轨时期，更应加强政府的宏观调控，不能实行中性税收。实际上，我国目前的突出问题是市场体制尚未完全建立，适当强调税收中性，并与其他政策相配合，有利于为纳税人创造公平竞争的客观环境。

第三节　我国税收政策的发展及改革思路

我国税收政策的形成和发展与中国的社会经济建设紧密联系在一起，不同时期的税收政策有鲜明的时代特点。我国现行的税收政策基本适应我国社会主义市场经济的要求，但也存在一些缺陷，需要进一步进行改革。

一、我国税收政策的发展及现状

（一）新中国成立后税收政策的发展

新中国成立初期，中央人民政府为了迅速恢复和发展国民经济，采取的税收总政策是：国家的税收政策应以保障革命战争的供给、照顾生产的恢复和发展及国家建设的需要为原则，简化税制，实行合理负担。在这一总税收政策指导下，又根据全国税收制度不统一的突出问题，提出了统一税政，平衡财政收支的税收政策。

1952 年，我国胜利地完成了恢复国民经济的任务后，为配合对资本主义工商业的社会主义改造，采取了保证税收、简化税制，公私区别对待，繁简不同的税收政策。

1956 年对生产资料私有制进行社会主义改造后，认为税收政策应适应基本单一的社会主义公有制经济的需要，采取合并税种、简化纳税环节、调整税负的税收政策。1973 年，由于"左"的指导思想，采取了进一步简化税制的税收政策。

党的十一届三中全会以后，为了适应经济发展和经济改革的需要，采取了正确处理国家、企业、个人之间的分配关系，中央与地方的分配关系，充分发挥税收作用，促进国民经济发展的合理调节各方面经济利益的税收政策。逐步形成了一个以流转税和所得税为主体税种，其他各税相互配合的复合税制。

（二）我国税收政策现状

1994 年税制改革，为了建立一套符合市场经济客观要求和特点的税收制度，确立了我国现行的税收基本政策，即统一税法、公平税负、简化税制、合理分权。

这一税收基本政策是通过各个具体税种的政策来体现的。占税收收入比重最大的流转税的政策目标是公平、中性、透明、普遍。企业所得税的政策目标是调整、规范国家与企业的分配关系，促进企业经营机制的转换，实现公平竞争。个人所得税体现了现阶段我国对公民的收入政策是既要破除平均主义，鼓励多劳多得，合理拉开收入差距，又要采取措施，调节过高收入，缓解社会分配不公的矛盾，避免两极分化。农业税政策是轻税、增产不增税和合理负担的政策。关税政策的政策方针是以促进为主。

我国现行税收政策体系适应了我国"速度效益型"的增长模式，加速了市场化进程，为促进税收增加和经济增长发挥了积极作用。因为税收优惠是税收政策的重要组成部分，体现了税收政策的目标和导向，是世界各国运用税收政策时通常采取的方式。因此，笔者以税收优惠为例分析我国税收政策的作用。

改革开放以来，我国对外商投资企业和外国企业实行了各种不同的税收优惠政策，为外资企业的发展创造了良好的投资环境，吸引了世界各地的外商来我国进行投资并引进了先进技术和管理方法，促进了我国的对外开放。我国利用外资额连续四年居世界第二位。外商投资项目广泛分布在国民经济的各个行业，遍布全国 31 个省、自治区、直辖市。

同时，我国税收政策通过采取各种优惠措施，配合国家的产业政策，积极鼓励企业投资于国家急需的行业和地区，对我国产业政策的调整起到了良好的配合作用。例如，税收政策一直采取鼓励交通、能源、通信等过去称之为瓶颈产业的发展，目前已经取得了效果，交通、能源、通信条件已大大改善。

我国对沿海地区实行了较优惠的税收政策，推动了经济特区和沿海地区经济的发展，并带动了内地的经济发展。通过对出口商品实行出口退税政策，推动了国家进出口贸易的飞速发展，提高了企业的国际竞争力，并增加了国家外汇的储备。

　　另外，我国税收优惠政策鼓励企业积极录用下岗职工，增加了就业机会，为政府缓解了就业压力，具有积极的社会意义。

　　但在持续快速发展的过程中，我国经济增长模式发生了重大转变，由原来的供给不足转向需求制约，使得现行税收政策的缺陷与问题逐渐暴露出来，体现在需要对产业结构优化和公平收入分配等方面进行相应的税收政策调整，其问题的核心是不利于拉动需求。

　　1. 不利于刺激生产投资

　　我国 2008 年以前实行的是生产型增值税，不允许扣除固定资产的进项税额，等于固定资产在企业购进时征一次税，在以后的各环节征收增值税时又重复课税，无形中带动了成本的增加，从而挫伤了企业更新设备、加快技术进步和进行扩大再生产的积极性，这对投资有着明显的抑制作用。

　　2. 不利于正确引导消费

　　消费税的作用在于控制超前消费和过度消费。而我国现行的消费税税目税率的设计在很大程度上是为了组织财政收入。目前，我国对轿车、摩托车征收消费税，严重影响了我国民族工业的发展，随着形势的发展，如日用化妆品、轮胎等产品已不属于特殊消费品，征收消费税加重了企业的负担。一些新型消费品（行为），如高档健身器材、美容、桑拿、按摩、高档服装、高尔夫球设备、宠物用品等，又没有纳入消费税的调节范围，导致现行消费税调节功能低下。

　　3. 不利于高新技术的发展

　　生产型增值税购入固定资产不能抵扣，也限制了高新技术企业扩大生产投资的积极性。高新技术企业属技术密集型企业，在科技产品成本结构中，间接费用的比例往往较高，大量的研究开发费用、技术转让费用等无形资产的支出往往大于有形资产的投入。此外，购入专利权、非专利技术等无形资产也不属于进项税额的抵扣范围，无疑造成高新技术产业产品税负过高。现行企业所得税税收优惠政策针对性不强，企业实际受惠难，税收优惠形式单一。特别是个人所得税政策对个人教育支出不能做税前扣除，对个人所取得的发明创造奖、科技成果奖免税规定设限较高，不利于鼓励个人发明创造及风险投资行为，整体上不利于高新技术产业发展。

　　4. 不能体现宏观经济政策的目标

　　宏观经济政策的目标是稳定和增长，而微观经济政策的目标是公平和效率。我国现行税收政策有的单纯追求增长和效率，而在促进稳定和公平方面功能不够，不利于充分就业、稳定物价和实现经济可持续发展。另一方面，税收优惠的政策目标多极化，导向作用不清晰。我国现行税收政策目标包括以优化产业结构、协调区域经济发展、促进科技进步、吸引外商投资、扩大商品出口、推动经济可持续发展等为主要内容的经济发展目标；以保障计划生育，促进文化、教育、卫生、体育、环保事业发展为主要内容的社会发展目标；以政治、军事、外交等其他领域发展为主要内容的其他目标。比如，按照产业政策目标要求，第二产业中的加工工业得到的税收优惠最少；而按照促进科技进步、利用外资、扩大出口的要求，加工工业要享受较多的税收优惠。目前的现实是，外商投资首选东部沿海地区。按照协调区域经济发展的要求，应加快中西部地区发展，自然中西部地区企业要享受较多的税收优惠；而按照鼓励外商投资的目标要求，东部地区企业事实上享受了较多的税收优惠。在多目标同时存在并且彼此存在一定的交叉关系时，要实现政策的预期目标，掌握不同政策手段出台的先后顺序至关重要；否则，多政策目标同时发生作用，极易发生顾此失彼现象。由于复合政策目标不可避免地有互相抵消的作用，向外界传递的政策导向是模糊不清的，微观市场主体很难辨清政府在某一时刻的真实意图。

🦋 二、我国税收政策的改革思路

（一）扩大需求，对社会经济活动进行广泛调节

为刺激投资需求、消费需求和出口需求，税收政策应对生产、流通、消费和出口各个环节进行广泛调节。

首先，促进投资需求的税收政策调整。增值税转型能普遍降低企业的税负，刺激企业投资的积极性。增值税转型几乎是目前理论界的一致观点，也是市场经济发展的必然要求。目前我国已经将生产型的增值税转向消费型的增值税，这必将有利于对社会经济活动的广泛调节。

其次，刺激消费需求的税收政策调整。消费是拉动国民经济增长的最终动力源。促进消费的税收政策主要是调整消费税中影响正确消费导向的因素。取消对日用化妆品、轮胎等已不属于特殊消费品的产品征收的消费税。要从有利于增加财政收入的角度出发，适当扩大消费税的征税范围，特别是要对那些课税后不会影响人民群众基本生活的奢侈品以及高消费行为课税。总体上通过结构性减税来刺激和引导消费。

最后，促进出口需求的税收政策调整。扩大出口需求，必须进一步改革和完善出口退税机制。主要是将增值税、消费税改革与出口退税政策调整结合起来。要切实落实好生产企业的"免、抵、退"税办法，尽可能拉动出口需求，同时根据实际经济情况需要对一部分出口产品进行适当的出口退税政策调整，进一步完善出口退税机制，加强退税申报审核，提高工作效率，及时办理出口退税和免抵调库，同时严防骗税案件的发生。

（二）鼓励创新，促进高新技术发展

在企业所得税上，按国民待遇原则的要求统一内、外资企业所得税的基础上，对于符合产业政策的投资企业，不论是内资还是外资，特别是高新技术产业和资本密集型产业，除给予适当减免税外，还可采取加速折旧、允许抵扣资本购进项目所含增值税税款等优惠措施。对于技术转让和科技成果转让所取得的所得应予以免税或减税。在个人所得税上，明确规定高新技术人员的税收优惠政策措

施，如对高科技人员在技术成果和技术服务方面的收入可比照稿酬所得，实行应纳所得税额减征 30％ 的办法。对从事科研开发人员以技术入股而获得股权收益，实行 3 ～ 5 年免征个人所得税等。在增值税上主要是扩大征收范围，把与技术产业发展密切的建筑业、运输业和服务业等行业纳入增值税征税范围，并搞好其抵扣项目的完善和调整。同时，对高新技术企业免征土地使用税、印花税和房产税等地方税收，对企业用于再投资的所得，退还其已缴税款。通过这些鼓励和优惠政策，促进高新技术产业的发展，使高新技术产业进一步拉动整个经济的增长。

（三）保护环境，实现经济可持续发展

在这方面的政策调整上，一是开征环境保护税。将现行排污费改为环保税的一部分，并从税收角度加强对大气污染、水污染、土地污染的研究与立法。二是完善资源税。从加大国家对资源宏观管理的角度出发，将资源税改为共享税，并扩大征税范围，将与资源管理相关的收费并入资源税。三是对现行税收政策严格执法，如按照最严格保护耕地的要求完善耕地占用税制度。

（四）深化改革，有效促进经济结构调整

支持国有企业改革，支持中小企业和民营企业的发展，推动西部大开发以及对民族工业的保护。主要应借鉴国外经验，在不违背 WTO 基本原则的情况下，采取适当的"效益优先和非均衡战略"的税收调控政策，建立起规范的主要针对经济落后地区的区域性和扶持性税收优惠政策体系，以拉动宏观经济的整体协调发展。为促进中小企业发展，应进一步调低小规模纳税人增值税的征收率。如工业小规模纳税人的征收率可以调低为 4％；商业小规模纳税人的征收率可以调低为 3％。对少数民族地区、贫困地区创办的中小企业，可以授权市县人民政府给予企业所得税定期减免税照顾。同时，要适应 WTO 要求，进一步完善关税制度。对现行内外有别的税收政策，特别是税收优惠政策进行清理和规范，不再区分企业所有制形式，实行统一的税收政策。在内、外资企业所得税并轨过程中，将考虑对现行外资企业已享受的税收管理给予一定的过渡期。在此基础上制定符合我国实际，并与国际惯例相接轨的税收政策，促进我国经济在 WTO 这个"经济联合国"里健康发展。

（五）公平收入分配，实现社会和谐

同时，通过调整个人所得税和利息税政策，改革个人所得税制度。更好地发挥个人所得税调节收入分配的作用，逐步缩小居民收入分配差距，防止两极分化。

（六）完善税收优惠的方式，建立税收支出预算制度

世界上多数国家的税收优惠制度，在优惠方式上主要有以下四个方面的特点：一是优惠政策主要体现在税收法律中，单独制定过渡性专项优惠的很少；二是一般以所得税优惠为主，很少涉及流转税，特别是增值税等具有链接式特征的中性税种，实行减免税优惠的极为少见；三是税收优惠均有明确的目标和时限，目标实现或达到时限，即期停止；四是多采取间接优惠方式，直接减免税额的优

惠受到严格的控制。显然，以上各方面的做法很值得我们在实践中借鉴。作为清理和规范我国税收优惠政策的目标，应逐步提升税收优惠的法律层次，以适应法治化的需要；有计划地调整税收优惠涉及的税种范围，以规范税收制度；进一步明确各项税收优惠的目标和时限，并严格执行，以提高其政策效果；增加间接优惠的比重，尽可能减少直接优惠，以兼顾财政收入和调节经济的目标。

应对各种税收优惠措施减少国家财政收入的数额及其鼓励方向，通过编制预算实行计划管理，同时跟踪监控优惠政策的执行效果。也就是要建立税收支出预算制度，像直接预算支出那样，对支出的规模和支出方向进行预算、平衡和控制，并对税收支出的经济效果和社会效果进行分析和考核。税收支出的预算控制在西方许多国家都已经采用。西方国家对税收支出的预算控制方法大体有三种类型：第一种是临时的单项估计，即当政府决定以税收支出的形式对某一部门或行业提供税收优惠时，对其减少的税收收入进行估价，没有形成统一的、定期和系统的制度。第二种是主要税收支出项目定期报表制度，即国家只对那些比较重要的税收支出项目规定编制定期报表。第三种是对各种税收支出项目，国家规定统一的报表，按年度定期编报附于年度预算表之后，实际上是国家预算的组成部分。美国是采用第三种类型，其税收支出表也是比较完善的一种。我国对税收优惠进行预算控制起步较晚，为了适应整体经济水平提升的需要，应尽快建立税收支出预算制度，逐步形成我国自己的税收支出表。鉴于目前我国的财税管理水平及缺乏高效的现代化数据处理系统和技术，税收支出预算的建立宜分步进行。可先从某一支出形式开始进行税收支出成本预算分析工作，试编简单的税收支出预计表，类似于国外的第一种类型；待取得一定经验后，再扩及到那些主要的税收支出形式，形成正规、系统的税收支出预算表，作出较确切的定量分析，附在年度预算表之后；然后再进一步补充完善，实现税收支出预算与直接预算的有机结合，从《预算法》的高度实行对税收优惠效果及支出规模的控制。

（七）积极推进税收政策的配套措施改革

第一，坚决清理乱收费的现象，减轻企业非税额外负担。应进一步规范政府的行政行为和收入机制，减轻企业的负担，要坚决整顿乱收费的行为，对那些巧立名目或重复收费的项目要坚决砍掉；对那些确需收取具有"规费"和"使用费"性质的，继续采取费的形式征收；对那些不以提供公共设施或特定服务为基础且符合政策规定需要收取又具有税收特征的，改费为税。这将切实减轻企业负担，有利于为企业创造良好的生产经营环境，增加有效供给，改善供需矛盾。第二，改进税收管理服务体系，为企业营造良好的纳税环境。要强化税收、法律的严肃性，规范各地区的税收执法尺度，体现公开、公正、公平的原则，防止同一政策执行情况不同，造成地区之间、企业之间的政策性差异；同时要强化对税务执法人员的制约和监督，简化纳税申报程序，加强税收宣传和纳税辅导以及纳税培训等服务。

第二十四章　财政支出政策 ⊠

第一节　财政支出政策的理论分析

重视公共财政支出政策的运用，是现代各国政府对社会经济进行宏观管理与调控的一个重要特点。在实践中，财政支出政策作为政府影响资源配置、稳定经济、调节收入差距、解决社会总供需矛盾的一个重要手段，在一国经济社会发展的过程中发挥着不可替代的作用。

一、财政支出政策与财政政策目标的实现

财政支出政策作为财政政策的基本组成部分，在不同的经济发展阶段，因财政政策目标不同，政府对财政支出政策的重视程度有显著差别。

在农耕社会中，经济发展水平低下，经济以农业为基础，受农业劳动生产力提高有限的影响，政府在管理国家，发展经济的过程中十分重视对基本生活资料与生产资料的控制。从财政角度看，主要表现为追求"国用"充足，政府的财政政策选择也主要是从财政收入着手，"轻徭薄赋"也一直是农耕社会形态下国家促进生产发展的重要财政政策。而中国历史上影响较大的"官山海"、"盐铁专卖"，甚至劣迹斑斑的"卖官鬻爵"政策，也均是出于对财政收入的重视而采用的特殊财政收入政策。受自然经济条件下的生产方式的限制，财富增长缓慢客观上也制约着政府财政支出的增长，这使"量入为出"的财政思想也一直是影响公共支出的主要原则。因此，在自然经济条件下，财政支出政策的运用受到极大的限制。

在资本主义生产方式发展之初，出于资本原始积累的需要，早期的资本主义国家十分强调限制政府职能，亚当·斯密关于实行"廉价政府"的主张不仅强调国家不应干预经济，而且在财政收支上也强调应通过预算制度严加控制。因此，在自由资本主义时期，财政收支政策的作用空间均十分有限。相对而言，由于财政收入对国家职能实现的重要支撑作用，财政收入一直是经济学家关心并着重研究的主题。从威廉·配第、亚当·斯密到大卫·李嘉图在政府税收理论的研究上都有显著的成就。出于资本积累的需要，防止因财政支出扩张而导致财政收入的压力，进而增加私人经济的税收负担，在资本主义制度的早期也十分强调"量入为出"财政原则，财政支出受到较严格的限制，财政支出的政策杠杆作用也难以得到政府及经济学家更多的关注。相反的情况是，在当时，凡对政府干预或强调财政支出政策作用的观点无不受到冷落或攻击。正如当年马尔萨斯因主张国家必须干预经

济，应当在防止有效需求不足，防止经济危机方面扮演主要角色，提倡通过扩大财政支出，增加政府消费，并通过扩大公共工程支出来增加对生产资料的需求并增加就业的观点，即因与当时的主流观点和政策取向相悖，而被视为"异端邪说"。

但从20世纪20年代、30年代的大危机出现后，西方各国开始重视政府干预的必要性，现代经济应当是由市场与政府共同发挥作用的混合经济制度这一观念日益为经济学家和政府所接受。这使政府在促进资源的有效配置、调节收入分配及实现社会经济的稳定与增长方面具有了新的职能，公共政策也因此成为现代各国管理社会的重要手段。这一改变迅速提高了财政政策在社会经济发展中的地位，并成为国家用以影响经济的最重要的杠杆。其中，财政支出政策更得到政府的高度关注，政府采购、公共投资、财政补贴、社会保障、社会福利等主要的财政支出政策已成为现代各国经常使用的政策工具，在实现国家经济与财政政策目标方面发挥着不可替代的作用。

在我国，财政支出政策与财政政策目标的实现有特殊的表现形式。在实行高度集中的计划经济时期，国家的社会经济发展政策通过国民经济计划来实现，政府是制定计划并总揽实现计划的资源配置主体，与此相适应，财政分配服务于高度集中的计划体制的需要，并从属于国民经济计划。国家经济政策的首要目标是在国有国营基础上实现社会主义工业化，这一时期，财政支出政策成为实现这一目标的基本保障。国家通过生产建设财政与长期实行向工业化倾斜的财政支出政策，建立和推动国有企业的发展，这不仅使我国计划经济时期经济建设支出在财政支出结构中一直名列第一，而且财政支出占GDP的比重也一直处于一个较高的水平（见表24-1）。

表24-1　　　　　　　传统体制时期我国财政收支占GDP的比重　　　　单位：亿元

年度	财政收入	财政支出	收支差额	GDP	财政收入/GDP(%)	财政支出/GDP(%)
1952	173.94	175.99	—	679.00	25.6	25.9
1955	249.27	269.29	—	910.00	27.4	29.6
1956	280.19	305.74	—	1 028.00	27.3	29.7
1958	379.62	409.40	-21.80	1 307.00	29.0	31.3
1959	487.12	552.86	-65.74	1 439.00	33.9	38.4
1960	572.29	654.14	-81.85	1 457.00	39.3	44.9
1965	473.32	466.33	6.99	1 716.10	27.6	27.2
1973	809.67	809.28	—	2 720.90	29.8	29.7
1976	776.58	806.20	-29.62	2 943.70	26.4	27.4
1977	874.46	843.53	30.93	3 201.90	27.3	26.3
1978	1 132.26	1 110.95	10.17	3 624.10	31.2	30.7
1979	1 146.38	1 273.94	-170.67	4 038.20	28.4	31.5
1980	1 159.93	1 212.73	-127.50	4 517.80	25.7	26.8

资料来源：根据中华人民共和国财政部网站提供的数据整理。

表 24 - 1 资料数据表明，我国在计划经济时期，相对我国的经济总量（GDP）而言，我国财政收入与财政支出占 GDP 的比重一直处于较高的水平，这致使我国在经济发展水平较低的计划经济时期积累率一直较高。在此条件下，我国的消费水平则难以提高，表现为我国一直实行低工资制。这种状况反映了我国在计划经济时期的财政分配政策取向，即通过提高财政对 GDP 的集中率以保证重点满足经济建设需要的财政支出政策的实现。在计划经济时期，为保证经济建设支出的需求，在多数年份，我国财政支出的增长均高于财政收入的增长，财政支出占 GDP 的比重也高于财政收入占 GDP 的比重（见表 24 - 1）。实际上，这种状况一直延续至今。由于我国政府长期以来将经济增长作为主要的财政政策目标，这客观上也强化了财政支出政策在实现财政政策目标中的作用。

改革开放后，随着我国社会主义市场经济制度的确立，我国的财政政策目标随政府职能的转变而调整，体现出全面服务于经济增长与发展、充分就业、物价稳定、合理的收入分配、国际收支平衡等多种目标的实现；与此相适应，财政支出政策也从过去单纯服务于经济增长转而全面服务于国家经济社会的需要。近三十年来，财政支出政策已成为支持我国基础设施建设，促进科学、教育事业进步，协调区域经济发展，改善城乡二元结构，推动我国和谐社会建设的重要政策工具，在国家调控经济的过程中发挥着日益重要的作用。

二、财政支出政策的社会经济效应

财政支出政策是现代各国政府实现社会经济政策与宏观调控目标的重要手段，其重要的社会经济效应可以从多个方面得到表现。

（一）财政支出政策对经济社会发展的影响

公共资源有效配置的政策选择对经济社会的发展具有不可替代的作用。这不仅可以通过经常性的财政支出政策以确保各种公共产品或混合产品的提供，而且也可以通过财政支出政策的选择为资源的最佳配置创造条件。在经济发展的过程中，经济学家在 19 世纪即发现公共支出呈不断增长的趋势，并从政治、经济角度或从经济发展的特殊时期、阶段研究了公共支出不断增长的原因。马斯格雷夫关于公共支出增长的宏观模型重点讨论了不同经济发展阶段上公共支出结构应有不同的选择。他指出，在经济发展初期，出于为社会提供交通基础设施、治安、教育、卫生的需要，公共投资应当在整个社会总投资中占很高的比重，以促进经济社会的"起飞"；当经济社会进入中级阶段，由于私营经济的成长，政府投资应成为私人投资的补充；而当经济进入"成熟期"，由于人们对教育、医疗、住房、通信等服务提出更高的要求，这又使公共支出将出现新的较高增长。这种在不同阶段上的公共支出变化，实际上反映了经济社会发展对财政支出政策选择的要求。同时，马斯格雷夫还分析了在不同经济发展阶段上政府转移支出政策的选择，提出在经济发展早期，政府的转移支出不应太多，而随经济的发展，人均收入的增长，政府的转移支出则将出现增长趋势。马斯格雷夫的公共支出宏观模型，揭示了在市场经济条件下，经济发展与公共财政支出政策选择之间的关系，也为一国公共财政支出政策如何与经济社会发展阶段相适应提出了一个基本方向。这也说明，除特殊情况外（如战争、自然灾害、经济周期），在一般情况下，财政支出政策主要应根据经济社会发展阶段的需要来选择，这是实现良好的财政支出政策效应的基本条件。

我国在 1998 年启动的积极财政政策，重点是通过增发长期国债以扩大财政投资来拉动经济的增长。这一政策经过 1998～2003 年的实施，以扩大财政支出为基本特征的积极财政政策有效地带动了经济的发展，从 1998～2003 年，我国的 GDP 实现了从 8% 到 10% 的增长，城乡就业得以改善，财政状况得到明显改善，财政收入在 1999 年突破 1 万亿元，2003 年突破 2 万亿元。积极财政政策的实施也为我国 2003 年后的财政经济发展提供了条件，2005 年我国财政收入突破 3 万亿元，2007 年突破 5 万亿元。我国的财政经济状况进入新中国成立后最好的时期，我国公共财政支持经济社会发展的财力也得到显著增强。我国实践证明，财政支出政策可以有效地服务于国家经济与财政政策目标，是政府影响经济社会发展的有效手段。

市场经济条件下，如果过度运用财政支出政策，可能影响市场配置资源的基础性作用，对经济发展产生负面影响。在西方，曾经因较长时期采用凯恩斯的国家干预理论，过度运用财政赤字与扩大政府公共支出以刺激经济，最终导致了一度困扰西方各国的"滞胀"。在我国建立市场经济的过程中，财政支出政策运用的问题也屡见不鲜。

改革开放后，我国各级政府出于发展经济的压力，无不运用财政支出政策推动地方经济发展，其间出现大量的重复建设与盲目建设，乃至对资源的过度开发和对环境生态的破坏都可以从中发现政府公共投资政策的负面作用。而近年出现的部分国债投资项目效果不佳的问题，则反映了在积极财政政策运用期间，由于未能用好财政支出政策所产生的不良后果。较为突出的问题是，一些国债投资项目的重投入、轻产出、亏损严重，未达到预期效果，如此期间通过国债转贷在全国各地共修建了 500 多个污水处理厂，但有半数以上因成本过高而不能正常发挥作用；一些国债项目因前期准备工作不足，不能按时开工和竣工而造成国债资金闲置；一些国债项目由于设计、勘察、施工出现严重失误或屡屡出现重大变更致使工程量大增、拖延工期或形成半拉子工程或豆腐渣工程。更大的问题是在积极财政政策期间，由于国债转贷项目的安排，使一些地方对政府投资产生了新的依赖，国债投资主要用于国有企业，民营企业即使有很好的项目也难以得到国债投资的支持，这使国债资金的安排甚至阻碍了市场竞争和投资效率的提高。

（二）财政支出政策的应急效应

英国经济学家皮考克和怀斯曼在 20 世纪 60 年代提出的公共支出增长的"时间形态"理论，强调了公民意愿的重要性，把公共支出的变化（实际上是公共支出政策的变化）与社会抉择的结果结合起来加以分析。他们认为，在正常年间，人们的"租税容忍水平"相当稳定，税收只能随经济的增长而增长，如果政府希望增加支出而增加税收，必须注意居民的意愿。实践中，在西方市场经济国家，正常年景下要改变公共支出政策进而改变税收政策的确是较困难的。但是，皮考克和怀斯曼也分析了在特殊时期公共支出可能产生的替代效应、检查效应、集中效应。指出在危急时期公共支出会替代部分私人支出，并实现公共支出的增长，且在危急时期后也不会回到原有的水平，这在于政府与国民从社会危机中均检查到自己对整个社会所应负的共同责任（检查效应），对政府在非常时期采用的集中较多财力来保证支出增长需要政策的认可（集中效应）。他们的分析为一个国家在不同的时间阶段（其典型的分析是在战前、战中、战后）的公共支出政策选择与实现的可能性提供了理论与实践依据，同时也可从一个特殊的角度来理解财政支出政策选择的重要作用。

事实上，对财政支出应急效应的理解，在不同国家或历史时期还有不同的表现形式。在新中国成立初期，我国在国内经济基本崩溃的条件下，为保证恢复国民经济的需要与缓解国内解放战争与抗美援朝战争的压力，实施了高度集中的财政经济政策，由当时的政务院统一安排全国的财政收支，这对解决我国当时的危急局面也发挥了极为重要的作用。

（三）财政支出政策的再分配效应

财政支出的实现是政府对社会物质财富的再分配，这使财政支出的安排与政策可能传导给市场主体，对其经济行为产生影响，并以财政支出政策的挤出效应、替代效应和收入效应表现出来。

1. 财政支出政策的挤出效应

市场经济条件下，财政支出政策的挤出效应，可以影响市场主体的消费和投资行为。从对消费的挤出来看，当政府希望刺激消费增长时，可以实施增加公共消费开支或提高社会福利支出的政策，对社会成员的某些必须安排的消费性支出（如教育、医疗等开支）产生挤出效应，使公众将个人的收入用于自身其他方面的消费，这在市场消费疲软、有效需求不足时，财政支出政策对消费的这种挤出将有利于社会消费需求总量的更快增长。当然，如果财政支出给社会成员的利益过多，也将产生不良的消费挤出效应，使社会成员对政府产生过度的依赖，不利于调动社会成员的劳动积极性，这种状况在西方一些实行高福利政策的国家已有日益突出的表现。财政支出政策对投资的挤出，一方面可从财政公共投资过多，范围过大对市场主体的投资行为产生的抑制反映出来。即在市场经济条件下，要避免公共投资过度介入市场有效的经营性生产领域，才能防止财政支出对市场投资的非正常挤出，进而保证市场经济应有的发展空间。另一方面，如果政府需要控制一些重要的产业部门，如自然垄断行业或事关国计民生的行业（如一些重要稀缺资源的开发行业），则可以通过公共投资政策的扶持来组建国有企业进行生产经营，这样可以防止以赢利为目标的私人资本过度介入而对国民经济产生不良影响。

2. 财政支出政策的替代效应

在国家出现经济衰退的时期，面对经济增长缓慢或停滞不前，民间投资萎缩，失业率不断上升等问题，国家往往需要采用刺激投资增长的宏观政策，表现在财政支出政策的选择方面，以增加政府投资性支出来替代萎缩的民间投资往往可以产生良好的社会经济效应。按照凯恩斯的投资乘数理论，政府投资可以通过其乘数效应对民间投资形成投资引导，从而拉动经济的增长。因此，在经济衰退与社会投资需求不足的条件下，通过财政投资性支出来替代民间投资的不足，可以有效地带动社会总投资的增长。这种政策选择已成为当代各国政府战胜经济衰退的一种财政政策。在经济衰退时，扩大政府的消费性支出或增加民间消费可产生财政支出政策的替代效应，即可在一定程度上改变消费需求不足的问题，以通过增加消费而引导投资增长，替代因衰退减少的消费需求。但是，财政支出政策对投资与消费的不恰当替代也可能产生不良后果，这一方面可能使财政投资性支出产生替代市场投资的情况，出现公共投资在经营性领域的过度介入。另一方面，政府公共消费的增加可能过度提高社会福利水平，使社会成员产生对政府的过度依赖，甚至影响劳动者的工作积极性。因此，研究财政支出政策如何产生替代作用及应有的替代领域，是实现财政支出政策目标的重要前提。

3. 财政支出政策的收入效应

财政支出政策的收入效应是指政府财政支出的增加而使某些社会主体或个人的收入得以增长，进而影响生产和消费。当某些行业的生产因为各种原因使生产者收入下降甚至亏损时，市场主体会因此转移投资或降低投入，从而可能影响必要的市场供给。较为突出的事例是农业生产受自然条件与供需弹性较小的影响会出现行业收入低于工业的现象，如果务农的比较收益过低，人们可能宁愿抛荒耕地也不增加农产品的供给，这必然导致农产品价格的上涨，甚至会影响民生与社会稳定。因此，各国在产业发展过程中无不通过财政支出政策扶持农业，以此增加农民收入，达到稳定和发展农业、保证农产品供给的目的。我国从 2004 年以来对粮食生产的直接补贴正是针对长期以来农民种粮亏损的问题而采用的财政支出政策，这对稳定我国粮食生产、保障粮食安全起到了显著的作用。通过财政补贴实现财政支出的收入效应还可以在多方面得到体现，如人口多的国家，可以对少生子女给予补贴，在出生率低的国家可能会对多子女的家庭提供财政补贴；对鼓励国民接受教育给予补贴、对地区间的移民或投资转移进行补贴、对治理污染的企业给予补贴等，政府可以根据特定的社会经济目标确定需要扶持的对象，通过财政补贴（包括税式支出）等手段改善人们的收入状况以达到对生产与消费的预期影响。实践中，财政支出在产生收入效应时常常也产生替代效应。如政府对住房进行补贴时，人们不仅可能增加收入，而且可能将节省下来的收入用于其他开支，而由于住房费用的下降，也可能导致人们过多地占用住房。所以，财政支出政策的替代效应也可能产生资源的浪费，使其积极的外部效应降低。

由于财政支出政策可能产生的上述效应，使其成为影响社会经济各个层面的重要因素，这客观上要求政府在制定财政支出政策时对各种可能产生的影响进行研究与分析，使财政支出政策尽可能发挥良好的社会经济效应，避免和减少可能产生的负面影响，为政府预定的社会经济目标服务。

三、财政支出政策体系

对财政支出政策体系的理解可以有多种角度：一是可以根据对社会总供需的调控要求，将扩张性财政支出、紧缩性财政支出或中性财政支出政策视为一种财政支出政策体系；二是可以按财政支出的具体方向，将财政的基础设施建设、农业支出、科学教育、国防行政、社会发展、生产建设等方面支出政策视为一个政策体系；三是按国家政治经济活动与国家职能范围的变化，将财政对国防行政、社会发展与经济建设方面的政策视为一个体系；四是按国家财政管理体制的要求，将中央与地方各级的财政支出政策规定作为一种特殊的财政支出政策体系。在每一种政策体系的划分中，都有体系划分的特殊意义。

在本书中，对财政支出政策体系的描述主要根据财政支出是否能获得等价补偿来研究财政支出政策体系，将全部财政支出政策划分为购买支出政策与转移支出政策两大系列，并进一步研究购买支出政策与转移支出政策的具体政策构成。这种选择既能涵盖上述各种划分对财政支出政策的理解，也更能表现通过财政政策的运用对经济社会产生的影响。据此，可以这样来表现财政支出政策体系：

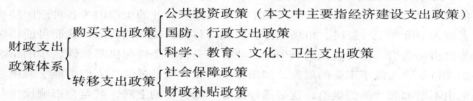

从前述财政支出政策体系的构成分析，可反映国家财政支出的主要使用方向，如果结合各项财政支出的变化来分析，则可以了解国家在一定时期内的财政支出政策扶持的重点，或表现出国家政策的重大变化对财政支出政策的影响（如表24－2所示）。

表24－2 我国财政主要支出项目 单位：亿元

年份与时期	财政支出	经济建设支出	文教、科学、卫生事业费	抚恤和社会福利救济费	国防支出	行政管理费	政策性补贴支出
"一五"时期	1 320.52	710.17	110.21	25.56	314.79	100.36	—
"二五"时期	2 238.18	1 526.91	193.54	33.80	272.94	124.64	—
1963～1965	1 185.81	630.18	126.89	38.13	226.04	74.01	—
"三五"时期	2 510.60	1 348.91	225.82	36.18	549.56	121.66	—
"四五"时期	3 917.94	2 198.13	341.98	46.99	750.10	176.85	—

续表

年份与时期	财政支出	经济建设支出	文教、科学、卫生事业费	抚恤和社会福利救济费	国防支出	行政管理费	政策性补贴支出
"五五"时期	5 282. 44	2 942. 19	576. 68	104. 16	867. 81	257. 45	208. 05
"六五"时期	7 483. 18	3 094. 87	1 171. 73	123. 50	893. 74	510. 49	1 009. 13
"七五"时期	12 865. 67	4 601. 56	2 439. 40	219. 39	1 170. 15	1 133. 21	1 623. 25
"八五"时期	24 387. 46	7 290. 69	5 203. 97	419. 64	2 321. 40	2 906. 06	1 674. 07
"九五"时期	57 043. 46	15 424. 39	10 907. 16	834. 34	4 751. 27	6 817. 99	3 457. 91
2001	18 902. 58	4 742. 00	3 361. 02	266. 68	1 442. 04	2 197. 32	741. 51
2002	22 053. 15	5 568. 30	3 979. 08	372. 97	1 707. 78	2 979. 42	645. 07
2003	24 649. 95	6 061. 27	4 505. 51	498. 82	1 907. 87	3 437. 68	617. 28

注：（1）表中的经济建设支出包括：基本建设支出，增拨企业流动资金，挖潜改造资金和科技三项费用，地质勘探费，工、交商业部门事业费，支援农村生产支出和各项农业事业费。

（2）表中仅列主要财政支出项目，因此表中各项目的总和与财政支出一栏的数字不存在相等关系。

资料来源：据中华人民共和国财政部网站资料计算。

表 24 - 2 的数据反映了新中国成立后我国财政资金的主要支出项目，从表中数据的变化可以反映我国财政支出政策的重大变化。从"一五"时期到 1979 年，我国的经济建设支出占国家财政支出的比重均在 50% 以上，国防支出无论从占财政支出的比重还是绝对额看均仅次于经济建设支出，文教、科学、卫生支出位居第三；财政支出对象的这种排列可以明显地表现出在我国计划经济时期，财政支出政策对生产建设与国防建设的大力扶持。这使该时期的财政支出政策体系具有以经济建设为核心的特点。改革开放后，随着市场经济制度的建立，我国的财政支出政策也不断进行调整，财政支出逐步退出竞争性生产领域，财政的经济建设支出也主要投资于国家的基础产业特别是基础设施建设。为适应公共财政建设的需要，财政支出政策日益体现出为满足社会公共需要进行财力分配的特点。从表 24 - 2 的数据变化还可以看出，从"六五"时期以来，我国的财政支出政策已转向重点支持文教、科学、卫生事业的发展，在财政支出构成中，文教、科学、卫生支出已仅次于经济建设支出而名列第二。

第二节　购买性财政支出政策

在财政支出政策体系中，购买性财政支出政策是政府为实现其政治经济任务，影响社会总供需，调控社会经济的主要财政支出政策，并将对一国的政治、经济、社会的发展产生重要而深远的影响。在实践中，由于国防行政支出关系国家的巩固、安全与秩序，这类购买性支出在正常情况下必须首先保证并保持相对的稳定，而在特殊情况下则需要根据国家面临的特殊问题来考虑如何进行调整。

因此，在本节中对这一问题存而不论，仅对公共投资政策与科学教育支出政策进行必要的讨论。

一、公共投资政策

公共投资政策是财政支出政策的重要组成部分。公共投资又可称为政府投资或财政投资。公共投资主要用于全社会的生产生活所必需的项目建设，是一种满足社会共同需要，并有显著外部性的投资。同时，通过对公共投资的调节，还可以有效地为政府调控经济服务。因此，在现代各国，无论经济制度有何区别，几乎所有国家都不同程度地运用公共投资政策来对一国社会经济产生直接或间接的影响。

（一）公共投资政策与资源的优化配置

在市场经济条件下，一些重要的建设项目在国民经济中具有社会效益，或对国家具有长期战略意义，或是国民经济中的重要基础产业部门，如一些大型的基础工业项目，或为整个社会生产过程提供"共同生产条件"的基础设施等；因其具有明显的外部效应，通常不能取得社会平均利润，因而不能吸引一般社会投资主体来进行投资；加上基础产业项目往往需要大规模的资金投入，可能因此超过一般市场投资主体的承受能力。在此前提下，如果这类项目因缺乏投资而严重不足，最终将导致国民经济结构失调，形成国民经济发展中的"瓶颈"现象，并制约经济的发展。因此，要实现资源的合理配置，完善一国的投资结构及产业结构，政府必须对那些具有显著的外部效应，或社会效益高但经济效益欠佳的建设项目和基础产业部门进行必要的投资，从而促进一国资源的优化配置。

（二）公共投资政策与国家发展战略的实现

在历史上，国家运用公共投资来影响或干预经济，多表现为扶持水利设施、水陆交通建设等公共工程的建设，为农业经济的发展与国家安全和巩固服务。在当代，出于经济社会发展的需要，公共投资在大规模的交通运输网络、能源供给系统及新兴的基础设施建设等方面的投入更远远超过历史上的任何时期。如我国的三峡水利枢纽工程、南水北调工程、西气东送工程的建设都是史无前例的。特别是随着国际市场的广泛开拓，为增强一国经济在国际社会的实力，许多国家的政府都通过公共投资政策为本国经济的发展创造更好的投资环境，或通过政府投资对本国经济结构的调整、升级发挥影响。这使政府投资规模和投资范围不断扩张，公共投资政策已成为现代国家实现经济增长与发展的战略性政策选择。

新中国成立后为改善国家经济落后状况，我国政府在几十年间通过公共投资对各产业部门特别是工业部门的扶持，对我国工业体系的建设发挥了积极的推动作用。改革开放以来，为适应社会主义市场经济制度的需要，我国通过公共投资结构的调整，大力扶持我国的能源、交通、基础设施建设及农业的发展，为我国经济的快速增长发挥了极为重要的作用。因此，无论是在我国的计划经济还是市场经济时期，政府公共投资占我国财政支出的比重一直较高，在"一五"到1980 年前，我国的经济建设投资性支出占财政支出比重一直保持在50% 之上。从1980 年开始，国家经济建设投资占财政支出比重虽逐渐下降（见表24 - 3），但政府经济建设投资的绝对额仍呈增长趋势，并主要用于重要的基础工业与基础设施建设的需要。这种状况反映了我国公共投资政策取向的改变，公共投资已日益成为政府弥补市场在资源配置方面的缺陷，优化我国投资结构的重要手段，也为我国改革开放三十多年来经济的持续增长提供了重要的基础性条件。

表 24 - 3　　　　　　　我国财政的经济建设投资支出　　　　　单位：亿元

年份	财政支出总额	经济建设投资支出	经济建设投资支出占财政支出总额的比重（%）
1950	68.05	12.5	18.37
1957	295.95	173.44	58.80
1962	294.88	152.45	51.70
1965	459.97	252.18	54.83
1970	649.41	375.62	57.84
1975	820.88	469.72	57.22
1980	1 228.83	591.06	48.09
1985	2 004.25	838.06	41.81
1990	3 083.59	1 017.08	32.98
1995	6 823.72	1 917.77	28.10
2000	15 886.5	4 036.27	25.41
2001	18 902.58	4 742	25.09
2002	22 053.15	5 568.3	25.24
2003	24 649.95	6 061.27	24.59

资料来源：根据中华人民共和国财政部网站提供统计资料计算。

从国际社会考察，公共投资政策也主要服务于国家经济发展战略，但发达国家的公共投资政策主要用于弥补市场投资的不足，在国家重要的基础设施项目方面发挥重要作用。而在发展中国家，由于经济基础薄弱，国内各地区经济发展不平衡，市场发育不完善，一些重要的产业还不能为经济增长提供必要的保障，特别是这些国家市场投资主体的资本积累能力低，无法承担大规模的产业项目投入，如果政府不向国内的基础产业部门和一些能形成规模经济的大型建设项目进行必要的投资，国家经济发展的速度会因此受到严重制约，在国际市场竞争中处于不利地位。如果不加强国际间的合作，更难以实现经济的快速起飞。所以，发展中国家的政府在促进经济发展过程中较发达国家有更大的压力，政府公共投资政策运用更为广泛与持久，并成为国家重要的经济政策之一。

（三）公共投资政策的调节经济作用

公共投资政策的另一重要作用是服务于国家对经济的调控。公共投资可能形成现实的社会需求，这使政府可以根据社会总需求的变化通过增加或减少公共投资来影响供需关系，以达到政府适度调控干预经济的目标。在经济衰退时期，政府可以通过扩大公共投资，对社会总投资的增长产生一种诱导作用，进而促进国民收入和就业量的增加，并推动消费与需求的增长。如美国在 1929 年开始的大萧条中经济陷入了严重的危机，为振兴经济，1933 年罗斯福总统上台后，接受了凯恩斯的政府干预理论，大力推行扩张性财政政策，通过扩大政府的公共工程投资和工作救济支出刺激经济发展。在罗斯福"新政"时期，美国政府运用公共投资大规模举办公共工程，在 1933～1942 年间，美国政府为 200 万～300 万人口提供了临时就业机会，可以说，美国在"新政"时期对公共工程的投资对美国经济复兴发挥了十分重要的作用，从而成为政府公共投资政策影响经济的一个成功案例。

我国在 1998～2003 年间，因受国内外多种因素影响，经济增长出现减缓现象，为拉动经济增长，国家开始实施积极的财政政策，其中重要的内容之一也是通过增发长期国债，扩大公共投资，并主要用以加强基础设施建设，促进经济结构调整。在 1998～2001 年的四年中，我国财政向基础设施建设的投资达 15 300 亿元，开工基础设施建设项目 8 600 多个。建成铁路新线里程 4 007 公里，复线里程 1 988 公里，电气化里程 1 063 公里。到 2001 年底，国债投资安排的国道主干线和区域干线公路项目已竣工投产 225 个，新建成公路里程约 2.55 万公里，其中高速公路 8 000 公里。完成加固大江大河大湖堤防 30 000 公里，城市基础设施建设和环境建设也大大加快，农村电网改造和建设取得重要进展。在政府公共投资政策的扶持下，不仅使我国经济在此期间保持了较快的发展速度，也为我国国民经济的中长期发展奠定了基础。与此同时，我国还通过国债资金的直接投入，对高新技术产业发展与传统产业的改造发挥了积极的作用，为符合我国产业结构发展方向的重点行业、重点企业的技术改造和产业结构的调整升级创造了有利条件。国家在安排国债建设资金时，还加大了向中西部倾斜的力度。仅 2000 年，对西部地区的投资就高达 3 943 亿元，比 1999 年增长 14.4%，高于全国平均速度 5.1 个百分点，这对促进区域生产力的调整、缩小我国东西部地区经济发展差距、实现国民经济均衡与稳定发展起到了积极的带动作用。

二、科学教育支出政策

（一）财政支出政策与科学研究事业的发展

1. 财政政策扶持科学技术发展的必然性

科学研究的发展与重大成果对一国生产力将产生巨大推动。从 18 世纪以来，科学技术的广泛应用极大地提高了劳动生产率。但在 20 世纪初，工业劳动生产率的提高只有 5% ~20% 靠新技术的采用，到 20 世纪 70 年代和 80 年代，这一比例已提高到 60% ~80%，在有的部门，这一比例甚至已达到 100%。在现代社会，国家之间、企业经济组织之间的竞争正日益表现为科学技术能力的竞争。特别是随着现代科学技术的迅猛发展，科学研究成果的物化周期缩短，新技术、新产品和新的产业部门不断出现，并迅速取代和淘汰着过时的技术和产业。因此，适应科学技术的发展方向进行研究开发，建立关键性的新兴产业部门，已成为一个国家不断更新改造本国国民经济各部门的重要条件和前提。这种趋势要求一国政府通过必要的财政政策扶持，为本国科学技术的研究与开发创造条件，为国家生产力的持续发展提供科学技术的支撑。

同时，从 20 世纪 60 年代以来，经济学家不断研究科技进步与经济增长之间的关系，在此方面，新古典经济增长理论将技术进步视为经济增长的外生因素，在柯布—道格拉斯的生产函数与索洛—斯旺模型中都表明了这一观点。但到 20 世纪 80 年代，以罗默、卢卡斯为代表的新经济增长理论（也称为内生增长理论）突破性地将技术进步内生化，提出在技术进步的条件下，资本边际效益递减规律可以避免，经济增长的持续性也可以保持。他们提出经济增长率与研究开发部门的生产率成正比，也与人力资本存量成正比。内生增长理论对财政政策在经济增长中的作用也进行了全新的解释。认为，人力资本、研究开发活动和生产性公共资本是一个国家长期经济增长的内在因素和内在动力，而这些因素具有明显的非竞争性、非排他性和外溢效应，具有公共物品的某些属性。如为解决现代工业造成的人类生存环境的恶化和对自然生态的破坏、高科技带来的战争威胁与犯罪等，在这些方面的科学研究较其他科学研究方向更具公共产品的特征，并要求政府通过财政政策给予大力支持，这也为财政政策在科学研究领域的运用提供了依据。

2. 财政支出政策推动我国科学技术的发展

新中国成立后，我国在财政政策的支持下，于 1949 年 11 月成立了中国科学院，这是新中国的主要政府研究机构，在此后几年内，又陆续成立了中国科协、中国气象局、国家地质部等科学技术协调与研究机构。1956 年，我国政府成立了国家科学规划委员会，制定出中国第一个发展科学技术的长远规划，即《1956 年至 1967 年科学技术发展远景规划》，拟定了 57 项重大任务，这一规划提出的主要任务于 1962 年提前完成，进而奠定了我国的原子能、电子学、半导体、自动化、计算技术、航空和火箭技术等新兴科学技术基础，并促进了一系列新兴工业部门的诞生和发展。以此为基础，我国又制定了《1963 年至 1972 年科学技术规划纲要》。1964 年，周恩来总理在政府工作报告上首次提出要实现工业、农业、国防和科学技术现代化（简称"四个现代化"）。正是在国家与财政的支持下，我国在短短十余年间，科技事业得到迅速发展，取得了一批有重大实践价值的科研成果，形成了一批学科较齐全、设备较好的研究所，培养了一支水平较高、力量较强的科研队伍。到 1965 年，全国科学研究机构已达到 1 700 多个，科学研究人员达到 12 万人，这成为我国科学技术事业继续发展的基础。

在十年"文革"期间，我国的科学技术事业在整体发展上受到重大影响，但在国家财政政策的支持下，我国在国防军事科研领域仍然取得了一系列的重要成就，主要包括 1966 年第一颗装有核弹头的地对地导弹飞行爆炸成功；1967 年第一颗氢弹空爆成功；1970 年，"东方红一号"人造地球卫星发射成功等。

1978 年，我国进入改革开放时期，同年 3 月，邓小平在全国科学大会开幕式上提出，要实现农业、工业、国防和科学技术现代化，关键在于实现科学技术现代化，并强调科学技术是第一生产力。1978 年 12 月，中国共产党十一届三中全会的召开使得我国经济社会的发展进入一个新的历史阶段，也迎来了我国科学技术的春天。1985 年初，我国在政府的领导和组织下，对科技体制进行了全面改革，并对科技发展的目标进行了重大调整，财政支出政策配合这一改革目标重点支持了国家高新技术产业开发区的建设，并为国家"星火计划"、"863 计划"、"火炬计划"、"攀登计划"、重大项目攻关计划、重点成果推广计划等一系列重要计划提供支持，这对我国在此期间取得的科技研究成就发挥了重要作用。

1995 年 5 月，中央正式提出"科教兴国"战略。1997 年，我国政府批准了中国科学院关于建设国家创新体系的方案，投资实施知识创新工程。1999 年 8 月，我国政府召开全国技术创新大会，提出要努力在科技进步与创新上取得突破性进展。与此同时，国家财政的科学研究支出不断增长，支持了我国一大批科研成果的完成。如我国科学家完成了人类基因组计划的 1% 基因绘制图，在世界上首次构建成功水稻基因组物理全图；长江三峡水利枢纽工程的许多指标突破了世界水利工程的记录；在国际上首次定位和克隆了神经性高频耳聋基因、乳光牙本质Ⅱ型、汉孔角化症等遗传病的致病基因；而量子信息领域避错码的成就更被国际公认为量子信息领域"最令人激动的成果"；我国载人飞船发射成功并顺利返回等无不与财政政策的大力支持密切相关。2002 年后的 5 年中，我国对财政科技投入保持了年均 17% 的较快增长，其中 2006 年中央财政科技拨款达 1 009.7 亿元，比上年增加 25.0%。

近年来，配合我国国家创新体系建设与科技体制改革的深化，财政政策加大了对企业在技术创新上的扶持，并大力支持大学、科研机构的科技创新；同时为我国在国际科技合作方面提供财力支持，到 2007 年，我国已与 150 多个国家和地区建立了科技合作关系，与近 100 个国家签订了 100 余项政府间科技合作协议，签订了 1 000 多项部门间科技合作协议，形成了较为完整的政府间双边和多边国际科技合作框架；我国在诸如国际热核聚变实验反应堆（ITER）、伽利略全球卫星导航、国际对地观测、地球空间双星探测、人类肝脏蛋白质组、中医药国际科技合作等国际大科学、大工程计划中正在发挥积极的作用。从一个更长期的过程来考察，在当今科技迅猛发展的条件下，要保证我国的科学技术研究能紧跟国际科技前沿，实现我国科技水平与生产力的跨越式发展，财政支出政策的大力扶持将体现出更为重要的作用。

（二）财政支出政策与教育事业发展

1. 政府扶持教育的必要性

教育是社会经济发展的基础，在当代世界，国与国之间的差距表现为经济发展水平的差距，进一步讲是科学技术上的差距，但从根本上考察则是教育上的差距。因为无论是经济差距还是科学技术上的差距都必须由人的创造性活动来实现，而这种创造力的高低又与受教育的程度直接相关。正是教育事业的发展改变和提高了劳动者的劳动技能和素质，造就了各种适应生产力发展要求并具有科学技术和知识的劳动者。同时，教育事业又是各种人才培养的摇篮，一国完善的教育制度可以为各类人才的教育创造良好的条件。各国许多著名的大学往往也是人才聚集的科学研究基地，是一国实现科学研究的不断进步和广泛传播、推动社会生产力的不断发展的重要力量。所以，现代许多国家从本国长期的发展目标出发，无不加强对教育的投资，把发展教育事业作为国家的重要战略决策，并通过国家财力给予扶持。我国改革开放以来，国家十分重视教育事业的发展。早在1985 年，在《中共中央关于教育体制改革的决定》中即指出"今后事业成败的一个重要关键在于人才，而要解决人才问题，就必须使教育事业在经济发展的基础上有一个大的发展"。这个《决定》对我国这些年来教育事业的发展起到了重要的指导性作用。

2. 我国教育事业发展中的财政支出政策

我国人口众多，农村人口占总人口的70%，在新中国刚建立时，我国教育基础非常薄弱，小学入学率为20%，初中入学率为6%，全国人口中80%是文盲。在新中国成立后的前三十年中，由于经济发展水平低，这客观上使我国面临一个"穷国办大教育"的压力。从20 世纪50 年代后期开始，由于全党工作重点一直没有转移到经济建设上来，受"阶级斗争为纲"的"左"的思想的影响，教育事业不但长期没有放到应有的重要地位，而且受到"左"的政治运动的频繁冲击。"文革"更使这种"左"的错误走到否定知识、取消教育的极端，从而使教育事业遭到严重破坏，广大教育工作者遭受严重摧残，耽误了整整一代青少年的成长，并且使我国教育事业同世界发达国家之间在许多方面本来已经缩小的差距又拉大起来。从财政支出政策考察，教育支出占全部财政支出的比重一直很低，从新中国成立初到1978 年，国家预算内教育事业经费占国家财政总支出的比例一直维持在4% ～7% 之间。教育经费的短缺使我国的各级各类教育事业发展缓慢，已不能满足改革开放与我国经济建设发展的需要。因此，改革开放之初，中央即将发展教育作为我国的战略重点之一。1985 年，在《中共中央关于教育体制改革的决定》中，中央明确指出，要"面向现代化、面向世界、面向未来，为90 年代以至下世纪初叶我国经济和社会的发展，大规模地准备新的能够坚持社会主义方向的各级各类合格人才"，同时提出"发展教育事业不增加投资是不行的。在今后一定时期内，中央和地方政府教育拨款的增长要高于财政经常性收入的增长，并使按在校学生人数平均的教育费用逐步增长"。1986 年，国家颁布的《义务教育法》，明确规定"国家实行九年制义务教育"，并强调"国家对接受义务教育的学生免收学费。国家设立助学金，帮助贫困学生就读"。1995年，我国的《教育法》中，国家更进一步指出"教育是社会主义现代化建设的基础，国家保障教育事业优先发展"。2006年，我国进一步修订了《义务教育法》，明确提出"实施义务教育，不收学费、杂费"，"国家建立义务教育经费保障机制，保证义务教育制度实施"。上述过程与法律反映了我国政府从改革开放以来对发展教育方面的政策选择，其中也体现了财政支出政策对我国教育事业的直接支持，正是在财政支出政策的扶持下，我国的各级各类教育事业三十多年来得到了长足的进步。目前，我国国民人均受教育年限超过了 8.5 年，新增劳动力平均受教育年限提高到 10 年以上，以就业为导向的职业教育在改革创新中加快发展。2006 年，小学学龄儿童净入学率达到 99.3%；初中阶段毛入学率达到 97%；高中阶段在校生规模达到 4 342 万人，毛入学率达到 59.8%，比 2001 年提高 17 个百分点；高等教育在学总规模超过 2 500 万人，高等教育毛入学率达到 22%，比 2001 年提高 8.7 个百分点。全国总人口中有大学以上文化程度的已达 7 000 多万人，从业人员中有高等教育学历的人数已位居世界前列，我国正在实现从人口大国向人力资源大国的转变。在义务教育方面，到 2006 年春季，我国西部地区和中部试点地区农村义务教育阶段的 5 200 万名学生免除了学杂费；全国"两基"（基本普及九年义务教育和基本扫除青壮年文盲）人口覆盖率提高到 98%；青壮年文盲率下降到 3.58%。2007 年春季，全国农村义务教育阶段学生的学杂费全部免除，惠及 1.5 亿名农村学生和他们的家庭。而且《国家教育事业发展"十一五"规划纲要》已经明确，国家将在"十一五"期间实现政府对义务教育"负全责"，这意味着在"十一五"期间，全国所有城市的义务教育也将最终不收学杂费。可以肯定的是，随着我国经济的快速发展，财政支出政策将会对我国教育事业的全面发展起到越来越重要的作用，并成为我国教育事业发展的重要财力支柱。

第三节　转移支付政策

财政转移支付政策是通过财政资金的再分配来体现的。一国的转移支付政策主要由社会保障政策与财政补贴政策构成，前者主要服务于社会公正与稳定，其政策的运行具有长期性，后者则服务于政府要达到的特定目标，可以在较长时期内运用，也可以仅在短期内发挥作用。因此，财政补贴政策相对社会保障政策而言有更大的灵活性。

一、社会保障政策

社会保障是一国政府通过不同的制度安排为社会成员提供的一种安全保障，其核心是为社会成员的基本生存权利提供保障。现代社会保障主要以规范的社会保障制度作为表现形式，并为现代许多国家所实施，但各国的社会保障制度对社会成员的保障程度或范围存在较大的差别，这种情况，既受一国经济社会发展水平与阶段的影响，也由一国采用的社会保障政策所决定。

（一）社会保障政策选择的理论分析

从根本上讲，建立规范的社会保障制度是一国政府对社会经济的干预。从历史的角度考察，在前资本主义社会，个人的生老病死或处理面临的各种突然事故与危机都是每个家庭的责任，社会成员的基本生存保障并不通过国家来解决，而是社会成员自身的事务，这也可以理解为国家采用的是不干预社会成员基本保障的社会保障政策，或可视为国家选择的是社会保障私有化的政策选择。在前资本主义时期，现代意义上的社会保障政策之所以能长期存在，其根本原因与以家庭为生产单位的生产方式密切相关。在这种生产方式下，每一社会成员既是有血缘关系的家庭成员，也是一个生产单位中的生产者，每一生产单位拥有或多或少的基本生产资料（主要是土地）或劳动力，家庭成员的多少也关系着这一生产单位的生存与发展。这样，家庭既能通过血缘关系维系生产者，也具有一定的保障家庭成员需求的物质基础，从而使以家庭为基础的社会成员的基本保障得以延续。如果说在前资本主义社会，国家仍然可能出于安定社会的目的对社会成员的生存进行一定的干预，其措施最多不过是在灾荒之年有少量的赈灾救济而已。

资本主义生产方式形成后，社会化大生产成为社会生产的主要方式，劳动者与生产资料完全分离，这使家庭不可能再以生产资料为基础来维系其成员的基本生存权利，社会成员一旦失业，就可能丧失生存条件，尤其是在经济周期中，因失业率不断上升可能造成大量的劳动者家庭面临绝境，在此条件下，劳资矛盾、社会矛盾将会激化，国家和社会的安全、秩序与稳定也将动摇，这些变化客观上将社会成员，特别是劳动者的基本保障问题推入了国家必须加以考虑的范围。虽然资本主义制度确立后，对国家是否应干预社会经济方面有不同的流派与观点，但自19世纪后期在德国首先建立国家统一的社会保障制度后，各国对国家利用社会保障制度对经济生活进行干预则是一致同意的。但在实践中，各西方国家据以建立社会保障制度的理论依据也有所不同。如20世纪20年代盛行于英国的福利经济学派强调通过国民收入总量增加与国民收入再分配来增大全社会的福利，主张将富人的一部分收入转移给穷人，来增大一国的经济福利。第二次世界大战后，英国的新剑桥学派进一步从解决国民收入的分配与再分配的不合理问题来研究如何保持社会的稳定，这对英国继续推行"普遍福利"政策也产生了积极的影响；凯恩斯主义则以有效需求为理论基础来论证国家干预经济的必要性，提出只有设法提高资本的有效需求与居民的有效需求，使社会总有效需求提高，才能刺激投资增加、生产增加，实现充分就业。因此，国家可通过财政支出投资基础设施与福利设施，发展社会福利事业，凯恩斯的思想对现代社会保障制度在世界范围内的普遍建立起到了重要的作用。

随着西方国家"普遍福利"政策的实施，一些发达国家进而宣布成立"福利国家"，国家向国民提供的社会保障几乎涵盖了个人的一生。1952 年，国际劳工组织进而制定了《社会保障制度最低标准公约》，对退休待遇、失业津贴、疾病津贴、医疗护理、工伤补偿、子女补助等到所应遵从的最低标准都作出了明文规定；尽管这一公约并不具有实质的约束力，但却表明社会保障制度已经是一个全球化的事业，无论是发达国家还是发展中国家均纷纷建立自己的社会保障制度体系。在 20 世纪 50 ~ 60 年代的经济扩张支持下，社会保障制度大为扩张，一些欧洲国家的社会保障费用最高时甚至达到 GDP 的 1/3。然而在 1974 年的石油危机后，各国经济增长速度下降，社会保障过度扩张的问题也因此出现。一些专家认为：巨额的社会保障支出带来了高额的公共开支和预算的不平衡；社会保障支出过多减少了储蓄，导致利率上升与投资下降；巨额社会保障支出加剧了通货膨胀，雇主负担社会保障费又致使成本上升，令商品的国际竞争力下降，甚至引起失业。同时，过分慷慨的社会保障支出造成这一制度本身希望防止的依赖与贫困，并导致非生产人员过度增长。即使是对影响很大的公共老年退休金制度也有了正反两个方面的分析。

社会保障制度在国际社会中的发展历程，一方面反映出经济社会发展对社会保障制度建设提出的要求，另一方面也表现出这一制度过度扩张可能产生的问题。因此，要发挥社会保障制度的优越性而尽可能减少社会保障制度的负面作用，需要每一个国家谨慎确定社会保障政策，将国家的经济发展需要与实现社会稳定与公正、缓解社会矛盾结合起来考虑。事实上，从 20 世纪 80 ~ 90 年代以来，国际社会各国已开始重新考虑本国的社会保障政策思路，其主要表现是对社会保障制度进行必要的改革，更为重视在社会保障方面将国家干预与市场作用结合起来，并强调应兼顾公平与效率的要求。

（二）我国社会保障政策的选择

在新中国成立初期，我国即开始建立新中国的社会保障制度。但我国当时建立社会保障制度的政策思路主要是解决劳动者的劳动保险问题。在传统体制时期，我国实施了有限的社会保障政策，在这一政策主导下，我国的社会保障制度也主要服务于在行政事业单位、国有企业和部分集体企业工作的就业人员，尽管国家也有相关的社会救济、社会福利与社会优抚政策，但这并不能为我国所有社会成员提供基本保障，在这种政策条件下，我国当时有 80% 的人口并没有现代意义上的社会保障。同时，与当时的就业制度一致，我国的劳动保险制度不需要考虑职工的失业问题，这又使当时的劳动保险演变为一种就业福利政策。因此，我国传统体制时期的社会保障政策具有很大的局限性。

改革开放后，我国的经济制度开始发生根本性转变。国家支持多种所有制经济组织全面发展，逐步缩小国有企事业规模，农民开始离土离乡进入城镇第二、第三产业就业，国有企业职工在改制中"下岗"进而失业，以往的就业即是"铁饭碗"的制度安排被打破，人才与劳动力作为一种资源要素开始流动，就业与失业现象都成为一种常态，原有企事业单位的转制割断了单位与劳动者之间的联系。这些改变使传统体制时期形成的劳动保险已不能适应新形势的需要，需要重新考虑我国的社会保障政策，并加快对我国传统社会保障制度的改革。

根据我国的基本国情，适应改革开放与经济制度转型的需要，我国应从一些主要方面逐步强化社会保障制度的建设，并相应调整财政支出政策对社会保障的扶持（详见第八章）。

二、财政补贴政策

财政补贴是财政转移支出的重要组成部分，财政补贴本身就是政府社会经济政策取向的具体体现。实践中，政府可以运用多种财政补贴方式灵活地影响或调控经济，这使财政补贴成为一种较为特殊的财政支出政策。

我国财政补贴政策的运用在计划经济时期，主要体现在价格补贴方面，其中，对农副产品的价格补贴又是财政补贴的主要组成部分。在 1960 年前，我国对农业的财政补贴数额有限，农产品销售价格很低，国家基本没有给予补贴，这与我国当时实行低工资、低价格政策直接相关，但实际上过低的农产品价格则成为此后年度的财政补贴产生的基础。20 世纪 60 年代初，我国因天灾人祸使农业受到重大打击，以粮食为主的农副产品供给严重不足，1961 年，国家将农副产品的收购价提高了 27.95%，而销售价基本未动；在农副产品计划供给的条件下，这种购销价格倒挂产生的亏损表现在国营商业部门，为此财政给予了国营商业部门 20 亿元的财政补贴，在当时，对保障农副产品供给发挥了积极作用。此后，随着工业的发展，我国工农业产品"剪刀差"日益突出，出于缩小"剪刀差"的要求，我国在 1966 年再次提高粮食收购价，并给每个职工发放了粮食补贴。在十年"文革"期间，我国基本处于一个生产停滞、物价冻结的时期，但经济生活中的问题却不断累积，这成为此后财政补贴膨胀的原因之一。

1978 年我国改革开放后，为解决国内经济中存在的历史问题，国家对财政补贴政策的运用进入一个新的阶段。

表 24－4　　　　　　　　　　　我国的财政补贴　　　　　　　　　单位：亿元

年份	物价补贴	企业亏损补贴	减免税收	财政补贴总计	国家财政支出	财政补贴占财政支出（％）
1978	93.86	60.17	6.00	160.03	1 177.17	13.6
1979	180.71	67.33	28.34	276.38	1 369.57	20.2
1980	242.07	50.98	45.39	338.41	1 309.07	25.9
1981	327.71	64.21	49.31	441.24	1 228.52	35.9
1982	318.36	52.65	45.53	416.54	1 251.48	33.3
1983	341.66	103.00	55.28	499.94	1 450.78	34.5
1984	370.00	68.00	46.78	484.78	1 661.18	29.1
1985	299.49	121.00	74.34	494.83	2 040.14	24.3

续表

年份	物价补贴	企业亏损补贴	减免税收	财政补贴总计	国家财政支出	财政补贴占财政支出（%）
1986	257.48	324.78	64.44	582.26	2 720.02	21.6
1987	294.05	375.49	63.72	733.26	2 887.71	25.4
1988	—	446.46	—	763.28	3 114.76	24.5
1989	—	599.76	—	970.10	3 614.31	26.8

注：1986 年后，外贸补贴计入亏损企业补贴。
资料来源：转引自陈共主编《财政学》，四川人民出版社 1991 年版，第 336 页。

　　表 24－4 中数据说明，我国 1978 年的财政补贴仅占财政支出的 13.6%，其中物价补贴占大部分，企业亏损补贴次之，减免税收在当时的数额很小。此后，财政补贴逐年上升，到 1983 年，财政补贴占财政支出的比重已高达 34.5%，有 1/3 的财政支出用于各种补贴，这种政策选择缓和了改革开放过程中的一些震荡，基本稳定了人民生活，也为体制改革争取了一些时间。在 1985 年到 1989 年，我国财政补贴绝对额更不断扩大，过多的财政补贴造成了财政的沉重负担，使我国财政一直处于十分困难的状况，财政补贴政策在扭曲市场价格、干扰市场经济正常运行及对财政补贴依赖加重等方面的负面效应也日益突出。1990 年以后，我国加强了对财政补贴的控制，取消了多种名目的财政补贴，许多产品的价格也逐渐由市场来确定。1995～2003 年，我国的价格补贴与企业亏损补贴占财政支出的比重从 10.15% 下降到 3.43%，但在此期间我国的税收减免则不断上升，据估计，我国每年因税收减免产生的实际财政补贴已高达上千亿元。因此，在实行市场经济制度后，我国财政补贴政策的运用已表现出重点向税式支出倾斜的动向。这种改变，虽然对我国企业的发展与引进外资，促进出口发挥了积极的作用，但也存在较严重的随意减免或减免不当的问题，有必要对税收优惠减免进行必要的改革，建立起国家税式支出的统计制度，这样，才能准确反映国家每年财政补贴的总量与运用状况。

　　2001 年，我国正式加入 WTO，这一重大历史性变革使我国经济融入国际社会的速度加快。加入 WTO 意味着我国的经济运行方式将更加国际化，许多经济活动包括财政补贴都必须在 WTO 规则的框架下来运行。

　　根据 WTO 的《补贴与反补贴措施协定》，财政补贴分为专项补贴与非专项补贴两类。非专项补贴不针对特定产业、企业或特定地区，可以普遍获得，WTO 一般不加干预，一个国家可以较灵活自主地加以使用。而专项补贴是指只给予一部分特定产业、企业或特定地区的补贴，这是 WTO 反补贴措施要约束的范围。专项补贴中由红箱、绿箱和黄箱补贴组成。红箱补贴主要包括价格补贴和进出口补贴，由于这类补贴可能造成价格下降，形成各国产品在国际市场上的不公平竞争，影响各国的利益，因此为 WTO 所禁止。这客观上要求我国在运用财政补贴时应尽量不用红箱补贴政策，尤其是在对出口商品上要避免这类政策。绿箱补贴不直接刺激生产，对价格和市场影响不大，成员国可以自由施行，其他国家不能采取反补贴措施。如对农业的科学研究、人员培训、技术推广、检验、农业基础设施建设、为保障食品供给的储存费用、自然灾害补贴、农业生产结构调整补贴、农业生产条件恶劣地区发展补贴等均属绿箱补贴政策，我国在运用财政补贴时应尽可能将这类政策用足用够。黄箱补贴又称为可诉补贴，它介于红箱补贴和绿箱补贴之间，指那些虽被禁止，又可能免于质疑的补贴。这类补贴是否被质疑，要评判其是否合理，即该项补贴是否使起诉的成员国利益受损，若利益受损，就是不合理的；否则，就是合理的。如我国的农药、化肥价格高于国际市场价格，国家对这些生产资料进行价格补贴，并不会影响公平竞争，也不会使其他成员国利益受损。因此，黄箱补贴只要贸易双方可以接受或可实现互利互惠，也可以加以运用。此外，在 WTO 的《农业协议》中还有一些与农产品限产计划有关的补贴，称为蓝箱政策。其基本含义是指按固定面积和产量给予的补贴（如休耕补贴）、按固定牲畜头数给予的补贴等，这类补贴各成员国均无须承担削减义务。我国应以 WTO 的规则为基础，对我国的财政补贴政策进行选择和调整，取缔红箱补贴，用足绿箱与蓝箱补贴，提高黄箱补贴的比重，以保证我国的财政补贴政策既符合 WTO 规则的要求，又能提高我国民族产业的竞争能力。

第二十五章　国家预算政策 ✖

第一节　预算政策的地位与作用

国家预算政策是国家财政政策的核心，是指导国家财政收支计划编制的方针和准则，最终形成国家预算编制行动。国家预算政策的地位与作用，通常是指它在财政政策中的地位与作用。

一、预算政策在财政政策体系中的地位与作用

国家预算在国家财政分配中的总量控制和结构规划特征，决定了国家预算政策在财政政策体系中的总量控制与结构规划的地位与作用。

国家预算政策的总量控制地位是以国家预算分配份额占 GDP 的比重为标志的。一般地讲，国家预算政策的总量控制地位与作用是与国家预算规模占一国 GDP 比重线性相关的。即国家预算规模占 GDP 比重愈大，国家预算及其政策的总量控制地位与作用愈重要。目前，各国国家预算规模占 GDP 比重大致维持在 1/5～2/5 之间，平均水平大约为 20%～30%。较高的国家大约在 45% 左右，如北欧国家、英国、法国、日本等。较低的国家大约在 10%～15% 之间，如印度等发展中国家。中国政府的收支规模历来占 GDP 的 30% 左右，如 1996 年国家预算占 11.6%，预算外约占 12%，制度外约占 5%。[①]

国家预算政策的总量控制地位与作用以国家预算支出的总量控制和结构规划为主要内容。（1）预算政策总量目标界定国家预算的范围、规模，并控制总量增长。如我国长期坚持的"量入为出"、"以收定支"、"收支平衡、略有结余"，以及《预算法》第二十七条和第二十八条规定，中央政府公共预算和各级地方预算不列赤字，预算安排要求支出增长低于收入增长等。又如美国联邦法律要求大多数州、县、市不能出现预算赤字等。（2）预算政策结构目标界定各项收支比例，实现经济的结构配置与调整。如我国传统的"国民经济按比例增长"，"一要吃饭，二要建设"，"农、轻、重"，农业支出和教育支出增长不低于总支出增长，定编定员限制经费支出等结构性目标。

预算政策的总量控制与结构规划是高度相关的，收支总量与收支结构相互制约、相互影响。如我国国家预算规模取决于生产资料所有制结构和国家政策承担

---

① 《新中国五十年统计资料汇编》，中国统计出版社 2000 年版。

的任务等。在计划经济时期，我国国家预算承担的国防、行政、文教卫生、科研、社会救济、城市维护和对外援助等支出约占国民收入的 20% 左右，为保证扩大再生产需要安排的基建、技改、物资储备、地勘、新产品试制等支出约占国民收入的 10% 左右。因此，党和政府的方针历来是确保国家预算收入占国民收入比重在 30% 左右。[①]

二、预算政策类型

国家预算政策类型按照预算收支间的数量关系主要分为平衡预算政策、赤字预算政策和盈余预算政策。其他预算政策类型，诸如"反周期"预算政策、补偿性预算政策等通常是上述三种政策的分化与综合。

（一）平衡预算政策

平衡预算政策即收支基本均等的预算方针或原则。平衡预算政策是国家财政收支管理中运用历史最久，也最普遍的政策。平衡预算的基本方法是：（1）增税同时增支；（2）减税同时减支。平衡预算政策通常分为年度平衡和周期平衡。预算期通常是年度的，因而年度平衡政策具有普遍性。周期平衡通常是与年度平衡结合使用的，其目的是弥补年度平衡在时间上的不足。如我国周朝财政制度规定，除年度平衡外，还有三十年的周期平衡。[②] 这种基于生产力水平和经济基础上的财政平衡思想，至今仍不乏其借鉴意义。

年度平衡预算政策不仅是农业时代财政平衡遵循的基本原则，而且也是工业化初期古典学派推崇的重要平衡原则。从重商主义、官房学派、威廉·配第、重农学派到亚当·斯密，年度预算平衡都是政府效率和"公共责任感"的基本标志。在商品和市场化初期，人们企图通过年度平衡预算政策矫正政府对市场的过度干预，同时限制公共部门规模的无序扩大。

年度平衡是时代经济基础的产物。在农业时代，人类的各种活动较严格地受制于生产力水平低下和物质财富有限这一经济现实，因而不得不坚持年度预算平衡原则。工业化初期，人们仍然坚持年度预算平衡原则，其中农耕文化的节俭、勤勉传统，维护市场经济的空前活力，以充裕的财富积累确保经济社会发展等都是其重要原因。

随着社会经济的发展，年度平衡预算政策也显露出一些缺陷。如在累进税制下经济繁荣，税收自动增加，按年度平衡原则支出应随之增加，结果会造成经济过热，增加通货膨胀压力；相反，经济衰退，收入自动减少，按年度平衡支出应减少，结果会加深衰退。

周期平衡预算政策是在某一发展周期（如经济周期、产业发展周期），通过

[①] 《当代中国财政》（上），中国社会科学出版社 1988 年版，第 350 页。

[②] 《礼记·王制》：家宰制国用，必于岁之杪，五谷皆入，然后制国用。用地小大，视年之丰耗，以三十年之通制国用，量入以为出。

高涨期的盈余预算和衰退期的赤字预算来保持整个周期的收支平衡。周期平衡继承了年度平衡的主要优点，吸收了功能财政"相机抉择"的合理因素，坚持了审慎的政策原则，有助于宏观调控的基本思想，弥补了年度平衡在应对经济波动方面的不足，贯彻了一个发展周期内资源优化配置的基本思想。周期平衡在实际应用时也存在一些难题：如经济波动通常是不对称的，高涨期形成的预算盈余不一定完全能抵补衰退期出现的预算赤字；又如高涨期通货膨胀并不严重或明显时，预算盈余会制约经济的正常增长。因而，周期平衡似乎有一些想当然的理想色彩。

（二）赤字预算政策

赤字预算政策是支大于收的预算方针与原则。赤字预算政策是经济过剩时代的产物，是对付"有效需求不足"的主要政策工具。赤字预算政策的基本方法是：（1）税收不变，增加支出；（2）支出不变，减少税收。

赤字预算政策是凯恩斯学派财政政策的核心，主要特征是：（1）不是国家财政本来的入不敷出，而是外生的政策变量。（2）赤字预算通常会持续相当一段时期，而不是一年。（3）有较系统的理论体系——现代宏观调控理论体系。凯恩斯认为，经济中的总供给是相对稳定的，短期内不会改变，潜在国民生产总值的实现依赖于总需求。总需求是家庭、企业、政府和进出口支出之和，具体分为消费、投资、政府支出和进出口。其中消费、投资分别随边际消费倾向和资本边际效率的递减而下降（"三大心理定律"效应），有效需求始终是不足的。当总需求低于总供给导致经济衰退时，有必要通过扩大政府支出，增加"有效需求"，刺激经济复苏。凯恩斯经济学就这样将赤字预算政策纳入到反萧条的政策体系中（如图 25 - 1 所示）。

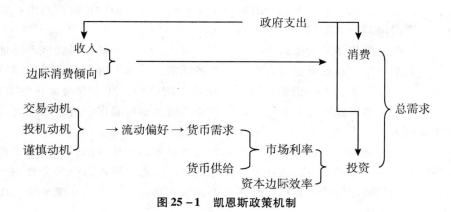

图 25 - 1　凯恩斯政策机制

凯恩斯学说的意义在于：（1）突破了传统"量入为出"原则下的平衡预算政策，创新地、系统地论证了赤字预算在新形势下的实用性，奠定了赤字预算政策的理论基础。（2）发展了卡恩的乘数理论，并运用投资乘数与加速原理的交互作用（汉森—萨缪尔森模型），论证了政府投资对总需求的"倍数（乘数）"扩张原理。确立了赤字预算政策的应用价值，现代宏观经济学理论体系及其财政政策在其中的核心地位与作用，也就是说财政政策比货币政策相对更重要。

应当说，以凯恩斯学派的赤字预算政策为中心的政策体系，在抑制工业国过剩危机的加深、减缓危机冲击与缓和周期波动、促进经济复苏与繁荣等方面是发挥了积极作用的。但赤字预算政策作为典型的需求刺激政策，其货币效应和短期性是十分明显的。长期运用赤字预算政策会使国家财政赤字和政府债务不断增加，通货膨胀压力加大。如 1950～1986 年美国联邦财政赤字和债务分别由 31 亿美元和 2 569 亿美元增加到 2 123 亿美元和 18 272 亿美元，分别增长 67 倍多和 6 倍多。① 另一方面，巨额赤字长期化，大大削弱了政策对经济的刺激作用，政策逐渐失去作用，各工业国经济也逐渐陷入"滞胀"局面。

（三）　盈余预算政策

盈余预算政策是使收大于支的预算方针与原则。与平衡预算一样，盈余预算（或称储备）是农耕文明的产物，因为在生产力低下、物质财富有限的条件下，盈余预算是人们防御各种自然灾害与风险的重要方法。在工业时代，储备已成为日常预算支出。盈余预算政策则成为"反周期"预算政策的重要组成部分。即当经济高涨时，为防止经济过热，国家预算采用增税或减支的盈余方式回笼货币，抑制过度景气。盈余预算政策的基本方法是：（1）税收不变同时减支；（2）支出不变同时增税。

根据国际经验，盈余预算政策通常是在通货膨胀压力较大时运用的，一般经济峰期通常采用"略有节余"。因为，政府预算盈余或多或少会阻碍经济增长，形成"财政拖累"（Fiscal Drag）。

囿于上述预算政策的利弊，各国在景气控制方面，通常将其结合使用。总体目标上，由单纯的、范围有限的财政平衡目标发展为综合全面的经济持续稳定发展目标。

✿ 三、中央政府与地方政府预算范围界定

国家预算政策选择通常是由中央政府根据景气及宏观调控目标，在一定的预算管理体制（中央政府与地方政府预算范围的界定）下作出的。中央与地方预算范围的界定直接影响到中央政府的预算规模与结构，从而影响国家预算政策的选择。

一般地讲，预算政策选择是年度或周期性的，变化相对频繁，中央与地方预算范围界定则相对稳定。因此，国家预算管理体制是国家预算政策选择的一定制度基础。国家预算管理体制集中度愈大，中央预算范围及规模愈大，中央预算平衡与否对经济的影响作用愈大，国家预算政策对经济的调控力就愈强；反之则反。

中央与地方预算范围划分通常以中央和地方政府的职能划分为前提。即与中

---

① 《美国预算概要》美国政府出版局 1988 年版，第 88 页。

央政府承担的职责事权相应的预算支出由中央负担，与地方政府承担的职责事权相应的预算支出由地方负担。在职责事权、支出划分基础上，根据财权和收入的调控属性，收入来源的规模、范围与属地性质等，划分中央预算收入和地方预算收入。

目前，世界各国对中央与地方预算范围的界定通常遵循"受益原则"和"效率原则"。即以受益对象、受益范围和效率高低确定事项职责由中央还是地方承担。凡是受益对象以国家为整体，受益范围为全国的事项，由中央政府承担其职责。凡是受益对象具有可分割性，受益范围仅限于地方的事项，由地方政府承担其职责。"受益原则"和"效率原则"均有较明显的属地特征和地域管辖性质。与此同时，中央与地方政府的职责界定及其相应的预算范围划分不排除历史和政治等其他因素的影响。

第二节　预算政策与财政平衡

古典经济学认为，预算政策通常是实现财政平衡的重要工具，预算政策目标就是财政平衡，财政平衡与预算政策有着紧密联系。现代经济学认为，财政平衡只是预算政策的中介目标，经济稳定发展才是预算政策的最终目标，财政平衡与预算政策的关系相对松散。

一、财政平衡的理论基础

财政平衡理论是人们对财政平衡的理性认识。财政平衡的理论基础是人们对财政平衡理性认识的根基或根源。在不同的经济时期，人们对财政平衡有着不同的认识和观点，形成了不同的理论体系，但这些不同的理论体系都有一个共同的起点和归宿，那就是社会总供需平衡。社会总供需平衡既是财政平衡的最终目标，又是不同财政理论体系的共同基础。

在农业时代，社会总供给主要由农业提供。当农业生产完全受自然因素制约时，社会总供给与总需求相比所具有的相对短缺性和不稳定性迫使财政收支不得不坚持以"量入为出"为基本原则，薄敛简政、节俭支出成为最常用的措施。不过这种以"量入为出"为中心的财政平衡，还只是社会总供需平衡中的财政收支平衡部分。要有效确保社会总供需的总体平衡，人们还通常辅以仁义立国、轻徭薄赋的理念与措施以解决总供给相对短缺条件下的总供需平衡问题，以及相应的社会稳定和统治延续问题。

由此可见，自古以来以社会总供需为基础的财政平衡理论与实践至少包括两个方面的基本内容：一是财政收支平衡，二是通过增减财政收支（农业时代主要是减收或稳收即减员或稳员）确保社会总供需平衡。在这方面，中国古代的财政平衡理论与实践应当是达到了较高水平的。如：（1）以"稳定负担"为中心的收入观念，以及间或性的轻徭薄赋措施。（2）以"量入为出"为正统度支原则的支出管理体系。（3）以"贵德贱利、重义轻财"为基础的社会价值观，如"财聚则民散、财散则民聚"，"与其有聚敛之臣，宁有盗臣"等。虽然这些理论与观念的实际作用相对有限，但在中国古代财政思想与理论中却占有相当重要的地位。

工业化初期，经济发展迅速，社会总供给充裕，为确保经济稳定增长，古典学派的财政平衡理论通过平等、简便、节省等收入原则，"廉价政府"、"夜警国家"的支出原则，倡导市场自由与市场有效等价值观念以确保更多的民间资本用于积累和发展。从配第至斯密时期，古典学派正是通过上述原则实现财政平衡，扩大总供给和节制总需求，为刚刚开始的资本主义原始积累提供理论准备与政策支持的。

产生于过剩时期的凯恩斯学派，从消费、投资的微观机制出发，确立了"有效需求不足"理论，创建了打破财政收支平衡，以扩张性财政政策为主的宏观调控模式。但凯恩斯需求调节理论在供给调节方面的欠缺决定其政策应用在财政平衡方面的局限，最终导致经济趋于"滞胀"。表明了凯恩斯学派放弃财政平衡后，在社会总供需平衡方面的存在局限与产生的失误。

产生于"滞胀"时期的供给学派，吸取凯恩斯学派政策理论与实践的教训，从供给的微观机制出发，将微观供给与微观需求结合起来，认为在一定的市场条件下"供给创造需求"，提出了减税、实行"单一货币政策（如单一利率政策等）"等恢复市场效率的措施。形成了供给学派向古典学派的回归，使财政平衡理论在社会总供需平衡的基础上呈现出一种轮回。这种轮回一定程度上体现了市场配置、财政平衡和总供需平衡所蕴涵的自然法则和固有秩序，表明财政平衡理论在一定程度上的归根与溯源。

二、财政平衡与经济发展

在经济稳定与发展过程中，财政平衡作为中介目标与经济发展这一最终目标有着高度的相关性。

对于财政平衡与社会总供需平衡和经济发展来说，无论是从三者的相互关系上还是从各自的内部关系上，都是有其内在平衡和谐与固有秩序的。有史以来，人们始终坚持财政平衡、社会总供需平衡以确保经济发展，应当说这是对这种固有秩序的一种认识，以及对其平衡与和谐规律的运用。不同的是在不同的经济时期，促进经济发展的财政平衡理论和方法不同。

农业时代，人们通常趋于用年度财政平衡来维系经济发展。尽管封建君主频繁地增加税负，财政管理者仍通过倡导"量入为出"原则唤起君主的贤明和以"江山社稷"为重，以制约其横征暴敛和奢侈浪费。

工业化初期，除强调农业时代相对严格的年度财政平衡外，古典学派则更强调缩小政府职能范围，限定政府开支。在实践中，通过国家预算制度建设，确立财政收支的法制化和议审制，使财政平衡有必要的法制保障。

在过剩时期，凯恩斯将社会生产过剩解释为"有效需求不足"，认为原有的年度财政平衡是静态平衡，已不能解决高速增长条件下的社会总供需平衡及其经济发展问题。要解决过剩时期的经济发展问题，应当采取动态财政平衡方式，将财政平衡置于一定时期，如一个经济周期加以考虑，以一个经济周期为限来实现财政平衡，甚至采用"反周期"的补偿性财政政策，通过财政失衡来建立经济景气的逆向调节机制，确保经济稳定发展。

在以"滞胀"为特征的后危机时期，鉴于凯恩斯主义过度干预造成的通货膨胀压力与经济增长缓慢并存，新古典学派提出重视市场法则，减少干预和倡导财政平衡的观点与措施。

总结有史以来财政平衡与经济发展的相互关系，可以发现其中存在的一定演变规律是：（1）财政平衡和经济发展是以财富创造为基础的内在平衡。其中财政平衡是财政分配资金与所需商品、劳务的平衡，经济发展是社会总供需即社会货币购买力与商品、劳务供给总量的平衡。（2）在经济发展过程中，政府职能与财政支出通常是相对增加的瓦格纳定律，经济增长所能提供的财政收入增量在满足财政支出增长方面，通常是不完全确定的。因此，经济发展中的财政平衡问题具有普遍性。（3）经济受自然、社会和固有规律的影响是波动的，经济波动必然影响财政平衡。而财政平衡也是经济波动的变数，能动地进行财政平衡就能逆向地调整经济波动。后凯恩斯学派代表人物汉森和萨缪尔森提出了基于经济周期上的功能性财政平衡。实际上，如果以工业时代为转折点，农业时代至后工业时代的经济发展可看成是一个相对完整的峰谷期，在这一时期内财政平衡理论与实践的变迁可以认为是从财政盈余、财政平衡向财政赤字演变的（如图 25 - 2 所示）。

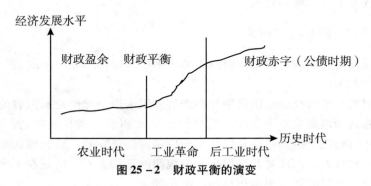

图 25 - 2　财政平衡的演变

三、财政平衡的政策选择

财政平衡的政策选择主要包括年度平衡政策、周期平衡政策和充分就业平衡政策。

（一）年度平衡政策

年度平衡政策是每一年财政收支都平衡。年度平衡政策是运用较普遍的政策。年度平衡政策既蕴含着古人简朴归真的思想，也彰显着现代经营管理的风险意识。年度平衡的基本原则主要有：（1）国家财政管理与个人或家庭理财一样，如果自然周期内支出大于收入，经营管理就会面临许多无法预料的问题，应对这些问题也会变得相对困难。（2）财政赤字支出会使公共部门相对扩张，而使私人部门相对缩小。即财政支大于收以牺牲私人部门为代价。（3）负债毕竟不是良好的经营管理。反对公债是古典学派推崇年度平衡的重要原因之一。古典学派认为，公债把私人部门能够用来取得资本产品的资金转移到了公共部门。①　政府举债开支会造成社会资本浪费，从而抑制经济发展。（4）财政赤字会导致通货膨胀，造成经济不稳定。

（二）周期平衡政策

周期平衡政策是财政收支在一个完整的经济周期内保持平衡。周期平衡政策选择是用经济发展的"峰谷"期决定的。即在峰期实行收大于支，以缓解通货膨胀压力。在谷期实行支大于收，以缓解经济衰退（如图 25 – 3 所示）。

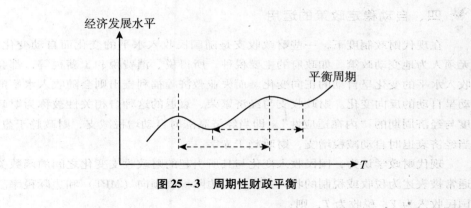

图 25 – 3　周期性财政平衡

20 世纪 30 ~ 60 年代，美国采用凯恩斯学派政策措施，实行了一系列突破年度平衡的财政政策，从此，周期平衡政策取代年度平衡政策。使年度平衡在理论与实践上都成为一种历史的理财观念。周期平衡相对于年度平衡更具有现代意义：（1）有意义的财政平衡应当是某一时期的财政平衡（时点性财政平衡并无经济实用价值）。年度平衡是以自然周期为基础的平衡，通常适合于以自然季节为生产周期的农业及自然经济时代。在工业和后工业时代，经济周期已成为由若干新兴主导产业发展决定的产业周期，年度平衡的实际意义相对有限。（2）在新经济周期条件下，某一年度平衡并不意味着经济周期或更长时期的平衡，而真正可靠的平衡则应是更长时期的平衡。年度平衡与周期平衡相比，具有一定程度的静态平衡与动态平衡之意。

---

①　亚当·斯密甚至认为，公债是压在人们肩膀上的沉重石头，会给子孙后代造成负担，甚至会导致或鼓励战争。公债是非善的。

（三） 充分就业平衡政策

充分就业平衡是通过财政赤字刺激经济，达到充分就业（潜在国民收入）水平下的经济均衡和财政平衡。20 世纪 90 年代美国新古典综合学派的沃尔特·海勒和托宾提出，当实际 GNP 小于潜在 GNP 时，可以通过财政赤字增加总需求，使实际 GNP 达到潜在 GNP 的水平。充分就业平衡是在保持充分就业水平下，还有财政盈余用以偿还债务的平衡。充分就业平衡政策倡导者认为，财政平衡不一定非要明确地保持在年度或经济周期基础上。财政收支可以在实现充分就业以前一直保持赤字，以刺激经济达到充分就业，并以充分就业时期的财政结余弥补衰退时期的财政赤字。因此，实现充分就业平衡的条件，即充分就业平衡的中介目标，就是在充分就业时期出现财政盈余。

充分就业平衡政策运用的难点是充分就业和财政盈余的界定标准。如充分就业条件下的失业率就经历了 3% ~ 5% 的变化，缺乏一个公认的相对固定的标准。对财政盈余的界定亦存在同样问题。

四、自动稳定政策的运用

在现代财政制度下，一些财政收支是随国民收入水平的变化而自动变化的，无须人为地变动政策。如政府的主要税种，所得税、消费税和工薪税等，都会随收入水平的变化呈自动的正向变化。而失业救济等福利支出则会随收入水平的变动呈自动的反向变化。财政收支与经济繁荣、衰退的这种自相关性被称为财政制度与经济周期的"内在适应性"。即当经济高涨时自动增税减支，财政趋于盈余；当经济衰退时自动减税增支，财政趋于赤字。

现代财政学认为，国民收入变化与其所引起的财政收支变化之间的函数关系通常被表述为税收或税制的收入弹性，或边际税收倾向（MPT）和边际税率。如国民收入为 Y，税收为 T，则：

$$MPT = \frac{\Delta T / T_0}{\Delta Y / Y_0} = \frac{\Delta T}{\Delta Y} \cdot \frac{Y_0}{T_0}$$

由于税基与国民收入呈正相关变化，所有税收都会展示出或高或低的内在可变性。如累进税的内在可变性较高，比例税的内在可变性则很低，而累退税的非调节性不宜做内在稳定器。当税收收入以"弹性"的方式反映国民收入变化时，以自动的财政稳定器为基础的"反周期"稳定政策是有一定的调节能量的。如在上升周期，"弹性"税收收入增速快于国民收入增速时，税收收入占国民收入比重提高，从而对私人部门的购买力产生一定的抑制效应（Dampening Effect），有利于实现充分就业，减轻可能出现的通货膨胀压力。在下降周期，"弹性"税收收入的降速快于国民收入的降速，会给私人部门留下更多的货币购买力，从而对萧条经济产生一种减缓效应（Cushioning Effect）。由现代财政制度的"内在适应性"决定的自动"反周期"政策调节效应被称为"自动（内在）稳定器"，相应的财政收支政策则称为"自动稳定政策"。

自动稳定机制按其影响程度分为直接自动稳定和间接自动稳定。直接自动稳定对可支配收入产生直接影响，如个人所得税、工薪税、失业救济支出等。间接自动稳定对可支配收入产生间接影响，如公司所得税、消费税等。显然，直接自动稳定比间接自动稳定作用更大。

自动稳定原理提出后，得到了较普遍运用，其中较典型的是充分就业平衡政策。在 20 世纪 40 年代的实践中，美国经济委员会认为，自动稳定政策有两点优势：（1）简单、实用。政府无须大量耗费资源来进行或依赖"不可能实现的准确性"的经济预测或判断，而只需盯住经济走向，通过自动稳定机制发挥政策调节作用。（2）避免了政策"时滞"。根据景气制定的财政政策，通常要经过预测、判断、研究、决策、行政和立法程序等过程，与经济发展相比存在着相当的政策"时滞"。而自动稳定机制却无须上述过程。

自动稳定机制在现实性、条件性和效能等方面也受到一些质疑。（1）自动稳定作用是否真正存在尚缺乏充分实证。可能那些被认为具有自动稳定功能的收支仍需人为措施才能发挥作用。（2）自动稳定机制所需的一些条件，常常与实际状况存在差距，自动稳定功能受到质疑。（3）在现有财政制度下，自动稳定政策能否产生发挥调节作用的盈余或赤字量，其作用能否熨平周期波动，缺乏充分证据。（4）即使存在那些随经济高涨而增收的税收，在产生财政盈余、偿还债务和缓解经济过热时，也会抑制经济增长，形成财政拖累。

五、相机抉择政策的运用

相机抉择政策是根据景气状况采用不同的政策。如在萧条时期采用减税增支等扩张性政策，在繁荣时期采用增税减支等紧缩性政策。相机抉择政策是宏观调控理论与实践的重要财政政策。如凯恩斯学派认为，相机抉择政策措施是政府为补偿未预料到的总体支出变化而采取的行动。具体措施可以是改变税制或政府对商品和劳务及其他方面的支出等。当经济稳定政策包含了能动的税收或支出变化以实现经济目标时，就被称为相机抉择财政政策。

凯恩斯学派认为，相机抉择政策对经济通常具有乘数作用。如减税或扩支会导致国民收入成倍增长，继而使税收大幅增加，这将抵消一部分减税扩支的作用。可见，相机抉择政策仍是通过影响着总需求来稳定经济的。不同的相机抉择政策对经济影响不同。一般地讲，减税相对趋于中性，增加民间收入的作用更大；增加支出和扩大平衡预算规模有一定的挤出效应，会减少民间可支配收入，政策成本相对较大。

相机抉择政策运用的最大局限是要依赖对经济的预测和判断，且经济预测、判断的准确性是决定相机抉择有效与否的必要条件。而对经济预测判断的准确性恰好是经济与管理学科至今未很好解决的问题。

第三节　预算政策乘数

乘数在经济学中是不同经济量之间的系数，由于人们通常关注那些具有放大倍数的系数（应对过剩经济的扩张政策更是如此），因而称乘数。一些经济活动具有循环的连锁变化属性，其最终结果会形成一定的倍数放大作用，如增加投资会引起收入的成倍增加。乘数就是这种经济循环连锁反应的量化表达。如当边际消费倾向为 4/5，投资增加 100 时，有：

$$
\begin{array}{lll}
\text{第 1 次循环} & \text{第 2 次循环} & \cdots\cdots \\
\end{array}
$$

$$
\Delta I = 100 \to \Delta Y = 100 \begin{cases} \Delta S = 20 \\ \Delta C = 80 \to \Delta I_1 = \end{cases} 80 \to \Delta Y_1 = 80 \begin{cases} \Delta S_1 = 16 \\ \Delta C_1 = 64 \to \Delta I_2 = \end{cases} 64 \cdots\cdots
$$

$$
\left(100 \times \frac{4}{5}\right) \qquad\qquad \left(100 \times \left(\frac{4}{5}\right)^2\right)
$$

由此引起的收入增加：

$$
\Delta Y = 100 + 100 \times \frac{4}{5} + 100 \times \left(\frac{4}{5}\right)^2 + \cdots = 100 \times \frac{1}{1 - \frac{4}{5}} = 500
$$

🦅 一、预算支出乘数

政府预算支出乘数是政府购买支出的增减所引起的国民收入的增减倍数。政府预算支出乘数由国民收入宏观模型决定。国民收入宏观模型主要包括：

国民收入基本模型：$\qquad\qquad Y = C + I + G \qquad\qquad\qquad (25-1)$

民间消费模型：$\qquad\qquad C = a + c(Y - T) \qquad\qquad\quad (25-2)$

即在忽略利率作用的条件下，民间消费 C 主要是可支配收入 $Y - T$（税收）的一次函数。常数 $a > o$，$c = \dfrac{dC}{d(Y-T)}$为可支配收入的边际消费倾向。

民间投资模型：$\qquad\qquad I = e + i(Y - T) \qquad\qquad\quad (25-3)$

民间投资 I 可认为是 $Y - T$ 的增函数，e 为技术、人口和其他因素引起的投资，$i = \dfrac{dI}{d(Y-T)}$为可支配收入的边际投资倾向。

税收模型：$\qquad\qquad\qquad T = b + tY \qquad\qquad\qquad\quad (25-4)$

税收 T 主要为 Y 的一次函数，$t = \dfrac{dT}{dY}$为边际税率，b、t 分别由税法（如增税范围和减免等）和税率决定。

政府预算支出主要独立地由预算政策决定。

由上述各式有：$\qquad Y = \dfrac{a + e + G - b(c + i)}{1 - (c + i)(1 - t)} \qquad\qquad (25-5)$

$(c + i)(1 - t)$ 为税率一定时，Y 每增加 4 单位所引起的 C 和 I 的增量，即收入的边际支出倾向。

在预算支出变化 $\Delta G = G_1 - G$ 时，（25 − 5）式：

$$\Delta Y \ = \ Y_1 - Y_0 \ = \ \frac{\Delta G}{1 - (c + i)(1 - t)} \ \text{或} \frac{\Delta Y}{\Delta G} \ = \ \frac{1}{1 - (c + i)(1 - t)} \qquad (25 - 6)$$

式（25 − 6）为预算支出乘数，即为 1 减去收入边际支出倾向的倒数。因 $0 < (c + i)(1 - t) < 1$，$\frac{\Delta Y}{\Delta G} > 1$，表明预算支出增减会引起更大的收入增减。公式表明，预算支出乘数会随人们的边际消费倾向 c 和边际投资倾向 i 的上升而变大，随边际税率（或税率）t 的降低而变大；反之则反。

现实预算支出的乘数作用会受到各种因素的影响，乘数效应并非公式描述的那样单纯。（1）ΔG 主要限于购买支出，转移支付因其未用于消费和投资而会减弱乘数作用（除非转移支付最终全部用于消费和投资）。其他支出如偿债、贷款等可做同样分析。（2）购买不动产的支出因其参与"投资—消费"链的份额较小，乘数效应不大。（3）当收入提高时，交易动机的货币需求会增加，投资动机会受到一定程度抑制而减弱乘数效应。（4）预算支出增加会或多或少地影响利率、货币供需等，从而间接影响"消费—投资"活动。

二、税收乘数

税收乘数是因税收增减而引起的收入增减倍数。根据式（25 − 5）在预算支出 G 和税率 t 不变的条件下，b 从 b_0 变到 b_1（即调整税制），由此引起税收增减。

$$\Delta Y \ = \ \frac{-(c + i)}{1 - (c + i)(1 - t)} \Delta b$$

公式表明，税收参数 b 改变所形成的收入变化效应 $-(c + i)\Delta b$ 使可支配收入发生相应变化。税收乘数的另一解释是，$(c + i)(1 - t)$ 表明收入边际支出倾向按税率 t 打折，即降低收入边际支出倾向，乘数作用变小。比例税制下降程度为 t，累进税制下降程度会超过收入变化率。

税收乘数的不足是忽略了许多现实因素，如价格、利率、社会保障和其他政策对消费、投资的影响。同时在税收方面也有以下限定：（1）通常限于直接税，特别是所得税。对间接税则须采用其他分析方式，还要考虑转嫁的影响。（2）主要考虑了税收的收入效应，缺乏税收替代效应对边际支出倾向影响的分析。

三、平衡预算乘数

平衡预算乘数是考虑预算支出和税收互动变化，保持预算平衡时所获得的乘数效应。从保持预算平衡出发，当预算支出增加 ΔG 时：

$$\Delta G = \Delta T = \Delta b + t\Delta Y \qquad (25 - 7)$$

根据式（25 − 6），在税率 t 变化时：

$$\Delta G \ = \ [1 - (c + i)(1 - t_1)]Y_1 - [1 - (c + i)(1 - t_0)]Y_0$$
$$= \ [1 - (c + i)]\Delta Y + (c + i)(t_1 Y_1 - t_0 Y_0)$$

因 $\Delta G = t_1 Y_1 - t_0 Y_0$，代入上式：将 $\Delta G = \Delta Y$ 代入式（25-7）：

$$\Delta b = (1 - t) \Delta G \qquad\qquad (25-8)$$

式（25-8）表明，保持预算平衡时，增加预算支出则税收同时增加。这时国民收入也增加 ΔG，税收相应增加 $t\Delta G$，结合（25-7）式：

$$\Delta T = \Delta b + t\Delta G = (1 - t)\Delta G + t\Delta G = \Delta G$$

对平衡预算乘数的通常解释是：

预算支出乘数：$K_G = \dfrac{\Delta Y}{\Delta I} = \dfrac{\Delta Y}{\Delta Y - \Delta c} = \dfrac{1}{1 - \dfrac{\Delta c}{\Delta Y}}$

税收乘数：$K_T = \dfrac{\Delta Y}{\Delta T}$

由于税收变化引起的消费变化：

$$\Delta C = -\left(\dfrac{\Delta c}{\Delta Y}\right)\Delta T \quad \left(\left(\dfrac{\Delta c}{\Delta Y}\right)拆开无实际意义\right)$$

在消费均用于投资的条件下：

$$\dfrac{\Delta Y}{\Delta C} = \dfrac{\Delta Y}{\Delta I} = \dfrac{1}{1 - \dfrac{\Delta C}{\Delta Y}}, \quad \Delta Y = \dfrac{\Delta C}{1 - \dfrac{\Delta C}{\Delta Y}}$$

税收乘数：$K_T = \dfrac{\Delta Y}{\Delta T} = \dfrac{\Delta C \Big/ \left(1 - \dfrac{\Delta C}{\Delta Y}\right)}{-\Delta C \Big/ \left(\dfrac{\Delta C}{\Delta Y}\right)} = \dfrac{-\dfrac{\Delta C}{\Delta Y}}{1 - \dfrac{\Delta C}{\Delta Y}}$

平衡预算是通过增税来增加支出的：

$$K_B = K_G + K_T = \dfrac{1}{1 - \dfrac{\Delta C}{\Delta Y}} + \dfrac{-\dfrac{\Delta C}{\Delta Y}}{1 - \dfrac{\Delta C}{\Delta Y}} = 1$$

该推导的条件是，纳税人和预算支出接受人的边际消费倾向相同。

上述公式演绎的现实性虽难以明确，但其内在逻辑表明：平衡预算乘数的政策含义在于，当经济衰退时，政府可适当增税来弥补等量的支出。这样既提高了产出和就业水平，又能避免财政赤字。同预算支出乘数和税收乘数一样，平衡预算乘数仍有许多实际因素未纳入考虑。虽然，实际中平衡预算的乘数效应远非等于 1 那么简单，但它至少说明了平衡预算规模变化对经济的中性影响不是一般而是有条件的。征税会等额地削减民间支出这一古典学派观点也不是一般而是有条件的。即只有 $c + i = 1$ 时，G、b 同等变化的需求效应为：$\Delta G - (c + i)\Delta b = 0$，$Y$ 的均衡水平才不变，平衡预算中性才是成立的。

🦋 四、节约是非论的评析

节约是人类活动的基本原则，也是早期财政思想的基本原则。古典学派的财政思想如公平、简便、节省、"廉价政府"、"夜警国家" 等都是以节约为基础的。但在面对工业时代的过剩危机时，人们则认为传统的 "节俭" 美德会加深过剩危机和抵消扩张性政策的作用，对经济发展有消极影响。

根据马克思主义原理，消费是生产的重要环节，一定的生产方式决定相应的消费方式，一定的经济基础决定相应的消费观念。农业时代，国家财政及预算力倡节约原则的经济基础是生产率低和物质财富有限导致的。节约当前消费以让渡给长期发展，节约的目标是长期的，政策体系是持续稳定的，与当时经济缓慢增长相一致。在中国古代，节约原则被奉为经邦济世的圣典，具有深刻的道德约束和社会文化效应。在净化思想、纯朴民俗、维持社会稳定等方面占有极其重要的地位并发挥着积极作用。

工业时代，技术革命使社会财富创造率大幅增加，逐渐出现过剩。尽管这种过剩是相对的，有制度方面的重要原因，但物资充裕甚至阻碍经济进一步增长却是事实。因此，刺激并鼓励消费由一种国家的经济政策工具逐渐发展为一种社会时尚与文化潮流。这些变化应当是现代生产方式与社会经济发展的产物，有客观的现实基础与人文条件。

从人类发展与资源利用上讲，节约是永恒的。因为，人类目前仍是以地球资源为生存和发展基础的，而地球资源是有限的。从这一视角来看，"零增长"和可持续发展战略都是节约原则在现代经济发展理论中的再现。保持适度发展或可持续发展，改革制度，避免经济过剩，应当是人类的长期发展战略，而不是急功近利地、短视地为发展而发展。这点可能对我国当今乃至今后一个时期的发展战略更有借鉴意义。

第二十六章　财政政策与货币政策的协调配合 ✖

第一节　货 币 政 策

一、货币政策的含义

货币政策是金融政策的一种，它有广义和狭义之分。广义的货币政策包括政府、中央银行和其他部门所有有关货币方面的规定及其相应的影响货币供给数量的措施。狭义的货币政策是指一国中央银行为实现特定的经济目标，运用各种工具调节货币供给和利率所制定的基本方针、基本准则及其所采取的相应规定和措施的总称。

货币政策包括四个方面的基本内容：（1）货币政策最终目标：中央银行制定实施货币政策谋求最终实现的目标，如稳定货币、充分就业、经济增长和国际收支平衡等。（2）货币政策中间目标或调控对象：中央银行凭以衔接货币政策最终目标与货币政策工具的金融目标，如货币供应量、利率水平等。（3）货币政策工具：中央银行调控货币供给量、信用量所采用的手段，包括再贴现、存款准备金、公开市场业务等。（4）货币政策调控机制：中央银行在一定经济体制背景下使用一定方法对金融进行调控的过程、功能及其相互关系，如计划经济体制下的间接调控机制等。

二、货币政策的目标

货币政策的实质是处理经济发展与稳定通货的关系，其最终目标包括稳定物价、充分就业、经济增长和国际收支平衡四个方面的内容，这与财政政策的目标从总体上看是基本一致的。

（一）稳定物价

稳定的物价，能为经济增长创造理想的货币环境，实现持续的经济增长。这是因为物价飞涨会造成流通秩序的紊乱，影响正常的信用关系，尤其是恶性通货膨胀会引起突发性的商品抢购和银行挤兑，造成恶性的投机现象，催生经济泡沫，甚至危及社会安定。而物价下跌则会影响货币正常功能和市场机制中价格信号的发挥，影响投资者对未来市场状况的预期，导致居民收益的再分配。而通货紧缩会引起企业销售困难，开工不足，最终使居民的收入减少，损害公众的利益。

物价稳定的前提或实质是币值稳定。所谓币值稳定，就是指要运用各种调节机制，使流通中的货币量与经济发展的客观需要量相一致，保持正常的货币流通，保证币值与物价的基本稳定。币值稳定之所以成为货币政策的首要目标，是由货币稳定的特殊重要性和币值稳定为经济稳定、社会稳定的基础所决定的。事实上，保持货币稳定就可以保持适当的总需求水平，为经济增长提供良好的金融环境。因此，货币稳定以及由此带来的经济总量的平衡对社会经济生活是至关重要的，这不仅是经济稳定的基本前提，而且也是促进经济增长的重要保证，货币政策必须将其列为重要的最终目标。

如果说在 20 世纪 60 年代至 80 年代期间还有一些经济学家相信温和的通货膨胀可以促进经济增长的话，那么进入 20 世纪 90 年代，西方发达国家更趋向于把物价稳定作为首要目标。例如，美国货币政策的主要目标是反通货膨胀，稳定币值。德国虽然更为重视就业水平，但它稳定货币从而稳定物价的目标也常常被中央银行置于首位。日本则在选择货币政策最终目标时，始终把稳定物价作为最基本的出发点。

（二）充分就业

充分就业是指社会劳动力的充分利用，或者说是就业者均能找到适当的工作。充分就业并不意味着失业率等于零，而是把失业率维持在一个合理的比率上和一定的限度内。

充分就业之所以成为货币政策目标之一，主要是出于两个原因：（1）过多的失业会造成人们家计艰难、个人自尊心丧失和犯罪率增加。（2）在失业率高的时候，经济中不仅有赋闲的工人，还有闲置的资源（包括关闭的工厂和闲置的设备），从而造成产出降低，影响一国的 GDP。当然，充分就业这一目标并不是追求零失业率，而是劳动力的需求等于供给的就业水平，即被经济学家称为"自然失业率"的水平。因为在经济体中还存在一些诸如摩擦性失业之类的失业，这属于工人自愿决定暂时离开岗位去从事其他活动，不属于国家宏观调控的范围。

（三）经济增长

经济增长是指一定时期内社会产品产出量即国民生产总值的增加。各国通常将国民生产总值增长率、人均国民生产总值、人均国民收入增长率作为衡量经济增长的主要指标。

经济增长目标在各国中央银行货币政策目标中的地位和重要程度是不同的，甚至同一国家在不同历史时期也存在差异。货币政策调控下的经济增长必须保持一个比较高而合理的速度，其目标是可持续的长期增长，侧重于熨平经济周期和抵消外部扰动，增强经济增长的稳定性。影响经济增长快慢的原因很多，如社会投入量的增加、劳动力质量的提高、科学技术的进步、资本有机构成的提高、资本产出比率的提高、投资与储蓄的增加等方面。中央银行作为经济金融运行中的货币供给部门，所能影响的只是经济增长的几个因素，其中主要是投资率、储蓄率以及要素资源的优化配置。为实现既定的经济增长目标，中央银行可以凭借其所能够操纵的各种工具，增加货币供给、降低实际利率水平，以促进投资增加，或者控制通货膨胀率，以消除不可预测的通货膨胀率的不确定性和对投资的影响。除此之外，中央银行还能做的事情就是通过创造一个适宜于经济增长的金融环境，从而促进经济增长。

（四）国际收支平衡

国际收支是指在一定时期内，一个国家或地区与其他国家或地区之间进行的全部经济交易的系统纪录。它是对外贸易状况、贸易和投资以及其他国际经济交往的总和。国际收支平衡是指一个国家或地区对其他国家或地区全部货币收入和货币支出持平或略有顺差或逆差。

一国的经济结构调整，经济周期的变化或者汇率、利率的变化都可能导致国际收支的失衡。当出现国际收支失衡时，若不进行及时调整，会直接影响对外交往的能力和荣誉，不利于国内经济发展。这是因为如果国际收支出现大量逆差，由于外汇供应短缺，外汇汇率上涨，本国汇率下跌，短期资本就要大量外流，从而导致国际收支进一步恶化，甚至会导致货币危机。如果出现国际收支大量顺差，由于外汇供过于求，外汇汇率下跌，本币汇率上升，其结果可能会抑制出口，并增加国内货币供应和通货膨胀的压力。因此，保持国际收支平衡也是中央银行制定货币政策的重要目标。中央银行可以通过货币政策的实施干预外汇市场，以便限制或平稳其货币汇价的波动，或者增加国际储备资产的持有额。

货币政策上述目标之间的关系比较复杂，除充分就业和经济增长这两者是正相关以外，各个目标间事实上存在一定的矛盾关系。因此，中央银行很难把这些目标同时实现，这正是执行货币政策的难度所在。例如：稳定物价与充分就业之间的关系是矛盾的。正如菲利普斯曲线所表明的结论，失业率与物价上涨率之间存在着一种此消彼长的关系，即在物价上涨率高的时候，失业率较低；相反，物价上涨率低时，失业率较高。这是因为一国要实现充分就业，降低失业率，就要增加货币供给量，刺激总需求增加。而总需求增加在一定程度却会引起一般物价水平上涨；反之亦然。那么作为中央银行的货币政策目标，既不可能选择失业率较高的物价低幅度上涨，也不可能选择通货膨胀率较高的充分就业，而只有在两者之间相机抉择。根据具体的社会条件寻求物价上涨率与失业率之间的正确组合，很难两全其美。物价稳定与经济增长之间也存在矛盾关系。从长远来看，高经济增长与物价稳定不存在冲突，但从短期看，它们之间可能发生抵触。因为为了消除或者降低现有的通货膨胀率，就要减少货币供给量，抑制社会总需求。社会总需求的减少就会引起失业和过剩生产力的增加，从而使投资需求减小，经济缓慢增长。也就是说，货币政策要维持一定的经济增长目标，就要承受物价水平上涨的压力。经济增长与国际收支平衡同样存在矛盾。经济增长通常会增加对进口商品的需求，造成商品进口增长快于出口增长，导致出现贸易逆差。所以，中央银行在选择货币政策目标的时候，只能在兼顾各个目标的时候选择一个折中点，或进行对某一目标偏重的宏观经济政策。

总的来说，货币政策的目标选择会根据各国国情不同而各有所侧重。从长期来看，货币政策目标应该是经济发展和稳定货币双重目标并重。但在短期内，当通货膨胀严重时，应把稳定货币放在首位。当经济出现萧条时，应把经济发展放在首位，同时，还要兼顾充分就业和国际收支平衡。在我国目前经济转型时期，货币政策的唯一目标应该是保持货币币值的稳定。因此，我国货币政策的目标是"保持货币币值的稳定，并以此促进经济增长"，这是中国人民银行按照《中国人民银行法》所宣布的。

第二节 财政政策与货币政策协调配合的理论依据

现代市场经济国家的经济目标是一个多元化的目标体系，既要追求经济的效率，又要兼顾社会的公平，牵涉到社会经济生活的方方面面。经济政策目标的多元化决定了它不可能是单一政策作用的结果，而必须依靠多种政策的运用和配合，如财政政策、货币政策、产业政策、收入政策、投资政策、就业政策和国际收支政策等，其中最重要的是财政政策和货币政策。在市场经济条件下，财政政策和货币政策是一个国家最重要的宏观经济政策，是国家实行需求管理、调节和干预整个经济运行各个方面的最重要的武器。一个国家的宏观经济运行是否正常，或经济运行出现了问题能否顺利有效地加以矫正，在很大程度上取决于能否正确地制定和实施财政货币政策，能否有效地协调配合运用两大政策，从而形成合力，共同解决所面临的问题。由于财政政策和货币政策作为宏观经济调节的两大手段，各有其优势与局限，在运用这两大政策的时候，应根据具体情况合理搭配，扬长避短，才能达到宏观调控的最佳效果。因此，重视对这两大政策的优势与局限的研究具有非常重要的意义。

一、财政政策的优势与局限

（一）财政政策的优势

1. 财政政策具有普遍调节性

财政政策的主体是国家，客体是社会再生产过程或称为国民经济整体。这是从国家调控宏观经济的意图和整体要求出发，体现政府职能的各个方面，通过财政分配中发生的各种经济行为来发挥配置资源、分配收入和稳定经济的作用，对国民经济发展的重大比例关系、国民收入分配格局、社会总供给与总需求的平衡等都有重要影响，因而其调节范围不仅仅限于经济领域，也涉及社会生活的其他领域。例如国家通过有关税收和支出的政策可以明显地影响总支出和总需求，从而提高或降低收入和产出量，使经济恢复均衡状态。即在私人部门支出不足，有降低国民所得水准之虞时，政府增大公共支出，维持需求总额不变，避免经济活动之萎缩；反之，如果私人部门支出过多，有产生通货膨胀的危险时，政府尽量减少公共支出，延缓公共投资，以缩小需求总额。同时加重课税以吸收社会的剩余购买力。同时，国家通过按支付能力原则的税收政策和按受益能力原则的转移支付政策，能够在分配领域实施调节。与货币政策受金融系统功能边界的制约，和其调节范围基本上限于经济领域相比，财政政策具有普遍调节性。

2. 财政政策具有较强的结构性特征

虽然财政政策与货币政策都对总量与结构发生调节作用，但财政政策重在经济结构的调整，是政府干预经济，弥补"市场不足"的重要手段。相对于货币政策而言，财政政策带有更为强烈的结构特征。社会总供给与总需求之间的平衡实际表现为社会商品劳务供给与有支付能力的需求之间的对应关系，在社会总供给一定时，供求平衡就取决于对总需求或货币流量的控制。虽然财政收支是影响货币流通的重要因素，但最终能够控制货币量进而控制社会总需求的是中央银行，而不是财政部门。财政政策调控的侧重点主要在于结构方面，表现在通过财政投资规模和结构贯彻国家的产业政策，调整产业结构，并通过本身投资的规模和结构、财政补贴、税收优惠等手段调节全社会投资的规模和结构，从而达到调节经济结构的效果。财政直接参与社会总产品的分配和再分配，通过税种税率的调节及财政补贴手段的运用，可以调节投资的流动方向；通过发行国债和改变财政投资结构，可以改变投资需求和消费需求以及各自内部的比例关系，实现国家宏观调控的结构目标。换言之，国家通过税收和财政支出对某些部门的支持或限制可以使这些部门得到发展或受到抑制，能够对资源配置优化和经济结构的调整发挥良好作用。这是因为，作为结构性宏观调控政策，财政政策调控中侧重于对资金的再分配，着重使社会再生产中扩大再生产的部分通过对经济总量部分的调节来实现总供给与总需求的平衡。财政收入的税收性和支出的分配性决定了财政政策具有明显的行政性调控特色，资金的运动体现了从经济部门到政府部门的收入再分配，再由政府部门流回经济部门的支出再分配的纵向流动过程。这种资金运动的行政性和分配性反映了财政行政管理调控更适合于在调控经济结构方面发挥作用。财政可以通过自己的收支活动改变货币的流向，把社会上一部分货币流向引导到新兴产业和瓶颈产业上去，从而达到优化经济的供求结构和优化产业的技术结构的目的。

财政政策在结构调整上的作用主要有两个方面的途径：一方面，直接投资。其重点应该是基础设施的建设如大型水电、道路、桥梁、机场、码头、农田水利和城市基础设施等。因为基础设施往往建设周期长、投资大、见效慢，有的甚至没有多大直接经济效益，所以一般投资主体不愿也无力进行投资；但这一产业却是国民经济的"瓶颈"产业，有着显著的社会效益，通过财政的投入，能建成一个良好的经济增长的外部环境。另一方面，政策支持。由于财政收入的有限性，政府财政不可能也没有必要包揽所有投资项目，如高新技术产业、房地产业、教育产业以及其他一系列经济结构亟待调整的产业等，但通过财政政策（包括税收、价格、工商管理等方面的政策）可以引导金融部门和民间的资金流入。改革开放以来，我国财政在结构调控中主要是通过以下三种形式进行的：（1）财政资金直接投入重点发展的产业部门，部分或全部负担某些项目的投资，这种方式也包括对某些投资项目投资产后的减免税优惠。（2）财政资金金融化，即通过政府银行以贷款的形式投入重点产业部门，这种方式比拨款投资形式会产生更好的资金效果。（3）财政资金对某些需要优先照顾的项目予以贴息补助，这也是一种有效调整产业结构的手段。它的长处是可以用少量的财政资金调动起更多的社会资金，流向国家重点发展的产业部门。总之，财政政策的适当运用通过使经济结构与技术结构不断优化来推动经济增长。

3. 财政政策具有强制性

财政政策是由政府通过直接控制和调节来实现的。它主要是通过诸如预算的制定和调整，财政支出规模、方向和结构的安排，税种、税率的确定，以及公债、转移支付等财政手段的有效运用达到影响经济、实现间接宏观调控的目的；而这些手段一般都是通过立法形式制定和颁布实施，具有法律效力，因而财政政策具有强制性。

4. 财政政策具有速效性

速效性是指财政政策从公布到付诸实施所引起的私人市场反应的时间较短。财政政策实施后，无论是调整和变动税收或预算支出，都会直接影响到经济单位的购买力，从而直接影响到消费需求和投资需求，因而其政策效应"时滞"较短，一经贯彻执行，很快即可见效。

（二）财政政策的局限性

1. 财政政策决策"时滞"较长

任何公共决策都不可避免地存在"时滞"，政府作出政策决策总比私人部门作出决策慢得多。就财政政策而言，其主要手段是税收与预算支出，要变动税收（如税种、税目、税率等）或预算支出（包括支出总规模与各项支出的比例等），要经历方案的提出、讨论、批准这一整套审批过程，这一过程往往需要相当长的时间。如在我国，需要由财政部提出，国务院审批，人大常委会通过方可执行。这就导致在某些时候，当针对某一问题的政策真正起作用的时候，情况已发生了变化，而解决新问题的对策又要经过上述过程。因此，财政政策决策的"时滞"影响了财政政策的效力，使财政政策往往不能起到很好的作用，甚至由于政策决策"时滞"的影响可能使政府政策的效应在不恰当的时候发挥出来，从而使经济波动更加严重（如图 26-1 所示）。

2. 财政政策效果难以确定

这主要表现在以下两个方面：（1）财政政策乘数引起财政政策效果难以确定。财政政策中某些工具的运用具有乘数作用，财政乘数是指财政收支变化对国民收入的影响倍数。财政乘数包括投资乘数和预算乘数。投资乘数是指政府投资的变动给国民收入总量变动所带来的影响。预算乘数又包括政府支出乘数、赋税乘数和平衡预算乘数。政府支出乘数是指政府的支出能使国民收入增长的倍数。赋税乘数是指政府增加或减少税收所引起的国民收入变动的乘数。由于赋税乘数

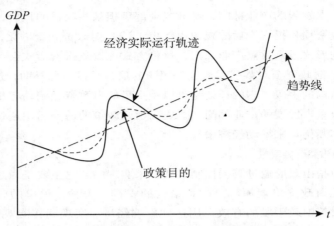

图 26 - 1　财政政策目标与实际效果的偏差

的作用机制表现为：增加税收，国民收入会减少，而减少税收，国民收入会增加，因此赋税乘数是负值。平衡预算乘数是指政府在增加税收的同时，等量增加购买性支出，引起国民收入变化的倍数。总体上讲，各种财政乘数都是难以确定的。如投资乘数与边际消费倾向有直接的关系，边际消费倾向越高，政府投资引起的连锁反应越大，从而引起国民收入的成倍增长。再以赋税乘数为例，政府减税 1 元从而使人们可支配收入增加 1 元时，人们是否一定按边际消费倾向增加消费就难以确定。当人们认为减税是暂时的而不是持久的话，则减税可能并不会增加消费，这时税收乘数就可能不起作用。再者，如减税 1 元时人们可能将此增加的 1 元可支配收入不用来增加消费而用来增加储蓄，则国民收入也无法按税收乘数增加。因此，由于财政政策乘数的作用，其政策效果难以确定。（2）由于政府财政政策的意图可能同居民和厂商的经济目标不一致，导致政府财政政策目标不一定能完全实现。在萧条时期，政府试图以增加对居民的转移支付或减税，甚至是免税来刺激需求，然而居民们不一定把增加的个人收入用于消费支出，企业也不一定将由此增加的利润再进行投资，因为萧条时期企业产品销路处于困境，再增加投资就意味着冒险。在通货膨胀时期，政府试图增税以减少对商品和劳务的购买，这可能会遭到居民和企业主的强烈反对，从而降低政府政策的效能。

3. 财政政策对社会供求总量的调节较为乏力

　　财政政策对社会供求总量的影响较之货币政策更为逊色。由于税负及支出规模的调整涉及面大，政策性强，直接关系到国家财政关系的处理，并受实现国家职能所需财力数量的限制，这就决定财政政策对需求总量调节的局限性。同时，财政政策不仅是一个单纯的经济问题，而且同政治问题有直接联系。财政政策调控以政府为主体，政策变动受政府政治决策和社会政治环境的影响大，因而财政政策的制定受到种种政治因素的影响。如有的国家在大选之前，政府为争取选民的支持，不管经济形势如何，都会采取各种有利于竞选连任的经济措施。在国际形势紧张时期，无论经济形势如何，政府也不会减少国防开支等。

4. 财政政策可能产生挤出效应

挤出效应使财政政策的作用被部分抵消，从而影响到财政政策作用的发挥。在有比例所得税的情况下，政府支出乘数 $K_G = 1/[1-b(1-t)]$，税收乘数 $K_T = b/[1-b(1-t)]$，平衡预算乘数 $K_B = (1-b)/[1-b(1-t)]$。因此，如果要用变动政府支出（指政府购买）或税收来消灭潜在国民生产总值和实际国民生产总值之间的差距即 GNP 缺口，只要将 GDP 缺口额除以各种乘数即可。然而，在运用上述财政政策调节总需求和国民收入时，并未考虑货币市场供求的因素。事实上，当政府支出增加时，或税收减少时，货币需求会增加，在货币供给既定情况下，利率会上升，私人部门（厂商）的投资会受到抑制，产生政府支出挤出私人投资的现象，即挤出效应。例如，在萧条时期，政府为刺激总需求而多举办公共工程，增加政府购买支出。如果此时又想实现财政收支平衡，就必须同时增加税收。但是，增加税收的结果却是抑制了总需求，会降低政府支出的乘数作用，最后同刺激总需求而实行扩张性财政政策的目标相抵触。挤出效应的大小关系到财政政策效果的大小，而挤出效应及财政政策效果的大小可通过 $IS-LM$ 模型清楚地看出（见图 26-2）。

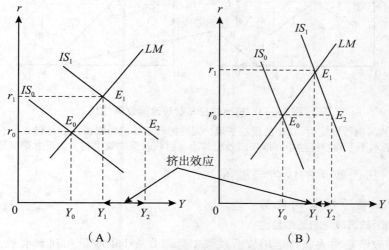

图 26-2 挤出效应与财政政策效果（1）

注：在 LM 曲线既定时，IS 曲线越平坦，同样的政府支出的增加，引起利率水平提高造成的私人投资水平下降幅度越大，即挤出效应越大，财政政策的效果越小。反之则反是。

当 LM 曲线斜率不变时，IS 曲线越平坦，则挤出效应越大，财政政策效果越小；而 IS 越陡峭，则挤出效应越小，财政政策效果就越大，如图 26-2 所示。由于政府支出增加，IS_0 移到 IS_1，若利率不变，则国民收入会增加 Y_0Y_2，可是由于货币需求增加，利率从 r_0 上升到 r_1，因而收入在图中只增加 Y_0Y_1。图 B 中收入增加较图 A 多，原因是图 A 中 IS 曲线较平坦，表示投资对利率反应敏感，因而利率上升使私人投资减少甚多，即挤出效应甚大，因而政策效果小，而图 B 中情况则相反，因而政策效果大。

当 *IS* 曲线斜率不变时，*LM* 曲线越平坦，则挤出效应越小，因而财政政策效果就越大、*LM* 曲线越陡峭，则挤出效应就越大、因而财政政策效果就越小，如图 26 − 3 所示。*LM* 越平坦，财政政策效果较大。这是因为较平坦的曲线 *LM* 说明货币需求对利率变动较敏感，即利率较小变动就会引起货币需求较大变动，或者说货币需求较大变动才引起利率较小变动，因而政府支出增加引起货币需求增加时，只引起利率较小幅度上升，因而私人投资被排挤较少，这样，国民收入增加就较多，即政策效果较大，而 *LM* 较陡时，财政政策效果就较小。

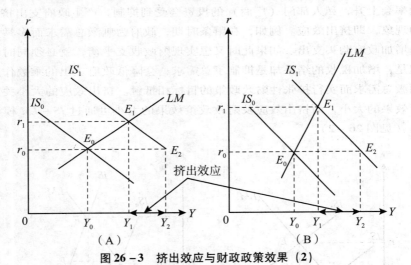

图 26 − 3 挤出效应与财政政策效果（2）

注：在 *IS* 曲线既定时，*LM* 曲线越平坦，同样的政府支出的增加，引起利率水平提高造成的私人投资水平下降幅度越小，即挤出效应越小，财政政策的效果越大。反之则反是。

二、货币政策的优势与局限

（一）货币政策的优势

1. 货币政策具有总量调节性

货币政策是中央银行运用货币政策工具调节货币供应量和利率水平，即通过货币流通量对社会总需求与总供给的平衡、通货膨胀总水平、消费与储蓄和投资的比重、市场稳定等有决定性的调控作用。在现代经济条件下，社会总需求总是表现为货币的总需求，不管是由何种复杂的原因所引起，社会总需求的大小都是直接与货币供给总量相连。货币政策作为决定货币供应量多少的基本依据，对调节社会需求总量的作用是显而易见的。因为货币政策是一种社会资金分配政策，它是在货币运动的所有领域内对货币供应量、信用量、利率水平和金融市场等总量问题进行调控，是通过对货币总量关系的调节来实现社会总供给与总需求的平衡的，是对经济活动的全面性调控，而不直接涉及单个银行及企业融资行为。也就是说，由于货币的供给形成对商品和劳务的购买能力，货币作为一般社会财富的表现，货币对商品和劳务的追逐形成社会总需求。而且，货币政策还可以通过对社会总需求的调节影响到社会总供给的变化，实现社会总需求与总供给之间的平衡。一方面，从政策手段作用过程来看，无论是存款准备金制度、再贴现政策，还是公开市场业务，都着眼于供求总量平衡，而不体现结构调整问题。另一方面，从货币政策调节结构的效果来看，货币政策调节结构矛盾需要有一个相当长的过程，即先调节总量，再通过总量变动影响各微观经济主体的生产经营活动，然后再通过它们的自我调整影响市场结构。货币政策调节的侧重点在于总量方面，因为总需求实现的载体是货币，而货币供给都是通过银行体系的资产业务，其中主要是贷款活动创造出来的，即使是财政支出包括财政投资对总需求的影响也是通过银行发出的货币供给实现的，因而货币政策是总需求扩张与紧缩的总闸口。

2. 货币政策具有间接性

货币政策调控宏观经济是依靠市场机制进行的，作为一项间接调控经济的政策，货币政策对经济的调控一般不直接采取行政控制手段对经济主体施加控制，而主要是通过经济机制间接调节经济变量，这就使得这种经济调节措施与其他经济政策调节措施相比具有间接性的特征。具体地讲，中央银行货币政策对经济的调控不是直接进行的，而是通过运用一系列经济手段间接进行。其主要调控手段有三种：（1）法定存款准备金。一般独立运用资金进行货币信用经营的银行机构必须按一定比例把所吸收存款的一部分留做准备金。这个比例的高低对商业银行体系发放贷款的能力有极大的影响。（2）再贷款和再贴现。在商业银行出现资金不足时，可以通过这两种方法取得中央银行的资金支持，即向中央银行借款或商业银行把企业向它贴现的票据卖给中央银行，以取得资金。中央银行则可通过提高或降低再贴现和再贷款利率，直接影响商业银行借入资金的成本，从而影响商业银行的货币创造能力。（3）公开市场业务。中央银行通过在金融市场上公开买卖各种有价证券和票据来调节商业银行体系的准备金和货币创造能力，从而调节货币供应量。当放松银根时，可以买进有价证券以增加货币供应量；反之，当紧缩银根时，则卖出有价证券，以减少货币供应量。这三种主要的调控手段都体现出货币政策的间接性。也就是说，中央银行可以通过调节法定存款准备金比率，再贷款和再贴现率以及公开市场业务等，间接地影响流通中的货币量和贷款总规模，从而增减货币供应量。

变动货币供给量的政策对总需求的影响，即货币政策的效果，可从 IS 和 LM 曲线的斜率中加以分析。

图 26－4 中，LM 曲线斜率不变时，IS 曲线越平坦，LM 曲线移动（由于实行变动货币供给量的货币政策）对国民收入变动的影响就越大；反之，IS 曲线越陡峭，LM 曲线移动对国民收入变动的影响就越小。LM 曲线斜率相同，IS 曲线斜率不同，假定初始的均衡收入 Y_0 和利率 r_0 都相同。政府货币当局实行增加同样一笔货币供给量 ΔM 的扩张性货币政策时，LM 都右移相同距离，$Y_0 Y_2$ 等于利率 r_0

不变时因货币供给增加而需要增加的国民收入，但实际上收入并不会增加那么多，因为利率会因货币供给增加而下降，因而增加的货币供给量中一部分要用来满足增加了的投机需求，只有一部分才用来满足增加的交易需求。究竟要有多少货币量用来满足增加的交易需求，这决定于货币供给增加时国民收入能增加多少。IS 较陡峭时，收入增加较少，IS 较平缓时，收入增加较多。这是因为，IS 较陡，表示投资的利率弹性较小（当然，支出乘数较小时也会使 IS 较陡，但 IS 斜率主要决定于投资的利率弹性）。因此，当 LM 曲线由于货币供给增加而向右移动使利率下降时，投资不会增加很多，从而国民收入水平也不会有较大增加；反之，IS 曲线较平坦，则表示投资利率弹性较大，因此，货币供给增加使利率下降时，投资会增加很多，从而使国民收入水平有较大增加。

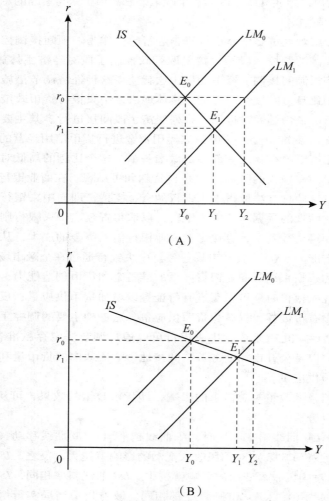

（A）

（B）

图 26 – 4　货币政策的效果（1）

图 26-5 中，*IS* 曲线斜率不变时，*LM* 曲线越平坦表明货币供给量变动导致的国民收入的变动就越小，即货币政策效果就越小；反之，则货币政策效果就越大。*LM* 曲线较平坦，表示货币需求的利率弹性较大，即利率稍有变动就会使货币需求变动很多，因而货币供给量变动对利率变动的影响较小，从而增加货币供给量的货币政策就不会对投资和国民收入有较大影响；反之，若 *LM* 曲线较陡峭，表示货币需求的利率弹性较小，即货币供给量稍有增加就会使利率下降较多，因而对投资和国民收入有较多增加，即货币政策的效果较强。

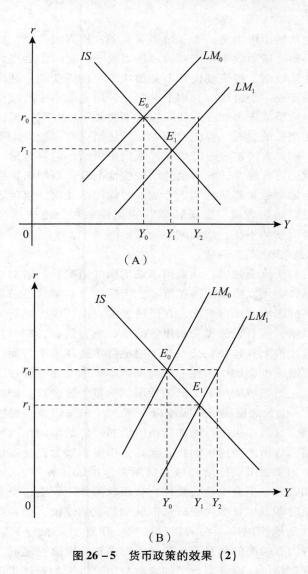

（A）

（B）

图 26-5　货币政策的效果（2）

3. 货币政策具有决策的及时性

货币政策主要是通过对货币供应量等宏观金融变量的调控来对整个国民经济的宏观经济运行状况产生影响，从而保证宏观经济政策目标的实现。由于货币政策一般是由中央银行（货币政策委员会）根据经济状况自行决策，而各国中央银行（货币政策委员会）独立性较强，因此能够根据市场的变化"相机抉择"，具有较大的灵活自主性，其政策决策"时滞"较短。

（二）货币政策的局限性

1. 货币政策生效"时滞"较长

中央银行变动货币供给量，要通过影响利率，再影响投资，然后再影响就业和国民收入，因而，货币政策作用要经过相当长一段时间才会得到充分发挥。尤其是市场利率变动以后，投资规模并不会很快发生相应变动。利率下降以后，厂商扩大生产规模需要一个过程，利率上升以后，厂商缩小生产规模更不是一件容易的事。总之，货币政策虽然在开始采用时不要花很长时间，但执行后到产生效果却要有一个相当长的过程，在此过程中，经济情况有可能发生和人们原先预料的相反的变化。例如，经济衰退时中央扩大货币供给，但未到这一政策效果完全发挥出来经济就已转入繁荣，物价已开始较快地上升，则原来扩张性货币政策不是反衰退，却为加剧通货膨胀起了火上加油的作用。总之，货币政策要通过"货币量—利率—投资边际收益—资金转移"来实现调控，由于传导环节多，时间长，极易受各种因素的干扰，影响调整效果。

2. 货币政策调节范围较为狭窄

货币政策着于流通领域，从货币市场均衡的情况看，增加或减少货币供给要影响利率的话，必须以货币流通速度不变为前提，如果这一前提不存在，货币供给变动对经济的影响就要打折扣。在经济繁荣时期，中央银行为抑制通货膨胀需要紧缩货币供给，或者说放慢货币供给的增长率，然而，那时公众一般说来会增加支出，而且物价上升越快，公众越不愿把货币持在手中，而希望快快花费出去，从而货币流通速度会加快，在一定时期内本来的 1 元也许可完成 2 元的交易任务，这无疑在流通领域增加了 1 倍的货币供给量。这时候，即使中央银行把货币供给减少 1/2，也无法使通货膨胀率降下来；反过来说，当经济衰退时期，货币流通速度下降，这时中央银行增加货币供给对经济的影响也就可能被货币流通速度下降所抵消。货币流通速度加快，就是货币需求增加；流通速度放慢，就是货币需求减少。如果货币供给增加量和货币需求增加量相等，LM 曲线就不会移动，因而利率和收入也不会变动。此外，货币政策作用程度还受其他许多因素的影响。如在萧条时期，尽管中央银行采取鼓励贷款的政策，但商业银行通常不愿意扩大贷款，以免承担风险。在通货膨胀期，尽管中央银行采取限制贷款的政策，但商业银行固有较高的利息率，仍然愿意多贷款以多获利润，因而难以减少货币供给量。这就是说，商业银行可能采取与中央银行的宏观货币政策相反的行为。公开市场业务也往往由于公众的不配合而影响其对经济的调节作用，如通货膨胀时期，人们不一定购买政府发行的债券，萧条时期，人们也不一定出卖债券。同时，货币政策对经济发展的社会性不能直接照顾到，对私营部门不愿投资的事业及微观经济效益不好的企业或投资项目，货币政策的作用微乎其微。同时，货币政策也不能照顾产业布局和地区的平衡发展问题，特别是对供求结构的调整作用十分有限。因为银行以赢利为目的的特点决定它不可能把大量的资金投入经济发展滞后的产业，特别是不以赢利为目的的公共产品产业；相反多投资于投资少、见效快、盈利水平高的产业。此外，货币政策对国民收入分配是否公平合理是几乎不起调节作用的。

3. 货币可能产生流动性陷阱

根据凯恩斯主义的货币理论，不断地增加货币供给量会遇到"凯恩斯陷阱"（或称"流动陷阱"）而失去对利息率的调节作用。因为在其他条件不变的情况下，利息率会随着货币供给量的增加而下降，利息率下降会增加对货币的投机需求。但是，利息率的下降是有一定限度的，当利息率下降到某一限度时，继续增加货币供给量就不会再使利息下降。这时增加的货币量将全部进入投机需求而对利息率不再起作用。从反衰退的作用看，由于存在所谓流动性陷阱，因此，在通货膨胀时期实行紧缩的货币政策可能效果比较显著，但在经济衰退时期，实行扩张的货币政策效果就不明显。那时候，厂商对经济前景普遍悲观，即使中央银行松动银根，降低利率，投资者也不肯增加贷款从事投资活动，银行为安全起见，也不肯轻易贷款。这样，货币政策作为反衰退的政策，其效果就甚微。进一步说，即使从反通货膨胀看，货币政策的作用也主要表现于反对需求拉上的通货膨胀，而对成本推进的通货膨胀，货币政策效果就很小。因为物价的上升若是由工资上涨超过劳动生产率上升幅度引起的或由垄断厂商为获取高额利润引起的，则中央银行想通过控制货币供给来抑制通货膨胀就比较困难了。

综上所述，财政政策同货币政策一样，都是以调节社会总需求为基点来实现总供求平衡的，但二者各有其优势和局限性；为了增强宏观调控的效应和力度，避免政策之间的摩擦与碰撞，财政政策与货币政策必须要协调配合运用才能取得良好的政策效果。

第三节 财政政策与货币政策协调配合的组合方式

在市场经济条件下，财政政策和货币政策是一个国家最重要的宏观经济政策，是国家实行需求管理，调节和干预整个经济运行各个方面的最重要的武器。一个国家的宏观经济运行是否正常，或经济运行出现了问题能否顺利有效地加以矫正，在很大程度上取决于能否正确地制定和实施财政货币政策，能否有效地协调配合运用两大政策，从而形成合力，共同解决所面临的问题。因此，重视对两大政策及其协调配合问题的研究，具有非常重要的现实意义。

财政政策与货币政策的协调配合模式，就是根据不同时期社会总供求的基本状况，运用扩张性、紧缩性和中性财政政策与货币政策进行不同的组合，从而产生不同的调节效应。具体地讲，理论界提出的主要有下列四种搭配组合形式。

一、松的财政政策和松的货币政策

此即"双松"政策。在"双松"政策的模式中，财政系统通过减少税收和扩大政府支出规模来增加消费需求和投资需求，从而扩大社会总需求。银行系统则降低存款准备金率，降低利率，增加货币供给，社会总需求因而能在短期内迅速扩张起来，对经济的发展产生强烈的刺激作用。"双松"政策搭配的积极作用在于扩大总需求，刺激私人投资，促进经济增长。在社会总需求严重不足、生产能力和生产资源未得到充分利用的条件下，利用这种政策配合，能够推动闲置资源的运转，刺激经济增长，扩大就业。但是，这种政策搭配的问题是，松的财政政策有可能产生巨额预算赤字，国债负担加重，对经济发展和社会福利水平的提高有不利影响。而松的货币政策可能会导致信用膨胀，货币超量发行，引起通货膨胀，不利于经济的稳定和人民生活水平的提高。也就是说，如果经济中不存在足够的闲置资源，"双松"政策注入的大量货币则会堵塞流通渠道，导致通货膨胀，对经济产生不利的影响（如图 26 - 6 所示）。

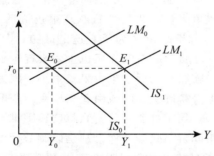

图 26 - 6　"双松"政策搭配的效果

由于松的财政政策会使 IS 曲线向右移动，松的货币政策会使 LM 曲线也向右移动，而且，松的财政政策会使政府支出增加，从而货币需求增加，利率提高，但是松的货币政策会导致利率下降和收入提高，因此，"双松"的政策配合肯定会使产出增加，但利率的升降则取决于两种政策各自的力度对比。图 26 - 6 是表示利率不变的情形。

"双松"政策的搭配适合于社会总需求严重落后于总供给，或者说存在着相当大的通货紧缩缺口，经济走向低谷的情况。在这种经济情况下，扩张性财政货币政策是正确的选择。因为以刺激总需求为作用点的扩张性财政政策，无论是想增加消费还是扩大投资，最终都要表现为增加的货币购买力。如果这时没有采取相应的扩张性货币政策，社会上的货币供给量保持不变或减少，扩张性财政政策所导致的购买力的增加就不能实现，达不到刺激总需求的目的。同样，由于财政政策的某些工具直接构成国民收入的决定因素，直接制约着个人可支配收入的大小，因此，如果财政政策不适当地配合扩张性的货币政策，这种松的货币政策也不能实现刺激总需求的目标。

二、紧的财政政策和紧的货币政策

此即"双紧"政策。在"双紧"政策的模式中，财政系统通过增加税收，削减政府支出规模，以抑制消费需求和投资需求，压缩社会总需求。银行系统则提高存款准备金率，提高利率，减少货币供给量，从而使社会总需求在短时间内迅速收缩。"双紧"政策搭配的积极作用在于降低总需求，抑制私人投资，有效地刹住恶性通货膨胀的势头。但在"双紧"政策下，过紧的财政政策所形成的财政盈余造成了财政拖累，过紧的货币政策所形成的资金闲置造成资本浪费，而这两种情况都会阻碍经济以更快的速度增长。也就是说，"双紧"政策可能阻碍供给增加，导致经济萎缩，使已投入的一部分生产资源被浪费，甚至造成经济严重衰退（如图 26 – 7 所示）。同"双松"的政策配合类似，"双紧"的财政政策和货币政策配合会使产出减少，但利率的变化则仍然取决于两种政策各自的力度对比。图 26 – 7 是表示利率不变的情形。

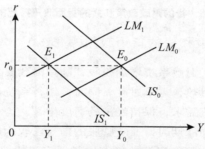

图 26 – 7　"双紧"政策搭配的效果

"双紧"政策搭配适用于总需求大于总供给而出现巨大通货膨胀缺口的经济状况。在严重的通货膨胀时期，只有财政货币政策都是紧缩性的，双管齐下，才能有效地控制住总需求。因为造成通货膨胀缺口的因素一般都包含有财政因素和货币因素，所以在消除通货膨胀缺口时，也必须同时采取财政货币措施才能奏效。如果这两种政策背道而驰，其效果会相互抵消，不能治理通货膨胀。例如，在政府降低财政支出或增加税收的同时，货币当局却在降低利率，那么，财政措施虽然在一定程度上降低了需求，但货币措施使得社会消费特别是投资增加了，社会总需求就不会减少甚至可能增加，加剧通货膨胀。

三、松的财政政策和紧的货币政策

在这种政策模式中，财政系统减少税收，扩大财政支出，可以刺激社会总需求增加，克服经济萧条，保持经济的适度增长。同时，银行系统抽紧银根，严格控制货币供给，可以避免出现过高的通货膨胀，促进经济结构的调整。这种政策的组合运用一般是在经济从高涨时期转向衰退时期。在此时期高的通货膨胀还没有得到有效控制，但社会消费需求和投资需求已明显滑坡，经济结构性矛盾较为突出，社会闲置资源没得到充分利用，经济增长还有一定潜力。但财政政策放得过松会出现大量赤字，不宜长期运用（如图 26 - 8 所示）。由于松的财政政策会使 *IS* 曲线向右移动，紧的货币政策会使 *LM* 曲线向左移动，而且，松的财政政策会使政府支出增加，从而货币需求增加，利率提高，但是紧的货币政策会导致利率上升和收入下降，因此，松的财政政策和紧的货币政策配合肯定会使利率上升，但产出的升降则取决于两种政策各自的力度对比。图 26 - 8 是表示产出上升的情形。

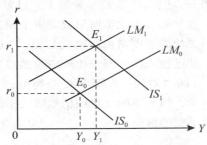

图 26 - 8　松的财政政策和紧的货币政策搭配的效果

四、紧的财政政策和松的货币政策

在这种政策模式中，财政系统增加税收，削减财政支出，可以抑制公共消费和个人消费，避免消费过热，需求过度。同时，银行系统放松银根，适当增加货币供给，又可以满足投资需求，保持经济的适度增长。这种政策组合的运用，一般是经济从萧条期转入高涨期时，通货膨胀的信号已较为明显，经济结构性矛盾也较为突出，但社会还有闲置资源，经济增长还有潜力。但货币政策放得过松，会导致难以控制的通货膨胀。因此，适度从紧的财政政策配合适度从松的货币政策是一种较好的选择（如图 26 - 9 所示）。同松的财政政策和紧的货币政策配合类似，紧的财政政策与松的货币政策配合会使利率下降，但产出的升降仍然取决于两种政策各自的力度对比。图 26 - 9 是表示产出下降的情形。

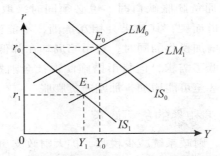

图 26 - 9　紧的财政政策和松的货币政策搭配的效果

五、综合运用不同的财政政策与货币政策的搭配模式

综上所述，从上述几种政策组合中可以看到，"双松"、"双紧"政策主要调控的是社会总需求，解决的是总量问题。总量失衡明显地表现在经济周期的两个时期，即萧条时期的总需求严重不足和通货膨胀时期的总需求过旺。针对这两种情况，必须同时使用财政政策与货币政策，并且方向保持一致。在正常的经济运行中，虽然时常发生经济波动，但经济仍然是朝着增长的方向发展。因此，松紧搭配的政策组合是西方发达国家宏观经济调控的主要形式，因为这样便于形成一种制衡机制，有利于国民经济在协调、平稳的轨迹上运行。具体地讲，"一紧一松"或"一松一紧"政策组合主要是针对经济运行中当前的主要矛盾，即经济增长问题是主要矛盾，还是通货膨胀或经济结构是主要矛盾，来做适当的政策组合。一般来说，在经济中存在通货膨胀但不太严重或经济增长较低但不至于全面衰退的情况下，为实现经济的稳定增长，政府应采取松紧搭配的政策。至于到底要采取哪一种政策搭配，则取决于当时的宏观经济运行的状况及其所要达到的政策目标。采取松紧搭配的政策组合，其关键是掌握好松与紧的程度。如果松紧搭配不当，就有可能出现财政政策的效果与货币政策的效果相互抵消的情况。这样，政府采取的财政货币政策没有起到应有的作用而错过了经济调整的有利时机。同时，还可能出现松过了头而产生通货膨胀，或者紧过了头而抑制经济增长的情况。所以，在采取松紧搭配的财政货币政策时，要对经济形势和财政货币政策的优劣进行科学分析和正确评估（见表 26 – 1）。

表 26 – 1　　　　　　财政政策和货币政策混合使用的政策效应

政策混合	产出	利率
松的财政政策和紧的货币政策	不确定	上升
紧的财政政策和紧的货币政策	减少	不确定
紧的财政政策和松的货币政策	不确定	下降
松的财政政策和松的货币政策	增加	不确定

最后，值得一提的是，当考虑如何混合使用财政政策和货币政策时，不仅要看当时的经济形势，还要考虑政治上的需要。因为虽然扩张的财政政策和货币政策都可以增加总需求，但不同政策的后果可以对不同的人群产生不同的影响，也使 GDP 的组成比例发生变化。例如，实行扩张的货币政策会使利率下降，投资增加，因而对投资部门尤其是住宅建设部门十分有利。实行减税的扩张性财政政策，则有利于增加个人可支配收入，从而可增加消费支出。而同样是采用扩张的财政政策，如果是增加财政支出，例如兴办教育、防止污染、培训职工等，则人们收益的情况又不同。正因为不同政策措施会对 GDP 的组成比例（投资、消费和政府购买在 GDP 中的构成比例）产生不同影响，从而影响不同人群的利益。

因此，政府在作出混合使用各种政策的决策时，必须考虑各行各业、各个阶层人群的利益如何协调的问题。

从我国国民经济运行的现实情况来看，改革开放三十多年来，我国财政政策与货币政策的运作轨迹大致可以分为如下几个阶段：1979～1980年，财政政策与货币政策的"双松"配合阶段；1981年，紧的财政政策与松的货币政策的配合阶段；1982～1984年，财政政策与货币政策的"双松"配合阶段；1985年，财政政策与货币政策的"双紧"配合阶段；1986～1988年，财政政策与货币政策的"双松"配合阶段；1989～1991年，财政政策与货币政策的"双紧"配合阶段；1992～1993年上半年，财政政策与货币政策的"双松"配合阶段；1993年下半年～1997年，财政政策与货币政策实行适度从紧的配合阶段，这次宏观调控不是全面紧缩，而是结构调整，实行宏观调控的"软着陆"；1998～2004年，积极的财政政策与稳健的货币政策的配合阶段，货币稳健政策对缓解亚洲金融危机的冲击及抑制经济增长速度的下滑趋势起到了一定的作用；2005年起，实行稳健的财政政策和货币政策的配合。尤其值得一提的是，积极的财政政策与稳健的货币政策相配合的调控模式在前几年我国经济发展过程中确实起到了非常重要的作用。事实上，1994年以来，根据国家经济发展的态势和宏观调控情况，为抑制严重的通货膨胀，中央银行先是实行了较为严厉的紧缩政策。在治理通货膨胀取得成功之后，为了刺激经济增长，中央银行适度放松了货币政策。1998年以来，中央银行更是先后采取了多项措施，如降低利率、改革存款准备金制度、恢复中央银行债券回购业务等。这些措施实行以后，为经济增长提供了较为宽松的货币金融政策，但由于市场需求的约束，企业和银行对未来项目前景的预期较差，对于投资和扩大生产经营活动较为谨慎，对货币的需求减少，出现了少有的宽松政策而市场货币紧缩的状况。在此情况下，要促进经济增长，就必须扩大内需，由此启用了积极的财政政策，通过扩大财政支出来作为扩大内需的一个有力措施。这样，通过增加政府对公共设施的投资，增加政府订货，不仅直接增加了社会需求，而且还增强了企业扩大投资和生产的信心，改变企业的收益水平和增加了职工工资，拉动相关产业的发展，改善经济结构，推动经济的持续发展。到2002年以后，我国经济已基本上摆脱了通货紧缩的阴影，走出了有效需求不足的低谷，实现了经济的良性循环，呈现出健康发展态势。2003年，在有效需求不足问题和通货紧缩现象得到了进一步缓解、经济迅速回升的形势下，出于对CPI和PPI的上涨及其他一系列经济现象的综合分析，针对所预见到的潜在的通货膨胀压力和经济过热问题，在继续执行稳健的货币政策的同时，使作用于刺激经济增长的扩张性的财政政策逐步淡出，这显然是客观经济形势的必然要求。并且，进入2004年之后，我国经济出现了局部过热的问题。尽管政府通过采取一系列的措施对宏观经济进行调整，也取得了明显的成效；但也不难看到，我国的宏观经济出现了一些新的矛盾和问题。2005年以后，政府采取的"双稳健"的财政货币政策是与我国现阶段经济发展的需要相一致的，也是适应我国现阶段经济发展需要的必然途径。

最后，需要说明的是，在这里，笔者的分析主要还是把财政政策与货币政策的调节效应放在对社会总需求的影响上。实际上，不管是松的政策措施，还是紧的政策措施，在调节需求的同时也在调节供给。同样的道理，在社会总需求大于总供给的情况下，既可用紧的政策措施来抑制需求的增长，也可用松的政策措施来促进供给的增长。因此，紧的政策措施和松的政策措施并不是相互排斥的，而是相互补充的。如果从结构方面来看，问题就更清楚了。在总需求与总供给基本平衡的情况下，也会有一些部门的产品供大于求，另一些部门的产品供小于求；在总需求与总供给不平衡的情况下，同样也会出现有的部门的产品供大于求，有的部门的产品供小于求。这样单纯地采取紧的或松的政策调节都不可能使部门之间保持平衡。还要从结构失衡的具体情况出发，采取或紧或松的政策措施加以调节。由此可见，在运用财政政策与货币政策来实现宏观经济的调控目标时，不能只看到需求的一面，还要兼顾供给的一面。当然也要看到，采取紧的政策措施在压缩需求方面可能迅速奏效，而采取松的政策措施在增加供给方面往往要经历一个过程才能见效。

第二十七章　财政宏观调控 ✖

第一节　财政宏观调控与经济持续发展

一、财政宏观调控的必要性

（一）社会主义市场经济中宏观调控的必要性

宏观调控是指国家从社会公共利益出发，为实现宏观经济的基本平衡和经济结构的优化，保障经济持续、健康、协调发展，对国民经济总体进行的调节和控制。其实质是政府在市场自发调节之后所实施的有目的、有计划的再调节。建立和健全宏观调控体系是社会主义市场经济的客观要求。

1. 通过宏观调控矫正宏观层面的市场失灵是市场经济健康运行的内在要求

市场经济是指以市场调节为主要方式进行资源配置的经济体制。古典经济学家认为，追求利润最大化的生产者和追求效用最大化的消费者，在完全竞争的市场上所形成的均衡是富有效率的；市场经济通过其内在的供求机制、价格机制和竞争机制能够自发地调节生产要素的合理流动，实现资源的有效配置。然而，市场经济特别是现代市场经济的历史，尤其是 1929～1933 年的世界性经济大危机表明：市场虽然是有效的，却不是万能的，市场在诸多方面存在失灵。市场失灵在宏观层面上的表现主要涉及三个方面。

（1）结构性失衡。在市场经济中，生产者或消费者总是按照利益最大化原则，从成本—收益的角度进行权衡，试图以尽量少的代价获取最大化的利润或效用。对生产者而言，获取最大的投资回报是其参与市场竞争的根本动力。这样，在价格机制的作用下，资本等生产要素会自发流向投资回报率高、利润率大的产业、部门或地区。而那些社会效益大，但是周期长、成本高、风险大而经济效益低的行业、部门或地区的投资却严重不足。因此，在单一市场价格机制的作用下，公共领域会出现明显的市场失灵。市场主体微观领域的利益最大化可能导致国民经济行业、部门或地区的结构性失衡。

（2）经济稳定增长问题。在市场经济条件下，微观经济活动在"看不见的手"的引导下可能是富有效率的，但它不会自动导致宏观经济的高效率。世界各国经济发展的历史已经证明，一个高效率的市场并不能自动造就充分就业、物价稳定和适度的经济增长。

（3）收入的非公平分配。市场经济是按照生产要素的数量及其"贡献"进行分配的。而个人的要素禀赋如财产、教育水平、技能等在进入市场之前就可能不均等，同时个人的机遇也不相同。因此，市场机制的效率法则无法实现收入的公平分配。更为严重的是，随着经济的发展，收入非公平分配的差距将不断扩大。

上述宏观层面的市场失灵表明：在市场经济的运行过程中，仅仅依靠市场调节机制，不能圆满地实现生产要素的有序流动、经济资源的合理配置与充分利用。因此，在充分发挥"看不见的手"调节作用的同时，引入并加强"看得见的手"对宏观经济的调节和控制就显得十分必要。

2. 借助宏观调控弥补市场残缺是中国经济体制实现顺利转轨的重要保障

市场要有效地发挥对资源配置的基础性作用，必须具备一定的基本条件，诸如产权明晰的企业制度、完备的市场竞争制度和相对独立灵活的银行体系等。对于中国这样一个从传统高度集中的计划经济体制向市场经济体制转轨的国家，这些基础性的条件必须借助政府的宏观调控等措施才能逐渐地建立。同时，在市场残缺的条件下，市场主体对经济信号的反应或者不灵敏，或者偏离常规反应方式。因此，经济的稳定发展更需要政府从宏观上对经济进行调节和控制。

3. 宏观调控是中国经济实现平稳发展的必要条件

发达国家的市场经济是经过几十年甚至上百年时间发展而成的，市场竞争经历了从无序到有序的发展历程，市场对资源的配置、对供需的调节机制也经历了从不完善到完善的过程。发展中国家要实现经济的持续发展，力求在最快最短的时间内改变自身在国际不合理分工格局中的不利地位，就必须利用后发优势，学习发达国家的先进经验，采取适合本国的市场调节模式。日本、韩国等国在经济发展上所取得的成就，与政府对经济的调控是分不开的。中国要实现经济平稳较快发展，需要政府更多地从宏观上调节和控制经济。

4. 宏观调控是中国防范外部经济不良冲击的有效措施

经济全球一体化一方面使各国经济前所未有地融合在一起，另一方面也导致金融财政等经济风险的国际传递。各国政府干预经济的政策的效果将不可避免地传导到其他国家并对整个世界经济造成不同程度的影响。各国政府面临着如何将国内目标与对外目标有机结合起来形成综合合力的任务。加入 WTO 后，中国已经更快地融入全球经济一体化的进程中，面对随时可能发生的外部经济不良冲击，政府更需要加强对经济的宏观调节。

（二）财政在宏观调控中的作用和地位

财政是国民经济宏观调控体系中运转最迅速、效果最明显、信息最灵敏的主要手段之一。西方市场经济国家也是普遍、最多地采用财政政策作为宏观调控的主要手段。[①] 财政宏观调控无论是作为政府宏观调控的子系统，还是作为政府宏观调控的主要手段，其地位和作用都是十分重要的。就某些宏观调控目的而言，财政则是最重要的调控手段，处于关键、中心、主导地位。比如，在协调国民经

---

① 《中国市场经济与财政宏观调控》，中国财政经济出版社 1996 年版，第 6 页。

济结构（产业结构、部门结构、地区结构）平衡方面，在缩小收入分配差距方面，财政调控总体上比其他调控手段更有效；当经济处于萧条时期，扩张性的财政政策往往比扩张性的货币政策更有效。财政宏观调控在政府宏观调控中的这种地位和作用，是由财政在国民经济和社会发展中的地位和作用决定的。

总之，市场经济需要矫正宏观层面市场失灵的内在要求，财政在宏观调控中的特殊地位和作用，以及中国经济体制转轨的现实决定了要实现社会主义市场经济的持续健康发展，必须加强和完善财政宏观调控。

二、财政宏观调控的对象

鉴于财政在宏观调控中的特殊地位和作用，财政宏观调控的对象主要有：社会总供求的平衡关系、国民经济的结构性平衡关系和收入分配关系。

（一）社会总需求与社会总供给的平衡关系

社会总需求与社会总供给的平衡是国民经济稳定发展的基础。在市场经济中，国民经济只要实现了有效需求与潜在总供给的平衡，宏观经济的主要目标诸如充分就业、物价稳定、经济增长等就能够基本实现。然而，两者却经常处于不平衡状态。充分就业的均衡只是宏观经济各种均衡水平中的"一种特殊事例"，"是各种可能的均衡状态中的一个极端之点"，"而不适用于一般通常的情况"。①因此，两者的平衡需要借助于政府从总量上加以调控。尤其在中国，土地辽阔，区域经济发展水平差距较大，市场机制也不完善。在这种条件下发展市场经济，单纯依靠市场的自发作用很难实现社会总需求与社会总供给的自动平衡，需要政府运用财政、金融等手段从宏观经济全局角度加以调节和控制。从财政看，主要是通过财政直接投资和各项财政税收政策的间接引导来平衡市场社会总需求与社会总供给。

（二）国民经济的结构性平衡关系

国民经济各产业、部门或地区之间能否建立合理的比例关系，形成合理的经济结构、产业结构、地区结构，是国民经济能否实现持续、健康、稳定发展的关键。如果国民经济的结构性关系失衡，特别是基础产业、公共事业遇到"瓶颈"，整个国民经济的运行就会出现障碍。但是，市场经济固有的盲目性和自发性会对国民经济的结构性平衡产生较大的冲击，这就迫切需要政府运用包括财政在内的调控手段进行宏观调控。财政可以对国家资源进行直接的分配，并运用财政补贴、财政贴息、财政直接投资、差异性税收政策等多种工具及其组合调节国民经济的结构性平衡关系，有效引导社会资源在宏观层面的合理配置。

（三）收入分配关系

市场竞争有利于促进资源的优化配置，提高整体的经济效益。但是，市场竞

---

① 凯恩斯：《就业、利息和货币通论》，商务印书馆1999年版，第7～33页。

争不但无法缩小个人在财富初始分配时的差距，反而会扩大这种差距。库兹涅茨"倒 U 型"曲线前半部分图形就充分地说明了这一点。① 收入分配差距必须控制在社会可容忍的限度以内，贫富悬殊不能过大、两极分化不能过于严重；否则会引起社会动荡。财政能够通过转移支付、社会福利保障、累进所得税等制度在调节个人收入分配差距方面发挥独特的作用。

三、财政宏观调控的特点*

（一）计划经济体制下财政宏观调控的特点

1. 资源配置的政府垄断性

在传统计划经济体制下，生产资源的配置主要是政府通过财政投资、计划调拨来实现，企业甚至没有相对独立的投资权。人力资源的配置主要是由政府安排就业来实现，个人几乎没有自由的选择权。资金的分配主要是通过财政收支活动来进行，财政对社会资金的分配占了绝对的主导地位，而银行仅仅被作为调节社会资金余缺的一个工具。

2. 财政管理体制的"统收统支"

在计划经济体制中，中国从 1950 年到 1952 年实行典型的统收统支财政管理体制。其主要特征是：预算管理权限集中于中央；地方的主要收入统一上缴中央金库；地方的一切开支均需中央核准，统一按月拨付；留给地方少许财力，以解决地方的急需需要。从 1953～1978 年，中国基本上实行统一领导、分级管理的财政管理体制。这种体制的主要特征有：（1）地方预算收支支配权相对较小，并没有构成一级独立的预算主体，预算的管理权仍集中于中央；（2）主要的税种立法权、税率调整权和税收减免权集中于中央，并由中央确定地方的收入指标，全部收入分为固定收入和比例分成收入，分别入库；（3）地方各级预算的支出范围、支出指标等基本上也要由中央政府根据当时的实际情况分别下达。

3. 调控目标的"无所不包"

在计划经济体制下，财政宏观调控的目标，既有一般目标，如优化资源配置、合理分配收入、实现经济增长、保障充分就业、保持物价稳定等，也有特殊目标，如农、轻、重的比例关系，积累与消费的比例关系，生产性投资与非生产性支出的比例关系，重工业发展中基础工业和加工工业的比例关系等。调控目标的"无所不包"使财政调控手段、调控机制很难适应，往往是顾此失彼，政策到位率低，力度有限，时效性差。

4. 宏观调控手段落后、工具单一

在计划经济体制下，财政宏观调控的手段主要是直接调控，即下达指令性的

---

① 有理论认为，根据库兹涅茨"倒 U 型"曲线，随着经济的发展，一个国家居民收入的差距会先增大而后缩小。这只是表面现象。实际上，收入差距的缩小并不是由市场自动产生的，而是更多地借助于政府政策的调节。

* 王国清、程谦：《财政学》，西南财经大学出版社 2000 年版，第 412～420 页。

财政收入与支出计划，并主要通过行政手段来完成调控任务。行政手段忽视了运用经济手段通过物质利益关系来引导被调控对象的行为，从而难以有效地实现财政宏观调控的目标。财政宏观调控工具单一主要表现在没有形成财政的宏观调控体系。其原因在于：一是理论认识上的偏差，特别是"非税论"观点的流行，大大降低了税收在宏观调控中的作用；二是没有认识到国债对经济的宏观调控作用。在计划经济时期，中国只是在 1950 年发行过人民胜利折实公债，1954 年起又发行了几次经济建设公债，从 1959～1980 年间再也没有发行国内公债。因此，财政宏观调控工具主要是国家预算。

（二）市场经济体制下财政宏观调控的特点

（1）间接调控和直接调控相结合，以间接调控为主。财政的间接调控是指运用多种财政工具，通过影响市场经济信号并进而影响市场主体的经济利益来调节微观主体的行为。直接调控则是指运用行政手段、法律手段对各经济利益主体进行强制性的约束。在中国社会主义市场经济体制下，由于市场的发育和健全还需要一个渐进的过程，企业经营机制的完善还要逐步推进，因此，各经济利益主体之间的物质利益关系还需要多种手段来加以调节。所以，财政宏观调控的特点之一就体现在间接调控与直接调控并存，经济手段与法律手段、行政手段并用，但主要是运用经济手段进行间接调控。

（2）调控工具及其组合的多样化。在以间接调控为主、直接调控为辅的财政宏观调控机制中，根据调控目标和市场的变化，财政调控工具可以进行多样化选择及组合。各种财政工具，包括税收、公共支出、投资、转移支出、补贴、国债、财政赤字等，本身都具有特定的调控功能。在经济周期的不同阶段，各种财政工具对宏观经济的影响力度是不同的。财政调控工具及其组合的多样化为财政宏观调控提供了广阔的空间，不仅可以调控总需求，也可以调控总供给。

（3）调控目标的整体性。财政宏观调控的目标重点着眼于国民经济和社会发展的整体，其调控工具的实施点在于社会总供给与总需求、国民经济结构性平衡等全局性问题，而非局部性的零打碎敲。

 四、财政宏观调控的目标和任务

（一）财政宏观调控的主要目标

中共十四届三中全会《关于建立社会主义市场经济体制若干问题的决定》指出，"转变政府管理经济的职能，建立以间接手段为主的完善的宏观调控体系，保证国民经济的健康运行。社会主义市场经济必须有健全的宏观调控体系。宏观调控的主要任务是：保持经济总量的基本平衡，促进经济结构的优化，引导国民经济持续、快速、健康发展，推动社会全面进步。"中共十六大报告提出，"健全现代市场体系，加强和完善宏观调控。要把促进经济增长，增加就业，稳定物价，保持国际收支平衡作为宏观调控的主要目标。"因此，中国宏观调控的目标主要是：实现社会总需求与社会总供给的基本平衡，协调经济增长与物价稳定之间的关系，保持国际收支的基本平衡，促进地区经济均衡发展，促进产业结构的合理化，促进国民收入的合理分配。

（二）　财政宏观调控的主要任务

根据宏观调控的主要目标，结合财政调控的自身优势，中国社会主义市场经济条件下财政宏观调控的主要任务有：促进社会总需求与社会总供给的总量平衡，减少经济运行的周期性波动，促进经济的稳定增长，调节地区经济的均衡发展，合理调节产业结构，合理调节国民收入的分配。值得注意的是，这些主要任务之间并不是完全独立的，往往会相互影响。

第二节　财政宏观调控与社会总需求和社会总供给

在市场经济条件下，能够反映经济运行总体状态的指标必须是价值指标，而且应该是总量指标。符合这两个基本要求的只能是社会总供给与社会总需求。因此，国家对国民经济进行宏观调控的最主要对象是社会总供给与社会总需求的平衡关系。

一、社会总需求和社会总供给

（一）　社会总需求

社会总需求是指在其他条件不变的情况下，在某一给定的价格水平上，人们愿意购买的产出的总量。它包括消费、国内私人投资、政府商品与服务采购，以及净出口。

消费主要取决于可支配收入，而可支配收入是指个人收入减去税收。其他影响消费的因素包括收入的长期趋势、居民财富、总体价格水平。总需求分析主要关注那些决定实际消费数量（即名义的或货币的消费量除以消费价格指数）的因素。决定投资的主要因素是产出水平、资本成本（取决于税收政策、利率和其他金融条件），还有对将来的预期。政府商品与服务的采购是直接由政府的支出政策所决定的。净出口等于出口减进口。进口取决于国内的收入和产出、国内和国外价格的比率，还有本国货币的汇率。出口（亦即别国的进口）是进口的镜像，由国外的收入和产出、相对价格和外汇汇率来决定。因此，净出口将取决于国内和国外的收入水平、相对价格和汇率。①

（二）　社会总供给

社会总供给是指一定时期内一国企业所愿意生产和出售的物品和劳务的总量。总供给基本取决于两种截然不同的因素：潜在产出和投入成本。

---

① 保罗·萨缪尔森、威廉·诺德豪斯：《宏观经济学》，人民邮电出版社 2004 年版，第 108 页。

潜在产出是在不会引致或增大通货膨胀压力条件下，一个经济所能够持续生产的最大产量。从长期看，总供给主要取决于潜在产出。潜在产出是由影响经济长期增长的因素决定的，包括可获得的劳动力的数量和质量，由工人使用的机器数量和资本品的数量，技术水平等。总供给（曲线）不仅受潜在产出的影响，而且也受生产成本变动的影响。生产成本上升时，只有在较高的价格水平上，企业才愿意提供一定数量的产出。①

在进行社会总需求和社会总供给平衡的分析时，一般将总供给划分为短期总供给和长期总供给。短期总供给通常是指在实现充分就业（或潜在产出）之前，当总需求变动时，企业能够相应变动的物品和劳务的总量。而长期总供给则是指在实现充分就业（或潜在产出）时，企业所能提供的物品和劳务的总量。

二、社会总需求和社会总供给的平衡

从上述分析可以看出，决定总需求的因素与决定总供给的因素并不相同。因此，社会总需求与社会总供给在量上经常处于不平衡的状态，而与充分就业相对应的总需求与总供给的均衡状态只是"一种特殊事例"，是"一个极端之点"。②特别是由边际消费倾向递减引起的消费不足和由资本边际效率递减甚至"突然崩溃"引起的投资不足将导致社会有效需求的不足。因此，市场经济自发运行的结果往往是社会总需求小于社会总供给，从而引起失业增加、经济萧条。

当市场自发调节不能实现社会总需求和社会总供给的相对平衡时，必须借助于政府的宏观调控。调控的手段主要有财政政策、货币政策和收入政策，其中以财政政策和货币政策最为基本。

当经济社会出现总需求小于总供给时，特别是经济处于萧条时期，国家一般会采用扩张性的宏观调控政策。在财政政策方面主要是通过增加财政支出、减少财政收入（主要是税收）来进行；在货币政策方面主要是通过增加货币供应量、降低利率来进行。当经济社会出现总需求大于总供给时，特别是经济处于过度繁荣时期，国家一般会采用紧缩性的宏观调控政策。在财政政策方面主要是通过减少财政支出、增加财政收入来实现；在货币政策方面主要是通过减少货币供应量、提高利率来完成。当然，上述两种不平衡状况只是两个典型的情况。在经济波动的不同阶段，财政政策和货币政策可能并不同时实行扩张或同时收缩，而是可能会出现一个扩张、一个收缩，或只有一个扩张或收缩，这要取决于实际经济运行态势的需要。

三、财政在社会总供求平衡中的作用

在市场经济中，社会总需求和总供给的平衡是财政宏观调控的最主要任务，

① 保罗·萨缪尔森、威廉·诺德豪斯：《宏观经济学》，人民邮电出版社 2004 年版，第 59、249、250 页。
② 凯恩斯：《就业、利息和货币通论》，商务印书馆 1999 年版，第 7 页。

特别是在短期内更是如此。财政的这种调控任务是通过各种财政调控工具来完成的。这些调控工具主要包括国家预算、财政投资、财政补贴和税收等。

（一）国家预算对社会总供求的调节

国家预算对社会总供求的调节主要体现在对总需求的影响方面。国家预算的变动主要反映在直接增加（或减少）政府购买性支出和政府转移支付。政府购买性支出的变动会直接影响总需求，政府转移支付的变化则会通过可支配收入影响居民消费总量进而影响总需求。一般情况下，当社会总需求大于总供给时，可以采取收入大于支出的预算盈余政策进行调控，主要措施是减少预算支出，这或者可以通过降低政府购买性支出直接减少总需求，或者可以通过降低政府转移支付力度减少居民可支配收入，并进一步降低居民消费进而减少总需求；反之，当社会总需求小于总供给时，可以采取支出大于收入的预算赤字政策进行调控，采取的措施主要是增加预算支出，这或者可以通过增加政府购买性支出直接提高总需求，或者可以通过加大政府转移支付力度提高居民可支配收入，并进一步增加居民消费进而提高总需求。当社会供求总量大体平衡时，国家预算可以采取收支平衡的中性政策。

（二）财政投资对社会总供求的调节

财政投资是实现国家宏观调控的强有力的工具，它主要是通过导向性的投资来实现社会总供给和总需求的平衡。

财政投资对总需求的调控作用不仅仅在于投资活动本身会直接增加总需求，而且它还通过乘数效应进一步带动投资需求和消费需求的循环累积增加。从短期静态考察，投资增加了总需求，但是从长期动态考察，投资还可以增加总供给。考察投资与总供给的相互关系，一般是上一经济过程的投资形成下一经济过程的实际生产能力，从而增加下一经济过程的总供给能力。财政投资对总供给的调控不只是表现为直接增加社会生产的物质基础，同时它还可对"短线"产业发展进行有效调节。因为国民经济的最大生产能力是受"短线"部门的生产能力所制约，所以政府只要少量投资于"短线"、"瓶颈"产业，就能使社会总供给获得较大的增长。

（三）财政补贴对社会总供求的调节

财政对居民的补贴主要涉及个人生活消费方面，如价格补贴、实物补贴等。而财政对企业的补贴则有多种形式，主要包括亏损补贴、出口补贴、技术改造贴息、信贷贴息等。

从总需求的角度看，财政对居民补贴的增加会直接或间接提高居民的可支配收入进而导致其消费增加，从而增加总需求；财政对企业出口给予直接补贴或对出口信贷提供贴息等措施会直接或间接降低企业的出口成本从而鼓励其多出口，进而增大总需求；财政对企业技术改造的贴息以及其他方面的信贷贴息会降低企业投资成本，从而鼓励企业多投资进而增大总需求。反之，如果减少对个人或企业直接或间接的财政补贴会相应降低总需求。从总供给的角度看，财政对企业技术改造的贴息会增大企业现期资本性、技术性投资，这会导致企业下一期生产能力的增大，从而增加总供给。

（四）税收对社会总供求的调节

税收是调节总需求的有力工具。增加个人所得税会减少居民可支配收入从而降低其消费量，进而减少总需求；增加消费税，会增加居民消费的成本从而降低其消费量，进而减少总需求。反之，降低个人所得税或减少消费税会增加总需求。增加企业所得税会降低企业税后利润，降低投资收益与成本的相对价格，从而使企业的投资减少，并相应降低总需求；反之，降低企业所得税，会增加企业税后利润，提高投资收益与成本的相对价格，从而使企业的投资增加，并相应增大总需求。降低进口关税，在出口不变的情况下，净出口会减少，总需求会降低；反之，提高关税，会增加总需求。增加出口退税率或扩大退税面，会间接降低国内产品的出口成本，鼓励多出口，增加总需求；反之，降低出口退税率或缩减退税面会减少出口，降低总需求。

税收也能有效地调节总供给。降低个人所得税会提高劳动与闲暇的相对价格，在平均工资水平较低时，税收的替代效应大于收入效应，这时会增加劳动总量，从而增加总供给；反之，提高个人所得税，会减少劳动总量，降低总供给。降低企业所得税，会提高企业投资收益与成本的相对价格，从而使企业的资本性投资增加，资本性投资的增加一般都会伴随着技术上更为先进的机器设备的采用，这会大大提高社会劳动生产率，扩大生产能力，增加总供给；反之，提高企业所得税会阻碍企业的设备及技术更新，减少总供给。国家对高新技术产业的税收优惠也会促进高新技术企业的发展和投资的增加，从总体上提高国家的技术水平和劳动生产率，增加总供给。另外，国家对基础产业、"瓶颈"部门的税收优惠将扩大"短线"产业和部门的生产能力，并进而扩大全国的总生产能力，增加总供给。

第三节　财政宏观调控模式选择

一、直接调控模式

财政直接调控模式主要体现在：（1）调控方法以"统"为主，其极端方式是统收统支，主要包括国家财政对企业的统收统支，中央财政对地方财政的统收统支；（2）按企业行政隶属关系划分各级财政收支范围和权限，财政按级次运用行政手段直接干预微观经济活动；（3）调控信息通过行政性的纵向结构自上而下传递。

直接调控模式具有操作简单、调控迅速有力、针对性强的优势。在某些特定的社会经济时期，例如在经济状况急剧恶化，出现经济混乱时，直接调控能够迅速有效地控制经济，消除危机。然而，实践表明，片面采用财政直接调控模式会带来严重的缺陷。因为财政不可能及时了解千变万化的社会需要，不可能使其安排的每笔资金的流量和流向都合理，并且还因此陷于日常琐事而无力进行宏观决策，影响宏观决策的科学化，会造成企业预算约束软化，使企业行为往往偏离宏观经济目标；由于信息难于通过市场的横向联系快速有效地直接传递，造成严重的信息"时滞"，并且使信息可能在层次繁多的纵向传递中失真。这往往使生产经营活动背离社会需要，引起供给与需求在总量或结构上的失衡。

二、间接调控模式

财政间接调控模式主要体现在：（1）承认企业、劳动者和地方等被调控对象有其独立的经济利益。财政通过利益调整来引导他们的行为，使之符合宏观目标的要求。（2）调控信号的传导是通过市场，而非行政手段。（3）更加注重国民经济的总量平衡。

与直接调控方式相比，间接调控方式具有三大优势：（1）通过市场协调宏观和微观关系，放活企业，让企业充分地进行市场选择，从而能有效地调动企业的积极性和主动性，使国民经济充满活力。（2）在间接调控方式下，国家的调控意图通过市场机制传导，可以打破企业的双重依赖，使企业真正面向市场。（3）国家减轻直接管理和经营企业的繁琐事务，可以更好地进行调控的宏观决策。当然，间接调控也有其自身的缺陷，在经济生产存在着若干困难、市场体系还不尽完善的条件下，间接调控并非灵丹妙药，而必须与直接调控方式综合配套运用，才能取得更为现实和显著的财政调控效果。

三、两种调控模式实证分析*

（一）中国传统计划经济体制下的财政直接调控

1. 国民经济恢复时期

1949～1952年，新中国财政工作的中心是恢复国民经济，争取财政经济状况根本好转。财政在打击投机资本、稳定物价、合理调整工商业、改革农村土地关系等一系列工作中，发挥了核心作用。其主要表现在：（1）统一全国财政收支管理，确保顺利开展各项工作所需的财力，建立高度集中的财政管理体制、基本建设拨款制度和财政监察制度；（2）力争财政收支平衡、稳定市场物价、制止通货膨胀、恢复和发展生产，迅速扭转了财政困难的状况；（3）运用税收杠杆调节各阶级收入和阶级关系。

---

* 实证分析以中国的财政宏观调控为对象。为分析的方便，对直接调控模式的分析以改革开放之前的财政调控为对象；对间接调控模式的分析主要以1993年之后的财政调控为对象。这种人为的划分主要是基于中国经济的转轨性，因为，在1979～1993年期间，财政的宏观调控很难归入直接调控模式或间接调控模式。

2. "一五"时期

"一五"时期，政府充分利用财政职能，发挥对国民经济的主导性财力分配的调控作用，具体表现在：（1）国家通过税收等财政杠杆，调节和控制非社会主义经济的收入，贯彻对非社会主义经济的利用、限制和改造的政策，促进了生产资料所有制的改造。（2）为工业化筹集巨额建设资金。在"一五"时期，由国家财政集中的收入占国民收入的32.7%，这种比较集中的分配保证了工业化建设的需要。（3）坚持财政年度收支平衡，反对财政赤字，确保社会总供需之间的平衡。

3. "大跃进"时期

"大跃进"时期，由于不顾客观规律，片面夸大人的主观能动性，国民经济受到严重挫折。1961年，国民经济进入"调整、巩固、充实、提高"时期。在此过程中，国家财政全力为经济调整服务，注重对整个国民经济的宏观调控作用。（1）促进农业的恢复与发展，实行有利于农业的财政倾斜政策，调整国家与农民的分配关系，大幅度减轻农民负担，提高农副产品收购价格；（2）改进财政管理体制并强化财政调控职能，适当紧缩预算外资金，改进企业利润分配制度，改进税收管理体制和加强税收管理工作等；（3）压缩基本建设投资，调整经济结构，大幅度降低重工业发展速度，调整工业内部投资结构，促进经济结构的调整，加快生产恢复和发展；（4）增收节支、回笼货币、稳定市场、消灭财政赤字，确保国民经济综合平衡。[①]

4. "文革"时期

"文革"使国家财政受到了严重破坏，财政收入锐减，缺乏实施调控所需的财力；财政投资结构严重畸形，造成人力、物力、财力的巨大浪费；预算管理体制变动频繁，中央与地方财政捉襟见肘，难以进行正常调控；税制简化过头，税收调节经济的功能被大大削弱。

与计划经济体制相适应的财政直接调控模式具有历史的必然性，它在集中社会财力奠定中国社会主义经济的物质技术基础上起到了重要的作用。但是随着生产力的发展和经济生活的复杂化，也逐渐暴露出其内在的缺陷。首先，供给型财政再加上信贷资金供给制的配合作用，使得财政对社会经济的能动调节功能受到了极大的限制。其次，"统收统支"体制使财政手段几乎丧失了应有的运用弹性和杠杆功能，从而不利于对宏观经济的有效调控。最后，财政的调节与控制基本上没有宏观和微观之分，直接调控与间接调控混淆在一起，实际上是用指令性计划和行政手段代替财政杠杆调节。

（二）社会主义市场经济条件下的财政间接调控

1. 以"适度从紧"财政政策为主的财政宏观调控

（1）实施背景。1992年，中国经济进入新一轮快速增长时期，1992年、

---

① 刘溶沧、苏永琴：《中国财政政策货币政策理论与实践》，中国金融出版社2001年版，第32页。

1993 年 GDP 增长速度分别为 14.2% 和 13.5%；但经济运行出现了严重的问题，突出表现在：作为推动经济增长主要因素的固定资产投资高速增长，1992 年、1993 年增速分别为 42.6% 和 58.6%。投资需求带动了消费需求，形成投资和消费的"双膨胀"，加剧了商品供给的短缺状况，造成 1993 年和 1994 年商品零售价格指数分别上升了 13.2% 和 21.7%，产生了较为严重的通货膨胀。经济增长过快带来的经济过热与严重的通货膨胀成为社会经济稳定的巨大隐患。①

（2）主要调控措施。1993 年下半年，国家出台了针对固定资产投资增长过快等的一揽子宏观调控措施，核心是采取适度从紧的财政政策，并与适度从紧的货币政策相配合。在财政方面，控制支出规模，压缩财政赤字，把财政支出的增长速度从 1993 年和 1994 年的 24.1% 与 24.8% 压缩至 1995 年的 17.8%、1996 年的 16.3% 和 1997 年的 16.3%；对财政信用周转金进行清理整顿，减少财政信用资金对生产企业的投入。1994 年实施分税制财政体制改革，提高财政收入的"两个比重"，为中央实施宏观经济调控提供财力保证。②在总量从紧的大前提下，进行适时的结构调整，做到"紧中有活"，避免"一刀切"。

（3）实施效果。以"适度从紧"财政政策为主要内容的宏观调控的实施使严重的通货膨胀从 1995 年开始得到了抑制，该年的商品零售价格指数比上年回落了 6.9 个百分点，GDP 增长 10.5%；到 1996 年，中国基本上实现了国民经济的"软着陆"，商品零售价格指数回落至 106.1，经济增长为 9.6%，经济环境得到明显改善，经济增长质量显著提高，取得了既遏制通货膨胀又保持国民经济持续增长的良好态势。

2. 以"积极财政政策"为主的财政宏观调控

（1）实施背景。从外部看，亚洲金融危机使中国出口锐减。1998 年上半年的外贸出口额为 869.8 亿美元，同比增长 7.6%，与 1997 年同期的 26.2% 和 1997 年全年的 20.9% 形成鲜明的对比，其中 5 月份出口下降了 1.5%，为 22 个月以来的首次负增长。③

从内部看，中国经济出现由有效需求不足引致的通货紧缩迹象，消费需求增长缓慢。居民消费 1997 年只比 1996 年增长 5.7%，增幅比 1996 年低 8.1 个百分点，1998 年的增幅也只维持了 1997 年的水平；投资需求增长乏力。企业普遍看淡市场，缺乏投资信心，投资预期收益下降，投资欲望不强。作为我国经济增长主要动力之一的固定资产投资，1997 年增长幅度下滑至 8.8%，比 1996 年下降了 6 个百分点；物价持续走低。自 1997 年 10 月起，商品零售价格总水平开始出现绝对下降，到 1998 年 7 月，持续下降达 9 个月之久；居民消费价格指数从 1998 年 3 月开始出现下降；工业品价格指数自 1996 年 6 月以来持续下降，到

---

①② 中国社会科学院财政与贸易经济研究所：《中国财政政策 10 年回顾》，载于《经济研究参考》2004 年第 2 期。

③ 项怀诚：《中国：积极的财政政策》，中国财政经济出版社 2001 年版，第 9 页。

1998 年 7 月，已长达 25 个月。①

（2）主要措施。在支出方面，一是发行长期建设国债，扩大投资需求。1998 年以来，累计发行长期建设国债 9 100 亿元，主要投向农林水利、交通、通信、城市基础设施、城乡电网改造、西部地区等国家大型重点工程建设，拉动形成的投资总规模为 5 万亿元左右。② 二是增加社会保障支出。2002 年中央财政用于社会保障方面的支出达到 1 362 亿元，比 2001 年增长 38.6%。城市居民最低生活保障对象，由 1998 年底的 184 万人增加到 2002 年底的 2 060 万人。到 2002 年，全国财政用于社会保障支出的资金是 1997 年的 9.5 倍，是 1998 年的 6.2 倍，年均增长 56.9%。三是提高机关事业单位职工收入。1999～2001 年连续三次提高国家机关和事业单位职工基本工资标准。到 2002 年底，机关事业单位职工月人均基本工资水平比 1998 年翻了一番。③ 四是减轻农民负担。2000 年在安徽等地试点农村税费改革，2002 年将农村税费改革试点范围扩大到 20 个省、自治区、直辖市，试点地区农民负担平均减轻 30%。④ 五是增加财政贴息，促进企业技术改造。1999～2001 年国家累计安排贴息资金 265.4 亿元，涉及 1 218 个项目，拉动投资 2 810 亿元，已建成投产项目 288 个。⑤

在税收方面，国家采取了提高出口退税率、降低关税税率、清理整顿收费、增大税收优惠、征收利息税等措施以扩大需求。

（3）实施效果。一是拉动经济增长。1998～2002 年，我国经济增长率分别为 7.8%、7.1%、8%、7.3% 和 8%。二是刺激消费。2000 年起，居民消费开始回升。从 1998 年至 2002 年，全社会消费品零售总额分别达到了 29 152.5 亿元、31 134.7 亿元、34 152.6 亿元、37 595.2 亿元和 40 910.5 亿元。三是扩大出口。1999 年 7 月扭转了外贸出口下降的势头。1998～2002 年，我国出口增长率分别为 0.5%、6.1%、27.8%、6.8% 和 22.3%；出口总额由 1998 年的 1 837 亿美元增长到 2002 年的 3 256 亿美元。⑥四是促进产业结构优化和提高了城乡居民的收入。我国利用国债资金的直接投入和调整相关税收政策等措施，支持高科技项目、企业技术改造项目的建设，使我国企业的整体技术水平大幅提高，国际竞争力增强，为经济的持续发展提供了不竭的内在动力。与此同时，1998～2002 年，我国城镇居民、农村居民人均可支配收入平均每年实际增长分别达到 8.6% 和 3.8%。⑦

3. 以"稳健财政政策"为主的财政宏观调控

2004 年末，中央经济工作会议决定，2005 年调整财政政策取向，由扩张性

①　中国社会科学院财政与贸易经济研究所：《中国财政政策 10 年回顾》，载于《经济研究参考》2004 年第 2 期。
②　《财政政策转向在即　积极财政政策开始变"稳健"》，载于《财经》2004 年第 23 期。
③⑤⑥　何乘材：《积极财政政策的回顾与评价》，载于《经济研究参考》2003 年第 81 期。
④　张晓春、尤培培：《我国积极财政政策的回顾与展望》，载于《思想理论教育导刊》2004 年第 8 期。
⑦　中国社会科学院财政与贸易经济研究所：《中国财政政策 10 年回顾》，载于《经济研究参考》2004 年第 2 期。

的积极财政政策转向稳健财政政策。

（1）实施背景。进入 2003 年后，民间的以及地方政府驱动的投资明显趋于活跃和旺盛，中国经济增长加速，出现了结构性的经济过热。货币供应量增长偏快，物价上升，通货膨胀压力加大并取代通货紧缩而成为经济运行中矛盾的主要方面。此次经济过热的主要表现形式是投资膨胀，油、电、煤、运全面紧张，基础原材料价格大幅上涨。居民消费价格总水平开始快速上升，2004 年，居民消费价格总水平上涨 3.9%，其中工业品出厂价格上涨 6.1%，原材料、燃料、动力购进价格上涨 11.4%，固定资产投资价格上涨 5.6%，农产品生产价格上涨 13.1%。[①]

（2）主要措施。一是减少财政赤字和减少长期建设国债发行规模。二是调整和优化财政支出结构。三是积极酝酿和推行税制改革与完善。这些财政调控措施的实质内容可概括为：一是财政总量扩张的调减和淡出，二是对结构优化的注重与"有保有控"区别对待。[②]

第四节　财政宏观调控手段现代化

一、经济信息网络化对财政宏观调控的新要求

信息高速公路的建设加快了经济信息存储、处理、传递的速度，增强了其共享性，使得人们能够更有效地开发利用经济信息资源。经济信息的网络化对财政宏观调控的影响涉及两个方面。

（一）经济信息的网络化为财政宏观调控提供新的机遇

从信息的收集和使用角度看，及时、准确的经济信息特别是宏观经济信息是财政宏观调控的基础条件，能见度决定能控度。没有必要的信息，便无从调控；信息不准确，调控的结果就会偏离预期目标；信息收集不及时、信息反馈不及时，调控就会滞后于实际变化。计算机及网络的快速普及和广泛应用，为财政宏观调控收集、整理和运用高质量的信息提供了先进、方便、快捷的工具。从财政宏观调控措施作用的发挥看，经济信息的网络化使各项政策措施能够迅速地传递到社会经济的各个领域，增加了财政调控信息的知晓度和及时性，这有利于公众形成"理性预期"并及时作出反应。

（二）经济信息的网络化对财政宏观调控提出了更高更新的要求

（1）财政宏观调控需要收集处理的经济信息在量上、种类上、复杂程度上急剧增加。网络化已经并将继续使经济信息量"爆炸式"膨胀，经济信息的种类也

---

① 国家统计局：《中华人民共和国 2004 年国民经济和社会发展统计公报》，2005 年 2 月 28 日。
② 贾康：《从"积极"到"稳健"——中国财政政策转型与展望》，载于《中国财经报》2004 年 11 月 30 日。

逐渐增多并有不断细化的趋势，经济信息的复杂程度也成倍增加。这些都极大增加了财政宏观调控信息甄别的难度，增加了信息收集、整理和加工的总量和难度。

（2）公众"理性预期"所需的信息更加及时充分，"规则"调控的成效可能在公众与政府的"博弈"中被弱化。网络化使经济信息的传播速度大大提高，有些信息在瞬间就能迅速扩散。因此，公众对经济信息的了解更加及时和全面，公众的"理性预期"会更为合理。公众在与政府的"博弈"中可能会弱化财政宏观调控的效果。

（3）财政通过市场借助于经济信号的间接调控作用更加凸显。经济信息的网络化使公众能够更迅捷更全面地掌握与财政宏观调控相关的信息及政策，公众对经济信号的反应将更加灵敏和快捷。这就要求财政宏观调控更多地要采用间接调控方式，以市场经济信号引导公众的行为使之有利于宏观调控目标的实现。

（4）公众对财政宏观调控信息的需求将提高，财政宏观调控将面临更大的压力。经济信息的网络化使社会公众对财政宏观调控信息的需求无论在数量上还是在质量上都会大大增加，同时也会促使财政宏观调控措施的公开化，提高透明度。因此，财政宏观调控工作在量上和在规范程度上面临更大的压力。

二、财政宏观调控手段的现代化

（一）建立财政宏观调控信息管理系统

1. 财政宏观调控所需信息的形成

（1）选择需要的信息。所谓需要的信息，是指与财政宏观调控决策和实施密切相关的信息，特别是涉及宏观经济运行态势的信息。财政宏观调控所需信息的来源主要有两个途径：外源信息和内源信息。外源信息是指从外界特别是其他宏观经济管理部门传入的信息。财政是国民经济的综合部门，它的活动涉及国民经济各个部门和社会再生产的各个环节，所以外界流向财政的信息极为丰富，也极为重要。内源信息是按财政（税收）系统内部行政管辖的层次从下向上传递的信息。

（2）信息的收集和处理。信息的收集和处理程序是：检核，就是验证信息来源的可靠性、数据的准确性和有效性等；提炼，就是把信息加以分类编造和过滤，其目的在于向决策管理者提供有利于他们决策的信息；传输，就是把经过提炼的信息适时地提供给有关决策管理者；编制索引，为信息的存储和检索提供分类基础，不编制索引，信息便无法被利用；存储，将信息存储起来，以备必要时可以再次使用。

（3）信息的使用。信息使用的基本要求是要向有关的决策管理者适时地提供必要的信息。信息的使用效果在很大程度上取决于信息的质量、形式。

（4）信息的反馈。信息反馈是及时发现决策和计划执行的情况，是有效地进行调节和控制的重要依据。根据反馈的信息，决策管理者可以及时发出调节和控制的指令，从而保证调控目标的实现。必须重视决策后的追踪检查和信息反馈，通过多种渠道，建立快速而灵敏的调控信息反馈系统。

2. 财政宏观调控信息系统的基本要求

财政宏观调控现代化对信息系统的基本要求是：向不同决策层和各级管理者提供及时、准确、适用、经济的信息。

（1）及时，就是不失时机地把信息输送给决策层和管理者。所谓不失时机，是指信息的输送不能太早也不能太迟。因为输送太早，尚不能运用；输送太晚，则已没有意义。要做到这一点，就必须适时记录已发生或出现的种种情况和问题，并以适当的方式及时地传递给决策部门和管理中心。

（2）准确，就是信息要如实反映客观情况。准确是信息的生命，假信息、失真的信息会对财政宏观调控决策造成严重的危害。信息失真的原因是多方面的。例如，传递中的失真、工作人员业务不熟导致的信息失误、对信息处理错误等。为了防止信息失真，应当对信息的语言、数据、传递渠道等方面进行估量，采取必要措施，确保信息的准确性。

（3）适用，就是要提供有用的、适合需要的信息。必须研究和了解财政宏观调控需要哪些信息，并对大量的原始信息资料进行加工、筛选和整理，提供适用的信息，以满足决策的需要。

（4）经济，就是以尽量少的费用获取所需要的信息。在通过各种方式获取信息时，必须考虑信息的实效和费用的节约，力求避免损失和浪费。

3. 财政宏观调控信息系统的现代化建设

中国财政宏观调控信息系统的建设，这些年有所发展，目前所遇到的问题虽然有技术方面的，但是主要的却不在于技术，而是由各单位本位利益及工作人员陈旧观念所造成的对信息的人为分割。各个具体业务部门的信息网络相互间往往是封闭隔绝的，不能形成高效运转的总网或便捷的信息交流渠道，所以亟待破除不合理的人为信息壁垒。

财政宏观调控信息系统的现代化建设应从两个方面入手：一是财政（税务）系统内部信息网的建设和相互连接，保证财政系统信息的全面性和信息传输的及时性；二是政府各综合经济管理部门信息网的相互连接，实现各部门信息的共享，保证财政宏观调控与其他经济政策之间的相互协调。目前信息技术的发展使信息的收集和处理更加便捷，尤其是国际互联网的推广并逐步深入到我国国民经济生活的各个层面。财政宏观调控体系的信息系统的现代化可以考虑充分利用国际互联网。这样做，一方面成本低，另一方面便于财政信息的对外发布和与国内外有关部门的信息交流，符合未来的发展方向。

（二）建立高效科学的决策系统

决策系统是整个调控体系的中枢，决策水平的高低，直接决定调控的结果与成本。一个决策系统，前要统领信息系统，后要操作执行系统，进而主导和协调整个调控系统。除要作出各种"常规的"决策，还要在面临突发事件时具有应急决策的能力。

1. 高效科学的财政宏观调控决策体系的基本要求

（1）建立"决策机构"与"决策研究机构"相对分工又相互配合的决策体系。财政部门是一个综合部门，任何一项重大决策都会涉及政治、经济、科学、技术等各个方面。这就要求决策者具备多方面的知识。由于个人的知识和才能总是有限的，因而在现代科学决策体系中，出现了互相联系而又互相分离的"决策研究"和"决策行动"这样两个环节，出现了多种形式的咨询、顾问、参谋机构为决策者提供科学依据。这种"谋"与"断"相对分离而又互相配合的决策体系是管理现代化的客观要求，也是实现财政科学决策的必要前提。国家财政活动的组织者和执行机构，一方面要为整个国民经济决策出谋献策，提出财政分配的多种方案和多种途径供领导者决策。另一方面又要为大量的、日常的、具体的财政活动制定政策、原则和规章制度。属于财政部门自身的决策，需要有决策机构以及决策者的"决策行动"，同时又要有多学科专家和多方面人才有机结合的专门决策研究机构，从各自不同的角度进行论证，为决策者提供依据。

（2）建立上下结合、互相协调、职责分明的决策体系。中央财政与地方财政是一个统一体，但应明确划分决策范围，该由中央决策的不分散给地方，该给地方决策的不由中央独揽。一般地讲，中央财政是全局，代表全局和整体的利益，重大的战略决策应由中央作出。地方财政决策必须服从中央财政决策，并以中央财政决策作为决策的前提，不允许作出与中央财政决策相抵触的决策。

（3）建立财政信息系统、控制系统和决策系统紧密衔接的体系。财政管理现代化的基本要求是：有灵敏的管理信息系统，及时反映和提供各方面的信息；有高效率的科学决策系统，及时、准确地作出各种决策；有强有力的控制和实施系统，迅速、有效地实现决策。这三个系统紧密配合，协调工作，财政决策方能提高到新的水平。

（4）建立财政宏观调控的指标体系。对于财政宏观调控，必须要明确在什么情况下进行调控，当调控达到什么程度时就要停止调控等问题。这就涉及财政宏观调控的指标体系，也就是要给财政宏观调控设定一个相对的数量区间。财政宏观调控统计指标的选择应遵循：一是可度量性，即能及时得到准确的数据；二是可控制性，即被选择的指标具有充分的实现可能；三是相关性，即被选择的指标要与国民经济发展目标相关；四是可行性，即被选择的指标能体现管理效力。

2. 财政宏观调控决策的步骤

（1）发现问题，确定调控目标。财政宏观调控决策是针对经济运行中所需要解决的问题而进行的，所以发现问题、把需要解决的问题的症结所在及其产生的原因分析清楚是财政宏观调控决策的起点。决策者要善于根据经济环境进行分析和组织诊断。只有诊断出问题，找到其根本性原因，才能针对问题明确决策的目标。决策目标是经济决策的依据和方向。目标不明确或选择错误，会使经济决策陷入盲目性，或使决策一错再错，导致整个经济决策的失误。

（2）比较具体措施，拟定备选方案。调控目标确定之后，就要分析实现目标的各种具体的财政措施，同时需要权衡各种措施的优劣，或者是否需要进行各项措施的配合。在此基础上拟定决策方案。

（3）分析评价，择优定案。进行决策方案的分析评价，就是每一个备选方案在进行选择之前对其有关的技术、经济、社会环境等各方面的条件、因素、潜在问题进行可行性分析，并结合决策目标作出综合评价。选择方案是整个决策的中心环节，需要把握两点：一是选择方案的标准。一般要求在同样可以实现决策目标的前提下，以得到的利益尽可能大、付出的代价尽可能小，目标实现的把握尽可能大、副作用尽可能小等作为选择标准的基本依据。二是选择方案的方法。选择方案的方法一般有两类：一类是定性决策的方法，一类是定量决策的方法。定性决策方法主要是决策者运用社会科学的原理，并根据个人的经验和判断力，通过定性研究，为制定方案找到根据，了解方案的性质、可行性和合理性，然后进行目标和方案的抉择。定量决策的方法主要是运用数学模式和电子计算机技术解决决策问题。这种方法的关键是建立数学模型，即把变量之间以及变量同目标之间的关系用数学关系表述出来。两类方法各有优缺点及适用的具体情况，要根据实际情况灵活掌握，并强调要将定性分析与定量分析相结合，才会选取合理的决策方案。

3. 财政宏观调控决策系统的现代化

（1）提高工作人员的素质，高素质人才是财政宏观调控现代化的基本保证。（2）财政宏观决策要有一定的前瞻性，这是因为宏观政策从执行到发生作用有一定的滞后性，如果政策不具有前瞻性，那么政策执行后到发挥作用时，经济形势已经发生变化，政策将失去作用或起反作用。（3）要建立财政宏观调控的预警系统，该预警系统一定要选用精确的数学模型，采取定量与定性分析相结合的方法，根据国民经济的发展不断修正。

（三）建立宏观调控法律体系，实现财政宏观调控的法制化

市场经济是一种法治经济，国家调控宏观经济也需要法律予以规范。宏观调控法是调整在国家宏观调控中发生的各种社会关系的法律规范的总称。宏观调控法调整的是一种以国家为一方主体的国家调节、管理与被调节、被管理关系，其功能和任务是规范和保障国家调节，以促进社会经济协调、稳定和发展。①

1. 建立宏观调控法律体系的必要性和可行性

从理论上讲，国家在实施宏观调控克服和矫正市场失灵的同时，也必须警惕政府失灵，即政府的利益偏好、不确定性、信息不完全有时也会导致政府行为的失误，造成巨大的浪费。要增强宏观调控的有效性，必须将宏观调控纳入民主化、法制化的轨道。

2. 宏观调控法制系统建设的主要内容

从法律形式看，宏观调控法律体系包括宏观调控基本法和宏观调控单行法。

---

① 漆多俊：《宏观调控法研究》，中国方正出版社2002年版，第16页。

前者对宏观调控的基本问题较全面地予以规范，如宏观调控的主体、基本手段、基本原则、基本任务、所应遵循的程序、宏观调控的权限及法律责任等。德国 1967 年的《经济稳定与增长促进法》和美国 1976 年的《充分就业和国民经济平衡增长法》就是基本法性质的宏观调控法。鉴于宏观调控全面地涉及国民经济各职能方面和各行业部门，各职能方面和各行业部门的基本政策都需要制定相应的综合性法律，如财政预算法、税法、银行法、证券法、外汇法、外贸法、产业政策法等。它们也属于宏观调控的一些基本法律。宏观调控基本法或综合性法律无论对程序性或实体性内容的规定，都难以全部包罗。特别是关于计划和各种经济政策的实体性内容既多且变动性大，国家需要根据客观形势和情况随时予以调整。因此，需要在各基本的综合性法律之外，再颁布许多单行法规，以同各有关综合性法律相补充和配套。宏观调控法中存在大量的单行法规和暂行规定。它们具有灵活性和针对性，这是宏观调控法立法体系的一个明显的特点。①

从具体内容方面看，宏观调控法主要包括：国民经济和社会发展计划、国民经济生产与物资的平衡、国家财政收入与支出的平衡、国家货币的发行、中央银行信贷的平衡、国有资产投入与产出的管理以及对外贸易进口与出口的平衡等方面的法律制度。②

因此，宏观调控法体系由宏观调控基本法统帅下的宏观调控专项法和宏观调控相关法所构成：（1）宏观调控基本法，如我国学者建议制定的《宏观调控法》。（2）宏观调控专项法。主要有：计划法；财政（税收）法，包括预算法、财政收入法（税收法、国债法等）、财政支出法（政府采购法、转移支付法等）；金融法，包括中央银行法、商业银行法、政策性银行法和非银行金融法；国有资产投资法。（3）宏观调控相关法。主要有会计法、审计法、统计法、环境资源法、社会保障法、外贸法、外资法等。

---

① 漆多俊：《宏观调控法研究》，中国方正出版社 2002 年版，第 16 页。
② 蔺翠牌：《中国宏观调控法与财政法制》，载于《中央财经大学学报》2001 年第 10 期。

第二十八章　经济运行中的财政风险 ✴

第一节　经济风险存在的必然性

🐦 一、风险的基本含义

为了对财政债务风险进行深入、细致地研究，首先有必要全面把握风险、财政风险的定义。沃尔特·奥肯在其《经济学基础》一书中曾指出："在建立一幅经济世界的科学图像方面，定义常常扮演着重要的角色。"

一般而言，风险既是一个自然现象，也是一个政治、经济、社会现象，因而它同时也具有自然与社会两种属性，并且这两种属性又有着既对立统一，又相互转化的辩证关系。学术界对风险的认识大致有如下几种：1895 年美国学者海斯首先从经济学的意义上提出了风险的定义，他认为，风险是损失发生的可能性。最早对风险进行系统研究的是美国学者哥伦比亚大学的威雷特博士，他在其 1901年向哥伦比亚大学提交的博士论文《风险及保险经济理论》中对风险作了如下定义："所谓风险就是关于不愿发生的事件发生的不确定性之客观体现。"

美国经济学家、芝加哥学派创始人奈特在 1921 年出版的《风险、不确定性及利润》一书也非常重视存在于经济活动中的风险和不确定性要素，提出只有不确定性才是真正利润的源泉的风险学说，这在当时的学术界引起了很大的反响。

美国保险学家欧文·颇费尔在其所著的《保险与经济理论》（1956）一书中则指出，把风险定义成不确定性是自相矛盾的。他把风险和不确定性定义成："风险是危险状态的集合，由概率加以测定，与此相对应，不确定性通过信念程度来测定。"换言之，风险是客观状态，不确定性是心理状态。

明尼苏达大学教授、著名的风险管理学家小阿瑟·威廉姆斯在其代表作《风险管理与保险》（1964）中，给风险下的定义是："风险是关于在某种给定的状态下发生的结果的客观疑问。"也就是说，风险是人们对未来结果所持有的疑问。这种疑问是在人们对将来可能发生的所有结果及其相应发生的概率都了解的情况下仍然会抱有的疑问。后来，他又对风险做了修改，定义成："风险是在给定的情况下特定的期间内可能发生的损失间的变动。"

上述国外主要的风险学派代表人物对风险的定义都反映出以下三层含义：（1）风险和不确定性、概率是有区别的；（2）风险是客观的，不确定性是主观的；（3）风险是可以测定的。

当前，对风险比较一致的看法是：风险是在一系列不确定性因素影响下给人们有目的的行动带来的，与预期目标相比较而言的利益损失的可能性。用一句简单的话来说，风险就是指由于未来的各种不确定性因素导致未来发生损失的可能性。

从风险的角度来说，市场化改革的过程，就是试图通过制度选择来逐步明晰风险、分散风险的过程，使社会经济运行中的风险通过市场机制来动态地化解，从而防止风险的累积，以达到降低整个社会经济系统的风险的目的。

二、风险的特征

风险一般具有以下几个基本特征：

（1）客观性。风险的存在是以一系列的客观存在为基础的，只要风险存在的客观基础不变，风险也就必然存在。随着人们认知水平的提高，人们对于风险的认识有了很大的提高。基于这些认识，人们能够采取一定措施来规避风险并尽可能地减少风险带来的损失，但风险的存在并不会因为人们的规避措施而改变。

（2）偶然性。风险会给人们带来损失，但是风险事件的发生是偶然的、不确定的。何时何地会发生什么样的风险都是不确定的。就人类总体而言，风险的存在是客观的、普遍的、必然的。但是对于一个单独的个体而言，风险事件的发生却是偶然的。

（3）可变性。风险的可变性是指风险的性质、程度、种类等在一定条件下是变化的。特定风险的产生是基于特定的条件，条件的变化会导致风险的变化。例如，环境污染的风险在古代发生的可能性很小，属于一种特定风险；然而随着人类进入工业社会，环境污染成为一种普遍现象，以至于环境污染风险演变成了人类社会的基本风险。随着人们对这一风险认识的发展，人们对于环境污染的重视程度不断提高，这种风险发生的概率又开始慢慢有所降低。又比如，核污染的风险在以前是不存在的，但当人类掌握了核技术之后，随即产生了这种新的风险。

（4）损害性。风险是与损失相关的状态，损失是风险发生的后果。凡是风险都有可能给人们的利益带来损失。这种损失既包括经济上的，也包括生理上和心理上的。对于社会总体而言，这些损失大部分都会造成经济上的损失。没有损失，也就没有研究风险的意义了。

（5）可测性。由于风险的偶然性，很难对风险进行预测。但是对于风险的总体而言，风险的存在及发生往往服从于某种概率规律，并非漫无目标和范围，亦非确切、肯定，而是以一种或然规律存在与发生着。根据数理统计的原理，风险作为一种随机事件总要服从于某种概率分布。也就是说，虽然不能准确地判断出风险事件发生的时间地点，但却有可能了解它发生的频率、损失率，从而把不确定性转化为某种程度的确定性。

三、经济运行中为什么存在风险

现代社会是一个充满风险的社会。无论个人、企业、社会还是政府都面临着各种各样的风险。除了面临来自自然界的风险以外，社会经济运行中所产生的风险也日益成为我们生存与发展的最大威胁。

经济运行中的风险源于经济活动的结果与预期目标的不利的偏离。这种偏离与人类经济活动中的不确定性有关。从根本上讲，经济运行中风险的生成有两个基本的途径：其一是市场机制的内生性风险，即是与市场机制运行本身有关的风险生长机制。进入市场经济时代以后，市场机制已成为经济运行的基础机制，商品生产的内在动力来源于生产者本身对物质利益的追逐。生产者的消费需要越来越多地依靠市场交换来实现，市场的作用不断扩大，同时生产也需要越来越多地分工协作，致使生产社会化程度不断提高。随着生产、交换、消费和分配等各个环节上的不确定性因素的增多，风险也随之增多。所有的内生经济风险都可以从市场机制中找到产生的根源，市场经济具有独立性、平等性、开放性，这就决定了市场经济活动的复杂性和经济活动结果的不确定性，从而构成了经济风险的内生性土壤。其二是市场机制的外生性风险，即市场外部多种超经济因素的诱发、传导和作用所引起的风险。在能够引发经济风险的各类风险因素中，除了市场机制本身的运行特点之外，还有许多因素是超乎经济逻辑之外、远非经济手段本身所能解释和控制的，如天灾人祸、战争、动乱等。外生机制与经济运行的社会政治环境密切相关，当经济运行面临着国际政治经济的种种外部不确定性因素时，经济风险的外生机制会把无数外来的风险强制传导到经济运行中来，从而构成难以控制的外生性经济风险。

四、经济风险的类型

以风险的属性和其化解、防范的方式来看，可划分为两大类，即私人风险和公共风险。前者是指企业、个人等单个主体所面临的风险，例如，企业经营亏损、产品研究开发失败等；后者是指个人和企业无法承担的、不可分割的、只能由政府来承担的风险，或者是指每个私人都需面对的风险，例如，通货膨胀、经济衰退、环境污染等。

私人风险具有可选择性。人们愿意承担风险是因为可以获得风险收益，所以人们可以在权衡风险所带来的额外收益和由此造成的损失成本基础上决定承不承担风险以及承担风险的大小。而公共风险的承担则不具有可选择性，即社会中的每个人都可能承担这种风险，没有办法置身于风险范围之外。

私人风险成本具有可分割性。私人可以通过市场机制对风险加以化解，如保险公司提供的各种商业保险、企业的风险管理、个人的风险投资组合等。而公共风险则不具有可分割性，即人们不可能根据自己所面临的风险大小来分担风险成本，或在技术上没有办法将风险成本加以分割。例如，银行不良资产可能造成金融危机，影响到社会中的每个人，但人们无法对自己是否承担这一风险作出选择，要化解风险，就得付出成本，但是要想通过市场机制来对每个私人分摊其所承担的风险成本是不可能的。这样，公共风险的化解责任就只能由公共机构来承担，这个机构就是政府。财政风险即是一种典型的公共风险。

从以上私人风险和公共风险的各自特点可知，两者的最大区别在于能否由私人通过"收益—成本"机制进行化解。虽然存在上述区别，两者之间在一定条件下却是相互转化、相互影响的。例如，企业经营亏损对个别企业来说是私人风险，但如果所有企业或大部分企业都经营亏损的话，势必会带来一国的经济衰退，这样私人风险在一定程度上就会为公共风险埋下根源。同样，长期的通货膨胀必然会促使企业亏损。因此，公共风险有时会加剧甚至决定私人风险的产生，私人风险的积聚会导致公共风险的产生或恶化。同样公共风险的有效防范有利于减少私人风险，私人风险的降低有利于缓解公共风险。只有建立两者的互利机制才能使一国的经济朝良性的方向发展。

第二节　经济风险与财政

一、财政风险范围的界定

（一）财政风险的定义

财政即是政府的理财之政，发挥着促进国民经济健康协调发展，维护国家稳定和经济安全、维持国家政权正常运转的重要作用，承担着优化资源配置、调节收入分配、稳定宏观经济和保持经济持续协调增长的重要职能，而风险的无处不在决定着财政在履行其职能时必然也会面临诸多的风险。此外，财政自身的复杂性和独有的特征也使得这种风险更具复杂性和特殊性。财政风险作为公共风险的一种类型，对其研究才刚刚起步。根据西方国家对财政风险的定义，财政风险是指爆发财政危机的可能性。西方对财政危机主要有广义和狭义两种解释。一种是美国政府间关系咨询委员会（1985）使用的较为广义的解释，即认为财政危机是下列类型中的一种：（1）破产，要想申请破产，政府必须宣布自己没有偿付能力；（2）政府债券或票据或支票的不兑付：无力支付到期的利息或本金；（3）无法履行其他义务，例如工资、供货商和养老金的支付等。另一种是较为狭义的解释，仅指上述三种情形中的第二种，认为财政危机即政府无力偿付直接债务。西方国家一般把财政危机理解为狭义的财政危机，这是对财政危机最典型的一种解释。国内学术界目前对财政风险的定义众说纷纭，尚未形成一个统一公认的财政风险的界定标准。有从风险的角度来定义财政风险的，认为财政风险就是与财政相关的一种风险，即一种损失的可能性。也有把财政风险看成是发生财政危机的可能性，这种观点强调应把存在引起财政危机的隐患的可能性称为财政风险。此外，还有把财政风险进行广义和狭义的分类，分别加以定义，还有根据系统内外风险因素对财政风险分层次定义的。

纵观林林总总的各类型观点，应从"财政"、"风险"入手，依据谨慎的原则，从风险责任归属和财政风险规避的角度来对财政风险进行定义。首先，财政风险是一种风险，财政风险是整个经济风险在财政领域的集中体现，是由于各种不确定因素的综合影响而导致财政资金遭受损失和财政行为遭到破坏的可能性。其次，财政风险是一种经济风险。财政主要是指政府在管理、调控、服务等公共事务（公共产品）的过程中有关的政府预算、财税政策、债务决策、政府收支执行管理规定等一系列的制度安排。再次，财政风险又是一种公共风险，它不仅仅是政府部门、财政部门的风险，更是整个国家经济和整个社会的风险，这种风险造成的损失将会波及整个社会。但是，由于财政是全社会风险的最终承担者，所以财政风险又不同于一般经济实体的风险，来自经济波动、利率变动、银行风险、国企财务风险、债务扩张等经济方面的风险和来自自然灾害，政治、社会不稳定等非经济方面的风险最终都会转化为财政风险。因此，从谨慎的原则出发，笔者认为，把财政风险区分为狭义和广义是没有意义的，财政风险不应仅仅包括财政的债务风险，所有需要由政府来承担风险责任的经济和自然风险，无论是直接的或是间接的，都应该看成财政风险，只有这样才有利于人们对财政风险有一个较全面的认识，才能对财政危机的防范做到未雨绸缪，及早入手。如 1997 年东南亚金融危机的爆发以及由此引发的世界性的经济动荡，使正在市场化改革取向道路上的我国充分认识到市场经济中无处不在的风险及其可能造成的严重后果，也使人们意识到，金融风险最终也是财政风险。最后，财政风险也是一种政府经济风险。财政是政府经济活动的核心内容，政府通过财政分配实现资源配置、收入分配，从而实现促进经济稳定增长的目标。因此，财政活动是政府的经济行为，政府理所应当是承担财政风险的主体。

综上所述，对财政风险的简单定义是：财政风险是由于财政系统内外的各类型的不确定性因素所造成财政损失或导致财政无以为继的可能性。财政风险的核心内容是政府的债务支付危机。这一定义是根据财政所承担的责任来界定财政风险的，不仅仅指政府财政入不敷出，还包括预算赤字庞大，国家债务激增，全部或部分债券到期不能兑付的一种可能性，而且包括所有最终会转化为财政风险的经济和自然风险。财政风险虽然存在隐蔽性，在爆发财政危机前很难辨识，但财政风险并不等同于财政危机。财政危机是一种既定的结果，而财政风险只是将来产生财政危机的诱因；财政风险可以是无时不在的，但财政危机绝不是无时不在，国际上一些国家财政危机的出现及至恶化往往意味着该政府垮台。这种理解有助于有效地防范财政风险。

（二）财政风险的特征

为了更加准确、全面地把握财政风险这一概念，还应当了解和掌握财政风险的基本特征。与其他社会风险相比较，财政风险除了作为一般风险的四个基本特征以外，还具有以下独有的特征。

（1）公共性。这是由作为风险主体的政府行为的特点所决定的。政府是市场机制中代表全社会利益的主体，其行为必然具有广泛的社会公共性。因此，财政风险并不局限于财政部门与财政活动内部，而是在全社会范围内广泛地存在着，它的产生和化解都具有公共的性质，关系到政权稳定和社会安定，牵涉到每个人的利益。

（2）传导性。这一特征主要表现在两个方面：一方面是财政系统内部不同财政风险的传导。如收入风险会加剧支出风险、赤字风险和债务风险；反过来，支出风险又会引发收入风险。从预算体制的级次看，任何一级的财政出了问题，都会影响整个财政体系。地方财政出了问题，会通过转移支付制度影响到中央财政；反之亦然。另一方面，财政系统内部的风险因素和财政系统外其他经济系统的风险因素也会相互传导，如金融风险向财政风险的传导；反之，财政风险系统的财政损失会通过损失因素的扩张向其他经济系统传导。

（3）广泛性。财政风险的广泛性主要表现在财政风险因素分布的广泛性和财政风险损失波及面的广泛性方面。财政作为公共经济活动的集中体现，其职能活动都是在社会整个经济大系统中完成的，其行使的责任范围覆盖全社会。因此，诱发财政风险的风险因素也极具复杂性，产生的财政风险损失也存在于社会经济活动的各个方面。

（4）高损失性。财政风险的公共性决定其产生的损失不仅仅在财政活动范围内，而是波及社会的方方面面。尤其是爆发财政危机，不仅对政府是致命的打击，甚至会引起政权的更替，还会使整个经济遭受毁灭性的破坏，引发社会动荡。财政风险与国家的政治体制、经济体制、财政政策等各方面的联系密切，是多方面的问题交织和长期积聚而形成的，具有复杂性。因此，化解极其困难。另外，财政是政府在防范私人风险和公共风险的最后一道防线上所产生的风险，财政一旦出现风险，就意味着没有其他的机制和能量来对它加以控制，如果财政风险发生转化，其损失将会波及整个社会。

（5）隐蔽性和潜伏性。一般情况下，政府运用其财力和凭借其政治权力，通过强制性的手段，如税收、摊派、发行货币等来增加收入，或是采用降低福利水平、减少投资等手段来减少财政支出，以应付支付危机。因此，很多情况下，表面上财政运行良好，但实际上风险因素已经存在，只是表现不明显，不容易被及时发现，只有当这些风险累积到一定程度，爆发财政危机时，财政风险才得以公开显示。

（三）财政风险的类型

从不同的角度、按照不同的标准，可以对财政风险进行不同的分类。

（1）根据显露程度的不同划分为显性财政风险和隐性财政风险。显性风险是指风险因素明显暴露，损失或损害已经显现并能够测算，如官方公布的财政赤字、政府举债、财政欠账、财政运行难度等；隐性风险是指各种风险因素尚处于隐蔽状态，不容易被察觉的部分，如财政空账运转造成的虚收虚支、国有银行的不良资产、非登记外债等。

（2）按照财政风险在预算体制各级次上的表现可分为中央财政风险和地方财政风险。这种划分，还可以将地方财政风险细分为省财政风险、省辖市财政风险、县财政风险和乡镇财政风险。

（3）按照财政运行各环节划分财政风险可分为财政收入风险、财政支出风险、财政赤字风险和债务风险。财政收入风险一般是指财政减收风险；财政支出风险一般是指财政增支风险；财政赤字风险和债务风险一般是指规模扩大的风险。

（4）从财政风险形成的原因可将财政风险分为内生性风险和外生性风险，或称为内部风险和外部风险。内生性风险是指由财政系统内部因素（如财政政策失误、财政制度缺陷、预算管理体制不合理和管理低效等）造成的财政风险；外生性风险是指财政系统外部不确定性因素造成的财政风险，如自然灾害风险、社会经济运行风险、技术风险、政治风险和战争风险等。

（5）从主客观角度分析，可将财政风险分为主观性风险和客观性风险。当然任何风险的存在都有主客观双方面的原因，因此，前者主要是主观因素占主导地位，后者主要是客观因素占主导地位。技术风险、体制风险、决策风险、管理风险和政治风险带有很大的主观性，而自然灾害风险和经济运行风险则主要由客观因素引起。

（6）按照风险因素的作用方式财政风险可分为直接风险和间接风险。直接风险是指风险因素和财政状况恶化之间存在着直接的关系；间接风险是指风险因素在特定的环境下通过某个中间环节的传导才导致财政状况恶化的风险。

二、财政风险的表现形式

（一）财政收支风险

财政收支风险是政府及其财政部门内部的主客观因素所导致的财政收入不能满足支出的需要，财政收支不平衡以及由此对国民经济带来的不确定性。其主要表现形式为财政收入风险、财政支出风险、财政赤字风险。

1. 财政收入风险

财政收入的稳定、有效增长是政府正常运作和社会各项事业健康发展的前提，没有稳定的收入，财政支出将会成为无本之木、无源之水，财政将会出现支付危机。财政收入风险主要体现在规模风险和结构风险两个方面。前者表现为财政收入缺乏稳定的增长机制。财政收入占 GDP 的比重过低，从而增加了财政运作的风险。在国际上，通常将财政收入占 GDP 的比重作为衡量政府财政实力和调控能力的重要指标，即政府财力的大小决定着行政能力的强弱。虽然 1996 年后我国财政收入占 GDP 的比重逐步上升，但无论是与发达国家、新兴国家还是和我国相近的发展中国家相比，财政收入占 GDP 的比重还是相对偏低的。结构问题表现为财政收入结构及财政收入的征收形式没有及时适应经济结构、国民收入分配结构的变化，这主要是指税收收入与非税收入、预算内收入与预算外收入的比例不合理以及税制结构的不协调。

2. 财政支出风险

财政支出的风险，指能够满足财政职能所需财力的可能及安排各项开支的结果与欲实现目标的差异。财政支出风险主要表现在两个方面：一是财政支出规模过大。财政支出的刚性以及财政在促进经济和社会稳定平衡发展中提供必要的财力使财政支出规模越来越大。一旦支出超出财政所能承受的范围，财政支出的不足必然会影响到财政职能的正常发挥。二是财政支出结构不合理。表现为财政职能"缺位"与"越位"的并存。一方面财政承担了本应由企业、社会和个人承担的支出、居民价格补贴和部分企业亏损补贴等；另一方面财政在基础教育、基础科学、环境保护、社会保障等方面支出不够，严重影响这些领域的发展。

3. 财政赤字风险

财政赤字风险中，无论是显性赤字还是隐性赤字，都是财政收不抵支的产物。财政赤字有利有弊，适度赤字有利于经济增长，过度赤字对经济增长有弊无利。赤字和风险之间没有必然的因果关系。如果说没有赤字就意味着没有风险，那只要追求财政平衡就可以了，显然这是行不通的。因此，不能简单地看赤字规模的大小，关键要看是否有一个健全的制度安排和科学的管理，如果有此做保证，赤字规模的适度扩大就不会加剧财政风险。笔者定义的赤字风险是指经常性的、规模不断扩大的财政赤字所带来的不良后果超过财政自身承受能力的可能性，它是财政风险的一种最主要的外在表现。显性财政赤字是指政府预算报告中明确显示的财政赤字，隐性财政赤字是指通过虚收欠支等方式掩盖的财政收支缺口。

（二）财政债务风险

财政债务是政府为了弥补财政收支不平衡而对内、外举借的债务。它本质上是政府通过债务关系或信用手段取得的财政收入，而非狭义的政府发行的具有一定票面价值的债券。政府债务风险是政府不能按期偿还债务而影响财政正常运行的可能性。政府债务风险有国内债务风险和国外债务风险之分。国债规模越大，其蕴含的债务风险越大。国内债务风险不仅包括政府因发行债券受阻或不能偿还到期债券等显性债务风险，而且在我国，隐性的债务风险表现得更为突出，如地方财政欠发工资形成的国家债务、社会保障基金损失和缺口风险及国有银行的不良贷款形成的国家隐性债务。外债是指政府或政府授权机构对国外承担的具有偿还义务的债务。一国适度的外债有利于先进的工艺、技术、管理的引进，有利于经济开发和发展，但是如果外债规模超出其国际收支限度时，就会带来外债风险。

（三）财政公共风险

公共风险是指对一个国家产生不利影响，依靠私人（包括企业或个人）无法承担，而必须依靠财政承担的风险。比如自然灾害、流行感染疾病等自然性公共风险和国有企业财务风险、金融机构风险、社会保障缺口风险等社会性公共风险。

三、财政风险的成因分析

（一）经济波动与财政风险

经济的周期性波动是指以实际国内生产总值衡量的经济活动总水平扩张与收

缩交替的现象。一个经济周期往往经历四个阶段：繁荣、衰退、萧条和复苏。经济繁荣阶段，生产和消费旺盛，就业充分，国民收入水平不断增长，财政政策的"自动稳定器"作用导致财政收入也充裕；经济衰退时，生产萎缩、失业增加，国民收入水平降低或增长缓慢，财政收入随之减少，政府为了实现社会稳定职能和经济发展职能，刺激经济复苏，又会采取扩张性的财政政策，如增加相关支出或减税。这样又会造成财政支出规模扩大或收入的进一步减少，导致财政收支结构失调。因此，经济波动因素主要是在经济处于衰退时增加财政风险。

经济波动尤其是经济衰退是导致财政风险的一个极其重要的外部因素。经济衰退时引起的财政风险主要表现为下列几个方面：企业经济效益下降，甚至大量破产倒闭，使得税收收入大大减少，财政收入预算不能完成；经济不景气的情况下，政府的投资效益低，很多投资项目甚至不能收回成本；财政资金遭受损害的可能性增加；出口形势影响出口退税的需求；汇率波动影响外债偿还能力等。

经济波动对地方财政风险的影响取决于地方经济的发展程度。对于某些不发达地区，地方财政由于财源单一、产业结构不合理、科技和知识水平低、产品附加值低、经济发展缓慢，而面临着较大的财政风险；相反，经济发达地区的财政与经济往往能够良性互动，财政风险要小很多。

（二）国有企业效益与财政风险

按理说，政企分开、市场化的国有企业的财务风险应该由市场来化解，但是在目前的体制下，国有企业还没有成为真正的市场主体，在某种意义上，它属于"公共企业"，离不开政府的关照，国有企业运行中的问题最终还得由政府财政来"兜底"。国有企业在建立现代企业制度的过程中，在产权没有彻底改革的情况下，其归属权仍是国家的。因此，国家对其进行了隐性担保。当国有企业发生严重亏损时，国家会通过财政补贴来帮助其渡过难关，即使在国有企业无法支付到期债务申请宣告破产而国家也不再对其进行扶植的情况下，国家仍会因其隐性担保责任来解决破产国有企业的历史遗留问题。因此，国有企业的经营不善最终会把这种风险转嫁给政府，导致财政风险。

（三）国有银行经营与财政风险

国有银行和财政存在着千丝万缕的联系。国有银行风险的最终承担者是国家财政。我国金融风险突出地表现在银行的不良资产上。银行不良资产是在特殊的经济、金融环境下，由于企业的低效率运行和银行信用的被动扩张而形成的。国有企业的低效益和高负债是银行不良资产比率不断上升的一个重要原因。高额的不良资产比率导致银行亏损，而银行亏损的实质是潜在的财政风险。一旦银行到了无法支持高负债、面临破产的时候，这种潜在的风险就会转化为刚性的财政支出。

（四）政府债务与财政风险

财政风险和政府债务密切联系。财政风险是财政面临支付危机的可能性，集中表现为赤字和债务的膨胀，当这种膨胀超越一国经济和社会承受力时，将演变成财政危机，并由此引发一国经济、政治的全面危机和社会动荡。政府债务的重要组成部分是国债，目前我国的财政赤字有加速增长的趋势，国债规模越来越大，财政存在较大的债务风险。财政或有债务大量存在，也增加了财政风险的不确定性，导致财政存在大量的隐性风险。此外，近年来我国地方政府债务呈现上升、积累和扩大的趋势，庞大的地方政府债务成为影响经济社会稳定和发展的因素，引起了各方的关注。

政府债务带来的财政风险除了国债债务风险这种显性的直接由信用约束带来的风险，从更广的角度来说，它还包括由道德约束带来政府债务的可持续性，这是政府财政风险的重要反映。一国政府债务不具有可持续性也就是该国政府在现有债务水平上按某种模式继续借债将导致政府资不抵债和无力支付，即出现财政风险。我国的政府债务应定义为公共部门债务，其远大于国债债务，其中造成差别最大的两个项目，一是国有银行体系的不良资产中的潜在损失，二是隐性养老金债务。基本原因在于我国的国有经济仍然是一个由财政、银行、企业三个部门组成的巨型公司。银行不良贷款损失和隐性养老金债务与财政部发行的国债一样，都是国家对非国有债权人（居民）的债务。尽管这些债务的数额有不确定性，但都是非偿还不可的。要评估政府的借债能力，有必要将财政、银行、企业三个部门作为一个整体，编制政府的资产负债表。如果政府的净值为正，说明它的资产足以抵偿现有债务，如果政府净值为负，说明政府已经到了资不抵债的地步。

地方债务风险造成的原因是地方财政支出结构不合理，"越位"与"缺位"并存。近年来，地方行政事业机构和人员的经费支出急剧增长，使财政背负了沉重的负担，严重影响了财政职能的充分发挥，有相当部分地方财政已经成为"吃饭财政"，这一现象在县、乡两级财政尤为突出。很多地方官员在安排财政支出时，先安排享受性的支出，待资金缺口产生后，再留下矛盾最集中、最尖锐的工资等硬性开支来倒逼上级政府。同时，一些本应该由地方财政负责支出的项目却无法得到充足的资金，如义务教育、社会保障等。另外，长期以来，地方经济发展多数处于粗放型和外延型，高投入、低产出，或只追求速度，忽视了效益，也抑制了地方财政收入的增长。

（五）社会就业与财政风险

目前我国就业形势严峻，加大了财政压力。据预测，今后10年的失业率水平可能在8%左右。就业矛盾是我国经济市场化推进的必然结果，这就决定了就业问题将长期存在最终将增加财政的支出压力。一方面失业的增加减少了财政的税收收入；另一方面，失业人口的增加使政府在社会保障方面支出更多，还会增加政府为维持社会稳定的开支。如1998年，中央财政在很紧张的情况下，仍然安排164亿元用于下岗职工的生活补贴和再就业补助。我国社会保障缺口主要包括养老和失业两大社会保障基金的不足。就失业保险而言，企业转制、经济转型或经济滑坡导致社会失业人员急剧增加，对社会稳定构成严重威胁。再考虑到各种隐性失业、农村大量的剩余劳动力以及人口基数大等因素，我国失业风险正日益增大。

（六）政府决策失误与财政风险

决策是根据信息所决定的策略或办法，决策的基本前提是信息掌握的全面性、真实性、准确性。一方面，在现实生活中，由于信息的不完全性和决策的人为性，不可避免地会出现决策的失误，从而造成财政活动中的各种风险。另一方面，政府官员个人决策能力和决策水平有限；更重要的是现行决策体制存在问题，很多的决策没有制度保障。人们可以事后很容易地对一个决策失误的案例作出它"不科学"的判断，但是，事前这些决策往往因不具备监督程序，由个别人"包办"，潜在的"不科学"性难以引起足够的重视。有些地方政府各级领导拍脑袋决策失误造成的损失，包括投资决策失误造成的浪费，巨资引进的设备或闲置或成为废品，都慷慨地说"缴了学费"。据世界银行估计，"七五"到"九五"期间，我国的投资决策失误率为30%左右，资金浪费及经济损失大约为4 000亿~5 000亿元。因此，政府决策失误往往造成巨额的财政资金损失。

第三节 财政风险防范的对策

一、促进经济可持续发展，夯实财政基础

要增强国家的财政风险抵抗能力，一个良好的财政基础是根本。增加财政收入，最根本的是坚持以经济建设为中心，努力加快经济发展步伐，只有经济发展了，才能有效地增加财政收入的后劲，不断增加财政收入。但是谈论经济发展不能简单地着眼于国民经济的增长，更需要的是经济的可持续发展。

经济的可持续发展与经济增长不是一个等同的概念。所谓可持续发展是指既满足现代人的需求，又不损害后代人满足需求的能力。换句话说，就是指经济、社会、资源和环境保护协调发展。它们是一个密不可分的系统，既要达到发展经济的目的，又要保护好人类赖以生存的大气、淡水、海洋、土地和森林等自然资源和环境，使子孙后代能够永续发展和安居乐业。

过去着眼于强调经济发展却忽视了经济发展是以一种什么样的代价来取得的，忽视了经济与社会的协调发展。在这样的一种发展模式下，经济发展与资源、环境、社会的矛盾突出，经济的发展以其他方面的牺牲为代价，这样的发展虽然快速推进了物质文明建设，但是却为整个社会的协调发展带来了一系列的不稳定因素。这些不稳定因素的存在使我国的财政承担了大量的或有负债。这些或有负债并不表现为财政赤字，但是一旦矛盾爆发却只能由政府来承担，从而形成极大的财政风险。因此，必须调整发展思路，走可持续发展的道路，一方面防止矛盾继续积累，另一方面在稳定发展的基础上积累足够的财力去防范这些问题，

从而降低这些矛盾爆发的可能性以及爆发后的危害性。

二、加快现代企业制度的建设，提高竞争力

企业是市场经济的主体，是国民经济的细胞。微观经济主体运营质量的高低从根本上决定了整个国民经济的运营质量。要走可持续发展的道路、要实现经济持续稳定的发展就必须提高我国企业经营管理水平、提高企业的经济效益。

加快现代企业制度的建设，提高企业竞争力也是增加财政收入的需要。财政收入的基础在企业。企业发展的速度快了，特别是经济效益提高了，就能增加自身的经济实力，盈利的企业可以有效地降低资产负债率，减少利息支出，进一步增加盈利；潜亏企业可以逐步消化不良资产；亏损企业可以不断减少亏损。

目前，我国是一个以国有经济为主体，多种所有制并存的局面。在我国，国有企业上缴国家的利税占国家财政收入的 60% 以上，国有大中型企业又占国有企业上缴利税的 85% 以上。就国有企业与财政的关系而言，国有企业财务是社会主义财政的基础，是国家利用价值形式管理企业的重要形式。失去了国有企业这个基础，国民经济将无法正常运转，财政将难以为继，国有企业的经营风险迟早会转化为财政风险。国有企业能否顺利完成市场化的角色转换，成为市场经济的微观主体，关系到我国经济体制改革的成败，也关系到财政的顺利运行，进而影响财政风险的防范与控制。

在国有企业改革中应建立现代企业制度，把改革、改组、改造和加强管理结合起来，通过抓大放小以及企业联合、兼并、股份制改造等途径，切实转变企业经营机制，促进企业的规模化和集团化经营，盘活资产存量，补充自有资产，降低不良资产，切实提高企业竞争力和抵御风险的能力。

三、控制财政赤字规模，防范通货膨胀

赤字风险的主要表现是庞大的财政赤字和较高的赤字比率。因此，要防范赤字风险，从根本上讲有两个途径：开源和节流。

所谓开源，就是通过合理可行的途径增加财政收入。财政收入的增加不能单纯依靠国民经济的增长所带来的税收的增长。就我国目前的状况而言，短期内财政收入增长的潜力更主要地来自税收征管工作的改进。不断完善税制和加强征管，规范政府收入行为才是提高财政收入增长速度的有效途径。

所谓节流，就是财政支出的合理化、科学化，减少财政资金浪费。财政赤字可以分为"被动赤字"与"主动赤字"。前者是指由于政府支出规模难以约束，超过了正常收入水平而导致的赤字；后者是指"逆向调节"的财政政策所安排的赤字。从我国实际情况看，这两种赤字是并存的，尤其是财政支出约束不严、分配结构不合理、行政经费膨胀、资金浪费严重所导致的赤字问题。对于积极财政政策主动安排的赤字只能作为短期内带动经济增长的宏观调控手段，而不能长期化，造成经济对赤字的依赖。因此，要控制财政赤字规模就要从这两个方面

入手。

 四、政府决策民主化、科学化

所谓科学决策是指决策者依照科学程序，运用科学技术、现代的系统、信息、控制理论和方法去进行科学化民主决断。它包括三个环节：确定目标、拟定可能方案和方案优选。要实现科学决策，所有要素最终的归结是体制因素，也就是民主对决策的影响，也就是要求公众参与到决策中去，即决策的民主化。

有关研究表明，一定数量的赤字或债务并不是决定财政风险大小的唯一因素，赤字之类的显性债务的存在并不决定着风险的转化方向。而由政治决策和财政体制导致的国家或政府的不可持续的赤字路径则是十分危险的。政府决策体制从根本上决定了国家财政支出的有效性、科学性。政府决策的科学化、民主化是优化财政支出、遏制财政风险的有效途径。

西方公共选择理论把政府的预算决策看成是由公共产品的供求双方相互决定的过程，政府通过预算收支提供的公共产品应符合公众的偏好或意愿。为了揭示社会成员对公共产品的偏好，并把社会成员的个别偏好集中成为集体偏好，从而作出符合公众意愿的决策。预算决策必须通过一定的民主政治程序进行，国家预算的内容要向社会公开，社会公众有权监督预算的编制和执行情况，这就要求国家的预算在很大程度上步入民主化、法制化和程序化的轨道。我国财政建设应当借鉴和吸收西方公共选择理论的合理成分，采纳西方国家科学的预算决策办法，进一步完善我国人民代表大会制度，在立法机关、政府部门、人民群众（通过选举人大代表）之间形成相互监督、相互制约的财政分配权力制衡机制，建立有中国特色的财政分配公共选择程序，实现财政决策的民主化和科学化。

为了加快政府决策民主化和科学化的进程，必须加强民主与法制建设，改革完善政治体制，以法治代替人治，建立起政府向人大负责受人大监督、人大向人民负责受人民监督、审计机关隶属人大向人大负责的机制。只有这样，才能切实集中国家财力，提高市场宏观调控能力，提高社会监督的透明度，进而提高财政防范风险的能力。

 五、建立财政风险的预警体系

产生财政风险的原因是多方面的，但是任何财政风险都有一个逐步显现和不断恶化的过程。因此，如果能够对财政运行过程进行全面的跟踪、监控，就能及早地发现财政风险信号，预测面临的财政风险。设立和建立财政风险预警系统，能够使政府在财政危机的萌芽阶段采取有效措施，避免危机的出现。

建立科学的财政经济监测预警机制，关键是根据我国公共财政运行的现状，建立一套相对完备的监控指标体系，使这些指标能够准确地反映财政风险程度和未来发展变化趋势，从而对财政风险状况作出及时的预测，采取有效措施进行预防。财政风险预警系统主要对财政危机发生的可能性进行预警。因此，其指标体系应包括：（1）反映宏观经济总体态势的指标组；（2）反映财政收支状况及债务状况的指标组；（3）反映财政分配体制的指标组；（4）反映财政支出效益的指标组。在这四个指标组中，最能直接衡量财政风险的指标组当然是反映财政收支状况和债务状况的指标组，即赤字和债务指标。赤字反映了一个财政年度产生的财政风险流量，而债务则蕴藏了过去累积的财政风险存量。所以，最能直接反映财政风险的指标就是赤字和债务指标。这也是国际上普遍用来衡量一国债务风险的通用指标组。而其他指标都要通过影响赤字或债务指标来间接影响财政风险。

主要参考文献

［1］ 许廷星：《关于财政学的对象问题》，重庆人民出版社 1957 年版。

［2］ 许廷星、谭本源、刘邦驰：《财政学原论》，重庆大学出版社 1986 年版。

［3］ 许毅：《财政理论与实践》，经济科学出版社 1985 年版。

［4］ 姜维壮：《中国当代财政学》，中国财政经济出版社 1999 年版。

［5］ 陈共：《财政学》，中国人民大学出版社 2000 年版。

［6］ 邓子基：《财政学》，中国人民大学出版社 2001 年版。

［7］ 高鸿业：《西方经济学》，中国人民大学出版社 2002 年版。

［8］ 蒋洪等：《财政学教程》，上海三联书店 1996 年版。

［9］ 刘溶沧、赵志耘：《财政政策论纲》，经济科学出版社 1998 年版。

［10］ 郭庆旺、赵志耘：《财政理论与政策》，经济科学出版社 2002 年版。

［11］ 刘邦驰、汪叔九：《财政学》，西南财经大学出版社 2000 年版。

［12］ 王国清、马骁、程谦：《财政学》，高等教育出版社 2006 年版。

［13］ 徐金煌：《中国财政依法管理实务》（上、下册），新华出版社 2007 年版。

［14］ 于国安：《财政监督理论与实务》，经济科学出版社 2004 年版。

［15］ 亚当·斯密：《国民财富的性质和原因的研究》（上、下卷），商务印书馆 1997 年版。

［16］ 大卫·李嘉图：《政治经济学及赋税原理》，华夏出版社 2005 年版。

［17］ 凯恩斯：《就业、利息和货币通论》，商务印书馆 1997 年版。

［18］ 哈维·S·罗森：《财政学》，中国人民大学出版社 2000 年版。

后　记

财政学是当代社会科学的重要组成部分。撰写出版一本贴近中国实际、具有中国特色的社会主义财政学著作，一直是财政理论界和实际工作者梦寐以求的愿望。党的十一届三中全会以来，在邓小平理论指导下，实行改革开放政策，国内学术界出现了欣欣向荣的大好形势。我国各社会科学研究机构和各高等院校先后出版了一大批财政学教材和财政学专门著作。毫无疑问，在社会主义市场经济体制建设的新形势下，这些教材和专著的出版，从不同层面丰富和发展了财政学科理论体系，对于提高教学质量、繁荣学术氛围起到了积极推动作用。但是，纵观当前出版的诸多财政学著述，多不尽如人意，中国特色甚少。为了弥补这一缺陷，2005 年底由我牵头，以西南财经大学财政税务学院教师为基础，协同部分财政学专业已毕业的博士和业务部门理论素养较高、实践经验丰富、研究能力强的业务骨干组成创作团队，在继承我国财政学界前辈已有成就和汲取西方公共财政理论优秀成果的基础上，开始策划撰写一部有中国特色的论著——《中国当代财政经济学》。这本书最终立项并被纳入西南财经大学财政税务学院"光华财税文库"丛书重点研究课题规划。从 2006 年开始，历时三年多，几易其稿，最终完成了本书的写作。

在本书撰写过程中，中央财经大学姜维壮教授、中南财经政法大学梁尚敏教授、西南财经大学谢乐如教授和汪叔九教授提出了许多中肯而宝贵的修改意见；西南财经大学马韵博士参加了书稿初纂和第四章、第十三章的改写；西南财经大学财政税务学院相关同志、经济科学出版社编辑肖勇同志对本书的出版给予了大力支持，对他们付出的巨大劳动，在此表示衷心感谢。

本书由我负责总体框架设计，制订写作大纲，总纂和最后定稿。全书撰写人员情况如下（以章为序）：

刘邦驰教授：导论，第一章、第二章、第十四章、第十九章；

赵俊怀副教授、博士（四川师范大学）：第三章；

刘家新博士：第四章；

朱明熙教授：第五章、第十二章；

杨萍副研究员（四川省社科院）：第六章；

刘蓉教授、博士：第七章、第二十三章；

王宁博士：第八章、第十一章；

汤暑葵博士：第九章、第十章；

肖长中副教授（四川财经职业学院）、胡容邦所长（四川省财政厅财政科学研究所）、马韵博士：第十三章；

傅晓峰博士：第十五章；

李德伟主任（四川省财政厅预算编审中心）：第十六章；

叶子荣教授、博士（西南交通大学）：第十七章；

肖长中副教授、胡容邦所长：第十八章；

王彬博士：第二十章；

何迎新博士、周克清副教授（博士）：第二十一章；

程谦教授：第二十二章、第二十四章；

张明教授：第二十五章；

廖常勇副教授、博士：第二十六章；

王国清教授：第二十七章；

李建英教授、博士（广东外语外贸大学）：第二十八章。

　　由于我国社会主义市场经济条件下的财政经济理论、财政工作实践有很多重大问题尚处在不断探索和发展之中，这本著作仅系初步研究，很不成熟，难免存在着不少缺点，甚至错误，恳请专家、学者、读者批评指正。

刘邦驰

2010 年 1 月 12 日